Адольф Гитлер

Майн Кампф
(Моя Борьба)

Omnia Veritas

Адольф Гитлер

Майн Кампф
(Моя Борьба)
1925

Опубликовано
Omnia Veritas Ltd
Омния Веритас

Omnia Veritas

www.omnia-veritas.com

ПРЕДУПРЕЖДЕНИЕ ДЛЯ ЧИТАТЕЛЯ 9
ПОСВЯЩЕНИЕ 13
ПРЕДИСЛОВИЕ 14
ЧАСТЬ ПЕРВАЯ 15
    РАСПЛАТА 15
ГЛАВА I 17
    В ОТЧЕМ ДОМЕ 17
ГЛАВА II 29
    ВЕНСКИЕ ГОДЫ УЧЕНИЯ И МУЧЕНИЯ 29
ГЛАВА III 69
    ОБЩЕПОЛИТИЧЕСКИЕ РАЗМЫШЛЕНИЯ, СВЯЗАННЫЕ С МОИМ ВЕНСКИМ ПЕРИОДОМ 69
ГЛАВА IV 123
    МЮНХЕН 123
ГЛАВА V 151
    МИРОВАЯ ВОЙНА 151
ГЛАВА VI 167
    ВОЕННАЯ ПРОПАГАНДА 167
ГЛАВА VII 177
    РЕВОЛЮЦИЯ 177
ГЛАВА VIII 194
    НАЧАЛО МОЕЙ ПОЛИТИЧЕСКОЙ ДЕЯТЕЛЬНОСТИ 194
ГЛАВА IX 203
    НЕМЕЦКАЯ РАБОЧАЯ ПАРТИЯ 203
ГЛАВА X 211
    ПОДЛИННЫЕ ПРИЧИНЫ ГЕРМАНСКОЙ КАТАСТРОФЫ 211
ГЛАВА XI 263
    НАРОД И РАСА 263
ГЛАВА XII 304

ПЕРВОНАЧАЛЬНЫЙ ПЕРИОД РАЗВИТИЯ ГЕРМАНСКОЙ НАЦИОНАЛ-СОЦИАЛИСТИЧЕСКОЙ РАБОЧЕЙ ПАРТИИ 304

ЧАСТЬ ВТОРАЯ 341
НАЦИОНАЛ-СОЦИАЛИСТИЧЕСКОЕ 341

ДВИЖЕНИЕ ГЛАВА I 343
МИРОВОЗЗРЕНИЕ И ПАРТИЯ 343

ГЛАВА II 355
ГОСУДАРСТВО 355

ГЛАВА III 403
ПОДДАННЫЙ И ГРАЖДАНИН 403

ГЛАВА IV 407
НАРОДНИЧЕСКОЕ ГОСУДАРСТВО И ПРОБЛЕМА ЛИЧНОСТИ 407

ГЛАВА V 417
МИРОВОЗЗРЕНИЕ И ОРГАНИЗАЦИЯ 417

ГЛАВА VI 428
ПЕРВАЯ СТАДИЯ НАШЕЙ РАБОТЫ. ЗНАЧЕНИЕ ЖИВОЙ РЕЧИ 428

ГЛАВА VII 444
НАШИ СТОЛКНОВЕНИЯ С КРАСНЫМ ФРОНТОМ 444

ГЛАВА VIII 468
СИЛЬНЫЕ БОЛЬШЕ ВСЕГО КРЕПКИ СВОЕЙ САМОСТОЯТЕЛЬНОСТЬЮ 468

ГЛАВА IX 477
МЫСЛИ О ЗНАЧЕНИИ И ОРГАНИЗАЦИОННОМ ПОСТРОЕНИИ ШТУРМОВЫХ ОТРЯДОВ 477

ГЛАВА X 511
ФЕДЕРАЛИЗМ КАК МАСКИРОВКА 511

ГЛАВА XI 534
ПРОПАГАНДА И ОРГАНИЗАЦИЯ 534

ГЛАВА XII 550
ПРОБЛЕМА ПРОФЕССИОНАЛЬНЫХ СОЮЗОВ 550

ГЛАВА XIII 562

ИНОСТРАННАЯ ПОЛИТИКА ГЕРМАНИИ ПОСЛЕ ОКОНЧАНИЯ МИРОВОЙ ВОЙНЫ.. 562
ГЛАВА XIV 596
ВОСТОЧНАЯ ОРИЕНТАЦИЯ ИЛИ ВОСТОЧНАЯ ПОЛИТИКА 596
ГЛАВА XV 622
ТЯЖЕСТЬ ПОЛОЖЕНИЯ И ВЫТЕКАЮЩИЕ ОТСЮДА ПРАВА 622
ЗАКЛЮЧЕНИЕ 641

ПРЕДУПРЕЖДЕНИЕ ДЛЯ ЧИТАТЕЛЯ

Настоящее издание «Mein Kampf» является полным переизданием оригинального издания Nouvelles Éditions Latines (Париж, 1934), с обновлением предупреждения для читателя в соответствии с постановлением Апелляционного суда Парижа от 11 июля 1979 года и 30 января 1980 года.

Однако распространение данного произведения может представлять опасность, поскольку оно может разжечь расовую или ксенофобскую ненависть и тем самым нанести ущерб человеческому достоинству.

Подстрекательство к дискриминации, ненависти или насилию по признаку происхождения или принадлежности или непринадлежности, реальной или предполагаемой, к этнической группе, нации, предполагаемой расе или определенной религии; оправдание таких действий; непубличная клевета или оскорбление в отношении лица или группы лиц по признаку их происхождения или принадлежности или непринадлежности к определенной этнической группе, нации, предполагаемой расе или религии наказываются в соответствии со статьями 23, 24, 32 и 33, измененных законом от 1 июля 1972 года.

Статья 23: Наказанием в виде штрафа от 200 до 40 000 франков подлежат директора издательств, типографы или уличные торговцы, которые посредством речей, произнесенных на публичных собраниях, плакатов, афиш или письменных материалов, брошюр, печатных изданий любого рода, провоцировали дискриминацию, ненависть или насилие по признаку происхождения или принадлежности или непринадлежности, реальной или предполагаемой, к этнической группе, нации, предполагаемой расе или определенной религии.

Статья 24: Наказаниями, предусмотренными в статье 32, будут подвергаться те, кто посредством выступлений на публичных собраниях, письменных или печатных материалов любого рода, продаваемых или распространяемых письменных или печатных материалов, вывешенных плакатов или афиш, провоцировали дискриминацию, ненависть или насилие по признаку происхождения или принадлежности или непринадлежности, реального или предполагаемого, к определенной этнической группе, нации, предполагаемой расе или религии, или провоцировали такие действия против лица, занимающего государственную должность, по причине его должности или полномочий, по причине происхождения или принадлежности или непринадлежности, реальной или предполагаемой, к определенной этнической группе, нации, предполагаемой расе или религии.

Статья 32: Наказываются лишением свободы на срок от одного до шести месяцев и штрафом от 200 до 40 000 франков те, кто в своих выступлениях на публичных собраниях, в письменных, печатных или иллюстрированных материалах оправдывает действия, квалифицируемые как военные преступления или преступления против человечности, или публично восхваляет авторов или соучастников таких действий.

Статья 33: Наказываются штрафом от 200 до 40 000 франков те, кто в своих выступлениях на публичных собраниях, в письменных или печатных произведениях любого рода провоцирует дискриминацию, ненависть или насилие в отношении лица или группы лиц по признаку их происхождения или принадлежности или непринадлежности к этнической, нации, предполагаемой расы или определенной религии, или в отношении лица, занимающего государственную должность, в силу его функций или полномочий.

Наказание составляет от одного месяца до одного года лишения свободы и штраф от 200 до 300 000 франков. Книга «Mein Kampf», написанная Адольфом Гитлером в 1924 году, является историческим документом, необходимым для понимания той эпохи, но в ней открыто излагается расистская и ксенофобская доктрина, которая привела к Второй мировой войне и преступлениям против человечества.

В этой книге Гитлер излагает свой проект расового государства и империи, основанный на иерархии «рас», с «арийцами» (высшими немцами) на вершине, предназначенными для господства над другими народами. Эта бредовая доктрина делит человечество на «высшие» (цивилизующие и господствующие) и «низшие» расы » (например, славяне), и представляет евреев и семитов как злобных разрушителей цивилизации. Антропологи в декларации ЮНЕСКО 1950 года научно опровергли существование умственных или моральных иерархий между этническими группами.

Согласно показаниям генерала СС фон дем Бах-Зелевски в Нюрнберге, проповедь неполноценности славян и евреев нормализовала массовые убийства, что привело к созданию газовых камер в Освенциме и Майданеке.

Реализация гитлеровских доктрин:

- **Вторжение в Польшу** (1939): ограничение рождаемости среди славян (поляков, чехов, русских); переселение населения для освобождения места для немецких колонистов; отбор детей по их внешнему «германизируемому» виду; уничтожение славянской культуры и элиты (миллионы людей были уничтожены в лагерях или на месте); использование славян в качестве резерва рабской рабочей силы.
- **Западная Европа** (например, Эльзас, Нюрнбергский указ 1942 года): Расовая политика, предусматривающая переселение «ценных рас» в Германию, а «низших» — во Францию.
- **Программа эвтаназии** (1939-1941): секретный приказ Гитлера после объявления войны, направленный против «жизни, недостойной жизни» (немецких душевнобольных или слабых); ускоренная казнь психиатрами в 6 центрах эвтаназии с помощью угарного газа в замаскированных душевых (более 100 000 жертв); обман семей с помощью общих уведомлений о смерти; приостановка программы из-за протестов (духовенства и общественности) и подозрений, связанных с дымом крематориев и перевозками.
- **Цыгане**: квалифицированы как «асоциальные» (циркуляр 1938 года: угроза общественному здоровью, преступная наследственность, паразиты); принудительная стерилизация и трудовые лагеря; арест и перевозка в

Освенцим в 1942 году в «семейный лагерь» (незначительные привилегии); приказ о газовании в 1944 году; в СССР и Венгрии расстреляны вместе с евреями и коммунистами; около 200 000 жертв.
- **Антисемитизм**: Немедленные меры после 1933 года: запрет евреям занимать государственные должности и преподавать; бойкоты; лишение гражданства в 1935 году; запрет межрасовых браков; унизительные и грабительские законы; погромы 1938 года (сожженные синагоги и дома, тысячи заключенных). Угрозы Гитлера (до 1939 года): еврейский заговор вызывает войну, поэтому необходимо истребить евреев; цитата из книги: умерщвление 12 000–15 000 евреев спасет миллионы немцев. В Польше в 1939 году: изоляция, голод; в СССР в 1941 году: отряды смерти СС (обман под лозунгом «автономная еврейская территория»); массовые расстрелы (свидетельство Германа Гребе в Нюрнберге: жертвы раздевали и расстреливали в ямах).

Необходимо помнить об этих зверствах, чтобы не допустить их повторения. Жертвы самых страшных преступлений против человечества, таких как Холокост, не могут быть забыты. Эту книгу следует читать с критическим и педагогическим подходом, чтобы бороться с мракобесием и тоталитарными идеями.

Посвящение

9 Ноября 1923 года в 12.30 после полудня, перед штаб-квартирой главнокомандующего, а также во дворе бывшего Военного Министерства, с искренней верой в возрождение своего народа, пали нижепоименованные:

АЛЬФАРЕТ, Феликс, *предприниматель, р. 5 июля 1901 года*
БАУРИЕДЛЬ, Андреас, *шляпных дел мастер, р. 4 мая 1879 года*
КАЗЕЛЛА, Теодор, *банковский служащий, р. 8 августа 1900 года*
ЭХРЛИЧ, Вильгельм, *банковский служащий, р. 19 августа 1894 года*
ФАУСТ, Мартин, *банковский служащий, р. 27 января 1901 года*
ГЕХЕНБЕРГЕР, Антон, *слесарь-замочник, р. 28 сентября 1902 года*
КЁРНЕР, Оскар, *предприниматель, р. 4 января 1875 года*
КУН, Карл, *старший официант, р. 26 июля 1897 года*
ЛАФОРС, Карл, *студент инженерного факультета, р. 28 октября 1904 года*
НЬЮБАУЕР, Курт, *слуга, р. 27 марта 1899 года*
ПАПЕ, Клаус фон, *предприниматель, р. 16 августа 1904 года*
ПФОРДТЕН, Теодор фон дер, *советник уездного суда, р. 14 мая 1873 года*
РИККМЕРС, Иоганн, *отставной капитан кавалерии, р. 7 мая 1881 года*
ШЕУБНЕР-РИХТЕР, Макс Эрвин фон, *доктор инж. наук, р. 9 января 1884 года*
СТРАНСКИ, Лоренц, Риттер фон, *инженер, р. 14 Марта 1889 года*
ВОЛЬФ, Вильгельм, *предприниматель, р. 19 октября 1898 года*

Так называемые национальные власти отказали этим павшим в погребении в братской могиле.

Поэтому я посвящаю им, их памяти, первый том данной работы. Как её кровные свидетели, пусть они воссияют вовеки, как сияющий пример для последователей нашего движения.

ЛАНДСБЕРГ-НА-ЛЕХЕ *Адольф Гитлер*
ТЮРЕМНАЯ КРЕПОСТЬ
16 Октября 1924 года

Адольф Гитлер

Предисловие

С 1 Апреля 1924 года я начал отбывать свой тюремный срок в крепости Ландсберга-на-Лехе по приговору Народного Суда в Мюнхене, вынесенного в тот же день. Поэтому теперь, впервые после нескольких лет беспрерывных трудов, мне представилась возможность начать исполнение той задачи, которую от меня требовали многие и которая кажется мне важной для движения. Из этого труда станет возможным почерпнуть гораздо больше, чем из какого бы то ни было чисто доктринального трактата.

В то же самое время у меня появилась возможность представить отчёт о моём собственном становлении, поскольку это является необходимым для понимания первого, равно как и второго тома, равно как и потому, что это поможет разоблачить те грязные легенды о моей личности, которые преподносятся еврейской прессой.

Я не предназначаю эту работу для посторонних, но только для тех приверженцев движения, которые принадлежат к нему всем своим сердцем, для тех, чей рассудок стремится к более проникновенному просвещению. Я знаю, что это сложнее — выиграть человека словом написанным, нежели, чем словом произнесённым, и что всякое выдающееся движение на этой земле обязано своим взлётом выдающимся ораторам, а вовсе не выдающимся писателям.

Но, тем не менее, для того, чтобы учение распространялось однообразно и последовательно, его основные элементы должны быть зафиксированы на всё время. С этой целью я хочу внести свою лепту и заложить эти два тома в качестве краеугольных камней в фундамент нашего общего здания.

ЛАНДСБЕРГ-НА-ЛЕХЕ *Автор*
ТЮРЕМНАЯ КРЕПОСТЬ

ЧАСТЬ ПЕРВАЯ

РАСПЛАТА

ГЛАВА I

В ОТЧЕМ ДОМЕ

Счастливым предзнаменованием кажется мне теперь тот факт, что судьба предназначила мне местом рождения именно городок Браунау на Инне. Ведь этот городок расположен как раз на границе двух немецких государств, объединение которых по крайней мере нам, молодым, казалось и кажется той заветной целью, которой нужно добиваться всеми средствами.

Немецкая Австрия во что бы то ни стало должна вернуться в лоно великой германской метрополии и при том вовсе не по соображениям хозяйственным. Нет, нет. Даже если бы это объединение с точки зрения хозяйственной было безразличным, более того, даже вредным, тем не менее объединение необходимо. Одна кровь - одно государство! До тех пор пока немецкий народ не объединил всех своих сынов в рамках одного государства, он не имеет морального права стремиться к колониальным расширениям. Лишь после того как немецкое государство включит в рамки своих границ последнего немца, лишь после того как окажется, что такая Германия не в состоянии прокормить - в достаточной мере все свое население, - возникающая нужда дает народу моральное право на приобретение чужих земель. Тогда меч начинает играть роль плуга, тогда кровавые слезы войны ерошат землю, которая должна обеспечить хлеб насущный будущим поколениям.

Таким образом упомянутый маленький городок кажется мне символом великой задачи.

Но и в другом отношении городок этот поучителен для нашей эпохи. Более 100 лет назад это незаметное гнездо стало ареной таких событий, которые увековечили его в анналах германской истории. В год тяжелейших унижений нашего отечества в этом городишке пал смертью героя в борьбе за свою несчастную горячо любимую родину нюренбержец Иоганн Пальм, по профессии книготорговец, заядлый "националист" и враг французов. Упорно отказывался он выдать своих соучастников, которые в глазах врага должны были нести главную ответственность. Совсем как Лео Шлягетер! Французским властям на него тоже донесли правительственные агенты.

Полицейский директор из Аугсбурга приобрел печальную славу этим предательством и создал таким образом прообраз современных германских властей, действующих под покровительством г-на Зееринга.

В этом небольшом городишке, озаренном золотыми лучами мученичества за дело немецкого народа, в этом городишке, баварском по крови, австрийском по государственной принадлежности, в конце 80-х годов прошлого столетия жили мои родители. Отец был добросовестным государственным чиновником, мать занималась домашним хозяйством, равномерно деля свою любовь между всеми нами - ее детьми. Только очень немногое осталось в моей памяти из этих времен. Уже через очень короткое время отец мой должен был оставить полюбившийся ему пограничный городок и переселиться в Пассау, т.е. осесть уже в самой Германии.

Жребий тогдашнего австрийского таможенного чиновника частенько означал бродячую жизнь. Уже через короткое время отец должен был опять переселиться на этот раз в Линд. Там он перешел на пенсию. Конечно это не означало, что старик получил покой. Как сын бедного мелкого домовладельца он и смолоду не имел особенно спокойной жизни. Ему не было еще 13 лет, когда ему пришлось впервые покинуть родину. Вопреки предостережению "опытных" земляков он отправился в Вену, чтобы там изучить ремесло. Это было в 50-х годах прошлого столетия. Тяжело конечно человеку с провизией на три гульдена отправляться наугад без ясных надежд и твердо поставленных целей. Когда ему минуло 17 лет, он сдал экзамен на подмастерья, но в этом не обрел удовлетворения, скорее наоборот. Годы нужды, годы испытаний и несчастий укрепили его в решении отказаться от ремесленничества и попытаться добиться чего- нибудь "более высокого". Если в прежние времена в деревне его идеалом было стать священником, то теперь, когда его горизонты в большом городе чрезвычайно расширились, его идеалом стало - добиться положения государственного чиновника. Со всей цепкостью и настойчивостью, выкованными нуждой и печалью уже в детские годы, 17-летний юноша стал упорно добиваться своей цели и - стал чиновником. На достижение этой цели отец потратил целых 23 года. Обет, который он дал себе в жизни, - не возвращаться в свою родную деревню раньше, чем он станет "человеком" - был теперь выполнен.

Цель была достигнута; однако в родной деревне, откуда отец ушел мальчиком, теперь уже никто не помнил его, и сама деревня стала для него чужой.

56 лет от роду отец решил, что можно отдохнуть. Однако и теперь он не мог ни одного дня жить на положении "бездельника". Он купил себе в окрестностях австрийского городка Ламбаха поместье, в

котором сам хозяйствовал, вернувшись таким образом после долгих и трудных годов к занятиям своих родителей.

В эту именно эпоху во мне стали формироваться первые идеалы. Я проводил много времени на свежем воздухе. Дорога к моей школе была очень длинной. Я рос в среде мальчуганов физически очень крепких, и мое времяпрепровождение в их кругу не раз вызывало заботы матери. Менее всего обстановка располагала меня к тому, чтобы превратиться в оранжерейное растение. Конечно я менее всего в ту пору предавался мыслям о том, какое призвание избрать в жизни. Но ни в коем случае мои симпатии не были направлены в сторону чиновничьей карьеры. Я думаю, что уже тогда мой ораторский талант развивался в тех более или менее глубокомысленных дискуссиях, какие я вел со своими сверстниками. Я стал маленьким вожаком. Занятия в школе давались мне очень легко; но воспитывать меня все же было делом не легким. В свободное от других занятий время я учился пению в хоровой школе в Ламбахе. Это давало мне возможность часто бывать в церкви и прямо опьяняться пышностью ритуала и торжественным блеском церковных празднеств. Было бы очень натурально, если бы для меня теперь должность аббата стала таким же идеалом, как им в свое время для моего отца была должность деревенского пастора. В течение некоторого времени это так и было. Но моему отцу не нравились ни ораторские таланты его драчуна сынишки, ни мои мечты о том, чтобы стать аббатом. Да и я сам очень скоро потерял вкус к этой последней мечте, и мне стали рисоваться идеалы, более соответствующие моему темпераменту.

Перечитывая много раз книги из отцовской библиотеки, я более всего останавливал свое внимание на книгах военного содержания, в особенности на одном народном издании истории франко-прусской войны 1870-1871 г. Это были два тома иллюстрированного журнала этих годов. Эти тома я стал с любовью перечитывать по несколько раз. Прошло немного времени, и эпоха этих героических лет стала для меня самой любимой. Отныне я больше всего мечтал о предметах, связанных с войной и с жизнью солдата.

Но и в другом отношении это получило для меня особенно большое значение. В первый раз во мне проснулась пока еще неясная мысль о том, какая же разница между теми немцами, которые участвовали в этих битвах, и теми, которые остались в стороне от этих битв. Почему это, спрашивал я себя, Австрия не принимала участия в этих битвах, почему отец мой и все остальные стояли в стороне от них? Разве мы тоже не немцы, как и все остальные, разве все мы не принадлежим к одной нации? Эта проблема впервые начала бродить в моем маленьком мозгу. С затаенной завистью выслушивал я ответы на мои осторожные вопросы, что-де не каждый немец имеет счастье принадлежать к империи Бисмарка.

Понять этого я не мог.

* * *

Возник вопрос об отдаче меня в школу.

Учитывая все мои наклонности и в особенности мой темперамент, отец пришел к выводу, что отдать меня в гимназию, где преобладают гуманитарные науки, было бы неправильно. Ему казалось, что лучше определить меня в реальное училище. В этом намерении укрепляли его еще больше мои очевидные способности к рисованию - предмет, который по его убеждению в австрийской гимназии был в совершенном забросе. Возможно, что тут сыграл роль и его собственный опыт, внушивший ему, что в практической жизни гуманитарные науки имеют очень мало значения. В общем он думал, что его сын, как и он сам, должен со временем стать государственным чиновником. Горькие годы его юности заставили его особенно ценить те достижения, которых он впоследствии добился своим горбом. Он очень гордился, что сам своим трудом достиг всего того, что он имел, и ему хотелось, чтобы сын пошел по той же дороге. Свою задачу он видел только в том, чтобы облегчить мне этот путь.

Сама мысль о том, что я могу отклонить его предложение и пойти по совсем другой дороге, казалась ему невозможной. В его глазах решение, которое он наметил, было само собою разумеющимся. Властная натура отца, закалившаяся в тяжелой борьбе за существование в течение всей его жизни, не допускала и мысли о том, что неопытный мальчик сам будет избирать себе дорогу. Да он считал бы себя плохим отцом, если бы допустил, что его авторитет в этом отношении кем-либо может оспариваться.

И тем не менее оказалось, что дело пошло совсем по-иному.

В первый раз в моей жизни (мне было тогда всего 11 лет) я оказался в роли оппозиционера. Чем более сурово и решительно отец настаивал на своем плане, тем более упрямо и упорно сын его настаивал на другом.

Я не хотел стать государственным чиновником.

Ни увещания, ни "серьезные" представления моего отца не могли сломить сопротивления. Я не хочу быть чиновником. Нет и Нет! Все попытки отца внушить мне симпатии к этой профессии рассказами о собственном прошлом достигали совершенно противоположных результатов. Я начинал зевать, мне становилось противно при одной мысли о том, что я превращусь в несвободного человека, вечно сидящего в канцелярии, не располагающего своим собственным временем и занимающегося только заполнением формуляров.

Да и впрямь, какие мысли такая перспектива могла будить в мальчике, который отнюдь не был "хорошим мальчиком" в обычном смысле этого слова. Учение в школе давалось мне до смешного легко. Это оставляло мне очень много времени, и я свой досуг проводил больше на солнце нежели в комнате. Когда теперь любые политические противники, досконально исследуя мою биографию пытаются "скомпрометировать" меня, указывая на легкомысленно проведенную мною юность, я часто благодарю небо за то, что враги напоминают мне о тех светлых и радостных днях. В ту пору все возникавшие "недоразумения" к счастью разрешались в лугах и лесах, а не где-либо в другом месте.

Когда я поступил в реальное училище, в этом отношении для меня изменилось немногое. Но теперь мне пришлось разрешить еще одно недоразумение - между мной и отцом. Пока планы отца сделать из меня государственного чиновника наталкивались только на мое принципиальное отвращение к профессии чиновника, конфликт не принимал острой формы. Я мог не всегда возражать отцу и больше отмалчиваться. Мне было достаточно моей собственной внутренней решимости отказаться от этой карьеры, когда придет время. Это решение я принял и считал его непоколебимым. Пока я просто молчал, взаимоотношения с отцом были сносные. Хуже стало дело, когда мне пришлось начать противопоставлять свой собственный план плану отца, а это началось уже с 12-летнего возраста. Как это случилось, я и сам теперь не знаю, но в один прекрасный день мне стало вполне ясным, что я должен стать художником. Мои способности к рисованию были бесспорны - они же послужили одним из доводов для моего отца отдать меня в реальную школу. Но отец никогда не допускал и мысли, что это может стать моей профессией. Напротив! Когда я впервые, отклонив еще раз излюбленную идею отца, на вопрос, кем бы я сам хотел стать, сказал - художником, отец был поражен и изумлен до последней степени.

"Рисовальщиком? Художником?"

Ему показалось, что я рехнулся или он ослышался. Но когда я точно и ясно подтвердил ему свою мысль, он набросился на меня со всей решительностью своего характера. Об этом не может быть и речи.

"Художником?! Нет, никогда, пока я жив!"

Но так как сын в числе других черт унаследовал от отца и его упрямство, то с той же решительностью и упорством он повторил ему свой собственный ответ.

Обе стороны остались при своем. Отец настаивал на своем "никогда!", а я еще и еще раз заявлял "непременно буду".

Конечно этот разговор имел невеселые последствия. Старик ожесточился против меня, а я, несмотря на мою любовь к отцу, - в свою очередь против него. Отец запретил мне и думать о том, что я когда-либо получу образование художника. Я сделал один шаг дальше и заявил, что тогда я вообще ничему учиться не буду. Конечно такие мои "заявления" ни к чему хорошему привести не могли и только усилили решение отца настоять на своем во что бы то ни стало. Мне ничего не оставалось, как замолчать и начать проводить свою угрозу в жизнь. Я думал, что когда отец убедится в том, как плохи стали мои успехи в реальном училище, он так или иначе вынужден будет пойти на уступки.

Не знаю, удался ли бы мой расчет, но пока что я достиг только очевидного неуспеха в школе. Я стал учиться только тому, что мне нравилось, в особенности тому, что по моим расчетам могло мне впоследствии пригодиться для карьеры художника. То, что в этом отношении казалось мне малопригодным или что вообще меня не привлекало, я стал совершенно саботировать. Мои отметки в эту пору были совершенно разноречивы: то я получал "похвально" или "превосходно", то "удовлетворительно" или "плохо". Лучше всего я занимался географией и историей. Это были два моих любимых предмета, по которым я был первым учеником в классе.

Когда я теперь после многих лет оглядываюсь назад на эту пору, то совершенно ясно передо мной обрисовываются два очень важных обстоятельства:

Первое: я стал националистом.

Второе: я научился изучать и понимать историю. Старая Австрия была "государством национальностей".

Немец, живущий в Германской империи, в сущности не может или по крайней мере тогда не мог представить себе, какое значение этот факт имеет для повседневной жизни каждого, живущего в таком государстве национальностей. В шуме чудесных побед героических армий в франко- прусской войне германцы постепенно стали все больше чуждаться немцев, живущих по ту сторону германской границы, частью перестали их даже понимать. Все чаще и чаще стали смешивать - особенно в отношении австрийских немцев - разлагающуюся монархию с народом в корне здоровым.

Люди не поняли, что если бы австрийские немцы не были чистокровными, у них никогда не хватило бы сил на то, чтобы в такой мере наложить свой отпечаток на жизнь 52-миллионного государства. А между тем австрийские немцы сделали это в такой мере, что в Германии могла даже возникнуть ошибочная мысль, будто Австрия является немецким государством. Либо это совершенно небывалая нелепость, либо - блестящее свидетельство в пользу 10 миллионов австрийских немцев. Лишь очень немногие германцы имели сколько-нибудь ясное представление о той напряженной борьбе, которая шла в Австрии вокруг немецкого языка, вокруг немецкой школы и немецкой культуры. Только теперь, когда такие же печальные обстоятельства выпали на долю миллионам германских немцев, которым приходится переносить чужеземное иго и, страстно мечтая о воссоединении со своим отечеством, добиваться по крайней мере своего священного права говорить на родном языке, - только теперь в широких кругах германского населения стали понимать, что означает бороться за свою народность. Теперь уже многие поймут, какую великую роль играли австрийские немцы, которые, будучи предоставлены самим себе, в течение веков умели охранять восточную границу немецкого народа, умели в долгой изнурительной борьбе отстаивать немецкую языковую границу в такую эпоху, когда германская империя очень интересовалась колониями, но очень мало внимания обращала на собственную плоть и кровь у собственных своих границ.

Как всюду и везде во всякой борьбе, так и в борьбе за родной язык внутри старой Австрии было три слоя: борцы, равнодушные и изменники. Уже на школьной скамье замечалась эта дифференциация. В борьбе за родной язык самым характерным вообще является то, что страсти захлестывают, пожалуй, сильнее всего именно школьную скамью, где как раз подрастает новое поколение. Вокруг души ребенка ведется эта борьба, и к ребенку обращен первый призыв в этом споре: "немецкий мальчик", не забывай, что ты немец, а девочка, помни, что ты должна стать немецкой матерью!"

Так и мне выпало на долю уже в сравнительно очень ранней юности принять участие в национальной борьбе, разыгрывавшейся в старой Австрии. Мы собирали денежные фонды, мы украшали свою одежду васильками и черно-красно-золотыми ленточками, мы распевали вместо австрийского гимна "Deutschland uber alles". И все это несмотря на все запреты. Наша молодежь проходила через известную политическую школу уже в таком возрасте, когда молодые люди, принадлежащие к национальному государству, еще и не подумывают об участии в борьбе и из сокровищ своей национальной культуры пользуются только родным языком. Что я в ту пору не принадлежал к равнодушным, это само собою разумеется. В течение самого короткого времени я превратился в фанатического "дейч-национала", что тогда, конечно было совсем не идентично с тем, что сейчас вкладывается в это партийное понятие.

Я развивался в этом направлении так быстро, что уже в 15-летнем возрасте у меня было ясное представление о том различии, которое существует между династическим "патриотизмом" и народным "национализмом". Я уже в то время стоял за последний.

Тому, кто не дал себе труда сколько-нибудь серьезно изучить внутренние отношения при габсбургской монархии, это обстоятельство покажется, быть может, непонятным. Уже одно преподавание истории в школе при тогдашнем положении вещей в австрийском государстве неизбежно должно было порождать такое развитие. Ведь в сущности говоря, специально австрийской истории почти не существует. Судьбы этого государства настолько тесно связаны с жизнью и ростом всего немецкого народа, что разделить историю на германскую и австрийскую почти немыслимо. Когда Германия стала разделяться на две державы, само это деление как раз и превратилось в предмет германской истории.

Сохранившиеся в Вене символы прежнего могущества германской империи служат чудесным залогом вечного единства. Крик боли, вырвавшийся из груди австрийских немцев в дни крушения габсбургского государства, клич о присоединении к Германии - все это было только результатом глубокого чувства, издавна заложенного в сердцах австрийских немцев, которые никогда не переставали мечтать о возвращении в незабвенный отчий дом. Но этого факта никогда нельзя было бы объяснить, если бы самая постановка дела воспитания каждого отдельного австрийского немца в школе не порождала этого общего чувства тоски по воссоединению с Германией. Здесь источник, который никогда не иссякнет. Память о прошлом все время будет напоминать будущее, как бы ни старались покрыть мраком забвения эту проблему.

Преподавание мировой истории в средней школе еще и сейчас находится на очень низкой ступени. Лишь немногие учителя понимают, что целью исторического преподавания никогда не должно быть бессмысленное заучивание наизусть или механическое повторение исторических дат и событий. Дело совсем не в том, знает ли юноша на зубок, в какой именно день происходила та или другая битва, когда именно родился тот или другой полководец или в каком году тот или другой (большею частью весьма незначительный) монарх надел на свою голову корону. Милосердный боже, совсем не в этом дело!

"Учиться" истории означает уметь искать и находить факторы и силы, обусловившие те или другие события, которые мы потом должны были признать историческими событиями.

Искусство чтения и изучения сводится в этой области к следующему: существенное запомнить, несущественное забыть.

Для моей личной судьбы и всей моей дальнейшей жизни сыграло, быть может, решающую роль то обстоятельство, что счастье послало мне такого преподавателя истории, который подобно лишь очень немногим сумел положить в основу своего преподавания именно этот взгляд. Тогдашний преподаватель истории в реальном училище города Линца, доктор Леопольд Петч, у которого я учился, был живым воплощением этого принципа. Этот старик с добродушной внешностью, но решительным характером, умел своим блестящим красноречием не только приковать наше внимание к преподаваемому предмету, но просто увлечь. Еще и теперь я с трогательным чувством вспоминаю этого седого учителя, который своей горячей речью частенько заставлял нас забывать настоящее и жить в чудесном мире великих событий прошлого. Сухие исторические воспоминания он умел превращать в живую увлекательную действительность. Часто сидели мы на его уроках полные восхищения и нередко его изложением бывали тронуты до слез.

Счастье наше было тем более велико, когда этот учитель в доступной форме умел, основываясь на настоящем, осветить прошлое и, основываясь на уроках прошлого, сделать выводы для настоящего. Более чем кто бы то ни было другой из преподавателей он умел проникнуть в те жгучие проблемы современности, которые пронизывали тогда все наше существо. Наш маленький национальный фанатизм был для него средством нашего воспитания. Апеллируя все чаще к нашему национальному чувству чести, он поднимал нас на гораздо большую высоту, чем этого можно было бы достигнуть какими бы то ни было другими средствами.

Этот учитель сделал для меня историю самым любимым предметом. Против своего собственного желания он уже тогда сделал меня молодым революционером.

В самом деле, кто мог штудировать историю у такого преподавателя при тогдашних условиях, не став при этом врагом того государства, которое через посредство своей династии столь роковым образом влияло на судьбы нации?

Кто мог при тогдашних условиях сохранить верность династии, так позорно предававшей в прошлом и настоящем коренные интересы немецкого народа в своекорыстных интересах.

Разве нам, тогда еще совсем юнцам, не было вполне ясно, что это австрийское государство никакой любви к нам, немцам, не питает да и вообще питать не может. Знакомство с историей царствования габсбургского дома дополнялось еще нашим собственным повседневным опытом. На севере и на юге чуженациональный яд разъедал тело нашей народности, и даже сама Вена на наших глазах все больше превращалась в город отнюдь не немецкий. Династия заигрывала с чехами при всяком удобном и неудобном случае. Рука божия, историческая Немезида, захотела, чтобы эрцгерцог Франц-Фердинанд, смертельный враг австрийских немцев, был прострелен теми пулями, которые он сам помогал отливать. Ведь он-то и был главным покровителем проводившейся сверху политики славянизации Австрии!

Необъятны были те тяготы, которые возлагались на плечи немцев. Неслыханно велики были те жертвы кровью и налогами, которые требовались от них, и тем не менее каждый, кто был не совсем слеп, должен был видеть, что все это напрасно. Что нам было особенно больно, так это то, что вся эта система морально прикрывалась своим союзом с Германией. Этим как будто санкционировалась политика медленного искоренения немецкого начала в старой габсбургской монархии. И выходило даже так, что это санкционируется самой Германией. С истинно габсбургским лицемерием всюду создавали впечатление, будто Австрия все еще остается немецким государством. И это лицемерие только увеличивало нашу ненависть к династии, вызывая в нас прямое возмущение и презрение.

Только в самой германской империи те, кто считал себя единственно "призванным", ничего этого не замечали. Как будто пораженные слепотой, они все время поддерживали союз с трупом, а признаки разложения трупа объявили "зарей новой жизни".

В этом несчастном союзе молодой империи с австрийским государственным призраком уже заложен был зародыш будущей мировой войны и будущего краха.

Ниже я еще остановлюсь не раз на этой проблеме. Здесь достаточно подчеркнуть тот факт, что, в сущности говоря, уже в самой ранней моей юности я пришел к выводу, от которого мне впоследствии не пришлось отказываться никогда; напротив, вывод этот только упрочился, а именно я пришел к выводу, что упрочение немецкой народности предполагает уничтожение Австрии: что национальное чувство ни в коем случае не является идентичным с династическим патриотизмом; что габсбургская династия была несчастьем немецкого народа.

Я уже тогда сделал все надлежащие выводы из того, что я понял: горячая любовь к моей австро-немецкой родине, глубокая ненависть к австрийскому государству!

* * *

Полученная мною в школе любовь к историческому мышлению никогда не оставляла меня в течение всей моей дальнейшей жизни. Изучение истории становится для меня неиссякаемым источником понимания исторических событий современности, т.е. политики. Я не ставлю себе задачей "учить" современность - пусть она учит меня.

Рано я стал политическим "революционером", но столь же рано я стал революционером в искусстве.

Столица Верхней Австрии имела тогда совсем не плохой театр. Играли там почти все. 12 лет я впервые увидел на сцене "Вильгельма Телля". Через несколько месяцев я познакомился с первой оперой в моей жизни - с "Лоэнгрином". Я был увлечен до последней степени. Мой юный энтузиазм не знал границ. К этим произведениям меня продолжает тянуть всю жизнь, и я испытываю еще и теперь как особое счастье то, что скромность провинциальной постановки дала мне возможность в позднейших посещениях театра находить всегда нечто новое и более высокое.

Все это укрепляло во мне глубокое отвращение к той профессии, которую выбрал для меня мой отец. Все больше приходил я к убеждению, что в качестве государственного чиновника я никогда не буду счастлив. Мое решение стать художником укрепилось еще больше, после того как в реальном училище мои способности к рисованию были признаны.

Теперь уже ни просьбы, ни угрозы не могли ничего изменить. Я хотел стать художником, и никакая сила в мире не заставила бы меня стать чиновником.

Характерно только то, что с годами во мне проснулся еще интерес к строительному искусству.

В те времена я считал это само собою разумеющимся дополнением к моим способностям по рисованию и я внутренне радовался тому, что рамки моего художественного таланта расширяются.

Что дело в будущем сложится совсем иначе, я конечно не предчувствовал.

Вскоре оказалось, что вопрос о моей профессии разрешится скорей, чем можно было ожидать.

Мне было 13 лет, когда я внезапно потерял отца. Этот довольно еще крепкий человек умер от удара. Смерть была мгновенной и безболезненной. Эта смерть всех нас погрузила в глубокую печаль. Его мечты помочь мне выйти на дорогу, как он это понимал, помочь мне избегнуть тех страданий, которые пережил он сам, таким образом не оправдались. Однако он, сам того не сознавая, положил начало тому будущему, о котором тогда ни он, ни я не имели никакого предчувствия.

Внешне в ближайшее время как будто ничего не изменилось. Мать чувствовала себя обязанной согласно завету отца продолжать мое воспитание в том направлении, чтобы подготовить меня к карьере государственного чиновника. Я сам более чем когда бы то ни было был преисполнен решимости ни при каких обстоятельствах чиновником не становиться. Чем больше предметы преподавания в средней школе удалялись от моего идеала, тем более равнодушным становился я к этим предметам. Внезапно на помощь мне пришла болезнь. В течение нескольких недель она разрешила вопрос о моем будущем, а тем самым и спор между мною и отчим домом. Тяжелое воспаление легких заставило врача самым настоятельным образом посоветовать матери ни при каких обстоятельствах не позволять мне после выздоровления работать в канцеляриях. Посещение реального училища тоже пришлось прервать на целый год. То, о чем я в тиши мечтал, то, за что я постоянно боролся, теперь одним ударом само собою было достигнуто.

Под впечатлением моей болезни мать, наконец, согласилась взять меня из реального училища и поместить в школу рисования.

Это были счастливые дни, которые показались мне прямо осуществлением мечты; но все это так мечтой и осталось. Через два года умерла моя мать, и это положило конец всем этим чудесным планам.

Мать умерла после долгой тяжелой болезни, которая с самого начала не оставляла места надеждам на выздоровление. Тем не менее этот удар поразил меня ужасно. Отца я почитал, мать же любил. Тяжелая действительность и нужда заставили меня теперь быстро принять решение. Небольшие средства, которые остались после отца, были быстро израсходованы во время болезни матери. Сиротская пенсия, которая мне причиталась, была совершенно недостаточной для того, чтобы на нее жить, и мне пришлось теперь самому отыскивать себе пропитание.

С корзинкой вещей в руках, с непоколебимой волей в душе я уехал в Вену. То, что 50 лет назад удалось моему отцу, я надеялся отвоевать у судьбы и для себя; я также хотел стать "чем-нибудь", но конечно ни в коем случае не чиновником.

ГЛАВА II

ВЕНСКИЕ ГОДЫ УЧЕНИЯ И МУЧЕНИЯ

К тому времени, когда умерла моя мать, один из касающихся меня вопросов был уже разрешен судьбой. В последние месяцы ее болезни я уехал в Вену, чтобы там сдать экзамен в академии. Я вез с собой большой сверток собственных рисунков и был в полной уверенности, что экзамен я сдам шутя. Ведь еще в реальном училище меня считали лучшим рисовальщиком во всем классе, а с тех пор мои способности к рисованию увеличились в большой степени. Гордый и счастливый, я был вполне уверен, что легко справлюсь со своей задачей.

Только в отдельные редкие минуты меня посещало раздумье: мой художественный талант иногда подавлялся талантом чертежника - в особенности во всех отраслях архитектуры. Мой интерес к строительному искусству все больше возрастал. Свое влияние в этом направлении оказала еще поездка в Вену, которую я 16 лет от роду предпринял в первый раз. Тогда я поехал в столицу с целью посмотреть картинную галерею дворцового музея. Но в действительности глаз мой останавливался только на самом музее. Я бегал по городу с утра до вечера, стараясь увидеть как можно больше достопримечательностей, но в конце концов мое внимание приковывали почти исключительно строения. Часами стоял я перед зданием оперы, часами разглядывал здание парламента. Чудесные здания на Ринге действовали на меня, как сказка из "Тысячи одной ночи".

Теперь я оказался в прекрасной Вене во второй раз. Я сгорал от нетерпения скорее сдать экзамен и вместе с тем был преисполнен гордой уверенности в том, что результат будет хороший. В этом я был настолько уверен, что когда мне объявили, что я не принят, на меня это подействовало, как гром с ясного неба. Когда я представился ректору и обратился к нему с просьбой: объяснить мне причины моего непринятия на художественное отделение академии, ректор ответил мне, что привезенные мною рисунки не оставляют ни малейших сомнений в том, что художника из меня не выйдет. Из этих рисунков видно, что у меня есть способности в сфере архитектуры. Я должен совершенно бросить мысль о художественном отделении и подумать об отделении архитектурном. Ректор выразил особенное удивление по поводу того, что я до сих пор вообще не прошел никакой строительной школы.

Удрученный покинул я прекрасное здание на площади Шиллера и впервые в своей недолгой жизни испытал чувство дисгармонии с самим собой. То, что я теперь услышал из уст ректора относительно моих способностей, сразу как молния осветило мне те внутренние противоречия, которые я полусознательно испытывал и раньше. Только да сих пор я не мог отдать себе ясного отчета, почему и отчего это происходит.

Через несколько дней мне и самому стало вполне ясно, что я должен стать архитектором.

Дорога к этому была для меня полна трудностей; из упрямства я зря упустил много времени в реальном училище, и теперь приходилось за это рассчитываться. Чтобы попасть на архитектурное отделение академии, надо было сначала пройти строительно-техническое училище, а чтобы попасть в это последнее, надо было сначала иметь аттестат зрелости из средней школы. Ничего этого у меня не было. По зрелом размышлении выходило, что исполнение моего желания совершенно невозможно.

Тем временем умерла моя мать. Когда после ее смерти я в третий раз приехал в Вену, - на этот раз на многие годы, - я опять был уже в спокойном настроении, ко мне вернулась прежняя решимость, и я теперь окончательно знал свою цель. Я решил теперь стать архитектором. Все препятствия надо сломать, о капитуляции перед ними не может быть и речи. Размышляя так, я все время имел перед глазами пример моего покойного отца, который все-таки сумел выйти из положения деревенского мальчика, сапожного ученика и подняться до положения государственного чиновника. Я все же чувствовал более прочную почву под ногами, мои возможности казались мне большими. То, что я тогда воспринимал как жестокость судьбы, я теперь должен признать мудростью провидения. Богиня нужды взяла меня в свои жесткие руки. Много раз казалось, что вот-вот я буду сломлен нуждой, а на деле именно этот период закалил во мне волю к борьбе, и в конце концов эта воля победила.

Именно этому периоду своей жизни я обязан тем, что я сумел стать твердым и могу быть непреклонным. Теперь я это время благословляю и за то, что оно вырвало меня из пустоты удобной жизни, что меня, маменькиного сынка, оно оторвало от мягких пуховиков и отдало в руки матери-нужды, дало мне увидеть нищету и горе и познакомило с теми, за кого впоследствии мне пришлось бороться.

* * *

В этот же период у меня раскрылись глаза на две опасности, которые я раньше едва знал по имени и всего значения которых для судеб немецкого народа я конечно не понимал. Я говорю о марксизме и еврействе.

Вена - город, который столь многим кажется вместилищем прекрасных удовольствий, городом празднеств для счастливых людей, - эта Вена для меня к сожалению является только живым воспоминанием о самой печальной полосе моей жизни.

Еще и теперь этот город вызывает во мне только тяжелые воспоминания. Вена - в этом слове для меня слилось 5 лет тяжелого горя и лишений. 5 лет, в течение которых я сначала добывал себе кусок хлеба как чернорабочий, потом как мелкий чертежник, я прожил буквально впроголодь и никогда в ту пору не помню себя сытым. Голод был моим самым верным спутником, который никогда не оставлял меня и честно делил со мной все мое время. В покупке каждой книги участвовал тот же мой верный спутник - голод; каждое посещение оперы приводило к тому, что этот же верный товарищ мой оставался у меня на долгое время. Словом, с этим безжалостным спутником я должен был вести борьбу изо дня в день. И все же в этот период своей жизни я учился более, чем когда бы то ни было. Кроме моей работы по архитектуре, кроме редких посещений оперы, которые я мог себе позволить лишь за счет скудного обеда, у меня была только одна радость, это - книги.

Я читал тогда бесконечно много и читал основательно. Все свободное время, которое оставалось у меня от работы, целиком уходило на эти занятия. В течение нескольких лет я создал себе известный запас знаний, которыми я питаюсь и поныне.

Более того.

В это время я составил себе известное представление о мире и выработал себе миросозерцание, которое образовало гранитный фундамент для моей теперешней борьбы. К тем взглядам, которые я выработал себе тогда, мне пришлось впоследствии прибавить только немногое, изменять же ничего не пришлось.

Наоборот.

Я теперь твердо убежден в том, что все творческие идеи человека в общих чертах появляются уже в период его юности, насколько вообще данный человек способен творчески мыслить. Я различаю теперь между мудростью старости, которая является результатом большей основательности, осторожности и опыта долгой жизни, и гениальностью юности, которая щедрой рукой бросает человечеству благотворные идеи и мысли, хотя иногда и в незаконченном виде.

Юность дает человечеству строительный материал и планы будущего, из которых затем более мудрая старость кладет кирпичи и строит здания, поскольку так называемая мудрость старости вообще не удушает гениальности юности.

* * *

Жизнь, которую я до тех пор вел в доме родителей, мало отличалась от обычной. Я жил безбедно и никаких социальных проблем предо мной не стояло. Окружавшие меня сверстники принадлежали к кругам мелкой буржуазии, т.е. к тем кругам, которые очень мало соприкасаются с рабочими чисто физического труда. Ибо, как это на первый взгляд ни странно, пропасть между теми слоями мелкой буржуазии, экономическое положение которых далеко не блестяще, и рабочими физического труда зачастую гораздо глубже, чем это думают. Причиной этой - приходится так выразиться - вражды является опасение этих общественных слоев, - они еще совсем недавно чуть-чуть поднялись над уровнем рабочих физического труда, - опять вернуться к своему старому положению, вернуться к жизни малоуважаемого рабочего сословия или даже только быть вновь причисленными к нему. К этому у многих прибавляются тяжелые воспоминания о неслыханной культурной отсталости низших классов, чудовищной грубости обращения друг с другом. Недавно завоеванное положение мелкого буржуа, само по себе не бог весть какое высокое, заставляет прямо трепетать перед опасностью вновь спуститься на одну ступень ниже и делает невыносимой даже одну мысль об этом.

Отсюда часто получается, что более высоко поставленные люди относятся к самым низшим слоям с гораздо меньшими предрассудками, чем недавние "выскочки".

Ибо в конце концов выскочкой является в известном смысле всякий, кто своей собственной энергией несколько выбился в люди и поднялся выше своего прежнего уровня жизни.

Эта зачастую очень тяжкая борьба заглушает всякое чувство сожаления. Отчаянная борьба за существование, которую ты только что вел сам, зачастую убивает в тебе всякое сострадание к тем, кому выбиться в люди не удалось.

Ко мне лично судьба в этом отношении была милостивее. Бросив меня в омут нищеты и необеспеченности, через который в свое время прошел мой отец, выбившийся затем в люди, жизнь сорвала с моих глаз повязку ограниченного мелкобуржуазного воспитания. Только теперь я научился понимать людей, научился отличать видимость и внешнюю скотскую грубость от внутренней сути человека.

Вена уже в начале XX столетия принадлежала к городам величайшего социального неравенства.

Бьющая в глаза роскошь, с одной стороны, и отталкивающая нищета - с другой. В центре города, в его внутренних кварталах можно было с особенной отчетливостью ощущать биение пульса 52-миллионной страны со всеми сомнительными чарами этого государства национальностей. Двор с его ослепительной роскошью притягивал как магнит богачей и интеллигенцию. К этому надо прибавить сильнейший централизм, на котором основана была вся габсбургская монархия.

Только благодаря этому централизму мог держаться весь этот международный кисель. В результате этого - необычайная концентрация всей высшей администрации в резиденции государства - в Вене.

Вена не только в политическом и духовном, но в экономическом отношении была центром придунайской монархии. Армии высшего офицерства, государственных чиновников, художников и ученых противостояла еще большая армия рабочих; несметному богатству аристократии и торговцев противостояла чудовищная беднота. Перед дворцом на Ринге в любое время дня можно было видеть тысячи блуждающих безработных. В двух шагах от триумфальных арок, в пыли и грязи каналов валялись сотни и тысячи бездомных.

Едва ли в каком-либо другом немецком городе в эту пору можно было с большим успехом изучать социальную проблему. Не надо только обманывать самих себя. Это "изучение" невозможно сверху вниз. Кто сам не побывал в тисках удушающей нищеты, тот никогда не поймет, что означает этот ад. Если изучать социальную проблему сверху вниз, ничего кроме поверхностной болтовни и лживых сантиментов не получится, а то и другое только вредно. Первое потому, что не позволяет даже добраться да ядра проблемы, второе потому, что просто проходит мимо нее. Я право не знаю, что хуже: полное невнимание к социальной нужде, которое характерно для большинства счастливцев и для многих из тех, которые достаточно зарабатывают, чтобы безбедно жить; или пренебрежительное и вместе с тем частенько в высшей степени бестактное снисхождение к меньшему брату, характерное для многих из тех господ мужского и женского пола, для которых и сочувствие к "народу" является делом моды. Эти люди грешат гораздо больше, чем они при их полном отсутствии такта даже могут сами себе представить. Неудивительно, что результат такого их общения с "меньшим братом" совершенно ничтожен, а зачастую прямо отрицателен. Когда народ на такое обращение отвечает естественным чувством возмущения, эти добрые господа всегда воспринимают это как доказательство неблагодарности народа.

Что общественная деятельность ничего общего с этим не имеет, что общественная деятельность прежде всего не должна рассчитывать ни на какую благодарность, ибо ее задачей является не распределять милость, а восстанавливать право, - такого рода суждение подобным господам просто невдомек.

Меня судьба уберегла от такого рода "разрешения" социального вопроса. Вовлекши меня самого в омут нищеты, судьба приглашала меня не столько "изучать" социальную проблему, сколько на себе самом испробовать ее. Если кролик счастливо пережил вивисекцию, то это уже его собственная заслуга.

Пытаясь теперь изложить на бумаге то, что было пережито тогда, я заранее знаю, что о полноте изложения не может быть и речи. Дело может идти только о том, чтобы описать наиболее потрясающие впечатления и записать те важнейшие уроки, которые я вынес из той полосы моей жизни.

* * *

Найти работу мне бывало нетрудно, так как работать приходилось как чернорабочему, а иногда и просто как поденщику. Таким образом я добывал себе кусок хлеба.

При этом я часто думал: надо просто встать на точку зрения тех людей, которые, отряхнув с ног прах старой Европы, устремляются в Новый свет и там на новой родине добывают кусок хлеба какой угодно работой. Разделавшись со всеми предрассудками и представлениями о сословной и профессиональной чести, освободившись от всяких традиций, они зарабатывают средства на пропитание там и так, где и как это возможно. Они вполне правы, что никакая работа не позорит человека. Так и я решился обеими ногами стать на создавшуюся для меня почву и пробиться во что бы то ни стало.

Очень скоро я убедился в том, что всегда и везде можно найти какую-либо работу, но также и в том, что всегда и везде ее легко можно потерять.

Именно необеспеченность заработка через некоторое время стала для меня самой трудной стороной моей новой жизни.

"Квалифицированного" рабочего выбрасывают на улицу не так часто как чернорабочего; однако и он далеко не свободен от этой участи. Если он не оказывается без дела просто из-за отсутствия работы, то его часто настигает локаут или безработица в результате участия в забастовке.

Здесь необеспеченность заработка жестко мстит за себя всему хозяйству.

Крестьянский парень, который переселяется в город, привлекаемый туда большей легкостью труда, более коротким рабочим днем и другими соблазнами города, сначала, приученный к более обеспеченному заработку, бросает работу лишь в том случае, когда имеет по крайней мере серьезную надежду получить другую. Нужда в сельскохозяйственных рабочих велика, поэтому менее вероятна длительная безработица среди этих рабочих. Ошибочно думать, что молодой парень, отправляющийся в большой город, уже с самого начала сделан из худшего материала, чем тот, который крепко засел в деревне. Нет, напротив, опыт показывает, что переселяющиеся в город элементы деревни большею частью принадлежат к самым здоровым и энергичным натурам, а не наоборот. К этим "эмигрантам" надо отнести не только тех, кто эмигрирует за океан в Америку, но и тех молодых парней, которые решаются бросить свою деревню и отправиться искать счастья в большом городе. Они также берут на себя большой риск. Большею частью такой деревенский парень приходит в большой город, имея в кармане кое-какие деньжонки. Ему не приходится дрожать за себя, если по несчастью он не найдет работы сразу. Хуже становится его положение, если, найдя работу, он ее быстро потеряет. Найти новую работу, в особенности в зимнюю пору трудно, если не невозможно. Несколько недель он еще продержится. Он получит пособие по случаю безработицы из кассы своего союза и еще продержится некоторое время. Но когда он издержит последний грош и когда профсоюзная касса перестанет платить ему пособие ввиду чрезмерной длительности его безработицы, тогда он попадает в большую нужду. Теперь ему приходится бродить по улицам на голодный желудок, заложить и продать последнее; его платье становится ветхим, сам он начинает все больше и больше опускаться физически, а затем и морально. Если он еще останется без крова (а это зимой случается особенно часто), его положение становится уже прямо бедственным. Наконец он опять найдет кое-какую работу, но игра повторяется сначала. Во второй раз несчастье его разыграется в том же порядке. В третий раз удары судьбы будут еще сильней. Постепенно он научится относиться к своему необеспеченному положению все более и более безразлично. Наконец повторение всего этого входит в привычку.

Энергичный и работающий парень, именно благодаря этому постепенно совершенно меняет свой облик. Из трудящегося человека он становится простым инструментом тех, кто начинает использовать его в своих низких корыстных целях. Без всякой вины ему так часто приходилось быть безработным, что он начинает считать так: месяцем больше или меньше - все равно. В конце концов он начинает относиться индифферентно не только к вопросам своего непосредственного бытия и заработка, но и к вопросам, связанным с уничтожением государственных, общественных и общекультурных ценностей. Ему уже ничего не стоит принимать участие в забастовках, но ничего не стоит относиться к забастовкам совершенно индифферентно.

Этот процесс я имел возможность собственными глазами наблюдать на тысяче примеров. Чем больше я наблюдал эту игру, тем больше во мне росло отвращение к миллионному городу, который сначала так жадно притягивает к себе людей, чтобы их потом так жестоко оттолкнуть и уничтожить.

Когда эти люди приходят в город, их как бы с радостью причисляют к населению столицы, но стоит им подольше остаться в этом городе, как он перестает интересоваться ими.

Меня также жизнь в этом мировом городе изрядно потрепала, и на своей шкуре я должен был испытать достаточное количество материальных и моральных ударов судьбы. Еще в одном я убедился здесь: быстрые переходы от работы к безработице и обратно, связанные с этим вечные колебания в твоем маленьком бюджете, разрушают чувство бережливости и вообще лишают вкуса к разумному устройству своей жизни. Человек постепенно приучается в хорошие времена жить припеваючи, в плохие - голодать. Голод приучает человека к тому, что как только в его руки попадают некоторые деньги, он обращается с ними совершенно нерасчетливо и теряет способность к самоограничению. Стоит ему только получить какую-нибудь работенку и заработать немного деньжонок, как он самым легкомысленным образом тотчас же пускает свой заработок в трубу. Это опрокидывает всякую возможность рассчитывать свой маленький бюджет хотя бы только на неделю. Заработанных денег сначала хватает на пять дней из семи, затем только на три дня и, наконец, дело доходит до того, что спускаешь свой недельный заработок в течение одного дня.

А дома часто ждут жена и дети. Иногда и они втягиваются в эту нездоровую жизнь, в особенности, если муж относится к ним по-хорошему и даже по-своему любит их. Тогда они все вместе в течение одного, двух или трех дней спускают весь недельный заработок. Пока есть деньги, они едят и пьют, а затем вторую часть недели вместе голодают. В эту вторую часть недели жена бродит по соседям, чтобы занять несколько грошей, делает небольшие долги у лавочника и всячески изворачивается, чтобы как-нибудь прожить последние дни недели. В обеденный час сидят за столом при полупустых тарелках, а часто голодают совершенно. Ждут новой получки, о ней говорят, строят планы и голодая мечтают уже о том, когда наступит новый счастливый день и недельный заработок опять будет спущен в течение нескольких часов.

Маленькие дети уже в самом раннем своем детстве знакомятся с этой нищетой.

Но особенно плохо кончается дело, если муж отрывается от семьи и если мать семейства ради своих детей начинает борьбу против мужа из-за этого образа жизни. Тогда начинаются споры и раздоры. И чем больше муж отчуждается от жены, тем ближе он знакомится с алкоголем. Каждую субботу он пьян. Из чувства самосохранения, из привязанности к своим детям мать семьи начинает вести бешеную борьбу за те жалкие гроши, которые ей приходится вырывать у мужа большую частью по пути с фабрики в трактир. В воскресенье или в понедельник ночью он, наконец, придет домой пьяный, ожесточенный, спустивший все до гроша. Тогда происходят сцены, от которых упаси нас, боже.

На тысяче примеров мне самому приходилось наблюдать все это. Сначала это меня злило и возмущало, потом я научился понимать тяжелую трагедию этих страданий и видеть более глубокие причины порождающие их. Несчастные жертвы плохих общественных условий!

Еще хуже были тогда жилищные условия. Жилищная нужда венского чернорабочего была просто ужасна. Еще и сейчас дрожь проходит по моей спине, когда я вспоминаю о тех казармах, где массами жили эти несчастные, о тех тяжелых картинах нечистоты, грязи и еще много худшего, какие мне приходилось наблюдать.

Что хорошего можно ждать от того момента, когда из этих казарм в один прекрасный день устремится безудержный поток обозленных рабов, о которых беззаботный город даже не подумает?

Да, беззаботен этот мир богатых.

Беззаботно предоставляет он ход вещей самому себе, не помыслив даже о том, что рано или поздно судьба принесет возмездие, если только люди вовремя не подумают о том, что нужно как-то ее умилостивить.

Как благодарен я теперь провидению за то, что оно дало мне возможность пройти через эту школу! В этой школе мне не пришлось саботировать все то, что было мне не по душе. Эта школа воспитала меня быстро и основательно.

Если я не хотел совершенно разочароваться в тех людях, которые меня тогда окружали, я должен был начать различать между внешней обстановкой их жизни и теми причинами, которые порождали эту обстановку. Только в этом случае все это можно было перенести, не впав в отчаяние. Только так я мог видеть перед собою не только людей, тонущих в нищете и грязи, но и печальные результаты печальных законов. А тяготы моей собственной жизни и собственной борьбы за существование, которая также была нелегка, избавили меня от опасности впасть в простую сентиментальность по этому поводу. Я отнюдь не капитулировал и не опускал рук, видя неизбежные результаты определенного общественного развития. Нет, так не следует понимать моих слов.

Уже тогда я убедился, что здесь к цели ведет только двойной путь:

Глубочайшее чувство социальной ответственности направленное к созданию лучших условий нашего общественного развития, в сочетании с суровой решительностью уничтожать того горбатого, которого исправить может только могила.

Ведь и природа сосредоточивает все свое внимание не на том, чтобы поддержать существующее, а на том, чтобы обеспечить ростки будущего. Так и в человеческой жизни нам нужно меньше думать о том, чтобы искусственно облагораживать существующее зло (что в 99 случаях из ста при нынешней человеческой натуре невозможно), чем о том, чтобы расчистить путь для будущего более здорового развития.

Уже во время моей венской борьбы за существование мне стало ясно, что общественная деятельность никогда и ни при каких обстоятельствах не должна сводиться к смешной и бесцельной благотворительности, она должна сосредоточиваться на устранении тех коренных недостатков в организации нашей хозяйственной и культурной жизни, которые неизбежно приводят или, по крайней мере, могут приводить отдельных людей к вырождению. Кто плохо понимает действительные причины этих общественных явлений, тот именно поэтому и затрудняется или колеблется в необходимости применить самые последние, самые жесткие средства для уничтожения этих опасных для государственной жизни явлений.

Эти колебания, эта неуверенность в себе, в сущности, вызваны чувством своей собственной вины, собственной ответственности за то, что эти бедствия и трагедии имеют место; эта неуверенность парализует волю и мешает принять какое бы то ни было серьезное твердое решение, а слабость и неуверенность в проведении необходимых мер только затягивают несчастье.

Когда наступает эпоха, которая не чувствует себя самой виновной за все это зло, - только тогда люди обретают необходимое внутреннее спокойствие и силу, чтобы жестоко и беспощадно вырвать всю худую траву из поля вон. У тогдашнего же австрийского государства почти совершенно не было никакого социального законодательства; его слабость в борьбе против всех этих процессов вырождения прямо бросалась в глаза.

* * *

Мне трудно сказать, что в те времена меня больше возмущало: экономические бедствия окружающей меня тогда среды, ее нравственно и морально низкий уровень или степень ее культурного падения. Как часто наши буржуа впадают в моральное негодование, когда им из уст какого- либо несчастного бродяги приходится услышать заявление, что ему в конце концов безразлично, немец он или нет, что он везде чувствует себя одинаково хорошо или плохо в зависимости от того, имеет ли он кусок хлеба.

По поводу этого недостатка "национальной гордости" в этих случаях много морализируют, не щадя крепких выражений. Но много ли поразмыслили эти национально гордые люди над тем, чем собственно объясняется то обстоятельство, что сами они думают и чувствуют иначе.

Много ли поразмыслили они над тем, какое количество отдельных приятных воспоминаний во всех областях культурной и художественной жизни дало им то впечатление о величии их родины, их нации, какое и создало для них приятное ощущение принадлежать именно к этому богом взысканному народу? Подумали ли они о том, насколько эта гордость за свое отечество зависит от того, что они имели реальную возможность познакомиться с величием его во всех областях?

Думают ли наши буржуазные слои о том, в каких до смешного малых размерах созданы эти реальные предпосылки для нашего "народа"?

Пусть не приводят нам того аргумента, что-де "и в других странах дело обстоит так же", и "однако" там рабочий дорожит своей родиной. Если бы даже это было так, это еще не служит оправданием нашей бездеятельности. Но это не так, ибо то, что мы у французов, например называем "шовинистическим" воспитанием, на деле ведь является не чем другим как только чрезмерным подчеркиванием величия Франции во всех областях культуры или, как французы любят говорить, "цивилизации". Молодого француза воспитывают не в "объективности", а в самом субъективном отношении, какое только можно себе представить, ко всему тому, что должно подчеркнуть политическое или культурное величие его родины.

Такое воспитание конечно должно относиться только к самым общим, большим вопросам и, если приходится, то память в этом отношении нужно непрерывно упражнять, дабы во что бы то ни стало вызвать соответствующее чувство в народе.

А у нас мы не только упускаем сделать необходимое, но мы еще разрушаем то немногое, что имеем счастье узнать в школе. Если нужда и несчастья не вытравили из памяти народа все лучшие воспоминания о прошлом, то мы все равно постараемся политически отравить его настолько, чтобы он позабыл о них.

Представьте себе только конкретно:

В подвальном помещении, состоящем из двух полутемных комнат, живет рабочая семья из семи человек. Из пятерых детей младшему, скажем, три года. Это как раз тот возраст, когда первые впечатления воспринимаются очень остро. У даровитых людей, воспоминания об этих годах живы до самой старости. Теснота помещения создает крайне неблагоприятную обстановку. Споры и ссоры возникают уже из-за одной этой тесноты. Эти люди не просто живут вместе, а они давят друг друга. Малейший спор, который в более свободной квартире разрешился бы просто тем, что люди разошлись бы в разные концы, при этой обстановке зачастую приводит к бесконечной грызне. Дети еще кое-как переносят эту обстановку; они тоже спорят и дерутся в этой обстановке очень часто, но быстро забывают эти ссоры. Когда же ссорятся и спорят старшие, когда это происходит изо дня в день, когда это принимает самые отвратительные формы, тогда эти тяжкие методы наглядного обучения неизбежно сказываются и на детях. Ну, а когда взаимная грызня между отцом и матерью доходит до того, что отец в пьяном состоянии грубо обращается с матерью или даже бьет ее, тогда люди, не жившие в такой обстановке, не могут даже представить себе, к каким все это приводит последствиям. Уже шестилетний ребенок в этой обстановке узнает вещи, которые и взрослому могут внушить только ужас. Морально отравленный, физически недоразвитый, зачастую вшивый такой молодой гражданин отправляется в школу. Кое-как он научается читать и писать, но это - все. О том, чтобы учиться дома, в такой обстановке не может быть и речи. Напротив. Отец и мать в присутствии детей ругают учителя и школу в таких выражениях, которые и передать нельзя. Вместо того, чтобы помогать ребятам учиться, родители склонны скорей положить их на колени и высечь. Все, что приходится несчастным детям слышать в такой обстановке, отнюдь не внушает им уважения к окружающему миру. Ни одного доброго слова не услышат они здесь о человечестве вообще. Все учреждения, все власти здесь подвергаются только самой жесткой и грубой критике, - начиная от учителя и кончая главой государства. Родители ругают всех и вся - религию и мораль, государство и общество - и все это зачастую в самой грязной форме. Когда такой паренек достиг 14 лет и кончил школу, то большею частью бывает трудно уже решить, что в нем преобладает: невероятная глупость, ибо ничему серьезному он научиться в школе не мог, или грубость, часто связанная с такой безнравственностью уже в этом возрасте, что волосы становятся дыбом.

У него уже сейчас нет ничего святого. Ничего великого в жизни он не видел, и он заранее знает, что в дальнейшем все пойдет еще хуже в той жизни, в которую он сейчас вступает.

Трехлетний ребенок превратился в 15-летнего подростка. Авторитетов для него нет никаких. Ничего кроме нищеты и грязи этот молодой человек не видел, ничего такого, что могло бы ему внушить энтузиазм и стремление к более высокому.

Но теперь ему еще придется пройти через более суровую школу жизни.

Теперь для него начинаются те самые мучения, через которые прошел его отец. Он шляется весь день, где попало. Поздно ночью он возвращается домой. В виде развлечения он избивает то несчастное существо, которое называется его матерью. Он разражается потоками грубейших ругательств. Наконец подвернулся "счастливый" случай, и он попал в тюрьму для малолетних, где его "образование" получит полировку.

А наши богобоязненные буржуа еще при этом удивляются, почему у этого "гражданина" нет достаточного национального энтузиазма.

Наше буржуазное общество спокойно смотрит на то, как в театре и в кино, в грязной литературе и в сенсационных газетах изо дня в день отравляют народ. И после этого оно еще удивляется, почему массы нашего народа недостаточно нравственны, почему проявляют они "национальное безразличие". Как будто в самом деле грязная литература, грубые сенсации, киноэкран могут заложить здоровые основы патриотического воспитания народной массы.

Что мне раньше и не снилось, то я в те времена понял быстро и основательно.

Вопрос о здоровом национальном сознании народа есть в первую очередь вопрос о создании здоровых социальных отношений как фундамента для правильного воспитания индивидуума. Ибо только тот, кто через воспитание в школе познакомился с культурным, хозяйственным и прежде всего политическим величием собственного отечества, сможет проникнуться внутренней гордостью по поводу того, что он принадлежит к данному народу. Бороться я могу лишь за то, что я люблю. Любить могу лишь то, что я уважаю, а уважать лишь то, что я по крайней мере знаю.

* * *

В своей ранней юности я слышал о социал-демократии лишь очень немного, и то, что я слышал, было неправильно.

То обстоятельство, что социал-демократия вела борьбу за всеобщее, тайное избирательное право, меня внутренне радовало. Мой разум и тогда подсказывал мне, что это должно повести к ослаблению габсбургского режима, который я так ненавидел. Я был твердо уверен, что придунайская монархия не может держаться иначе, как жертвуя интересами австрийских немцев. Я знал, что даже ценой медленной славянизации немцев Австрии все-таки еще не гарантировано создание действительно жизнеспособного государства по той простой причине, что сама государственность славянского элемента находится под большим сомнением. Именно ввиду всего этого я и приветствовал все то, что по моему мнению должно было вести к краху невозможного, попирающего интересы 10 миллионов немцев, обреченного на смерть государства. Чем больше национальная грызня и борьба различных языков разгоралась и разъедала австрийский парламент, тем ближе был час будущего распада этого вавилонского государства, а тем самым приближался и час освобождения моего австро-немецкого народа. Только так в тогдашних условиях рисовался мне путь присоединения австрийских немцев к Германии.

Таким образом эта деятельность социал-демократии не была мне антипатичной. Кроме того я был еще тогда достаточно неопытен и глуп, чтобы думать, что социал-демократия заботится об улучшении материального положения рабочих. И это конечно в моем представлении говорило больше за нее нежели против нее. Что меня тогда более всего отталкивало от социал-демократии, так это ее враждебное отношение к борьбе за немецкие интересы, ее унизительное выслуживание перед славянскими "товарищами", которые охотно принимали практические уступки лебезивших перед ними австрийских с.-д., но вместе с тем третировали их свысока, как того впрочем вполне заслуживали эти навязчивые попрошайки.

Когда мне было 17 лет, слово "марксизм" мне было мало знакомо, слова же "социал-демократия" и "социализм" казались мне одинаковыми понятиями. И тут понадобились тяжелые удары судьбы, чтобы у меня открылись глаза на этот неслыханный обман народа.

До тех пор я наблюдал социал-демократическую партию только как зритель во время массовых демонстраций. Я еще не имел ни малейшего представления о действительном направлении умов ее сторонников, я не понимал еще сути ее учения. Только теперь я сразу пришел в соприкосновение с ней и смог близко познакомиться с продуктами ее воспитания и ее "миросозерцания". То, что при другой обстановке потребовало бы, может быть, десятилетий, я теперь получил в несколько месяцев. Я понял, что за фразами о социальной добродетели и любви к ближнему кроется настоящая чума, от заразы, которой надо как можно скорей освободить землю под страхом того, что иначе земля легко может стать свободной от человечества.

Мое первое столкновение с социал-демократами произошло на постройке, где я работал.

Уже с самого начала отношения сложились очень невесело. Одежда моя была еще в относительном порядке, язык мой был вежлив и все мое поведение сдержанно. Я все еще так сильно был погружен в самого себя, что мало думал об окружающем. Я искал работы только для того, чтобы не умереть голодной смертью и иметь возможность, хотя бы медленно и постепенно, продолжать свое образование. Может быть я еще долго не думал бы о своем окружении, если бы уже на третий или на четвертый день не произошло событие, которое сразу же заставило меня занять позицию: меня пригласили вступить в организацию.

Мои сведения о профессиональной организации в те времена были равны нулю. Я ничего не мог бы тогда сказать ни о целесообразности, ни о нецелесообразности ее существования. Но так как мне сказали, что вступить в организацию я обязан, то я предложение отклонил. Свой ответ я мотивировал тем, что вопроса я пока не понимаю, но принудить себя к какому бы то ни было шагу я не позволю. Вероятно благодаря первой половине моей мотивировки меня не выбросили с постройки сразу. Вероятно надеялись на то, что через несколько дней меня удастся переубедить или запугать. В обоих случаях они основательно ошиблись. Прошли еще две недели, и теперь я бы не мог себя заставить вступить в профсоюз, даже если бы этого захотел. В течение этих двух недель я достаточно близко познакомился с моим окружением. Теперь никакая сила в мире не могла бы принудить меня вступить в организацию, представителей которой я за это время увидел в столь неблагоприятном свете.

Первые дни мне было тяжело.

В обеденный час часть рабочих уходила в ближайшие трактирчики, а другая оставалась на постройке и там съедала свой скудный обед. Это были женатые рабочие, которым их жены приносили сюда в ветхой посуде жидкий обед. К концу недели эта вторая часть становилась все больше; почему? Это я понял лишь впоследствии. Тогда начинались политические споры.

Я в сторонке выпивал свою бутылку молока и съедал свой кусок хлеба. Осторожно изучая свое окружение, я раздумывал над своей несчастной судьбой. Тем не менее того, что я слышал, было более чем достаточно. Частенько мне казалось, что эти господа нарочно собираются поближе ко мне, чтобы заставить меня высказать то или другое мнение. То, что я слышал кругом, могло меня только раздражить до последней степени. Они отвергали и проклинали все: нацию как изобретение капиталистических "классов" - как часто приходилось мне слышать это слово; отечество как орудие буржуазии для эксплуатации рабочих; авторитет законов как средство угнетения пролетариата; школу как учреждение, воспитывающее рабов, а также и рабовладельцев; религию как средство обмана обреченного на эксплуатацию народа; мораль как символ глупого, овечьего терпения и т.д. Словом в их устах не оставалось ничего чистого и святого; все, буквально все они вываливали в ужасной грязи.

Сначала я пытался молчать, но в конце концов молчать больше нельзя было. Я начал высказываться, начал возражать. Тут мне прежде всего пришлось убедиться в том, что пока я сам не приобрел достаточных знаний и не овладел спорными вопросами, переубедить кого бы то ни было совершенно безнадежно. Тогда я начал рыться в тех источниках, откуда они черпали свою сомнительную мудрость. Я стал читать книгу за книгой, брошюру за брошюрой.

Но на постройке споры становились все горячей. С каждым днем я выступал все лучше, ибо теперь имел уже больше сведений об их собственной науке, чем мои противники. Но очень скоро наступил день, когда мои противники применили то испытанное средство, которое конечно легче всего побеждает разум: террор насилия. Некоторые из руководителей моих противников поставили предо мной на выбор: либо немедленно покинуть постройку добровольно, либо они меня сбросят оттуда. Так как я был совершенно один, и сопротивление было безнадежно, я предпочел избрать первое и ушел с постройки умудренный опытом.

Я ушел полный омерзения, но вместе с тем все это происшествие настолько меня захватило, что для меня стало совершенно невозможным просто забыть все это. Нет, этого я так не оставлю. Первое чувство возмущения скоро вновь сменилось упрямым желанием дальнейшей борьбы. Я решился несмотря ни на что опять пойти на другую постройку. К этому решению меня побудила еще и нужда. Прошло несколько недель, я израсходовал все свои скудные запасы, и безжалостный голод толкал к действию. Хотя и против воли я должен был идти на постройку. Игра повторилась снова. Финал был такой же как и в первый раз.

Помню, что во мне происходила внутренняя борьба: разве это в самом деле люди, разве достойны они принадлежать к великому народу?

Мучительный вопрос! Ибо если ответить на этот вопрос утвердительно, тогда борьба за народность просто не стоит труда и тех жертв, которые лучшим людям приходится приносить за таких негодяев. Если же ответить на этот вопрос отрицательно, тогда окажется, что наш народ слишком уж беден людьми.

В те дни мне казалось, что эта масса людей, которых нельзя даже причислить к сынам народа, угрожающе возрастает, как лавина, и это вызывало во мне тяжелое беспокойное чувство.

С совсем другими чувствами наблюдал я теперь массовую демонстрацию венских рабочих, происходившую по какому-то поводу в эти дни. В течение двух часов я стоял и наблюдал, затаив дыхание, этого бесконечных размеров человеческого червя, который в течение двух часов полз перед моими глазами. Подавленный этим зрелищем, я наконец покинул площадь и отправился домой. По дороге я в окне табачной лавочки увидел "Рабочую газету" - центральный орган старой австрийской социал-демократии. В одном дешевеньком народном кафе, где я часто бывал, чтобы читать газеты, этот орган также всегда лежал на столе. Но до сих пор я никак не мог заставить себя подержать в руках более чем 1-2 минуты эту гнусную газету, весь тон которой действовал на меня, как духовный купорос. Теперь под тягостным впечатлением, вынесенным от демонстрации, какой-то внутренний голос заставил меня купить газету и начать ее основательно читать. Вечером я принял меры, чтобы обеспечить себе получение этой газеты. И несмотря на вспышки гнева и негодования, стал теперь регулярно вникать в эту концентрированную ложь.

Чтение ежедневной социал-демократической прессы более чем знакомство с ее теоретической литературой позволило мне понять ход идей социал- демократии и ее внутреннюю сущность.

В самом деле, какая большая разница между этой прессой и чисто теоретической литературой социал-демократии, где встретишь море фраз о свободе, красоте и "достоинстве", где нет конца словам о гуманности и морали, - и все это с видом пророков, и все это скотски-грубым языком ежедневной с.-д. прессы, работающей при помощи самой низкой клеветы и самой виртуозной, чудовищной лжи. Теоретическая пресса имеет в виду глупеньких святош из рядов средней и высшей "интеллигенции", ежедневная печать - массу.

Мне лично углубление в эту литературу и прессу принесло еще более прочное сознание привязанности к моему народу.

То, что раньше приводило к непроходимой пропасти, теперь стало поводом к еще большей любви.

При наличии этой чудовищной работы по отравлению мозгов только дурак может осуждать тех, кто падает жертвой этого околпачивания. Чем более в течение ближайших годов я приобретал идейную самостоятельность, тем более росло во мне понимание внутренних причин успеха социал- демократии. Теперь я понял все значение, какое имеет в устах социал- демократии ее скотски грубое требование к рабочим выписывать только красные газеты, посещать только красные собрания, читать только красные книги. Практические результаты этого нетерпимого учения я видел теперь своими глазами с полной ясностью.

Психика широких масс совершенно невосприимчива к слабому и половинчатому. Душевное восприятие женщины менее доступно аргументам абстрактного разума, чем не поддающимся определению инстинктивным стремлениям к дополняющей ее силе. Женщина гораздо охотнее покорится сильному, чем сама станет покорять себе слабого. Да и масса больше любит властелина, чем того, кто у нее чего-либо просит. Масса чувствует себя более удовлетворенной таким учением, которое не терпит рядом с собой никакого другого, нежели допущением различных либеральных вольностей. Большею частью масса не знает, что ей делать с либеральными свободами, и даже чувствует себя при этом покинутой. На бесстыдство ее духовного терроризирования со стороны социал-демократии масса реагирует так же мало, как и на возмутительное злоупотребление ее человеческим правом и свободой. Она не имеет ни малейшего представления о внутреннем безумии всего учения, она видит только беспощадную силу и скотски грубое выражение этой силы, перед которой она в конце концов пасует.

Если социал-демократии будет противопоставлено учение более правдивое, но проводимое с такой же силой и скотской грубостью, это учение победит хотя и после тяжелой борьбы.

Не прошло и двух лет, как мне стало совершенно ясно самое учение социал-демократии, а также технические средства, при помощи которых она его проводит.

Я хорошо понял тот бесстыдный идейный террор, который эта партия применяет против буржуазии, неспособной противостоять ему ни физически, ни морально. По данному знаку начинается настоящая канонада лжи и клеветы против того противника, который в данный момент кажется социал-демократии более опасным, и это продолжается до тех пор, пока у стороны, подвергшейся нападению, не выдерживают нервы и, чтобы получить передышку, она приносит в жертву то или другое лицо, наиболее ненавистное социал-демократии. Глупцы! Никакой передышки они на деле все равно не получат. Игра начинается снова и продолжается до тех пор, пока страх перед этими одичалыми псами не парализует всякую волю.

Социал-демократия по собственному опыту хорошо знает цену силе, и поэтому она с наибольшей яростью выступает именно против тех, у кого она в той или другой мере подозревает это редкое качество; и наоборот она охотно хвалит те слабые натуры, которые она встречает в рядах противника. Иногда она делает это осторожно, иногда громче и смелей - в зависимости от предполагаемых духовных качеств данного лица.

Социал-демократия предпочитает иметь против себя безвольного и бессильного гения, нежели натуру сильную, хотя и скромную по идейному размаху.

Но более всего ей конечно нравятся противники, которые являются и слабохарактерными, и слабоголовыми.

Она умеет создать представление, будто уступить ей - это единственный способ сохранить спокойствие; а сама в то же время умно и осторожно продолжает наступать, захватывая одну позицию за другой, то при помощи тихого шантажа, то путем прямого воровства (в такие минуты, когда общее внимание направлено в другую сторону), то пользуясь тем, что противник не желает слишком дразнить социал-демократию, создавать большие сенсации и т.п. Эта тактика социал-демократии исчерпывающим образом использует все слабости противника. Эта тактика с математической точностью должна вести к ее успехам, если только противная сторона не научится против ядовитых газов бороться ядовитыми же газами.

Натурам слабым надо наконец объяснить, что здесь дело идет о том, быть или не быть.

Столь же понятным стало мне значение физического террора по отношению к отдельным лицам и к массе.

Здесь также имеет место совершенно точный учет психологических последствий.

Террор в мастерской, на фабрике, в зале собрания или на массовых демонстрациях всегда будет иметь успех, если ему не будет противопоставлен террор такой же силы.

Тогда конечно с.-д. партия подымет ужасный вой. Она, издавна отрицающая всякую государственную власть, теперь обратится к ней за помощью и опять-таки наверняка кое чего добьется: среди "высших" чиновников она найдет ослов, которые помогут этой чуме бороться против своего единственно серьезного противника, ибо эти ослы будут надеяться таким образом заслужить себе некоторое благоволение в глазах социал-демократии.

Какое впечатление этакий успех производит на широкую массу как сторонников, так и противников социал-демократии, может понять только тот, кто знает народную душу не из книг, а из живой действительности. В рядах сторонников социал-демократии достигнутая победа воспринимается как доказательство ее глубокой правоты. Противники же социал-демократии впадают в отчаяние и перестают верить в возможность дальнейшего сопротивления вообще.

Чем больше знакомился я с методами физического террора, применяемого социал-демократией, тем меньше мог я возмущаться теми сотнями тысяч людей из массы, которые стали жертвой его.

Тогдашнему периоду моей жизни я более всего обязан тем, что он вернул мне мой собственный народ, что он научил меня различать между обманщиками и жертвами обмана.

Не чем другим как жертвами нельзя считать этих людей, ставших достоянием обманщиков. Выше я обрисовал неприглядными штрихами жизнь "низших" слоев. Но мое изложение было бы неполным, если бы я тут же не подчеркнул, что в этих же низах я видел и светлые точки, что я не раз там наталкивался на образцы редкого самопожертвования, вернейшей дружбы, изумительной нетребовательности и скромности - в особенности среди рабочих старшего поколения. В молодом поколении рабочих эти добродетели были более редки, ибо на них гораздо большее влияние оказывают отрицательные стороны больших городов; но и среди молодых рабочих я нередко встречал многих, у которых здоровое нутро брало верх над низостями и убожеством жизни. Если эти, зачастую очень хорошие и добрые люди, вступили все-таки в ряды политических врагов нашего народа и таким образом помогали противнику, то это объясняется только тем, что они не поняли низости учения социал-демократии. Да и не могли понять, ибо мы никогда не потрудились подумать об этих людях, а общественная обстановка оказывалась сильней, чем порой добрая воля этих слоев. В лагерь социал-демократии загоняла этих людей, несмотря ни на что, нужда.

Бесчисленное количество раз наша буржуазия самым неумелым образом, а зачастую самым неморальным образом выступала против очень скромных и человечески справедливых требований - часто при этом без всякой пользы для себя и даже без какой бы то ни было перспективы получить какую-либо пользу. И вот, благодаря именно этому, даже приличные рабочие загонялись из профсоюзов на арену политической деятельности.

Можно сказать с уверенностью, что миллионы рабочих сначала были внутренне враждебны социал-демократической партии, но их сопротивление было побеждено тем, порой совершенно безумным поведением буржуазных партий, которое выражалось в полном и безусловном отказе пойти навстречу какому бы то ни было социальному требованию. В конце концов, этот отказ пойти на какое бы то ни было улучшение условий труда, принять меры против травматизма на производстве, ограничить детский труд, создать условия защиты женщины в те месяцы, когда она носит под сердцем будущего "сына отечества", - все это только помогало социал-демократии, которая с благодарностью регистрировала каждый такой отказ и пользовалась этими настроениями имущих классов, чтобы загонять массы в социал-демократический капкан. Наше политическое "бюргерство" никогда не сможет замолить этих своих грехов. Отклоняя все попытки исправить социальное зло, организуя сопротивление всем этим попыткам, эти политики сеяли ненависть и давали хотя бы внешнее оправдание заявлениям смертельных врагов нашего народа, что-де только с.-д. партия действительно думает об интересах трудящихся масс. Эти политики таким образом и создали моральное оправдание существованию профсоюзов, т.е. тех организаций, которые издавна служат главной опорой политической партии.

В годы моего венского учения я вынужден был - хотел ли я того или нет - занять позицию по вопросу о профсоюзах.

Так как я смотрел на профсоюз как на неотъемлемую часть с.-д. партии, то мое решение было быстро и... неправильно.

Я отнесся к профсоюзам начисто отрицательно.

Но и в этом бесконечно важном вопросе сама судьба дала мне ценные уроки.

В результате первое мое мнение было опрокинуто.

Имея 20 лет от роду, я научился различать между профсоюзами как средством защиты общих социальных прав трудящихся и средством завоевания лучших условий жизни для рабочих отдельных профессий и профсоюзами как инструментами политической партии и классовой борьбы.

То обстоятельство, что социал-демократия поняла громадное значение профессионального движения, обеспечило ей распоряжение этим инструментом и тем самым - успех; то обстоятельство, что буржуазия этого не поняла, стоило ей потери политической позиции. Буржуазия в своей надменной слепоте надеялась простым "отрицанием" профсоюзов помешать логическому ходу развития. На деле же вышло только то, что она направила это развитие на путь, противный логике. Что профессиональное движение само по себе будто бы враждебно отечеству - это нелепость и сверх того неправда. Правильно обратное. Пока профессиональная деятельность имеет целью улучшение жизни целого сословия, которое является одной из главных опор нации, это движение не только не враждебно отечеству и государству, напротив, оно "национально" в лучшем смысле слова. Такое профессиональное движение помогает созданию социальных предпосылок, без которых общенациональное воспитание вообще невозможно. Такое профессиональное движение приобретает ту громадную заслугу, что помогает победить социальную болезнь, уничтожает в корне бациллы этой болезни и таким образом содействует общему оздоровлению народного организма.

Спорить о необходимости профсоюзов таким образом поистине пустое дело.

Пока среди работодателей есть люди с недостаточным социальным пониманием или тем более с плохо развитым чувством справедливости и права, задача руководителей профсоюзов, которые ведь тоже являются частью нашего народа, заключается в том, чтобы защищать интересы общества против жадности и неразумия отдельных лиц. Сохранить верность и веру в народ есть такой же интерес нации, как сохранить здоровый народ.

И то и другое подтачивается теми предпринимателями, которые не чувствуют себя членами всего общественного организма. Ибо гнусная жадность и беспощадность порождают глубокий вред для будущего.

Устранить причины такого развития - это заслуга перед нацией, а не наоборот.

Пусть не говорят нам, что каждый отдельный рабочий имеет полное право сделать надлежащие выводы из той действительной или мнимой несправедливости, которую ему причиняют, т.е. покинуть данного предпринимателя и уйти. Нет! Это ерунда. Это только попытка отклонить внимание от важного вопроса. Одно из двух: или устранение плохих антиобщественных условий лежит в интересах нации или нет. Если да, то бороться против этого зла надо теми средствами, которые обещают успех. Отдельный рабочий никогда не в состоянии защитить свои интересы против власти крупных предпринимателей. Здесь дело идет не о победе высшего права. Если бы обе стороны стояли на одной точке зрения, то не было бы и самого спора. Здесь дело идет о вопросе большей силы. Если бы это было не так, если бы с обеих сторон было в наличии чувство справедливости, спор был бы разрешен честным образом или точнее он бы и вообще не возник.

Нет, если антиобщественное или незаконное обращение с человеком зовет его к сопротивлению, то эта борьба может разрешаться лишь при помощи большей или меньшей силы, до тех пор пока не будет создана законная судебная инстанция для уничтожения такого зла. Но из этого вытекает, что для сколько-нибудь успешной борьбы с предпринимателем и его концентрированной силой рабочий должен выступать не как отдельное лицо, иначе не может быть и речи о победе.

Ясно, что профессиональная организация могла бы вести к укреплению социальной идеи в практической жизни и тем самым к устранению тех причин, которые вызывают раздражение масс и постоянно порождают поводы к недовольству и жалобам.

Если это сейчас не так, то большею частью вину за это несут те, кто мешает устранению общественного зла на путях законодательства. Вина лежит на тех, кто употребляет все свое политическое влияние, чтобы помешать такому законодательству.

Чем больше политики буржуазии не понимали или вернее не хотели понять значения профессиональной организации и ставили ей все новые препятствия, тем увереннее социал-демократия забирала это движение в свои руки. С большой дальновидностью она создала для себя прочную базу, которая в критическую минуту уже не раз оказывалась ее последней защитой. Конечно при этом внутренняя цель движения постепенно сошла на нет, что открыло дорогу для новых целей.

Социал-демократия никогда и не думала о том, чтобы сохранить за профессиональным движением его первоначальные задачи.

Нет, она об этом конечно не думала.

В ее опытных руках в течение нескольких десятилетий это орудие защиты общественных прав человека превратилось в инструмент, направленный к разрушению национального хозяйства. Что при этом страдают интересы рабочих, социал-демократию нисколько не трогает. Применение экономических мер давления дает возможность и в политической области применять вымогательство. Социал-демократия достаточно бессовестна для того, чтобы этим пользоваться, а идущие за ней массы обладают в достаточной мере овечьим терпением, чтобы позволить ей это делать. Одно дополняет другое.

* * *

Уже на рубеже XX столетия профсоюзное движение давно перестало служить своей прежней задаче. Из года в год оно все больше подчинялось социал-демократической политике и в конце концов превратилось исключительно в рычаг классовой борьбы. Его задачей стало изо дня в день наносить удары тому экономическому порядку, который с таким трудом едва-едва был построен. Подорвавши экономический фундамент государства, можно уже подготовить такую же судьбу и самому государству. С каждым днем профсоюзы стали все меньше и меньше заниматься защитой действительных интересов рабочих. Политическая мудрость в конце концов подсказала вожакам ту мысль, что улучшать экономическое положение рабочих вообще не стоит: если сильно поднять социальный и культурный уровень широких масс, то ведь, пожалуй, возникнет опасность, что, получив удовлетворение своих требований, эти массы не дадут больше использовать себя как безвольное орудие.

Эта перспектива внушала вожакам такую большую боязнь, что они в конце концов не только перестали бороться за поднятие экономического уровня рабочих, но самым решительным образом стали выступать против такого поднятия.

Найти объяснения для такого, казалось бы, совершенно непонятного поведения им было не так трудно.

Они стали предъявлять такие громадные требования, что те небольшие уступки, которые удавалось вырвать у предпринимателей, должны были показаться рабочим относительно совершенно ничтожными. И вот рабочим стали изо дня в день доказывать ничтожество этих уступок и убеждать их в том, что здесь они имеют дело с дьявольским планом: уступив до смешного мало, отказать рабочим в удовлетворении их священных прав, да еще ослабить при этом наступательный натиск рабочего движения. При небольших мыслительных способностях широкой массы не приходится удивляться тому, что этот прием удавался.

В лагере буржуазии очень много возмущались по поводу лживости социал-демократической тактики, но сами представители буржуазии никакой серьезной линии собственного поведения наметить не сумели. Казалось бы, что раз социал-демократия так трепещет перед каждым действительным улучшением положения рабочих, то надо было бы напрячь все силы именно в этом направлении и тем вырвать из рук апостолов классовой борьбы их слепое орудие.

Ничего подобного сделано не было. Вместо того, чтобы перейти в наступление и взять позицию противника с бою, предпринимательские круги предпочли пятиться назад, уступать немногое лишь под давлением противной стороны и в самую последнюю минуту соглашаться лишь на такие совершенно недостаточные улучшения, которые ввиду своей незначительности никакого действия оказать не могли и которые поэтому социал-демократия могла легко отклонить. В действительности все оставалось по-старому. Недовольство только выросло еще больше.

Уже тогда так называемые "свободные профсоюзы" висели грозным облаком над общеполитическим горизонтом и омрачали существование каждого отдельного трудящегося.

Свободные профсоюзы стали одним из ужаснейших орудий террора, направленных против независимости и прочности национального хозяйства, против незыблемости государства и свободы личности.

Именно свободные профсоюзы в первую очередь сделали то, что понятие демократии превратилось в смешную и отвратительную фразу. Это они опозорили свободу, это они всей своей практикой послужили живой иллюстрацией к известным словам: "если ты не хочешь стать нашим товарищем, мы пробьем тебе череп". Вот какими рисовались мне уже тогда эти друзья человечества. С годами этот мой взгляд расширился и углубился, изменять же его мне не пришлось.

* * *

Когда интерес мой к социальным проблемам пробудился, я стал со всей основательностью изучать их. Для меня открылся новый доселе неизвестный мне мир.

В 1909-1910 гг. мое личное положение несколько изменилось; мне не приходилось больше работать чернорабочим, я смог теперь зарабатывать кусок хлеба другим путем. В это время я стал работать как чертежник и акварелист. Как ни плохо это было в отношении заработка - его действительно едва хватало, чтобы жить, - это было все же недурно с точки зрения избранной мною профессии. Теперь я уже не возвращался вечером домой смертельно усталый и неспособный даже взять в руки книгу. Моя теперешняя работа шла параллельно с моей будущей профессией. Теперь я был в известном смысле сам господином своего времени и мог распределять его лучше чем раньше.

Я рисовал для заработка и учился для души.

Теперь я - получил возможность в дополнение к моим практическим наблюдениям приобрести те теоретические знания, которые нужны для разрешения социальных проблем. Я стал штудировать более или менее все, что попадалось мне в руки, читал книги и углубился в свои собственные размышления.

Теперь я думаю, что окружавшие меня тогда люди несомненно считали меня чудаком.

Что при этом я со всей страстью и любовью отдавался строительному искусству, понятно само собой. Это искусство наряду с музыкой казалось мне тогда королем всех искусств: занятие этим искусством при таких обстоятельствах было для меня не "трудом", а высшим счастьем. Я мог до самой глубокой ночи читать или чертить, не уставая. Во мне все крепла вера, что хотя и через много лет для меня все-таки наступит лучшее будущее. Я был убежден, что придет время, и я составлю себе имя как архитектор.

Что рядом с этим я обнаруживал большой интерес ко всему тому, что связано с политикой, казалось мне вполне естественным. В моих глазах это была само собою разумеющаяся обязанность всякого мыслящего человека. Кто не интересовался политическими вопросами, в моих глазах терял всякое право критиковать или даже просто жаловаться.

И в этой области я много читал и много учился. Скажу тут же, что под "чтением" я понимаю, быть может, нечто совсем другое, чем большинство нашей так называемой "интеллигенции".

Я знаю многих, которые "читают" бесконечно много - книгу за книгой, букву за буквой; и все-таки я не назову этих людей иначе, как только "начитанными". Конечно люди эти обладают большим количеством "знаний", но их мозг совершенно неспособен сколько-нибудь правильно усвоить, зарегистрировать и классифицировать воспринятый материал. Они совершенно не обладают искусством отделять в книге ценное от ненужного, необходимое держать в голове, а излишнее, если возможно, просто не видеть и во всяком случае не обременять себя балластом.

Ведь и чтение не является самоцелью, а только средством к цели. Чтение имеет целью помочь человеку получить знания в том направлении, какое определяется его способностями и его целеустремлением. Чтение дает человеку в руки те инструменты, которые нужны ему для его профессии, независимо от того, идет ли речь о простой борьбе за существование или об удовлетворении более высокого назначения. Но с другой стороны, чтение должно помочь человеку составить себе общее миросозерцание. Во всех случаях одинаково необходимо, чтобы содержание прочитанного не откладывалось в мозгу в порядке оглавления книги. Задача состоит не в том, чтобы обременять свою память определенным количеством книг. Надо добиваться того, чтобы в рамках общего мировоззрения мозаика книг находила себе соответствующее место в умственном багаже человека и помогала ему укреплять и расширять свое миросозерцание. В ином случае в голове читателя получается только хаос. Механическое чтение оказывается совершенно бесполезным, что бы ни думал об этом несчастный читатель, наглотавшийся книг. Такой читатель иногда самым серьезным образом считает себя "образованным", воображает, что он хорошо узнал жизнь, что он обогатился знаниями, а между тем на деле по мере роста такого "образования" он все больше и больше удаляется от своей цели. В конце концов, он кончит либо в санатории, либо "политиком" в парламенте.

Кто так работает над собой, тому никогда не удастся использовать свои хаотические "знания" для тех целей, которые возникают перед ним в каждый данный момент. Его умственный балласт расположен не по линии жизни, а по линии мертвых книг. И хотя жизнь много раз будет наталкивать его на то, чтобы взять из книг действительно ценное, этот несчастный читатель сумеет только сослаться на такую-то страницу прочитанного в книге, но не сумеет применить ее к жизни. В каждую критическую минуту такие мудрецы в поте лица ищут в книгах аналогий и параллелей и конечно неизбежно попадают пальцем в небо.

Если бы это было не так, то политические действия иных наших ученых правителей были бы совершенно необъяснимы. Тогда бы нам остался единственный вывод: вместо патологических наклонностей констатировать у них свойства простых мошенников.

Тот же человек, который умеет правильно читать, сумеет любую книгу, любую газету, любую прочитанную им брошюру использовать так, чтобы взять из нее все действительно ценное, все действительно имеющее не только преходящее значение. Он сумеет расчленить и усвоить приобретенный новый материал так, что это поможет ему уточнить или пополнить то, что он уже знал раньше, получить новый материал, помогающий обосновать правильность своих взглядов. Если перед таким человеком жизнь внезапно поставит новые вопросы, его память моментально подскажет ему из прочитанного то, что нужно именно для данной ситуации. Из того материала, который накопился в его мозгу в течение десятилетий, он сумеет быстро мобилизовать то, что нужно для уяснения поставленной новой проблемы и для правильного ответа на нее.

Только такое чтение имеет смысл и цель.

Тот оратор, например, который не сумеет именно в таком порядке усваивать свой материал, никогда не будет в состоянии, наткнувшись на возражение, в достаточной степени убедительно защищать свой собственный взгляд, хотя бы этот взгляд был тысячу раз правилен и соответствовал действительности. В каждой дискуссии память непременно подведет такого оратора, в нужную минуту он не найдет ни доводов для подтверждения своих собственных тезисов, ни материал для опровержения противника. Если дело идет о таком ораторе, который может осрамить только лично самого себя, то это еще с полбеды: гораздо хуже когда слепая судьба сделает такого всезнающего и вместе с тем ничего не знающего господина руководителем государства.

Что касается меня, то я уже с самой ранней молодости старался читать именно правильно. К счастью мне в этом помогали и память и понимание. В этом отношении венский период был для меня особенно продуктивным и ценным. Восприятия повседневной жизни давали мне толчок к углублению в изучение все новых самых различных проблем. Получив возможность практику обосновать теорией и теорию проверять на практике, я обезопасил себя от того, что теория заставит меня оторваться от жизни, а практика лишит способности обобщения.

Таким образом опыт повседневной жизни побудил меня к основательному теоретическому изучению двух важнейших проблем кроме социальной.

Кто знает, когда именно пришлось бы мне углубиться в изучение марксизма, если бы тогдашний период не ткнул меня прямо носом в эту проблему.

* * *

Чем больше знакомился я с внешней историей социал-демократии, тем более страстно хотелось мне понять и внутреннюю сущность ее учения.

Официальная партийная литература могла мне в этом отношении помочь конечно лишь немного. Поскольку официальная литература касается экономических тем, она оперирует неправильными утверждениями и столь же неправильными доказательствами; поскольку же дело идет о политических целях, она просто лжива насквозь. К тому же и весь крючкотворческий стиль этой литературы отталкивал меня до последней степени. Их книжки полны фраз и непонятной болтовни, полны претензий на остроумие, а на деле крайне глупы. Только вырождающаяся богема наших больших городов может испытывать удовольствие от такой духовной пищи и находить приятное занятие в том, чтобы отыскивать жемчужное зерно в навозных кучах этой литературной китайщины. Но ведь известно, что есть часть людей, которые считают ту книгу более умной, которую они менее всего понимают.

Сопоставляя теоретическую лживость и нелепость учения социал-демократии с фактами живой действительности, я постепенно получал все более ясную картину ее подлинных стремлений.

В такие минуты мною овладевали не только тяжелые предчувствия, но и сознание грозящей с этой стороны громадной опасности, я видел ясно, что это учение, сотканное из эгоизма и ненависти, с математической точностью может одержать победу и тем самым привести человечество к неслыханному краху.

В это именно время я понял, что это разрушительное учение тесно и неразрывно связано с национальными свойствами одного определенного народа, чего я до сих пор совершенно не подозревал.

Только знакомство с еврейством дает в руки ключ к пониманию внутренних, т.е. действительных намерений социал-демократии. Только когда познакомишься с этим народом, у тебя раскрываются глаза на подлинные цели этой партии, и из тумана неясных социальных фраз отчетливо вырисовывается оскалившаяся маска марксизма.

* * *

Теперь мне трудно, если не невозможно, сказать точно, когда же именно я в первый раз в своей жизни услышал слово "еврей". Я совершенно не припомню, чтобы в доме моих родителей, по крайней мере при жизни отца, я хоть раз слышал это слово. Мой старик, я думаю, в самом подчеркивании слова "еврей" увидел бы признак культурной отсталости. В течение всей своей сознательной жизни отец в общем усвоил себе взгляды так называемой передовой буржуазии. И хотя он был твёрд и непреклонен в своих национальных чувствах, он все же оставался верен своим "передовым" взглядам и даже вначале передал их отчасти и мне.

В школе я тоже сначала не находил повода, чтобы изменить эти унаследованные мною взгляды.

Правда, в реальном училище мне пришлось познакомиться с одним еврейским мальчиком, к которому все мы относились с известной осторожностью, но только потому, что он был слишком молчалив, а мы, наученные горьким опытом, не очень доверяли таким мальчикам. Однако я как и все при этом никаких обобщений еще не делал.

Только в возрасте от 14 до 15 лет я стал частенько наталкиваться на слово "еврей" - отчасти в политических беседах. И однако же, хорошо помню, что и в это время меня сильно отталкивало, когда в моем присутствии разыгрывались споры и раздоры на религиозной почве.

Еврейский же вопрос в те времена казался мне не чем иным, как вопросом религии.

В Линце евреев жило совсем мало. Внешность проживающих там евреев в течение веков совершенно европеизировалась, и они стали похожи на людей; я считал их даже немцами. Нелепость такого представления мне была совершенно неясна именно потому, что единственным признаком я считал разницу в религии. Я думал тогда, что евреи подвергаются гонениям именно из-за религии, это не только отталкивало меня от тех, кто плохо относился к евреям, но даже внушало мне иногда почти отвращение к таким отзывам.

О том, что существует уже какая-то планомерная организованная борьба против еврейства, я не имел представления.

В таком умонастроении приехал я в Вену. Увлеченный массой впечатлений в сфере архитектуры, подавленный тяжестью своей собственной судьбы, я в первое время вообще не был в состоянии сколько-нибудь внимательно присмотреться к различным слоям народа в этом гигантском городе. В Вене на 2 миллиона населения в это время было уже почти 200 тысяч евреев, но я не замечал их. В первые недели на меня обрушилось так много новых идей и новых явлений, что мне трудно было с ними справиться. Только когда я постепенно успокоился и от первых впечатлений перешел к более детальному и конкретному ознакомлению с окружающей средой, я оглянулся кругом и наткнулся также на еврейский вопрос.

Я отнюдь не хочу утверждать, что первое знакомство с этим вопросом было для меня особенно приятным. Я все еще продолжал видеть в еврее только носителя определенной религии и по мотивам терпимости и гуманности продолжал относится отрицательно ко всяким религиозным гонениям. Тон, в котором венская антисемитская пресса обличала евреев, казался мне недостойным культурных традиций великого народа. Надо мною тяготели воспоминания об известных событиях средневековой истории, и я вовсе не хотел быть свидетелем повторения таких эпизодов. Антисемитские газеты тогда отнюдь не причислялись к лучшей части прессы, - откуда я это тогда взял, я теперь и сам не знаю, - и поэтому в борьбе этой прессы против евреев я склонен был тогда усматривать продукт озлобленной ненависти, а вовсе не результат принципиальных, хотя быть может и неправильных взглядов.

В таком мнении меня укрепляло еще и то, что действительно большая пресса отвечала антисемитам на их нападки в тоне бесконечно более достойном, а иногда и не отвечала вовсе - что тогда казалось мне еще более подходящим.

Я стал усердно читать так называемую мировую прессу ("Нейе фрейе прессе", "Нейес винер таглат") и на первых порах изумлялся той громадной массе материала, которую они дают читателю, и той объективности, с которой они подходят ко всем вопросам. Я относился с большим уважением к благородному тону этой прессы, и только изредка напыщенность стиля оставляла во мне некоторое внутреннее недовольство или даже причиняло неприятность. Но, думал я, такой стиль соответствует всему стилю большого мирового города. А так как я Вену считал именно мировой столицей, то такое придуманное мною же объяснение меня до поры до времени удовлетворяло.

Но что меня частенько отталкивало, так это недостойная форма, в которой эта пресса лебезила перед венским двором. Малейшие события во дворце немедленно расписывались во всех деталях либо в тоне восхищенного энтузиазма, либо в тоне безмерного огорчения и душевного сочувствия, когда дело шло о соответствующих "событиях". Но когда дело шло о чем- либо, касающемся самого "мудрейшего монарха всех времен", тогда эта пресса просто не находила достаточно сладких слов.

Мне все это казалось деланным.

Уже одно это заставило меня подумать, что и на либеральной демократии есть пятна.

Заискивать перед этим двором да еще в таких недостойных формах в моих глазах означало унижать достоинство нации.

Это было той первой тенью, которая омрачила мое отношение к "большой" венской прессе. Как и раньше, я в Вене с большим рвением следил за всеми событиями культурной и политической жизни Германии. С гордостью и восхищением сравнивал я подъем, наблюдавшийся в Германии, с упадком в австрийском государстве. Но если внешние политические события вызывали во мне непрерывную радость, то этого далеко нельзя было сказать о событиях внутренней жизни. Борьбу, которая в ту эпоху началась против Вильгельма II, я одобрить не мог. Я видел в Вильгельме не только немецкого императора, но прежде всего создателя немецкого флота. Когда германский рейхстаг стал чинить Вильгельму II препятствия в его публичных выступлениях, это меня огорчало чрезвычайным образом, особенно потому, что в моих глазах к этому не было никакого повода. И это заслуживало осуждения тем более, что ведь сами господа парламентские болтуны в течение какой-нибудь одной сессии всегда наговорят гораздо больше глупостей, чем целая династия королей в течение нескольких столетий, включая сюда и самых глупых из них.

Я был возмущен тем, что в государстве, где всякий дурак не только пользуется свободой слова, но и может попасть в рейхстаг и стать "законодателем", носитель императорской короны становится объектом запрещений, и какая-то парламентская говорильня может "ставить ему на вид".

Еще больше я возмущался тем, что та самая венская пресса, которая так лебезит перед каждым придворным ослом, если дело идет о габсбургской монархии, пишет совсем по-иному о германском кайзере. Тут она делает озабоченное лицо и с плохо скрываемой злобной миной тоже присоединяется к мнениям и опасениям по поводу речей Вильгельма II. Конечно она далека от того, чтобы вмешиваться во внутренние дела германской империи - о, упаси, боже! - но, прикасаясь дружественными перстами к ранам Германии, "мы" ведь только исполняем свой долг, возлагаемый на нас фактом союза между двумя государствами! К тому же для журналистики правда ведь прежде всего и т.д. После этих лицемерных слов можно было не только "прикасаться дружественными перстами" к ране, но и прямо копаться в ней сколько влезет.

В таких случаях мне прямо бросалась кровь в голову.

И это заставляло меня постепенно начать относиться все более осторожно к так называемой большой прессе.

В один прекрасный день я убедился, что одна из антисемитских газет - "Немецкая народная газета" - в таких случаях держится куда приличнее.

Далее, мне действовало на нервы то, что большая венская пресса в ту пору самым противным образом создавала культ Франции. Эти сладкие гимны в честь "великой культурной нации" порой заставляли прямо стыдиться того, что ты являешься немцем. Это жалкое кокетничанье со всем, что есть французского, не раз заставляло меня с негодованием ронять из рук ту или другую газету. Теперь я все чаще стал читать антисемитскую "Народную газету", которая казалась мне конечно гораздо более слабой, но в то же время, в некоторых вопросах, более чистой. С ее резким антисемитским тоном я не был согласен, но все внимательнее стал я читать ее статьи, которые заставляли меня теперь больше задумываться.

Все это вместе взятое заставило меня постепенно ознакомиться с тем движением и с теми вождями, которые тогда определяли судьбы Вены. Я говорю о христианско-социальной партии и о докторе Карле Люэгере.

Когда я приехал в Вену, я был настроен враждебно и к этой партии и к ее вождю.

И вождь и самое движение казались мне тогда "реакционными". Но элементарное чувство справедливости заставляло изменить это мнение. По мере ознакомления с делом я стал ценить их и наконец проникся чувством полного поклонения. Теперь я вижу, что значение этого человека было еще больше, нежели я думал тогда. Это был действительно самый могущественный из немецких бургомистров всех времен.

Сколько же однако моих предвзятых мнений по поводу христианско- социального движения было опрокинуто этой переменой во мне!

Постепенно изменились мои взгляды и на антисемитизм - это была одна из самых трудных для меня операций. В течение долгих месяцев чувство боролось во мне с разумом, и только после очень длительной внутренней борьбы разум одержал верх. Спустя два года и чувство последовало за разумом, и с тех пор оно стоит на страже окончательно сложившихся во мне взглядов.

В эту пору тяжелой внутренней борьбы между унаследованным чувством и холодным рассудком неоценимую услугу оказали мне те наглядные уроки, которые я получал на улицах Вены. Пришла пора, когда я уже умел различать на улицах Вены не только красивые строения, как в первые дни моего пребывания в ней, но также и людей.

Проходя однажды по оживленным улицам центральной части города, я внезапно наткнулся на фигуру в длиннополом кафтане с черными локонами.

Первой моей мыслью было: и это тоже еврей? В Линце у евреев был другой вид. Украдкой, осторожно разглядывал я эту фигуру. И чем больше я вглядывался во все его черты, тем больше прежний вопрос принимал в моем мозгу другую формулировку.

И это тоже немец?

Как всегда в этих случаях, я по своему обыкновению стал рыться в книгах, чтобы найти ответ на свои сомнения. За небольшие деньги я купил себе тогда первые антисемитские брошюры, какие я прочитал в своей жизни. К сожалению все эти книжки считали само собою разумеющимся, что читатель уже в известной степени знаком с еврейским вопросом или по крайней мере понимает, в чем состоит эта проблема. Форма и тон изложения были к сожалению таковы, что они опять возбудили во мне прежние сомнения: аргументация была слишком уж не научна и местами страшно упрощена.

Опять у меня возникли прежние настроения. Это продолжалось недели и даже месяцы.

Постановка вопроса казалась мне такой ужасной, обвинения, предъявляемые к еврейству, такими острыми, что мучимый боязнью сделать несправедливость, я опять испугался выводов и заколебался.

Одно было достигнуто. Теперь уж я не мог сомневаться в том, что дело идет вовсе не о немцах, только имеющих другую религию, но о самостоятельном народе. С тех пор как я стал заниматься этим вопросом и начал пристально присматриваться к евреям, я увидел Вену в совершенно новом свете. Куда бы я ни пошел, я встречал евреев. И чем больше я приглядывался к ним, тем рельефнее отделялись они в моих глазах от всех остальных людей. В особенности, центральная часть города и северные кварталы его кишели людьми, которые уже по внешности ничего общего не имели с немцами.

Но если бы я продолжал сомневаться в этом, то самое поведение по крайней мере части евреев неизбежно должно было бы положить конец моим колебаниям.

В это время возникло движение, которое в Вене имело значительное влияние и которое самым настойчивым образом доказывало, что евреи представляют собою именно самостоятельную нацию. Я говорю о сионизме.

Правда, на первый взгляд могло показаться, что такую позицию занимает только часть евреев, а большинство их осуждает и всем своим существом отвергает ее. При ближайшем рассмотрении однако оказывалось, что это только мыльный пузырь и что эта вторая часть евреев руководится простыми соображениями целесообразности или даже просто сознательно лжет. Еврейство так называемого либерального образа мыслей отвергало сионизм не с точки зрения отказа от еврейства вообще, а лишь исходя из того взгляда, что открытое выставление символа веры непрактично и даже прямо опасно. По сути дела обе эти части еврейства были заодно.

Эта показная борьба между евреями сионистского и либерального толков в скором времени стала мне прямо противна. Борьба эта была насквозь неправдива, зачастую просто лжива. Во всяком случае она очень мало походила на ту нравственную высоту и чистоту помышлений, которую любят приписывать этой нации.

Что касается нравственной чистоты, да и чистоты вообще, то в применении к евреям об этом можно говорить лишь с большим трудом. Что люди эти не особенно любят мыться, это можно было видеть уже по их внешности и ощущать к сожалению часто даже с закрытыми глазами. Меня по крайней мере часто начинало тошнить от одного запаха этих господ в длинных кафтанах. Прибавьте к этому неопрятность костюма и малогероическую внешность.

Все это вместе могло быть очень непривлекательно. Но окончательно оттолкнуло меня от евреев, когда я познакомился не только с физической неопрятностью, но и с моральной грязью этого избранного народа.

Ничто не заставило меня в скором времени так резко изменить мнение о них, как мое знакомство с родом деятельности евреев в известных областях.

Разве есть на свете хоть одно нечистое дело, хоть одно бесстыдство какого бы то ни было сорта и прежде всего в области культурной жизни народов, в которой не был бы замешан по крайней мере один еврей? Как в любом гнойнике найдешь червя или личинку его, так в любой грязной истории непременно натолкнешься на еврейчика.

Когда я познакомился с деятельностью еврейства в прессе, в искусстве, в литературе, в театре, это неизбежно должно было усилить мое отрицательное отношение к евреям. Никакие добродетельные заверения тут не могли помочь. Достаточно было подойти к любому киоску, познакомиться с именами духовных отцов всех этих отвратительных пьес для кино и театра, чтобы ожесточиться против этих господ.

Это чума, чума, настоящая духовная чума, хуже той черной смерти, которой когда-то пугали народ. А в каких несметных количествах производился и распространялся этот яд! Конечно чем ниже умственный и моральный уровень такого фабриканта низостей, тем безграничнее его плодовитость. Этакий субъект плодит такие гадости без конца и забрасывает ими весь город. Подумайте при этом еще о том, как велико количество таких субъектов. Не забудьте, что на одного Гете природа всегда дарит нам 10 тысяч таких пачкунов, а каждый из этих пачкунов разносит худшего вида бациллы на весь мир.

Ужасно было убедиться, что именно евреям природа предопределила эту позорную роль.

Уж не в этом ли следует искать "избранность" этого народа! Я начал тогда самым старательным образом собирать имена авторов всех этих грязных сочинений. И чем больше увеличивалась моя коллекция, тем хуже было для евреев. Сколько бы мое чувство ни продолжало сопротивляться, разум вынужден был сделать непреклонные выводы. Факт остается фактом, что хотя евреи составляли максимум сотую часть населения этой страны, - среди авторов указанных грязнейших произведений девять десятых евреи.

Теперь я начал с этой точки зрения присматриваться и к моей дорогой "большой прессе".

Чем пристальнее я присматривался к ней, тем резче менялось мое мнение и в этой области. Стиль ее становился для меня все более несносным, содержание начинало мне казаться все более пустым и внутренне фальшивым. Под так называемой объективностью изложения я стал обнаруживать не честную правду, а большею частью простую ложь. Авторы же оказались... евреями.

Теперь я стал видеть тысячи вещей, которых я раньше не замечал вовсе. Теперь я научился понимать то, над чем раньше едва задумывался.

Так называемый либеральный образ мыслей этой прессы я стал видеть теперь в совершенно другом свете. Благородный тон в возражениях противникам или отсутствие ответа на нападки последних - все это оказалось не чем иным, как низким и хитрым маневром. Одобрительные театральные рецензии всегда относились только к еврейским авторам. Резкая критика никогда не обрушивалась ни на кого другого, кроме как на немцев. Уколы против Вильгельма II становились системой так же, как специальное подчеркивание французской культуры и цивилизации. Пикантность литературной новеллы эти органы возводили до степени простого неприличия. Даже в их немецком языке было что-то чужое. Все это вместе взятое настолько должно было отталкивать от всего немецкого, что это могло делаться только сознательно.

Кто же был заинтересован в этом? Была ли это только случайность?

Так продолжал я размышлять по этому поводу. Но мой окончательный вывод был ускорен рядом других обстоятельств. Нравы и обычаи значительной части евреев настолько беззастенчивы, что их нельзя не заметить. Улица зачастую дает и в этом отношении достаточно наглядные уроки. Например отношение евреев к проституции и еще больше к торговле девушками можно наблюдать в Вене лучше, чем где бы то ни было в западной Европе, за исключением быть может некоторых портов на юге Франции. Стоило выйти ночью на улицу, чтобы натолкнуться в некоторых кварталах Вены на каждом шагу на отвратительные сцены, которые большинству немецкого народа были совершенно неизвестны вплоть до самой мировой войны, когда часть наших германских солдат на восточном фронте имела возможность или, точнее сказать, вынуждена была познакомиться с таким зрелищем.

А затем пришло и возмущение.

Теперь я уж больше не старался избегнуть обсуждения еврейского вопроса. Нет, теперь я сам искал его. Я знал теперь, что тлетворное влияние еврейства можно открыть в любой сфере культурной и художественной жизни, и тем не менее я не раз внезапно наталкивался на еврея и там, где менее всего ожидал его встретить.

Когда я увидел, что евреи являются и вождями социал-демократии, с глаз моих упала пелена. Тогда пришел конец полосе длительной внутренней борьбы.

Уже в повседневном общении с моими товарищами по постройке меня часто поражало то хамелеонство, с которым они по одному и тому же вопросу высказывали совершенно разные мнения иногда на протяжении нескольких дней и даже нескольких часов. Мне трудно было понять, каким образом люди, которые с глазу на глаз высказывают довольно рассудительные взгляды, внезапно теряют свои убеждения как только они оказываются в кругу массы. Часто я приходил в отчаяние. Иногда после нескольких часов мне казалось, что я переубедил на этот раз того или другого из них, что мне наконец удалось сломить лед и доказать им нелепость того или иного взгляда. Едва успевал я порадоваться своей победе, как на следующий же день к моему горю приходилось начинать сначала. Все было напрасно. Как раскачивающийся маятник возвращается к своей исходной точке, так и они возвращались к своим прежним нелепым взглядам.

Я еще мог понять, что они недовольны своей судьбой; что они проклинают ее за то, что она зачастую обходится с ними довольно жестко; что они ненавидят предпринимателей, в которых видят бессердечных виновников этой судьбы; что они ругают представителей власти, которые в их глазах являются виновниками их положения; что они устраивают демонстрации против роста цен; что они выходят на улицу с провозглашением своих требований, - все это кое-как еще можно было понять. Но что было совершенно непонятно, так это та безграничная ненависть, с которой они относятся к собственной народности, к величию своего народа, та ненависть, с которой они бесчестят историю собственной страны и вываливают в грязи имена ее великих деятелей.

Эта борьба против собственной страны, собственного гнезда, собственного очага бессмысленна и непонятна. Это просто противоестественно.

От этого порока их можно было излечить иногда на несколько дней, максимум на несколько недель. В скором времени при встрече с тем, кто казался тебе излеченным, приходилось убеждаться, что он остался прежним, что он опять во власти противоестественного.

* * *

Постепенно я убедился в том, что и социал-демократическая пресса в преобладающей части находится в руках евреев. Этому обстоятельству я не придал особенно большого значения, так как ведь и с другими газетами дело обстояло также. Одно обстоятельство однако приходилось отметить: среди тех газет, которые находились в еврейских руках, нельзя было найти ни одной подлинно национальной газеты в том смысле, в каком я привык понимать это с детства.

Я превозмог себя и стал теперь систематически читать эти произведения марксистской печати. Мое отрицательное отношение к ним стало бесконечно возрастать. Тогда я поставил себе задачу поближе узнать, кто же фабриканты этих концентрированных подлостей.

Начиная с издателя, все до одного были евреи.

Все это имело ту хорошую сторону, что по мере того, как мне выяснились подлинные носители или распространители идей социал-демократии, моя любовь к собственному народу стала возрастать. Видя такую дьявольскую ловкость обманщиков, мог ли я продолжать проклинать тех простых немецких людей, которые становились жертвой обмана. Ведь сам я лишь с трудом избавился от тех пут, которые расставляла мне лживая диалектика этой расы. И сам же я убедился, как трудно иметь дело с этими людьми, которым ничего не стоит лгать на каждом шагу, начисто отрицать только что сказанное, через одну минуту переменить свое мнение и т.д.

Нет, чем больше я узнавал еврея, тем больше я должен был прощать рабочего.

Всю тяжесть вины я возлагал теперь не на рядового рабочего, а на тех, кто не хочет взять на себя труд сжалиться над ними и дать сыну народа то, что по всей справедливости ему принадлежит, и кто не старается вместе с тем прижать к стенке обманщика и вредителя.

Опыт повседневной жизни побудил меня теперь пристальней заняться изучением самих источников марксистского учения. Влияние этого учения стало мне ясным, его успехи бросались в глаза каждый день. Последствия этих успехов также можно было легко себе представить, если иметь хоть немножко фантазии. Для меня оставался только еще неясным вопрос о том, понимали ли сами создатели этого учения, к каким именно результатам должно оно привести, видели ли они сами неизбежные окончательные последствия их злого дела или сами они были жертвой ошибки.

Возможным казалось мне тогда и то и другое. В первом случае обязанностью каждого мыслящего человека было войти в лагерь этого несчастного движения, чтобы таким образом все-таки помочь избегнуть наибольшего зла; во втором случае первые виновники этой народной болезни должны были быть исчадием ада, ибо только в мозгу чудовища, а не человека мог возникнуть конкретный план создания такой организации, деятельность которой должна привести к краху человеческой культуры, к уничтожению мира.

В этом последнем случае спасти могла только борьба; борьба всеми средствами, которые только знают человеческий дух, человеческий разум и воля, независимо от того, какой стороне судьба принесет окончательную победу.

Вот что привело меня к мысли о необходимости поближе познакомиться с основателями этого учения и таким образом изучить его истоки. Своей цели я достиг, быть может, скорей, чем надеялся сам. Это произошло благодаря тому, что я имел уже тогда некоторые, хотя и небольшие познания в этом вопросе.

Я стал скупать все доступные мне социал-демократические брошюры и добиваться, кто же их авторы. Одни евреи! Я стал приглядываться к именам почти всех вождей. В подавляющем большинстве - тоже сыны "избранного" народа. Кого ни возьми - депутатов рейхстрата, секретарей профсоюзов, председателей местных организаций, уличных агитаторов - все евреи. Куда ни глянешь - все та же тяжелая картина. Имена всех этих Аустерлицев, Давидов, Адлеров, Эленбогенов навеки останутся в моей памяти.

Одно мне стало теперь совершенно ясным: та партия, с рядовыми представителями которой я в течение ряда месяцев вел упорную борьбу, находилась под полным исключительным руководством чужого народа, ибо, что еврей не является немцем, это я теперь знал окончательно и бесповоротно.

Только теперь я окончательно узнал, кто является обманщиком нашего народа.

Уже одного года моего пребывания в Вене было достаточно, чтобы прийти к убеждению: ни один рабочий не является настолько ограниченным, чтобы нельзя было переубедить его, если подойти к нему с лучшим знанием дела и лучшим уменьем объяснить ему суть. Постепенно я хорошо ознакомился с учением социал-демократии, и теперь это знание я мог хорошо использовать в борьбе за свои убеждения.

Почти всегда успех оказывался на моей стороне.

Основную часть массы можно было спасти. Но только ценой долгого времени и терпения.

Еврея же никогда нельзя было отклонить от его взгляда. В те времена я был еще достаточно наивным, чтобы пытаться доказать им все безумие их учения. В моем маленьком кругу я спорил с ними до хрипоты, до мозолей на языке в полной уверенности, что должен же я их убедить во вредоносности их марксистских нелепостей. Результат получался противоположный. Иногда казалось, что чем больше они начинают понимать уничтожающее действие социал-демократических теорий в их применении к жизни, тем упрямей продолжают они их отстаивать.

Чем больше я спорил с ними, тем больше я знакомился с их диалектикой. Сначала они считают каждого своего противника дураком. Когда же они убеждаются, что это не так, они начинают сами прикидываться дураками. Если все это не помогает, они делают вид, что не понимают в чем дело, или перескакивают совсем в другую область. Или они с жаром начинают настаивать на том, что само собою разумеется, и как только вы соглашаетесь с ними в этом, они немедленно применяют это совсем к другому вопросу. Как только вы их поймали на этом, они опять ускользают от сути спора и не желают даже слушать, о чем же в действительности идет речь. Как вы ни пытаетесь ухватить такого апостола, рука ваша как будто уходит в жидкую грязь. Грязь эта уходит сквозь пальцы и тотчас же каким то образом опять облегает ваши руки. Но вот вам, хотя и с трудом, удалось побить одного из этаких людей настолько уничтожающе, что ему ничего не остается больше делать, как согласиться с вами. Вы думаете, что вам удалось сделать по крайней мере один шаг вперед. Но каково же ваше удивление на следующий день! На завтра же этот еврей совершенно забывает все что произошло вчера, он продолжает рассказывать свои сказки и дальше, как ни в чем не бывало. Если вы, возмущенный этим бесстыдством, указываете ему на это обстоятельство, он делает вид искренне изумленного человека; он совершенно не может ничего вспомнить из вчерашних споров, кроме того, что он вчера как дважды два четыре доказал вам свою правоту.

Иногда это меня совершенно обезоруживало. Я просто не знал, чему удивляться: хорошо привешенному языку или искусству лжи.

Постепенно я начал их ненавидеть.

Я научился уже понимать язык еврейского народа, и именно это обстоятельство помогло мне отделить теоретическую болтовню апостолов этого учения от их реальной практики. Еврей говорит для того, чтобы скрывать свои мысли или, по меньшей мере, для того, чтобы их завуалировать. Его подлинную цель надо искать не в том, что у него сказано или написано, а в том, что тщательно запрятано между строк.

Для меня наступила пора наибольшего внутреннего переворота, какой мне когда-либо пришлось пережить. Из расслабленного "гражданина мира" я стал фанатиком антисемитизма.

Еще только один раз - это было в последний раз - я в глубине души пережил тяжелый момент.

Когда я стал глубже изучать всю роль еврейского народа во всемирной истории, у меня однажды внезапно опять промелькнула мысль, что, может быть, неисповедимые судьбы по причинам, которые нам, бедным людям, остаются еще неизвестными, все-таки предначертали окончательную победу именно этому маленькому народу.

Может быть этому народу, который испокон веков живет на этой земле, все же в награду достанется вся земля?

Имеем ли мы объективное право бороться за самосохранение или это право имеет только субъективное обоснование?

Когда я окончательно углубился в изучение марксизма и со спокойной ясностью подвел итог деятельности еврейского народа, судьба сама дала мне свой ответ.

Еврейское учение марксизма отвергает аристократический принцип рождения и на место извечного превосходства силы и индивидуальности ставит численность массы и ее мертвый вес. Марксизм отрицает в человеке ценность личности, он оспаривает значение народности и расы и отнимает таким образом, у человечества предпосылки его существования и его культуры. Если бы марксизм стал основой всего мира, это означало бы конец всякой системы, какую до сих пор представлял себе ум человеческий. Для обитателей нашей планеты это означало бы конец их существования.

Если бы еврею с помощью его марксистского символа веры удалось одержать победу над народами мира, его корона стала бы венцом на могиле всего человечества. Тогда наша планета, как было с ней миллионы лет назад, носилась бы в эфире, опять безлюдная и пустая. Вечная природа безжалостно мстит за нарушение ее законов. Ныне я уверен, что действую вполне в духе творца всемогущего: борясь за уничтожение еврейства, я борюсь за дело божие.

ГЛАВА III

ОБЩЕПОЛИТИЧЕСКИЕ РАЗМЫШЛЕНИЯ, СВЯЗАННЫЕ С МОИМ ВЕНСКИМ ПЕРИОДОМ

Ныне я убежден, что, как правило, - я не говорю о случаях исключительной одаренности, - человек должен начать принимать участие в политической жизни не раньше 30-летнего возраста. Не следует делать этого раньше. В громадном большинстве случаев только к этому именно времени человек вырабатывает себе, так сказать, общую платформу, с точки зрения которой он может определять свое отношение к той или другой политической проблеме. Только после того как человек выработал себе основы такого миросозерцания и приобрел твердую почву под ногами, он может более или менее прочно занимать позицию в злободневных вопросах. Лишь тогда этот более или менее созревший человек имеет право принимать участие в политическом руководстве обществом.

В ином случае существует опасность, что человеку придется либо менять свою точку зрения в очень существенных вопросах, либо остаться при старых взглядах тогда, когда разум и убеждение давно уже говорят против них. В первом случае это очень неприятно для данного лица, ибо, обнаруживая сам колебания, он не может ожидать, чтобы его сторонники верили в него с прежней твердостью. Такой поворот руководителя ставит в беспомощное положение тех, кто следовал за ним, и нередко заставляет их испытывать чувство стыда перед противником. Во втором же случае наступает то, что приходится особенно часто наблюдать теперь: чем больше руководитель сам потерял веру в то, что он говорил, тем более пустой и плоской становится его аргументация и тем более неразборчив он в выборе средств. Чем менее сам он теперь намерен серьезно защищать свои откровения (человек не склонен умереть за то, во что он сам перестал верить), тем более настойчивые и в конце бесстыдные требования начинает он предъявлять своим сторонникам. Наконец дело доходит до того, что он теряет последнее качество вождя и становится просто "политиканом", т.е. примыкает к тому сорту людей, единственным принципом которых является беспринципность, сочетаемая с грубой навязчивостью и зачастую развитым до бесстыдства искусством лжи. Ну, а если такой все еще продолжает оставаться руководителем целого общества то вы можете быть наперед уверены, что для него политика превратилась только в "героическую" борьбу за возможно более продолжительное обладание местечком. На парламент он смотрит, как на дойную корову для себя и своей семьи. Чем больше эта "должность" нравится жене и родственникам, тем более цепко будет он держаться за свой мандат. Уже по одному этому каждый человек обладающий здоровым политическим инстинктом, будет казаться ему личным врагом. В каждом новом свежем движении он видит возможное начало своего собственного конца. В каждом более крупном человеке - угрозу своему личному существованию.

Ниже мне придется еще более подробно говорить об этом виде парламентских клопов.

Конечно и 30-летнему в течение его дальнейшей жизни придется еще многому учиться, но для него это будет только пополнением знаний в рамках того миросозерцания, которое он уже себе составил. Ему уже не придется теперь переучиваться в основном и принципиальном, ему придется лишь пополнять свое образование, и сторонникам его не придется испытывать тягостного чувства от сознания того, что руководитель до сих пор вел их по неправильному пути. Напротив, для всех очевидный органический рост руководителя принесет удовлетворение его сторонникам, ибо углубление образования руководителя будет означать углубление их собственного образования. В их глазах это может быть только доказательством правильности усвоенных взглядов.

Тот руководитель, который вынужден отказаться от своей платформы, так как убедился в ее неправильности, поступит достойно лишь в том случае, если он сумеет сделать из этого надлежащие выводы да конца. В этом случае он должен отказаться по крайней мере от открытой политической деятельности. Если ему случилось один раз впасть в ошибки в основных вопросах, то это может и повториться. Он уже ни в коем случае не имеет права рассчитывать на дальнейшее доверие со стороны своих сограждан, а тем более не имеет права требовать такого доверия.

Как мало теперь думают о таких требованиях простого приличия, можно судить хотя бы уже потому, как низок уровень тех дрянных субъектов, которые в наше время чувствуют себя призванными "делать политику".

Много званных, да мало избранных.

В годы моей молодости я решительно воздерживался принимать участие в открытой политической деятельности, хотя я думаю, что политикой я занимался и в те времена больше, чем многие другие. Лишь в небольших кружках я решался тогда выступать по поводу всего того, что меня интересовало и привлекало. Эти выступления в узком кругу имели в себе много хорошего. Тут приходилось не столько учиться "говорить", сколько изучать рядового собеседника с его иногда бесконечно примитивными воззрениями и возражениями. При этом я продолжал заниматься своим собственным самообразованием, не теряя времени и не упуская ни одной возможности. Нигде в Германии эти возможности в те времена не были так благоприятны, как в Вене.

* * *

Общеполитическая мысль в те времена билась в придунайской монархии интенсивнее, нежели в старой Германии, если не считать отдельных частей Пруссии, Гамбурга и побережья Северного моря. Говоря об "Австрии", я в данном случае имею в виду ту часть великого государства Габсбургов, которая в силу заселения ее немцами дала возможность этому государству вообще сложиться, я говорю о той части населения, которая одна только и была в состоянии на многие столетия наполнить внутренним содержанием политическую и культурную жизнь этого столь искусственного государственного образования. Чем дальше, тем больше будущность государства и самое его существование зависели именно от этого немецкого ядра.

Если старые наследственные провинции Австрии составляли сердце государства, т.е. обеспечивали правильный приток свежей крови в жилы культурной и государственной жизни страны, то Вена была одновременно и мозгом и волей государства.

Уже одна прекрасная внешность Вены давала ей известное право царствовать над этим конгломератом народов. Чудесная красота Вены хоть немного заставляла забывать о ветхости государства в целом.

За границей и в особенности в Германии знали только прелестную Вену. За ней забывалась и кровавая борьба между отдельными национальностями внутри габсбургской монархии и судороги всего государства. В эту иллюзию можно было впасть тем легче, что Вена в ту пору переживала последнюю полосу своего расцвета. Под руководством тогдашнего поистине гениального бургомистра Вена вновь проснулась к чудесной юной жизни и превращалась в достойную резиденцию старого царства. Последний великий выходец из рядов немцев, колонизировавших Восток, не считался так называемым общепризнанным "государственным деятелем", но именно доктор Люэгер в качестве бургомистра "столицы и резиденции" - Вены добился огромных успехов во всех областях коммунальной, хозяйственной и культурной политики. Этим он в небывалой степени укрепил сердце всей империи и благодаря этому стал на деле гораздо более великим государственным деятелем, чем все тогдашние "дипломаты" вместе взятые.

Если конгломерат народностей, называемый Австрией, в конце концов все таки погиб, то это не говорит против политических качеств немецкой части этого государства. Это только неизбежный результат того, что 10 миллионов не могут в течение слишком долгого времени управлять 50-миллионным государством, состоящим из различных наций, если своевременно не созданы совершенно определенные предпосылки для этого.

Австрийский немец мыслил в масштабах более чем крупных. Он всегда привык жить в рамках большого государства и никогда не терял сознания тех задач, которые отсюда вытекают. Он был единственным в этом государстве, кто мыслил не только в рамках своей национальной провинции, но и в рамках всего государства. Даже в тот момент, когда ему уже угрожала судьба быть оторванным от общего отечества, он все еще продолжал думать и бороться за то, чтобы удержать для немецкого народа те позиции, которые в тяжелой борьбе завоевали на Востоке его предки. При этом надо еще не забывать и того, что силы его были расколоты: лучшая часть австрийских немцев в сердце и в помышлении никогда не теряла связи с общей родиной, и только часть австрийских немцев целиком отдавала себя австрийской родине.

Общий кругозор австрийских немцев всегда был относительно велик. Их экономические отношения часто обнимали почти всю многонациональную империю. Почти все действительно крупные предприятия находились в руках немцев. Весь руководящий персонал техников, чиновников большею частью составляли немцы. В их же руках находилась и внешняя торговля, поскольку на нее не успели наложить руку евреи, для которых торговля - родная стихия. В политическом отношении только немцы и объединяли всю империю. Уже в годы военной службы немецкая молодежь рассылалась по всем частям страны. Австро-немецкие рекруты попадали правда в немецкий полк, но самый этот полк отлично мог попасть и в Герцеговину, и в Галицию, не только в Вену. Офицерский корпус все еще состоял почти исключительно из немцев, а высшее чиновничество - в преобладающей части из них. Искусство и наука также представлены были главным образом немцами. Если не считать халтуры в области новейшего "искусства", на которую способен был даже такой народ как негры, то можно смело сказать, что носителями действительного искусства в это время в Австрии были только немцы. Вена представляла собою живой и неиссякаемый источник для всей Австро-Венгрии как в области музыки, так и в области скульптуры, как в области художества, так и в области строительного искусства.

Наконец немцы были также носителями всей внешней политики монархии, если не говорить об очень небольшой группе венгров.

И тем не менее всякая попытка сохранить это государство была тщетной. Не хватало самой существенной предпосылки. Австрийское национальное государство располагало только одной возможностью преодоления центробежных сил отдельных наций. Государство должно было образоваться и управляться либо самым централизованным образом, либо оно не могло существовать вовсе.

В отдельные светлые минуты понимание этого обстоятельства становилось достоянием также "самых высоких" сфер. Но уже через короткое время забывали это или откладывали практическое проведение в жизнь ввиду сопряженных с ним трудностей. Всякая мысль о построении государства на более или менее федеративных началах неизбежно должна была потерпеть крушение по причине отсутствия такого государственного ядра, которое имело бы заведомо преобладающее значение. К этому надо прибавить, что внутренние предпосылки австрийского государства вообще были совершенно иными, нежели в германской империи времен Бисмарка. В Германии дело шло только о преодолении известных политических традиций, ибо в культурном отношении общая почва существовала всегда. Прежде всего было важно то обстоятельство, что германское государство, если не считать небольших чуженациональных осколков, объединяло людей только одной нации.

В Австрии обстоятельства были прямо противоположные. Политические воспоминания о собственном прежнем величии здесь совершенно отсутствовали у отдельных наций, если не считать венгров. Во всяком случае эти воспоминания принадлежали лишь очень отдаленному периоду и были стерты временем почти окончательно. С другой стороны, в эпоху, когда национальный принцип начал играть крупную роль, в отдельных частях австро-венгерской монархии начали формироваться националистические силы, преодолеть которые было тем трудней, что в пределах Австро-Венгрии на деле начали образовываться национальные государства. При том внутри этих национальных государств преобладающая нация в силу своего родства с отдельными национальными осколками в Австрии имела теперь большую притягательную силу для этих последних нежели австрийские немцы.

Даже Вена теперь не могла на продолжительное время состязаться в этом отношении со столицами провинций.

С тех пор как Будапешт сам стал крупным центром, у Вены впервые появился соперник, задачей которого было не усиление монархии в целом, а лишь укрепление одной из ее частей. В скором времени этому примеру последовали также Прага, затем Лемберг, Лайбах и т.д. Когда эти прежние провинциальные города поднялись и превратились в национальные центры отдельных провинций, тем самым созданы были сосредоточия все более и более самостоятельного культурного развития. Национально-политические устремления теперь получили глубокую духовную базу. Приближался момент, когда движущая сила отдельных наций стала сильнее, чем сила общих интересов монархии. Тем самым решалась судьба Австрии.

Со времени смерти Иосифа II этот ход развития прослеживается очень явственно. Быстрота этого развития зависела от целого ряда факторов, одни из которых заложены были в самой монархии, другие же были результатом той внешней политики, которую в разные периоды вела Австрия.

Чтобы серьезно начать и завершить борьбу за единство этого государства, оставалось только вести упорную и беспощадную политику централизации. Для этого нужно было прежде всего принципиально провести единый государственный язык. Этим подчеркнут был бы хотя бы принцип формальной принадлежности к единому государству, а административным органам было бы дано в руки техническое средство, без которого единое государство вообще существовать не может. Только таким путем могла быть создана возможность через школу воспитать в течение длительного времени традиции государственного единства. Конечно этого нельзя было достигнуть в течение 10 или 20 лет. Тут нужны столетия. В вопросах колонизации вообще решают не быстрота и натиск, а настойчивость и долгий период.

Само собою разумеется, что при этом не только администрирование, но и все политическое руководство должно было бы вестись в строгом единстве.

И вот для меня тогда было бесконечно поучительно констатировать: почему всего этого не произошло или, лучше сказать, почему все это не было сделано. Виновниками краха австро-венгерской империи являются только те, кто виновен в этом упущении.

Более чем какое бы то ни было другое государство старая Австрия зависела от кругозора своих правителей. Здесь отсутствовал фундамент национального государства, которое само по себе обладает большой силой самосохранения даже тогда, когда руководители государства оказываются совершенно не на высоте. Государство единой национальности иногда в течение удивительно долгих периодов может переносить режим плохого управления, не погибая при этом. Часто может показаться, что в организме не осталось уже совершенно никакой жизни, что он уже умер или отмирает, и вдруг оказывается, что приговоренный к смерти опять поднялся и стал подавать признаки изумительной несокрушимой жизненности.

Совсем другое дело такое государство, которое состоит из различных народностей, в жилах которых не течет одна и та же кровь, а еще важней - над которыми не занесен один общий кулак. Тут слабость руководства приведет не просто к зимней спячке государства, тут она пробудит все индивидуальные инстинкты наций в зависимости от их крови и лишит их возможности развиваться под эгидой одной могущественной воли. Эта опасность может быть смягчена только в течение столетий общего воспитания, общих традиций, общих интересов и т.д. Вот почему такие государственные образования, чем моложе, тем больше зависят от качеств своих руководителей. Более того, зачастую они бывают прямым творением из ряда выходящих могущественных руководителей и героев духа и нередко после смерти их творца они просто распадаются. Пройдут столетия, и все же эти опасности еще не преодолены, они находятся только в дремлющем состоянии. И как только слабость руководства скажется очень сильно, эта опасность часто внезапно просыпается, и тогда уже не поможет ни сила воспитания, ни самые высокие традиции; над всем этим возьмут верх центробежные силы различных племен.

Самой большой и, быть может, трагической виной дома Габсбургов является то, что они не поняли этого.

Одному единственному счастливцу среди них судьба осветила факелом будущее его страны, но затем этот факел погас и навсегда.

Иосиф II, этот римский император германской нации, с тревогой увидел, что его дом, выдвинутый на самый крайний пункт государства, неизбежно погибнет в потоке этого Вавилона народов, если не удастся исправить то, что запустили предки. С нечеловеческой энергией этот "друг людей" начал борьбу против слабостей прошлого и попытался в течение десятилетия исправить то, что было запущено в течение столетий. Если бы ему дано было на это хотя бы только 40 лет и если бы после него по крайней мере два поколения продолжали то же дело, чудо это вероятно удалось бы. Но на деле ему было дано только 10 лет. И когда он, надорвавшись душой и телом, сошел в могилу, вместе с ним в могилу сошло и его дело.

Ни в духовном отношении, ни по силе воли его преемники не оказались на высоте задачи.

Когда пришло время и в Европе показались первые признаки революционной грозы, огонь стал медленно распространяться и в старой Австрии. Но когда в Австрии вспыхнул пожар, то оказалось, что пламя это вызвано не столько социальными, общественными и вообще общеполитическими причинами, сколько факторами национального происхождения.

Во всех других странах революция 1848 г. была борьбой классов, в Австрии же она была уже началом борьбы рас. Австрийские немцы сразу забыли тогда или не поняли вовсе происхождения этого пожара. Они отдали свои силы на службу революционным восстаниям и этим сами подписали себе приговор. Своими руками немцы помогли пробудить дух западной демократии, который через короткое время лишил их основ их собственного существования.

Парламентская представительная система была создана, и этому не предшествовало создание государственного - обязательного языка. Тем самым предопределена была гибель господствующего положения немцев в австрийской монархии. С этого момента погибло и само государство. Все, что последовало за этим, было только историческим распадом этого государства.

Наблюдать этот распад было зрелищем не только поучительным, но и потрясающим. В тысячах и тысячах форм свершалась историческая судьба этого государства. Что большая часть человечества была слепа к этому процессу и не замечала, что распад начался, в этом сказалась только воля богов к уничтожению Австрии.

Не стану тут распространяться о деталях. Это не является задачей моей книги. Я остановлюсь подробно только на круге тех событий, которые общезначимы для всех народов и государств и которые имеют таким образом большое значение и для современности. Именно эти кардинальные события помогли мне заложить основы моего политического мышления.

***

Среди тех учреждений, которые обнаружили процесс распада австрийской монархии особенно наглядно - настолько наглядно, что даже не слишком дальновидный мещанин не мог этого не заметить, - следует назвать прежде всего австрийский парламент или, как он назывался в Австрии, рейхсрат.

Это учреждение было построено заведомо по методу заимствования из Англии - страны классической "демократии". Всю эту спасительную систему позаимствовали из Лондона, а в Вене старались только скопировать ее с очень большой точностью.

Английская двухпалатная система была скопирована в форме палаты депутатов и палаты господ. Однако здания самих палат выглядели в Вене и в Лондоне по-разному. Когда Барри, строитель здания английской палаты на берегах Темзы, закончил свою постройку, он взял сюжеты для украшения - 1200 ниш, колонн и консолей своего чудесного здания - из истории британской империи, обнимавшей тогда полмира. С точки зрения архитектурного и художественного искусства здание палаты лордов и палаты депутатов стало таким образом храмом славы для всей нации.

В Вене в этом отношении пришлось натолкнуться на первую трудность. Когда датчанин Ганзен закончил последний фронтон в мраморном здании народного представительства, ему ничего не оставалось сделать, как позаимствовать сюжеты для украшения здания из истории древнего мира. Это театральное здание "западной демократии" расписано портретами римских и греческих государственных деятелей и философов. Над обоими зданиями высятся четыре гигантских фигуры, указывающие в четырех противоположных направлениях. В этом была своеобразная символическая ирония. Этот символ как бы олицетворял ту внутреннюю борьбу центробежных сил, которая уже тогда заполняла Австрию.

"Национальности" воспринимали как оскорбление и провокацию, когда им говорили, что это здание олицетворяет австрийскую историю.

Когда я, едва имея 20 лет от роду, впервые посетил роскошное здание на Франценсринге, чтобы побывать в качестве зрителя на заседании палаты депутатов, я был во власти самых противоречивых настроений.

Уже издавна я ненавидел парламент, но конечно не как учреждение само по себе. Напротив, в качестве свободолюбивого человека я не мог представить себе никакой другой формы правления. Идея какой бы то ни было диктатуры при моем отношении к дому Габсбургов показалась бы мне тогда преступлением против дела свободы и разума.

Немало содействовало этому и то, что во мне, молодом человеке, много читавшем газеты, жило бессознательное поклонение английскому парламенту. От этого чувства я не мог так легко освободиться. Английская нижняя палата вела дела с большим достоинством (по крайней мере наша пресса изображала это так прекрасно), и это импонировало мне в высшей степени. Можно ли было даже только представить себе более возвышенную форму самоуправления народа?

Но именно поэтому я был врагом австрийского парламента. Внешние формы работы австрийского рейхсрата казались мне совершенно недостойными великого образца. К этому прибавлялось еще следующее.

Судьбы австрийских немцев в австрийском государстве зависели от их позиции в рейхсрате. До введения всеобщего и тайного избирательного права парламент имел хотя и небольшое немецкое большинство. Это положение вещей было достаточно сомнительным: это немецкое большинство уже и тогда зависело от социал-демократии, которая во всех коренных вопросах была ненадежна и всегда готова была предать немецкое дело, лишь бы не потерять популярности среди других национальностей. Социал-демократию уже тогда нельзя было считать немецкой партией. Но с момента введения всеобщего избирательного права в парламенте уже не могло быть и цифрового немецкого большинства. Теперь ничто уже не мешало дальнейшему разнемечиванию государства.

Чувство национального самосохранения ввиду этого уже тогда внушало мне лишь очень небольшую симпатию к такому национальному представительству, в котором интересы немцев были не столько представлены, сколько задавлены. Однако все это еще были такие грехи, которые как и многое другое можно было приписать не самой системе, а только формам ее применения в австрийском государстве. Я тогда еще верил в то, что если восстановить опять немецкое большинство в представительных органах, то принципиально возражать против самой представительной системы, пока существует старое государство вообще нет оснований.

В таких настроениях попал я впервые в это священное здание, где кипели страсти. Правда священным дом этот казался мне главным образом благодаря необычайной красоте его чудесной архитектуры. Превосходное произведение греческого искусства на немецкой почве. Как скоро однако это чувство сменилось чувством возмущения, вызванным той жалкой комедией, которая разыгрывалась на моих глазах. Налицо было несколько сот господ народных представителей, которые как раз заняты были обсуждением одного из вопросов крупнейшего экономического значения.

Одного этого дня было для меня достаточно, чтобы дать мне материал для размышления на целые недели.

Идейное содержание речей, насколько их вообще можно было понять, стояло поистине на ужасной "высоте". Некоторые из господ законодателей не говорили вовсе по-немецки, а изъяснялись на славянских языках или вернее диалектах. То, что я знал до сих пор из газет, я имел теперь случай услышать своими собственными ушами. Жестикулирующая, кричащая на разные голоса полудикая толпа. Над нею в качестве председателя старенький добродушный дядюшка в поте лица изо всех сил работает колокольчиком и, обращаясь к господам депутатам, то в добродушной, то в увещевательной форме умоляет их сохранить достоинство высокого собрания.

Все это заставляло только смеяться.

Несколько недель спустя я опять попал в рейхсрат. Картина была другая, совершенно неузнаваемая. Зал был совершенно пуст. Внизу спали. Небольшое количество депутатов сидели на своих местах и зевали друг другу в лицо. Один из них "выступал" на трибуне. На председательском месте сидел один из вице-президентов рейхсрата и явно скучал.

Меня посетили первые сомнения. Когда у меня было время, я все чаще стал отправляться на заседания рейхсрата и в тиши наблюдал все происходящее там. Я вслушивался в речи, поскольку их вообще можно было понять, изучал более или менее интеллигентные физиономии "избранных" представителей народов, составлявших это печальное государство, и постепенно составлял себе свое собственное заключение.

Одного года спокойных наблюдений оказалось достаточно, чтобы в корне изменить мои прежние взгляды на это учреждение. Мое внутреннее существо протестовало теперь уже не только против извращенной формы, которую эта идея приняла в Австрии. Нет, теперь я не мог уже признавать и самого парламента как такового. До сих пор я видел несчастье австрийского парламента только в том, что в нем отсутствует немецкое большинство. Теперь я убедился, что само существо этого учреждения обречено.

Предо мной встал тогда целый ряд вопросов. Я начал глубже размышлять относительно демократического принципа решения по большинству голосов как основы всего парламентского строя. Вместе с тем я немало внимания посвятил и изучению умственных и моральных достоинств этих избранников народа.

Так изучил я и систему и ее носителей.

В течение ближайших нескольких лет я с совершенной точностью уяснил себе, что представляет собою "высокоуважаемый" тип новейшего времени - парламентарий. Я составил себе о нем то представление, которое впоследствии уже не нуждалось в серьезных видоизменениях.

И в данном случае метод наглядного обучения, знакомство с практической действительностью избавили меня от опасности утонуть в теории, которая на первый взгляд кажется столь соблазнительной, но которая тем не менее принадлежит к несомненным продуктам распада.

Демократия современного Запада является спутницей марксизма, который вообще немыслим без нее. Именно она составляет ту почву, на которой произрастает эта чума. Ее самое грязное внешнее проявление - парламентаризм.

Я должен быть благодарен судьбе за то, что и этот вопрос она поставила передо мной в Вене, ибо я боюсь, что в тогдашней Германии мне было бы слишком легко ответить себе на эту проблему. Если бы ничтожество этого учреждения, называемого "парламентом", мне впервые пришлось увидеть в Берлине, я, быть может, впал бы в обратную крайность. В этом случае у меня могли найтись некоторые как бы хорошие побудительные мотивы стать на сторону тех, кто видел благо государства исключительно в усилении центральной власти в Германии. Если бы это со мной случилось, это ведь тоже означало бы до некоторой степени ослепнуть, стать чуждым эпохе и людям.

В Австрии эта опасность мне не угрожала.

Здесь не так легко было впасть из одной крайности в другую. Если никуда не годился парламент, то тем паче никуда не годились Габсбурги - это уж во всяком случае. Осудив "парламентаризм", мы еще нисколько не разрешили проблему. Возникал вопрос: а что же делать? Если уничтожить рейхсрат, то ведь единственной правительственной властью осталась бы династия Габсбургов, а эта мысль для меня была особенно невыносимой.

Этот очень трудный случай побудил меня к основательному изучению проблемы в целом. При других обстоятельствах я бы в столь раннем возрасте едва ли призадумался над такими вопросами.

Что мне прежде всего бросалось в глаза, так это полное отсутствие личной ответственности.

Парламент принимает какое-либо решение, последствия которого могут оказаться роковыми. И что же? Никто за это не отвечает, никого нельзя привлечь к ответственности. Разве в самом деле можно считать ответственностью то, что после какого-нибудь отчаянного краха виновное в этом правительство вынуждено уйти? Или что соответственная коалиция партий распадается и создается новая коалиция? Или далее, что распускается палата?

Да разве вообще колеблющееся большинство людей может всерьез нести какую-либо ответственность? Разве не ясно, что сама идея ответственности связана с лицом! Ну, а можно ли сделать ответственным практического руководителя правительства за те действия, которые возникли и были проведены исключительно вследствие желания или склонности целого множества людей?

Ведь все мы знаем, что задачу руководящего государственного деятеля в наши времена видят не столько в том, чтобы он обладал творческой мыслью и творческим планом, сколько в том, чтобы он умел популяризовать свои идеи перед стадом баранов и дураков и затем выклянчить у них их милостивое согласие на проведение его планов.

Разве вообще можно подходить к государственному деятелю с тем критерием, что он обязательно должен в такой же мере обладать искусством переубедить массу, как и способностью принимать государственно мудрые решения и планы?

Да разве вообще когда-нибудь видно было, чтобы эта толпа людей поняла крупную идею раньше, чем практический успех этой идеи стал говорить сам за себя?

Да разве вообще любое гениальное действие в нашем мире не является наглядным протестом гения против косности массы?

Ну, а что делать государственному деятелю, которому не удалось даже какой угодно лестью завоевать благоволение этой толпы?

Что же ему остается - купить это благоволение?

Или ввиду глупости своих сограждан он должен отказаться от проведения того, что он считает жизненно необходимым? Или он должен уйти? Или тем не менее остаться?

Человек с характером в таком случае попадает в неразрешимый конфликт между тем, что он считает необходимым, и простым приличием или, лучше сказать, простой честностью.

Где здесь найти границу между той обязанностью, которую возлагает на тебя общество, и той обязанностью, которую возлагает на тебя личная честь?

Ведь каждому действительному вождю приходится решительно бороться против всех попыток унизить его до роли простого политикана.

И наоборот, разве не ясно, что именно политикан при таких условиях будет чувствовать себя призванным "делать" политику как раз потому, что в последнем счете ответственность несет не он, а какая-то неуловимая кучка людей?

Разве не ясно, что наш парламентарный принцип большинства неизбежно подкапывается под самую идею вождя?

Или неужели в самом деле найдутся такие, кто поверит, что в этом мире прогресс обязан не интеллекту отдельных индивидуумов, а мозгу большинства?

Или может быть кто-нибудь надеется на то, что в будущем мы сможем обойтись без этой основной предпосылки человеческой культуры?

Разве не ясно наоборот, что именно сейчас эта предпосылка нужней, чем когда бы то ни было.

Парламентарный принцип решения по большинству голосов уничтожает авторитет личности и ставит на ее место количество, заключенное в той или другой толпе. Этим самым парламентаризм грешит против основной идеи аристократизма в природе, причем конечно аристократизм вовсе не обязательно должен олицетворяться современной вырождающейся общественной верхушкой.

Современный наблюдатель, вынужденный читать почти исключительно газеты, не может себе представить, какие опустошительные последствия имеет это господство парламентаризма. Разве что только самостоятельное мышление и наблюдения помогут ему понять суть происходящего. Прежде всего парламентаризм является причиной того невероятного наплыва самых ничтожных фигур, которыми отличается современная политическая жизнь. Подлинный политический руководитель постарается отойти подальше от такой политической деятельности, которая в главной своей части состоит вовсе не из творческой работы, а из интриг и фальши, имеющих целью завоевать большинство. А нищих духом людей как раз именно это обстоятельство и будет привлекать.

Чем мельче этакий духовный карлик и политический торгаш, чем ясней ему самому его собственное убожество, тем больше он будет ценить ту систему, которая отнюдь не требует от него ни гениальности, ни силы великана, которая вообще ценит хитрость сельского старосты выше, чем мудрость Перикла. При этом такому типу ни капельки не приходится мучиться над вопросом об ответственности. Это тем меньше доставляет ему забот, что он заранее точно знает, что независимо от тех или других результатов его "государственной" пачкотни конец его карьеры будет один и тот же: в один прекрасный день он все равно должен будет уступить свое место такому же могущественному уму, как и он сам.

Для сборища таких "народных представителей" всегда является большим утешением видеть во главе человека, умственные качества которого стоят на том же уровне, что их собственные. Только в этом случае каждый из этих господ может доставить себе дешевую радость время от времени показать, что и он не лыком шит. А главное, тогда каждый из них имеет право думать: если возглавлять нас может любой икс, то почему же не любой игрек, чем "Ганс" хуже "Фридриха"?

Эта демократическая традиция в наибольшей степени соответствует позорящему явлению наших дней, а именно: отчаянной трусости большого числа наших так называемых "руководителей". В самом деле, какое счастье для таких людей во всех случаях серьезных решений иметь возможность спрятаться за спину так называемого большинства.

В самом деле, посмотрите на такого политического воришку, как он в поте лица "работает", чтобы в каждом отдельном случае кое-как наскрести большинство и получить возможность в любой момент спастись от какой- либо ответственности. Именно это обстоятельство конечно отталкивает всякого сколько-нибудь уважающего себя политика и вообще мужественного человека от такой деятельности. Любое же ничтожество радо поступить именно так. С нашей точки зрения дело ясно: кто не хочет нести личной ответственности за свои действия, кто ищет для себя прикрытия, тот трусливый негодяй. Ну, а когда руководители нации вербуются из таких несчастных трусов, то рано или поздно за это придется дорого расплачиваться. Дело доходит до того, что у нас не оказывается мужества предпринять какое бы то ни было решительное действие, и мы предпочитаем скорее примириться с любым позором и бесчестием, чем найти в себе силы для нужного решения. Ведь нет уже никого, кто готов был бы свою личность, свою голову отдать за проведение решительного шага.

Ибо одно надо помнить и не забывать: большинство и здесь никогда не может заменить собою одного. Большинство не только всегда является представителем глупости, но и представителем трусости. Соберите вместе сто дураков и вы никак не получите одного умного. Соберите вместе сто трусов и вы никак не получите в результате героического решения.

Но чем меньше становится ответственность отдельного руководителя, тем больше будет расти число таких типов, которые, не обладая даже минимальнейшими данными, тем не менее чувствуют себя призванными отдать в распоряжение народа свои бессмертные таланты. Многим из них просто невтерпеж, когда же наконец очередь дойдет до них. Они становятся в очередь в длинном хвосте и со смертельной тоской глядят, как медленно приближается их судьба. Они рады поэтому каждой смене лиц в том ведомстве, в которое они метят попасть. Они благодарны каждому скандалу, который может вытолкнуть из стоящих в хвосте впереди них хоть нескольких конкурентов. Когда тот или другой из счастливцев, ранее попавших на теплое местечко, не хочет так скоро расстаться с этим местом, остальные смотрят на это, как на нарушение священных традиций и общей солидарности. Тогда они начинают сердиться и будут уже, не покладая рук, вести борьбу хотя бы самыми бесстыдными средствами вплоть до того момента, когда им удастся прогнать конкурента с теплого местечка, которое должно теперь перейти в руки других. Низвергнутый божок уже не так скоро попадает на то же самое место. Когда эта фигура снята с поста, ей придется опять стать в очередь в длинном хвосте, если только там не подымется такой крик и брань, которые помешают вновь занять очередь.

Результатом всего этого является ужасающе быстрая смена лиц на важнейших государственных должностях. Результаты этого всегда неблагоприятны, а иногда прямо таки катастрофичны. Чаще всего оказывается, что не только дурак и неспособный падает жертвой таких обычаев, но как раз способный человек, поскольку только судьба вообще дает возможность способному человеку попасть на руководящий пост. Против способного руководителя сейчас же образуется общий фронт. Как же, ведь он вышел не из "наших" рядов. Мелкие людишки принципиально хотят быть только в своей собственной компании. Они рассматривают как общего врага всякого человека с головой, всякого, кто способен среди нулей играть роль единицы. В этой области инстинкт самосохранения у них особенно обострен. Результатом всего этого неизбежно является все прогрессирующее умственное обеднение руководящих слоев. Какой результат при этом получается для нации и государства, это легко понимает всякий, если только он сам не принадлежит к этому же сорту "вождей".

Старая Австрия имела сомнительное счастье пользоваться благами парламентского режима в его чистейшем виде.

Правда министр-президент назначался еще императором, но и эти назначения на деле были не чем иным, как простым выполнением воли парламентского большинства. Что касается торгов и переторжек вокруг назначения руководителей отдельных министерств, то здесь мы имели уже обычай западной демократии чистейшей воды. В соответствии с этим были и результаты. Смена отдельных лиц происходила все быстрей и быстрей. В конце концов это выродилось в чистейший спорт.

В той же мере все больше снижался масштаб этих быстро сменяющихся "государственных деятелей"; в конце концов на поверхности остался только тип парламентского интригана, вся государственная мудрость которого теперь измерялась только его способностью склеить ту или другую коалицию, т.е. способностью к мелкому политическому торгашеству, которая теперь одна могла стать базой для практической работы этих, с позволения сказать, народных представителей.

Таким образом именно венская школа давала в этой области самые лучшие наглядные уроки.

Что меня интересовало не в меньшей степени, так это сопоставление способностей и знаний этих народных представителей с теми задачами, которые стояли перед ними. Уже по одному этому я вынужден был начать знакомиться с умственным горизонтом этих избранников народа. Попутно пришлось знакомиться и с теми происшествиями, которые вообще этим великолепным фигурам позволили вынырнуть на политической арене. Небезынтересно было познакомиться также и с техникой их работы. Это позволяло видеть во всех деталях то служение отечеству, на которое только и способны были изучаемые фигуры.

Чем больше я вникал во внутренние отношения в парламенте, с чем большей объективностью я изучал людей и их образ действий, тем отвратительнее становилась в моих глазах общая картина парламентской жизни. Пристальное изучение было необходимо для меня, если я хотел по- настоящему ознакомиться с этим учреждением, где каждый из законодателей через каждые три слова ссылается на свою "объективность". Когда хорошенько изучишь этих господ и ознакомишься с законами их собственного гнусного существования, то двух мнений уже быть не может.

На свете вообще трудно найти какой-либо другой принцип, который, говоря объективно, был бы столь же неправилен, как принцип парламентаризма.

Мы не говорим уже о том, в каких условиях происходят самые выборы господ народных представителей, какими средствами они достигают своего высокого звания. Только в совершенно ничтожном числе случаев выборы являются результатом действительно общего желания. Это ясно уже из одного того, что политическое понимание широкой массы вовсе не настолько уже развито, чтобы она сама могла выразить свое общеполитическое желание и подобрать для этого соответствующих людей.

То, что мы постоянно обозначаем словами "общественное мнение", только в очень небольшой части покоится на результатах собственного опыта или знания. По большей же части так называемое "общественное мнение" является результатом так называемой "просветительной" работы.

Религиозная потребность сама по себе глубоко заложена в душе человека, но выбор определенной религии есть результат воспитания. Политическое же мнение массы является только результатом обработки ее души и ее разума - обработки, которая зачастую ведется с совершенно невероятной настойчивостью.

Наибольшая часть политического воспитания, которое в этом случае очень хорошо обозначается словом пропаганда, падает на прессу. В первую очередь именно она ведет эту "просветительную" работу. Она в этом смысле представляет собою как бы школу для взрослых. Беда лишь в том, что "преподавание в данном случае находится не в руках государства, а в руках зачастую очень низменных сил. Именно в Вене еще в своей ранней молодости я имел наилучшую возможность хорошо познакомиться с монополистами этих орудий воспитания масс и их фабрикатами. Вначале мне не раз приходилось изумляться тому, как в течение кратчайшего времени эта наихудшая из великих держав умела создать определенное мнение, притом даже в таких случаях, когда дело шло о заведомой фальсификации подлинных взглядов и желаний массы. В течение всего каких-нибудь нескольких дней печать ухитрялась из какого-нибудь смешного пустяка сделать величайшее государственное дело; и наоборот, в такой же короткий срок она умела заставить забыть, прямо как бы выкрасть из памяти массы такие проблемы, которые для массы, казалось бы, имеют важнейшее жизненное значение.

Прессе удавалось в течение каких-нибудь нескольких недель вытащить на свет божий никому неизвестные детали, имена, каким-то волшебством заставить широкие массы связать с этими именами невероятные надежды, словом, создать этим именам такую популярность, которая никогда и не снилась людям действительно крупным. Имена, которые всего какой-нибудь месяц назад еще никто и не знал или знал только понаслышке, получали громадную известность. В то же время старые испытанные деятели разных областей государственной и общественной жизни как бы совершенно умирали для общественного мнения или их засыпали таким количеством гнуснейших клевет, что имена их в кратчайший срок становились символом неслыханной низости и мошенничества. Надо видеть эту низкую еврейскую манеру: сразу же, как по мановению волшебной палочки начинают поливать честного человека грязью из сотен и тысяч ведер; нет той самой низкой клеветы, которая не обрушилась бы на голову такой ни в чем неповинной жертвы; надо ближе ознакомиться с таким методом покушения на политическую честь противника, чтобы убедиться в том, насколько опасны эти негодяи прессы.

Для этих разбойников печати нет ничего такого, что не годилось бы как средство к его грязной цели.

Он постарается проникнуть в самые интимные семейные обстоятельства и не успокоится до тех пор, пока в своих гнусных поисках не найдет какой- нибудь мелочи, которую он раздует в тысячу крат и использует для того, чтобы нанести удар своей несчастной жертве. А если несмотря на все изыскания он не найдет ни в общественной ни в частной жизни своего противника ничего такого, что можно было бы использовать, тогда этот негодяй прибегнет к простой выдумке. И он при этом твердо убежден, что если даже последует тысяча опровержений, все равно кое-что останется. От простого повторения что-нибудь да прилипнет к жертве. При этом такой мерзавец никогда не действует так, чтобы его мотивы было легко понять и разоблачить. Боже упаси! Он всегда напустит на себя серьезность и "объективность". Он будет болтать об обязанностях журналиста и т.п. Более того, он будет говорить о журналистской "чести" - в особенности, если получит возможность выступать на заседаниях съездов и конгрессов, т.е. будет иметь возможность воспользоваться теми поводами, вокруг которых эти насекомые собираются в особенно большом числе.

Именно эти негодяи более чем на две трети фабрикуют так называемое "общественное мнение". Из этой именно грязной пены потом выходит парламентская Афродита.

Чтобы подробно обрисовать это действо во всей его невероятной лживости, нужно было бы написать целые томы. Мне кажется однако, что достаточно хотя бы только поверхностно познакомиться с этой прессой и с этим парламентаризмом, чтобы понять, насколько бессмыслен весь этот институт.

Чтобы понять бессмысленность и опасность этого человеческого заблуждения, лучше всего сопоставить вышеочерченный мною демократический парламентаризм с демократией истинно германского образца.

Самым характерным в демократическом парламентаризме является то, что определенной группе людей - скажем, 500 депутатам, а в последнее время и депутаткам - предоставляется окончательное разрешение всех возможных проблем, какие только возникают. На деле именно они и составляют правительство. Если из их числа и выбирается кабинет, на который возлагается руководство государственными делами, то ведь это только одна внешность. На деле это так называемое правительство не может ведь сделать ни одного шага, не заручившись предварительным согласием общего собрания. Но тем самым правительство это освобождается от всякой реальной ответственности, так как в последнем счете решение зависит не от него, а от большинства парламента. В каждом отдельном случае правительство это является только исполнителем воли данного большинства. О политических способностях правительства судят в сущности только по тому, насколько искусно оно умеет приспособляться к воле большинства или перетягивать на свою сторону большинство. Но тем самым с высоты подлинного правительства оно опускается до роли нищего, выпрашивающего милостыню у большинства. Всякому ясно, что важнейшая из задач правительства состоит только в том, чтобы от случая к случаю выпрашивать себе милость большинства данного парламента или заботиться о том, чтобы создать себе иное более благосклонное большинство. Если это удается правительству, оно может в течение короткого времени "править" дальше; если это не удается ему, оно должно уйти. Правильность или неправильность его намерений не играет при этом никакой роли.

Но именно таким образом практически уничтожается всякая его ответственность.

К каким последствиям все это ведет, ясно уже из следующего. Состав пятисот избранных народных представлений с точки зрения их профессии, не говоря уже об их способностях, крайне пестр. Никто ведь не поверит всерьез, что эти избранники нации являются также избранниками духа и разума. Никто ведь не поверит, что в избирательных урнах десятками или сотнями произрастают подлинные государственные деятели. Все знают, что бюллетени подаются избирательной массой, которую можно подозревать в чем угодно, только не в избытке ума. Вообще трудно найти достаточно резкие слова, чтобы заклеймить ту нелепость, будто гении рождаются из всеобщих выборов. Во-первых, подлинные государственные деятели вообще рождаются в стране только раз в очень крупный отрезок времени, а во-вторых, масса всегда имеет вполне определенное предубеждение как раз против каждого сколько-нибудь выдающегося ума. Скорей верблюд пройдет через игольное ушко, чем великий человек будет "открыт" путем выборов.

Те личности, которые превосходят обычный масштаб золотой середины, большею частью сами прокладывали себе дорогу на арене мировой истории.

Что же происходит в парламенте? Пятьсот человек золотой середины голосуют и разрешают все важнейшие вопросы, касающиеся судеб государства. Они назначают правительство, которое затем в каждом отдельном случае вынуждено добиваться согласия этого просвещенного большинства. Таким образом вся политика делается этими пятьюстами.

По их образу и подобию эта политика большею частью и ведется.

Но если мы даже оставим в стороне вопрос о степени гениальности этих пятисот народных представителей, подумайте только о том, сколь различны те проблемы, которые ждут своего разрешения от этих людей. Представьте себе только, какие различные области возникают перед ними, и вы сразу поймете, насколько непригодно такое правительственное учреждение, в котором последнее слово предоставляется массовому собранию, где лишь очень немногие обладают подлинными знаниями и опытом в разрешении тех вопросов, которые там возникают. Все действительно важнейшие экономические вопросы ставятся на разрешение в таком собрании, где только едва десятая часть членов обладает каким-нибудь экономическим образованием. Но ведь это и значит отдать судьбы страны в руки людей, которые не имеют самых элементарных предпосылок для разрешения этих вопросов.

Так обстоит дело и со всяким другим вопросом. Какой бы вопрос ни возник, все равно решать будет большинство людей несведущих и неумелых. Ведь состав собрания остается один и тот же, между тем как подлежащие обсуждению вопросы меняются каждый день. Ведь невозможно же в самом деле предположить, что одни и те же люди располагают достаточными сведениями, скажем, и в вопросах транспорта и в вопросах высокой внешней политики. Иначе оставалось бы предположить, что мы имеем дело лишь исключительно с универсальными гениями, а ведь мы знаем, что действительные гении рождаются быть может раз в столетие. На самом деле в парламентах находятся не "головы", а только люди крайне ограниченные, с раздутыми претензиями дилетантов, умственный суррогат худшего сорта. Только этим и можно объяснить то неслыханное легкомыслие, с которым эти господа зачастую рассуждают (и разрешают) о проблемах, которые заставили бы очень и очень призадуматься даже самые крупные умы. Мероприятия величайшей важности, имеющие гигантское значение для всего будущего государства и нации, разрешаются господами парламентариями с такой легкостью, как будто дело идет не о судьбах целой расы, а о партии в домино.

Конечно было бы совершенно несправедливо предположить, что каждый из депутатов уже заранее родился с атрофированным чувством.

Но нынешняя система принуждает отдельного человека занимать позицию по таким вопросам, в которых он совершенно не сведущ, и этим постепенно развращает человека. Никто не наберется храбрости сказать открыто: господа депутаты, я думаю, что мы по такому-то и такому-то вопросу ничего не понимаем, по крайней мере, я лично заявляю, что не понимаю. Если бы такой человек и нашелся, то все равно не помогло бы. Такого рода откровенность была бы совершенно не понятна. Про этого человека сказали бы, что он честный осел, но ослу все-таки нельзя позволять испортить всю игру. Однако, кто знает характер людей, тот поймет, что в таком "высоком" обществе не найдется лица, которое согласилось бы прослыть самым глупым из всех собравшихся. В известных кругах честность всегда считается глупостью. Таким образом, если даже и найдется среди депутатов честный человек, ой постепенно тоже переходит на накатанные рельсы лжи и обмана. В конце концов у каждого из них есть сознание того, что, какую бы позицию ни занял отдельный из них, - изменить ничего не удастся. Именно это сознание убивает каждое честное побуждение, которое иногда возникает у того или другого из них. Ведь в утешение он скажет себе, что он лично еще не самый худший из депутатов и что его участие в высокой палате помогает избегнуть худшего из зол.

Может быть мне возразят, что хотя отдельный депутат в том или другом вопросе не сведущ, но ведь его позиция обсуждается и определяется во фракции, которая политически руководит и данным лицом; а фракция-де имеет свои комиссии, которые собирают материал через сведущих лиц и т.д.

На первый взгляд кажется, что это в самом деле так, но тут возникает вопрос: зачем же тогда выбирать 500 человек, раз на деле необходимой мудростью, которой в действительности определяются принимаемые решения, обладают лишь немногие.

Да, именно в этом существо вопроса.

В том-то и дело, что идеалом современного демократического парламентаризма является не собрание мудрецов, а толпа идейно зависимых нулей, руководить которыми в определенном направлении будет тем легче, чем более ограниченными являются эти людишки. Только на таких путях ныне делается так называемая партийная политика - в самом худом смысле этого слова. И только благодаря этому стало возможным, что действительный дирижер всегда осторожно прячется за кулисами и никогда не может быть привлечен к личной ответственности. Так и получается, что за самые вредные для нации решения ныне отвечает не негодяй, в действительности навязавший это решение, а целая фракция.

Но таким образом всякая практическая ответственность отпадает, ибо такая ответственность могла бы заключаться только в определенных обязанностях отдельного лица, а вовсе не всей парламентской говорильни.

Это учреждение может быть приятно только тем лживым субъектам, которые как черт ладана боятся божьего света. Каждому же честному, прямодушному деятелю, всегда готовому нести личную ответственность за свои действия, этот институт может быть только ненавистным.

Вот почему этот вид демократии и стал орудием той расы, которая по своим внутренним целям не может не бояться божьего света ныне и присно.

* * *

Сравните с этим истинно германскую демократию, заключающуюся в свободном выборе вождя с обязательностью для последнего - взять на себя всю личную ответственность за свои действия. Тут нет места голосованиям большинства по отдельным вопросам, тут надо наметить только одно лицо, которое потом отвечает за свои решения всем своим имуществом и жизнью.

Если мне возразят, что при таких условиях трудно найти человека, который посвятит себя такой рискованной задаче, то я на это отвечу:

- Слава богу, в этом и заключается весь смысл германской демократии, что при ней к власти не может придти первый попавшийся недостойный карьерист и моральный трус; громадность ответственности отпугивает невежд и трусов.

Ну а если бы неожиданно иногда этакому человеку и удалось взобраться на такое место, тогда его сразу обнаружат и без всякой церемонии скажут ему: "Руки прочь, трусливый негодяй, убирайся прочь, не грязни ступеней этого великого здания, ибо по ступеням Пантеона истории проходят не проныры, а только герои!"

* * *

До этих взглядов доработался я в течение моих двухлетних посещений венского парламента.

После этого я перестал ходить в рейхсрат.

В последние годы слабость габсбургского государства все более и более увеличивалась, и в этом была одна из главных заслуг парламентского режима. Чем больше благодаря этому режиму ослаблялись позиции немцев, тем больше в Австрии открывалась дорога для системы использования одних национальностей против других. В самом рейхсрате эта игра всегда происходила за счет немцев, а тем самым в конце концов за счет государства. Ибо в конце XIX столетия было ясно даже слепым, что притягательная сила монархии настолько мала, что не может больше справляться с центробежными тенденциями отдельных национальных областей.

Напротив!

Чем больше выяснялось, что государство располагает только жалкими средствами к своему самосохранению, тем большим становилось всеобщее презрение по его адресу. Уже не только Венгрия, но и отдельные славянские провинции не отождествляли себя больше с единой монархией, и слабость последней никто уже не воспринимал как свой собственный позор. Признаки наступающей старости монархии скорее радовали; в это время на ее смерть возлагалось уже гораздо больше надежд, нежели на возможное ее выздоровление.

В парламенте еще удавалось избегнуть полного краха только ценой недостойных уступок любому шантажу, издержки которого падали в конце концов на немцев. В общегосударственной же жизни краха избегали только при помощи более или менее искусного разыгрывания одной национальности против другой. Однако, сталкивая лбами отдельные национальности, правительство направляло общую линию политики против немцев. Политика сознательной чехизации страны сверху проводилась особенно организованно с того момента, когда наследником престола стал эрцгерцог Франц-Фердинанд, получивший значительное влияние на государственные дела. Этот будущий властитель государства всеми доступными ему средствами оказывал содействие разнемечиванию австро- венгерской монархии. Эту политику он проводил открыто или по крайней мере поддерживал негласно. Всеми правдами и неправдами чисто немецкие территории включались благодаря махинациям государственной администрации в опасную зону смешанных языков. Даже в Нижней Австрии этот процесс стал развиваться все быстрей. Многие чехи стали уже смотреть на Вену, как на самый крупный чешский город.

Супруга эрцгерцога была чешской графиней. Она происходила из семьи, в которой враждебное отношение к немцам стало прочной традицией. С Францем-Фердинандом она была в морганатическом браке. Руководящая идея этого нового Габсбурга, в чьей семье разговаривали только по-чешски, состояла в том, что в центре Европы нужно постепенно создать славянское государство, построенное на строго католической базе, с тем чтобы оно стало опорой против православной России. У Габсбургов давно уже стало обычаем употреблять религию на службе чисто политических идей. Но в данном случае дело шло об идее достаточно несчастливой - по крайней мере с немецкой точки зрения.

Результат получился во многих отношениях более чем печальный.

Ни дом Габсбургов, ни католическая церковь не получили ожидаемого вознаграждения.

Габсбурги потеряли трон, Рим потерял крупное государство.

Привлекши на службу своим политическим планам религиозные моменты, корона вызвала к жизни таких духов, о существовании которых она раньше и сама не подозревала.

Попытки всеми средствами искоренить немецкое начало в старой монархии вызвали в качестве ответа всенемецкое национальное движение в Австрии.

К 80-м годам XIX столетия манчестерский либерализм еврейской ориентировки перешел уже через свой кульминационный пункт и пошел вниз также и в австро-венгерской монархии. Но в Австрии реакция против него, как и все вообще в австро-венгерской монархии, возникла не из моментов социальных, а национальных. Чувство самосохранения побудило немцев оказать сопротивление в самой острой форме. Постепенно начали оказывать решающее влияние также и экономические мотивы - но только во вторую очередь. На этих путях из политического хаоса, и создались две новых политических партии, из которых одна базировалась больше на национальном моменте, а другая больше на социальном. Оба новых партийных образования представляли громадный интерес и были поучительны для будущего.

Непосредственно после войны 1866 г., окончившейся для Австрии тяжелым поражением, габсбургский дом носился с идеей военного реванша. Сотрудничеству с Францией помешала только история с неудачной экспедицией Макса в Мексику. Ответственность за эту экспедицию возлагали главным образом на Наполеона III и чрезвычайно возмущались тем, что французы оставили экспедицию на произвол судьбы. Тем не менее Габсбурги находились тогда в состоянии прямого выжидания. Если бы война 1870-1871 гг. не превратилась в сплошное победное шествие Пруссии, то венский двор наверняка попытался бы ввязаться в кровавую игру и отомстить за Садовую. Но когда с поля битвы стали приходить изумительные, сказочные и тем не менее совершенно точные известия о немецких победах, тогда "мудрейший" из монархов понял, насколько неблагоприятен момент для каких бы то ни было попыток реванша. Габсбургам ничего не оставалось как сделать хорошую мину при плохой игре.

Но героические победы 1870-1871 гг. совершили еще одно великое чудо. Перемена позиции у Габсбургов никогда не определялась побуждениями сердца, а диктовалась только горькой необходимостью. Что же касается немецкого народа в Австрии, то для него победы немецкого оружия были истинным праздником. С глубоким воодушевлением и подъемом австрийские немцы следили за тем, как великая мечта отцов снова становилась прекрасной действительностью.

Ибо не надо заблуждаться: действительно национально настроенные австрийские немцы уже сразу после Кенигреца увидели, что в эти тяжелые и трагические минуты создается необходимая предпосылка к возрождению нового государства, которое было бы свободно от гнилостного маразма старого союза. Австрийские немцы на собственной шкуре чувствовали весьма осязательно, что династия Габсбургов закончила свое историческое предназначение и что создающееся теперь новое государство должно искать себе императора, действительно достойного "короны Рейна". Такой немец тем больше благословлял грядущую судьбу, что в германском императоре он видел потомка Фридриха Великого - того, кто в тяжелые времена уже однажды указал народу дорогу к великому подъему, кто навеки вписал в историю одну из самых светлых страниц.

Когда после окончания великой войны дом Габсбургов решился продолжать борьбу против "своих" немцев (настроение которых было вполне очевидным), австрийские немцы организовали такое могучее сопротивление, какого не знала еще новейшая немецкая история. В этом не было ничего удивительного, ибо народ чувствовал, что логическим последствием политики славянизации неизбежно было бы полное уничтожение немецкого влияния.

Впервые дело сложилось так, что люди, настроенные национально и патриотически, вынуждены были стать мятежниками.

Мятежниками не против нации, не против государства как такового, но против такого управления страной, которое по глубокому убеждению восставших неизбежно привело бы к гибели немецкую народность.

Впервые в новейшей истории немецкого народа дело сложилось так, что любовь к отечеству и любовь к народу оказались во вражде с династическим патриотизмом в его старом понимании.

Одной из крупнейших заслуг всенемецкого национального движения в Австрии в 90-х годах было то, что оно доказало: лишь та государственная власть имеет право на уважение и на поддержку, которая выражает стремления и чувства народа или по крайней мере не приносит ему вреда.

Не может быть государственной власти как самоцели. В этом последнем случае любая тирания оказалась бы в нашем грешном мире навеки неприкосновенной и освященной.

Когда правительственная власть все те средства, какими она располагает, употребляет на то, чтобы вести целый народ к гибели, тогда не только правом, но и обязанностью каждого сына народа является бунт.

Ну, а вопрос о том, где именно можно говорить о подобном казусе, - этот вопрос разрешается не теоретическими дискуссиями, а силой и успехом.

Каждая правительственная власть конечно будет настаивать на том, чтобы сохранить свой государственный авторитет, как бы плохо она ни выражала стремления народа и как бы ни предавала она его направо и налево. Что же остается делать действительным выразителям народных чаяний и стремлений? Инстинкт самосохранения в этом случае подскажет народному движению, что в борьбе за свободу и независимость следует применить и те средства, при помощи которых сам противник пытается удержать свое господство. Из этого вытекает, что борьба будет вестись "легальными" средствами лишь до тех пор, пока правительство держится легальных рамок, но движение не испугается и нелегальных средств борьбы, раз угнетатели народа также прибегают к ним.

Главное же, чего не следует забывать: высшей целью человечества является ни в коем случае не сохранение данной государственной формы или тем более данного правительства, а сохранение народного начала.

Раз создается такое положение, которое угрожает свободе или даже самому существованию народа, - вопрос о легальности или нелегальности играет только подчиненную роль. Пусть господствующая власть тысячу раз божится "легальностью", а инстинкт самосохранения угнетенных все равно признает, что при таком положении священным правом народа является борьба всеми средствами.

Только благодаря этому принципу возможны были те великие освободительные битвы против внутреннего и внешнего порабощения народов на земле, которые стали величайшими событиями мировой истории.

Человеческое право ломает государственное право.

Если же окажется, что тот или другой народ в своей борьбе за права человека потерпел поражение, то это значит, что он был слишком легковесен и недостоин сохраниться как целое на земле. Вечно справедливое провидение уже заранее обрекло на гибель тех, кто не обнаружил достаточной готовности или способности бороться за продолжение своего существования.

Для трусливых народов нет места на земле.

* * *

Как легко тирания облачается в мантию так называемой "легальности", ясней и нагляднее всего доказывается опять таки австрийским примером. Легальная государственная власть опиралась в то время на антинемецки настроенный парламент с его не-немецкими большинствами, а также на палату господ, настроенную столь же враждебно к немцам. Этими двумя факторами олицетворялась вся государственная власть. Пытаться в рамках этих учреждений изменить судьбу австронемецкого народа, было бы нелепостью. Наши современные политики, которые умеют только молиться на "легальность", сделали бы из этого конечно тот вывод, что раз нельзя сопротивляться легально, то надо попросту оставить всякое сопротивление. В тогдашней австрийской обстановке это означало бы с неизбежной необходимостью гибель немецкого народа и притом в кратчайший срок. И в самом деле: ведь судьба немецкого народа в Австрии была спасена только благодаря тому, что австро-венгерское государство потерпело крах.

Ограниченный теоретик в шорах скорей умрет за свою доктрину, чем за свой народ.

Люди создают для себя законы, из чего этот теоретик заключает, что не законы для людей, а люди для закона.

Одной из крупнейших заслуг тогдашнего всенемецкого национального движения в Австрии было то, что к ужасу всех фетишистов государственности и идолопоклонников теории оно раз и навсегда покончило с этой нелепостью.

В ответ на попытки Габсбургов всеми средствами повести борьбу против немецкого начала названная партия беспощадно напала на "высокую" династию. Немецко-национальное движение показало гнилость этого государства и открыло глаза сотням тысяч на подлинную сущность Габсбургов. Заслугой этой партии является то, что она спасла великую идею любви к отечеству, вырвав ее из рук этой печальной династии.

Когда эта партия начинала борьбу, число ее сторонников было необычайно велико и нарастало прямо, как лавина. Однако успех этот не оказался длительным. Когда я приехал в Вену, это движение пошло уже на убыль и почти потеряло всякое значение, после того как к власти пришла христианско-социальная партия.

Каким образом возникло и вместе с тем так быстро пошло к своему закату всегерманское национальное движение, с одной стороны, и каким образом с такой неслыханной быстротой поднялась христианско-социальная партия, с другой, - вот над чем стал я думать, вот что стало для меня классической проблемой, достойной самого глубокого изучения.

Когда я приехал в Вену, все мои симпатии были целиком на стороне всегерманской национальной партии.

Мне ни капельки не импонировало и тем более не радовало поведение тех, кто приходил в австрийский парламент с возгласом "да здравствуют Гогенцоллерны", но мена очень радовало и внушало самые гордые надежды то обстоятельство, что австрийские немцы стали сознавать себя только на время оторванной от общегерманского государства частью народа и теперь уже заявляли об этом открыто. Я видел, что единственным спасением является то, что теперь австрийские немцы открыто занимают позицию по всем вопросам, связанным с национальной проблемой, и решительно отказываются от беспринципных компромиссов. Именно ввиду всего этого я совершенно не мог понять, почему это движение после столь великолепного начала так быстро пошло вниз. Еще меньше я мог понять, почему в то же самое время христианско-социальная партия смогла стать такой большой силой. А христианско-социальная партия как раз в то время и достигала высшего пункта своей славы.

Я начал сравнивать оба эти движения. Судьба опять дала мне лучшие наглядные уроки и помогла мне разрешить эту загадку. Мое личное печальное положение только помогло мне в этом отношении.

Я начал с того, что стал сравнивать фигуры обоих вождей и основателей этих двух партий: с одной стороны, Георга фон Шенерера и, с другой стороны, доктора Карла Люэгера.

Как индивидуальности оба они стояли несравненно выше средних парламентских деятелей. В обстановке всеобщей политической коррупции оба они остались совершенно чистыми и недосягаемыми. Тем не менее мои личные симпатии вначале были на стороне вождя всегерманской национальной партии Шенерера и лишь постепенно склонились на сторону вождя христианско-социальной партии Люэгера.

Сравнивая личные дарования того и другого, я приходил тогда к выводу, что более глубоким мыслителем и более принципиальным борцом является Шенерер. Ясней и правильней, чем кто бы то ни было другой, он видел и предсказывал неизбежный конец австрийского государства. Если бы его предостережения против габсбургской монархии были лучше услышаны, в особенности в Германии, то может быть мы избегли бы несчастья мировой войны, в которой Германия оказалась почти одна против всей Европы.

Внутреннюю сущность проблем Шенерер понимал превосходно, но зато он сильно ошибался в людях.

В этой последней области была как раз сильная сторона доктора Люэгера.

Люэгер был редким знатоком людей. Его правилом было ни в коем случае не видеть людей в лучшем свете, чем они есть. Поэтому он гораздо лучше считался с реальными возможностями жизни, нежели Шенерер. Все идеи вождя немецкой национальной партии были, говоря теоретически, совершенно правильны, но у него не оказалось ни силы, ни уменья, чтобы передать это теоретическое понимание массе. Другими словами он не сумел придать своим идеям такую форму, которая соответствовала бы степени восприимчивости широких масс народа (а эта восприимчивость довольно ограничена). Поскольку это было так, - вся теоретическая мудрость и глубина Шенерера оставалась только мудростью умозрительной, она никогда не смогла перейти в практическую действительность.

Этот недостаток практического понимания людей привел в дальнейшем к ошибочной оценке соотношения сил, к непониманию реальной силы, заложенной в целых движениях и в очень старых государственных учреждениях.

Шенерер конечно понимал, что в конце концов тут дело шло о вопросах миросозерцания. Но он так и не понял, что носителями таких почти религиозных убеждений в первую очередь должны стать широкие массы народа. Шенерер к сожалению лишь очень мало отдавал себе отчет в том, насколько ограничена воля к борьбе в кругах так называемой солидной буржуазии. Он не понимал, что такое ее отношение неизбежно вытекает из ее экономических позиций: у такого буржуа есть что потерять и это заставляет его быть в таких случаях более чем сдержанным.

Победа целого мировоззрения становится действительно возможной лишь в том случае, когда носительницей нового учения является сама масса, готовая взвалить на свои плечи все тяготы борьбы.

Этому недостаточному пониманию того великого значения, которое имеют низшие слои народа, вполне соответствовало тогдашнее недостаточное понимание социального вопроса вообще.

Во всех этих отношениях доктор Люэгер был прямой противоположностью Шенерера.

Основательное знание людей давало ему возможность правильно оценивать соотношение сил. Это избавляло его от опасности неправильных оценок уже существующих органов. Трезвая оценка обстановки побуждала его напротив стараться использовать и старые общественные учреждения в борьбе за свои цели.

Он отдавал себе полный отчет в том, что в современную эпоху одних сил верхних слоев буржуазии совершенно недостаточно, чтобы дать победу новому движению, поэтому он перенес центр тяжести своей политической деятельности на завоевание тех слоев, которые условиями существования толкаются на борьбу и у которых воля не парализована. Поэтому же он склонен был с самого начала использовать и уже существующие орудия влияния и бороться за то, чтобы склонить на свою сторону уже существующие могущественные учреждения. Он ясно понимал, что необходимо извлечь возможно больше пользы для своего движения из старых источников силы.

Благодаря этому пониманию Люэгер дал своей новой партии основную установку на завоевание средних классов, которым угрожала гибель. Этим он создал себе непоколебимый фундамент и резервуар сил, неизменно готовых к упорной борьбе. Его бесконечно умная тактика по отношению к католической церкви дала ему возможность в кратчайший срок завоевать молодое поколение духовенства в таких размерах, что старой клерикальной партии ничего не оставалось, как либо очистить поле, либо (что было более умно с ее стороны) примкнуть к новой партии и попытаться таким образом постепенно отвоевать себе прежние позиции. Но было бы несправедливо думать, что сказанным исчерпываются таланты этого человека. На самом деле он был не только умным тактиком, но обладал также всеми качествами действительно великого и гениального реформатора. В этой последней области он также знал точную границу существующим возможностям и отдавал себе ясный отчет в своих собственных способностях.

Этот в высшей степени замечательный человек поставил себе совершенно практические цели. Он решил завоевать Вену. Вена играла роль сердца монархии. Из этого города только еще и могла исходить та жизнь, которая поддерживала существование болезненного и стареющего организма всего пошатнувшегося государства. Чем больше удалось бы оздоровить сердце, тем более свежим должен был становиться весь организм. Идея сама по себе совершенно правильная, но конечно и она могла найти себе применение только в течение определенного времени.

В этом последнем заключалась слабая сторона Люэгера. То, что ему удалось сделать для города Вены, является бессмертным в лучшем смысле этого слова. Но спасти этим путем монархию ему не удалось - было уже слишком поздно.

Эту сторону дела его соперник Шенерер видел ясней. Все практические начинания доктора Люэгера удались ему великолепно, но те надежды, которые он связывал с этими начинаниями, увы не исполнились. С другой стороны, то, чего хотел Шенерер, совершенно ему не удалось, а то, чего он опасался, к сожалению, исполнилось в ужасающей мере.

Так и случилось, что оба эти деятеля не увидели своих конечных целей исполненными. Люэгеру не удалось уже спасти Австрию, а Шенереру не удалось предохранить немецкий народ от катастрофы.

Для нашей современной эпохи бесконечно поучительно изучить подробнейшим образом причины неудачи, постигшей обе эти партии. Это особенно полезно будет для моих друзей, ибо в ряде пунктов обстановка такая же, как и тогда. Мы можем и должны теперь избежать тех ошибок, которые привели тогда к гибели одного движения и к бесплодности другого.

С моей точки зрения крах немецкого национального движения в Австрии обусловливался тремя причинами:

Во-первых, сыграло роковую роль неясное представление партии о том значении, какое имеет социальная проблема как раз для новой, по сущности своей революционной партии.

Поскольку Шенерер и его ближайшие сторонники в первую очередь обращались только к буржуазным слоям, результат мог получиться лишь очень слабый и робкий.

Когда дело идет о внутренних делах нации или государства, немецкое бюргерство, в особенности в его высших слоях, настроено настолько пацифистски, что готово буквально отказаться от самого себя. Отдельное лицо не всегда сознает это, но это все-таки так. В хорошие времена, т. е. применительно к нашему случаю во времена хорошего правления, такие настроения делают эти слои очень ценными для государства. Во времена же плохого правления эти свойства приводят просто к ужасающим результатам. Если всенемецкое национальное движение хотело провести действительно серьезную борьбу, оно должно было прежде всего постараться завоевать массы. Этого оно сделать не сумело, и это лишило его той элементарной стихийной силы, которая нужна для того, чтобы волна не упала в самый кратчайший срок.

Раз партия с самого начала не придерживалась этого принципа и не провела его в жизнь, такая новая партия впоследствии не будет уже иметь возможности наверстать потерянное. Раз партия с самого начала набрала многочисленные умеренно буржуазные элементы, это предопределяет то, что в своих внутренних установках партия будет ориентироваться уже в эту сторону. Таким образом партия уже с самого начала отрезает себе перспективу завоевания крупных сил из среды низших слоев народа. Но такое движение уже заранее осуждено на бледную немочь и вынуждено ограничиваться только критиканством. Партия уже не сможет опереться на ту почти религиозную веру, без которой нет серьезной способности к самопожертвованию. Вместо всего этого в партии возобладает стремление к "положительному" сотрудничеству с существующим режимом, т.е. к признанию того, что есть. В партии постепенно возобладают стремления смягчить борьбу, чтобы в конце концов придти к гнилому миру.

Это именно и случилось с всенемецким национальным движением. Причина заключалась именно в том, что оно с самого начала не сделало центром тяжести своей деятельности борьбу за завоевание широких масс народа. Именно благодаря этому оно стало "умеренно-радикальным" и буржуазно-чопорным.

Из этой первой ошибки вытекла и вторая причина быстрой гибели движения.

К моменту возникновения немецко-национального движения положение немцев в Австрии было уже в сущности отчаянным. Из года в год парламент все больше становился учреждением, работающим в направлении медленного, но систематического уничтожения немецкого народа. Серьезная попытка в последнюю минуту спасти дело могла заключаться только в устранении этого учреждения. Только в этом случае открывались да и то лишь небольшие шансы на успех.

В связи с этим для движения вставал следующий вопрос принципиального значения:

Надо ли идти в парламент, чтобы скорей уничтожить парламент, или, как тогда выражались, чтобы "взорвать его изнутри", или же наоборот в парламент не ходить, а повести на это учреждение прямо и открыто фронтальную атаку.

Решили войти. Вошли и... вышли оттуда побитые.

Конечно войти при сложившихся обстоятельствах пришлось. Чтобы повести борьбу против такой силы открыто с фронта, нужно было, во-первых, обладать непоколебимым мужеством, а во-вторых, готовностью к бесчисленным жертвам. Это означало бы взять быка прямо за рога. Но при этом конечно приходится рисковать тем, что будешь несколько раз опрокинут. Едва подымешься с земли, должен начать борьбу снова, а победа дастся только после очень тяжкой борьбы и то лишь бойцам, обладающим безумной смелостью. Великие жертвы приведут в лагерь борьбы новые великие резервы. В конце концов упорство будет вознаграждено победой.

Но для всего этого нужно, чтобы в борьбе принимали участие сыны народа, широкие массы его.

Они одни могут найти в себе решимость и стойкость довести такую борьбу до конца.

А этих широких масс народа как раз и не было в рядах немецкой национальной партии. Вот почему ей ничего другого не оставалось, как пойти в парламент.

Было бы неправильным предположить, что это решение явилось результатом долгих и мучительных внутренних колебаний или даже просто результатом длительных размышлений. Нет, люди не могли себе и представить других форм борьбы. Участие в этой нелепости было только результатом общей путаницы представлений и непонимания того, какое влияние неизбежно должно было оказать участие партии в том учреждении, которое она сама решительно осудила. Обычно рассуждение заключалось в том, что, выступая "перед лицом всей нации" на "всенародной трибуне", партия получит возможность легче просветить широкие слои народа. Борьба внутри парламента в глазах многих обещала большие результаты, нежели нападение извне. К тому же известные надежды возлагались на депутатскую неприкосновенность. Люди были уверены в том, что парламентский иммунитет только укрепит отдельных бойцов и придаст большую силу их ударам.

В живой действительности все это вышло по-иному.

Аудитория, перед которой теперь выступали депутаты немецкой национальной партии, стала не большей, а меньшей. Ведь каждый оратор говорит только перед тем кругом, который слушает его непосредственно, или перед тем кругом читателей, до которых доходят отчеты прессы.

В действительности самой широкой аудиторией является не зал заседаний парламента, а зала больших публичных народных собраний.

Ибо в стены этих последних собираются тысячи людей, пришедших сюда с единственной целью послушать то, что скажет им оратор, между тем как в зал заседаний парламента являются только несколько сот человек, да и те главным образом для того, чтобы получить полагающуюся им суточную плату, а вовсе не для того, чтобы чему-нибудь путному научиться у оного "народного представителя".

Главное же: в зале заседаний парламента всегда собирается одна и та же публика, которая вовсе не считает нужным чему-либо еще доучиваться по той простой причине, что у нее нет не только понимания необходимости этого, но нет и самой скромной дозы желания.

Ни один из этих народных представителей никогда добровольно не признает правоту другого и никогда не отдаст своих сил для борьбы за дело, защищаемое его коллегой. Нет, никогда он этого не сделает, за тем единственным исключением, когда ему кажется, что, совершив такой поворот, он лучше обеспечит свой мандат в парламенте следующего созыва. Лишь тогда, когда все воробьи на крышах чирикают о том, что ближайшие выборы принесут победу другой партии, столпы прежней партии, украшавшие ее до сих пор, мужественно перебегут в другой лагерь, т.е. лагерь той партии или того направления, которое по их расчетам должно завоевать более выгодную позицию. Совершая этот поворот, эти беспринципные господа конечно не поскупятся наговорить бездну фраз "морального" содержания. Обычно так и происходит: когда народ отворачивается от какой-либо партии настолько решительно, что всякому ясно, какое уничтожающее поражение ожидает эту партию, тогда начинается великое бегство. Это парламентские крысы покидают партийный корабль.

Бегство это вытекает не из велений совести, оно происходит не по доброй воле, нет, оно простой результат той "прозорливости", которая позволяет этакому парламентскому клопу как раз вовремя покинуть ставшее ненадежным место для того, чтобы достаточно своевременно усесться в более теплой постели другой партии.

Говорить перед такой "аудиторией" поистине означает метать бисер перед известными животными. Право в этом нет никакого расчета.

Результат не может не быть ничтожным.

Так оно и случилось. Депутаты немецкой национальной партии могли надрываться до хрипоты, все равно никакого влияния их речи не оказывали.

Пресса же или совершенно замалчивала их или так извращала их речи, что нельзя было уловить никакой связи, а порой эти речи преподносились в таком искаженном виде, что общественное мнение получало очень плохое представление о намерениях новой буржуазии. Все равно, что бы ни говорили отдельные депутаты, широкая публика узнавала только то, что можно было об их речах прочесть в газетах, а "изложение" их речей в прессе было такое, что речи казались только нелепыми, если не хуже. Ну, а их непосредственная аудитория состояла только из каких-нибудь 500 парламентариев. Этим сказано все.

Самое плохое однако было следующее: всенемецкое национальное движение лишь тогда могло рассчитывать на успех, если бы оно с самого начала поняло, что дело должно идти не просто о создании новой партии, а о выработке нового миросозерцания. Только новое миросозерцание могло найти в себе достаточно сил, чтобы победить в этой исполинской борьбе. Чтобы руководить такой борьбой, нужны самые ясные, самые мужественные головы.

Если борьбой за то или другое миросозерцание не руководят готовые к самопожертвованию герои, то в ближайшем будущем движение не найдет и отважных рядовых бойцов. Кто борется за свое собственное существование, у того немного остается для общего блага.

Для того чтобы создать эти предпосылки, необходимо, чтобы каждый понимал, что честь и слава ждут сторонников нового движения лишь в будущем, а в настоящем это движение никаких личных благ дать не может. Чем больше то или другое движение будет раздавать посты и должности, тем большее количество сомнительных людей устремится в этот лагерь. Если партия эта имеет большой успех, то ищущие мест политические попутчики зачастую наводняют ее в такой мере, что старый честный работник партии иногда просто не может ее узнать, а новые пришельцы отвергают самого этого старого работника как теперь уже ненужного и "непризнанного" Это и означает, что "миссия" такого движения уже исчерпана.

Как только немецкое национальное движение связало свою судьбу с судьбой парламента, у него вместо вождей и бойцов тоже оказались "парламентарии". Этим немецко-национальная партия опустилась до уровня обычных повседневных политических партий и потеряла ту силу, которая необходима для того, чтобы в ореоле мученичества идти навстречу трагической судьбе. Вместо того, чтобы организовать борьбу, деятелям партии теперь оставалось тоже только "выступать" и "вести переговоры". И что же - этот новый парламентарий в течение короткого времени тоже пришел к той мысли, что самой возвышенной (ибо менее рискованной) обязанностью его является защита нового миросозерцания так называемыми "духовными" средствами парламентского красноречия; что это во всяком случае будет спокойнее, чем с опасностью для собственной жизни бросаться в борьбу, исход которой неизвестен и ничего особенно хорошего принести не может.

Пока вожди сидели в парламенте, сторонники партии за стенами парламента ждали чудес, а чудеса эти не наступали и, конечно, наступить не могли. Скоро люди стали терять терпение. То, что говорили собственные депутаты, ни в коей мере не соответствовало ожиданиям избирателей. Это было вполне понятно, ибо враждебная пресса делала абсолютно все возможное, чтобы помешать народу составить себе правильное представление о выступлениях депутатов немецко-национальной партии в парламенте.

В то же время происходил и другой процесс. Чем больше народные представители приобретали вкус к более мягкой форме "революционной" борьбы в парламенте и в ландтагах, тем менее оказывались они готовыми пойти назад в широкие слои народа и заняться опять более опасной просветительной работой. Массовые народные собрания отступали все больше на задний план, а между тем это единственный путь, дающий возможность непосредственного воздействия на массу и тем самым завоевания значительных кругов народа на свою сторону.

Трибуна парламента все больше и больше оттесняла на задний план залы народных собраний. Вместо того, чтобы говорить с народом, депутаты заняты были излияниями перед так называемыми избранными. Все это и приводило к тому, что немецкое национальное движение все больше переставало быть народным движением и упало до уровня более или менее обыкновенного клуба, где велись академические споры.

Пресса распространяла о партии самые плохие представления. Представители партии уже не старались на больших народных собраниях восстановить истину и показать действительные цели партии. В конце концов дело сложилось так, что слова "немецкое национальное движение" стали вызывать в широких кругах народа насмешку.

Пусть запомнят это все тщеславные писаки нашего времени: великие перевороты в этом мире никогда не делались при помощи пера.

Нет, перу предоставлялось только теоретически обосновать уже совершившийся переворот.

Испокон веков лишь волшебная сила устного слова была тем фактором, который приводил в движение великие исторические лавины как религиозного, так и политического характера.

Широкие массы народа подчиняются прежде всего только силе устного слова. Все великие движения являются народными движениями. Это - вулканическое извержение человеческих страстей и душевных переживаний. Их всегда вызывает к жизни либо суровая богиня-нужда, либо пламенная сила слова. Никогда еще великие движения - не были продуктами лимонадных излияний литературных эстетов и салонных героев.

Повернуть судьбы народов может только сила горячей страсти. Пробудить же страсти других может только тот, кто сам не бесстрастен. Только страсть дарит избранным ею такие слова, которые как ударами молота раскрывают ворота к сердцам народа. Кто лишен страстности, у кого уста сомкнуты, того небеса не избрали вестником их воли.

Человеку, который является только писателем, можно сказать, что пусть он сидит за столом со своей чернильницей и занимается "теоретической" деятельностью, если только у него имеются для этого соответствующие способности; вождем же он не рожден и не избран.

Всякому движению, ставящему себе большие цели, нужно поэтому самым тщательным образом добиваться того, чтобы оно не теряло связи с широкими слоями народа.

Такое движение должно каждую проблему рассматривать в первую очередь именно под этим углом зрения. Все его решения должны определяться этим критерием.

Такое движение должно далее систематически избегать всего того, что может уменьшить или даже только ослабить его влияние на массу. И это не из каких-либо "демагогических" соображений. Нет. Этим надо руководствоваться по той простой причине, что без могучей силы народной массы ни одно движение, как бы превосходны и благородны ни были его намерения, не может достичь цели.

Пути к нашей цели определяются жесткой необходимостью. Кто не хочет идти неприятными путями, тому приходится просто-напросто отказаться от своей цели. Это не зависит от наших добрых желаний.

Так уж устроен наш грешный мир.

Всенемецкое национальное движение перенесло центр тяжести своей деятельности в парламент, а не в народ, именно поэтому вышло так, что оно отказалось от своего будущего ради успехов минуты.

Это движение избрало более "легкие" пути, но именно поэтому оно оказалось недостойным своей конечной победы.

В Вене я продумал эти проблемы самым основательным образом и пришел к тому выводу, что именно в этом была основная причина краха немецко- национального движения. Для меня это было тем более печально, что в моих глазах это движение призвано было безраздельно руководить борьбой за дело немецкого народа.

Обе ошибки, приведшие к гибели немецкое национальное движение, находились в тесной связи друг с другом. Недостаточное понимание того, что является подлинно движущей силой больших переворотов, привело к неправильному пониманию значения широкой массы народа; отсюда - недостаточный интерес к социальным вопросам, недостаточная борьба за душу низших слоев нации, но отсюда же и преувеличенная оценка парламента.

Если бы эта партия поняла, какая невиданная сила заложена именно в народной массе как носительнице революционной борьбы, то партия совершенно по-иному повела бы всю свою работу и пропаганду. Тогда партия перенесла бы центр тяжести своей деятельности в предприятия и на улицу, а вовсе не в парламент.

Но и третья ошибка партии в последнем счете заложена также в непонимании значения массы, в непонимании того, что сильные духом люди должны дать массе толчок в определенном направлении, а потом уже сама масса подобно маховому колесу усиливает движение и дает ему постоянство и упорство.

Немецкое национальное движение повело систематическую борьбу с католической церковью. Это в свою очередь объясняется тоже только недостаточным пониманием народной психологии.

Причины резкой борьбы новой партии против Рима были таковы:

Когда дом Габсбургов окончательно решился превратить Австрию в славянское государство, все средства показались ему для этого хороши. Бессовестная династия поставила на службу этой новой "государственной идее" также религиозные учреждения.

Для этого династия стала использовать также чешских священников, видя в них тоже одно из подходящих орудий славянизации Австрии.

Дело происходило приблизительно следующим образом: В чисто немецкие общины назначались священники-чехи. Эти последние систематически и неуклонно проводили чешскую политику, ставя интересы чехов выше интересов церкви. Чешские приходы таким образом становились ячейками разнемечивания страны.

Немецкое духовенство к сожалению оказалось совершенно бессильным противостоять этому. Оно не только неспособно было само повести аналогичную наступательную кампанию, оно не в состоянии было даже и к оборонительной политике. Так обошли немцев с тыла. Злоупотребления религией на одной стороне, неспособность оказать какое бы то ни было сопротивление - на другой, приводили к тому, что немцы вынуждены были медленно, но непрерывно отступать.

Так обстояло дело в малом. Но и в большом положение было такое же Антинемецкие попытки Габсбургов не встречали отпора и в высшем духовенстве. Защита самых элементарных прав немцев все больше отступала на задний план.

Общее впечатление получалось такое, что здесь дело идет о сознательном и грубом попирании интересов немецкого народа, совершаемом католическим духовенством как таковым.

Получалось так, что церковь не только отворачивается от немецкого народа, но прямо переходит на сторону его врагов. Шенерер же считал, что главная причина всего этого заложена в верхушке католической церкви, находящейся вне Германии. По его мнению уже из одного этого вытекало враждебное отношение руководящих кругов католической церкви к чаяниям нашего народа.

Так называемые культурные проблемы отступали при этом почти целиком на задний план, как и во всем в тогдашней Австрии. Для немецкого национального движения решающим было тогда не отношение католической церкви, скажем, к науке и т.п., а более всего и прежде всего то, что она не защищала прав немецкого народа и оказывала постоянное предпочтение домогательствам и жадности славян.

Георг Шенерер был человек последовательный, он ничего не делал наполовину. Он открыл кампанию против церкви в полном убеждении, что только таким путем можно еще спасти немецкий народ. Движение за эмансипацию от влияния римской церкви казалось ему самым верным путем к цели, самым могучим снарядом, направленным против крепости врага. Если бы этот удар оказался победоносным, то это означало бы, что и в Германии печальному расколу церкви был бы положен конец и что внутренние силы германской империи и всей немецкой нации выиграли бы благодаря этому чрезвычайно много.

К сожалению ни предпосылки, ни выводы не были правильны. Верно то, что сила сопротивления немецкого католического духовенства в области национальной борьбы была несравненно меньше силы сопротивления их коллег не немецкого и в особенности чешского происхождения.

Только люди невежественные могли не понимать того, что немецкому духовенству и в голову не приходит взять на себя действительно смелую защиту немецких интересов.

Однако только ослепленные люди могли не понимать того, что это обстоятельство в первую очередь объясняется причинами общими для всех нас, немцев: они заложены в нашей так называемой "объективности", в нашем равнодушном отношении к проблемам нашей народности, как впрочем и к некоторым другим проблемам.

Чешское духовенство относится вполне субъективно к своему народу и "объективно" к судьбам церкви. А немецкий священник наоборот: он предан со всей субъективностью церкви и остается совершенно "объективным" по отношению к своей нации. Это явление мы к несчастью наблюдаем среди нас и в тысячах других случаев.

Это вовсе не только особое наследие католицизма. Нет, эта печальная черта разъедает у нас почти все учреждения, в особенности государственные и духовные.

Попробуйте только сравнить, как относится наше чиновничество к попыткам национального возрождения и как в аналогичном случае отнеслось бы чиновничество любого другого народа. Или посмотрите, как относится наш офицерский корпус к чаяниям нашей нации. Разве можно себе представить, чтобы офицерский корпус любой другой страны в мире занял бы такую же позицию и стал бы прятаться под сенью фраз об "авторитете государства". А ведь у нас эти фразы за последние 5 лет стали чем-то само собою разумеющимся и считаются даже похвальными. Ну, а возьмите еврейский вопрос. Ведь и католики и протестанты занимают у нас по отношению к нему позицию, которая явно не соответствует ни чаяниям народа, ни действительным потребностям религии. Попробуйте сравнить позицию еврейского раввина в вопросах, имеющих хотя бы самое малое значение для еврейства как расы, с позицией громадного большинства нашего духовенства, - увы, одинаково и католического и протестантского.

Это явление мы можем наблюдать у нас постоянно, когда речь идет о защите той или другой абстрактной идеи.

"Государственный авторитет", "демократия", "пацифизм", "международная солидарность" и т.д. - вот понятия, которые господствуют у нас и которым придается такое прямолинейное и доктринерское истолкование, что теряется всякое здравое понимание действительно жизненных задач нации.

Этот несчастный подход ко всем чаяниям нации под углом зрения предвзятого мнения убивает всякую способность вдуматься в дело глубоко субъективно, раз это дело объективно противоречит доктрине. В конце концов отсюда получается полное извращение и целей и средств. Такие люди выскажутся против всякой попытки национального восстания только потому, что восстание предполагает насильственное устранение пусть хотя бы самого плохого и вредного правительства. Как же, ведь это было бы преступлением перед "авторитетом государства". А в глазах такого жалкого фетишиста "государственный авторитет" является не средством к цели, а самоцелью. Для его жалкого умственного обихода этого жупела вполне достаточно. Такие герои печального образа с негодованием выскажутся, например, против попытки диктатуры, даже если бы носителем этой последней стал Фридрих Великий, а представителями современного парламентского большинства оказались самые неспособные политические лилипуты или даже просто недостойные субъекты. А почему? Да на том единственном основании, что для таких "принципиальных" чудаков закон демократии более священен, чем великая нация. Такой сухарь станет на защиту самой ужасной тирании, губящей его собственный народ, только потому что в этой тирании в данный момент воплощается "авторитет государства". И он откажется иметь что-либо общее с самым полезным для народа правительством, только потому что оно не соответствует его представлениям о "демократии".

Так и наш немецкий пацифист отнесется совершенно безразлично к самому злодейскому насилию над его нацией - если даже насилие это будет исходить от злейших милитаристов, - только потому, что для изменения положения понадобилось бы оказать сопротивление, т.е. применить силу, а это последнее, видите ли противоречит всему его представлению о духе мирного сожительства. Интернационально настроенный немецкий социалист примет как должное, если весь остальной мир совместными усилиями будет грабить его. Он только с братскими чувствами распишется в получении соответствующих ударов и никогда не подумает о том, что грабителей надо наказать или по крайней мере надо умерить их пыл. Никогда! А почему? Да единственно потому, что он - немец.

Может быть это и печально, но это так. Чтобы побороть то или другое зло, надо прежде всего установить и понять его.

Это же относится и к тому равнодушию, которым отличается известная часть духовенства в деле защиты немецких чаяний.

Это объясняется не его злой волей, не приказом, скажем, сверху. Нет. Эта недостаточная решимость есть результат недостатков национального воспитания с молодых лет, а затем это есть продукт некритического подчинения той или другой абстрактной идее, ставшей фетишем.

Воспитание в духе демократии, интернационального социализма пацифизма и т.д. приняло в наше время характер столь исключительный и столь, можно сказать, субъективный, что оно подчиняет себе все и целиком предопределяет взгляд на все окружающее. Что же касается отношения к нации, то оно у нас с ранней молодости только чисто "объективное". Вот и выходит, что немецкий пацифист, субъективно отдающий себя своей идее без остатка, не станет без долгих размышлений на сторону своего народа даже в том случае, если народ подвергнется несправедливым и тяжелым угрозам. Он сначала будет искать, на чьей стороне "объективная" справедливость, и будет считать ниже своего достоинства руководиться простым чувством национального самосохранения.

Насколько это одинаково относится и к католицизму и к протестантизму, видно из следующего.

В сущности говоря, протестантизм лучше защищает чаяния немецкого народа, поскольку это заложено в самом его происхождении и в более поздней исторической традиции вообще. Но и он оказывается совершенно парализованным, как только приходится защищать национальные интересы в такой сфере, которая мало связана с общей линией его представлений и традиций, как только ему приходится иметь дело с требованиями, которыми он до сих пор не интересовался или которые он по тем или другим причинам отвергал.

Протестантизм всегда выступит на поддержку всего немецкого, поскольку дело идет о внутренней чистоте или национальном углублении, поскольку дело идет, скажем, о защите немецкого языка и немецкой свободы. Все эти вещи глубоко заложены в самой сущности протестантизма. Но стоит возникнуть, например вопросу об еврействе и окажется, что протестантизм относится самым враждебным образом к малейшей попытке освободить нацию от этого смертельно враждебного окружения и только потому, что протестантизм тут связан уже своими определенными догматами. А ведь тут дело идет о вопросе, вне разрешения которого все другие попытки возрождения немецкого народа совершенно бесцельны или даже нелепы.

В свой венский период я располагал достаточным досугом, чтобы беспристрастно продумать и этот вопрос. Все, что я видел вокруг себя, тысячу раз подтверждало правильность сказанного

В Вене, этом фокусе различных национальностей, на каждом шагу было особенно очевидно, что именно только немецкий пацифист относится к судьбам своей нации с той пресловутой "объективностью", о которой мы говорили выше, но еврей так никогда не относится к судьбам своего еврейского народа. В Вене становилось ясным, что только немецкий социалист настроен "интернационально" в том смысле, что умеет только клянчить и заискивать перед интернациональными "товарищами". Чешский социалист, польский социалист поступают совершенно по-иному. Словом, я уже тогда понял, что несчастье только наполовину заложено в самих этих учениях, в другой же части оно является продуктом господствующего у нас неправильного национального воспитания, в результате чего получается гораздо меньшая преданность своей нации.

Ввиду сказанного ясно, что вся та аргументация, которую приводила немецкая националистическая партия, теоретически обосновывая свою борьбу против католицизма, была неверна.

Давайте воспитывать немецкий народ с самого раннего возраста в чувстве исключительного признания прав своего собственного народа, давайте не развращать уже с детских лет нашу молодежь, давайте освободим ее от проклятия нашей "объективности" в таких вопросах, где дело идет о сохранении своего собственного я. Тогда в кратчайший срок мы убедимся, что и немецкий католик по примеру католиков Ирландии, Польши или Франции остается немцем, остается верным своему народу. Само собою разумеется, что все это предполагает наличие подлинного национального правительства и у нас.

Самое могущественное доказательство в пользу сказанного дает нам тот исторический период, когда нашему народу пришлось в последний раз перед судом истории вести борьбу за существование не на жизнь, а на смерть.

До тех пор пока руководство сверху было более или менее удовлетворительным, народ выполнял свою обязанность в полной мере. Протестантский пастор и католический священник - оба дали бесконечно много, чтобы поднять нашу силу сопротивления; оба помогли не только на фронте, но еще больше в тылу. В эти годы, в особенности в момент первой вспышки, для обоих лагерей как для протестантов, так и для католиков, существовало только одно единое немецкое государство, за процветание и за будущее которого оба лагеря возносили одинаково горячие молитвы к небу.

Немецкое национальное движение в Австрии должно было поставить себе вопрос: могут ли австрийские немцы удержать свое господство при католической вере? Да или нет? Если да, тогда политической партии незачем заниматься вопросами религии или даже обрядности: если же нет, тогда надо было строить не политическую партию, а поднять борьбу за религиозную реформацию.

Тот, кто кружными путями хочет через политическую организацию придти к религиозной реформации, обнаруживает только, что он не имеет ни малейшего представления о том, как в живой действительности складываются религиозные представления или религиозные учения и как именно они находят себе выражение через церковь.

В этой области поистине невозможно служить сразу двум господам. Основать или разрушить религию - дело конечно гораздо большее, нежели образовать или разрушить государство, а тем более партию.

Пусть не говорят мне, что выступление немецкой национальной партии против католичества было вызвано только соображениями обороны, что наступающей стороной было-де католичество.

Во все времена и эпохи конечно находились бессовестные субъекты, которые не останавливались перед тем, чтобы и религию сделать орудием своих политических гешефтов (ибо для таких господ дело идет исключительно о гешефтах). Совершенно неправильным однако является возлагать ответственность за этих негодяев на религию. Эти субъекты всегда ухитрятся злоупотребить в своих низменных интересах если не религией, то чем-либо другим. Для парламентских бездельников и воришек ничто не может быть более приятным, чем случай, хотя бы задним числом найти известное оправдание своим политическим мошенничествам. Когда за его личные подлости возлагают ответственность на религию или на религиозную обрядность, он очень доволен; эти лживые субъекты тотчас же поднимут крик на весь мир и будут призывать всех в свидетели того, как справедливы были их поступки и как они-де своим ораторским талантом и т.д. спасли религию и церковь. Чем больше они кричат, тем больше глупые или забывчивые сограждане перестают узнавать действительных виновников плохих поступков. И что же - негодяи достигли своей цели.

Сама хитрая лиса прекрасно знает, что ее поступки ничего общего с религией не имеют. Негодяи посмеиваются себе в бороду, а их честные, но мало искусные противники терпят поражение и в один прекрасный день в отчаянии теряют веру в свое дело и отходят в сторону.

Но и в другом отношении было бы совершенно несправедливо делать ответственной религию или даже только церковь за недостатки отдельных людей. Давайте сравним величие всей церковной организации с недостатками среднего служителя церкви, и мы должны будем придти к выводу, что пропорция между хорошим и дурным здесь гораздо более благоприятна, чем в какой бы то ни было другой сфере. Разумеется и среди священников найдутся такие, для которых их священная должность является только средством к удовлетворению собственного политического самолюбия. Найдутся среди них и такие, которые в политической борьбе к сожалению забывают, что они должны являться блюстителями высшей истины, а вовсе не защитниками лжи и клеветы. Однако надо признать, что на одного такого недостойного священника приходятся тысячи и тысячи честных пастырей, сознающих все величие своей миссии. В нашу лживую развращенную эпоху люди эти являются зачастую цветущими оазисами в пустыне.

Если тот или другой отдельный развращенный субъект в рясе совершит какое-либо грязное преступление против нравственности, то ведь не станут же за это обвинять всю церковь. Совершенно таким же образом должен я поступить, когда тот или другой отдельный служитель церкви предает свою нацию, грязнит ее, да еще в такое время, когда это делается и не духовными лицами направо и налево. Не надо забывать, что на отдельного плохого приходского священника приходятся тысячи таких, для которых несчастье нации является их собственным несчастьем, которые готовы отдать за дела нации все и которые вместе с лучшими сынами нашего народа страстно ждут того часа, когда и нам улыбнутся небеса.

Если же кто-либо нам скажет, что тут дело шло не столько о маленьких проблемах повседневности, сколько о великих принципиальных вопросах догмата, то я ему отвечу так:

Если ты в самом деле считаешь, что ты избран судьбой, чтобы явиться провозвестником истины, то делай это, но имей тогда и мужество действовать не обходными путями через политическую партию - ибо в этом тоже заложено известное мошенничество, - а постарайся на место нынешнего плохого поставить твое будущее хорошее.

Если для этого у тебя не хватает мужества или если ты сам еще не вполне убежден в том, что твои догматы лучше, тогда руки прочь. И во всяком случае, если ты не решаешься выступить с открытым забралом, то не смей контрабандно прибегать к обходным путям политики.

Политические партии не должны иметь ничего общего с религиозными проблемами, если они не хотят губить обычаи и нравственность своей собственной расы. Точно так же и религия не должна вмешиваться в партийно-политическую склоку.

Если те или другие служители церкви пытаются использовать религиозные учреждения (или только религиозные учения), чтобы нанести вред своей нации, то не следует идти по их следам и бороться против них тем же оружием.

Для политического руководителя религиозные учения и учреждения его народа должны всегда оставаться совершенно неприкосновенными. В ином случае пусть он станет не политиком, а реформатором, если конечно у него есть для этого необходимые данные.

Всякий другой подход неизбежно приводит к катастрофе, в особенности в Германии.

Изучая немецкое национальное движение и его борьбу против Рима, я пришел в ту пору к следующему убеждению, которое в продолжение дальнейших лет только укрепилось во мне: то обстоятельство, что эта партия недостаточно оценила значение социальной проблемы, стоило ей потери всей действительно боеспособной массы народа; участие в парламенте отняло у этой партии подлинный размах и привило ей все те слабости, которые свойственны этому учреждению; борьба же ее против католической церкви сделала партию невозможной в низших и средних слоях населения и лишила ее таким образом многочисленных и самых лучших элементов, составляющих вообще основу нации.

Практические же результаты австрийской "борьбы за культуру" оказались совершенно ничтожными.

Немецкой национальной партии правда удалось оторвать от католической церкви около 100 тысяч верующих, но большого ущерба католической церкви это не причинило. В данном случае пастырям поистине не приходилось проливать слез по поводу потери "овец", ибо они потеряли в сущности только тех, кто давно внутренне уже не был с ними. В этом и заключалась главная разница между новейшей реформацией и старой: в эпоху великой реформации от католической церкви отвернулись многие лучшие люди и притом из чувства действительно глубокого религиозного убеждения. Между тем теперь ушли только равнодушные и ушли преимущественно по "соображениям" политического характера.

С точки зрения политической результат также был совершенно смешным и печальным.

Что оказалось? Хорошее политическое национальное движение немецкого народа, обещавшее большой успех, погибло, потому что руководители не обладали достаточной трезвостью мысли и направили его на тот путь, который неизбежно должен был привести к расчленению.

Одно несомненно.

Немецкое национальное движение никогда не сделало бы этой ошибки, если бы оно не страдало недостатком понимания психики широких масс народа. Руководство этой партии не поняло, что уже из психологических соображений никогда не следует массе указывать на двух или больше противников сразу, ибо это ведет только к падению боевого настроения в собственном лагере. Если бы руководители названной партии понимали это, то они уже по одной этой причине ориентировали бы немецкое национальное движение только против одного противника. Для политической партии нет ничего более опасного, как очутиться под руководством людей, желающих драться на всех фронтах сразу, разбрасывающихся во все стороны и не умеющих достигнуть хотя бы маленьких практических результатов в одной области.

Если бы даже все упреки против католичества были абсолютно верны, то политическая партия все же не должна ни на минуту упускать из вида то обстоятельство, что, как показывает весь предшествующий исторический опыт, никогда еще ни одной чисто политической партии не удалось в аналогичных условиях добиться религиозной реформации. Люди должны учиться истории не для того, чтобы забыть ее уроки как раз тогда, когда нужно их практически применять, а также не для того, чтобы предположить, будто в данную минуту история пойдет совсем по иному пути в разрез со всем тем, что мы видели сих пор. Изучать историю надо именно для того, чтобы уметь применить уроки ее к текущей современности. Кто этого не умеет делать, тот пусть не считает себя политическим вождем, тот в действительности только человек с пустым самомнением. Его практическую неспособность ни капельки не извиняет наличие доброй воли.

Искусство истинно великого народного вождя вообще во все времена заключается прежде всего в том, чтобы не дробить внимания народа, а концентрировать его всегда против одного единственного противника. Чем более концентрирована будет воля народа к борьбе за одну единую цель, тем больше будет притягательная сила данного движения и тем больше будет размах борьбы. Гениальный вождь сумеет показать народу даже различных противников на одной линии. Он представит дело своим сторонникам так, что эти различные противники в сущности являются врагом одной и той же категории. Когда народ видит себя окруженным различными врагами, то для более слабых и нестойких характеров это только дает повод к колебаниям и сомнениям в правоте собственного дела. Как только привыкшая к колебаниям масса увидит себя в состоянии борьбы со многими противниками, в ней тотчас же возьмут верх "объективные" настроения и у нее возникнет вопрос: может ли быть, чтобы все остальные оказались неправы и только ее собственный народ или ее собственное движение были бы правы.

Но это уже означает начало паралича собственной силы. Вот почему необходимо взять за одну скобку всех противников, хотя бы они и сильно отличались друг от друга, тогда получится, что масса твоих собственных сторонников будет чувствовать себя противостоящей лишь одному единственному противнику. Это укрепляет веру в собственную правоту и увеличивает озлобление против тех, кто нападает на правое дело.

Немецкое национальное движение в Австрии этого не поняло, и это стоило ему успеха.

Цели этой партии были правильны, ее убеждения чисты, но путь к цели был выбран неверный. Партия похожа была на того туриста, который все время не спускает глаз с вершины горы, на которую он хочет попасть; этот турист отправляется в путь-дорогу с твердой решимостью во что бы то ни стало добраться до вершины и делает при этом однако ту "маленькую" ошибку, что, будучи слишком занят вершиной, совершенно не обращает внимания на топографию дороги, на то, что делается у него под ногами, и поэтому в конце концов гибнет.

У христианско-социальной партии, великой соперницы немецко-национальной партии, дело обстояло как раз наоборот. Она хорошо, умно и правильно выбрала дорогу, но ей, увы, не хватало ясного представления о конечной цели.

Почти во всех тех отношениях, в каких немецко-национальная партия хромала, установки христианско-социальной партии были правильны и целесообразны.

Она обладала необходимым пониманием значения массы и поэтому путем демонстративного подчеркивания социального характера партии уже с первого дня сумела обеспечить себе по крайней мере часть этой массы. Взявши в основном установку на завоевание мелких и низших слоев средних классов и ремесленников, она сразу получила крупный контингент преданных, стойких и готовых к жертвам сторонников. Она старательно избегала какой бы то ни было борьбы против религиозных учреждений и тем обеспечила себе поддержку церкви, являющейся в наше время могущественной организацией. Таким образом перед ней был только один единственный крупный противник. Она поняла великое значение широко поставленной пропаганды и показала свою виртуозность в деле воздействия на психологию и инстинкты широкой массы ее сторонников.

Что однако и она не сумела реализовать свою мечту и не спасла Австрию, это коренилось в двух недостатках ее работы, а также в недостаточной ясности цели.

Антисемитизм этой новой партии сосредоточился не на проблемах расы, а на проблемах религии. Эта ошибка имела то же происхождение, что и вторая ее ошибка.

Основатели христианско-социальной партии считали, что если партия хочет спасти Австрию, то она не должна становиться на точку зрения расового принципа, иначе в кратчайший срок наступит-де всеобщий распад государства. С точки зрения вождей положение Вены в особенности требовало того, чтобы партия оставила в стороне все разъединяющие моменты и изо всех сил подчеркивала только то, что всех объединяет.

В это время в Вене было уже так много чехов, что только величайшей терпимостью в расовых проблемах можно было добиться того, чтобы чехи не стали сразу на сторону антинемецкой партии. Кто хотел спасти Австрию, тот не мог совершенно игнорировать чехов. Новая партия попыталась, например, завоевать прежде всего мелких чешских ремесленников, составлявших многочисленную группу в Вене. Этого она надеялась достичь своей борьбой против либерального манчестерства. Чтобы объединить всех ремесленников старой Австрии без различия наций, христианско-социальная партия считала самым подходящим выставить лозунг борьбы против еврейства и вести эту борьбу на религиозной основе.

Выступая с таким поверхностным обоснованием своей позиции, партия была не в состоянии дать сколько-нибудь серьезное научное обоснование всей проблеме. Такой постановкой вопроса она только отталкивала всех тех, которым такого рода антисемитизм был непонятен. Ввиду этого пропагандистская сила идеи антисемитизма захватывала идейно ограниченные круги, если только сторонники партии не умели сами от чисто инстинктивного презрения к евреям перейти к подлинному познанию всей глубины проблемы. Интеллигенция принципиально отвергла эту постановку вопроса, данную христианско-социальной партией. Постепенно все больше и больше создавалось впечатление, что во всей этой борьбе дело идет только о попытке обращения евреев в новую веру, а может быть и просто о завистливой конкуренции. Благодаря всему этому борьба теряла все черты чего-то высшего. Многим и притом далеко не худшим элементам борьба начала казаться антиморальной, нехорошей. Не хватало сознания того, что дело идет о вопросе жизни для всего человечества, о такой проблеме, от которой зависит судьба всех не еврейских народов.

Ввиду этой половинчатости антисемитская установка христианско-социальной партии и потеряла значение.

Это был какой-то показной антисемитизм. Такая борьба против еврейства была хуже, чем отсутствие какой бы то ни было борьбы против него. Создавались только пустые иллюзии.

Таким антисемитам иногда казалось, что вот-вот они уже затянут веревку на шее противника, а между тем на деле противник их самих водил за нос.

Что касается самих евреев, то они в кратчайший срок настолько приспособились к этому сорту антисемитизма, что он стал для них гораздо более полезен, чем вреден.

Если в этой форме новая партия приносила тяжелую жертву государству национальностей, то еще больше приходилось ей грешить в отношении защиты основных чаяний немецкого народа.

Раз партия не хотела потерять почву под ногами в Вене, - ей ни в коем случае нельзя было быть "националистической". Мягко обходя этот вопрос, партия рассчитывала спасти государство Габсбургов, а на деле она именно этим путем ускорила его гибель. Само же движение благодаря такой тактике теряло могучий источник сил.

Итак, я самым внимательным образом следил в Вене за обеими этими партиями. К первой из них у меня была глубокая внутренняя симпатия, интерес ко второй пробудил во мне уважение к ее руководителю, редкому деятелю, образ которого в моих глазах уже тогда был трагическим символом всего тяжелого положения немцев в Австрии.

Когда за гробом умершего бургомистра тянулся по Рингу гигантский похоронный кортеж, я тоже был в числе сотен тысяч провожающих. Глубоко взволнованный я говорил себе, что труды и этого человека неизбежно должны были оказаться напрасными, ибо и над ним тяготели те судьбы, которые обрекали это государство на гибель. Если бы доктор Карл Люэгер жил в Германии, его поставили бы рядом с самыми великими людьми нашего народа. Но ему пришлось жить и действовать в этом невозможном австрийском государстве, и в этом заключалось несчастье его деятельности и его самого лично.

Когда он умирал, на Балканах уже показались огоньки, предвещавшие войну. С каждым месяцем они разгорались все более жадно. Судьба была милостива к покойному и не дала ему дожить до того момента, когда он должен был воочию увидеть разразившееся несчастье, от которого он так и не смог уберечь свою страну.

Наблюдая все эти происшествия, я пытался понять причины того, почему немецкая национальная партия потерпела крах, а христианско-социальная партия - тяжелую неудачу. И я пришел к твердому убеждению, что независимо от того, было ли вообще возможно укрепить австро-венгерское государство, ошибка обеих партий сводилась к следующему:

Немецкая национальная партия совершенно правильно ставила вопрос о принципиальных целях немецкого возрождения, но зато она имела несчастье выбрать неправильный путь к цели. Она была партией националистической, но к сожалению недостаточно социальной, чтобы действительно завоевать массу. Ее антисемитизм зато покоился на правильном понимании значения расовой проблемы, ее антисемитская агитация не базировалась на религиозных представлениях. В то же время ее борьба против католицизма была со всех точек зрения и в особенности с тактической - неправильной.

Христианско-социальное движение не обладало ясным пониманием целей немецкого возрождения, но зато счастливо нашло нужные пути, как партия. Эта партия поняла значение социальных вопросов, но ошибалась в своем способе ведения борьбы против еврейства и не имела ни малейшего понятия о том, какую подлинную силу представляет собою национальная идея.

Если бы христианско-социальная партия кроме своего правильного взгляда на значение широких народных масс обладала еще правильными взглядами на значение расовой проблемы, как это было у немецко- национальной партии, и если бы сама христианско-социальная партия была настоящей националистической партией, или если бы немецкое национальное движение кроме своего правильного взгляда на конечную цель, верного понимания еврейского вопроса и значения национальной идеи обладало еще практической мудростью христианско-социальной партии, в особенности в вопросе об отношении последней к социализму, - тогда мы получили бы именно то движение, которое по моему глубокому убеждению уже в то время могло бы с успехом направить судьбы немецкого народа в лучшую сторону.

Всего этого не оказалось в действительности, и это в главной своей части заложено было в самом существе тогдашнего австрийского государства.

Таким образом ни одна из этих партий не могла удовлетворить меня, потому что ни в одной из них я не видел воплощения своих взглядов. Ввиду этого я не мог вступить ни в ту, ни в другую партию и не мог таким образом принять какое бы то ни было участие в борьбе. Уже тогда я считал все существовавшие политические партии неспособными помочь национальному возрождению немецкого народа - возрождению в его подлинном, а не только внешнем смысле слова.

В то же время мое отрицательное отношение к габсбургскому государству усиливалось с каждым днем.

Чем больше углублялся я в изучение вопроса иностранной политики, тем больше я убеждался, что австрийское государство может принести немецкому народу только несчастье. Все ясней и ясней становилось мне и то, что судьбы немецкой нации решаются теперь только в Германии, а вовсе не в Австрии. Это относилось не только к политическим проблемам, но в не меньшей мере и к общим вопросам культуры.

Так что и здесь, в области проблем культуры или искусства австрийское государство обнаруживало все признаки застоя или по крайней мере потери всякого сколько-нибудь серьезного значения для немецкой нации. Более всего это можно было сказать относительно архитектуры. Новейшее строительное искусство не могло иметь сколько-нибудь серьезных успехов в Австрии уже потому, что после окончания постройки Ринга в Вене вообще уже не было сколько-нибудь крупных построек, которые могли бы идти в сравнение с германскими планами.

Так моя жизнь становилась все более и более двойственной: разум и повседневная действительность принуждали меня оставаться в Австрии и проходить здесь тяжелую, но благодетельную школу жизни. Сердцем же я жил в Германии.

Тягостное гнетущее недовольство овладевало мною все больше, по мере того как я убеждался во внутренней пустоте австрийского государства, по мере того как мне становилось все более ясно, что спасти это государство уже нельзя, и что оно во всех отношениях будет приносить только новые несчастья немецкому народу.

Я был убежден, что это государство способно чинить только препятствия и притеснения каждому действительно достойному сыну немецкого народа и наоборот способно поощрять только все не немецкое.

Мне стал противен весь этот расовый конгломерат австрийской столицы.

Этот гигантский город стал мне казаться чем-то вроде воплощения кровосмесительного греха.

С раннего возраста я говорил на диалекте, на котором говорят в Нижней Баварии. От этого диалекта я отучиться не мог, а венского жаргона так и не усвоил. Чем дольше я жил в этом городе, тем больше я ненавидел эту хаотическую смесь народов, разъедавшую старый центр немецкой культуры.

Самая мысль о том, что это государство можно сохранить еще на долгое время, была мне просто смешна.

Австрия похожа была тогда на старинную мозаику из мельчайших разноцветных камешков, начавших рассыпаться, потому что скреплявший их цемент от времени выветрился и стал улетучиваться. Пока не трогаешь этого художественного произведения, может еще казаться, что оно живо по-прежнему. Но как только оно получит хоть малейший толчок, вся мозаика рассыпается на тысячи мельчайших частиц. Вопрос заключался только в том, откуда именно придет этот толчок.

Мое сердце никогда не билось в пользу австрийской монархии, а всегда билось за германскую империю. Вот почему распад австровенгерского государства в моих глазах мог быть только началом избавления немецкой нации.

Ввиду всего этого во мне сильнее росло непреодолимое стремление уехать наконец туда, куда, начиная с моей ранней молодости, меня влекли тайные желания и тайная любовь.

Я надеялся, что стану в Германии архитектором, завоюю себе некоторое имя и буду честно служить своему народу в тех пределах, какие укажет мне сама судьба.

С другой стороны, я хотел однако остаться на месте и поработать для того дела, которое издавна составляло предмет моих самых горячих желаний: я хотел дожить здесь до того счастливого момента, когда моя дорогая родина присоединится наконец к общему отечеству, т.е. к германской империи.

Многие и сейчас не поймут того чувства страстной тоски, которое я тогда переживал. Но я обращаюсь не к ним, а к тем, которым судьба до сих пор отказывала в этом счастье или которых она с ужасной жестокостью лишила этого счастья, после того как они им обладали. Я обращаюсь к тем, которые, будучи оторваны от родного народа, вынуждены вести борьбу даже за священное право говорить на своем языке; к тем, кто подвергается гонениям и преследованиям за простую преданность своему отечеству, к тем, кто в тяжелой тоске во сне и наяву грезит о той счастливой минуте, когда родная мать вновь прижмет их к сердцу. Вот к кому обращаюсь я и я знаю - они поймут меня!

Только те, кто на собственном примере чувствуют, что означает быть немцем и не иметь возможности принадлежать к числу граждан любимого отечества, поймут, как глубока тоска людей, оторванных от родины, как непрестанно терзается душа этих людей. Эти люди не могут быть счастливы, не могут чувствовать себя удовлетворенными, они будут мучиться вплоть до той самой минуты, когда наконец откроются двери в отчий дом, где они только и смогут обрести мир и покой.

Вена была и осталась для меня самой тяжелой, но и самой основательной школой жизни. Я впервые приехал в этот город еще полумальчиком и я покидал в тяжелом раздумье этот город уже как вполне сложившийся взрослый человек. Вена дала мне основы миросозерцания. Вена же научила меня находить правильный политический подход к повседневным вопросам. В будущем мне оставалось только расширять и дополнять свое миросозерцание, отказываться же от его основ мне не пришлось. Я и сам только теперь могу отдать себе вполне ясный отчет в том, какое большое значение имели для меня тогдашние годы учения.

Я остановился на этом времени несколько подробнее именно потому, что эти первые годы дали мне ценные наглядные уроки, легшие в основу деятельности нашей партии, которая в течение всего каких-нибудь пяти лет выросла от маленьких кружков до великого массового движения. Мне трудно сказать, какова была бы моя позиция по отношению к еврейскому вопросу, к социал-демократии или, лучше сказать, ко всему марксизму, к социальным вопросам и т.д., если бы уже в тогдашнюю раннюю пору я не получил тех уроков, о которых я рассказал выше, благодаря ударам судьбы и собственной любознательности.

Несчастье, обрушившееся на мою родину, заставило тысячи и тысячи людей поразмыслить над глубочайшими причинами этого краха. Но только тот поймет эти причины до конца, кто после многих лет тяжелых внутренних переживаний сам стал кузнецом своей судьбы.

ГЛАВА IV

МЮНХЕН

Весною 1912 г. я окончательно переехал в Мюнхен. Сам город был мне так хорошо знаком, как будто я прожил в его стенах уже много лет. Это объяснялось моими занятиями по архитектуре. Изучая архитектуру, приходилось на каждом шагу обращаться к этому центру немецкого искусства. Кто не знает Мюнхена, тот не только не знает Германии вообще, но и понятия не имеет о немецком искусстве.

Во всяком случае эти годы до начала мировой войны были для меня самым счастливым временем моей жизни. Правда мой заработок был все еще ничтожен. Мне все еще приходилось не столько жить, чтобы иметь возможность рисовать, сколько рисовать, чтобы иметь возможность кое-как жить или, вернее, чтобы иметь возможность хоть немножко обеспечить себе дальнейшее учение. Я был твердо убежден, что рано или поздно я непременно достигну той цели, которую я себе поставил. Одного этого было достаточно, чтобы легче переносить все мелкие заботы о сегодняшнем дне.

Кроме моей профессиональной работы занимали меня и в Мюнхене политические вопросы, в особенности события внешней политики. Мой интерес к этим последним вызывался прежде всего тем, что я уже с моих венских времен сильно интересовался проблемами тройственного союза. Политику Германии, вытекавшую из ее стремления сохранить тройственный союз, я, уже живя в Австрии, считал совершенно неправильной. Однако, пока я жил в Вене, я еще не представлял себе вполне ясно, насколько вся эта политика является самообманом. В те времена я склонен был предполагать - а может быть я сам утешал себя этим, - что в Германии вероятно хорошо знают, насколько слаб и ненадежен ее австрийский союзник, но что там по причинам более или менее для меня таинственным об этом помалкивают, дабы поддерживать соглашение, заключенное еще самим Бисмарком, или чтобы внезапным разрывом не переполошить заграницы и не обеспокоить отечественное мещанство. Непосредственное общение с немецким населением в Мюнхене уже в течение кратчайшего времени к ужасу моему убедило меня в том, что эти мои предположения были неверны. К моему изумлению мне приходилось на каждом шагу констатировать, что даже в хорошо осведомленных кругах не имеют ни малейшего представления о том, что же в данный момент действительно представляет собою габсбургская монархия. Именно в народе всерьез считали, что австрийский союзник - крупная сила и что в минуту опасности этот союзник тотчас же придет по-настоящему на помощь.

В массе населения австрийскую монархию все еще считали "немецким" государством и полагали, что на этом можно что-то построить. В народе держались того мнения, что силу Австрии можно определить по числу миллионов людей, как мы это делаем в Германии. При этом совершенно забывали, что, во-первых, Австрия давно уже перестала быть немецким государством и что, во-вторых, внутренние отношения в стране с каждым днем все больше ведут к ее распаду.

Я лично знал тогда истинное положение дела в австрийском государстве несравненно лучше, чем так называемая официальная "дипломатия", которая как почти всегда слепо шла навстречу катастрофе. Настроение в немецком народе, которое я констатировал, обусловливалось как всегда только тем, как общественное мнение обрабатывалось сверху. Сверху же как нарочно практиковался настоящий культ австрийского "союзника". Обильное любезничанье должно было заменить собою недостаток честности и прямоты. Пустые слова принимали за полновесные дела. Уже в Вене мною не раз овладевало бешенство, когда я сравнивал речи официальных государственных деятелей с содержанием венской прессы. При этом Вена все-таки хотя бы по видимости оставалась немецким городом. Несравненно хуже обстояло дело, если обратиться от Вены или, лучше сказать, от немецкой Австрии к славянским провинциям государства. Достаточно было взять в руки пражские газеты, и сразу становилось ясно, как там относятся ко всей этой высокой игре вокруг тройственного союза. В славянских провинциях Австрии над этим образцом "государственной мудрости" совершенно открыто издевались. Уже в мирное время, когда еще совершенно не пахло войной, когда, оба императора обменивались дружественными объятиями и поцелуями, в славянских провинциях ни один человек не сомневался в том, что союз этот рассыплется вдребезги, как только его придется с идеальных небес свести на грешную землю.

Прошло несколько лет, и грянула война. Какое сильное возбуждение охватило Германию, когда в этот момент союзная Италия вышла из тройственного союза, предоставив Австрию и Германию своей судьбе, а затем через короткое время прямо присоединилась к противной стороне! Но для тех, кто не был поражен дипломатической слепотой, было просто непонятно, как можно было вообще хотя бы на одну минуту допустить возможность такого чуда, что Италия пойдет вместе с Австрией. Увы в самой Австрии дело обстояло ни капельки не лучше, здесь тоже верили в это чудо.

Носителями идеи союза в Австрии были только Габсбурги и немцы. Габсбурги - из расчета и нужды; немцы же - из легковерия и - политической глупости. Желания немцев были хороши. Они ведь полагали, что через тройственный союз они оказывают громадную услугу Германии, увеличивают ее силу и безопасность. Но это была политическая глупость, потому что эта надежда была неправильна. Наоборот этим они привязывали германскую империю к государственному трупу, неизбежно долженствовавшему увлечь оба государства в пропасть. А главное политика союза приводила только к тому, что сами австрийские немцы все больше подвергались разнемечиванию. Благодаря союзу с Германией дом Габсбургов считал себя защищенным от вмешательства Германии и поэтому с еще большей решительностью систематически и неуклонно проводил политику вытеснения немецкого влияния. Такая внутренняя политика Габсбургов становилась благодаря указанному обстоятельству только более легкой и безопасной для царствующего дома. Благодаря уже известной нам "объективности" немецкого правительства, вмешательства с его стороны опасаться не приходилось, но, более того, стоило только какому-либо австрийскому немцу разинуть рот против низкой политики славянизации, как ему сейчас же можно было указать на тройственный союз и тем заставить его замолчать.

Что могли сделать австрийские немцы, раз германские немцы, раз Германия в целом выражали постоянное доверие и признательность габсбургскому правительству? Могли ли австрийские немцы оказывать какое-либо сопротивление Габсбургам, раз они рисковали быть заклейменными как предатели народа в общественном мнении Германии. Такая участь ожидала австрийских немцев, в течение десятилетий приносивших самые неслыханные жертвы на алтарь своей народности!

С другой стороны, какое значение имел бы весь этот союз, если бы немецкое влияние в габсбургской монархии было устранено. Разве не ясно, что все значение тройственного союза для Германии целиком зависело от того, насколько удерживается немецкое преобладание в Австрии. Или в самом деле можно было серьезно рассчитывать жить в союзе с ославянившейся Австрией?

Позиция официальной германской дипломатии да и всего общественного мнения в вопросах внутренней национальной борьбы в Австрии была в сущности не только глупа, но просто безумна. Всю политику строили на союзе с Австрией, всю будущность 70-миллионного народа поставили в зависимость от этого союза, и в то же время спокойно смотрели на то, как главная основа этого союза из года в год планомерно и сознательно разрушалась в самой Австрии. И что же? Ясно, что в один прекрасный день осталась только бумага, на которой было написано - "договор с венской дипломатией", а реальной помощи со стороны союзника Германия не получила.

Что касается Италии, то тут дело обстояло так уже с самого начала. Если бы в Германии больше интересовались историей и народной психологией, тогда никто ни на одну минуту не мог бы и допустить, что Вена и римский квиринал когда бы то ни было сойдутся в общем фронте против единого врага. Скорей Италия превратилась бы в извергающий лаву вулкан, чем итальянское правительство могло бы осмелиться послать хоть одного солдата на помощь фанатически ненавидимому габсбургскому государству. Тысячи раз я имел случаи наблюдать в Вене ту безграничную ненависть и презрение, с которыми итальянцы относятся к австрийскому государству. Дом Габсбургов в течение столетий слишком много грешил против свободы и независимости итальянского народа, чтобы грехи эти могли быть забыты даже при наличии доброй воли. Но доброй воли не было и в помине ни у итальянского народа, ни у итальянского правительства. Италия имела только две возможности в вопросе о взаимоотношениях с Австрией: либо союз, либо война.

Избрав первое, Италия получила возможность спокойно готовиться ко второму. Германская политика "союза" с Австрией и Италией стала особенно бессмысленной и опасной с того момента, когда коллизии между Австрией и Россией приняли более острый характер.

Пред нами классический случай полного отсутствия сколько-нибудь ясной линии поведения. Почему вообще заключен был договор с Австрией? Ясно, для того чтобы обеспечить будущее Германии лучше, нежели это можно было бы сделать, если бы Германия была предоставлена, самой себе. Но это будущее Германии являлось ведь не чем иным, как вопросом возможности сохранения немецкой народности.

Это значит, что вопрос стоял только так: как представить себе жизнь немецкой нации в ближайшем будущем, как обеспечить немецкой нации свободное развитие, как гарантировать это развитие в рамках общеевропейского соотношения сил. Кто умел бы сколько-нибудь ясно учесть основные предпосылки для здоровой иностранной политики немцев, тот должен был бы придти к следующему убеждению:

- Ежегодный прирост народонаселения в Германии составляет 900 тысяч человек. Прокормить эту новую армию граждан с каждым годом становится все трудней. Эти трудности неизбежно должны будут когда-нибудь кончиться катастрофой, если мы не сумеем найти путей и средств, чтобы избегнуть опасности голода.

Дабы избегнуть ужасов, связанных с такой перспективой, можно было избрать одну из четырех дорог.

1. Можно было по французскому образцу искусственно ограничить рождаемость и тем положить конец перенаселению.

Временами и сама природа - например в эпоху большой нужды или при плохих климатических условиях и плохих урожаях - прибегает к известному ограничению роста населения в определенных странах или для определенных рас. Природа делает это с большой беспощадностью, но вместе с тем и с мудростью. Она ограничивает не способность к рождению, а выживание уже родившихся. Она подвергает родившихся таким тяжелым испытаниям и лишениям, что все менее сильное, менее здоровое вымирает и возвращается в недра матери земли. Испытания судьбы выдерживают в этом случае только те, кто к этому приспособлен. Именно они, прошедшие через тысячи испытаний и все же выжившие, имеют право производить новое потомство, которое опять и опять подвергается основательному отбору. Природа оказывается таким образом очень жестокой по отношению к отдельному индивидууму, она безжалостно отзывает его с этой земли, раз он неспособен выдержать ударов жизни, но за то она сохраняет расу, закаляет ее и дает ей силы даже для больших дел, чем до сих пор.

Так и получается, что уменьшение числа приводит к укреплению индивидуума, а в последнем счете и к укреплению всей расы.

Совсем другое получается, когда человек сам вздумает ограничить количество рождаемых. Человек не располагает теми силами, какими располагает природа. Он сделан из другого материала, он "человечен". И вот он хочет стать "выше" жестокой природы, он ограничивает не контингент тех, кто выживает, а ограничивает саму рождаемость. Человеку, который постоянно видит только самого себя, а не расу в целом, это кажется более справедливым и более человечным, нежели обратный путь. К сожалению только результаты получаются совершенно обратные.

Природа предоставляет полную свободу рождаемости, а потом подвергает строжайшему контролю число тех, которые должны остаться жить; из бесчисленного множества индивидуумов она отбирает лучших и достойных жизни; им же она предоставляет возможность стать носителями дальнейшего продолжения жизни. Между тем человек поступает наоборот. Он ограничивает число рождений и потом болезненно заботится о том, чтобы любое родившееся существо обязательно осталось жить. Такая поправка к божественным предначертаниям кажется человеку очень мудрой и во всяком случае гуманной, и человек радуется, что он, так сказать, перехитрил природу и даже доказал ей нецелесообразность ее действий. Что при этом в действительности сократилось и количество и в то же время качество отдельных индивидуумов, об этом наш добрый человек, собезьянивший бога-отца, не хочет ни слышать, ни подумать.

Допустим, что рождаемость как таковая сокращена и число родившихся уменьшилось. Но ведь в этом случае как раз и происходит то, что естественная борьба за существование, при которой выживают только самые сильные и здоровые, заменяется стремлением во что бы то ни стало "спасти" жизнь и наиболее слабого и болезненного. А этим самым как раз и кладется начало созданию такого поколения, которое неизбежно будет становиться все более слабым и несчастным, до тех пор пока мы не откажемся от издевательства над велениями природы.

В конце концов в один прекрасный день такой народ исчезнет с лица земли. Ибо человек может только в течение известного промежутка времени идти наперекор законам и велениям природы. Природа отомстит за себя раньше или позже. Более сильное поколение изгонит слабых, ибо стремление к жизни в последнем счете ломает все смешные препятствия, проистекающие из так называемой гуманности отдельных людей, и на их место ставит гуманность природы, которая уничтожает слабость, чтобы очистить место для силы.

Таким образом и получается, что те, кто хочет обеспечить будущее немецкого народа на путях ограничения его рождаемости, на самом деле отнимают у него будущее.

2. Другой путь - тот, о котором нам уже давно прожужжали все уши и о котором кричат и теперь: путь внутренней колонизации. Многие авторы этого предложения полны самых добрых намерений. Но по существу их мысль настолько неверна, что она может причинить самый великий вред, какой только можно себе представить.

Без сомнения урожайность почвы можно до известной степени повысить, но именно только до известной степени, а вовсе не безгранично. При помощи более интенсивного использования нашей почвы мы действительно можем в течение некоторого времени избегнуть опасности голода и покрыть потребности растущего населения. Но этому противостоит тот факт, что потребность в жизненных продуктах по правилу растет быстрей, чем даже самый рост народонаселения. Потребности людей в пище, в платье и т.д. становятся из года в год больше. Уже и сейчас эти потребности совершенно невозможно даже сравнить с потребностями наших предков, скажем, сто лет назад. Поэтому совершенно ошибочно предполагать, что любое повышение производительности само по себе уже создает все предпосылки, необходимые для удовлетворения растущего народонаселения. Нет, это верно только до известной степени, ибо известная часть увеличившейся продукции земли действительно сможет пойти на удовлетворение увеличившихся потребностей людей. Однако даже при величайшем самоограничении, с одной стороны, и величайшем прилежании, с другой, и здесь мы скоро достигнем предела, обусловленного свойствами почвы.

Тогда окажется, что при всем прилежании в деле обработки от земли не удастся получить больше того, что получалось, и тогда, хотя с известной отсрочкой, опять-таки наступит гибель. Сначала голод будет сказываться только в неурожайные годы. При постоянном росте народонаселения потребности будут покрываться все более скупо. Затем голода не будет только в самые редкие годы наивысшего урожая. Затем наступит время, когда и большие урожаи уже не избавят от вечного голода, становящегося постоянным спутником такого народа. Тогда остается только природе придти на помощь тем, что она произведет отбор и оставит жизнь только избранным. Либо это, либо человек опять попытается помочь себе сам, т.е.

прибегнет к искусственному ограничению размножения со всеми вытекающими отсюда тяжелыми последствиями для расы и для индивидуума.

Мне, быть может, возразят еще, что такое будущее предстоит всему человечеству, и стало быть, этих роковых последствий не может избегнуть и отдельный народ.

На первый взгляд такое возражение кажется правильным. Тем не менее здесь необходимо учесть следующее: конечно, верно, что в определенный момент и все человечество вынуждено будет, вследствие невозможности увеличения урожайности почвы соответственно росту населения, приостановить размножение человеческого рода. Тогда либо свое решающее слово опять скажет природа, либо человек сам изобретет меры самопомощи, будем надеяться, в гораздо более верном направлении, чем ныне. Когда наступит этот момент, с ним придется считаться всем народам. Ну, а пока что такие удары обрушиваются только на те расы, которые больше не обладают необходимыми силами, чтобы обеспечить себе необходимое количество земли на этой планете, ибо ведь пока что земли еще достаточно, пока что существуют еще гигантские равнины, которые еще совершенно не использованы и ждут своего возделывателя. Кроме того несомненно, что эта невозделанная земля вовсе не предназначена природой заранее определенной нации. Существующие свободные земли будут принадлежать тем народам, которые найдут в себе достаточно сил, чтобы их взять, и достаточно прилежания, чтобы их возделывать.

Природа не признает политических границ. Она дает жизнь человеческим существам на нашей планете и затем спокойно наблюдает за свободной игрой сил. У кого окажется больше мужества и прилежания, тот и будет ее самым любимым дитятей и за тем она признает право господства на земле.

Если тот или другой народ ограничивается внутренней колонизацией в момент, когда другие расы распространяются на все больших и больших территориях, то он вынужден будет придти к самоограничению тогда, когда все остальные народы еще продолжают размножаться. Этот момент непременно наступит и тем скорей, чем меньшими просторами располагает данная нация. К сожалению очень часто именно лучшие нации или, точнее говоря, единственные, действительно культурные расы, являющиеся носителями всего человеческого прогресса, бывают настолько ослеплены пацифизмом, что добровольно отказываются от расширения своей территории и ограничиваются только "внутренней" колонизацией. А в это же самое время нации, стоящие на более низком уровне, захватывают огромные территории и продолжают на них размножаться. К каким же результатам это может привести? Ясно к каким! Более культурные, но менее решительные расы в силу недостатка в земле вынуждены ограничивать свое размножение в такой момент, когда менее культурные, но по своему характеру более наступательные нации, имеющие в своем распоряжении большие площади, могут продолжать еще размножаться без всяких ограничений. Другими словами: благодаря этому в один прекрасный день весь мир может попасть в распоряжение той части человечества, которая стоит ниже по своей культуре, но за то обладает более деятельным инстинктом.

Тогда в более или менее отдаленном будущем создаются только две возможности: либо мир наш будет управляться согласно представлениям современной демократии и тогда центр тяжести всех решений перенесется к численно более сильным расам; либо мир будет управляться согласно естественным законам силы, и тогда побеждают народы, обладающие более твердой волей, а вовсе не те нации, которые вступили на путь самоограничения.

Никто не может сомневаться в том, что нашему миру еще придется вести очень тяжелую борьбу за существование человечества. В последнем счете всегда побеждает только инстинкт самосохранения. Под давлением этого инстинкта вся так называемая человечность, являющаяся только выражением чего-то среднего между глупостью, трусостью и самомнением, тает как снег на весеннем солнце. Человечество стало великим в вечной борьбе - человечество погибнет при существовании вечного мира.

Для нас, немцев, лозунг внутренней колонизации играет роковую роль уже по одному тому, что он тотчас укрепляет в нас то мнение, будто найдено какое-то спасительное средство своим "собственным трудом", тихо и мирно, как это соответствует пацифистскому настроению, обеспечить себе лучшее будущее. Это учение, принятое всерьез, для Германии означает конец всякому напряжению сил в борьбе за то место под солнцем, которое нам принадлежит по праву. Если средний немец придет к убеждению, что и на этом "мировом" пути он может обеспечить свою жизнь и свое будущее, это будет означать конец всяким активным попыткам действительно плодотворной защиты того, что жизненно необходимо для немецкой нации. Тогда пришлось бы сказать "прости" всякой полезной для Германии внешней политике, тогда пришлось бы поставить крест над всем будущим немецкого народа.

В этом отлично отдает себе отчет еврейство. Не случайно то обстоятельство, что эти смертельно опасные для нашего народа идеи в нашу среду проводятся более всего евреями. Евреи слишком хорошо знают нашего брата немца, они прекрасно понимают, что средний немец легко попадается на удочку того шарлатана, который сумеет ему доказать, будто найдено всеспасающее средство внести поправки к законам природы и сделать излишней жестокую безжалостную борьбу за существование. Такой средний немец охотно слушает, когда ему доказывают, что господином планеты можно стать и без тяжкого труда, а просто при помощи ничегонеделания.

Необходимо подчеркнуть со всей силой: всякая внутренняя колонизация в Германии должна иметь в первую очередь задачей лишь устранение известных социальных зол и прежде всего устранение всякой спекуляции землей, но никогда внутренняя колонизация не будет в состоянии обеспечить будущее нашей нации без новых территориальных приобретений.

Если мы будем поступать иначе, то в кратчайший срок мы исчерпаем не только наши земельные территории, но и наши силы вообще.

Наконец необходимо иметь в виду еще следующее.

Политика внутренней колонизации приводит к тому, что данный народ ограничивает себя очень небольшой земельной территорией, а это в свою очередь имеет крайне неблагоприятные последствия для обороноспособности данной страны. К тем же последствиям приводит и ограничительная политика в области роста народонаселения.

Уже от одного объема земли, которой владеет данный народ, в сильной степени зависит его внешняя безопасность. Чем больше та территория, которой владеет данный народ, тем сильнее его естественная защита. Теперь как и раньше расправиться с народом, расселенным только на небольшой стесненной территории, гораздо легче нежели с народом, который обладает обширной территорией. Большая территория все еще представляет собою известную защиту против легкомысленных нападений неприятеля, ибо этот последний знает, что успехов он может достигнуть лишь в результате очень тяжелой борьбы. Риск для нападающего настолько велик, что он прибегнет к нападению, лишь имея какие-либо чрезвычайные основания для этого. Таким образом уже одна большая протяженность данного государства является известной гарантией свободы и независимости данного народа, и наоборот небольшие размеры государства прямо вводят в соблазн противника.

Реально дело пошло так, что обе первые возможности, о которых я говорил выше, были отвергнуты так называемыми национальными кругами нашего государства. Мотивы у них были правда иные, чем те, о которых мы говорили. Политика ограничения рождаемости была отвергнута прежде всего по мотивам известного морального чувства. Политику же колонизации забраковали с негодованием, подозревая в ней начало борьбы против крупного землевладения и даже против частной собственности вообще. Принимая во внимание ту форму, в которой проповедовалась политика колонизации, можно, пожалуй, сказать, что это подозрение было достаточно основательным.

В общем и целом мотивировка отклонения этой политики была не особенно искусной с точки зрения того впечатления, какое она должна была произвести на широкие массы, да и вообще мотивировка эта обходила суть вопроса.

С отклонением первых двух путей оставались только две последних дороги, которые могли бы обеспечить растущее население работой и хлебом.

3. Можно было либо приобрести новые земли в Европе, расселить на них излишки населения и предоставить таким образом нации и дальше жить на основе добывания себе пропитания на собственной земле.
4. Либо оставалось перейти к работе для вывоза, к политике усиленной индустриализации и усиленного развития торговли с тем, чтобы на вырученные средства покрывать потребности собственного народа.

Итак: либо завоевание новых земель в Европе, либо - колониальная и торговая политика.

С самых различных сторон и с самых различных точек зрения оба последних пути подверглись обсуждению, толкам, спорам. Одни защищали первый из них, другие - второй. В конце концов возобладала именно последняя точка зрения.

Самым здоровым путем был бы конечно первый из этих двух путей. Приобретение новых земель и переселение туда излишков населения имеет бесконечно много преимуществ, в особенности, если говорить не с точки зрения сегодняшнего дня, а с точки зрения будущего.

Уже одна возможность сохранить в качестве фундамента всей нации здоровое крестьянское сословие имеет совершенно неоценимое значение. Ведь очень многие беды нашего нынешнего дня являются только результатом нездоровых взаимоотношений между городским и сельским населением. Наличие крепкого слоя мелкого и среднего крестьянства во все времена являлось лучшей защитой против социальных болезней, от которых мы так страдаем сейчас. Это в конце концов единственное решение, обеспечивающее нации возможность снискивать себе пропитание в своей собственной стране. Только в этом случае исчезает гипертрофированная роль промышленности и торговли, и они занимают здоровое место в рамках национального хозяйства, в котором существует должное равновесие.

Промышленность и торговля становятся в этом случае не основой пропитания нации, а только одним из подсобных средств для этого. Промышленность и торговля в этом случае регулируют только размеры производства, соответственно размерам потребления во всех областях национального хозяйства. Выполняя такую роль, они в большей или меньшей степени освобождают дело прокормления собственного народа от иностранной зависимости. Такая роль промышленности и торговли способствует делу обеспечения свободы и независимости нации, в особенности в более трудные времена.

Само собою разумеется, что такая политика приобретения новых земель должна быть осуществлена не где-нибудь в Камеруне. Новые земли приходится теперь искать почти исключительно в Европе. Надо сказать себе спокойно и хладнокровно, что боги на небесах уж конечно не имели намерения во что бы то ни стало обеспечить одному народу в 50 раз больше земли, нежели имеет другой народ. Не надо допускать до того, чтобы современные политические границы затмевали нам границы вечного права и справедливости. Если верно, что наша планета обладает достаточным количеством земли для всех, то пусть же нам дадут то количество земли, которое необходимо и нам для продолжения жизни.

Конечно никто не уступит нам земель добровольно. Тогда вступает в силу право на самосохранение нашей нации со всеми вытекающими отсюда последствиями. Чего нельзя получить добром, то приходится взять силою кулака. Если бы наши предки в прошлом выводили свои решения из тех же пацифистских нелепостей, которыми мы руководились теперь, то наш народ едва ли обладал бы теперь даже третью той территории, какую мы имеем. Тогда немецкой нации в нынешнем смысле слова и вообще не было бы в Европе. Нет, именно твердой решимости наших предков обязаны мы тем, что имеем сейчас обе наших восточных провинции и тем самым вообще имеем достаточную почву под ногами, дающую нашему государству и нашему народу определенные внутренние силы жить и бороться за будущее.

Еще и по другим причинам такое разрешение проблемы было бы самым правильным.

Ведь многие европейские государства ныне прямо похожи на опрокинутую пирамиду, поставленную на свое собственное острие. У многих европейских государств их собственно европейские владения до смешного малы в сравнении с той ролью, какую играют их колонии, их внешняя торговля и т.д. Выходит так: острие - в Европе, а вся база - в других частях света. Только у Североамериканских соединенных штатов положение другое. У САСШ вся база находится в пределах собственного континента, и лишь острие их соприкасается с остальными частями света. Отсюда-то и вытекает невиданная внутренняя сила Америки в сравнении со слабостью большинства европейских колониальных держав.

Пример Англии также не опровергает сказанного. Глядя на британскую империю, не следует забывать весь англосаксонский мир как таковой.

Англию нельзя сравнить ни с каким другим европейским государством уже по одному тому, что Англия имеет так много общего в языке и культуре с САСШ.

Ясно, что политику завоевания новых земель Германия могла бы проводить только внутри Европы. Колонии не могут служить этой цели, поскольку они не приспособлены к очень густому заселению их европейцами. В XIX столетии мирным путем уже нельзя было получить таких колониальных владений. Такие колонии можно было получить только ценой очень тяжелой борьбы. Но если уж борьба неминуема, то гораздо лучше воевать не за отдаленные колонии, а за земли, расположенные на нашем собственном континенте. Такое решение конечно можно принять только при наличии полного единодушия. Нельзя приступать с колебаниями, нельзя браться лишь наполовину за такую задачу, проведение которой требует напряжения всех сил. Такое решение надо принимать лишь тогда, когда все политические руководители страны вполне единодушны. Каждый наш шаг должен быть продиктован исключительно сознанием необходимости этой великой задачи. Необходимо отдать себе полный отчет в том, что достигнуть этой цели можно только силой оружия и, поняв это, спокойно и хладнокровно идти навстречу неизбежному.

Только с этой точки зрения нам надо было оценивать в свое время степень пригодности всех тех союзов, которые заключала Германия. Приняв решение раздобыть новые земли в Европе, мы могли получить их в общем и целом только за счет России. В этом случае мы должны были, препоясавши чресла, двинуться по той же дороге, по которой некогда шли рыцари наших орденов. Немецкий меч должен был бы завоевать землю немецкому плугу и тем обеспечить хлеб насущный немецкой нации.

Для такой политики мы могли найти в Европе только одного союзника: Англию.

Только в союзе с Англией, прикрывающей наш тыл, мы могли бы начать новый великий германский поход. Наше право на это было бы не менее обосновано, нежели право наших предков. Ведь никто из наших современных пацифистов не отказывается кушать хлеб, выросший в наших восточных провинциях, несмотря на то, что первым "плугом", проходившим некогда через эти поля, был, собственно говоря, меч. Никакие жертвы не должны были показаться нам слишком большими, чтобы добиться благосклонности Англии. Мы должны были отказаться от колоний и от позиций морской державы и тем самым избавить английскую промышленность от необходимости конкуренции с нами.

Только полная ясность в этом вопросе могла привести к хорошим результатам. Мы должны были полностью отказаться от колоний и от участия в морской торговле, полностью отказаться от создания немецкого военного флота. Мы должны были полностью сконцентрировать все силы государства на создании исключительно сухопутной армии.

В результате мы имели бы некоторое самоограничение для данной минуты, но обеспечили бы себе великую будущность.

Было время, когда Англия вполне готова была идти на такое соглашение.

Англия отлично понимала, что ввиду быстрого роста народонаселения Германия должна будет искать какого-нибудь выхода и вынуждена будет либо войти в соглашение с Англией для ведения совместной политики в Европе, либо без Англии концентрировать свои силы для участия в мировой политике.

На рубеже XX столетия Лондон пробовал начать политику сближения с Германией. Англичане исходили именно из предчувствия того, о чем мы говорили выше. Тогда-то впервые и можно было констатировать то явление, которое впоследствии не раз сказывалось в прямо ужасающих размерах. Мы, видите ли, ни за что не хотели допустить и мысли о том, что Германия будет таскать каштаны из огня для Англии. Как будто в самом деле на свете бывают иные соглашения, нежели основанные на взаимных уступках. А ведь такой союз с Англией был тогда вполне возможен. Британская дипломатия была достаточно умна, чтобы понимать, что какое бы то ни было соглашение с Германией возможно только на основе взаимных уступок.

Представим себе только на одну минуту, что наша германская иностранная политика была бы настолько умна, чтобы в 1904 г. взять на себя роль Японии. Представьте себе это хоть на миг и вы поймете, какие благодетельные последствия это могло бы иметь для Германии.

Тогда дело не дошло бы до "мировой" войны.

Кровь, которая была бы пролита в 1904 г., сберегла бы нам во сто раз кровь, пролитую в 1914-1918 гг.

А какую могущественную позицию занимала бы в этом случае ныне Германия!

С этой точки зрения союз с Австрией был конечно нелепостью. Эта государственная мумия заключала союз с Германией не для того, чтобы вместе биться на войне, а для того чтобы обеспечить вечный мир, на путях которого можно было бы умненько, медленно, но систематически вести дело к полному устранению немецкого влияния в габсбургской монархии.

Этот союз с Австрией был бессмысленным уже по одному тому, что немецкому государству не было никакого расчета заключать союз с габсбургской монархией, которая не имела ни желания ни силы положить конец или даже просто ослабить процесс разнемечивания, быстро развивавшийся в собственных границах. Раз Германия не обладала национальным пониманием и решимостью настолько, чтобы по крайней мере вырвать из рук Австрии судьбу 10 миллионов братьев, то как же можно было ожидать, что она найдет в себе понимание необходимости более далеко идущих планов, о которых мы говорим выше. Поведение Германии в австрийском вопросе являлось оселком, на котором проверялась вся ее позиция в тех основных вопросах, которые решали судьбы всей нации.

Казалось, что во всяком случае нельзя было спокойно смотреть на то, как из года в год уничтожается немецкое влияние в австро-венгерской монархии. Казалось бы, вся ценность союза с Австрией заключалась для нас ведь именно в том, чтобы сохранить немецкое влияние.

И что же? Путь, о котором мы говорили выше, признан был совершенно неприемлемым. В Германии ничего так не боялись как войны, а вели политику так, что война должна была неизбежно придти, да еще в очень неблагоприятный для нас момент. Люди, определявшие судьбы Германии, хотели, чтобы страна ушла от неизбежной судьбы, на деле же судьба настигла страну еще скорей. Мечтали о сохранении мира во всем мире, а кончили мировой войной.

Вот главная причина того, почему о третьем пути устроения немецкого будущего, о котором мы говорили выше, не хотели даже и думать. Люди знали, что приобрести новые земли можно только на востоке Европы, люди знали, что этого нельзя сделать без борьбы, и люди эти хотели во что бы то ни стало сохранить мир. Лозунгом германской внешней политики уже давно не было "сохранение германской нации во что бы то ни стало", ее лозунгом давно уже стало: "сохранение мира всего мира во что бы то ни стало". Каковы оказались результаты - всем известно.

Мне еще придется об этом говорить подробнее. Ввиду всего этого осталась только четвертая возможность: усиленное развитие промышленности и мировой торговли, создание военного флота и завоевание колоний.

Такой путь развития на первый взгляд казался более легким. Заселение новых земель - процесс длительный, требующий иногда целых столетий. С нашей точки зрения в этом и заключается внутренняя сила этого пути, ибо тут дело идет не о мимолетной вспышке, а о постепенном, но зато основательном и длительном процессе роста. В этом и заключается отличие этого пути от пути быстрой индустриализации, которую можно раздуть в течение немногих лет, а потом убедиться, что все это оказалось просто мыльным пузырем. Гораздо быстрей можно построить флот, чем в тяжелой борьбе с рядом препятствий создать крестьянское хозяйство и заселить фермерами новые земли. Но зато флот гораздо легче разрушить, нежели сломить создавшееся крепкое сельское хозяйство.

Но если уж Германия пошла по избранному ею пути, то надо было по крайней мере ясно понимать, что и этот путь развития неизбежно в один прекрасный день приведет к войне. Только дети могли верить в то, что дружественными заверениями и добрыми фразами о длительном мире мы сможем в "мирном соревновании народов" получить и удержать свою долю колоний, не будучи поставлены перед необходимостью прибегнуть к силе оружия.

Нет, раз мы пошли по этому пути, то ясно, что в один прекрасный день Англия должна была стать нашим врагом.

Совершенно нелепо было возмущаться по поводу того, что злая Англия, видите ли, решилась на наши мирные поползновения ответить грубостью сознававших свою силу эгоистов.

Конечно мы, добренькие немцы, никогда не решились бы поступить, как англичане.

Политику завоевания новых земель в Европе Германия могла вести только в союзе с Англией против России, но и наоборот: политику завоевания колоний и усиления своей мировой торговли Германия могла вести только с Россией против Англии. Казалось бы, что в данном случае надо было по крайней мере сделать надлежащие выводы и прежде всего - как можно скорей поспать к черту Австрию.

Со всех точек зрения союз с Австрией в начале XX века был уже настоящей бессмыслицей.

Однако наша дипломатия не подумала ни о союзе с Россией против Англии, ни о союзе с Англией против России; как же, ведь в обоих этих случаях война становилась неизбежной. Между тем Германия становилась на путь усиленной индустриализации и развития торговли именно для того, чтобы "избегнуть войны". Германской дипломатии казалось, что ее формула о "мирном экономическом проникновении" является той всеспасающей формулой, которая раз и навсегда сделает излишней прежнюю политику насилия. Однако время от времени эта уверенность испытывала некоторые колебания, в особенности, когда со стороны Англии послышались угрозы, на первый взгляд для нашей дипломатии совершенно непонятные. Тогда у нас пришли к выводу, что надо построить большой флот, но опять-таки, упаси боже, не для наступательных целей и не для того, чтобы уничтожить Англию, а исключительно для "защиты" уже хорошо нам известного "мира всего мира" и пресловутых наших "мирных" завоеваний на земле. А принявшись строить флот, мы опять-таки старались проявить скромность не только в вопросе о количестве кораблей, но и в вопросе об их тоннаже и вооружении. Как же, ведь мы и тут должны были продемонстрировать наши совершенно "мирные" намерения.

Вся болтовня о предстоящем нам завоевании земли исключительно мирными экономическими средствами являлась величайшей глупостью, а между тем эта глупость стала принципом нашей государственной политики. Глупость эта еще возросла, когда "мы" не стыдились приводить в пример Англию в доказательство того, что такое мирное проникновение вполне возможно. Вред, который в эту пору принесли наши профессора истории, трудно поправим, это было просто преступлением. Это легкомысленное изображение истории годится разве только как пример того, как многие люди способны "изучать" историю без того, чтобы что-нибудь понять в ней.

История Англии годилась как раз для того, чтобы доказать прямо противоположную теорию. Ведь именно Англия была той страной, которая всех своих экономических достижений добилась с наибольшей жестокостью. Именно она подготовляла все свои завоевания в этой области силой оружия и впоследствии отстаивала их той же силой. Самой характерной чертой британской государственной политики является то, что англичане превосходно умеют использовать политическую власть для экономических завоеваний и наоборот экономические завоевания - тотчас же превращать в политическую власть. При этом прошу заметить: какая глупость предполагать, что англичане лично являются слишком "трусливыми", чтобы отдавать свою кровь для защиты экономической политики страны! То обстоятельство, что Англия в течение долгого времени не обладала "народной армией", ни в коем случае не свидетельствует о "трусости" англичан. Форма организации военных сил никакого решающего значения не имеет. Решают воля и готовность до конца использовать ту форму военной организации, которой в данный момент обладает нация. Ну, а Англия всегда обладала тем вооружением, которое для данного момента было ей необходимо. Англия всегда пускала в ход те орудия борьбы, которые обещали успех. Англия воевала при помощи наемной армии, пока ею можно было обойтись. Но Англия, когда нужно было, проливала драгоценную кровь лучших своих сынов, раз только этого требовал успех дела. И всегда неизменно Англия обнаруживала решительность, настойчивость и самое величайшее упорство в борьбе.

В Германии же мы создали карикатуру на англичан и на Британскую империю. При посредстве школы, прессы, юмористических журналов создавалось это карикатурное представление, которое ничего кроме злейшего самообмана нам не дало. Это нелепое представление об англичанах постепенно заражало всех и вся. В результате получилась громадная недооценка Англии, которая впоследствии отомстила за себя очень сильно. Эта фальсификация была настолько глубока, что почти вся Германия представляла себе англичанина как человека, способного на всяческие мошенничества и в то же время невероятно трусливого торгаша. Нашим профессорам и ученым, распространявшим такое представление об Англии, даже и в голову не приходил вопрос о том, какими же средствами подобный народ мог создать великую мировую державу. Тех, кто предупреждал против этой карикатуры, не хотели слушать, их предостережения замалчивались. Я живо вспоминаю, как вытянулись лица у моих коллег по полку, когда мы оказались на полях Фландрии лицом к лицу с английскими Томми. Уже после нескольких дней боев все наши парни начали отлично понимать, что эти шотландские солдаты, с которыми нам теперь приходится сталкиваться, далеко не похожи на ту карикатуру, которую рисовали в наших юмористических листках да и в наших военных сводках, печатавшихся в газетах.

Уже в те дни мне пришлось хорошенько поразмыслить о том, какова должна быть форма пропаганды, чтобы она была действительно целесообразной.

Однако распространение таких фальшивых взглядов относительно англичан до поры до времени приносило некоторую пользу господам распространителям: на этом хотя и неправильном примере демонстрировалась правильность теории мирного хозяйственного завоевания земли. Люди говорили себе: то, что удалось англичанам, уже наверняка удастся нам, немцам, тем более что на нашей стороне имеется преимущество немецкого прямодушия и что мы совершенно не похожи на англичан с их специфическим английским "коварством". Этими приписываемыми себе самим качествами у нас надеялись завоевать благосклонность малых наций, а также доверие больших.

Что наше так называемое прямодушие для других является острым ножом, это нам и в голову не приходило, хотя бы потому, что мы сами всерьез верили в свое превосходство. Весь же остальной мир в этом нашем поведении видел не что иное, как выражение особенно рафинированной лживости. Только германская революция к величайшему изумлению многих открыла им, насколько мы, в сущности говоря, глупы. Нелепость этого "мирно-хозяйственного завоевания" земли показывает с полной ясностью также и то, насколько нелеп был наш тройственный союз. При такой установке с каким же другим государством и было вступать в союз? Военных завоеваний в союзе с Австрией конечно нельзя было сделать, даже в одной только Европе. В этом-то и заключалась слабость тройственного союза с первых же дней его существования. Бисмарку можно было позволить себе на время прибегнуть к этому суррогату. Но это уж совсем непозволительно было для тупиц, преемников Бисмарка, в особенности в такую эпоху, когда совершенно отсутствовали предпосылки для этого союза, которые имелись во времена Бисмарка. Бисмарк мог еще надеяться, что в лице Австрии он имеет дело с государством немецким, а ведь с тех пор было введено всеобщее избирательное право, и государство это совершенно явно превратилось в национальный хаос, потеряло свой немецкий характер и к тому же стало управляться парламентским способом.

Союз с Австрией был просто вреден и с точки зрения расовой политики. Германия терпела образование новой большой славянской державы на границах своего государства, хотя было совершенно ясно, что раньше или позже это славянское государство займет по отношению к Германии совершенно другую позицию нежели, скажем, Россия. Союз с Австрией становился слабей и внутренне опустошался с каждым годом еще и потому, что отдельные крупные носители идеи союза все больше и больше теряли влияние в австрийской монархии и все больше вытеснялись с их прежних руководящих постов.

На рубеже XX века союз Германии с Австрией, в сущности говоря, вступил примерно в ту же стадию, что и союз Австрии с Италией.

Здесь тоже были только две возможности: либо продолжать состоять в союзе с габсбургской монархией и тогда молчать по поводу вытеснения немецкого влияния в Австрии, либо обратное. Было вполне ясно, что если Германия начнет хоть сколько-нибудь протестовать против вытеснения немецкого влияния в Австрии, то открытая борьба будет неизбежна.

Уже с психологической точки зрения ценность тройственного союза была очень мала, ибо прочность любого союза всегда становится тем меньше, чем более всего его цели исчерпываются только сохранением существующего положения вещей. И наоборот, любой союз становится тем сильней, чем более отдельные контрагенты, участвующие в этом союзе, могут надеяться при его помощи реализовать совершенно конкретные цели экспансии. И здесь, как и в любой другой области, сила не в обороне, а в наступлении.

В разных местах это уже тогда отлично понимали. Не понимали этого только к сожалению так называемые "призванные". В частности Людендорф, тогда полковник большого генерального штаба, счел своим долгом указать на эти слабости в особой докладной записке, поданной им в 1912 г.; но разумеется, наши "государственные мужи" не обратили ни малейшего внимания на этот документ. Ясное понимание таких простых вещей свойственно только нам, обыкновенным смертным; что же касается господ "дипломатов", то они принципиально неспособны понимать их.

Для Германии было еще счастьем, что война 1914 г. возникла из-за конфликта, в котором Австрия была замешана непосредственно, так что Габсбургам ничего не оставалось как принять участие в войне. Если бы события разыгрались по-иному. Германия наверняка осталась бы одна. Габсбургское государство никогда не захотело бы и не смогло бы принять участие в войне, которая возникла бы непосредственно из-за Германии. То, за что впоследствии так сурово осуждали Италию, наверняка еще раньше случилось бы с Австрией. Австрия осталась бы "нейтральной" и тем попыталась бы уберечь себя от того, чтобы революция началась уже при самом возникновении войны. Австрийское славянство при такой обстановке предпочло бы уже в 1914 г. скорее сбросить монархию, нежели допустить, чтобы Австрия воевала из-за Германии. Лишь очень немногие тогда понимали те опасности и те лишние трудности, которые создает себе Германия благодаря политике союза с Австрией.

Достаточно уже одного того, что у Австрии было слишком большое количество врагов, помышлявших только о том, чтобы скорей получить наследство умирающего габсбургского государства. Совершенно ясно, что с течением времени против Германии должна была накопиться вражда за одно то, что в ней видели причину замедления распада австрийской монархии - распада, которого все с нетерпением ждали именно в надежде получить кусок наследства. В конце концов все стали приходить к тому выводу, что до наследства Вены можно добраться, только если свести счеты с Берлином. Это - во-первых.

Во-вторых, благодаря союзу с Австрией, Германия теряла все лучшие богатейшие перспективы заключения других союзов. Наоборот, ее отношения с Россией и даже с Италией становились все более и более напряженными. При этом необходимо отметить, что в Риме общее настроение по отношению к Германии было вполне дружественным, между тем как отношение к Австрии было враждебным. В душе любого итальянца постоянно жило враждебное чувство к Австрии, и оно неоднократно выливалось наружу.

Раз Германия взяла курс на политику усиленной индустриализации и усиленного развития торговли, то, в сущности говоря, уже не оставалось ни малейшего повода для борьбы с Россией. Только худшие враги обеих наций заинтересованы были в том, чтобы такая вражда возникала. И действительно оно так и было: именно евреи и марксисты в первую очередь всеми средствами натравливали эти два государства друг на друга.

Наконец, в-третьих, союз Германии с Австрией таил в себе бесконечные опасности еще и потому, что многие государства легко было соблазнить перспективой раздела Австрии и известного вознаграждения их за счет бывших австрийских земель.

Против придунайской монархии легко было поднять всю восточную Европу, в особенности же Россию и Италию. Если бы Германия не состояла в союзе с Австрией, наследство которой представляло такой соблазн для других государств, то мировая коалиция, которая начала образовываться с легкой руки короля Эдуарда, никогда бы не осуществилась. Только из-за несчастного союза с Австрией противникам Германии удалось так легко объединить в одном фронте государства со столь различными устремлениями и целями. Вступая в совместную борьбу против Германии, все эти государства надеялись на то, что они смогут расширить свои границы за счет Австрии. А то обстоятельство, что к Германии втихомолку примыкала еще Турция, только усиливало эту опасность в необычайной степени.

А интернациональный еврейский капитал пользовался будущим австрийским наследством, как приманкой. Еврейский капитал уже давно выработал план уничтожения Германии, ибо в те времена Германия не хотела еще полностью покориться хозяйственному и финансовому контролю евреев, стоящих над государствами. Только благодаря этому и удалось сколотить громадную коалицию; ей уже одно громадное количество собранных под знамена солдат внушало уверенность в победе.

Союз с габсбургской монархией еще во время моего пребывания в Австрии вызывал во мне отвращение. Теперь же он стал для меня причиной самых тяжелых внутренних переживаний, которые в дальнейшем только укрепили во мне давно составившееся мнение.

В небольших кружках, в которых я тогда вращался, я не делал ни малейшего секрета из своего убеждения, что этот несчастный договор с обреченным на гибель государством неизбежно приведет Германию к катастрофе, если мы только не сумеем во время порвать этот договор. Это мое убеждение было непоколебимо. Но тут грянула мировая война, и на время люди вообще потеряли способность разумно взвешивать положение. Пыл воодушевления первых дней войны заставил потерять голову даже тех, кого само положение обязывало к самому трезвому расчету. Когда я сам попал на фронт, то всюду, где на эти темы шло обсуждение, я прямо и открыто высказывал мнение, что чем скорее будет разорван договор с Австрией, тем лучше для немецкой нации; я говорил определенно, что отказ от союза с Австрией не есть вовсе жертва с нашей стороны, раз Германия смогла бы благодаря этому добиться уменьшения числа воюющих с ней держав; я не уставал доказывать, что миллионы наших братьев надели на себя солдатские мундиры не для того, чтобы спасать развращенную и погибающую австрийскую династию, а для того, чтобы спасти немецкий народ.

Незадолго до войны иногда казалось, что по крайней мере в некоторых кругах стало возникать некоторое сомнение в правильности союза с Австрией. В лагере немецких консерваторов время от времени стали раздаваться голоса предостережения; но, увы, эти разумные голоса оставались гласом вопиющих в пустыне. Германия продолжала верить в то, что избранный ею путь правилен, что на этом пути она "завоюет" мир, что успех будет огромен, а жертвы ничтожны.

Нам, несчастным, "непризванным" ничего не оставалось как молча глядеть на то, как так называемые "призванные" идут прямиком в пропасть, увлекая за собою весь народ.

Только благодаря известному заболеванию всей нашей политической мысли оказалось возможным, что великий народ долгое время кормили нелепым лозунгом "хозяйственного завоевания" и проповедовали ему "мир всего мира" как конечную политическую цель.

Триумфы немецкой техники и промышленности, растущие успехи немецкой торговли - все это заставляло забывать, что первой и основной предпосылкой всего этого является прежде всего наличие сильного государства. Куда там! В определенных кругах стали утверждать даже уже прямо противоположное - что само государство обязано своим существованием расцвету техники и промышленности; что государство представляет уже не более и не менее, как экономический институт; что управлять государством надо в согласии только с хозяйственными устремлениями; что и все дальнейшее существование государства зависит от хозяйства; что именно такое положение вещей является самым естественным и самым здоровым и его необходимо отстаивать и в будущем.

Между тем мы-то знаем, что на деле государство не имеет ничего общего с тем или другим хозяйственным воззрением, с теми или другими формами хозяйственного развития.

Государство отнюдь не является простым объединением экономических контрагентов, собравшихся воедино на определенной государственной территории с целью совместного выполнения своих хозяйственных задач. Нет, государство является совокупностью физически и духовно равных человеческих существ, совокупностью, ставящей своей задачей как можно лучше продолжать свой род и достигнуть целей, предназначенных ему провидением. Цель и смысл существования государства - только в этом, а не в чем-либо другом. Хозяйство является при этом только одним из многих подчиненных средств, необходимых для достижения указанных целей. Хозяйство никогда не является ни первопричиной, ни целью государства, поскольку конечно данное государство с самого начала не построено на фальшивой и противоестественной основе. Только так можно понять, почему государство как таковое вовсе не имеет своей необходимой предпосылкой ту или другую территориальную ограниченность. Эта последняя характерна только для тех народов, которые хотят собственными силами обеспечить пропитание своих жителей, т.е. готовы своим собственным трудом обеспечить свое существование. Но есть и народы-трутни, умеющие до известной степени пролезть в другие части света и под разными предлогами заставить другие народности работать на себя; такие народы-трутни умеют образовывать новые государства независимо от своей собственной территории.

Еврейское государство никогда не было территориально ограничено; оно всегда было универсально с точки зрения территории, но очень ограничено с точки зрения собственного расового состава. Вот почему народ этот всегда и составлял государство в государстве. Одним из гениальнейших трюков, изобретенных евреями, является то, что они сумели контрабандно выдать свое государство за "религию" и этим обеспечили себе терпимое отношение со стороны арийцев, которым религиозная веротерпимость всегда была особенно свойственна. На деле религия Моисея есть не что иное, как учение о сохранении еврейской расы. Вот почему она и охватывает все необходимые для этого отрасли знания, в том числе социологию, политику и экономику.

Первопричиной к образованию всех человеческих общностей является инстинкт сохранения рода. Но именно благодаря этому государство является народным организмом, а не организмом хозяйственным. Это громадная разница, хотя и остающаяся совершенно непонятной современным так называемым государственным "деятелям". Наши государственные мужи полагают, что они могут построить государство исключительно на хозяйстве; в действительности же государство искони было и будет только продуктом той деятельности и тех свойств, которые заложены в первую очередь в воле к сохранению вида и расы.

Эти последние свойства присущи не торгашескому эгоизму, а героической добродетели, ибо сохранение существования вида непременно предполагает готовность к самопожертвованию со стороны индивидуума. В этом и заключается смысл сказанного поэтом: "и кто свою жизнь отдать не готов, тот жизнью владеть недостоин". Готовность пожертвовать личным существованием необходима, чтобы обеспечить сохранение вида. Отсюда ясно, что важнейшей предпосылкой образования и сохранения государства является прежде всего наличие определенного чувства общности, основанное на принадлежности к одинаковому роду и виду, наличие готовности всеми средствами бороться за сохранение этой общности. У народов, располагающих своей собственной территорией, это приводит к процветанию добродетели и героизма. У народов-паразитов это приводит к процветанию лицемерия и коварной жестокости если только эти последние малопочтенные качества не были уже первопричиной того, что данное государство вообще могло возникнуть. Образование того или другого государства всегда неизбежно (во всяком случае на первых ступенях своего развития) обусловливается именно вышеуказанными факторами. При этом в борьбе народов за свое самосохранение терпят поражение, т.е. попадают под иго и тем самым раньше или позже обрекаются на вымирание, именно те народы, которые отличаются наименьшим героизмом и наименьшими добродетелями, равно и те народы, которые не сумели во время разгадать лживость и коварство паразитарных государств. В этих последних случаях дало идет не столько о недостатке ума, сколько о недостатке мужества и решимости, причем недостаток мужества часто пытаются спрятать под мантией "гуманности".

Только в редчайших случаях внутренняя крепость того или другого государства совпадает с так называемым хозяйственным расцветом. Напротив, можно привести бесчисленное количество примеров того, когда такой расцвет указывает как раз на приближающийся распад государства. Уже из одного этого видно, насколько устойчивость и крепость данного государства вовсе не в такой уже мере зависит от хозяйства. Если бы образование человеческих общностей зависело в первую очередь от хозяйственных сил и инстинктов, тогда высший экономический расцвет должен был бы непременно в то же время означать и высшую силу государства. Между тем мы видим обратное.

Вера во всеспасающую силу хозяйства, будто бы единственно способного укреплять государство, производит особенно странное впечатление, когда эту "истину" проповедуют в стране, действительная история которой учит прямо противоположному. Ведь именно история Пруссии доказывает с необыкновенной ясностью, что для образования государства требуются не материальные свойства, а идеальные добродетели. Только под защитой этих последних подымается и расцветает также хозяйство, и расцвет его продолжается только до тех пор, пока с гибелью этих чисто государственных качеств не погибнет и само хозяйство. Этот именно процесс мы, увы, как раз и наблюдаем теперь в самом печальном его виде. Материальные интересы людей всегда процветают только под покровом героических добродетелей человечества. Но стоит только материальным интересам выйти на первый план, и они тем самым подрывают собственные предпосылки своего бытия.

Всегда в германской истории подъему государственности сопутствовал также хозяйственный подъем; но всегда, как только экономика становилась единственным содержанием жизни нашего народа, тотчас же удушались идеальные добродетели, государство шло вниз и в своем падении через некоторое время увлекало туда же и хозяйство.

Если мы поставим себе вопрос, какие же именно факторы являются главнейшими для образования и укрепления государства, то мы должны будем, кратко говоря, ответить: способность к самопожертвованию, воля к самопожертвованию со стороны отдельного индивидуума во имя общего блага. Что эти добродетели ничего общего не имеют с хозяйством, ясно уже из одного того, что люди никогда не приносят себя в жертву по этим последним мотивам. Человек умирает за свои идеалы, но отнюдь не склонен умирать за свои "дела". Англичане лучше всего доказали свое превосходство в понимании человеческой души тем, какую мотивировку они сумели дать своей борьбе. В то время как мы, немцы, боролись за хлеб, Англия боролась за "свободу" и при том не за свою собственную свободу, а за свободу малых наций. У нас смеялись по поводу такой наглости, у нас огорчались по поводу этой агитации англичан. Но это только доказывало, как безнадежно глупы были руководители общественного мнения в Германии еще до начала войны. У нас уже и тогда не имели никакого понятия о том, какие факторы способны поднять людей на борьбу и вызвать в них готовность добровольно пойти на смерть за общее дело.

Вот факт. Пока немецкий народ в течение всего 1914 г. считал, что он ведет борьбу за идеалы, он был стоек; как только стало ясно, что борьбу приходится вести лишь за кусок хлеба, он стал обнаруживать готовность махнуть рукой на все.

Наши остроумные "государственные руководители" были искренно изумлены такой переменой в настроении. Они так и не поняли, что пока человек ведет борьбу только за те или иные хозяйственные выгоды, он будет изо всех сил избегать смерти хотя бы по той простой причине, что иначе он не сумеет воспользоваться этими выгодами. Посмотрите, забота о спасении своего ребенка делает героиней даже самую слабую из матерей. Так и в общественной жизни. Только борьба за сохранение вида, за сохранение очага и родины, за сохранение своего государства - только такая борьба во все времена давала людям силу идти прямо на штыки неприятеля.

Вечной истиной остается следующее:

Никогда еще в истории ни одно государство не было создано мирной хозяйственной деятельностью; государства всегда создавались только благодаря инстинкту сохранения вида, независимо от того, определялся ли этот инстинкт героической добродетелью или хитрым коварством; в первом случае получались арийские государства труда и культуры, во втором случае - еврейские паразитарные колонии. Как только у того или другого народа или государства берут верх чисто хозяйственные мотивы, результат получается только тот, что само хозяйство становится причиной подчинения и подавления этого народа.

В Германии перед войной самым широким образом была распространена вера в то, что именно через торговую и колониальную политику удастся открыть Германии путь во все страны мира или даже просто завоевать весь мир. Само возникновение такой веры было классическим симптомом того, что в Германии потеряно понимание значения истинных государственных добродетелей, потеряна волевая сила и решимость к действию. Единственной расплатой за это была мировая война со всеми ее результатами.

Такие настроения в немецкой нации - а они были перед войной почти всеобщими - должны были казаться необъяснимой загадкой для тех, кто не умел глубже вдумываться в обстановку. Ведь именно Германия представляла собою изумительный пример государства, возникшего на базе чисто политических факторов силы. Основное ядро Германии - Пруссия - возникло благодаря чудесному героизму ее сынов, а вовсе не благодаря финансовым операциям или торговым сделкам. Возникновение самой германской империи явилось чудесной наградой за воинское бесстрашие и крепкое политическое руководство. Спрашивается, как же могло случиться, что именно немецкий народ допустил до такого заболевания свои политические инстинкты, ибо здесь дело идет не об отдельных разрозненных явлениях, а именно о чем-то повальном. Болотные огоньки манили весь народ, болезнь принимала форму недоброкачественных нарывов, выскакивавших то тут, то там и разъедавших весь организм нации. Можно было подумать, что какой-то непрерывный поток яда таинственными путями проникает в организм нации и отравляет всю ее систему кровообращения. Только так можно было объяснить и тот факт, что этот некогда героический организм теперь все больше подвергался параличу. Народ все больше терял ясность взгляда. Слабели даже инстинкты простого самосохранения.

Все эти вопросы я в течение 1912-1914 гг. непрестанно обдумывал в связи со своим отрицательным отношением к политике союза Германии с Австрией. Чем глубже задумывался я над всеми этими вопросами, тем больше приходил я все к тому же выводу, что разгадка всех бед одна: марксистское учение и его миросозерцание со всеми вытекающими из них органическими последствиями.

Теперь я во второй раз в моей жизни вновь углубился в ознакомление с этим разрушительным учением. На этот раз к марксистским книгам меня толкали не впечатления повседневного бытия, а размышления над общими вопросами политической жизни. Я опять погрузился в теоретическую литературу этого нового мира и стал систематически сравнивать возможные результаты марксистской проповеди с той реальной обстановкой и теми конкретными событиями, которые теперь приходилось наблюдать как результат марксизма в области политической, культурной и хозяйственной жизни страны.

В первый раз в своей жизни я стал теперь систематически интересоваться теми попытками покончить с этой мировой чумой, какие уже были в нашей предыдущей истории.

Я стал штудировать эпоху бисмарковского исключительного закона против социалистов, я стал подробно изучать, какие планы поставил себе Бисмарк, как именно он вел борьбу и какие получились результаты. Постепенно я выработал себе по всем этим вопросам совершенно законченный взгляд.

Мне лично в течение всей своей дальнейшей жизни не пришлось эти взгляды менять ни на йоту. В это же время я еще раз точнее уяснил себе связь, существующую между марксизмом и еврейством.

Ранее в Вене Германия казалась мне непоколебимым колоссом. Теперь во мне иногда, увы, возникали уже известные сомнения. В небольших кружках своих друзей я бунтовал против немецкой внешней политики, а также и против того невероятного легкомыслия, с которым по моему мнению тогда относились к важнейшей проблеме - к марксизму. Я совершенно не мог понять, как можно столь слепо идти навстречу гигантским опасностям - сам марксизм не делал из них тайны. Уже тогда я в небольших кружках предостерегал с той же настойчивостью, как я делаю это теперь перед большой аудиторией, против "успокоительного лозунга дурачков и трусов, что-де "нам бояться нечего". Этакая умственная чума уже однажды разрушила гигантское государство. Германия не может составить исключения, она подвластна тем же самым законам, что и все человеческое общество.

В течение 1913-1914 гг. мне пришлось в различных кругах (многие из этих людей и теперь остались верны национал-социалистическому движению) впервые высказать убеждение, что главным вопросом, имеющим решающее значение для судеб всей германской нации, является вопрос об уничтожении марксизма.

В несчастной политике тройственного союза я видел только одно из следствий разрушительной работы марксизма. Самое ужасное было то, что яд этот проникал совершенно незаметно и отравлял всю базу здорового хозяйственного и государственного развития. Люди, подвергавшиеся действию этого яда, зачастую сами даже не замечали, насколько их воля и их действия являлись прямым результатом марксистской проповеди, которую все они на словах резко осуждали.

В ту пору внутренняя деградация немецкого народа давно уже началась. Но как это часто бывает в жизни, люди совершенно не отдавали себе отчета в том, кто же является действительным виновником разрушения их благополучия. Время от времени ставились всевозможные диагнозы болезни, но при этом систематически смешивали формы проявления болезни с возбудителями ее. Поскольку люди не хотели или не умели понять действительных причин болезни, постольку вся так называемая борьба против марксизма превращалась только в знахарство и шарлатанство.

ГЛАВА V

МИРОВАЯ ВОЙНА

В дни моей зеленой юности ничто так не огорчало меня, как то обстоятельство, что я родился в такое время, которое стало эпохой лавочников и государственных чиновников. Мне казалось, что волны исторических событий улеглись, что будущее принадлежит только так называемому "мирному соревнованию народов", т.е. самому обыкновенному взаимному коммерческому облапошиванию при полном исключении насильственных методов защиты. Отдельные государства все больше стали походить на простые коммерческие предприятия, которые конкурируют друг с другом, перехватывают друг у друга покупателей и заказчиков и вообще всеми средствами стараются подставить друг другу ножку, выкрикивая при этом на всех перекрестках каждое о своей честности и невинности. В пору моей зеленой юности мне казалось, что эти нравы сохранятся надолго (ведь все об этом только и мечтали) и что постепенно весь мир превратится в один большой универсальный магазин, помещения которого вместо памятников будут украшены бюстами наиболее ловких мошенников и наиболее глупых чиновников. Купцов будут поставлять англичане, торговый персонал - немцы, а на роль владельцев обрекут себя в жертву евреи. Ведь недаром сами евреи всегда признают, что их делом является не зарабатывать, а только "выплачивать", да к тому же большинство из них обладает знанием многих языков.

В эту мою молодую пору я частенько думал - почему я не родился на сто лет раньше. Ах! Ведь мог же я родиться, ну, скажем, по крайней мере в эпоху освободительных войн, когда человек, и не "занимавшийся делом", чего-нибудь да стоил и сам по себе.

Так частенько грустил я по поводу моего, как мне казалось, позднего появления на земле и видел незаслуженный удар судьбы в том, что мне так и придется прожить всю жизнь среди "тишины и порядка". Как видите, я уже смолоду не был "пацифистом", а все попытки воспитать меня в духе пацифизма были впустую.

Как молния, блеснула мне надеждой бурская война.

С утра до вечера я глотал газеты, следя за всеми телеграммами и отчетами, и я был счастлив уже тем, что мне хотя бы издалека удается следить за этой героической борьбой.

Русско-японская война застала меня уже более зрелым человеком. За этими событиями я следил еще внимательнее. В этой войне я стал на определенную сторону и при том по соображениям национальным. В дискуссиях, связанных с русско-японской войной, я сразу стал на сторону японцев. В поражении России я стал видеть также поражение австрийских славян.

Прошло много лет. То, что раньше казалось мне гнилостной агонией, теперь начинало казаться мне затишьем перед бурей. Уже во время моего пребывания в Вене на Балканах господствовала удушливая атмосфера, которая предсказывала грозу. Уже не раз появлялись и вспыхивали там отдельные зарницы, которые однако быстро исчезали, снова уступая место непроницаемой тьме. Но вот разразилась первая балканская война и вместе с ней первые порывы ветра донеслись до изнервничавшейся Европы. Полоса времени непосредственно за первой балканской войной была чрезвычайно тягостной. У всех было чувство приближающейся катастрофы, вся земля как бы раскалилась и жаждала первой капли дождя. Люди полны были тоски ожидания и говорили себе: пусть наконец небо сжалится, пусть судьба скорее шлет те события, которые все равно неминуемы. И вот, наконец, первая яркая молния озарила землю. Началась гроза, и могучие раскаты грома смешались с громыханием пушек на полях мировой войны.

Когда в Мюнхен пришла первая весть об убийстве эрцгерцога Франца Фердинанда (я сидел как раз дома и через окно услышал первые недостаточно точные сведения об этом убийстве), меня сначала охватила тревога, не убит ли он немецкими студентами, у которых вызывала возмущение систематическая работа наследника над славянизацией австрийского государства. С моей точки зрения не было бы ничего удивительного в том, что немецкие студенты захотели бы освободить немецкий народ от этого внутреннего врага. Легко представить себе, каковы были бы последствия, если бы убийство эрцгерцога носило именно такой характер. В результате мы имели бы целую волну преследований, которая была бы конечно признана "обоснованной" и "справедливой" всем миром. Но когда я узнал имя предполагаемого убийцы, когда мне сказали, что убийца безусловно серб, меня охватил тихий ужас по поводу того, как отомстила эрцгерцогу неисповедимая судьба.

Один из самых видных друзей славянства пал жертвой от руки славянских фанатиков.

Кто за последние годы внимательно следил за взаимоотношениями между Австрией и Сербией, тот не мог теперь ни на минуту сомневаться в том, что события будут развиваться неудержимо.

Теперь частенько осыпают венское правительство упреками за тот ультиматум, который оно послало Сербии. Но эти упреки совершенно несправедливы. Любое правительство в мире в аналогичной обстановке поступило бы так же. На своей восточной границе Австрия имела неумолимого врага, который выступал с провокациями все чаще и чаще и который не мог успокоиться до того момента, пока благоприятная обстановка не привела бы к разгрому австро-венгерской монархии. В Австрии имелись все основания предполагать, что удар против нее будет отложен максимум до момента смерти старого императора; но там имелись основания также предполагать, что к этому моменту монархия вообще уже лишится способности оказать сколько-нибудь серьезное сопротивление. В течение последних лет монархия эта до такой степени олицетворялось дряхлеющим Францем-Иосифом, что в глазах широких масс смерть этого императора неизбежно должна была представляться как смерть самого отживающего австрийского государства. Одна из самых хитрых уловок славянской политики заключалась в том, что она сознательно сеяла ту мысль, что "процветание" Австрии целиком обязано мудрости ее монарха. На удочку этой лести венские придворные круги попадали тем легче, что эта оценка совершенно не соответствовала действительным заслугам Франца-Иосифа. Венский двор совершенно не понимал, что в этой лести скрыта насмешка. При дворе не понимали, а может быть и не хотели понимать, что чем больше судьбы монархии связываются с государственным разумом этого, как тогда выражались, "мудрейшего из монархов", тем более катастрофичным станет положение монархии, когда в один прекрасный день безжалостная смерть постучится в дверь Франца-Иосифа.

Можно ли было тогда вообще представить себе Австрию без этого старого императора?

Не повторится ли тогда сразу та трагедия, которая некогда приключилась с Марией-Терезой?

Нет, совершенно несправедливы упреки, направленные против венского правительства за то, что оно в 1914 г. пошло на войну, которой, как иным кажется, можно было еще избежать. Нет, войны избежать уже нельзя было; ее можно было отсрочить максимум на один-два года. Но в этом и заключалось проклятие немецкой и австрийской дипломатии, что она все еще старалась оттянуть неотвратимое столкновение и в конце концов вынуждена была принять бой в самый неблагоприятный момент. Не подлежит сомнению, что если бы войну удалось еще на короткий срок оттянуть, то Германии и Австрии пришлось бы воевать в еще более неблагоприятную минуту.

Нет, дело обстоит так, что кто не хотел этой войны, тот должен был иметь мужество сделать необходимые выводы. А выводы эти могли заключаться только в том, чтобы пожертвовать Австрией. Война пришла бы и в этом случае, но это не была бы война всех против одной Германии. Зато при этом был бы неизбежен раздел Австрии. Перед Германией стоял бы тогда выбор: либо принять участие в дележе, либо вернуться с дележа с пустыми руками.

Те, кто сейчас больше всего ворчит и бранится по поводу обстановки, в какой началась война, те, кто сейчас задним числом так мудр, - именно они летом 1914 г., они больше всего толкали Германию в эту роковую войну.

Германская социал-демократия в течение многих десятилетий вела самую гнусную травлю России. С другой стороны, партия центра, исходя из религиозных побуждений, больше всего содействовала тому, чтобы сделать из Австрии исходный пункт германской политики. Вот теперь нам и приходится расплачиваться за последствия этого безумия. Мы пожинаем то, что посеяли. Избежать того, что произошло, нельзя было ни при каких обстоятельствах. Вина германского правительства заключалась в том, что в погоне за сохранением мира оно упустило самый благоприятный момент для начала войны. Вина германского правительства заключается в том, что в погоне за миром оно стало на путь политики союза с Австрией, увязло в этой политике и, в конце концов, стало жертвой коалиции, которая противопоставила свою решимость по отношению к войне нашей химерической мечте о сохранении мира.

Если бы венское правительство тогда придало своему ультиматуму другую, более мягкую форму, это все равно ничего не изменило бы. Самое большее, что могло случиться, так это то, что возмущение народа смело бы тут же само венское правительство. Ибо в глазах широких масс народа тон венского ультиматума был еще слишком мягок, а вовсе не слишком резок. Кто ныне еще пытается это отрицать, тот либо забывчивый пустомеля, либо просто сознательный лжец.

Помилуй бог, разве не ясно, что война 1914 г. отнюдь не была навязана массам, что массы напротив жаждали этой борьбы!

Массы хотели наконец какой-либо развязки. Только это настроение и объясняет тот факт, что два миллиона людей - взрослых и молодежи - поспешили добровольно явиться под знамена в полной готовности отдать свою последнюю каплю крови на защиту родины.

* * *

Я и сам испытал в эти дни необычайный подъем. Тяжелых настроений как не бывало. Я нисколько не стыжусь сознаться что, увлеченный волной могучего энтузиазма, я упал на колени и от глубины сердца благодарил господа бога за то, что он дал мне счастье жить в такое время.

Началась борьба за свободу такой силы и размаха, каких не знал еще мир. Как только начавшиеся события приняли тот ход, который они неизбежно должны были принять, самым широким массам стало ясно, что дело идет уже не о Сербии и даже не об Австрии, что теперь решается судьба самой немецкой нации.

После многих лет теперь в последний раз открылись глаза народа на его собственное будущее. Настроение было в высшей степени приподнятое, но в то же время и серьезное. Народ сознавал, что решается его судьба. Именно поэтому национальный подъем был глубок и прочен. Эта серьезность настроения вполне соответствовала обстоятельствам, хотя в первый момент никто не имел представления о том, как неимоверно долго протянется начинающаяся война. Очень распространена была мечта, что к зиме мы кончим дело и вернемся к мирному труду с новыми силами.

Чего хочется, тому верится. Подавляющему большинству народа уже давно успело надоесть состояние вечной тревоги. Этим и объясняется тот факт, что никто не хотел верить в возможность мирного решения австро- сербского конфликта, и все кругом надеялись на то, что вот наконец грянет война. Мое личное настроение было таким же.

Как только я услышал в Мюнхене о покушении на австрийского эрцгерцога, две мысли пронизали мой мозг: во-первых, что теперь война стала неизбежной, а во-вторых, что при сложившихся обстоятельствах габсбургское государство вынуждено будет сохранить верность Германии. Больше всего я в прежние времена боялся, что Германия будет ввергнута в войну в последнем счете из-за Австрии и тем не менее Австрия останется в стороне. Могло ведь случиться так, что конфликт начался бы непосредственно не из-за Австрии и тогда габсбургское правительство по мотивам внутренней политики наверняка попыталось бы спрятаться в кусты. А если бы даже само правительство решило остаться верным Германии, славянское большинство государства все равно стало бы саботировать это решение; оно скорее готово было бы разбить вдребезги все государство, нежели позволить Габсбургам остаться верными Германии. В июле 1914 г. события к счастью сложились так, что подобная опасность была устранена. Волей-неволей старому австрийскому государству пришлось ввязаться в войну.

Моя собственная позиция была совершенно ясна. С моей точки зрения борьба начиналась не из-за того, получит ли Австрия то или другое удовлетворение со стороны Сербии. По-моему война шла из-за самого существования Германии. Дело шло о том, быть или не быть германской нации; дело шло о нашей свободе и нашем будущем. Государству, созданному Бисмарком, теперь приходилось обнажить меч. Молодой Германии приходилось заново доказать, что она достойна тех завоеваний, которые были куплены в геройской борьбе нашими отцами в эпоху битв при Вейсенбурге, Седане и Париже. Если в предстоящих битвах народ наш окажется на высоте положения, тогда Германия окончательно займет самое выдающееся место среди великих держав. Тогда и только тогда Германия сделается несокрушимым оплотом мира, а нашим детям не придется недоедать из-за фантома "вечного мира".

Сколько раз в свои юношеские годы мечтал я о том, чтобы пришло наконец то время, когда я смогу доказать делами, что преданность моя национальным идеалам не есть пустая фраза. Мне часто казалось почти грехом, что я кричу "ура", не имея на это, быть может, внутреннего права. Кричать "ура", по моему мнению, имеет моральное право лишь тот, кто хоть раз испытал себя на фронте, где никому уже не до шуток и где неумолимая рука судьбы тщательно взвешивает искренность каждого отдельного человека да и целых народов. Сердце мое переполнялось гордой радостью, что теперь, наконец, я смогу себя испытать. Сколько раз я пел громким голосом "Дейчланд убер алес", столько раз из глубины сердца кричал я "да здравствует!" и "ура!" Теперь я считал своей прямой обязанностью перед всевышним и перед людьми доказать на деле, что я искренен до конца. Я давно уже решил для себя, что как только придет война (а что она придет, в этом я был совершенно уверен), я отложу книги в сторону. Я знал, что с началом войны мое место будет там, где укажет мне мой внутренний голос.

Я уехал из Австрии прежде всего по соображениям политическим. Те же политические соображения требовали, чтобы теперь, когда война началась, я занял свое место на фронте. Я шел на фронт не для того, чтобы сражаться за государство Габсбургов, но я в любую минуту готов был отдать свою жизнь за мой народ и за то государство, которое олицетворяет его судьбы.

3 августа 1914 г. я подал заявление его величеству королю Людвигу III с просьбой принять меня добровольцем в один из баварских полков. У канцелярии его величества в эти дни было конечно немало хлопот; тем более был я обрадован, когда уже на следующий день получил ответ на свое прошение. Помню, дрожащими руками раскрывал я конверт и с трепетом душевным читал

резолюцию об удовлетворении моей просьбы. Восторгу и чувству благодарности не было пределов. Через несколько дней надел я мундир, который пришлось потом носить почти целых 6 лет подряд.

Теперь для меня, как и для каждого немца, началась самая великая и незабвенная эпоха земного существования. Все прошлое отступило на десятый план по сравнению с событиями этих небывалых битв. Теперь, когда исполняется первое десятилетие со дня этих великих событий, я вспоминаю эти дни с великой скорбью, но и с великой гордостью. Я счастлив и горд, что судьба была милостива ко мне, что мне дано было участвовать в великой героической борьбе моего народа.

Живо вспоминаю я, как будто это было только вчера, как впервые появляюсь я среди своих дорогих товарищей в военном обмундировании, затем как наш отряд марширует в первый раз, затем наши военные упражнения и, наконец, день нашей отправки на фронт.

Как и многих других, меня в это время угнетала только одна мучительная мысль: не опоздаем ли мы? Эта мысль прямо не давала мне покоя. Упиваясь каждой вестью о новой победе германского оружия, я вместе с тем тайно страдал от той мысли, как бы лично я не опоздал явиться на фронт. Ведь с каждой новой вестью о победе опасность опоздать становилась более реальной.

Наконец пришел желанный день, когда мы покидали Мюнхен, чтобы отправиться туда, куда звал нас долг. В последний раз глядел я на берега Рейна и прощался с нашей великой рекой, на защиту которой теперь становились все сыны нашего народа. Нет, мы не позволим старинному врагу осквернить воды этой реки? Утренний туман рассеялся, выглянуло солнышко и осветило окрестности, и вот из всех грудей грянула великая старая песня "Вахт ам Рейн". Пели все до одного человека в нашем длинном бесконечном поезде. Сердце мое трепетало, как пойманная птица.

Затем припоминается влажная холодная ночь во Фландрии. Мы идем молча. Как только начинает рассветать, мы слышим первое железное "приветствие". Над нашими головами с треском разрывается снаряд; осколки падают совсем близко и взрывают мокрую землю. Не успело еще рассеяться облако от снаряда, как из двухсот глоток раздается первое громкое "ура", служащее ответом первому вестнику смерти. Затем вокруг нас начинается непрерывный треск и грохот, шум и вой, а мы все лихорадочно рвемся вперед навстречу врагу и через короткое время мы сходимся на картофельном поле грудь с грудью с противником. Сзади нас издалека раздается песня, затем ее слышно все ближе и ближе. Мелодия перескакивает от одной роты к другой. И в минуту, когда кажется, что смерть совсем близка к нам, родная песня доходит и до нас, мы тоже включаемся и громко, победно несется: "Дейчланд, Дейчланд убер алес".

Через четыре дня мы вернулись в исходное положение. Теперь даже наша походка стала иной, 16-летние мальчики превратились во взрослых людей.

Добровольцы нашего полка, быть может, еще не научились как следует сражаться, но умирать они уже умели, как настоящие старые солдаты.

Таково было начало.

Далее потянулись месяц за месяцем и год за годом. Ужасы повседневных бита вытеснили романтику первых дней. Первые восторги постепенно остыли. Радостный подъем сменился чувством страха смерти. Наступила пора, когда каждому приходилось колебаться между велениями долга и инстинктом самосохранения. Через эти настроения пришлось пройти и мне. Всегда, когда смерть бродила очень близко, во мне начинало что-то протестовать. Это "что-то" пыталось внушить слабому телу, будто "разум" требует бросить борьбу. На деле же это был не разум, а, увы, это была только - трусость. Она-то под разными предлогами и смущала каждого из нас. Иногда колебания были чрезвычайно мучительны, и только с трудом побеждали последние остатки совести. Чем громче становился голос, звавший к осторожности, чем соблазнительнее нашептывал он в уши мысли об отдыхе и покое, тем решительнее приходилось бороться с самим собою, пока наконец голос долга брал верх. Зимою 1915/16 г. мне лично удалось окончательно победить в себе эти настроения. Воля победила. В первые дни я шел в атаку в восторженном настроении, с шутками и смехом. Теперь же я шел в бой со спокойной решимостью. Но именно это последнее настроение только и могло быть прочным. Теперь я в состоянии был идти навстречу самым суровым испытаниям судьбы, не боясь за то, что голова или нервы откажутся служить.

Молодой доброволец превратился в старого закаленного солдата.

Эта перемена произошла не во мне одном, а во всей армии. Из вечных боев она вышла возмужавшей и окрепшей. Кто оказался не в состоянии выдержать эти испытания, того события сломили.

Только теперь и можно было по-настоящему судить о качествах нашей армии; только теперь, после двух, трех лет, в течение которых армия шла из одной битвы в другую, все время сражаясь против превосходящих сил противника, терпя голод и всевозможные лишения, только теперь мы видели, каковы бесценные качества этой единственной в своем роде армии.

Пройдут века и тысячелетия и человечество, вспоминая величайшие образцы героизма, все еще не сможет пройти мимо героизма германских армий в мировой войне. Чем дальше отходят в прошлое эти времена, тем ярче сияют нам образы наших бессмертных воинов, являя образцы бесстрашия. Покуда на земле нашей будут жить немцы, они с гордостью будут вспоминать, что эти бойцы были сынами нашего народа.

Я был в ту пору солдатом и политикой заниматься не хотел. Да, это время было не для политики. Еще и сейчас я убежден, что последний чернорабочий приносил в те времена гораздо большую пользу государству и отечеству, нежели любой, скажем, "парламентарий". Никогда я ненавидел этих болтунов сильнее, как в пору войны, когда всякий порядочный человек, кто имел что-либо за душою, шел на фронт и сражался с врагом и во всяком случае занимался не ораторством в тылу. Всех этих "политиков" я просто ненавидел и, если бы дело зависело от меня, мы дали бы им в руки лопаты и образовали бы из них "парламентский" батальон чернорабочих; пусть бы они тогда дискутировали промеж себя сколько их душе угодно - они по крайней мере не приносили бы вреда и не возмущали бы честных людей.

Итак я в ту пору и слышать не хотел о политике; однако по поводу отдельных злободневных вопросов все-таки приходилось высказываться, раз дело шло о таких проблемах, которые интересовали всю нацию и имели особенно близкое отношение к нам, солдатам.

В ту пору меня внутренне огорчали две вещи.

Одна часть прессы уже непосредственно после первых наших побед начала исподволь и, быть может, для многих даже незаметно вливать понемногу горечи в общую чашу народного подъема. Это делалось под маской известного доброжелательства и даже известной озабоченности. Эта пресса стала выражать свои сомнения по поводу того, что народ наш, видите ли, слишком шумно торжествует первые победы.

И что же? Вместо того, чтобы взять этих господ за их длинные уши и заткнуть им глотки, чтобы они не смели оскорблять борющийся народ, вместо этого стали широко говорить о том, что действительно наши восторги - "чрезмерны", производят неподходящее впечатление и т.д.

Люди совершенно не понимали, что если теперь энтузиазм поколеблется, то его не удастся по желанию вызвать вновь. Упоение победой надо было напротив поддерживать всеми силами. Можно ли было в самом деле выиграть войну, требовавшую величайшего напряжения всех душевных сил нации, если бы не было силы энтузиазма?

Слишком хорошо знал я психику широких масс, чтобы не понимать, насколько неуместны здесь все так называемые "эстетические" соображения. С моей точки зрения нужно было быть сумасшедшим, чтобы не делать все возможное для еще большего разжигания страстей - до точки кипения. Но что люди хотели еще снизить энтузиазм, этого я попросту понять не мог.

Во-вторых, меня чрезвычайно огорчала та позиция, которую у нас заняли в эту пору по отношению к марксизму. С моей точки зрения это доказывало, что люди не имеют ни малейшего представления о том, какое губительное действие производит эта чума. У нас, казалось, всерьез поверили, что заявление "у нас больше нет партий" действительно оказало какое-то влияние на марксистов.

У нас не понимали, что в данном случае дело идет вообще не о партии, а об учении, всецело направленном на разрушение всего человечества. Как же, ведь этого "мы" в наших объевреившихся университетах не слышали. А известно, что многие из наших высокопоставленных чиновников книгами интересуются очень мало, и то, чего они не слышали на университетской скамье, вообще для них не существует. Самые крупные перевороты в науке проходят совершенно бесследно для этих "голов", чем, кстати сказать, объясняется тот факт, что большинство наших государственных учреждений зачастую отстает от частных предприятий. Отдельные исключения и здесь только подтверждают правило.

Отождествлять в августовские дни 1914 г. немецкого рабочего с марксизмом было неслыханной нелепостью. В августовские дни немецкий рабочий как раз вырвался из цепких объятий этой чумы. В ином случае он и вообще бы оказался неспособным принять участие в общей борьбе. И что же? Как раз в это время "мы" оказались достаточно глупы, чтобы поверить, будто марксизм превратился теперь в "национальное" течение. Это глубокомысленное соображение только еще раз доказало, что наши высокие правители никогда не давали себе труда сколько-нибудь серьезно познакомиться с марксистским учением, иначе подобная нелепая мысль не могла бы придти им в голову.

В июльские дни 1914 г. господа марксисты, ставящие себе целью уничтожение всех не-еврейских национальных государств, с ужасом убедились, что немецкие рабочие, которых они до сих пор держали в своих лапах, теперь прозрели и с каждым днем все более решительно переходят на сторону своего отечества. В течение каких-нибудь нескольких дней растаяли чары социал-демократии, гнусный обман народа развеян был в прах. Одинокой и покинутой осталась шайка еврейских вожаков, как будто от их 60-летней антинародной агитации не осталось и малого следа. Это была тяжелая минута для обманщиков.

Но как только эти вожаки поняли, какая опасность им угрожает, они сейчас же надели новую личину лжи и стали делать вид, будто они сочувствуют национальному подъему.

Казалось бы тут-то как раз и наступил момент - решительно прижать всю эту излгавшуюся компанию отравителей народного сознания. Тут-то как раз без дальних слов надо было расправиться с ними, не обращая ни малейшего внимания на плач и стенания. Жупел международной солидарности в августе 1914 г. совершенно выветрился из голов немецкого рабочего класса. Уже всего несколько недель спустя американские шрапнели стали посылать нашим рабочим столь внушительные "братские приветствия", что последние остатки интернационализма начинали испаряться. Теперь, когда немецкий рабочий опять вернулся на национальный путь, правительство, правильно понимающее свои задачи, обязано было беспощадно истребить тех, кто натравливает рабочих против нации.

Если на фронтах мы могли жертвовать лучшими своими сынами, то совсем уж не грех было в тылу покончить с этими насекомыми.

Вместо всего этого, его величество император Вильгельм лично протянул этим преступникам руку и тем дал возможность этой шайке коварных убийц перевести дух и дождаться "лучших" дней.

Змея могла продолжать и дальше свое злое дело. Теперь она действовала, конечно, куда осмотрительнее, но именно поэтому она стала еще опаснее. Честные простаки мечтали о гражданском мире, а эти коварные преступники тем временем подготовляли гражданскую войну.

Я был в ту пору в высшей степени обеспокоен тем, что власти заняли такую ужасную половинчатую позицию; но что последствия этого будут, в свою очередь, еще более ужасны, этого и я тогда не мог представить.

Ясно как божий день, что нужно было тогда сделать. Надо было немедленно посадить под замок всех вожаков этого движения. Надо было немедленно осудить их и освободить от них нацию. Надо было тотчас же самым решительным образом пустить в ход военную силу и раз навсегда истребить эту чуму. Партии надо было распустить, рейхстаг надо было призвать к порядку при помощи штыков, а лучше всего совершенно упразднить его сразу. Если республика ныне считает себя вправе распускать целые партии, то во время войны к этому можно было прибегнуть с гораздо большим основанием. Ведь тогда для нашего народа стоял на карте вопрос - быть или не быть!

Конечно тогда сразу возник бы следующий вопрос: а можно ли вообще бороться при помощи меча против определенных идей.

Можно ли вообще применять грубую силу против того или другого "миросозерцания".

Этот вопрос я в ту пору ставил себе не раз.

Продумывая этот вопрос на основании исторических аналогий, связанных с преследованием религий, я приходил к следующим выводам.

Победить силою оружия определенные представления и идеи (независимо от того, насколько верны или неверны эти идеи) возможно лишь в том случае, если само применяемое оружие находится в руках людей, которые тоже представляют притягательную идею и являются носителями целого миросозерцания.

Применение одной голой силы, если за ней не стоит какая-нибудь большая идея, никогда не приведет к уничтожению другой идеи и не лишит ее возможности распространяться. Из этого правила возможно лишь одно исключение: если дело дойдет до полного уничтожения всех до единого носителей данной идеи, до полного физического истребления тех, кто мог бы продолжать традицию дальше. Но это в свою очередь большей частью означает полное исчезновение целого государственного организма на очень долгий срок, порою навсегда. Такое кровавое истребление большею частью обрушивается на лучшую часть народа, ибо преследование, не имеющее за собою большой идеи, вызовет протест как раз со стороны наилучшей части сынов народа. Те преследования, которые в глазах лучшей части народа являются морально неоправданными, приводят как раз к тому, что преследуемые идеи становятся достоянием новых слоев населения. Чувство оппозиции у многих вызывается уже одним тем, что они не могут спокойно видеть, как определенную идею преследуют посредством голого насилия.

В этих случаях число сторонников данной идеи растет прямо пропорционально обрушивающимся на нее преследованиям. Чтобы уничтожить без следа такое новое учение, приходится иногда провести настолько беспощадное преследование, что данное государство рискует лишиться самых ценных людей. Такое положение вещей мстит за себя тем, что такая "внутренняя" чистка оказывается достижимой лишь ценою полного обессиливания общества, А если преследуемая идея успела уже захватить более или менее обширный круг сторонников, то даже такие самые беспощадные преследования окажутся в конце концов бесполезными.

Все мы знаем, что детский возраст особенно подвержен опасностям. В этом возрасте физическая гибель очень распространенное явление. По мере возмужания сопротивляемость организма становится сильнее. И только с наступлением старости он опять должен уступать дорогу новой юной жизни. То же с известными видоизменениями можно сказать о жизни идей.

Почти все попытки истребить то или иное учение при помощи голого насилия без определенной идейной основы, которая стояла бы за насилием, кончились неудачей и нередко приводили к прямо противоположным результатам.

Но первейшей предпосылкой успеха кампании, ведущейся с помощью силы, во всяком случае является систематичность и настойчивость. Победить то или иное учение силой можно только в том случае, если сила эта прежде всего будет применяться в течение долгого времени с одинаковой настойчивостью. Но как только начинаются колебания, как только преследования начинают чередоваться с мягкостью и наоборот, так можно наверняка сказать, что подлежащее уничтожению учение не только будет оправляться от преследований, но даже будет крепнуть в результате их. Как только спадет волна преследований, подымется новое возмущение по поводу перенесенных страданий, и это только завербует новых сторонников в ряды преследуемого учения. Старые его сторонники еще больше закалятся в ненависти к преследователям, отколовшиеся было сторонники после устранения опасности преследования вернутся вновь к своим старым симпатиям и т.д. Главнейшей предпосылкой успеха преследований является таким образом непрерывное, настойчивое применение их. Но настойчивость в этой области может являться только результатом идейной убежденности. То насилие, которое не проистекает из твердого идейного убеждения, непременно будет не уверено в себе и будет испытывать колебания. Такому насилию никогда не хватит постоянства, стабильности. Только то мировоззрение, в которое люди фанатически верят, дает такое постоянство. Такая настойчивость зависит конечно от энергии и брутальной решимости того лица, которое руководит операцией. Исход дела поэтому в известной мере зависит также от личных качеств вождя.

Кроме того необходимо иметь в виду еще следующее.

О каждом мировоззрении (будь оно религиозного или политического происхождения - провести здесь грань иной раз бывает трудно) можно сказать, что оно не столько борется за то, чтобы уничтожить идейную базу противника, сколько за то, чтобы провести свои собственные идеи. Но благодаря этому борьба получает не столько оборонительный, сколько наступательный характер. Цель борьбы устанавливается тут легко: эта цель будет достигнута, когда собственная идея победит. Куда труднее сказать, что идея противника уже окончательно побеждена и победа над ней окончательно гарантирована. Установить момент, когда именно эта последняя цель может считаться достигнутой, всегда очень нелегко. Уже по одному этому наступательная борьба за собственное миросозерцание всегда будет вестись более планомерно и с большим размахом, нежели оборонительная борьба. В этой сфере, как и во всех областях, наступательная тактика имеет все преимущества перед оборонительной. Но насильственная борьба, ведущаяся против определенных идей, непременно будет носить характер оборонительной борьбы лишь до тех пор, пока меч сам не станет носителем, провозвестником и пропагандистом нового идейного учения.

В итоге можно сказать так:

Любая попытка побороть определенную идею силою оружия потерпит поражение, если только борьба против упомянутой идеи сама не примет форму наступательной борьбы за новое миросозерцание. Лишь в этом случае, если против одного миросозерцания в идейном всеоружии выступает другое миросозерцание, насилие сыграет решающую роль и принесет пользу той стороне, которая сумеет его применить с максимальной беспощадностью и длительностью.

Но именно этого до сих пор не хватало в той борьбе, какая велась против марксизма. Вот почему борьба эта и не привела к успеху.

Этим же объясняется и то, что и бисмарковский исключительный закон против социалистов в конце концов не привел к цели и не мог привести к ней. Бисмарку тоже не хватало платформы нового миросозерцания, за торжество которого можно было бы вести всю начатую борьбу. Этой роли не могли сыграть более чем жидкие лозунги: "тишина и порядок", "авторитет государства" и т.п. Только безыдейные чиновники и глупенькие "идеалисты" поверят, что люди пойдут на смерть во имя этаких, с позволения сказать, лозунгов.

Для успешного проведения начатой Бисмарком кампании не хватало идейной носительницы всей этой кампании. Вот почему и само проведение своего законодательства против социалистов Бисмарк вынужден был поставить в известную зависимость от того учреждения, которое само уже является порождением марксистского образа мыслей. Судьей в своем споре с марксистами Бисмарк вынужден был сделать буржуазную демократию, но это и означало - пустить козла в огород.

Все это логически вытекало из того, что в борьбе против марксизма отсутствовала другая противоположная идея, которая обладала бы такой же притягательной силой. В результате всей кампании Бисмарка против социалистов получилось одно только разочарование.

Ну, а в начале мировой войны разве в этом отношении обстановка была другой? К сожалению, нет!

Чем больше я в ту пору задумывался над необходимостью резкой и решительной борьбы правительства против социал-демократии как воплощения современного марксизма, тем яснее становилось мне, что никакой идейной замены этого учения у нас как раз и нет. Что могли мы тогда дать массам для того, чтобы сломить социал-демократию? У нас не было никакого движения, способного повести за собою громадные массы рабочих, которые только что в большей или меньшей степени освободились из-под влияния своих марксистских вождей. Совершенно нелепо и более чем глупо думать, что интернациональный фанатик, только что покинувший ряды одной классовой партии, тут же согласится войти в ряды другой, тоже классовой, но буржуазной партии. Как это ни неприятно будет услышать различным организациям, а ведь приходится сказать, что наши буржуазные политики тоже целиком отстаивают классовый характер организаций - только не чужих, а своих. Кто решится отрицать этот факт, тот не только наглец, но и глупый лжец.

Остерегайтесь вообще считать широкую массу глупее, нежели она есть в действительности. В политических вопросах правильный инстинкт нередко означает больше, нежели разум. Нам возразят, быть может, что интернационалистские настроения масс доказывают ведь прямо обратное и опровергают наше мнение о верных инстинктах народа. На это мы возразим, что ведь демократический пацифизм ни капельки не менее нелеп, а между тем носителями этого "учения" обыкновенно являются представители имущих классов. До тех пор пока миллионы буржуа продолжают каждое утро читать демократические газеты и молиться на них, представителям наших имущих классов не к лицу смеяться над глупостью "товарищей". В конце концов и у рабочих и у этих буржуа идейная "пища" более или менее одинакова - и те и другие питаются гадостью.

Очень вредно отрицать факты, которые существуют. Невозможно отрицать тот факт, что в борьбе классов дело идет не только об идейных проблемах. Это часто утверждают, в особенности в предвыборной борьбе, но это тем не менее ничего общего не имеет с истиной. Сословные предрассудки одной части нашего народа, отношение к рабочему физического труда сверху вниз - все это к сожалению реальные факты, а вовсе не фантазии лунатиков.

Наша интеллигенция к сожалению даже не задумывается над тем, как же это случилось, что мы не сумели избегнуть упрочения марксизма. Она еще меньше задумывается над тем, что раз наши прекрасные порядки не сумели помешать марксизму упрочиться, то нельзя будет так легко наверстать потерянное и выкорчевать его. Все это далеко не говорит в пользу больших мыслительных способностей нашей интеллигенции.

Буржуазные (как они сами себя называют) партии никогда не сумеют просто перетянуть в свой лагерь "пролетарские" массы. Ибо здесь противостоят друг другу два мира, разделенные частью искусственно, а частью и естественно. Взаимоотношения этих двух миров могут быть только взаимоотношениями борьбы. Победа же в этой борьбе неизбежно досталась бы более молодой партии, т. е. в данном случае марксизму.

Начать борьбу против социал-демократии в 1914 г. было конечно можно; но пока на деле не нашлось серьезной идейной замены этому движению, борьба эта не могла иметь солидной почвы и не в состоянии была дать хороших результатов. Тут мы имели громадный пробел.

Это мнение сложилось у меня уже задолго до войны. И именно поэтому я не мог решиться вступить в какую бы то ни было из уже существующих партий. События мировой войны еще больше укрепили меня в том мнении, что по-настоящему провести борьбу против социал-демократии нет никакой возможности, пока мы не можем ей противопоставить движение, которое представляло бы собою нечто большее, чем обычная "парламентарная" партия.

В кругу моих близких товарищей я не раз высказывался в этом смысле.

Именно в связи с этим у меня и возникла первая мысль когда-нибудь все- таки заняться политикой.

Это и дало мне повод не раз в небольших кружках друзей говорить о том, что по окончании войны я постараюсь стать оратором, сохранив свою старую профессию. Об этом я думал все время и, как оказалось, не зря.

ГЛАВА VI

ВОЕННАЯ ПРОПАГАНДА

Начав все глубже вникать во все вопросы политики, я не мог не остановить своего внимания и на проблемах военной пропаганды. В пропаганде вообще я видел инструмент, которым марксистско-социалистические организации пользуются мастерски. Я давно уже убедился, что правильное применение этого оружия является настоящим искусством и что буржуазные партии почти совершенно не умеют пользоваться этим оружием. Только христианско-социальное движение, в особенности в эпоху Люэгера, еще умело с некоторой виртуозностью пользоваться средствами пропаганды, чем и обеспечивались некоторые его успехи.

Но только во время мировой войны стало вполне ясно, какие гигантские результаты может дать правильно поставленная пропаганда. К сожалению и тут изучать дело приходилось на примерах деятельности противной стороны, ибо работа Германии в этой области была более чем скромной. У нас почти полностью отсутствовала какая бы то ни было просветительная работа. Это прямо бросалось в глаза каждому солдату. Для меня это был только лишний повод глубже задуматься над вопросами пропаганды.

Досуга для размышлений зачастую было более чем достаточно. Противник же на каждом шагу давал нам практические уроки.

Эту нашу слабость противник использовал с неслыханной ловкостью и поистине с гениальным расчетом. На этих образцах военной пропаганды противника я научился бесконечно многому. Те, кому сие по обязанности ведать надлежало, меньше всего задумывались над прекрасной работой противника. С одной стороны, наше начальство считало себя слишком умным, чтобы чему бы то ни было учиться у других, а с другой стороны, не хватало и просто доброй воли.

Да была ли у нас вообще какая бы то ни было пропаганда?

К сожалению, я вынужден ответить на этот вопрос отрицательно. Все, что в этом направлении предпринималось, было с самого начала настолько неправильно и никудышно, что никакой пользы принести не могло, а зачастую приносило прямой вред.

Наша "пропаганда" была по форме непригодной, а по существу совершенно шла вразрез с психологией солдата. Чем больше мы присматривались к постановке пропаганды у нас, тем больше мы в этом убеждались.

Что такое пропаганда - цель или средство? Уже в этом первом простом вопросе наше начальство совершенно не разбиралось.

На деле пропаганда есть средство и поэтому должна рассматриваться не иначе, как с точки зрения цели. Вот почему форма пропаганды должна вытекать из цели, ей служить, ею определяться. Ясно также, что в зависимости от общих потребностей цель может изменяться и соответственно должна изменяться также и пропаганда. Цель, стоявшая перед нами в мировой войне, за достижение которой мы вели нечеловеческую борьбу, представляла собою самую благородную цель, какая когда-либо стояла перед людьми. Мы вели борьбу за свободу и независимость нашего народа, за обеспеченный кусок хлеба, за нашу будущность, за честь нации. Вопреки обратным утверждениям, честь нации есть нечто реально существующее. Народы, не желающие отстаивать свою честь, раньше или позже потеряют свою свободу и независимость, что, в конце концов, будет только справедливо, ибо дрянные поколения, лишенные чести, не заслуживают пользоваться благами свободы. Кто хочет оставаться трусливым рабом, тот не может иметь чести, ибо из-за нее ему неизбежно придется входить в столкновения с теми или другими враждебными силами.

Немецкий народ вел борьбу за человеческое существование, и цель нашей военной пропаганды должна была заключаться в том, чтобы поддержать эту борьбу и содействовать нашей победе.

Когда народы на нашей планете ведут борьбу за свое существование, когда в битвах народов решаются их судьбы, тогда все соображения о гуманности, эстетике и т.п. конечно отпадают. Ведь все эти понятия взяты не из воздуха, а проистекают из фантазии человека и связаны с его представлениями. Когда человек расстается с этим миром, исчезают и вышеупомянутые понятия, ибо они порождены не самой природой, а только человеком. Носителями этих понятий являются только немногие народы или, лучше сказать, немногие расы. Такие понятия как гуманность или эстетика исчезнут, если исчезнут те расы, которые являются творцами и носителями их.

Вот почему, раз тот или другой народ вынужден вступить в прямую борьбу за само существование на этом свете, все подобного рода понятия сразу получают только подчиненное значение. Раз понятия эти идут вразрез с инстинктом самосохранения народа, которому теперь приходится вести такую кровавую борьбу, они не должны более играть никакой сколько-нибудь решающей роли в определении форм борьбы.

Уже Мольтке сказал относительно гуманности, что во время войны наиболее гуманным является - как можно скорее расправиться с врагом. Чем беспощаднее мы воюем, тем скорее кончится война. Чем быстрее мы расправляемся с противником, тем меньше его мучения. Такова единственная форма гуманности, доступная во время войны.

Когда же в таких вещах начинают болтать об эстетике и т.п., тогда приходится ответить только так: раз на очередь становятся вопросы о самом существовании народа, то это освобождает нас от всяких соображений о красоте. Самое некрасивое, что может быть в человеческой жизни, это ярмо рабства. Или наши декаденты находят, быть может, очень "эстетичной" ту судьбу, которая постигла наш народ теперь? С господами евреями, в большинстве случаев являющимися изобретателями этой выдумки об эстетике, можно вообще не спорить.

Но если эти соображения о гуманности и красоте перестают играть реальную роль в борьбе народов, то ясно, что они не могут больше служить и масштабом пропаганды.

Во время войны пропаганда должна была быть средством к цели. Цепь же заключалась в борьбе за существование немецкого народа. Критерий нашей военной пропаганды мог таким образом определяться только вышеназванной целью. Самая жестокая форма борьбы являлась гуманной, если она обеспечивала более быструю победу. Любая форма борьбы должна была быть признана "красивой", если она только помогала нации выиграть бой за свободу и свое достоинство.

В такой борьбе на жизнь и смерть это был единственный правильный критерий военной пропаганды.

Если бы в так называемых решающих инстанциях господствовала хоть какая-нибудь ясность в этих вопросах, наша пропаганда никогда не отличалась бы неуверенностью в вопросах формы. Ибо пропаганда является тем же орудием борьбы, а в руках знатока этого дела - самым страшным из орудий.

Другой вопрос решающего значения был следующий: к кому должна обращаться пропаганда? К образованной интеллигенции или к громадной массе малообразованных людей.

Нам было ясно, что пропаганда вечно должна обращаться только к массе.

Для интеллигенции или для тех, кого ныне называют интеллигентами, нужна не пропаганда, а научные знания. Как плакат сам по себе не является искусством, так и пропаганда по содержанию своему не является наукой. Все искусство плаката сводится к умению его автора при помощи красок и формы приковать к нему внимание толпы.

На выставке плакатов важно только то, чтобы плакат был нагляден и обращал на себя должное внимание. Чем более плакат достигает этой цели, тем искуснее он сделан. Кто хочет заниматься вопросами самого искусства, тот не может ограничиться изучением только плаката, тому недостаточно просто пройтись по выставке плаката. От такого человека надо требовать, чтобы он занялся основательным изучением искусства и сумел углубиться в отдельные крупнейшие произведения его.

То же в известной степени можно сказать относительно пропаганды.

Задача пропаганды заключается не в том, чтобы дать научное образование немногим отдельным индивидуумам, а в том, чтобы воздействовать на массу, сделать доступным ее пониманию отдельные важные, хотя и немногочисленные факты, события, необходимости, о которых масса до сих пор не имела и понятия.

Все искусство тут должно заключаться в том, чтобы заставить массу поверить: такой-то факт действительно существует, такая-то необходимость действительно неизбежна, такой-то вывод действительно правилен и т.д. Вот эту простую, но и великую вещь надо научиться делать самым лучшим, самым совершенным образом. И вот, так же как в нашем примере с плакатом, пропаганда должна воздействовать больше на чувство и лишь в очень небольшой степени на так называемый разум. Дело идет о том, чтобы приковать внимание массы к одной или нескольким крупным необходимостям, а вовсе не о том, чтобы дать научное обоснование для отдельных индивидуумов, и без того уже обладающих некоторой подготовкой.

Всякая пропаганда должна быть доступной для массы; ее уровень должен исходить из меры понимания, свойственной самым отсталым индивидуумам из числа тех, на кого она хочет воздействовать. Чем к большему количеству людей обращается пропаганда, тем элементарнее должен быть ее идейный уровень. А раз дело идет о пропаганде во время войны, в которую втянут буквально весь народ, то ясно, что пропаганда должна быть максимально проста.

Чем меньше так называемого научного балласта в нашей пропаганде, чем больше обращается она исключительно к чувству толпы, тем больше будет успех. А только успехом и можно в данном случае измерять правильность или неправильность данной постановки пропаганды. И уж во всяком случае не тем, насколько удовлетворены постановкой пропаганды отдельные ученые или отдельные молодые люди, получившие "эстетическое" воспитание.

Искусство пропаганды заключается в том, чтобы правильно понять чувственный мир широкой массы; только это дает возможность в психологически понятной форме сделать доступной массам ту или другую идею. Только так можно найти дорогу к сердцам миллионов. Что наше чересчур умное начальство не поняло даже этого, лишний раз говорит о невероятной умственной косности этого слоя.

Но если правильно понять сказанное, то отсюда вытекает следующий урок.

Неправильно придавать пропаганде слишком большую многосторонность (что уместно, может быть, когда дело идет о научном преподавании предмета).

Восприимчивость массы очень ограничена, круг ее понимания узок, зато забывчивость очень велика. Уже по одному этому всякая пропаганда, если она хочет быть успешной, должна ограничиваться лишь немногими пунктами и излагать эти пункты кратко, ясно, понятно, в форме легко запоминаемых лозунгов, повторяя все это до тех пор, пока уже не может быть никакого сомнения в том, что и самый отсталый из слушателей наверняка усвоил то, что мы хотели. Как только мы откажемся от этого принципа и попытаемся сделать нашу пропаганду многосторонней, влияние ее сейчас же начнет рассеиваться, ибо широкая масса не в состоянии будет ни переварить, ни запомнить весь материал. Тем самым результат будет ослаблен, а может быть, и вовсе потерян.

Таким образом, чем шире та аудитория, на которую мы хотим воздействовать, тем тщательнее мы должны иметь в виду эти психологические мотивы.

Так например, было совершенно неправильно, что германская и австрийская пропаганда в юмористических листках все время пыталась представлять противника в смешном виде. Это было неправильно потому, что при первой же встрече с реальным противником наш солдат получал совершенно иное представление о нем, чем это рисовалось в прессе. В результате получался громадный вред. Солдат наш чувствовал себя обманутым, он переставал верить и во всем остальном нашей печати. Ему начинало казаться, что печать обманывает его во всем. Конечно это никак не могло укреплять волю к борьбе и закалять нашего солдата. Напротив, солдат наш впадал в отчаяние.

Военная пропаганда англичан и американцев, напротив, была с психологической точки зрения совершенно правильной. Англичане и американцы рисовали немцев в виде варваров и гуннов; этим они подготовляли своего солдата к любым ужасам войны.

Английский солдат благодаря этому никогда не чувствовал себя обманутым своей прессой. У нас же дело обстояло как раз наоборот. В конце концов наш солдат стал считать; что вся наша печать - "сплошной обман". Вот каков был результат того, что дело пропаганды отдали в руки ослов или просто "способных малых", не поняв, что на такую работу надо было поставить самых гениальных знатоков человеческой психологии.

Полное непонимание солдатской психологии привело к тому, что немецкая военная пропаганда стала образцом того, чего не надо делать.

А между тем уже у противника мы могли бы научиться в этом отношении очень многому. Нужно было только без предрассудков и с открытыми глазами наблюдать за тем, как в течение четырех с половиной лет, не ослабляя своих усилий ни на одну минуту, противник неустанно бил в одну и ту же точку с громадным для себя успехом.

Но хуже всего у нас было понято то, что является первейшей предпосылкой всякой успешной пропагандистской деятельности, а именно, что всякая пропаганда принципиально должна быть окрашена в субъективные цвета. В этом отношении наша пропаганда - и при том по инициативе сверху - так много грешила с первых же дней войны, что поистине приходится спросить себя: да полно, одной ли глупостью объяснялись эти вещи!?

Что сказали бы мы например по поводу плаката, который должен рекламировать один определенный сорт мыла, но который стал бы при этом проводить в массу ту мысль, что и другие сорта мыла довольно хороши.

В лучшем случае мы бы только покачали головой по поводу такой "объективности".

Но ведь это относится и к политической рекламе.

Задача пропаганды заключается, например, не в том, чтобы скрупулезно взвешивать, насколько справедливы позиции всех участвующих в войне сторон, а в том, чтобы доказать свою собственную исключительную правоту. Задача военной пропаганды заключается в том, чтобы непрерывно доказывать свою собственную правоту, а вовсе не в том, чтобы искать объективной истины и доктринерски излагать эту истину массам даже в тех случаях, когда это оказывается к выгоде противника.

Огромной принципиальной ошибкой было ставить вопрос о виновниках войны так, что виновата-де не одна Германия, но также-де и другие страны. Нет, мы должны были неустанно пропагандировать ту мысль, что вина лежит всецело и исключительно только на противниках. Это надо было делать даже в том случае, если бы это и не соответствовало действительности. А между тем. Германия и на самом деле не была виновата в том, что война началась.

Что же получилось в результате этой половинчатости.

Ведь миллионы народа состоят не из дипломатов и не из профессиональных юристов. Народ не состоит из людей, всегда способных здраво рассуждать. Народная масса состоит из людей, часто колеблющихся, из детей природы, легко склонных впадать в сомнения, переходить от одной крайности к другой и т.п. Как только мы допустили хоть тень сомнения в своей правоте, этим самым создан уже целый очаг сомнений и колебаний. Масса уже оказывается не в состоянии решить, где же кончается неправота противника и где начинается наша собственная неправота. Масса наша в этом случае становится недоверчивой, в особенности когда мы имеем дело с противником, который отнюдь не повторяет такой глупой ошибки, а систематически бьет в одну точку и без всяких колебаний взваливает всю ответственность на нас. Что же тут удивительного, если в конце концов наш собственный народ начинает верить враждебной пропаганде больше, чем нашей собственной. Беда эта становится тем горше, когда дело идет о народе, и без того легко поддающемся гипнозу "объективности". Ведь мы, немцы, и без того привыкли больше всего думать о том, как бы не причинить какую-нибудь несправедливость противнику. Мы расположены думать так даже в тех случаях, когда опасность очень велика, когда дело идет прямо об уничтожении нашего народа и нашего государства.

Нужды нет, что наверху это понимали не так.

Душа народа отличается во многих отношениях женственными чертами. Доводы трезвого рассудка на нее действуют меньше, нежели доводы чувства.

Народные чувства не сложны, они очень просты и однообразны. Тут нет места для особенно тонкой дифференциации. Народ говорит "да" или "нет"; он любит или ненавидит. Правда или ложь! Прав или неправ! Народ рассуждает прямолинейно. У него нет половинчатости.

Все это английская пропаганда поняла, самым гениальным образом поняла и - учла. У англичан поистине не было половинчатости, их пропаганда никаких сомнений посеять не могла.

Английская пропаганда прекрасно поняла примитивность чувствований широкой массы. Блестящим свидетельством этого служит английская пропаганда по поводу "немецких ужасов". Этим путем англичане просто гениально создавали предпосылку для стойкости их войск на фронтах даже в моменты самых тяжких английских поражений. Столь же превосходных для себя результатов достигали англичане своей неустанной пропагандой той мысли, что одни немцы являются виновниками войны. Чтобы этой наглой лжи поверили, необходимо было ее пропагандировать именно самым односторонним, грубым, настойчивым образом. Только так можно было воздействовать на чувство широких масс народа и только так англичане могли добиться того, что в эту ложь поверили.

Насколько действенной оказалась эта пропаганда, видно из того, что мнение это не только целых четыре года удержалось в лагере противника, но и проникло в среду нашего собственного народа.

Нет ничего удивительного в том, что нашей пропаганде судьба не сулила такого успеха. Уже внутренняя двойственность нашей пропаганды имела в себе зародыш импотентности. Само содержание нашей пропаганды с самого начала делало маловероятным, что такая пропаганда произведет должное впечатление на наши массы. Только бездушные манекены могли предполагать, что при помощи такой пацифистской водички можно вдохновить людей идти на смерть в борьбе за наше дело.

В результате такая несчастная "пропаганда" оказалась не только бесполезной, но и прямо вредной.

Даже если бы содержание нашей пропаганды было совершенно гениальным, все-таки она не могла бы иметь успеха, раз забыта главная, центральная предпосылка: всякая пропаганда обязательно должна ограничиваться лишь немногими идеями, но зато повторять их бесконечно. Постоянство и настойчивость являются тут главной предпосылкой успеха, как впрочем и во многом остальном на этом свете.

Как раз в области пропаганды меньше всего можно прислушиваться к эстетам или пресыщенным интеллигентам. Первых нельзя слушаться потому, что тогда в короткий срок и содержание и форма пропаганды окажутся приспособленными не к потребностям массы, а к потребностям узких кружков кабинетных политиков. К голосу вторых опасно прислушиваться уже потому, что, будучи сами лишены здоровых чувств, они постоянно ищут новых острых ощущений. Этим господам в кратчайший срок все надоедает. Они постоянно ищут разнообразия и совершенно неспособны хоть на минуту вдуматься в то, как чувствует простая безыскусственная толпа. Эти господа всегда являются первыми критиками. Ведущаяся пропаганда не нравится им ни по содержанию, ни по форме. Все им кажется слишком устаревшим, слишком шаблонным. Они все ищут новенького, разностороннего. Этакая критика - настоящий бич; она на каждом шагу мешает действительно успешной пропаганде, которая способна была бы завоевать подлинные массы. Как только организация пропаганды, ее содержание, ее форма начнут равняться по этим пресыщенным интеллигентам, вся пропаганда расплывается и потеряет всякую притягательную силу.

Серьезная пропаганда существует не для того, чтобы удовлетворять потребность пресыщенных интеллигентов в интересном разнообразии, а для того, чтобы убеждать прежде всего широкие массы народа. Массы же в своей косности всегда нуждаются в значительном промежутке времени, раньше чем они даже только обратят внимание на тот или другой вопрос.

Для того же, чтобы память масс усвоила хотя бы совершенно простое понятие, нужно повторять его перед массой тысячи и тысячи раз.

Подходя к массе с совершенно различных сторон, мы ни в коем случае не должны менять содержание своей пропаганды и каждый раз должны ее подводить к одному и тому же выводу. Пропагандировать наш лозунг мы можем и должны с самых различных сторон. Освещать его правильность тоже можно по-разному. Но итог всегда должен быть один и тот же, и лозунг неизменно должен повторяться в конце каждой речи, каждой статьи и т.д. Только в этом случае наша пропаганда будет оказывать действительно единообразное и дружное действие.

Только в том случае, если мы будем самым последовательным образом с выдержкой и настойчивостью придерживаться этого, мы со временем увидим, что успех начинает нарастать, и только тогда мы сумеем убедиться, какие изумительные, какие прямо грандиозные результаты дает такая пропаганда.

Успех всякой рекламы - и это одинаково относится к коммерческой и к политической рекламе - заложен только в настойчивом, равномерном и длительном ее применении.

И в этом отношении пропаганда противников была образцовой. Она велась с исключительной настойчивостью, с образцовой неутомимостью. Она посвящена была только нескольким, немногим, но важным идеям и была рассчитана исключительно на широкую народную массу. В течение всей войны противник без передышки проводил в массу одни и те же идеи в одной и той же форме. Он ни разу не стал хотя бы в малейшем менять свою пропаганду, ибо убедился в том, что действие ее превосходно. В начале войны казалось, что пропаганда эта прямо безумна по своей наглости, затем она начала производить только несколько неприятное впечатление, а в конце концов - все поверили ей. Спустя четыре с половиной года в Германии вспыхнула революция, и что же? Эта революция почти все свои лозунги позаимствовала из арсенала военной пропаганды наших противников.

Еще одно отлично поняли в Англии: что успех пропаганды в сильной степени зависит еще от массового ее применения; англичане не жалели никаких денег на пропаганду, памятуя, что издержки покроются сторицей.

В Англии пропаганда считалась орудием первого ранга. Между тем у нас в Германии пропаганда стала занятием для безработных политиков и для всех тех рыцарей печального образа, которые искали теплых местечек в тылу. Вот чем объясняется тот факт, что и результаты нашей военной пропаганды равнялись нулю.

ГЛАВА VII

РЕВОЛЮЦИЯ

Военная пропаганда противников началась в нашем лагере уже с 1915 г. С 1916 г. она становится все более интенсивной, а к началу 1918 г. она уже прямо затопляет нас. На каждом шагу можно было ощущать отрицательные влияния этой ловли душ. Наша армия постепенно научилась думать так, как этого хотелось врагу.

Наши меры борьбы против этой пропаганды оказались никуда не годными.

Тогдашний руководитель армии имел и желание и решимость бороться против этой пропаганды всюду, где она проявлялась на фронте. Но, увы, для этого ему не хватало соответствующего инструмента. Да и с психологической точки зрения меры противодействия должны были исходить не от самого командования. Для того, чтобы наша контрпропаганда возымела свое действие, надо было, чтобы она шла из дому. Ведь именно за этот дом, ведь именно за наше отечество солдаты на фронте совершали чудеса героизма и шли на любые лишения в течение почти четырех лет.

И что же оказалось в действительности? Чем отозвалась родина, чем отозвался дом наш на всю эту возмутительную пропаганду противников?

Когда мы знакомились с нашей, с позволения сказать, контрпропагандой, мы частенько спрашивали себя: что это - глупость или преступление?

К концу лета 1918 г. после очищения нами южного берега Марны наша пресса повела себя настолько бесталанно, настолько преступно глупо, что я с возрастающим негодованием каждый день задавал себе один и тот же вопрос: да неужели же у нас никого не осталось в Берлине, чтобы положить конец этому позорному расточению героических настроений армий?

Как поступила Франция, когда в 1914 г. наши победоносные армии лавиной вторглись в пределы этой страны? Как поступила Италия в дни катастрофы, которую потерпели ее армии на Изонцо? Как поступила та же Франция весною 1918 г., когда германские дивизии начали штурмовать важнейшие окопы французских войск и когда наша дальнобойная артиллерия стала бить по Парижу?

Во всех этих случаях противник всеми силами старался вернуть бодрость поколебавшимся полкам и с этой целью снова доводил национальные страсти до точки кипения. С какой невероятной силой, с какой гениальностью работала тогда их пропаганда, дабы во что бы то ни стало вернуть войскам уверенность в окончательной победе и всеми силами вбить им в голову ту мысль, что отступать дальше означает губить себя, свою родину, свой очаг.

Ну, а что сделано было в аналогичных условиях у нас? Да ровным счетом ничего, а зачастую еще похуже этого.

Каждый раз, когда я получал свежую газету, я рвал и метал и был вне себя от негодования по поводу той гнусной агитации, которая явно на наших глазах губила фронт. Этот психологический яд был равносилен прямому подкашиванию наших боевых сил.

Много раз меня мучила мысль, что если бы на месте этих преступных невежд и безвольных манекенов руководителем нашей пропаганды оказался я, то исход войны был бы для нас совершенно иным.

В течение этих месяцев я впервые почувствовал, насколько коварна была ко мне судьба, бросив меня на передовую линию фронта, где шальная пуля любого негра могла в любую минуту меня прикончить, между тем как на другом посту я мог бы оказать своей родине куда более значительные услуги.

Я был уже достаточно уверен в себе, чтобы знать, что дело пропаганды я сумел бы поставить как следует.

Но, увы, что толку! Ведь я был только один из безымянных, один из восьми миллионов солдат.

Ничего не оставалось делать кроме того, как держать язык за зубами и добросовестно выполнять свои скромные обязанности.

* * *

Первые прокламации противника попали в наши руки летом 1915 г. Их содержание с небольшими модификациями всегда бывало одно и то же. В прокламациях этих говорилось, что нужда в Германии растет с каждым днем; война длится бесконечно и нет никаких видов на то, что Германия может выиграть эту войну; немецкий народ в тылу жаждет мира, но мира не хотят "милитаристы" и прежде всего сам "кайзер"; весь мир прекрасно знает, что немецкая нация тоскует по миру; поэтому "мы" ведем-де войну вовсе не против немецкого народа, а только против кайзера, являющегося единственным виновником войны; война поэтому не может кончиться и не кончится до тех пор, пока этот враг всего человечества не будет отстранен; зато, как только кончится война, свободные демократические нации братски примут немецкий народ в свой союз вечного мира, и как только пробьет час уничтожения "прусского милитаризма", мир и благоденствие будут-де обеспечены навсегда.

Для лучшей иллюстрации всего сказанного в прокламациях приводились многочисленные "письма от родных", полностью подтверждавшие сказанное.

Сначала над этими прокламациями большею частью просто смеялись. Листки прочитывались и направлялись по команде в штабы армий, где на них не обращали никакого внимания, пока ветром опять не занесет в окопы новых прокламаций. Листки противника распространялись большею частью с аэропланов.

Вскоре мы обратили внимание на следующее. На всех тех участках фронта, где находились солдаты баварцы, неизменно появлялись листки, которые главным своим острием обращались против пруссаков. В листках этих говорилось, что противник ровным счетом ничего не имеет против баварцев, что во всем виновата одна Пруссия, которая и должна была бы нести всю ответственность за совершенные ею злодеяния. Противник и рад был бы не причинять зла баварцам, да что же делать, если они сами совершенно напрасно связали свою судьбу с Пруссией и таскают для нее каштаны из огня.

И надо сказать, что такого рода пропаганда начинала оказывать свое влияние уже в первые месяцы 1915 г. Среди солдат совершенно явственно росли настроения против Пруссии, а между тем сверху у нас пальцем о палец не ударяли, чтобы противодействовать этому. Это было уже не простое упущение.

И конечно такие ошибки после отомстили за себя самым печальным образом. От этого пострадала вовсе не одна "Пруссия", но и весь немецкий народ, в том числе конечно и баварцы.

Начиная с 1916 г., пропаганда противников могла уже зарегистрировать совершенно определенные успехи в этом направлении.

Но надо признать и то, что многочисленные письма от родных, которые действительно шли из дому, теперь были переполнены жалобами, и эти "жалостные" письма тоже стали оказывать свое влияние. Противнику теперь уже не нужно было распространять подобные письма с аэропланов. Против этого потока жалобных писем из тыла тоже ничего решительно не было предпринято, если не считать некоторых с психологической точки зрения крайне глупых "напоминаний" "правительственного" характера. Фронт продолжал наводняться этим ядом. Бедные неразумные женщины, фабриковавшие дома эти письма сотнями тысяч, совершенно не подозревали, что этим они только увеличивают уверенность противника в победе, а тем самым только затягивают войну и умножают страдания своих близких на фронтах. Эти бессмысленные письма немецких женщин стоили жизни сотням тысяч наших солдат.

Таким образом уже в 1916 г. можно было наблюдать различные тревожные симптомы. Фронт ворчал, а иногда и "крыл" во всю; фронт был уже многим недоволен и иногда выражал совершенно справедливое возмущение. Пока фронт голодал, пока родственники дома терпели всяческую нужду, в других местах, наверху господствовали изобилие и расточительство. Даже на самом фронте в этом отношении далеко не все обстояло благополучно.

Таким образом симптомы кризиса были уже налицо в 1916 г., но пока дело шло еще только о своих домашних "внутренних" делах. Тот самый солдат, который только что ворчал и ругался, спустя несколько минут молча выполнял свой тяжелый долг как нечто само собою разумеющееся. Та самая рота, которая только что выражала недовольство, через полчаса дралась за свой участок окопов с таким героизмом, как будто от этого зависела судьба всей Германии. Это все еще был фронт старой превосходной героической армии.

Вскоре получил я возможность убедиться в той резкой разнице, какая уже существовала в эту пору между положением на фронте и положением в тылу.

В конце сентября 1916 г. моя дивизия приняла участие в боях на Сомме. Это был для нас первый из целой серии будущих боев, где главную роль играла техника. Впечатление с трудом поддается описанию - не война, а настоящий ад!

Под истребительным огнем неприятеля, продолжавшимся непрерывно в течение многих недель, немецкий фронт удержался. Иногда мы чуть-чуть отступали, затем выправляли положение, но никогда не сдавали ни одного вершка земли без боя.

7 октября 1916 г. я был ранен. Я счастливо добрался до перевязочного пункта и с первым транспортом меня отправили вглубь страны.

Прошло два года, как я не видел родины, - срок при таких условиях бесконечно большой. Я с трудом мог представить себе, как выглядит немец, не одетый в военную форму. Когда я попал в первый лазарет в Гермиссе, я вздрогнул от испуга, когда внезапно услышал голос женщины, сестры милосердия, заговорившей с близлежащим товарищем.

Впервые услышал я после двух лет женский голос. Чем ближе поезд наш подъезжал к границе, тем неспокойнее становилось наше состояние.

Мы проезжали через все те города, через которые проходили два года назад еще совсем необстрелянными солдатами: Брюссель, Льеж и т.д. Наконец показался первый немецкий дом на холме. Сколь прекрасной нам показалась эта постройка.

Дорогое отечество! Наконец!

Когда в октябре 1914 г. мы впервые переезжали границу, мы все сгорали от нетерпения и энтузиазма. Теперь мы ехали молча и были погружены в печаль. Каждый из нас испытывал чувство счастья по поводу того, что судьба дала ему еще раз взглянуть своими собственными глазами на родину, за которую он отдавал свою жизнь. Все мы были так тронуты, что почти стыдились смотреть друг другу в глаза.

Меня положили в госпиталь в Беелице близ Берлина. Это почти совпало с двухлетием моего отправления на фронт.

Какая перемена! Из непролазной грязи на фронтах Соммы прямо в белую постель в этом чудном здании. Вначале как-то даже не решаешься лечь в такую постель. Лишь постепенно начинаешь привыкать к этому новому миру.

К сожалению, окружающий меня теперь мир оказался новым и в других отношениях.

Здесь уже не пахло тем духом, который господствовал еще у нас на фронте. Здесь я впервые услышал то, что на фронте нам было совершенно неизвестно: похвальбу своей собственной трусостью! Сколько ни ворчали на фронте, как ни крепко бранились там солдаты, это ничего общего не имело с отказом от исполнения своих обязанностей, а тем более с восхвалением трусости. О нет! На фронте трус все еще считался трусом и ничем другим. Труса на фронте по-прежнему клеймили всеобщим презрением, а к подлинным героям относились с преклонением. Здесь же, в госпитале, настроение уже было прямо противоположное. Здесь наибольшим успехом пользовались самые бессовестные болтуны, которые с помощью жалкого "красноречия" высмеивали мужество храброго солдата и восхваляли гнусную бесхарактерность трусов. Тон задавали несколько совершенно жалких субъектов. Один из них открыто хвастался тем, что он сам нарочно поранил себе руку у проволочных заграждений, чтобы попасть в лазарет. Несмотря на то, что ранение было совершенно пустяковое, субъект этот находился в больнице уже давно, хотя все знали, что он попал сюда мошенническим путем. И что же? Этот негодяй нагло выставлял себя образцом высшего мужества и считал свой "подвиг" куда более ценным для родины, нежели героическая смерть честного солдата на фронте. Многие выслушивали эти речи молча, другие отходили в сторону, но иные открыто соглашались с ним.

Меня прямо тошнило от этих речей, но сделать ничего нельзя было; субъект этот спокойно оставался в лазарете. Больничное начальство конечно прекрасно знало, кто этот субъект, и тем не менее ничего не предпринимало.

Как только я встал на ноги, мне разрешили съездить в Берлин. Здесь уже явно господствовала сильная нужда. Миллионный город терпел голод. Недовольство было велико. Во многих посещаемых солдатами пивных можно было услышать те же разговоры, что и в лазарете. Получалось даже впечатление, что некоторые из этих негодяев специально посещают эти места скопления солдат, чтобы проповедовать там свои гнусные взгляды.

Еще много хуже было положение в Мюнхене. Когда после выздоровления я выписался из лазарета и отправился в свой запасный батальон, я просто не узнал нашего города. Куда ни придешь - горе, недовольство и брань. В самом запасном батальоне настроение было ниже всякой критики. Здесь влияние оказывало еще и то, что офицеры-инструктора, сами еще ни разу не побывавшие на фронте, обращались очень грубо со старыми солдатами и не умели установить с ними сколько-нибудь приличных взаимоотношений. Солдаты-фронтовики приносили с собою из окопов некоторые особые навыки, которые были понятны строевым офицерам, но с которыми не хотели мириться тыловые чины. К строевому офицеру и сами фронтовики относились с гораздо большим уважением, чем к этапным командирам. Но независимо от всего этого, общее настроение было чрезвычайно плохим. Укрывательство в тылу уже считалось в это время образцом высшей мудрости, а стойкость и выдержка на фронте - признаком слабости и ограниченности.

Канцелярии кишели евреями. Почти каждый военный писарь был из евреев, а почти каждый еврей - писарем. Мне оставалось только изумляться по поводу обилия этих представителей избранной нации в канцеляриях. Невольно сопоставлял я этот факт с тем, как мало представителей этой нации приходилось встречать на самих фронтах.

Еще много хуже обстояли дела в области хозяйства. Здесь уж еврейский народ стал "незаменимым". Паук медленно, но систематически высасывал кровь из народа. Они захватили в свои руки все так называемые военные общества и сделали из них инструмент безжалостной борьбы против нашего свободного национального хозяйства.

Все громче раздавались голоса, доказывавшие необходимость совершенно безудержной централизации.

В сущности говоря, уже в 1916-1917 гг. почти все производство находилось под контролем еврейского капитала.

И в то же время против кого же направлялась на деле ненависть народа.

С ужасом я убедился в это время, что надвигаются события, которые неизбежно приведут к катастрофе, если мы не сумеем в последний час предотвратить их.

В то время как всю нацию обкрадывали и душили евреи, подлинная ненависть масс направлялась в сторону "пруссаков".

Как и на фронте, здесь решительно ничего не предпринималось против ядовитой пропаганды. Как будто люди совершенно не догадывались, что крах Пруссии далеко еще не означает подъема Баварии! Как будто люди не понимали, что дело обстоит как раз наоборот - что падение Пруссии неизбежно повлечет за собой и гибель Баварии!

Мне все это причиняло невероятные страдания. Я ясно сознавал, что при помощи этого гениального трюка евреи только хотят отвлечь внимание от себя на других. Пока Бавария негодовала против Пруссии и наоборот, еврей под носом у обеих обделывал свои делишки. Пока в Баварии шла ругoтня против Пруссии, еврей организовывал революцию и затем нанес одинаково решительный удар и Пруссии и Баварии.

Мне было просто нестерпимо наблюдать эту взаимную склоку между немцами, и я был рад отправиться на фронт. Вскоре же после моего приезда в Мюнхен я сделал соответствующую заявку о своем желании.

В начале марта 1917 г. я был уже опять в своем полку на фронте.

* * *

В конце 1917 г. настроение улучшилось, и можно было предполагать, что армии удалось справиться с прежним упадком настроения. После русской катастрофы вся армия опять выпрямилась. Она почерпнула из этой катастрофы новые надежды и новое мужество. Армия опять начинала проникаться убеждением, что несмотря ни на что война кончится все же победой Германии. Теперь в армии опять раздавались песни. Карканье пессимистов слышалось реже и реже. Армия вновь уверовала в будущность отечества.

Особенно чудотворное действие на настроение наших армий произвела итальянская катастрофа осенью 1917 г. В нашей тогдашней победе над итальянцами войска увидели доказательство того, что мы опять в состоянии прорвать фронт не только русских. В сердца миллионов наших солдат опять проникла спокойная вера в свое дело; люди вздохнули свободно и стали с надеждой ждать весенних боев 1918 г. В рядах противника напротив наблюдался упадок настроения.

Эта зима прошла несколько спокойнее обычного. Наступило затишье перед бурей.

Но вот как раз в разгар последних приготовлений к решающим боям, когда на западный фронт тянулись бесконечные транспорты с военной амуницией, когда войска делали последние приготовления к наступлению, в Германии впервые за все время войны разыгралось событие, неслыханное по своей подлости.

Нет, Германия не должна победить! В последнюю минуту, когда немецкие знамена уже шли навстречу победе, враги родины пустили в ход такое средство, которое должно было погубить еще в зародыше весеннее наступление и тем самым вырвать победу из наших рук.

Враги родины организовали забастовку на предприятиях, работающих на войну.

Если эта забастовка удастся, немецкий фронт должен потерпеть крушение и "Форвертс" получит удовлетворение: победа на этот раз не будет сопутствовать немецким знаменам. Армии наши останутся без снаряжения и в течение нескольких недель фронт наш будет прорван. Этим будет сорвано наше наступление, Антанта будет спасена и полным господином в Германии станет интернациональный капитал. Вот в чем заключалась внутренняя цель марксистского обмана народа.

Надломить наше национальное хозяйство и воздвигнуть господство интернационального капитала - такова была их цель. И благодаря глупости и доверчивости одних, бесконечной трусости других цель эта, увы, была достигнута.

Правда, стачка на заводах военного снаряжения не имела полного успеха в том смысле, что фронт не удалось взять измором. Забастовка эта быстро оборвалась, и армии не остались без амуниции. В этом смысле план организаторов забастовки - привести сразу все наши армии к гибели - не удался. Но насколько ужаснее был тот моральный урон, который нанесла забастовка!

Во-первых: за кого же боролись наши армии, раз сама страна вовсе не хочет победы? Ради кого приносятся эти бесчисленные жертвы? Ради кого терпим мы все эти лишения на фронте? Солдату говорят, чтобы он до конца бился за победу, а в это же время страна бастует!

А во-вторых: какое же влияние оказала эта забастовка в рядах противника?

Зимою 1917/18 г. горизонт впервые омрачился тучами для союзников. Вот уже четыре года союзные державы общими усилиями вели напряженнейшую борьбу против немецкого богатыря и все - безрезультатно. Но ведь в течение всех этих четырех лет главные силы немецкого великана заняты были на востоке и на юге. На западе он зачастую держал только второстепенные силы. И вот теперь тыл нашего богатыря оказался свободным. Моря крови были пролиты, раньше чем немцам удалось положить на обе лопатки хотя бы одного противника. Теперь войска, занятые раньше на русском фронте, будут переброшены на запад, и если врагу не удалось до сих пор прорвать нашу линию обороны, то теперь мы сами перейдем в наступление.

Противник был в тревоге и трепетал по поводу того, что окончательная победа может достаться нам.

В Лондоне и Париже шли совещания за совещаниями. Даже пропаганда противников несколько зашла в тупик. Теперь уже не так легко было доказывать, что немецкая победа совершенно немыслима и безнадежна.

Таково же было настроение среди войск союзников. Наглая уверенность в победе исчезла. Господам руководителям Антанты становилось жутко. Переменилось отношение и к немецкому солдату. До сих пор на нашего солдата смотрели только как на простака, безусловно обреченного на поражение. Теперь перед ними стоял немецкий солдат, уже уничтоживший их русского союзника. Нужда заставляла нас до сих пор ограничиваться наступлением только на востоке. Теперь противникам казалось, что это была с нашей стороны гениальная тактика. В течение трех лет немцы вели непрерывные атаки на русском фронте - вначале без особенного успеха. Все уже начинали смеяться по поводу мнимой бесцельности наших действий. Русский великан, казалось, обязательно должен победить уже благодаря его огромному численному превосходству. Германия же, казалось, обязательно изойдет кровью в этих боях с русскими. Вначале ход событий как будто подтверждал такой прогноз.

В сентябре 1914 г. после боев при Танненберге в Германию потянулись первые бесконечные потоки русских пленных. С тех пор поток этот уже не прекращался. Все время и в поездах и по шоссе тянулись бесконечные транспорты русских пленных. Но толку от этого было мало. Вместо каждой побитой армии русские тотчас же выставляли новую армию. Гигантские владения царя, казалось, были неисчерпаемы по части людей. Сколько времени могла еще выдержать Германия такое состязание? Не придет ли такой день, когда Германия несмотря на только что одержанную победу останется уже без новых войск, в то время как русское командование снова и снова двинет на фронт новые армии? Что же будет тогда? Согласно человеческому разумению Германия могла только отсрочить победу России, сама же окончательная победа этой последней казалась неизбежной.

Теперь все эти надежды развеялись в прах. Один из главных союзников, принесший самые большие жертвы на алтарь общей борьбы, был разбит вдребезги и теперь лежал распростертый на земле перед безжалостным противником. Страх и ужас вселились в сердца солдат Антанты, которые до тех пор слепо верили в победу союзников. Грядущей весны ожидали с тревогой. Если до сих пор не удалось сломить немцев, которые держали на западном фронте только часть своих войск, то как же можно рассчитывать на победу теперь, когда это страшное героическое государство может ныне собрать в один кулак все свои силы против западного фронта?

К тому же на воображение действовали и события, происшедшие в горах южного Тироля. Весть о поражении войск генерала Кадорна достигла и полей Фландрии. Вера в победу испарялась и уступала место страху перед окончательным поражением.

Ночи стояли прохладные. Всюду на западном фронте войска Антанты слышали шум подтягивающихся новых немецких армий. Надвигался последний страшный суд. Напряжение в лагере противника достигло высшей точки. И вот в эту минуту вдруг в Германии занялось зарево, и пламя этого пожара озарило все уголки фронта. В момент, когда немецкие дивизии делали самые последние приготовления к наступлению, в Германии вспыхнула всеобщая забастовка.

В первую минуту весь мир просто потерял способность речи. В следующую минуту противник вздохнул свободно, и неприятельская пропаганда с жадностью бросилась на этот кусок. Неожиданная помощь поспела в двенадцатый час. Одним ударом Антанта опять нашла средство вернуть твердость настроения своим солдатам. Теперь она опять могла заставить солдат поверить, что ее победа возможна. Чувство тревоги перед приближающимся наступлением немцев вновь сменилось чувством твердой уверенности в победе Антанты. Теперь уже опять можно было с успехом доказывать солдатам Антанты, что окончательный исход предстоящей великой битвы зависит только и исключительно от их стойкости. Пусть немцы теперь одерживают какие угодно местные победы, страну их ждет революция, а вовсе не возвращение домой великих победоносных армий.

Английские, французские и американские газеты повели в этом смысле интенсивнейшую агитацию в тылу, и в то же время началась такая же умелая пропаганда на фронте.

"Германия стоит перед революцией! Победа союзников не за горами!" Это было лучшее лекарство, чтобы опять поставить на ноги заколебавшихся французских пуалю и английских томми. Теперь опять громко заговорили пушки и пулеметы. Паническое бегство было приостановлено. Союзные войска вновь начали оказывать упорное сопротивление.

Таковы были результаты стачек. Германские стачки укрепили уверенность в победе в лагере противника и помогли последнему побороть начавшийся паралич и отчаяние, возникшее на его фронтах.

Сотни и сотни тысяч немецких солдат заплатили за эти стачки своею жизнью. Авторы же и инициаторы этой гнусной подлости стали кандидатами на самые высшие государственные посты революционной Германии.

В самой Германии как будто еще удалось стереть первые следы забастовки на военных заводах. Так по крайней мере казалось внешне. Но в стане противника впечатление во всяком случае осталось. Если до этой стачки в лагере противника господствовала полная безнадежность, то теперь весть о забастовках в Германии опять подняла настроение в армиях Антанты. Англо-французские солдаты стали вновь драться с мужеством отчаяния.

Теперь уже по человеческому разумению должно было безусловно казаться, что победа будет на стороне Антанты, если только западный фронт выдержит немецкие атаки еще хоть несколько месяцев. Все парламенты стран Антанты сразу оценили создавшуюся ситуацию и ассигновали грандиозную сумму в фонд военной пропаганды. Они прекрасно знали, что это лучший способ усилить разложение в германском лагере.

* * *

Я имел счастье принять лично участие не только в первых двух наших наступлениях, но и в последнем наступлении немецких войск.

Это были самые сильные впечатления в течение всей моей жизни. Самые сильные потому, что как и в 1914 г. наши операции в 1918 г. потеряли свой оборонительный характер и приняли характер наступательный. Через все наши окопы, через все наши войска прошел вздох облегчения. Теперь наконец после трех тяжелых лет выжидания на чужой земле в ужасающей обстановке, напоминающей ад, мы переходим в наступление и бьет час расплаты. Возликовали вновь наши победоносные батальоны. Последние бессмертные лавры вокруг наших обвеянных победами знамен! Еще раз раздались прекрасные патриотические песни нашей родины. Подхваченные бесконечным потоком немецких солдат эти чудесные песни неслись к небу. В последний раз творец небесный посылал свою милостивую улыбку своим неблагодарным детям.

* * *

Тяжелая удушливая атмосфера господствовала на фронте в конце лета 1918 г. На родине шла тяжелая внутренняя борьба. Из-за чего. В батальонах и ротах на нашем фронте шли различные толки об этом? Ясно, что война теперь потеряна и только дураки еще могут верить в конечную победу. Народ вовсе не заинтересован в том, чтобы вести войну и дальше; в этом заинтересованы теперь только монархия и капитал, - вот какие вести приходили из дому и подвергались обсуждению на фронте.

Сначала фронт на все это реагировал лишь очень слабо. Какое дело было нам, солдатам, до всеобщего избирательного права? Разве за это боролись мы в течение четырех долгих лет? Бандиты хотели теперь обокрасть уже павшего героя, отняв у него задним числом ту цель, за которую он воевал и за которую сошел в могилу. Разве наши молодые полки шли во Фландрии на смерть с лозунгом "да здравствует всеобщее тайное избирательное право" на устах? Нет, неправда, они шли на смерть с кличем "Дейчланд убер алес" ("Германия превыше всего"). Маленькая, но все же весьма существенная разница! Те крикуны, которые на фронтах теперь искали всеобщего тайного избирательного права, раньше и носа не показывали на фронт. Эта партийно-политическая шваль до сих пор не была известна фронту. Только очень небольшая частица этих господ парламентариев нюхала фронт в такое время, когда всякий сколько-нибудь уважающий себя немец, если он только мог стоять на ногах, был на фронте.

Вот почему на первых порах основная масса фронтовиков была почти совершенно невосприимчива к агитации господ Эбертов, Шейдеманов, Бартов, Либкнехтов и т.д., выставивших теперь совершенно новые "цели" войны. На фронте не могли понять, какое право вообще имеют эти тыловые герои опираться на войско для захвата власти в стране.

Моя личная позиция была ясна с самого начала: я ненавидел от всей души всю эту банду жалких обманщиков народа, всю шайку партийной сволочи. Мне давно уже было ясно, что для всех этих негодяев важно не благо народа, а благо собственного кармана. Я видел, что они готовы теперь принести в жертву весь народ и не остановятся перед тем, чтобы погубить Германию. В моих глазах они заслуживали только веревки на шею. Идти навстречу их пожеланиям означало выдать с головой трудящуюся массу в руки карманных воришек. Осуществление их желаний означало гибель нации.

Таково же в первый момент было настроение громадного большинства фронтовиков. За последнее время мы вынуждены были однако, констатировать, что приходящие из тылов пополнения становятся все хуже и хуже настолько, что эти пополнения уже не усиливали старое ядро, но скорее ослабляли его боевую способность. Особенно плохи были пополнения молодых возрастов. Зачастую нельзя было поверить своим собственным глазам, что это сыны того же самого народа, который и в 1914 г. посылал свою молодежь на поля Ипра.

С августа и сентября разложение стало прогрессировать особенно быстро, несмотря на то, что наступательные действия противника были далеко не так сильны, как в предшествовавшие месяцы. Битвы на Сомме и во Фландрии были куда ужаснее по их жестокости.

В конце сентября моя дивизия в третий раз стояла у тех самых позиций, которые мы штурмовали в самом начале войны, еще будучи совсем необстрелянным полком добровольцев.

Какое тяжелое воспоминание.

В октябре и ноябре 1914 г. мы получили здесь первое боевое крещение. С горячей любовью в сердцах, с песнями на устах шел наш необстрелянный полк в первый бой, как на танец. Драгоценнейшая кровь лилась рекой, а зато все мы были тогда совершенно уверены, что мы отдаем нашу жизнь за дело свободы и независимости родины.

В июле 1917 г. мы второй раз прошли по этой ставшей для нас священной земле. Ведь в каждом из нас жила еще священная память о лучших наших друзьях и товарищах, павших здесь еще совсем молодыми и шедших в бой за дорогую родину с улыбкой на устах.

Глубоко взволнованные стояли мы, "старики", теперь у братской могилы, где все мы когда-то клялись "остаться верными долгу и отечеству до самой смерти". Три года назад наш полк наступая, штурмовал эти позиции. Теперь нам приходилось защищать их, отступая.

Целых три недели вели англичане артиллерийскую подготовку к своему наступлению во Фландрии. Перед нами как будто ожили образы погибших наших товарищей. Полк наш жил в ужасной обстановке. В грязных окопах, зачастую под открытым небом мы прятались в воронки, вырытые снарядами, в простых лощинках, ничем не прикрытых от врага, и тем не менее мы не уступали ни пяди, хотя ряды наши все таяли и таяли. 31 июля 1917 г. наконец началось английское наступление.

В первые дни августа нас сменила другая часть.

От нашего полка осталось только несколько рот. Медленно брели мы по грязной дороге в тыл, больше похожие на привидения, чем на людей. В результате своего наступления англичане отвоевали только несколько сот метров земли, сплошь изрытой гранатами. Ничего больше. И за это англичане заплатили дорогой ценой.

Теперь, осенью 1918 г., мы вновь уже в третий раз стояли на той же территории, которую некогда взяли штурмом. Маленькое местечко Камин, где мы когда-то отдыхали от боев, теперь стало ареной самых ожесточенных битв. Мы дрались на той же территории, но сами то мы за это время стали совсем другими людьми. Теперь и в армии изо всех сил занимались "политикой". Ядовитая волна докатилась из тылов и сюда. Пополнения молодых возрастов оказались совершенно непригодными - все это шло оттуда, из дому.

В ночь с 13 на 14 октября англичане начали обстреливать южный участок ипрского фронта газовыми снарядами. Они пустили в ход газы "желтый крест", действия которых мы еще ни разу до сих пор не испытывали на своей шкуре. Еще той же ночью мне пришлось отведать этих газов. Вечером 13 октября мы находились на холме к югу от Вервика и там в течение нескольких часов подверглись непрерывному обстрелу газовыми снарядами. С небольшими перерывами обстрел продолжался всю ночь. Около полуночи часть товарищей выбыла из строя, некоторые из них - навсегда. Под утро я тоже стал чувствовать сильную боль, увеличивающуюся с каждой минутой. Около 7 часов утра, спотыкаясь и падая, я кое-как брел на пункт. Глаза мои горели от боли. Уходя, я не забыл отметиться у начальства - в последний раз во время этой войны.

Спустя несколько часов глаза мои превратились в горящие угли. Затем я перестал видеть.

Меня отправили в госпиталь в местечко Пазевальк (Померания). Здесь пришлось мне пережить революцию!..

* * *

В воздухе давно уже носилось что-то неопределенное, но очень противное. Кругом говорили о том, что в ближайшие недели что-то "начнется", я только не мог себе представить, что же именно под этим последним понимают. Мне больше всего казалось, что дело идет о стачке вроде той, какая была весной. В это время стали приходить дурные вести о флоте. Говорили, что там началось большое брожение. Мне однако думалось, что и в данном случае мы имеем дело с продуктом фантазии небольшой кучки, что широкие массы моряков ничего общего с этим не имеют. В госпитале шло много разговоров о том, что война все же, надо надеяться, скоро кончится. Однако никто не надеялся на то, что война закончится "сию минуту". Читать газеты я не был в состоянии.

В ноябре всеобщее напряжение усилилось.

И вот, в один из ноябрьских дней внезапно разразилось несчастье. На грузовиках приехали матросы и стали призывать к революции. Их "вождями" в борьбе за "свободу, красоту и достоинство" нашего народа выступало несколько еврейских парней. Конечно ни один из них не был на фронте.

Мое здоровье за последнее время стало несколько улучшаться. Нестерпимая боль в глазах несколько уменьшилась. Постепенно я начал чуть-чуть видеть и мог уже различать окружающее меня. Врачи обнадеживали, что зрение вернется ко мне в такой мере, что впоследствии я все-таки смогу найти себе ту или другую работу. О том, чтобы я опять смог когда-нибудь рисовать, конечно не могло быть и речи. Как бы то ни было, я был на пути к выздоровлению. В этот момент и разразились все эти ужасающие события.

Сначала я еще питал надежду, что совершающаяся измена отечеству не распространится на всю страну, а останется только местным явлением. В этом духе я утешал ближайших своих коллег. Эту мою надежду в особенности склонны были разделять те из баварцев, которые в это время находились вместе со мной в лазарете. Их настроение тоже было далеко "не революционное". Я не мог себе представить, чтобы это безумие могло найти распространение в Мюнхене. Я был уверен, что в Баварии чувство преданности к уважаемой династии Витсльсбахов все-таки окажется сильнее, нежели злая воля отдельных еврейчиков. Словом, я был уверен в том, что дело ограничится только путчем во флоте и что этот путч будет подавлен в течение нескольких дней.

Но вот прошло еще несколько дней, и мне с ужасом в душе пришлось уже констатировать другое. Слухи становились все более тягостными. То, что я считал только местным событием, на деле оказалось революцией, охватившей всю страну. Прибавьте к этому еще позорные вести, пришедшие с фронта. Фронт намеревался капитулировать. Да можно ли было вообще представить себе хоть что-либо даже только отдаленно похожее на этот ужас!!

10 ноября нас посетил пастор лазарета и устроил маленькую беседу с нами. Теперь мы узнали все.

Я тоже присутствовал при этой беседе, хотя находился в страшно возбужденном состоянии. Почтенный старик весь дрожал, когда он говорил нам, что дом Гогенцоллернов должен был сложить с себя корону, что отечество наше стало "республикой" и что теперь нам остается только молить всевышнего, чтобы он ниспослал благословение на все эти перемены и чтобы он на будущие времена не оставил наш народ. В конце речи он счел своей обязанностью - по-видимому это была его внутренняя потребность, которую он не в силах был превозмочь, - сказать хоть несколько слов о заслугах императорского дома в Пруссии, Померании - да и во всей Германии. Тут он не смог удержаться и тихо заплакал. В маленькой аудитории воцарилась глубокая тишина. Все были страшно огорчены и тронуты. Плакали, думается мне, все до единого человека. Оправившись, почтенный пастор продолжал. Теперь он должен нам сообщить, что войну мы вынуждены кончать, что мы потерпели окончательное поражение, что отечество наше вынуждено сдаться на милость победителей, что результат перемирия целиком будет зависеть от великодушия наших бывших противников, что мир не может быть иным как очень тяжелым и что, стало быть, и после заключения мира дорогому отечеству придется пройти через ряд самых тяжких испытаний. Тут я не выдержал. Я не мог оставаться в зале собрания ни одной минуты больше. В глазах опять потемнело, и я только ощупью смог пробраться в спальню и бросился на постель. Голова горела в огне. Я зарылся с головою в подушки и одеяла.

Со дня смерти своей матери я не плакал до сих пор ни разу. В дни моей юности, когда судьба была ко мне особо немилостива, это только закаляло меня. В течение долгих лет войны на моих глазах гибло немало близких товарищей и друзей, но я никогда не проронил ни одной слезы. Это показалось бы мне святотатством. Ведь эти мои дорогие друзья погибали за Германию. Когда в самые последние дни моего пребывания на фронте я пережил особенно горькие минуты, стойкость не покидала меня. Когда газом выело мои глаза и сначала можно было подумать, что я ослеп навеки, я на одно мгновение пал духом. Но в это время некий возмущенный голос прогремел в мои уши: несчастный трус, ты, кажется, собираешься плакать, разве не знаешь ты, что судьба сотен и сотен тысяч немецких солдат была еще хуже твоей! Это был голос моей совести. Я подчинился неизбежному и с тупой покорностью нес свою судьбу. Но теперь я не мог больше, я - заплакал. Теперь всякое личное горе отступило на задний план перед великим горем нашего отечества.

Итак, все было напрасно. Напрасны были все жертвы и все лишения. Напрасно терпели мы голод и жажду в течение бесконечно долгих месяцев. Напрасно лежали мы, испытывая замирание сердца, ночами в окопах под огнем неприятеля, выполняя свой тяжкий долг. Напрасна была гибель двух миллионов наших братьев на фронте. Не разверзнутся ли теперь братские могилы, где похоронены те, кто шел на верную смерть в убеждении, что отдает свою жизнь за дело родной страны? Не восстанут ли от вечного сна мертвецы, чтобы грозно призвать к ответу родину, которая теперь так горько над ними надсмеялась? За это ли умирали массами немецкие солдаты в августе и сентябре 1914 г., за это ли пошли вслед за ними в огонь полки немецких добровольцев осенью того же года, за это ли легли 17-летние юноши на полях Фландрии, за это ли страдали немецкие матери, когда они отрывали от сердца своих дорогих сыновей и посылали их на фронт, откуда они уже не вернулись! Для того ли приносились все эти неисчислимые жертвы, чтобы теперь кучка жалких преступников могла посягнуть на судьбы нашей страны.

Итак, ради этого наш немецкий солдат терпел зной и холод, голод и жажду, усталость и муку, ради этого не спал ночами и совершал бесконечные переходы по участкам фронта. Итак, ради этого солдаты наши неделями лежали под адским огнем неприятеля, вдыхали ядовитые газы, боролись и не сдавались, не отступали ни на шаг, памятуя, что они обязались отдать свою жизнь, чтобы оградить родину от вторжения неприятеля. Ведь и эти безымянные герои бесспорно заслужили надгробный памятник, на котором было бы написано:

"Странник, идущий в Германию, когда ты придешь туда, скажи нашей родине, что здесь погребены те, кто сохранил верность отечеству и преданность святому долгу".

Ну, а наше отечество - чем ответило оно? Но ведь и это еще не все. Ведь мы теряли также все то хорошее, что было в прежней Германии.

Разве нет у нас долга по отношению к нашей собственной истории?

Достойны ли мы теперь даже только того, чтобы вспоминать о славе прошедших времен? Как осмелимся мы смотреть в глаза будущему.

Жалкие презренные преступники!

Чем больше в эти тяжкие часы я продумывал все совершившееся, тем больше бросалась мне в лицо краска стыда, тем глубже было охватывавшее все мое существо возмущение. Что мучительная боль глаз в сравнении с этим?!

За этим последовали ужасные дни и еще более тяжелые ночи. Мне стало ясно, что все потеряно. Возлагать какие бы то ни было надежды на милость победителя могли только круглые дураки или преступники и лжецы. В течение всех этих ночей меня охватывала все большая ненависть к виновникам случившегося.

Спустя несколько дней мне стала ясна моя собственная судьба. Теперь я только горько смеялся, вспоминая, как еще недавно я был озабочен своим собственным будущим. Да разве не смешно было теперь и думать о том, что я буду строить красивые здания на этой обесчещенной земле. В конце концов я понял, что совершилось именно то, чего я так давно боялся и поверить чему мешало только чувство.

Император Вильгельм II, первый из немецких государей, протянул руку примирения вождям марксизма, не подозревая, что у негодяев не может быть чести. Уже держа руку императора в своей руке, они другой рукой нащупывали кинжал.

Никакое примирение с евреями невозможно. С ними возможен только иной язык: либо - либо! Мое решение созрело. Я пришел к окончательному выводу, что должен заняться политикой.

ГЛАВА VIII

НАЧАЛО МОЕЙ ПОЛИТИЧЕСКОЙ ДЕЯТЕЛЬНОСТИ

Уже к концу ноября 1918 г. я вернулся в Мюнхен. По приезде я вновь отправился в помещение запасного батальона моего полка. Батальон находился уже в руках "солдатских советов". Обстановка показалась мне настолько противной, что я, тотчас же решил, если только возможно, уйти отсюда. С одним из самых близких мне по фронту товарищей - его звали Эрнст Шмидт - мы отправились в Траунштейн, где и оставались до тех пор, пока солдаты были распущены по домам.

В марте 1919 г. мы опять вернулись в Мюнхен.

Положение стало неудержимым. Обстановка с неизбежностью вела к дальнейшему продолжению революции. Смерть Эйснера только ускорила ход событий и привела к советской диктатуре, т.е. лучше сказать, к временной диктатуре евреев, чего зачинщики революции добивались как своей конечной цели во всей Германии.

В это время в голове моей проносился один план за другим. Целыми днями думал я тяжелую думу о том, что же вообще теперь можно было предпринять. И каждый раз я приходил к трезвому выводу, что пока я человек без имени, у меня нет даже самых элементарных предпосылок для какого-нибудь целесообразного действия. О том, почему я и в эту пору не мог решиться примкнуть ни к одной из существовавших партий, я скажу ниже.

В ходе новой, советской, революции я впервые выступил с речью, которая вызвала недовольство Центрального совета. 27 апреля 1919 г. рано утром меня попытались арестовать. Трех молодцов, которые пришли за мною, я встретил с карабином в руках. У них не хватило духа и молодчики повернули оглобли.

Спустя несколько дней после освобождения Мюнхена меня командировали в следственную комиссию второго пехотного полка, которая должна была разобрать дела, связанные с советским восстанием.

Это было мое первое выступление на арене чисто политической деятельности.

Через несколько недель я получил приказ принять участие в "курсах", которые должны были читаться для солдат нашего отряда. Курсы эти имели целью дать солдатам правильное представление о теперешнем состоянии нашего государства. Для меня участие в курсах было ценно тем, что я получил возможность разыскать там некоторое количество товарищей, настроенных так же, как я, и вместе с ними основательно обсудить создавшееся положение. Все мы были тогда более или менее твердо убеждены в том, что партии ноябрьских преступников (центр и социал-демократия) ни в коем случае не спасут Германию от надвигающейся катастрофы. Но вместе с тем нам было ясно и то, что так называемые "буржуазно-национальные" организации даже при самых лучших желаниях не в состоянии будут поправить то, что произошло. Этим последним организациям не хватало целого ряда предпосылок, без которых такая задача была им не по плечу. События затем вполне подтвердили наши тогдашние предположения.

Ввиду всего этого мы начали в нашем небольшом кругу обдумывать вопрос об образовании новой партии. Основные мысли, с которыми мы тогда носились, были те самые, какие впоследствии легли в основу программы "Немецкой рабочей партии". Само название новой партии должно было обеспечить нам с самого начала возможность ближе связаться с широкой массой. Вне этого вся работа казалась нам излишней и бесцельной. Так набрели мы на мысль назвать свою партию "Социально-революционной партией". Социальные воззрения нашей новой партии действительно означали целую революцию.

Более глубокие мотивы, приведшие меня к этому решению, заключались в следующем.

Я и раньше много занимался экономическими проблемами. Но эти прежние мои занятия всегда более или менее оставались в рамках изучения социальных вопросов как таковых. Позднее эти рамки расширились изучением вопросов германской иностранной политики. Эта последняя в значительной мере была результатом неправильной оценки хозяйственных факторов и непонимания действительных основ, необходимых для постановки на должную высоту дела пропитания немецкого народа.

Прежние мои взгляды исходили из того предположения, будто капитал всегда является только продуктом труда и будто капитал как и труд одинаково зависят от тех факторов, которые определяют человеческую деятельность в ту или другую сторону. Я полагал тогда, будто национальное значение капитала в том и состоит, что он целиком зависит от могущества, величия, свободы самого государства, т.е. нации. Отсюда я делал тогда тот вывод, что благодаря этой взаимозависимости капитал неизбежно должен содействовать процветанию государства и нации, так как-де это соответствует его собственному естественному стремлению к обогащению. Я полагал таким образом, будто собственные интересы капитала побуждают его помогать делу свободы и независимости государства, другими словами - бороться за свободу, могущество и силу нации. Отсюда, казалось мне, задача государства по отношению к капиталу довольно проста и ясна: государство должно позаботиться только о том, чтобы капитал оставался слугою государства и не возомнил себя господином нации. Из такой оценки для меня вытекало два постулата: на одной стороне - сохранение жизнеспособного и национально независимого хозяйства, на другой стороне - достаточное обеспечение прав трудящихся.

Раньше я не умел еще различать между чистым капиталом как последним продуктом творческого труда и тем капиталом, источником которого является исключительно спекуляция. Мне не хватало необходимого толчка, чтобы уяснить себе до конца эту разницу. И вот именно этот толчок дал мне один из лекторов на упомянутых курсах. Я говорю о Готфриде Федере.

Впервые в своей жизни я услышал из уст последнего принципиальную критику национального биржевого и ссудного капитала.

Сразу же после первой лекции Федера мозг мой пронзила мысль, что теперь я окончательно обрел все необходимые предпосылки для создания новой партии.

* * *

Заслуга Федера в моих глазах заключалась в том, что он с безжалостной последовательностью до конца разоблачил спекулятивный характер биржевого и ссудного капитала и пригвоздил к столбу его ростовщическую сущность. Его лекции в их принципиальной части были настолько правильны, что ни один из критиков не оспаривал теоретической верности выводов лектора. Люди только задавали себе вопрос, насколько возможно практическое проведение идей Федера в жизнь. Но и то, что в глазах других являлось слабой стороной федеровских лекций, в моих глазах составляло их сильную сторону.

* * *

Задача вождя, творящего новую программу, заключается не в том, чтобы со всех сторон взвесить степень выполнимости этой программы в каждый данный момент, а в том чтобы с возможно большей ясностью показать самую ее суть. Это значит, что такой деятель должен больше думать о самой цели, нежели о пути к этой цели.

Задача же воплощения этой цели в жизнь является задачей политика. Первый в своем мышлении руководится преимущественно идеями вечных истин; второй в своем действии руководится преимущественно соображениями практической действительности.

Тут дело идет о принципиальной правильности самой идеи, а не о больших или меньших трудностях ее проведения в жизнь. Если творец программы заменит искания абсолютной истины поисками так называемой "целесообразности" и соображениями "выполнимости", его деятельность сразу перестанет быть путеводной звездой для ищущего новых путей человечества. Работа его станет тогда серенькой и повседневной. Задача вождя, творящего программу нового великого движения, заключается в том, чтобы ярко обрисовать его цель. Задача же воплощения этой цели в жизнь является задачей политика. Первый в своем мышлении руководится преимущественно идеями вечных истин; второй в своем действии руководится преимущественно соображениями практической действительности. Величие первого лежит в плоскости абсолютной верности своей абстрактной идее; величие второго - в плоскости верных оценок данных фактов и правильного использования обстановки; путеводной звездой для второго является та цель, которую показывает первый. Экзаменом для политика является успех его планов и практических шагов, другими словами, степень превращения в действительность его проектов и предположений. Другое дело - работа деятеля, творящего новую программу. Полное воплощение в жизнь его программы до конца никогда не удается, ибо человеческий гений может установить вечные истины, кристаллически ясные цели и в то же время не увидеть их окончательного торжества просто потому, что окружающий человеческий мир оказывается недостаточно восприимчивым к этим великим идеям и во всяком случае не сразу претворяет их в жизнь. В нашей жизни бывает так, что чем правильнее и величавее данная идея, тем менее возможным становится ее полное воплощение в жизнь, поскольку ее реализация зависит от людей. Вот почему экзаменом для творца новой программы является не степень воплощения его целей в жизнь, а степень правильности самой идеи, степень того влияния, которое она впоследствии окажет на все развитие человечества. Если бы это было не так, тогда мы не могли бы причислить к великим людям нашей земли ни одного из основателей религий, ибо ведь известно, что их этические идеалы никогда не находят себе сколько-нибудь полного воплощения в жизни. Даже религия любви на практике добилась только крайне частичного воплощения в жизнь по сравнению с тем, чего хотел ее творец. И тем не менее она имеет великое историческое значение, поскольку дала толчок всему культурному и нравственному развитию человечества в определенном направлении.

Громадное различие между задачами творца программы и практического политика является причиной того, что мы почти никогда не видим сочетания качеств того и другого в одном лице. Ни малейших намеков на такое сочетание мы никогда не обнаружим в особенности у тех "преуспевающих" политиков миниатюрного формата, деятельность которых по большей части исчерпывается "искусством достигать возможного" (этой формулой, по нашему мнению чересчур скромной, Бисмарк, как известно, определил сущность политики вообще). Чем более этакий "политик" свободен от каких бы то ни было крупных идей, тем легче и во всяком случае быстрее придут его "успехи".

Проведение в жизнь тех целей, которые имеют великое значение дня будущих времен, не обещает близкой награды крупным людям, возвещающим эти цели. Широкие слои массы редко понимают сразу эти цели. Для массы будничные вопросы, связанные с пивом и молоком, более понятны и кажутся более важными, нежели дальновидные планы будущего, которые могут осуществиться лишь с течением времени и пользу от которых почувствуют только будущие поколения.

Вот почему, чтобы не потерять симпатий сегодняшнего дня, рядовой "политик" из самолюбия, являющегося родным братом глупости, будет держаться подальше от всяких великих планов будущего. Все успехи и все значение этаких политиков принадлежат исключительно сегодняшнему дню. Для будущих поколений они просто не существуют. Люди с узкими лбами мало беспокоятся по этому поводу; им достаточно сегодняшнего дня.

Совсем другое - люди, выступающие творцами новой программы. Их значение почти всегда - в будущем. Этих теоретиков потому зачастую и называют "людьми не от мира сего". Если о политиках говорят, что их искусством является искусство достигать возможного, то о творцах новых программ можно сказать, что боги покровительствуют им как раз в тех случаях, когда они требуют именно невозможного. Такой теоретик должен будет примириться с тем, что современность откажет ему в признании. Зато, если его идеи действительно бессмертны, он пожнет великую славу у будущих поколений.

Один раз в течение большой исторической эпохи может случиться и так, что качества творца новой программы и качества крупного политика сочетаются в одном и том же лице. Но чем теснее сочетаются - в этом лице оба качества, тем большие препятствия встретит данное лицо на своем пум, поскольку оно будет выступать на политической арене. Такой политик работает не для того, чтобы удовлетворить меру понимания любого среднего мещанина, - такой деятель работает для воплощения в жизнь тех целей, которые пока понятны еще только немногим. Вот почему жизнь такого крупного политика протекает в обстановке горячей любви со стороны одних и горячей ненависти со стороны других. Протесты со стороны людей сегодняшнего дня, не понимающих великого значения деятельности этого человека, сливаются с признанием других, т.е. тех, кто уже понимает, что этот деятель работает и для будущих поколений.

Чем более великое значение имеет для будущего работа данного человека, тем меньше понимают ее современники, тем труднее борьба и тем реже успех. Лишь очень немногим деятелям, всего какой-нибудь раз в течение многих столетий, улыбнется счастье, и они на склоне своих дней быть может увидят первые проблески своей будущей бессмертной славы. В этих случаях перед нами марафонский бег истории. По большей же части лавровые венки возлагаются только на головы мертвых героев.

К числу героев приходится отнести и тех великих борцов на этом свете, кто, будучи не признан современниками, тем не менее, борется до конца за свои идеи и идеалы. Придет пора, и именно эти люди станут самыми дорогими людьми для своего народа. Придет пора, и каждый сын народа будет испытывать потребность хотя бы задним числом загладить те грехи, которые в свое время были совершены по отношению к героическим личностям. Тогда наступит время, когда человечество, полное благодарности и преклонения перед памятью своих героев, станет изучать великую работу этих деятелей день за днем, и образ этих великих людей будет светить всем страждущим, всем падающим духом.

Говоря это, мы имеем в виду конечно не только великих государственных деятелей, но и всех вообще великих реформаторов. Рядом с Фридрихом Великим приходится поставить тут и Мартина Лютера и Рихарда Вагнера.

После первой же лекции Готфрида Федера "О необходимости сломить процентное рабство" я сразу же понял, что на стороне Федера теоретическая правда и что правда эта имеет бесконечно великое значение для всего будущего нашего народа.

Строгое разделение, какое Федер проводил между биржевым капиталом и национальным хозяйством вообще, давало возможность начать борьбу против интернационализации германского хозяйства, не открывая одновременно борьбы против капитала вообще как фактора, необходимого для сохранения независимого народного хозяйства. Я слишком хорошо понимал уже теперь создавшуюся новую обстановку, чтобы не видеть, что на очереди дня стоит уже не борьба против враждебных государств, а борьба против интернационального капитала. В лекциях Федера я сразу ухватил великий лозунг борьбы на целую эпоху.

Позднейшие события опять показали, насколько правильным было тогдашнее наше чувство. Теперь уже наши мудрые буржуазные политики перестали нас высмеивать; теперь уже и эти политики, поскольку они не являются сознательными лжецами, вынуждены сами признать, что международный биржевой капитал не только был главным виновником войны, но и теперь после окончания войны делает все возможное, чтобы превратить в ад состояние мира.

С тех пор борьба против интернационального финансового и ссудного капитала успела уже стать важнейшим программным пунктом борьбы всей немецкой нации за ее экономическую независимость и свободу.

Что же касается возражений со стороны так называемых практиков, то на них мы должны ответить следующее.

Все опасения, будто борьба против "процентного рабства" приведет к каким-то ужасным экономическим последствиям, совершенно напрасны. Это ясно уже из одного того, что прежние экономические рецепты, предлагавшиеся нашему народу, решительно ни к чему хорошему не привели. Заключения некоторых нынешних экспертов в вопросах нашего национального самоутверждения сильно напоминают нам мнение некоторых экспертов в давно забытые времена. Например экспертизу баварской медицинской коллегии по вопросу о введении железных дорог. Как известно, ни одно из страшных опасений, высказанных тогда этой высокопросвещенной корпорацией, ни капельки не оправдалось. Люди стали преспокойно путешествовать на новых "паровых конях", не боясь головокружения; зрители, наблюдавшие ход поезда, также оставались невредимы; не пришлось построить, как предлагали господа эксперты, деревянных загородок, дабы не видно было поезда; деревянные загородки остались только в мозгах некоторых из этих так называемых экспертов. Следующие поколения давно уже позабыли обо всех этих грозных предсказаниях. Так будет и с предсказаниями некоторых современных мудрецов.

Далее необходимо заметить еще следующее: каждая, даже самая лучшая идея может стать опасной, если она возомнит себя самоцелью, в то время как она в действительности является только средством к цели. За себя же и за всех подлинных национал-социалистов я скажу: для нас существует только одна доктрина - народ и отечество.

Мы ведем борьбу за обеспечение существования и за распространение нашей расы и нашего народа. Мы ведем борьбу за обеспечение пропитания наших детей, за чистоту нашей крови, за свободу и независимость нашего отечества. Мы ведем борьбу за то, чтобы народ наш действительно мог выполнить ту историческую миссию, которая возложена на него творцом вселенной.

Каждая наша мысль и каждая наша идея, вся наша наука и все наше знание - все должно служить только этой цели. Только с этой единственной точки зрения должны мы проверять целесообразность того или другого средства. В этом случае никакая теория не сможет закостенеть, ибо в наших руках все будет служить только жизни...

Точка зрения, развитая Готфридом Федером, таким образом побудила меня основательнее заняться этими проблемами, которые до сих пор были мне мало знакомы.

Я начал вновь усердно учиться и теперь еще больше понял действительный смысл того, чего добивался в течение всей своей жизни еврей Карл Маркс. Только теперь я по-настоящему понял смысл его "капитала". Только теперь я постиг до конца значение той борьбы, какую ведет социал-демократия против нашего национального хозяйства. Теперь мне до конца стало ясно, что борьба эта ставит себе единственной целью подготовить почву для полной диктатуры интернационального финансового и биржевого капитала.

* * *

Но лекции Федера имели еще и в другом отношении очень важные последствия для меня.

В один прекрасный день я записался к слову. Дело в том, что один из участников курсов вздумал было в длинной речи выступить на защиту евреев. Это и вызвало меня на возражения. Громадное большинство курсантов встало на мою точку зрения. В результате я через несколько дней получил назначение на пост так называемого офицера по просвещению в одном из тогдашних мюнхенских полков.

Дисциплина в полках в то время была еще очень слаба. Наследие солдатских советов все еще давало себя знать. Во времена Курта Эйснера установлена была так называемая "добровольная" дисциплина. И вот теперь приходилось осторожно и медленно кончать с этим подлым наследием и восстанавливать настоящую военную дисциплину. Кроме того задача заключалась в том, чтобы научить новые войска думать и чувствовать в истинно патриотическом духе. Этими двумя задачами мне и пришлось заняться на новом посту.

С величайшей горячностью и любовью принялся я за дело. Теперь я имел наконец возможность выступать перед значительной аудиторией. Раньше я только инстинктивно догадывался об этом, теперь же я имел случай убедиться на деле: из меня вышел оратор. Голос мой тоже поправился настолько, что по крайней мере в сравнительно небольших залах меня было достаточно слышно.

Я испытал теперь настоящее счастье. Теперь исполнилась моя мечта, я мог делать полезное дело и где же - в армии!

Могу сказать также, что я имел успех. Мне безусловно удалось вернуть моему народу и моей родине сотни и тысячи слушателей моих. Я пропитал свой полк национальным духом, и именно на этих путях мы восстановили воинскую дисциплину.

Здесь опять таки мне удалось нащупать большое количество товарищей, настроенных так же, как я. Впоследствии из этих людей вышли вернейшие солдаты нашей партии.

ГЛАВА IX

НЕМЕЦКАЯ РАБОЧАЯ ПАРТИЯ

В один прекрасный день я получил от своего начальства поручение хорошенько разузнать, что именно представляет собою образовавшаяся на днях какая-то "немецкая рабочая партия". Мне передавали, что партия эта созывает на днях свое собрание и что на нем выступит все тот же Готфрид Федер. На это собрание я и должен был пойти, чтобы потом сделать доклад своему начальству.

Что армия в те времена проявляла очень горячий интерес ко всему тому, что происходит в политических партиях, было более чем понятно. Ведь революция дала солдатам право участвовать в политических партиях, и этим правом теперь пользовались как раз наиболее неискушенные солдаты. Спустя некоторое время партия центра и социал-демократия к своему собственному огорчению убедились в том, что солдаты отворачиваются от революционных партий и отдают свои симпатии национальному движению и делу возрождения родины. Тогда эти господа сочли себя вынужденными отнять назад избирательное право у солдат и запретить им участие в политической жизни.

Если бы партия центра и марксисты не прибегли к этой мере, то уже через короткое время ноябрьский строй не существовал бы больше, а тем самым был бы положен конец и всему нашему национальному позору. Вот почему не было ничего удивительного в том, что господа ноябрьские преступники поспешили отнять у солдат так называемые "государственные права" - так называли во время революции равноправие, предоставленное тогда солдатам. В описываемое мною время жизнь армии развивалась в самую лучшую сторону. Армия горела желанием освободить нацию от ига кровопийц и лакеев Антанты. Партии центра и социал-демократии приходилось торопиться с лишением солдат избирательных прав. Это было, повторяем, с их точки зрения вполне понятно. Но уже совершенно непонятно было то, что и так называемые "национальные" партии в свою очередь с энтузиазмом поддержали эту меру, осуществленную ноябрьскими преступниками. Национальным партиям было и невдомек, что этим самым они помогают парализовать то лучшее орудие национального подъема, которое было тогда в нашем распоряжении. Такое поведение этих так называемых национальных партий еще и еще раз показало, какими жалкими доктринерами были те невиннейшие младенцы, которые стояли во главе этих партий. Эти разъедаемые старческой болезнью слои буржуазии всерьез полагали, что если отнять избирательное право у солдат, то наша армия вновь превратится в оплот родины и станет играть ту роль, какую она играла до войны. Они совершенно не поняли, что партия центра и социал-демократия преследуют только одну задачу - вырвать у армии ставший опасным зуб, т.е. помешать армии в дальнейшем служить делу национального подъема. Ноябрьские преступники прекрасно отдавали себе отчет о том, что если эта операция им удастся, то армия тем самым будет превращена в простую полицию и перестанет быть настоящим войском, способным вести подлинную борьбу против неприятеля. Будущее, увы, вполне подтвердило этот прогноз.

Как могли наши так называемые "национальные" политики хоть на одну минуту подумать, что здоровое развитие армии возможно иначе как на национальных началах. Это очень похоже на этих господ. Люди, которые во время войны были парламентариями, т.е. попросту болтунами, конечно не в состоянии были понять, что означает для армии великая традиция прошлого, что означают для нее воспоминания о тех временах, когда немецкий солдат был первым солдатом в мире.

Итак, мне пришлось пойти на собрание "немецкой рабочей партии", о которой я еще совершенно ничего не знал.

Вечером отправился я в помещение мюнхенской пивной "Штернэкке", приобретшей впоследствии историческое значение. В комнате, которую мы впоследствии в шутку назвали "мертвецкой", я нашел 20-25 человек. Все они явно принадлежали к низшим слоям населения.

Содержание доклада Федера было мне уже известно по его лекциям на наших курсах. Поэтому я больше разглядывал аудиторию и знакомился с обстановкой.

Впечатление было неопределенное. Самое обыкновенное собраньице, как и многие собрания в этот период. Ведь мы как раз переживали тогда то время, когда почти каждый чувствовал в себе призвание образовать какую-нибудь новую партию. Людей, недовольных старыми партиями и потерявших доверие к ним, было больше чем достаточно. Новые ферейны плодились как грибы и столь же быстро исчезали с лица земли, почти никем не замеченные. Основатели этих обществ по большей части не имели никакого представления о том, что это, собственно говоря, значит вырастить новую партию или тем более создать новое движение. Большею частью эти мыльные пузыри, как я уже говорил, лопались самым смешным образом, обнаруживая только полное политическое ничтожество их творцов.

Просидев часа два на описываемом заседании, я начинал приходить к выводу, что и "немецкая рабочая партия" принадлежит к этому же разряду "партий". Я был очень рад, когда Федер закончил. С меня было довольно, и я уже собирался уходить, как вдруг было объявлено, что теперь начнется свободная дискуссия. Я решил послушать. Но и дискуссия показалась мне совершенно пустой. Внезапно однако взял слово некий "профессор", который в своей речи стал критиковать аргументацию Федера. После возражений со стороны Федера (надо сказать, очень убедительных) профессор неожиданно заявил, что он готов стать "на почву фактов", но тем не менее советует молодой партии самым настоятельным образом, чтобы она прибавила в свою программу один важный пункт, а именно "отделение" Баварии от "Пруссии". Ничтоже сумняшеся, сей профессор утверждал, что в этом случае австрийские немцы немедленно присоединятся к Баварии, что тогда условия мира будут куда более благоприятными для нас и т.п. вздор. Тут я не выдержал и тоже записался в число желавших говорить. Я резко отчитал ученого профессора, и в результате мой ученый еще раньше, чем я успел закончить свою речь, удрал как собака, политая водой. Пока я говорил, меня слушали с удивленными лицами. Когда я кончил и стал прощаться с присутствующими, ко мне подбежал один из слушателей, назвал свою фамилию (которой я кстати не смог расслышать) и сунул мне в руку какую-то книжонку, по-видимому, политическую брошюру, прося меня самым настоятельным образом, чтобы я на досуге прочитал эту вещь.

Это было мне очень приятно, так как я надеялся из книжки легче познакомиться с программой этого скучного ферейна и таким образом избавить себя от необходимости дальнейшего посещения столь неинтересных собраний. Внешнее впечатление, которое производил давший мне брошюру человек, было довольно благоприятно. Ясно было, что я имею дело с рабочим. Взявши брошюрку, я ушел.

В те времена я проживал еще в казарме второго пехотного полка, в малюсеньком домишке, носившем на себе еще явные следы обстрелов во время революции. Весь день я бывал занят и проводил его главным образом или в 41-м стрелковом батальоне или на собраниях и докладах в других воинских частях. Только поздно ночью возвращался я в свой домишко, чтобы поспать. У меня была привычка просыпаться очень рано, еще до пяти часов утра. В домике у меня было много мышей. И вот я частенько оставлял им корки хлеба или косточки, вокруг которых мышки поднимали с самого раннего утра отчаянную возню. Просыпаясь, я обыкновенно лежал с открытыми глазами в постели и наблюдал игру этих зверьков. В жизни моей мне пришлось порядочно поголодать и я очень хорошо понимал, какое большое удовольствие доставляют эти корки хлеба голодным мышатам.

На завтра после описанного собрания я проснулся около пяти утра. Так как уснуть я уже больше не мог, я стал думать о вчерашнем собрании. Внезапно вспомнил я о брошюрке, которую мне сунули в руки. Я поискал книжечку и решил тут же прочесть ее. Это была небольшая брошюра. Автором ее был тот рабочий, который дал мне ее. В брошюре он описывал, каким именно путем ему удалось из хаоса марксистских и профсоюзных фраз вернуться к национальным идеям. Отсюда и заголовок книжки: "Мое политическое пробуждение". Начав читать, я одолел ее сразу до самого конца. Ведь книжка описывала нечто совершенно аналогичное тому, что мне самому пришлось пережить 12 лет назад. Непроизвольно передо мной опять прошло в очень живой форме мое собственное прошлое. В течение дня я еще несколько раз вспомнил содержание прочитанного. Затем я стал уже было забывать о брошюре, как вдруг через несколько дней получил открытку, в которой мне сообщали что я принят в члены "немецкой рабочей партии". В открытке меня просили сообщить, как отнесусь я к этому, и с этой целью приглашали на ближайшее собрание комитета партии, которое должно состояться в ближайшую среду.

Конечно я был немало удивлен таким способом "вербовки" членов в новую партию и сначала не знал, досадовать или смеяться по этому поводу. Я ведь подумывал больше всего о создании своей собственной партии и ни капельки не собирался вступать в уже готовую партию. Об этом последнем не могло быть и речи.

Я совсем было уже собрался послать письменный ответ этим господам, но тут победило любопытство и я решил в назначенный день все-таки пойти на собрание, чтобы изложить устно мои мотивы.

Наступила среда. Собрание назначено было в пивной "Розенбад" на Хернштрассе - очень бедный трактирчик, в который редко кто-либо забредал. Впрочем в 1919 г. и в более богатых ресторанах было очень голодно и неуютно. Но ресторанчика "Розенбад" я до сих пор не знал вовсе.

Пройдя через плохо освещенную столовую, в которой не было ни одной живой души, я нашел боковую дверь и вошел в комнатку, где должно было происходить "заседание". При плохом освещении испорченной газовой лампы за столом сидело 4 молодых человека, в том числе и знакомый мне автор брошюры, который тотчас же радостно приветствовал меня, произнеся несколько теплых слов в честь нового члена "немецкой рабочей партии".

Это показалось мне немножко чересчур. Но так как мне сообщили, что "главный председатель" партии придет еще только через некоторое время, то я решил подождать со своим заявлением. Наконец пришел и сам главный председатель. Это был тот самый человек, который председательствовал на собрании в пивной "Штернэкке", когда докладывал Федер.

Во мне опять возобладало любопытство, и я решил все-таки обождать и послушать, что будет дальше. Теперь я по крайней мере мог узнать фамилии отдельных присутствовавших. Председателем всей партии "в общегосударственном масштабе" был господин Харер, мюнхенским председателем был Антон Дрекслер.

Сначала высокое собрание приступило к чтению протокола предшествовавшего заседания. По прочтении вынесли вотум доверия секретарю. Затем перешли к заслушиванию денежного отчета. В кассе ферейна, как выяснилось, было ровным счетом 7 марок и 50 пфеннигов. Заслушав отчет, опять вынесли единогласный вотум доверия кассиру. Все это с серьезным видом заносилось в протокол. Затем первый председатель огласил составленные им ответы на три письма из Киля, Дюссельдорфа и Берлина. Присутствовавшие выразили полное одобрение председателю. Затем приступили к оглашению поступивших новых писем, это были уже известные нам письма из Берлина. Дюссельдорфа и Киля, по одному из каждого города. Содержание писем с удовлетворением было принято к сведению. Один из ораторов произнес пространную речь о том, что письма эти явно доказывают, как быстро растут связи "немецкой рабочей партии". После этого - приступили к продолжительному обмену мнений о том, как вообще надлежит отвечать на подобные письма.

Ужасно, ужасно! Это была кружковщина самого худшего вида. И вот в этакий клуб приглашали меня вступить членом. Далее перешли к вопросу о приеме новых членов, другими словами к уловлению моей высокой персоны.

Я поставил несколько вопросов. Выяснилось, что у партии нет ни программы, ни одного листка, вообще ни одного печатного документа, нет членских билетов, нет даже несчастной печатки. Налицо была только добрая воля, горячая вера в свое дело и несколько принятых куцых тезисов.

Мне опять было не до смеха. Ведь передо мной были явные симптомы полной беспомощности и полного недовольства всеми прежними политическими партиями, всеми их программами и всей их деятельностью. Нельзя было не видеть, что этих молодых людей пригнало сюда на это внешне столь смешное собрание именно то, что они всем своим существом почувствовали банкротство старых партий и поняли, что эти партии совершенно неспособны служить делу возрождения немецкой нации, как равно не могут ничего дать и лично им самим. Я наскоро прочитал написанные на машинке тезисы и опять убедился, что передо мною люди, которые еще только ищут пути и еще не знают своей дороги. Многое в этих тезисах было совершенно запутано или неясно, о многом не говорилось вовсе, но все-таки содержание тезисов явно говорило о том, что люди искренно ищут новых путей.

Чувства этих людей были знакомы мне. Это было страстное стремление найти новые формы такого движения, которое представляло бы собою нечто большее, нежели партия в старом смысле слова.

Когда я вечером возвращался к себе в казарму, мое мнение относительно этого ферейна уже сложилось.

Мне предстояло решить самый трудный вопрос в моей жизни: вступать или не вступать в этот союз.

Рассудок мог подсказать только отрицательное решение, но чувство не давало мне покоя. И чем чаще я перебирал в своей голове доводы рассудка, говорившие о нелепости всего этого клуба, тем чаще чувство возмущалось этими доводами.

В течение ближайших нескольких дней я не находил себе покоя. Много раз перебирал я в своем уме все за и против. Заняться политической деятельностью я решил уже давным-давно. Что эту деятельность я должен начать в рядах нового движения, тоже было вполне ясно для меня. Не хватало только внешнего толчка.

Я не принадлежу к той породе людей, которые сегодня начинают одно дело, а завтра другое с тем, чтобы послезавтра искать опять чего-нибудь нового. Хорошо зная это за собой, я именно поэтому с таким большим трудом решался вступить в "немецкую рабочую партию". Я знал, что если я вступлю в нее, то я должен отдаться делу без остатка. Либо так - либо лучше вовсе не связываться с этим предприятием. Я знал, что принимаю решение навсегда, что сделав этот шаг, я уже отступать не буду. Вот почему это был для меня не какой-либо эпизод, не игра, а самый насущный, самый серьезный вопрос. Во мне тогда уже жило инстинктивное отвращение к людям, которые принимаются за массу дел и ни одного не кончают. Этот тип людей был мне просто противен. Такое многоделанье казалось мне хуже всякого безделья.

Теперь сама судьба подавала мне знак. Ни к одной из существующих больших партий я все равно не примкнул бы - мотивы я изложу подробнее ниже. Теперь передо мною была крошечная организация несколько смешного характера, но в моих глазах она имела то преимущество, что она еще не окостенела как "организация", а потому и представляла арену для действительно свободной деятельности отдельного лица. Тут как будто открывалась действительная возможность работать. И чем слабей было это движение, тем легче было направить его на верный путь. Тут можно было еще дать движению правильное содержание и верные цели - о чем не могло быть и речи применительно к уже существующим старым большим партиям.

Чем пристальнее я думал о "немецкой рабочей партии", тем больше росло во мне убеждение, что, пожалуй, именно из недр такого вначале маленького движения как раз и вырастает национальный подъем. Во всяком случае мне было ясно, что дело возрождения нации не может быть начато теми парламентскими политическими партиями, которые целиком еще находятся во власти старых представлений или даже прямо стали на почву нового преступного режима. Для меня было ясно, что наше дело - провозгласить новое миросозерцание, а не выкинуть новый избирательный пароль.

Невероятно тяжело было мне принять решение. От простого намерения до превращения его в действительность - дистанция огромного размера.

Какие собственно данные были у меня лично, чтобы взять на себя такую грандиозную задачу?

Что я был беден и не имел никаких средств - это было еще с полбеды. Хуже было то, что я не имел никакого имени, что я принадлежал к числу миллионов тех безымянных людей, чье рождение и смерть проходят незаметно даже для ближайшей среды. Прибавьте к этому еще те трудности, которые вытекали из недостатка школьного образования.

Так называемая "интеллигенция", как известно, всегда смотрит сверху вниз на каждого пришельца, который не имел счастья пройти через учебные заведения всех надлежащих степеней и "накачаться" там всеми надлежащими "знаниями". Ведь обыкновенно у нас не, спрашивают, на что годится этот человек, что он умеет делать, а спрашивают, какие учебные заведения он кончил. Для этих "образованных" людей любой пустоголовый малый, если только он обладает нужными аттестатами, представляет собою величину, тогда как самый талантливый молодой человек в их глазах ничто, если ему не удалось преодолеть всю школьную премудрость. Очень легко представлял я себе тогда, как встретит меня это так называемое общество. Я ошибся лишь в том отношении, что считал людей все же гораздо лучшими, нежели они к сожалению оказались в живой действительности. Исключения конечно бывают во всех областях. Все же я в течение всей своей жизни строго различаю между людьми, действительно отмеченными известным талантом, и людьми, которые умели только почерпнуть школьные знания.

После двух дней тяжких колебаний и размышлений я наконец пришел к твердому убеждению, что надо решиться на этот шаг.

Это было самое важное решение в моей жизни.

Ни о каком отступлении назад конечно не было и не могло быть речи.

Я сделал заявление, что готов вступить в члены "немецкой рабочей партии" и получил временный членский билет - номер седьмой.

ГЛАВА X

ПОДЛИННЫЕ ПРИЧИНЫ ГЕРМАНСКОЙ КАТАСТРОФЫ

Глубина падения какого-либо тела всегда является мерой отдаленности данного его местонахождения от первоначального положения, в котором оно находилось раньше. Закон этот относится также к падению целых народов и государств. Но именно ввиду этого особенно большое значение получает вопрос о том, в каком положении или, лучше сказать, на какой высоте находился этот народ до начала своего падения. Только тот народ и может очень сильно и глубоко упасть, который раньше находился на более или менее исключительной высоте. Пережить катастрофу нашей Германской империи потому так трудно для каждого правильно мыслящего и правильно чувствующего человека, что наше падение произошло с такой большой высоты, какую при теперешнем унижении Германии даже трудно себе представить.

Уже само объединение Германии и образование Германской империи окружены были золотым ореолом величественных дней, оставшихся как величайшее событие в сердцах всей нации. Империя возникла после ряда непрерывных и чудесных военных побед, явившись прямым плодом бессмертного, несравненного мужества наших героев. Так и только так могло рисоваться возникновение Германской империи детям и внукам героического поколения 70-х годов. Каждый немец понимал или чувствовал, что наша великая Германская империя обязана своим возникновением не мышиной возне парламентских фракций; каждый немец сознавал или просто чувствовал сердцем, что самый способ возникновения нашей империи являл собою нечто из ряда вон выходящее. Не под бесцветной сенью парламента с его скучными словесными дуэлями, а под грохот пушек на фронтах немецких армий, окруживших со всех сторон Париж, родилось решение, принятое единодушно всеми немцами, начиная от королей и кончая простым сыном народа, - образовать на будущие времена одну единую империю и возложить на голову прусского короля имперскую корону, символизирующую это братское единство. Это был не результат каких-нибудь жалких интриг. И не дезертиры, не тыловые герои выступили в роли основателей бисмарковской империи. Империю создали наши славные полки на фронте.

Уже та обстановка, в которой рождалась наша империя и в которой она получала первое боевое крещение, окружала ее ореолом великой исторической славы, редко выпадавшей на долю даже самым старым из государств.

А какой изумительный подъем начался в нашей стране непосредственно после провозглашения единства Германии!

Завоеванная нами на полях войны полная национальная независимость обеспечивала нам также кусок хлеба для всех и внутри страны. Быстро росло народонаселение страны, быстро росли ее земные богатства. Честь государства, а вместе с тем и честь всего народа находилась теперь под славной защитой изумительной армии, весь облик которой самым разительным образом отличался от того, что было у нас до объединения.

И что же? Падение, которое испытали после мировой войны наше государство и наш народ, настолько глубоко, что люди теперь с громадным трудом могут себе представить, на какой высоте находилась раньше наша страна. Так велики нынешние унижения, так жалко нынешнее положение страны, что в сравнении с ними старое положение кажется какой-то чудесной сказкой, и люди с трудом верят, что эта сказка некогда являлась былью.

Вспоминая это прекрасное старое, люди зачастую настолько ослеплены этими чудесными воспоминаниями, что забывают спросить себя о том, каковы же были причины этой чудовищной катастрофы. Ведь ясно же, что причины катастрофы были где-то заложены раньше.

Сказанное относится конечно только к тем немцам, для которых Германия всегда была чем-то побольше, нежели простой территорией для жратвы, чем-то побольше, чем местом, где можно было хорошо зарабатывать и тратить деньги. Все это говорим мы не для тех, для которых нынешнее унижение Германии - только воплощение их давнишней мечты, а для тех, кто действительно воспринимает нынешнее положение родины, как катастрофу.

Симптомы катастрофы были заложены еще в отдаленном прошлом, но лишь немногие тогда отдавали себе хоть какой-нибудь отчет в значении этих симптомов.

Понять это теперь необходимо более, чем когда бы то ни было. Чтобы излечить какую-либо болезнь, надо сначала понять, каковы ее возбудители. То же самое относится и к лечению политических болезней. Внешнюю форму заболевания мы всегда замечаем гораздо легче, нежели ее подлинную причину, ибо форма бросается в глаза. Есть много людей, которые благодаря этому вообще неспособны видеть что-либо другое кроме внешней формы. Такие люди зачастую смешивают причину болезни с формами ее проявления, а иногда и вовсе отрицают наличие какой-либо причины. Так и теперь очень многие среди нас объясняют катастрофу Германии прежде всего общехозяйственной нуждой и вытекающими из нее последствиями. Ведь почти каждому из нас приходится лично на себе испытывать результаты экономической нужды. Это становится достаточным основанием для того, чтобы именно в экономической нужде видеть главную причину всего случившегося. В гораздо меньшей мере широкие круги населения склонны видеть причины катастрофы в политических, общекультурных, нравственно-моральных факторах. Многим отказываются тут служить чувство и разум.

Что так думают широкие массы, это еще с полбеды. Но то, что и в кругах немецкой интеллигенции германская катастрофа объясняется прежде всего "экономическими факторами", это уже очень плохо. Такой диагноз приводит к тому, что и лечения ищут только в хозяйственной сфере, чем и объясняется то обстоятельство, что до сих пор мы не можем констатировать даже начала выздоровления. Лишь тогда мы поймем подлинные причины наших теперешних несчастий и лишь тогда мы найдем действительные средства для лечения болезни, когда мы поймем, что и здесь экономическим факторам принадлежит только вторая, даже третья роль, между тем как первая роль принадлежит факторам политическим, нравственно-моральным, факторам крови.

Вопрос о подлинных причинах германской катастрофы имеет поэтому решающее значение для такого политического движения, которое ставит себе главной целью преодоление катастрофы.

Приступая к изысканию причин нашей катастрофы, заложенных в прошлом Германии, надо особенно остерегаться смешивать те явления, которые больше всего бросаются в глаза, с факторами, имеющими более глубокое значение.

Наиболее легкое и вместе с тем наиболее распространенное объяснение наших теперешних несчастий сводится к тому, что-де причиной катастрофы является проигранная война.

Многие верят в это нелепое объяснение совершенно всерьез. Но в устах еще большего количества людей такое объяснение является только сознательной ложью. Это последнее относится прежде всего к тем, кто ныне находится у власти и наживается на нынешних порядках. Разве не господа вожди революции доказывали ранее, как дважды два четыре народу, что как раз ему-то и безразлично, как именно закончится данная война? Разве не кричали они на всех перекрестках, что только "крупные капиталисты" заинтересованы в победе на фронтах, а вовсе не германский народ и тем более не германский рабочий? Разве эти апостолы мира не утверждали прямо противоположное: что только поражение германского "милитаризма" обеспечит германскому народу небывалый подъем и процветание? Разве именно в этих кругах не пели дифирамбов доброте Антанты и не взваливали всю вину за кровавую бойню исключительно на Германию? Ведь все это можно было делать, только предварительно объяснив, что военное поражение Германии никаких особо тяжелых последствий для нации иметь не может. Ведь и всю революцию эти господа проводили под тем лозунгам, что, помешав победе Германии на фронте, революция тем самым поведет германский народ навстречу еще небывалой свобода и независимости.

Разве не так все это было, о жалкие, лживые субъекты! Нужно обладать поистине безграничной еврейской наглостью, чтобы теперь придти и сказать, что причина германской катастрофы лежит в поражениях на фронте, - после того как центральный орган партии народной измены, берлинский "Форвертс", черным по белому писал в 1918 г., что германский народ теперь не хочет, чтобы его войска на фронтах одерживали новые победы.

И вот теперь приходят эти же самые люди и заявляют, что причина германской катастрофы - в проигранной войне.

Пререкаться с такими сознательными лжецами - дело, конечно совершенно бесполезное. Я не стал бы терять на это ни одной минуты, если бы это нелепое "объяснение" не стало достоянием большого числа мало разбирающихся людей, которые бессмысленно повторяют его без всякого злого умысла. Да эти строки кроме того пригодятся для наших людей, которым зачастую приходится иметь дело с такими прожженными противниками, которые готовы тут же на глазах у честной публики искажать каждое наше слово.

Когда нам говорят, что подлинной причиной германской катастрофы является проигранная война, мы должны ответить на это следующим образом.

Конечно наше военное поражение оказало ужасающее влияние на все будущее нашего отечества; однако потерянная война была не причиной, а сама была только следствием целого ряда причин, приведших Германию к катастрофе. Каждому человеку, способному думать, каждому немцу, обладавшему доброй волей, было конечно ясно с самого начала, что несчастливый исход войны, которая велась не на жизнь, а на смерть, неизбежно должен был привести к самым тяжелым последствиям для нас. К сожалению однако, среди нас было много таких, которые либо вовремя не поняли этого, либо рассудку вопреки отрицали эту истину и спорили против нее. Среди этих последних были и такие, которые лишь очень поздно поняли значение катастрофы, соучастниками которой они были. Втайне они сами раньше желали поражения Германии и лишь затем слишком поздно увидели, до каких размеров дошло зло. Вот где надо искать действительных виновников катастрофы, теперь внезапно принявшихся утверждать, что единственная причина несчастья - проигранная война. Проигрыш войны был только результатом их собственной преступной деятельности, а вовсе не результатом "плохого" руководства, как утверждают эти господа теперь. В лагере противников Германии тоже были не одни трусы. Их солдаты также умели умирать. Число солдат противного лагеря с первого же дня превосходило число наших собственных солдат. Что касается технического вооружения, то в полном распоряжении наших противников находились арсеналы всего мира. И если тем не менее в течение четырех долгих лет мы одерживали блестящие победы над всем миром, то это нельзя объяснять только героизмом наших солдат и превосходством нашей "организации"; нет, это объяснялось также и качествами нашего военного руководства - чего не решались отрицать и сами противники. Дело организации, дело руководства в немецких армиях было поставлено на такую недосягаемую высоту, какой до сих пор не видел мир. В этой области мы достигли предела человечески возможного вообще.

Что такая армия могла потерпеть поражение, заложено в тех преступлениях, которые были совершены. Поражение наших армий является не причиной теперешних наших несчастий, а лишь результатом совершавшихся преступлений. Но, разумеется, поражение наших армий не могло не иметь одним из своих последствий дальнейшего ухудшения нашего положения, превратившегося затем в катастрофу. Что это именно так, видно из следующего. Разве каждое военное поражение всегда непременно приводило к надлому нации и государства? С каких это пор такие результаты неизбежно сопутствовали всякой проигранной войне? Да разве в истории всегда бывало так, что от одной проигранной войны нации непременно погибали?

Ответить на это можно совсем коротко: лишь тот народ погибал, проиграв войну, для которого военное поражение бывало расплатой за внутреннюю гнилость, трусость, бесхарактерность, словом, за потерю собственного достоинства. В других случаях военное поражение скорее давало толчок к новому великому подъему, а вовсе не становилось надгробным памятником на могиле данного народа.

В истории мы найдем бесконечное число примеров, подтверждающих правильность сказанного.

Наше поражение в мировой войне к сожалению, было отнюдь не незаслуженной катастрофой, а увы, заслуженным наказанием со стороны вечного провидения. К нашему горю мы более чем заслужили это поражение. Потеря войны является только одним из наиболее бросающихся в глаза симптомов нашей деградации в целом ряде таких симптомов, которые только менее видны простому глазу. Отрицать это могут лишь те, кто хочет прятать голову под крыло.

Достаточно только обратить внимание на то, какие явления сопутствовали нашему военному поражению. Разве во многих кругах мы не могли констатировать откровенно бесстыдных восторгов по поводу этого несчастья, постигшего нашу родину? Разве что-либо подобное было бы вообще возможно, если бы всем своим поведением мы не заслужили этого ужасного несчастья. Разве не было и худшего: разве не находились люди, которые прямо хвастались тем, что своей "работой" им удалось наконец поколебать наш фронт. Ведь все это делали не французы, не англичане, нет, нет, этим позором покрывали свои головы подлинные немцы! Разве не заслужили мы тех несчастий, которые обрушились на нашу голову? Мало того: разве после всего совершившегося не приняли мы еще на себя открыто вину за само возникновение войны и разве не сделали мы это, ясно сознавая, что в действительности вина была вовсе не на нашей стороне?

Нет и тысячу раз нет. Уже по одному тому, как воспринял немецкий народ наше военное поражение, совершенно ясно, что причины катастрофы Германии следует искать вовсе не в потере тех или других позиций на фронте к концу войны, вовсе не в неудаче нашего последнего наступления и т.п. Если бы в самом деле причина была в том, что сама наша армия надломилась, если бы несчастья родины вызваны были только поражением на фронте, - тогда германский народ и к самому факту поражения отнесся бы совершенно по-иному. Тогда народ наш встретил бы весть о поражении с тяжелым горем, со стиснутыми зубами; тогда сердца наши преисполнились бы еще большей ненависти и ожесточения против внешнего врага, которому злая судьбина обеспечила победу над нами; тогда наша нация по примеру римского сената поспешила бы навстречу побитым дивизиям, чтобы просить их не впадать в отчаяние, а продолжать верить в звезду нашей нации. Тогда мы сумели бы сохранить чувство благодарности к героической, хотя и побежденной армии, и мы сумели бы встретить ее с соответствующим выражением благодарности за понесенные жертвы. Тогда и сама капитуляция перед противником произошла бы в совершенно другой обстановке. Если бы разум и подсказал, что подписать капитуляцию необходимо, то сердцем мы готовились бы уже к предстоящему новому подъему.

Вот как воспринято было бы военное поражение, если бы дело шло только о том, что нам изменило счастье на фронтах. Тогда никто не посмел бы смеяться и плясать по поводу случившегося, тогда никто не хвастался бы своей трусостью, не объявлял бы поражение чем-то хорошим, никто не издевался бы над армией и никто не посмел бы вываливать в грязи знамена и кокарды наших полков. Тогда у нас не могли бы разыграться те ужасы, которые позволили английскому офицеру полковнику Репингтону презрительно сказать, что "из каждых трех немцев по крайней мере один является изменником". Нет, тогда волна измены не приобрела бы такой чудовищной силы; никогда дело не дошло бы до того, что в течение пяти лет изо дня в день уважение к нам со стороны других народов неизменно падало.

Из одного этого достаточно ясно, насколько лживым является утверждение, будто причиной германской катастрофы была потерянная война. Нет и нет!

Наш крах на фронте сам по себе был только результатом целого ряда болезней, постигших немецкую нацию еще до начала войны. Военное поражение явилось только первым, до очевидности бесспорным внешним подтверждением того, что Германия уже давно заболела. Сама же болезнь заключалась в яде морального разложения, в ослаблении инстинкта самосохранения, во всей той внутренней слабости, во всех тех разнообразных недомоганиях, которые давно уже подтачивали весь фундамент государства.

Ответственность за проигранную войну попытались взвалить на генерала Людендорфа. Тут уже приходится прямо сказать: нужна вся бессовестность евреев и весь медный лоб марксистов, чтобы осмелиться взваливать ответственность как раз на того человека, который один только во всей Германии с величайшим напряжением сил, с почти нечеловеческой энергией боролся за то, чтобы спасти Германию от позора, унижений и катастрофы. Но евреи и марксисты знали, что они делали. Напав на Людендорфа, они тем самым парализовали возможное нападение со стороны Людендорфа на них самих, ибо один Людендорф мог стать для них самым опасным обвинителем, у него одного были все данные для того, чтобы с успехом разоблачить предателей. Вот почему изменники и спешили вырвать из рук Людендорфа его моральное орудие.

Эти господа исходили из того правильного расчета, что чем чудовищнее солжешь, тем скорей тебе поверят. Рядовые люди скорее верят большой лжи, нежели маленькой. Это соответствует их примитивной душе. Они знают, что в малом они и сами способны солгать, ну а уж очень сильно солгать они, пожалуй, постесняются. Большая ложь даже просто не придет им в голову. Вот почему масса не может себе представить, чтобы и другие были способны на слишком уж чудовищную ложь, на слишком уж бессовестное извращение фактов. И даже когда им разъяснят, что дело идет о лжи чудовищных размеров, они все еще будут продолжать сомневаться и склонны будут считать, что вероятно все-таки здесь есть доля истины. Вот почему виртуозы лжи и целые партии, построенные исключительно на лжи, всегда прибегают именно к этому методу. Лжецы эти прекрасно знают это свойство массы. Солги только посильней - что- нибудь от твоей лжи да останется.

Ну, а известно, что виртуозами из виртуозов по части лжи во все времена были евреи. Ведь уже само существование евреев построено на той большой лжи, будто евреи представляют собою не расу, а только религиозную общину. Недаром же один из самых великих людей, которых знала наша история, навсегда заклеймил евреев, сказав о них, что они являются "великими мастерами лжи". Кто этого не понимает или кто этому не хочет поверить, тот неспособен бороться за торжество правды на земле.

Теперь немецкому народу, пожалуй, приходится еще радоваться тому, что разъедавшая его организм невыявленная, но изнурительная болезнь в 1918-1919 г., прорвалась наружу в форме бурной катастрофы. Не случись этого, наша нация шла бы навстречу гибели, быть может, более медленно, но верно. Болезнь приобрела бы хронический характер; между тем теперь, приняв такие острые формы, она по крайней мере бросается в глаза всем, и внимание лучшей части народа приковано к необходимости лечения ее. Не случайно то, что человек легче справился с чумой, нежели с туберкулезом. Чума проявляется в страшной, чрезвычайно пугающей и отталкивающей человека форме; туберкулез - в гораздо менее отталкивающей, но не менее опасной форме изнурительной болезни. Чума внушает человеку великий ужас, туберкулез же ввергает его в постепенное безразличие. В результате получается то, что на борьбу с чумой человек бросается с безудержной энергией, а борьбу с туберкулезом ведет в сущности лишь очень слабыми средствами. Так и случилось, что чуму человек поборол, а туберкулез поборол самого человека.

То же можно сказать и относительно заболеваний целых народных организмов. Если заболевание не принимает катастрофического характера, человек постепенно привыкает к нему, а общество со временем все таки погибает. При такой ситуации приходится считать прямо счастьем, когда процесс медленного гниения внезапно сменяется бурным проявлением болезни настолько, что народ по крайней мере сразу отдает себе отчет в том, как опасно его положение. В этом и заключается, можно сказать, благодетельное значение катастрофического пути развития. При прочих равных условиях катастрофа может стать исходным пунктом преодоления болезни.

Но и в этом последнем случае для того, чтобы приступить к успешному лечению болезни, надо прежде всего правильно понять источник ее.

Правильно различить возбудителя болезни и породившие его причины и в этом случае является важнейшим делом. Но провести это различие будет тем труднее, чем дольше микробы болезни пребывают уже в народном организме, ибо при длительности пребывания их в организме больной привыкает к ним и начинает считать их естественной составной частью своего тела. Есть такие безусловно вредные яды, к которым однако организм легко привыкает настолько, что перестает считать их "чуждыми" себе и начинает видеть в них необходимую принадлежность народного организма. Он привыкает к ним настолько, что во всяком случае видит в них зло неизбежное и перестает даже помышлять о том, что надо бы найти возбудителя болезни и покончить с ним.

Так и у нас уже задолго до начала мировой войны организм разъедался известным ядом, и в то же время к этому яду настолько привыкли, что решительно никто - разве только за отдельными исключениями — не заботился выявить возбудителя болезни и побороть его. В виде исключения люди иногда задумывались только над болезненными явлениями в области экономической жизни. Ненормальности в этой сфере иногда еще привлекали к себе внимание, но в целом ряде других областей мы проходили совершенно спокойно мимо ненормальностей.

А между тем уже и тогда налицо было немало симптомов упадка, над которыми следовало задуматься очень серьезно.

* * *

Что касается ненормальностей экономического порядка, то тут приходится отметить следующее:

Бурный рост народонаселения в нашем государстве выдвигал уже до начала войны проблему достаточного пропитания Германии и ставил эту проблему в центре всех наших политических и экономических задач. У нашего государства, к сожалению, не хватило решимости стать на единственно правильный путь разрешения этой проблемы. Нашим государственным деятелям казалось, что им удалось изобрести более легкий и дешевый путь к цели. Наш отказ от политики завоевания новых земель в Европе и избранная нами вместо этого безумная политика так называемого мирного экономического завоевания земли неизбежно должны были привести к вредной политике безграничной индустриализации.

Первым и очень тяжким последствием этой политики было вызванное ею ослабление крестьянства. В той самой мере, в какой таяло крестьянское сословие, в этой же мере неудержимо возрастала численность городского пролетариата. В конце концов утеряно было всякое равновесие.

К этому прибавился рост неравенства - резкая разница между богатством и бедностью. Нищета и изобилие жили теперь в такой непосредственной близости друг к другу, что результаты неизбежно должны были быть печальные. Нужда и частая безработица начали играть человеком, усиливая недовольство и озлобление в рядах бедняков. Результатом всего этого было усиление политического раскола между классами. Несмотря на то, что страна переживала эпоху экономического расцвета, недовольство кругом становилось все больше и глубже. В конце концов всюду утвердилось убеждение, что "долго так продолжаться не может". И в то же время люди совершенно не представляли себе, что же надо и что можно сделать для того, чтобы переменить все это.

Налицо были типичные симптомы глубочайшего недовольства, которое обыкновенно на первых порах так и проявляется.

Еще гораздо хуже были другие симптомы, тоже вытекавшие из того, что экономическому фактору было придано чрезмерное значение.

Поскольку хозяйство становилось владыкой государства, поскольку деньги неизбежно становились главным божеством, перед которым все и вся падало ниц. Старые небесные боги все больше сдавались в архив; теперь фимиам воскурялся только единому богу-мамоне. Началось вырождение худшего вида - вырождение тем более опасное, что нация шла навстречу эпохе, сопряженной с величайшими опасностями и требующей от сынов ее именно героизма. Становилось ясно, что Германия идет навстречу тому дню, когда только силою меча она сможет обеспечить себе кусок хлеба и "мирный хозяйственный труд".

Власть денег была, увы, санкционирована и той инстанцией, которая, казалось бы, больше всех должна была восстать против нее: его величество германский император стал втягивать в орбиту финансового капитала также высшее дворянство, что конечно могло иметь только самые несчастливые последствия. Вину Вильгельма II несколько смягчало то обстоятельство, что этой опасности не замечал и сам Бисмарк. Благодаря втягиванию высшего дворянства в круговорот финансового капитала идеальные добродетели на деле подчинялись влиянию силы денег. Было ясно, что раз ставши на этот путь, военная аристократия в кратчайший срок должна будет отступить на задний план перед финансовой аристократией.

Денежные операции удаются легче, нежели военные операции на полях битвы. Истинного героя, истинного государственного деятеля вовсе не так уже прельщало придти в тесное соприкосновение с еврейскими банкирами. Награды и отличия за воинские подвиги стали очень дешевы. Истинный воин предпочитал теперь отказываться от таких наград. Да и с точки зрения чистоты крови этот процесс также имел глубоко печальные последствия. Дворянство постепенно лишалось и чисто расовых предпосылок своего существования. Значительная часть благородного дворянства теперь скорее заслуживала эпитета: "неблагородное дворянство".

Постепенное исчезновение прав личной собственности и систематический переход всего хозяйства в собственность акционерных обществ представляли собою грозный симптом экономического упадка.

Этим самым всякий труд целиком становился объектом спекуляции со стороны бессовестных ростовщиков. Отделение собственности от труда принимало самые острые формы. Теперь праздник был на улице биржи. Биржевики торжествовали свою победу и медленно, но неуклонно забирали в свои руки всю жизнь страны, все дело контроля над судьбами нации.

Уже до начала мировой войны через посредство акционерных обществ все германское хозяйство все более подпадало под контроль интернационального капитала. Часть германской индустрии делала правда серьезные усилия, чтобы уйти от этой судьбы, но в конце концов и она пала жертвой объединенного натиска со стороны алчного финансового капитала, ведшего всю свою борьбу с помощью преданного ему друга - марксизма.

Долгая война, которая велась против германской "тяжелой индустрии", была только началом подчинения всего германского хозяйства интернациональному контролю. К этому подчинению с самого начала стремился марксизм. Но только с победой революции в 1918-1919 гг. марксизм окончательно достиг этой своей цели. Сейчас, когда я пишу эти строки, интернациональный финансовый капитал одержал еще одну победу: он подчинил себе также германские железные дороги. "Международная" социал-демократия тем самым видит осуществленной еще одну из своих целей.

Насколько чрезмерное значение стали придавать у нас фактору экономики и насколько въелся этот предрассудок в сознание немецкого народа, можно судить хотя бы потому, что и по окончании мировой войны господин Стиннес, один из самых выдающихся представителей немецкой промышленности и торговли, смог выступить с открытым заявлением, что спасти Германию может-де только одна экономика как таковая. Этот вздор проповедовался как раз в такой момент, когда Франция например видела главнейшую задачу в том, чтобы перестроить дело преподавания в своих школах в гуманитарном духе и решительно бороться против той ошибочной мысли, будто судьбы народа и государства зависят не от вечных идеальных ценностей, а от факторов экономики. Изречение Стиннеса принесло огромный вред. Оно было подхвачено с изумительной быстротой и использовано было самым бессовестным образом теми шарлатанами и невежественными знахарями, которых германская революция выдвинула на посты вершителей судеб нашей родины.

* * *

Одним из худших симптомов распада в довоенной Германии была та половинчатость, которая охватывала тогда все и вся. Половинчатость всегда является результатом собственной неуверенности в том или другом деле, а также вытекающей отсюда или из каких-либо других причин трусости. Эту болезнь мы питали всей нашей постановкой дела воспитания.

Дело воспитания в Германии отличалось и до войны рядом крупнейших слабостей. Воспитание было поставлено у нас чрезвычайно односторонне и подготовляло человека только к тому, чтобы он многое "знал", а не к тому, чтобы он "умел". Еще меньше внимания у нас обращалось на выработку характера человека, поскольку вообще характер можно вырабатывать. Совсем мало заботились у нас о выработке чувства ответственности и уж вовсе не заботились о воспитании воли и решимости. В результате у нас получались не сильные натуры, а чрезмерно разносторонние "всезнайки" каковыми нас, немцев, больше всего и привыкли считать в довоенную эпоху. Немца любили за то, что его можно употребить на всякое дело, но его очень мало уважали именно за слабоволие. Ведь недаром немец легче всех других растворялся среди иных народов, теряя связь со своей нацией и со своим отечеством. Наша замечательная поговорка "с одной шапочкой в руке ты пройдешь по всей стране" достаточно говорит сама за себя.

Эта наша покорность была особенно вредна, поскольку предопределяла и взаимоотношения между подданными и их монархом. Форма требовала, чтобы немец беспрекословно одобрял все, что соизволит вымолвить его Величество, и решительно никогда и ни в чем не мог ему возразить. Но именно тут всего больше не хватало нам чувства гражданского достоинства. Именно в результате недостатка этого чувства впоследствии и погибла монархия как институт.

Ни к чему хорошему сервилизм привести не мог. Только для льстецов и блюдолизов, только для всех этих вырождающихся субъектов такое сервильное отношение к своему монарху могло быть приятно. Честным и стойким душам это не могло нравиться и не нравилось. Вся эта "всеподданнейшая" мелкота в любую минуту готовая ползать на коленях перед своим монархом и расточителем благ, проявляла невероятную наглость и развязность в отношении всего остального мира, особенно когда эти субъекты могли изображать из себя монополистов монархических чувств, а всех остальных грешников и мытарей изображать противниками монархии. Такие черви ползучие - будь то выходцы из дворянского сословия или из каких-либо других сословий - внушали только отвращение и на деле причиняли большой ущерб самой монархии. Ясно как божий день, что такие люди в действительности являются только могильщиками монархии и причиняют глубочайший вред особенно самой идее монархии. Да иначе и быть не может. Человек, действительно способный бороться за свое дело, никогда не будет льстецом и пресмыкающимся. Если кто является искренним сторонником монархического режима, он будет ему предан всей душой и готов будет принести любую жертву этому режиму. Но такой человек не станет на всех перекрестках кричать о своей преданности монархии, как это любят делать господа демократические "друзья" монархического строя. Такой человек, если понадобится, будет считать своим долгом открыто предупредить своего монарха о той или другой опасности и вообще не сочтет недопустимым оказать то или другое воздействие на решение монарха. Искренний монархист ни в коем случае не может стать на ту точку зрения, что его величеству монарху можно делать просто все, что ему заблагорассудится даже в тех случаях, когда от этого проистекут явно худые последствия. Искренний монархист сочтет своим долгом в таком случае взять под свою защиту монархию против самого монарха. Если бы институт монархии всецело зависел только от личности монарха, тогда монархический режим пришлось бы считать худшим из мыслимых режимов. Ибо надо открыто признать, что лишь в очень редких случаях монархи являются действительно выдающимися мудрецами и образцами сильных характеров. Сколько бы ни пытались представлять дело так, что все до единого монархи являются выдающимися личностями, этому поверить невозможно. Этому поверят быть может только профессиональные льстецы, но люди честные, т.е. люди наиболее ценные для государства, с негодованием отвергнут такую версию. Для людей честных история остается историей, а правда - правдой, даже и в тех случаях, когда дело идет о монархах. Нет, сочетание в одном лице великого монарха и великого человека бывает в истории настолько редко, что народы должны считать себя уже счастливыми, если снисходительная судьба посылает им монарха хотя бы только средних личных качеств. Таким образом ясно, что великое значение монархической идеи вовсе не заложено в самой личности монарха - кроме тех исключительных случаев, когда небеса посылают человечеству такого гениального героя, каким был Фридрих Великий, или такого мудрого вождя, каким был Вильгельм I. Но это бывает не чаще, чем раз в столетие. Во всех же остальных случаях приходится констатировать, что сила монархического режима заключается не в личности монарха, а в идее монархии. Тем самым и роль самого монарха становится только служебной. Сам монарх является в этих случаях только колесиком общего механизма и всей своей ролью обязан самому механизму. И сам монарх в этих случаях обязан подчинить свои действия высшим целям. Действительным "монархистом" явится не тот, кто станет молча смотреть, как тот или другой монарх действует в ущерб этим высшим целям, но тот, кто сочтет своим долгом сделать все возможное, чтобы это было избегнуто. Если бы в самом деле согласиться, что идея монархизма целиком исчерпывается "священной" личностью монарха, тогда мы попали бы в такое положение, что даже сумасшедшего монарха никогда нельзя было бы сместить.

Об этом необходимо сказать теперь вслух, ибо в последнее время вновь исподтишка начинают действовать некоторые из тех факторов, которые в свое время немало сделали, чтобы погубить монархию. Притворяясь наивными, некоторые господа с ясным лбом клянутся именем "своего короля", совершенно позабывая, что именно они в критическую минуту дезертировали из лагеря монархии самым постыдным образом. Мало того, эти господа имеют еще наглость объявлять теперь плохим немцем всякого, кто не склонен петь с ними в один голос. А кто такие эти нынешние герои? Это те самые трусливые зайцы, которые в 1918 г. разбегались толпами при виде красной повязки. В этот момент они преспокойно предоставили "своего" короля собственной участи, а сами поспешили сменить мечи на уличные тросточки, повязать себе шею нейтральными галстуками и сделать все другие манипуляции, необходимые для того, чтобы можно было нырнуть в массу в качестве "мирных граждан". Эти храбрые борцы за монархию исчезли тогда с поверхности в одну минуту. А вот теперь, когда под влиянием деятельности других людей революционные бури улеглись, когда опять стало безопасным провозглашать здравицы за "своего" короля, теперь эти "слуги и советчики" короны опять не прочь поднять голову. Теперь они опять с нетерпением ожидают момента, когда можно будет вновь добраться до теплых местечек. Теперь преданность монархии опять прет из них во всю. Теперь они опять полны энергии, вероятно, до того момента, когда вновь покажется на горизонте первая красная повязка. Тогда эти трусы опять разбегутся как мыши, заслышавши кота.

Если бы сами монархи не были повинны в том, что такие нравы могли создаться, мы могли бы только выразить им участие по поводу того, что их нынешние "преданные слуги" являют собою столь жалкие фигуры. Пусть же хоть теперь бывшие монархи отдадут себе отчет в том, что с этакими рыцарями можно легко потерять трон, но никогда на завоюешь трона...

Это ханжество было только одним из логических выводов, вытекавших из всей постановки у нас дела воспитания.

В этом пункте минусы нашего воспитания сказались только в наиболее ужасающей форме. Только благодаря всему нашему строю воспитания такие жалкие люди могли играть крупную роль при всех дворах, на деле постепенно подтачивая основы монархии. Когда впоследствии рухнуло все здание, их как ветром сдунуло. Вполне естественно: льстецы и лизоблюды никогда не склонны отдать свою жизнь за дело монархии. Если сами монархи этого вовремя не поняли и если они и сейчас принципиально не хотят этого понять, то тем хуже для них самих.

* * *

В результате неправильной постановки дела воспитания неизбежно должна была получиться недостаточная развитость чувства ответственности, а отсюда - неумение как следует ставить и разрешать основные проблемы жизненной важности.

Первопричина этой болезни заложена у нас в значительной мере в парламентском режиме - недаром этот режим является воплощением безответственности в ее чистом виде. К сожалению однако, болезнь эта постепенно проникла во все поры нашей жизни и больше всего во все поры нашей государственной жизни. Всюду и везде люди избегали ответственности и охотнее всего останавливались поэтому на полумерах и полурешениях. Мера личной ответственности за принимаемые решения становилась все более микроскопической.

Достаточно только припомнить, какую позицию занимали и занимают отдельные наши правительства по отношению к целому ряду в высшей степени вредных явлений общественной жизни. Припомните это, и вам сразу станет ясно, к каким ужасным результатам приводит эта всеобщая половинчатость, эта боязнь перед ответственностью.

Возьму только несколько примеров из числа многих. Прессу принято называть, как известно, "великой державой". Особенно любят этот эпитет в журналистских кругах. И действительно, значение печати поистине огромно. Роль печати переоценить невозможно. Ведь именно на долю печати выпадает продолжение воспитания людей уже в зрелом возрасте.

Читателей нашей прессы в общем и целом можно подразделить на три группы:
* во-первых, те, кто верит всему, что читает;
* во-вторых, те, кто не верит ничему, что читает;
* в-третьих, те люди с головами, которые умеют отнестись критически к прочитанному и делать соответственно этому свои выводы.

В цифровом отношении первая группа является самой большой. Она состоит из основной массы народа и поэтому представляет собою наиболее примитивную в идейном отношении часть нации.

Вторая группа читателей в цифровом отношении значительно меньше. В одной своей части она состоит из элементов, ранее принадлежавших к первой группе, затем в результате долгого опыта разочаровавшихся и бросившихся в обратную крайность: теперь они уже ничему не верят, пока это "только напечатано в газетах". Они ненавидят все газеты и либо не читают их вовсе, либо бесконечно возмущаются их содержанием, полагая, что все газеты состоят только из неправды и лжи. Иметь дело с этими людьми становится очень трудно, так как они настроены недоверчиво и тогда, когда дело идет о правде. Эти люди почти целиком потеряны для всякой положительной работы.

Третья группа в цифровом отношении самая небольшая. Она состоит из действительно духовно развитых личностей, которым и врожденные качества и воспитание облегчили возможность самостоятельного мышления.

Эти люди пытаются составить свое собственное мнение, все прочитанное они подвергают собственной проверке и лишь затем делают практические выводы. Такие люди прочитывают всякую газету критически. Тут автору статей иногда приходится нелегко. Господа журналисты относятся к таким читателям весьма прохладно. Для людей этой третьей группы уже не так опасно и вообще имеет не такое большое значение все то, что попадается в наших лживых газетах.

Этот круг читателей уже давно привык в каждом журналисте принципиально видеть человека ненадежного, который только в виде исключения иногда скажет правду. К сожалению однако, великое значение этих прекрасных людей не в их количестве, а только в их интеллигентности. К несчастью, таких людей совсем мало и это очень плохо, в особенности в нашу эпоху, когда ум - ничто, а большинство -

все. В наш век, когда избирательный бюллетень решает все, наибольшее значение получает именно первая, самая многочисленная группа читателей газет, т.е. группа совсем неискушенных людей, легко верящих всему.

Глубочайшие интересы народа и государства требуют недопущения того, чтобы народные массы попадали в руки плохих, невежественных и просто бесчестных "воспитателей". Обязанностью государства было бы взять на себя контроль за этим воспитанием и систематически бороться против злоупотреблений печати. Государство должно следить особенно внимательно за газетами, ибо влияние газет на людей является самым сильным и глубоким, хотя бы уже потому, что газеты говорят с читателем изо дня в день. Именно равномерность пропаганды и постоянное повторение одного и того же оказывают исключительное влияние на читателя. Вот почему в этой области более чем в какой-либо другой государство имело бы право применить абсолютно все средства, ведущие к цели. Никакие крики относительно так называемой свободы печати не должны были бы останавливать государство, которое просто обязано обеспечить нации столь необходимую ей здоровую умственную пищу. Здоровое государство во что бы то ни стало должно взять в свои руки это орудие народного воспитания и по-настоящему поставить печать на службу своей нации.

Ну, а что же происходит в действительности? Какую умственную пищу давала германская пресса нашему населению до войны? Разве это не был самый худший яд, который только можно себе представить? Разве не внушали нашему народу пацифизм самой худшей марки в такое время, когда противник систематически и неуклонно готовился уже схватить за горло Германию? Разве наша пресса уже в мирное время не внушала народу сомнения в правоте его собственного государства и не подсказывала ему этим, что в предстоящей борьбе нам надо ограничиться только обороной? Разве не наша пресса расписывала германскому народу прелести "западной демократии" настолько соблазнительно, что в конце концов благодаря этим восторженным тирадам народ наш всерьез поверил, что он может доверить свое будущее какому-то мифическому "союзу народов".

Разве не наша пресса всеми силами помогала воспитывать народ в чувствах ужасающей безнравственности? Разве не высмеивала она систематически всякую мораль и нравственность как нечто отсталое, допотопное, пока в конце концов и наш народ усвоил себе "современную" мораль. Разве не подтачивала она систематически и неуклонно все основы государственного авторитета, до тех пор пока не стало достаточно одного толчка, чтобы рухнуло все здание. Всеми способами эта пресса боролась против того, чтобы народ воздавал государству то, что государству принадлежит. Какую угодно критику готова она была пустить в ход, чтобы унизить армию. Она систематически саботировала всеобщую воинскую повинность. Она направо и налево призывала к отказу в военных кредитах и т.д. и т.п. В конце концов результаты всего этого должны же были когда-нибудь сказаться.

Деятельность так называемой либеральной прессы была деятельностью могильщиков немецкого народа и германского государства. Что уж и говорить о "работе" лживых газет марксистского лагеря. Ведь для них лгать является такой же необходимостью, как для кошки ловить мышей. Ведь их главной задачей и является вытравить всякое национальное, подлинно народное чувство из души народной и тем подготовить диктатуру интернационального капитала, диктатуру евреев над немецкой нацией.

Что же предприняло государство против этого массового отравления нации? Ничего, ровным счетом ничего. Один-два смешных указа, один-два закона о штрафах, когда дело шло уже о случаях слишком выдающейся низости. И это - все. Государство старалось только о том, чтобы так или иначе склонить на свою сторону эту зачумленную прессу. Для этого прибегали к лести, для этого болтали направо и налево о великом "значении" прессы, об ее "ценности", об ее "просветительной миссии" и т.п. А хитрые евреи выслушивали всю эту лесть, посмеиваясь в бороду, и лукаво отвечали галантной благодарностью.

Причина этого позорного банкротства государства лежала не столько в том, что этой опасности не понимали, сколько в том, что всюду и везде господствовала вопиющая трусость, а из трусости этой неизбежно рождалась поразительная половинчатость всех решений и мероприятий. Ни у кого не хватало решимости предложить и провести серьезную систему радикальных мер. В этой, как и во всех других областях, люди носились с какими-то совершенно пустяковыми половинчатыми рецептами. Вместо того чтобы нанести гадюке удар прямо в сердце, ее только щекотали и подразнивали, и в результате все оставалось по-прежнему. Более того. Влияние всех этих вредных факторов только возрастало из года в год.

Та оборонительная борьба, которую немецкие правительства вели против систематически отравляющей народ прессы, главным образом еврейского происхождения, не имела никакой системы и не отличалась даже намеком на какую-либо решительность. Но прежде всего этой борьбе не хватало определенной целеустремленности. Государственный "разум" господ тайных советников совершенно не в состоянии был сколько-нибудь правильно оценить значение серьезной борьбы против еврейской прессы, надлежащим образом выбрать средства этой борьбы и наметить какой- нибудь ясный план кампании. Борьба эта велась без руля и без ветрил. Когда какая-нибудь газетная гадюка укусит слишком уж больно, то иногда эту газету прикрывали на несколько недель или даже несколько месяцев, но змеиное гнездо как таковое оставляли в полной неприкосновенности.

С одной стороны, тут сказывалась бесконечно хитрая тактика евреев, с другой же стороны - неопытность и глупость, поистине достойная только наших господ тайных советников. Евреи были слишком умны, чтобы всем своим газетам придавать одинаково наступательный характер. Нет, задача одной части еврейской прессы заключалась в том, чтобы составлять прикрытие для другой ее части. На марксистские газеты возлагалась задача систематически и откровенно оплевывать все то, что свято для человека, лгать на государство и правительство самым бесстыдным образом, натравливать одну часть нации на другую и т.д. В это же время другая часть еврейских газет, органы буржуазно-демократической "мысли", надевали на себя личину пресловутой объективности, старательно избегали всяких грубостей, превосходно отдавая себе отчет в том, что пустоголовые люди судят только по внешности и никогда неспособны схватить подлинную суть дела. Используя эту черту человеческой слабости, буржуазно-демократические газеты умели завоевать себе даже некоторое уважение.

Для тех людей, которые судят только по внешней форме, газета "Франкфуртер цейтунг" является образцом приличия. Ведь газета эта никогда не употребляет грубых выражений, всегда отвергает физическую жестокость, неизменно апеллирует к борьбе только "идейными" средствами. А ведь хорошо известно, что этакая "идейная" борьба больше всего и нравится самым безыдейным людям. Это только результат недостаточного образования. Человек отучается как следует воспринимать природу; он нахватал кое-каких знаний, но совершенно неспособен как следует ими воспользоваться, так как одной доброй воли и прилежания тут мало; прирожденных же способностей у него нет. Обладая только некоторыми зачатками полуобразования, такой человек по-настоящему законов природы не понимает; не понимает и того, что само существование человека подчинено определенным вечным законам. Такой человек не понимает, что в мире, где планеты и солнца вертятся, а луны обращаются вокруг планет и т.д., где всегда и неизменно сила господствует над слабостью и превращает последнюю в свою послушную служанку, - нет и не может быть никаких особых законов для самого человека. Вечные принципы этой мудрой системы определяют существование и самого человека. Человек может попытаться понять эту закономерность, но изменить ее он не сможет никогда.

Всего этого не понимают наши полузнайки. И вот для этого "полуобразованного" мира евреи как раз и издают свои так называемые "интеллигентные" газеты. Для этого круга читателей и издаются такие газеты, как "Франкфуртер цейтунг" и "Берлинер тагеблат". На этот круг читателей рассчитан их тон. И надо признать, что газеты эти достигают своей цели. Они избегают произносить хотя бы одно грубое слово, но в то же время они систематически вливают яд в сердца - только из другой посуды. Убаюкивая читателя сладкой формой изложения, внушая ему уверенность, что газета преследует исключительно интересы науки или даже морали, такие газеты замечательно ловко, почти гениально усыпляют бдительность читателя и делают с ним все, что хотят. Овладев доверием читателя, эти "приличные" газеты ловко внушают ему ту мысль, что остальная часть еврейской прессы правда иногда "зарывается" в форме изложения, но что по существу дела она тоже преследует интересы народа и ничего более. Усыпленный читатель начинает этому верить. Он тоже не одобряет резкостей этой второй части газет, но разумеется, он решительно протестует против какого бы то ни было посягательства на святость "свободы печати" - под этим псевдонимом фигурируют, как известно, та систематическая ложь и тот предательский яд, которыми питают наш народ. Так и получается, что против бандитов печати никто не решается выступать открыто. Попробуй только выступить и сразу получишь против себя всю так называемую "приличную" прессу. Скажи только хоть одно слово против самых позорных органов прессы, и сейчас же все остальные газеты вступятся за них.

И вот таким образом яд этот невозбранно проникал в кровь нашего народа, а государство не обнаруживало никакой силы в борьбе с этой болезнью. В половинчатости тех средств, которые государство применяло, в смехотворности этих средств проявлялись грозные симптомы упадка государства. Ибо тот институт, у которого нет решимости всеми средствами защищать свое существование, практически теряет и право на существование. Всякая половинчатость является только внешним проявлением внутреннего упадка. Раньше или позже за проявлениями внутреннего упадка последует и окончательная катастрофа.

Я не сомневаюсь ни минуты, что нынешнее наше поколение, если мы будем руководить им правильно, легче справится с этой опасностью. Нынешнее поколение пережило многое такое, что укрепило нервы этих людей, поскольку они вообще сохранили какое-либо нервное равновесие. Само собою разумеется, что и в будущие времена, как только мы попытаемся прикоснуться к любимому гнезду евреев и положить конец их злоупотреблениям печатью, как только мы попытаемся это орудие воспитания масс взять из рук врагов народа и передать в руки государства, иудеи, конечно, подымут страшный крик. Но я надеюсь, что современное наше поколение отнесется к этому спокойнее, нежели отнеслись наши отцы. В конце концов шипение гадюки все же менее страшно, нежели разрывы гранат из 30-сантиметровых орудий.

* * *

Еще одним примером проявленной нашими руководителями слабости и половинчатости в таких вопросах, которые являются вопросами жизни и смерти для нации, может служить следующее. Как известно, уже в довоенные годы параллельно с политическим и нравственным заболеванием народа можно было констатировать также не менее ужасные симптомы физической деградации народного организма. Уже в эти годы, в особенности в больших городах начал свирепствовать сифилис. Что же касается туберкулеза, то и он постепенно начал распространяться по всей стране в ужасающих размерах, вырывая все более многочисленные жертвы.

И что же, несмотря на то, что в обоих случаях дело шло об ужасных бичах для нашей нации, руководители государства не смогли найти в себе сил для какого бы то ни было серьезного противодействия.

Особенно приходится сказать это относительно борьбы против сифилиса. Тут руководители государства и народа просто капитулировали перед бедой. Если бы мы собирались сколько-нибудь серьезно бороться против этого бича, надо было бы перейти к совсем другим мерам. Изобретение того или другого медицинского средства да к тому же еще очень сомнительного, распространение этого средства обычным коммерческим путем никакой серьезной роли в борьбе с такой опасной болезнью сыграть не могут. Тут тоже надо было прежде всего посмотреть в корень и поискать причин болезни, а не думать только о внешних проявлениях ее. Причина же распространения сифилиса заложена прежде всего в проституировании любви. Если бы даже проституция и не приводила к сифилису, то уже одни ее моральные последствия достаточно ужасны, ибо одни они медленно, но неизбежно должны приводить к вырождению и гибели народа. Проникновение еврейского духа в область половой жизни, мамонизация этой стороны нашей жизни неизбежно подорвут раньше или позже жизненные силы молодых поколений. Вместо здоровых детей, являющихся продуктом здоровых человеческих чувств, на свет божий начинают появляться одни нездоровые дети - продукт коммерческого расчета. Ибо ясно, что основой наших браков все больше становится голый коммерческий расчет; инстинкты любви удовлетворяются где-то в другом месте.

Конечно в течение некоторого времени насиловать природу можно, но раньше или позже она отомстит за себя. К сожалению мы только слишком поздно поймем это.

Пример нашего дворянства лучше всего доказывает, к каким тяжелым последствиям приводит игнорирование здоровых предпосылок брака. Тут перед нами как раз результат тех браков, которые частью являются продуктом всей общественной обстановки, частью же вытекают из чисто финансовых расчетов. Первый комплекс причин обусловливает рост слабости вообще; второй комплекс причин приводит к прямому отравлению крови. Если дворянин женится на первой попавшейся богатой еврейской лавочнице, то конечно он получит и соответствующее потомство. Так в обоих случаях следствием является вырождение.

По этому же пути пошло теперь наше бюргерство. Результаты получатся конечно те же.

Люди стараются пройти мимо всех предостережений, указывающих на эти опасности, как будто от этого перестанут существовать сами опасности. Нет, от фактов никуда не уйдешь. А факт заключается в том, что в жизни наших крупных городов проституция играет все большую роль, что в результате всего этого сифилис производит все большие опустошения. Нагляднее всего мы видим эти результаты в домах для сумасшедших. Но достаточно наглядно мы можем наблюдать эти результаты, увы, и на наших детях. В болезнях детей находят себе выражение грехи отцов. Все более распространяющиеся детские болезни являются красноречивым доказательством того, насколько развращена наша половая жизнь.

Можно по-разному отнестись к этим ужасным фактам. Одни вообще ничего не видят или, лучше сказать, не хотят видеть, что конечно легче всего. Другие драпируются в плащ святости, рассматривают всю эту область, как один сплошной грех, считают своим долгом перед каждым пойманным грешником пространно говорить о святости брака и только молятся богу, чтобы он наконец обратил внимание на это зло и положил предел всему этому Содому - по возможности однако, лишь после того, как сами эти святоши состарятся и позабудут о какой бы то ни было половой жизни. Третьи наконец очень хорошо отдают себе отчет в том, к каким ужасным последствиям ведет эта чума, но они только пожимают плечами, ибо заранее знают, что ничего поделать не могут и что все это приходится предоставить естественному ходу вещей.

Все это конечно очень просто и удобно, не надо только при этом забывать, что в результате таких "удобств" гибнет целая нация. Ссылка на то, что и у других народов дело обстоит не лучше, не меняет конечно факта гибели собственного народа. Ведь несчастье других ни капельки не уменьшает наших собственных страданий. Вопрос как раз в том и заключается, какой же именно из народов первым справится с этой бедой и какие именно народы, напротив, погибнут в результате этой беды.

Тут-то мы и видим оселок, по которому проверяется ценность каждой расы. Та раса, которая не выдержит испытания, погибнет и очистит место более здоровой, более стойкой расе. Тут дело идет как раз о такой проблеме, которая неразрывно связана с судьбами будущих поколений. Здесь в ужасающих формах подтверждается правило, что грехи отцов мстят за себя до десятого колена.

Грехи против крови и расы являются самыми страшными грехами на этом свете. Нация, которая предается этим грехам, обречена.

Именно в этой области в довоенной Германии дело обстояло поистине ужасающе. Что делали мы для того, чтобы противостоять распространившейся чуме, губившей наше юношество? Что делали мы, чтобы побороть мамонизацию нашей половой жизни? Что делали мы, чтобы противостоять вытекающей отсюда сифилизации всего народного организма?

Ответ на все эти вопросы будет ясен, если мы укажем на то, что следовало сделать.

Прежде всего не надо было относиться к этой проблеме легкомысленно; надо было понять, что от разрешения ее зависит счастье или несчастье целых поколений, что от исхода борьбы с этим злом зависит в сущности все будущее нашего народа. Если бы это было понято, то мы перешли бы тогда к действительно серьезной беспощадной борьбе против этого зла. Прежде всего необходимо было сосредоточить на этом зле все внимание нации. Надо было добиться, чтобы всякий и каждый понял грандиозность опасности и значение борьбы против нее. Люди берут на себя тяжелые обязательства лишь тогда, когда они действуют не только по принуждению, но и по убеждению - в полном сознании необходимости данных конкретных шагов. Но для этого нужно прежде всего развить громадную просветительную работу и устранить все то, что этому мешает.

Во всех тех случаях, где дело идет о разрешении на первый взгляд невыполнимых задач, прежде всего нужно сосредоточить все внимание народа на этом одном вопросе и сделать это с такой силой, как если бы от этого зависела вся судьба народа.

Только так можно подвинуть народ на великие дела, требующие великого напряжения сил.

Сказанное относится и к отдельному человеку, поскольку человек этот ставит перед собою крупные цели. Ему тоже надо нести дело по определенному плану; ему тоже надо систематически преодолевать одно препятствие за другим. В каждый данный отрезок времени он должен сосредоточиться на одной определенной, хотя бы только частичной цели. Достигнув ее, он должен двигаться дальше, пока не выполнит всю поставленную себе задачу. Кто не умеет делать этого планомерно, кто не умеет этап за этапом систематически подвигаться к поставленной цели, тот никогда не достигнет конечного результата и непременно застрянет где- нибудь на полпути. Уметь бороться за свою конечную цель - целое искусство. Это зачастую требует правильного напряжения энергии. Только шаг за шагом человек может преодолеть возникающие на его пути препятствия.

Первейшей предпосылкой всякого успеха является то, чтобы руководители дела умели показать народной массе тот кусок пути, который надо пройти в данную минуту, умели бы концентрировать внимание народа на том небольшом участочке, который является очередным в данный момент. Надо уметь заразить массы убеждением, что от данного частичного успеха будет зависеть все остальное. Большими массами вообще овладевает известная усталость, когда они видят перед собою слишком длинный путь. Иногда они при этом впадают в прямое отчаяние. Любой путешественник поступает правильно, когда думает не только о конечной цели своего путешествия, а разделяет всю дорогу на несколько участков и затем постепенно преодолевает эти участки один за другим. Так он скорее достигнет конечной цели и не будет впадать в отчаяние по поводу того, что дорога слишком длинна. То же можно сказать и относительно целых наций.

Борьбу против сифилиса надо было представить народу как главную задачу, а не просто как одну из задач. Для этого надо было прибегнуть ко всем видам пропаганды. Всеми средствами надо было вколачивать в головы людей, что вред, приносимый сифилисом, погубит нас. Это надо было делать с исключительной силой - вплоть до того момента, пока вся нация убедилась бы, что от разрешения этой задачи зависит все.

Только после такой долголетней подготовки можно было бы приковать внимание народа к этому злу и пробудить в нем готовность идти на самые тяжелые жертвы. Лишь тогда можно было перейти к целой системе серьезных мероприятий, не опасаясь того, что народ не поймет нас и не последует за нами.

Чтобы всерьез побороть эту чуму, нужны огромные жертвы и столь же огромные труды.

Борьба против сифилиса требует борьбы против проституции, против предрассудков, против старых укоренившихся привычек, против многих старых представлений, устаревших взглядов и прежде всего против лживого святошества, укоренившегося в определенных слоях общества.

Первой предпосылкой для того, чтобы иметь хотя бы только моральное право на борьбу против проституции, является создание условий, облегчающих ранние браки. Уже в одних поздних браках заложена неизбежность сохранения того института, который, как ни вертись, является настоящим позором для человечества, - института, который, что ни говори, совершенно не вяжется со скромной претензией человека называть себя образом и подобием божием.

Проституция является позором человечества, но устранить ее нельзя путем моральных проповедей, благочестивых пожеланий и т.д. Ослабить это зло, а затем окончательно побороть его можно только тогда, если для этого будет целый ряд предпосылок. Первейшей из них является возможность ранних браков. Главное, что нам нужно, это чтобы молодыми вступали в брак мужчины; женщина во всех случаях играет ведь только пассивную роль.

Насколько мы зашли в тупик, видно хотя бы из того, что теперь нередко можно услышать из уст матерей так называемого лучшего общества заявления в том смысле, что они были бы очень рады, если бы дочь вышла замуж за человека "с уже притупленными рогами". И что же? Так как в людях этого сорта испытывается меньший недостаток, нежели в людях молодых, то ясно, что наша невеста легко найдет себе такого безрогого Зигфрида. Ну, а потомство будет конечно носить на себе все следы этого брака по рассудку. Учтите далее тот факт, что ведь у нас широко имеет место ограничение рождаемости, что для природы остается мало возможностей производить естественный отбор, так как у нас считают, что каждое родившееся существо, каким бы хилым оно ни было, во что бы то ни стало должно продолжать жить. Учтите все это, и вы должны будете задать себе вопрос: да к чему вообще у нас существует еще институт брака? И чем же, в сущности брак теперь отличается от проституции. Разве не имеем мы уже больше вообще никаких обязанностей по отношению к будущим поколениям? Разве не ясно, что наши дети и внуки должны будут проклинать столь легкомысленно преступное отношение к тому, что является не только естественным правом, но и естественным долгом человека?

Так, на наших глазах культурные народы постепенно идут к своей гибели.

Необходимо понять, что и брак не является самоцелью, что он должен служить более высокой цели - размножению и сохранению вида и расы. Только в этом заключается действительный смысл брака. Только в этом его великая задача.

Только по тому, насколько браки выполняют эту задачу, и можно судить о степени нормальности положения. Ранние браки правильны уже потому, что только молодые супруги могут обладать достаточными физическими силами, чтобы обеспечить здоровое поколение. Понятно, что для ранних браков необходим целый ряд социальных предпосылок, вне которых о раннем супружестве не приходится и думать. Это, казалось бы, не слишком крупное мероприятие никак нельзя провести в жизнь, если не создать для этого серьезных предпосылок. Достаточно взять хотя бы такой вопрос, как вопрос жилищный, над которым столь безуспешно бьется наша "социальная" республика. Разве не ясно, что одни тяжелые жилищные условия сильно сокращают браки и увеличивают проституцию?

Такую же печальную роль играет наша политика зарплаты. Раз мы не обращаем достаточного внимания на вопрос о возможности для отца семейства содержать свою семью, то ясно, что это делает невозможным ранние браки.

Действительная борьба против проституции станет возможной лишь тогда, когда мы радикально изменим всю социальную обстановку и создадим все предпосылки, необходимые для ранних браков. Вот первое, что надо сделать, чтобы серьезно приступить к разрешению этой проблемы.

Во-вторых, мы должны изгнать из сферы воспитания целый ряд недостатков, над которыми мы почти не задумываемся. Прежде всего необходимо по-настоящему сбалансировать умственное воспитание и воспитание физическое. То, что у нас сейчас называется гимназией, есть насмешка над ее греческим образцом. У нас совершенно позабыли, что здоровый дух живет только в здоровом теле. Это правило безусловно верно в применении ко всей основной массе народа, отдельные же исключения большой роли не играют.

В довоенную эпоху были у нас такие годы, когда эту истину совсем забывали. Все внимание было сосредоточено только на "духе", о теле же забывали совершенно. Люди полагали, что именно такая постановка дела воспитания соответствует величию нации. Это была конечно ошибка, которая начала мстить за себя очень быстро. Совершенно неслучайно то обстоятельство, что большевистская волна нигде не находила такого отклика, как именно там, где голод и недоедание приводили население к вырождению: в средней Германии, Саксонии, в Рурском бассейне. Во всех названных областях так называемая интеллигенция не оказывала никакого сколько-нибудь серьезного сопротивления еврейской болезни большевизма. Во-первых, потому, что и сама интеллигенция в этих районах физически вырождается благодаря той же нужде, а во-вторых, потому, что дело воспитания и там поставлено было ненормально. Исключительная забота о воспитании только одного "духа" делает верхние слои нашего общества совершенно неспособными продержаться, а тем более пробить себе дорогу в такие полосы развития, когда решает не "дух", а - кулак. Если человек физически слаб, то нередко благодаря этому же он становится труслив.

Чрезмерный перевес духовного развития и пренебрежение развитием физическим зачастую приводят уже в ранней молодости к преждевременному пробуждению половых представлений. Юноша, который закаляет свое тело спортом, приобретает железную силу, и в то же время его чувственные потребности меньше, нежели у того юноши, который питается только духовной пищей, сидит только над книгами и т.д. Рациональное воспитание должно все это принять во внимание. Правильно поставленное воспитание не должно упускать из виду и того, что физически здоровый человек и к самой женщине будет подходить совсем с другими требованиями, чем эти преждевременно испорченные расслабленные молодые люди.

Все дело воспитания должно быть поставлено так, чтобы свободное время молодежи использовалось для физических упражнений. Наш юноша не должен праздно шляться по улицам и кино, а должен после трудового дня посвящать все остальное время закаливанию своего организма, ибо жизнь еще предъявит к нему очень большие требования. Задача воспитания нашего юношества должна заключаться вовсе не в накачивании его школьной премудростью, а именно в том, о чем мы говорим выше. Надо положить конец и тому предрассудку, будто вопросы физического воспитания являются частным делом каждого отдельного человека. Нет, это не так. Нет и не может быть свободы, идущей в ущерб интересам будущих поколений, а стало быть и всей расы.

Параллельно с физическим воспитанием необходимо начать борьбу и против морального яда.

Ведь в сущности вся наша теперешняя общественная жизнь является сплошным рассадником половых соблазнов и раздражений. Присмотритесь только к программе наших кино, варьете и театров и вы не сможете отрицать, что это далеко не та пища, в которой нуждается наше юношество. Афиши и плакаты прибегают к самым низменным способам возбуждения любопытства толпы. Каждому, кто не потерял способности понимать психологию юношества, ясно, что все это должно причинять громадный моральный ущерб молодежи. Тяжелая атмосфера чувственности, господствующая у нас всюду и везде, неизбежно вызывает у мальчика такие представления, которые должны быть ему еще совершенно чужды. Результаты такого "воспитания" приходится констатировать теперь, увы, на каждом шагу. Наша молодежь созревает слишком рано и поэтому старится преждевременно. В залах судов вы можете частенько слышать ужасающие вещи, дающие ясное представление о том, как неприглядна жизнь наших 14-15-летних юношей. Что же удивительного после этого, если сифилис находит себе распространение и среди этих возрастов. Разве не страшно видеть, как проститутки больших городов дают первые уроки брачной жизни этим еще совсем молодым, физически слабым и морально развращенным мальчикам.

Кто всерьез хочет бороться против проституции, тот должен прежде всего помочь устранить идейные предпосылки ее, тот должен помочь положить конец той антиморальной культуре больших городов, которая является настоящим бичом для юношества. Конечно по этому поводу подымется страшнейший шум, но на это не следует обращать никакого внимания. И если мы не вырвем нашу молодежь из болота, окружающего ее сейчас, она неизбежно в нем утонет. Кто не хочет видеть всей этой грязи, тот на деле помогает ей и сам становится соучастником постепенного проституирования будущих поколений, от которых зависит вся дальнейшая судьба нашей нации. Эту очистительную работу необходимо предпринять во всех областях. Это относится к театру, искусству, литературе, кино, прессе, плакату, выставке и т.д. Во всех этих сферах приходится констатировать явления распада и гниения. Только после основательной чистки сможем мы заставить литературу, искусство и т.д. служить одной великой моральной государственной и культурной идее. Нужно освободить всю нашу общественную жизнь от затхлого удушья современной эротики, нужно очистить атмосферу от всех противоестественных и бесчестных пороков. Руководящей идеей во всей этой работе должна быть систематическая забота о сохранении физического и морального здоровья нашего народа. Право индивидуальной свободы должно отступить на задний план перед обязанностью сохранения расы.

Только когда мы проведем все эти мероприятия, можно будет сказать, что теперь и чисто медицинская борьба против этой болезни может рассчитывать на известный успех. Но и здесь полумеры будут недопустимы, и здесь придется принимать решения очень радикальные и порою тяжелые. Лишить дефективных людей возможности размножения и создания таким образом столь же дефективного потомства только справедливо. Планомерное проведение такого правила было бы одной из самых гуманнейших мер. Это будет варварством по отношению к тем несчастным, которые стали жертвою неизлечимых болезней, но это будет благодеянием для всего остального населения и для будущих поколений. Преходящие страдания займут, может быть, одно столетие, зато потом нас будут благословлять за эти меры в течение тысячелетий.

Борьба против сифилиса и его прародительницы проституции является одной из самых трудных задач человечества. Она трудна потому, что дело идет не о разрешении той или другой частичной проблемы, а об устранении целого комплекса явлений, которые с неизбежностью дают сифилис. Физическое заболевание в данном случае является только результатом заболевания моральных, социальных и расовых инстинктов.

Если из трусости или из лени мы не проведем этой борьбы, то что же будет с нашим народом через пятьсот лет? Ясно, что среди нас тогда найдется лишь очень немного таких существ, относительно которых можно было бы, не возводя хулы на всевышнего, сказать, что они созданы по образу и подобию его.

Теперь посмотрим, как со всеми этими ужасными явлениями боролись в старой Германии. Спокойно исследуя этот вопрос, приходится придти к выводам поистине печальным. В правительственных кругах, разумеется, понимали, что болезнь эта приносит ужасный вред, хотя, далеко не отдавали себе ясного отчета в том, к каким губительным последствиям она ведет. Но меры борьбы против этого зла были ниже всякой критики. Вместо радикальных реформ прибегли к совершенно жалким мероприятиям. Правительство не обратилось к корням, к основным причинам болезни, а оставалось только на поверхности явлений. Проституток стали подвергать медицинскому осмотру, сорганизовали кой-какой надзор за ними, в отдельных случаях заболевшую проститутку отправляли в лазарет. Оттуда, подлечившись, она опять выходила на улицу и продолжала заражать сближающихся с нею мужчин.

Далее, как известно, ввели "специальный параграф", который запрещал половое общение больным и недоизлеченным. Само по себе это мероприятие правильно, но на практике его почти совершенно не удавалось проводить.

Несчастная женщина, которая становилась жертвой такого тяжелого случая, избегала появляться в суде в качестве свидетельницы против того вора, который украл ее здоровье. Это вполне понятно, если учесть уровень нашего или, лучше сказать, ее воспитания и если не упускать из виду, с какими моральными неприятностями для нее должно быть связано такое дело. В конце концов женщина меньше всего выигрывает от того, будет ли этот человек осужден или не будет. Она то все равно будет окружена презрением со стороны общества еще в гораздо большей степени, нежели это относится к мужчине. Наконец, представьте себе положение женщины, когда злою болезнью заразил ее никто иной, как собственный супруг.

Что же ей тут делать? Идти жаловаться в суд?

Что касается тех случаев, когда пострадавшим является мужчина, то тут надо иметь в виду следующее. Ведь большей частью он сближается с проституткой после обильного употребления алкоголя. Он находится в таком состоянии, когда ему не до того, чтобы думать о здоровье своей "возлюбленной". Это хорошо знают больные сифилисом проститутки, и именно поэтому эти несчастные стараются поймать мужчину как раз когда он находится в этом малопривлекательном состоянии. Результат получается тот, что заболевший впоследствии мужчина при всем напряжении памяти не может даже припомнить, кто именно была та женщина, которая осчастливила его. Это особенно понятно, если происшествие имеет место в таком городе, как Берлин или даже Мюнхен. В десятках тысяч случаев дело идет к тому же о приезжих из провинции, которых шум и треск больших городов оглушает настолько, что они вообще лишаются возможности отдавать себе отчет в окружающей их обстановке.

Наконец кто же это может быть вполне уверен, здоров ли он или еще болен? Разве не знаем мы тысяч случаев рецидива болезни, после того как больной как будто вылечился? И разве такие люди, сами того не подозревая, не причиняют миллионы несчастий своим близким?

Таким образом на практике получалось, что реальное действие особого параграфа, каравшего за заражение, оказывалось ничтожным. Столь же ничтожные результаты на практике давал надзор за проституцией. И наконец дело лечения сифилиса еще и теперь далеко не всегда достигает цели.

Бесспорно только одно: несмотря на все эти мероприятия ужасная болезнь получала все большее распространение. Этим лучше всего доказана бесцельность всех вышеназванных мероприятий.

Да и как могло быть иначе! Все эти мероприятия были совершенно недостаточны и даже прямо смешны. Против морального проституирования народа не предпринималось решительно ничего. Да и вообще никакой продуманной системы мер не было.

Тем, кто склонен относиться к этой опасности более или менее легкомысленно, мы можем посоветовать только одно: познакомьтесь основательнее со статистикой распространения этой ужасной болезни. Сравните статистические данные за последнее столетие. Вдумайтесь хоть немножко в то, каков же будет ход развития дальше. Нужно быть совершеннейшим ослом, чтобы при ознакомлении с этими данными мороз не прошел по коже.

Слабость и половинчатость, которые были проявлены с такой очевидной бездарностью довоенной Германией должны рассматриваться нами во всех случаях как наглядное доказательство начавшегося у нас распада. Это были явные признаки политической и моральной деградации.

Если государство не имеет силы организовать борьбу за здоровье народа, оно тем самым лишается права на существование в этом мире, который является миром борьбы.

Такое право остается только за сильным и "цельным", но не за слабым и "половинчатым". Сложные условия существования не дают права на слюнтяйство и нерешительность, способные погубить великую нацию. А если нация не борется за свое существование, то она не настолько велика, чтобы существовать в этом мире. Быть сильным, мощным, решительным - это обязанность государства перед своим народом, равно как и народ всегда поддержит такое государство.

Одним из нагляднейших признаков постепенного распада империи уже в довоенную эпоху было систематическое, почти планомерное снижение культурного уровня нации, причем, конечно, под культурой я понимаю совсем не то, что ныне у нас называют цивилизацией. Современная так называемая цивилизация в моих глазах скорее является прямым врагом подлинной культуры, ибо на самом деле это в лучшем случае есть псевдоцивилизация, если вообще уместно здесь говорить о какой-либо цивилизации.

Уже накануне XX столетия в сфере нашего искусства начали обнаруживаться печальные симптомы, дотоле совершенно неизвестные Германии. Конечно, и в более старые времена можно было иногда констатировать отдельные примеры извращения вкуса. Но тогда дело шло лишь в плане отдельных случаев художественных ошибок - итогов художественного, творческого поиска, чему будущие поколения, однако, все еще могли, несмотря ни на что, придавать известную историческую ценность. Многое можно считать в этой области спорным, но как предмет спора оно имело право на существование, чего не скажешь о нынешней деградации и извращении вкусов. На рубеже XX века речь могла идти уже не об этом. Тут мы имели дело не с ошибками, а с идейным вырождением. Тут уже дело касалось симптомов конкретного культурного вырождения, сигнализировавших предстоящую политическую катастрофу под влиянием идей большевизма.

Большевизм в искусстве является единственно возможной формой проявления в области культурной жизни большевизма вообще, ибо именно здесь он сам себе может позволить безграничность извращений и уродств. Кому такое заявление кажется странным или даже несправедливым, тому мы советуем внимательнее присмотреться к искусству тех стран, которые уже имели счастье быть большевизированными. Последуйте нашему совету и вы убедитесь, что официально признанным искусством в этих государствах являются продукты сумасшедшей фантазии таких погибших людей, как "кубисты" и "дадаисты" Даже в течение краткого периода существования Баварской советской республики мы могли заметить то же самое. Уже и в Баварии можно было отметить, что все официальные плакаты, газеты, рисунки и т.д. носили на себе печать не только политического упадка, но и общекультурного упадка и разложения.

Конечно лет 60 назад нельзя было и представить себе политической катастрофы таких размеров, какую мы пережили сейчас. Точно так же и элементы общекультурного распада лет 60 назад были куда слабее, чем те симптомы распада, которые с начала XX века выродились в кубизм и т.п. Лет 60 назад такие вещи, как выставка так называемых "переживаний" дадаистов, были бы совершенно немыслимы. В те времена организаторов подобной выставки просто посадили бы в сумасшедший дом. В наше же время такие субъекты возглавляют даже целое художественное общество. Лет 60 назад такая чума не могла бы возникнуть, ибо общественное мнение этого не потерпело бы, а государство тотчас же приняло бы меры. Руководители государства обязаны бороться против того, чтобы сумасшедшие могли оказывать влияние на духовную жизнь целого народа. Предоставить "свободу" такому "искусству" означает играть судьбами народа. Тот день, когда такого рода искусство нашло бы себе широкое признание, стал бы роковым днем для всего человечества. В этот день можно было бы сказать, что вместо прогресса умственного развития человечества начался его регресс. Все страшные последствия такого "развития" трудно себе даже представить.

Стоит только с этой точки зрения на минуту взглянуть на итог нашего развития за последнюю четверть века и с ужасом придется убедиться в том, насколько далеко ушли мы уже назад по этому страшному пути. Куда ни взглянешь, всюду видишь зачатки и зародыши таких болезней, которые раньше или позже неизбежно должны привести нашу культуру к гибели. Все это симптомы, указывающие на процесс затяжного периода гниения. Горе тем народам, которые не умеют справиться с такими болезнями!

Такие заболевания уже издавна можно констатировать в Германии почти во всех областях искусства и культуры вообще. Во всех областях культуры мы как будто уже перешли свой высший пункт и находимся на путях регресса. Наш театр самым очевидным образом шел вниз и еще в довоенной Германии он совершенно исчез бы как фактор культурного развития, если бы наши государственные театры не оказали тогда некоторого сопротивления проституированию искусства. Если отвлечься от этих и некоторых других исключений, то придется придти к тому убеждению, что наша сцена упала так низко, что лучше бы народу совершенно перестать посещать этакий театр. Ведь совершенно неслыханно уже одно то, что в эти "храмы искусства" мы не могли вообще пускать свою молодежь, о чем пришлось открыто заявить в более чем странных плакатах: "для молодежи таких-то возрастов вход воспрещен".

Подумайте только, ведь главной задачей этих храмов искусства должно было явиться в первую очередь воспитание молодежи! Ведь не для того же существуют театры, чтобы услаждать пресыщенных жизнью старичков. И вот мы дожили до того, что стали необходимыми такие предосторожности. Что сказали бы великие драматурги старых времен по поводу таких "мер предосторожности", а главное, по поводу таких условий, которые сделали необходимым принятие таких мер? Как пламенно вознегодовал бы по этому поводу Шиллер! С каким возмущением отвернулся бы Гете!

Но что такое Шиллер, Гете или Шекспир для героев новейшей немецкой поэзии? С точки зрения этих господ Шиллер, Гете и Шекспир - люди совершенно устаревшие, отжившие, мало того, уже давно "превзойденные новыми поэтами". Крайне характерным для описываемой эпохи является не только то, что ее герои сами фабрикуют одну только грязь, но и то, что они непременно стараются вывалять в грязи все подлинно великое в прошлом. Аналогичные явления всегда приходится констатировать в подобные эпохи. Чем более жалки и гнусны дела рук такой "новой" эпохи и ее деятелей, тем ненавистнее для них свидетели прежнего подлинного величия и достоинства. Охотнее всего такие деятели вырвали бы из памяти человечества все его прошлое. Тогда уже не с чем было бы сравнивать современную грязь и можно было бы выдать за "искусство" всю "новейшую" гадость. Чем более жалок и бесталанен новый институт, тем старательнее пытается он вырвать из памяти людей все следы прошлого. И наоборот. Все то хорошее и сильное, что может дать нам современность, будет стараться вести свою родословную от великих завоеваний прошлого. Сильное и хорошее не боится того, что оно побледнеет, если его станут сравнивать с прошлым. Напротив, оно само старается вызвать в памяти и освежить в представлении новых поколений все то примечательное и великое, что было в прошлом. Отрицать все великое прошлое, все то, чем человечество уже ранее обладало, ненавидеть все это прошлое способен только тот, кто сам ничего ценного и великого миру дать не может, но в то же время пыжится доказать, что он принес человечеству невесть какие дары.

Все это можно сказать не только о "новаторах" на общекультурной ниве, все это относится также и к политике. Новое революционное движение всегда будет относиться к старым формам с тем большей ненавистью, чем менее значительно само это движение. Стремление выдать свое собственное убожество за нечто очень великое рождает слепую ненависть ко всему тому действительно великому, что было в прошлом. К примеру, ясно, что пока жива слава Фридриха Великого, слава Фридриха Эберта не может стать особенно большой. Герой дворца "Сансуси" относится к бывшему бременскому трактирщику так же, как солнце к луне. Луна светит лишь тогда, когда закатывается солнце. Вот почему все наши "луны" преследуют своею ненавистью солнечную славу действительно великих людей. В области политической жизни не раз бывало так, что если судьбе бывало угодно на время отдать власть в руки политического нуля, то этот нуль проявлял невероятную энергию, чтобы оболгать все прошлое и облить его грязью. И в то же время такое ничтожество пускало в ход все самые крайние средства, чтобы не допустить хотя бы малейшей критики по своему собственному адресу. Лучшим примером может послужить современное законодательство о "защите" германской республики.

Вот почему, как только вы услышите, что то или иное учение, мировоззрение, политическое или экономическое движение опорочивают без разбора все прошлое, то знайте, что уже одно это требует осторожности и известного недоверия. По большей части такая ненависть является только доказательством ничтожества самих тех, кто сеет эту ненависть. А нередко это говорит и о дурных намерениях. Действительно благодетельное для человечества движение не станет огульно отказываться от прошлого, а использует для своего строительства все наиболее прочные части старого фундамента. Здоровое движение нисколько не постыдится признать, что оно применяет старые истины. Ведь вся человеческая культура да и сам человек являются только результатом единой цепи развития, а звенья этой цепи выкованы рядом поколений, из которых каждое лишь продолжает дело предыдущих. Цель подлинно здоровой революции заключается не в том, чтобы просто разрушить все старое, а лишь в том, чтобы удалить плохое и устаревшее и продолжать строить дальше на тех частях фундамента, которые остались пригодными.

Только так можно и должно понимать прогресс человечества. Иначе мир наш никогда не вышел бы из хаоса. Каждое новое поколение стало бы отрицать и отвергать все прошлое и первой предпосылкой своего нового строительства считало бы разрушение того, что сделано всеми предыдущими поколениями.

Худшая черта нашей культуры в довоенные годы заключалась не только в полной импотентности художественного и общекультурного творчества, но и в той ненависти, с которой стремились забросать грязью все прошлое. Почти во всех областях искусства в особенности в театре и в литературе у нас на рубеже XX века не только ничего не творили нового, но прямо видели свою задачу в том, чтобы подорвать и загрязнить все старое. Направо и налево кричали о том, что такие-то и такие-то великие произведения прошлого уже "превзойдены", как будто в самом деле эта ничтожная эпоха ничтожных людей способна была что бы то ни было преодолеть.

В этой связи приходится опять указать на трусость той части нашего народа, на которую уже одно полученное ею образование возлагало обязанность открыто выступить против этого опозорения культуры. Наша интеллигенция из чистой трусости не решилась этого сделать. Она убоялась криков "апостолов" большевистского искусства, которые, конечно, обрушивались самым гнусным образом на каждого, кто не хотел видеть перл создания в произведениях этих господ. Интеллигенция подчинилась тому, что ей казалось неизбежным. Мало того. Люди прямо стали бояться того, что эти полумошенники-полудураки упрекнут их в непонимании искусства. Как будто в самом деле отказаться понимать продукцию дегенератов и наглых обманщиков может быть зазорным для честного человека. Эти, с позволения сказать, новаторы имели в своем распоряжении очень простое средство для доказательства, насколько "велики" их творения. Все совершенно непонятное и просто сумасшедшее в их произведениях они рекламировали перед изумленным человечеством как продукт "внутренних переживаний". Этим дешевым способом господа эти избавляли себя от всякой критики. Боясь, чтобы ее не обвинили в непонимании "новейшего" искусства, интеллигенция молча примирялась с самыми гнусными насмешками над искусством и в конце концов она и в самом деле потеряла всякий правильный критерий художественных оценок.

Все же это вместе взятое несомненно являлось симптомом наступающей недоброй эпохи.

* * *

Одним из печальных симптомов было еще следующее.

В течение XIX столетия наши города все больше стали терять характер центров культуры и все больше превращались просто в места скопления людей. Современный пролетариат больших городов имеет совершенно ничтожную связь с городом, где он временно проживает. Это результат того, что для рабочего дело идет действительно только о временном местопребывании и ни о чем больше. Частью это вытекает из всей социальной обстановки, вынуждающей человека все вновь и вновь менять свое местожительство и не оставляющей ему таким образом времени по-настоящему связаться со своим городом. Но с другой стороны, причину этого явления приходится видеть и в том, что современный наш город вообще все больше теряет свое культурное значение и становится беднее культурными ценностями.

Еще в эпоху освободительных войн Германия обладала только небольшим количеством городов, да и города эти были скромны по размеру. Немногие существовавшие тогда в Германии действительно большие города играли роль преимущественно резиденций и в качестве таковых почти всегда представляли собою известную культурную ценность да и внешне являли собою нечто художественно законченное. Если сравнить тогдашние несколько городов, насчитывавших больше 50 тысяч жителей, с нынешними городами, имеющими такое же количество жителей, то мы увидим, что тогдашние города действительно обладали большими научными и художественными сокровищами. Когда в Мюнхене было только 60 тысяч жителей, город этот на деле являлся уже одним из наиболее важных художественных центров Германии. Теперь почти каждый фабричный городишко насчитывает такое же число жителей, а иногда и в несколько раз больше, и тем не менее не обладает даже намеком на ценности такого рода. Это просто наемные казармы для житья и ничего больше. При таком характере современных городов никакая интимная связь с данным центром и возникнуть не может. Ни один человек не почувствует особой привязанности к городу, который решительно ничем не отличается от других городов, в котором нет ни одной интимной индивидуальной черты и который старательнейшим образом избегает всего того, что хоть сколько-нибудь напоминает искусство.

Мало того. По мере роста народонаселения даже наши действительно великие города становятся относительно беднее по своим художественным ценностям. И эти города нивелируются все больше. В конце концов они представляют собою ту же картину, что и несчастные фабричные города, только в увеличенном размере. То, что новейшая история прибавила в смысле культурного содержания нашим большим городам, совершенно недостаточно. Все наши города в сущности живут только за счет славы и сокровищ прошлого. Попробуйте изъять из нынешнего Мюнхена все то, что было собрано уже при Людвиге I, и вы с ужасом увидите, как ничтожно мало все то, что мы приобрели в смысле художественных произведений с этого времени. То же самое можно сказать относительно Берлина и большинства других крупнейших городов.

Но самым существенным является следующее. Ни один из наших крупнейших городов не обладает такими памятниками, которые господствовали бы над всем городом и которые можно было бы рассматривать, как символ всей эпохи. Совсем другое города древности. Там каждый город обладал каким-нибудь особенным памятником, являвшимся монументом его гордости. Античные города характеризовались не частными постройками, а памятниками, представлявшими общее достояние, - памятниками, которые были предназначены не для данной только минуты, а на века. В этих памятниках воплощалось не просто богатство одного лица, а величие общества. Вот почему в античном городе отдельный житель действительно привязывался к своему местожительству. Античный город обладал такими притягательными средствами, о которых мы сейчас не имеем и понятия. Житель этого города имел перед глазами не более или менее жалкие дома отдельных домовладельцев, а роскошные здания, принадлежавшие всему обществу. По сравнению с этими замечательными строениями собственные жилища получали только подчиненное значение.

Если сравнить громадные размеры государственных зданий античных городов с их тогдашними домами для жилья, то приходится только изумляться, с какой силой подчеркивался тогда принцип приоритета общественных построек. Мы и сейчас еще любуемся обломками и руинами античного мира, но ведь не надо забывать, что это руины не больших магазинов, а дворцов и государственных построек, т. е. руины таких строений, которые принадлежали всему обществу, а не отдельным лицам. Даже в истории Рима позднего времени первое место среди его роскоши принадлежало не виллам и дворцам отдельных граждан, а храмам, стадионам, циркам, акведукам, теплым источникам, базиликам и т.д., т.е. тем строениям, которые являлись собственностью всего государства, всего народа.

Даже германское средневековье придерживалось того же руководящего принципа, хотя художественные представления этой эпохи были совсем другие. То, что в эпоху древности находило себе выражение в акрополе или пантеоне, теперь приняло форму готического храма. Эти монументальные строения возвышались как исполины над сравнительно небольшим количеством деревянных и кирпичных домов средневекового города. Они и теперь еще возвышаются над современными жилыми казармами и накладывают свой отпечаток на всю внешность данного города. Храмы, башни, ратуши, мюнстеры выражали стиль тогдашней эпохи и в последнем счете вели свое происхождение от эпохи древности.

Ну, а посмотрите, какое жалкое соотношение существует теперь между государственными строениями и частными домами. Если бы современный Берлин постигла судьба древнего Рима, то наши потомки должны были бы придти к выводу, что самые крупные наши здания были либо универсальные магазины, принадлежавшие евреям, либо громадные отели, принадлежавшие целым группам собственников. Сравните в самом деле соотношение, существующее хотя бы в Берлине между постройками государственного характера и зданиями, принадлежащими финансистам и купцам.

Самые средства, отпускаемые на строительство зданий государственного характера, совершенно ничтожны и прямо смешны. Мы строим здания не на века, а большею частью только для потребности минуты. Ни о какой мысли более высокого характера нет и речи. Ведь берлинский дворец для своего времени являлся строением куда более высокого значения, чем, скажем, теперь здание нашей новой библиотеки. На постройку одного броненосца мы отпускаем 60 миллионов. На постройку же здания нового рейхстага, первого роскошного здания республики, которое должно иметь значение в течение веков, не дали даже половины этих средств. Когда возник вопрос о том, как украсить это здание изнутри, то высокое собрание вынесло постановление, что не надо для этого употреблять камня, а хватит и гипса. На этот раз впрочем господа парламентарии были правы: людям с гипсовыми головами не пристало сидеть в стенах, украшенных камнями.

Нашим городам таким образом не хватает именно того, что особенно ценно для народа. Не приходится поэтому удивляться, что народ не находит в современных городах то, чего в них нет. Дело неизбежно доходит до полного запустения городов. Полная безучастность современного жителя крупного города к судьбе своего города является только выражением этого запустения.

Все это тоже является симптомом нашей культурной деградации и общего нашего краха. Эпоха наша задыхается в мелких вопросах мелкой "целесообразности" или, лучше сказать - в денежном рабстве. Тут уж не приходится удивляться, что такая обстановка оставляет очень мало места для героизма. Современность пожинает лишь то, что посеяла недавно прошедшая эпоха.

* * *

Все эти симптомы распада в последнем счете являлись результатом неправильного миросозерцания. Из этих неправильностей вытекала неуверенность людей в их оценке и отношении к тем или другим крупным вопросам. Отсюда вся эта половинчатость и колебания, начиная с вопросов воспитания. Каждый боится ответственности, каждый готов трусливо примириться с тем, что считает вредным. Болтовня о "гуманности" становится модой. С болезненными явлениями не решаются бороться. Мы щадим отдельных людей и в то же время приносим в жертву будущее миллионов. Насколько далеко зашел этот процесс распада, показывает положение дел в области религии. Здесь также не было уже прежнего единого здорового и целостного взгляда на вещи. Не в том беда, что от церкви открыто отходило некоторое количество прежних сторонников ее. Гораздо хуже было то, что теперь страшно возросла масса равнодушных. И католики и протестанты содержали специальные миссии в Азии и Африке с целью вербовки на сторону своей религии туземцев - с очень небольшим успехом по сравнению в особенности с успехами магометанской веры. Но вербуя себе сторонников в Азии и Африке, религия в самой Европе теряла миллионы прежде убежденных сторонников, теперь либо отвернувшихся от религии вовсе, либо пошедших своими особыми путями. Такие результаты конечно нельзя не признать плохими, в особенности под углом зрения нравственности.

Нельзя не отметить также усилившуюся борьбу против догматов каждой из церквей. Что ни говори, а в нашем мире религиозные люди не могут обойтись без догматических обрядностей. Широкие слои народа состоят не из философов: для массы людей вера зачастую является единственной основой морально-нравственного миросозерцания. Пущенные в ход суррогаты религии не дали успеха. Уже из одного этого следует, что заменять ими прежние религиозные верования просто нецелесообразно. Но если мы хотим, чтобы религиозные учения и вера действительно господствовали над умами широких масс народа, то мы должны добиваться того, чтобы религия пользовалась безусловным авторитетом. Присмотритесь к обычной нашей жизни и условностям ее. Сотни тысяч умственно более высоко развитых людей отлично проживут и без этих условностей. Для миллионов же людей условности эти совершенно необходимы. Что для государства его основные законы, то для религии ее догмы. Только благодаря догмату религиозная идея, вообще говоря, поддающаяся самым различным истолкованиям, приобретет определенную форму, без которой нет веры. Вне определенных догматов церкви религия оставалась бы только философским воззрением, метафизическим взглядом, не больше. Вот почему борьба против догматов церкви есть примерно то же самое, что борьба против основных законов государства. Последняя приводит к государственной анархии, первая - к религиозному нигилизму.

Политику приходится прежде всего думать не о том, что данная религия имеет тот или другой недостаток, а о том, есть ли чем заменить эту хотя и не вполне совершенную религию. И пока у нас нет лучшей замены, только дурак и преступник станет разрушать старую веру.

Немалая ответственность лежит на тех, кто к религиозным воззрениям припутывает земные дела, тем самым только обостряя ненужный конфликт между религией и так называемыми точными науками. Победа тут почти всегда достается точным наукам, хотя конечно и не без долгой борьбы. Религия же неизбежно потерпит тяжелый ущерб в глазах всех тех, кто не может подняться выше чисто внешнего знания.

Но самый большой вред приносят те, кто злоупотребляет религией в чисто политических целях. Нельзя найти достаточно резких слов против этих жалких мошенников, делающих из религии политический гешефт. Эти наглые лжецы во весь голос - дабы их услышал весь мир - выкрикивают свой символ веры. Но вера нужна им не для того, чтобы в случае чего умереть за нее, а для того чтобы при посредстве ее устроиться получше в жизни. Они целиком продадут веру, если этого требует тот или другой политический ход, сулящий соответствующую земную награду. Ради десяти парламентских мандатов они объединятся с марксистами, являющимися смертельными врагами всякой религии. Ну, а за министерский портфель они объединятся с самим чертом, если только у этого последнего не будет достаточной брезгливости, чтобы послать подальше таких "защитников" религии.

Если в Германии уже до войны в религиозной сфере были довольно неприятные симптомы, то это приходится приписать тем злоупотреблениям, какие позволила себе так называемая "христианская" партия. Разве это не бесстыдство - построить всю свою позицию на отождествлении католической веры с одной определенной политической партией?

Эта фальсификация имела роковые последствия. Отдельные никому не нужные "политики" обеспечили себе на этих путях парламентские мандаты, но церковь понесла при этом громадный урон.

Расплачиваться за это пришлось всей нации. В эту эпоху основы религии и без того зашатались, ибо мы вступили в такой период, когда все и вся пришло в неуверенное состояние, когда надвигалась катастрофа для всех традиционных понятий морали и нравственности.

Все это тоже были трещины в нашем народном организме. Они могли казаться не особенно опасными до того времени, когда наступил момент испытания. Но эти трещины неизбежно должны были привести к роковым последствиям в такую пору, когда все решалось в зависимости от внутренней силы и крепости самого народа.

* * *

Внимательный глаз не мог не заметить, что и в сфере политики наметились опасные явления, которые, если их не устранить или по крайней мере ослабить, тоже неизбежно должны были привести к распаду государства.

Для всякого, кто имел глаза, чтобы видеть, ясна была полная бесцельность как внутренней, так и внешней политики Германии. Политика компромиссов внешним образом как будто подтверждала старые принципы Бисмарка, сказавшего, как известно, что "политика есть только искусство достигать возможного". Но между Бисмарком и канцлерами позднейшего времени была маленькая разница. В устах последних эти слова звучали совершенно по-иному. Бисмарк хотел сказать только то, что для достижения определенной политической цели хороши все возможности и всеми ими необходимо воспользоваться. Преемники же Бисмарка стали истолковывать приведенные слова в том смысле, что Германия может торжественно отказаться от какой бы то ни было политической идеи вообще. Крупных политических целей для этих руководителей государства в данный период времени действительно как бы не существовало. Для этого им не хватало основ законченного миросозерцания, не хватало элементарного понимания законов развития, определяющих ход политической жизни вообще.

Конечно в Германии нашлись все же люди, которые видели, насколько безыдейна и хаотична политика государства, которые отдавали себе отчет в том, что такая слабая и пустая политика непременно приведет к плохим последствиям. Но это были люди, стоявшие в стороне от активной политики. Официальные же руководители правительства были беззаботны. Политика крупных государственных деятелей других стран - скажем, Чемберлена старшего - для них совершенно не существовала, как впрочем не существует и до сих пор. Люди эти были, с одной стороны, слишком глупы, а с другой стороны, обладали чрезмерным самомнением, чтобы чему-нибудь учиться у других.

Уже в довоенное время для многих было ясно, что как раз то учреждение, которое предназначено воплощать и укреплять государство, на деле стало фактором ослабления его. Мы говорим о парламенте, о рейхстаге. Трусость и полное отсутствие чувства ответственности идеально дополняли тут друг друга.

Частенько приходится теперь слышать глупость, что "со времени революции парламентаризм в Германии потерял свое великое значение". Из такой оценки явно вытекает та мысль, будто до революции дело обстояло лучше. В действительности институт парламентаризма ничего кроме вреда приносить не может вообще, и вред этот был налицо уже и тогда, когда у многих были шоры на глазах, а другие сознательно закрывали глаза, чтобы не видеть. Если Германия потерпела столь тяжелый крах, то добрая доля вины за это лежит на парламентаризме. Если Германия не потерпела катастрофы еще гораздо раньше, то это не благодаря рейхстагу, а благодаря тому сопротивлению, которое в довоенные годы еще оказывалось могильщикам немецкой нации.

Из всего того бесчисленного зла и вреда, который рейхстаг причинял государству, остановлюсь только на одном примере, который однако вытекает из самой сути этого безответственнейшего института всех времен. Я говорю о неслыханной половинчатости и слабости всего политического руководства судьбами государства как в области внутренней, так и в области внешней политики. Вина за эту половинчатость лежит прежде всего именно на рейхстаге. А ведь именно эта половинчатость была главной причиной нашей политической катастрофы.

Все, что только хоть немного зависело от парламента, какую бы область мы ни взяли, - все это насквозь было проникнуто половинчатостью.

Слаба и половинчата была наша внешняя политика. Желая мира, мы на деле держали курс на войну.

Слаба и половинчата была наша польская политика. Поляков дразнили, а серьезного удара не нанесли ни разу. В результате мы не получили победы немцев и не достигли замирения поляков. Зато усиливались враждебные отношения с Россией.

Слаба и половинчата была политика в эльзас-лотарингском вопросе. Обстановка требовала, чтобы мы ударили кулаком по голове французской гидры, раздавили эту гидру, а затем предоставили эльзасцам равноправие. Мы же не сделали ни того, ни другого. Да мы и не могли этого сделать, поскольку в рядах наших крупнейших партий находились крупнейшие изменники - например в партии центра господин Веттерлэ.

Все это еще было более или менее терпимо, если бы жертвой этой половинчатости не стала та главная сила, от которой зависело все существование нашего государства - я говорю об армии.

Одного того, что учинил так называемый "германский рейхстаг" в этой области, вполне достаточно, чтобы проклятия немецкой нации преследовали его на вечные времена. Из самых низменных мотивов эта партийно-политическая парламентская сволочь вырвала из рук нашего народа, украла у него орудие защиты страны, долженствовавшее стать оплотом свободы и независимости государства. Если бы сейчас могли раскрыться бесчисленные немецкие могилы фландрских равнин, оттуда восстали бы окровавленные тени сотен тысяч лучших сынов Германии, павших жертвой бессовестности этих парламентских преступников, погнавших нашу молодежь на смерть без того, чтобы дать ей возможность вовремя получить надлежащую военную подготовку. Жизнью этой прекрасной молодежи, миллионами калек и убитых заплатило отечество только за то, чтобы несколько сот обманщиков народа могли невозбранно заниматься своими политическими мошенничествами, шантажом или в лучшем случае тупоумным экспериментированием на живом теле народа.

В то время как через свою марксистскую и демократическую прессу евреи на весь мир распространяли пресловутую ложь о германском "милитаризме" и тем отягощали положение Германии, марксистские и демократические партии в рейхстаге всеми силами мешали надлежащей реорганизации наших военных сил. Всем было ясно, что в случае войны драться придется всей нации. Казалось бы, что тем большим преступлением было тормозить реорганизацию армии. И все-таки этим преступникам удалось добиться того, чтобы миллионы немцев вынуждены были пойти на фронт, не получив достаточной военной подготовки. Но если даже отвлечься от неслыханной бессовестности парламентских мошенников, ясно, что недостаточное количество вполне обученных солдат могло привести нас к краху уже в самом начале войны. Ход военных действий много раз подтверждал наличие такой опасности.

Потеря нами войны за свободу и независимость немецкой нации была только результатом половинчатости и слабости в деле подготовки наших военных сил - половинчатости, которая проникла во все области нашей жизни уже в довоенные годы.

* * *

Сухопутной армии мы не давали достаточного количества надлежаще обученных рекрутов. Во флоте тоже господствовала половинчатость. Преступники старались лишить и это важнейшее оружие национальной защиты его главной ценности. Еще хуже было то, что яд половинчатости проник и в самое руководство флота. Во флоте упрочилась тенденция все наши военные суда строить так, чтобы размеры их всегда несколько уступали размерам аналогичных судов англичан.

На деле меньшие размеры немецких кораблей означали то, что и быстроходность и вооружение этих кораблей были соответственно меньше. Фразы, при посредстве которых пытались прикрыть этот факт, обнаруживали очень печальный недостаток логики в тех сферах, которые отвечали за это дело до войны. А именно: нас стали утешать тем, что материал, из которого мы, немцы, строим свои пушки, настолько превосходит английский материал, что по силе наша 28-сантиметровая пушка нисколько не уступает английской пушке в 30,5 см.

Казалось бы, из этого следовал совершенно другой практический вывод. Раз так, то и мы должны были строить пушки в 30,5 см, ибо ведь нашей целью было стать сильнее противника, а не только уравнять свои силы с ним. Иначе зачем же нам было приобретать для сухопутных войск 42- сантиметровую мортиру? Ведь наша немецкая 21-сантиметровая мортира сама по себе была уже сильнее всех тогда существовавших французских дальнобойных орудий. А что касается крепостей, то они вероятно поддались бы и орудиям в 30,5 см. К счастью однако, руководители нашей сухопутной армии не делали той ошибки, какую сделали руководители флота.

Отказ от борьбы за превосходство в быстроходности флота и в силе артиллерийского огня теснейшим образом связан был с так называемой "идеей риска". Отказавшись от этих преимуществ, руководители флота тем самым отказались от наступательной тактики и с самого начала ограничили себя тактикой обороны. Но этим мы сами связали себе руки и лишили себя возможности успеха, ибо наступление всегда было и останется лучшей тактикой.

Более быстроходное и лучше вооруженное судно всегда сумеет использовать свое превосходство для того, чтобы пустить ко дну противника с более далекого расстояния. Целый ряд наших крейсеров с горечью должны были в этом убедиться во время войны. Насколько неправильна была политика руководителей нашего морского ведомства, видно хотя бы уже из того, что уже во время войны нам пришлось наскоро перевооружать старые суда и лучше вооружать новые суда.

Если бы к моменту морского боя в Скагераке немецкие суда обладали тем же водоизмещением, вооружением и быстроходностью, что и английский флот, мы наверняка пустили бы ко дну суда противника, которые в этом случае не выдержали бы превосходных сил нашего огня, ибо наша 38- сантиметровая граната была сильнее английской.

Япония избрала в свое время другую тактику. Японцы придерживались того принципа, что каждое воздвигаемое ими новое судно должно иметь хотя бы небольшие преимущества по сравнению с любым аналогичным судном противника. Отсюда впоследствии вытекло то, что японцы могли применить наступательную тактику.

Руководители флота бесспорно обнаружили известную парламентскую ловкость во время мира, когда дело шло о том, чтобы получать соответствующие средства на постройку флота. Но зато впоследствии язва парламентаризма проникла также и в дело самого построения флота, где руководиться надо было чисто военными, а вовсе не парламентскими соображениями. Слабость и половинчатость, недостаточная логичность мышления, характерные для парламентаризма как института теперь, к сожалению окрасили всю деятельность нашего морского ведомства.

Сухопутная армия, как мы уже отметили, убереглась от этого принципиально неверного хода идей. Людендорф, тогда только полковник большого генерального штаба, повел отчаянную борьбу против преступной половинчатости и слабости, которую обнаруживал рейхстаг при рассмотрении всех вопросов, связанных с организацией сухопутной армии. Если борьба, которую провел тогда этот офицер, тем не менее оказалась напрасной, то вину за это несет, с одной стороны, парламент, а с другой, в еще большей мере, рейхсканцлер Бетман-Гольвег, который вел себя самым жалким образом. Но это конечно не мешает теперь действительным виновникам германской катастрофы взваливать ответственность на того человека, который один только вовремя достаточно решительно выступал против забвения коренных интересов нации. Одним обманом больше или меньше - не все ли равно для этих прирожденных обманщиков.

Когда подумаешь о том, к каким бесчисленным жертвам привело преступное легкомыслие этих безответственнейших субъектов; когда перед глазами твоими проходят бесчисленные массы калек; когда вспомнишь о безграничном позоре, о бесчисленных страданиях, постигших нас, и когда еще и еще раз скажешь себе, что ведь все это было результатом только преступных действий горсточки бессовестных карьеристов, добивавшихся министерских портфелей, - тогда всех этих субъектов не назовешь иначе, как мошенниками, негодяями и преступниками. Для чего же тогда существовали бы в нашем словаре эти слова, если не для характеристики подобных мерзавцев. Ведь по сравнению с этими предателями нации любой сутенер еще является человеком чести.

Когда дело шло о бедах, слишком уж бросавшихся в глаза, тогда о них еще иной раз говорили открыто. В этих случаях неприятную правду не скрывали и от широких масс. Во всех же других случаях стыдливо замалчивали зло, а иногда и просто отрицали его существование. И это в то время, когда только открытая постановка вопроса могла еще, быть может, привести к улучшению. Руководители государства совершенно не отдавали себе отчета в том, какое значение имеет пропаганда. Только евреи понимали, что умная и хорошо поставленная пропаганда может превратить в представлении народа самый ад в рай и наоборот. Еврей это понимал и соответственным образом действовал, немец же или, лучше сказать, его правительство не имело об этом ни малейшего представления.

За это мы больше всего поплатились во время войны.

* * *

Мы указали выше целый ряд отрицательных явлений. Можно было бы привести еще бесчисленное множество других недостатков. Необходимо, однако иметь в виду, что этим недостаткам в довоенное время противостояли также и многие преимущества. Если рассудить справедливо, то придется признать, что большинство наших недостатков были свойственны также и другим народам, между тем как наших преимуществ у них зачастую не было.

Главнейшим нашим преимуществом было то, что наш народ в большей степени, чем любой другой европейский народ, стремился сохранить национальный характер своего хозяйства и, несмотря на некоторые худые предзнаменования будущего, в настоящем подчинялся интернациональному финансовому контролю в меньшей мере, нежели другие страны. Правда, это преимущество таило в себе и известные опасности; оно-то и стало одним из важнейших факторов, приведших впоследствии к мировой войне.

Если отвлечься от этого и некоторых других обстоятельств, то мы должны будем придти к выводу, что довоенная Германия обладала в основном тремя крупнейшими преимуществами, в своем роде образцовыми и ставившими тогда Германию в известных отношениях на недосягаемую высоту.

Это относится и к форме правления как таковой и к тому выражению, которое эта форма правления получила в Германии в новейшую эпоху.

Мы можем тут свободно отвлечься от личных качеств отдельных монархов. В качестве людей они конечно были подвержены целому ряду человеческих слабостей. Если не быть снисходительным к человеческим слабостям, тогда пришлось бы вообще отчаяться в нашем мире. Попробуйте-ка подойти с этим критерием к виднейшим представителям нынешнего нашего режима. Ведь ясно, что с точки зрения личных качеств эти люди не отвечают даже самому скромному минимуму требований. Кто стал бы судить о "ценности" германской революции по личным качествам тех "вождей", которых революция с ноября 1918 г. дарит Германии, тому пришлось бы покрыть свою голову пеплом и сгореть от стыда в предчувствии того уничтожающего приговора, который вынесут нам будущие поколения. Ведь будущим поколениям никак нельзя будет заткнуть рот специальным законодательством "о защите республики", и будущие поколения выскажут вслух то, что все мы уже теперь думаем о наших, с позволения сказать, вождях и об их более чем сомнительных добродетелях.

Нет сомнения в том, что монархия чуждалась известных слоев нации и прежде всего широких слоев народа. Это был результат того, что наших монархов окружали далеко не всегда самые дальновидные и самые честные люди. К сожалению, монархи наши иногда больше любили окружение льстецов, нежели окружение честных и стойких людей. Это приносило особенно большой вред в такие времена, когда народная психология менялась очень быстро, когда народ начинал скептически относиться к старым придворным традициям монархии.

Так например на рубеже XX столетия на среднего рядового обывателя производило далеко невыгодное впечатление, когда он видел принцессу, разъезжающую верхом в военном мундире. При дворе, по-видимому, совершенно не отдавали себе отчета в том, насколько неприятно действует такое зрелище, иначе таких парадов не стали бы допускать. Неприятно действовала также и не вполне искренняя филантропия, исходившая из придворных кругов. Если например та или другая принцесса иногда снисходила к тому, чтобы отправиться в народную столовую и попробовать там обед для бедных, чтобы затем объявить, что обед превосходен, то может быть в стародавние времена это и нравилось массе, а в начале XX века это действовало уже отталкивающе. Все прекрасно отдавали себе отчет в том, что высокая особа не понимает того простого факта, что приезд ее был известен заранее и обед в этот день был изготовлен совсем иной, нежели обычно. Народ прекрасно это понимал, и этого было достаточно.

Люди только смеялись, а иногда и раздражались по поводу таких вещей.

Посмеивались также и над постоянными россказнями в газетах о том, насколько умеренную жизнь ведет наш монарх, как рано он встает, как работает он в поте лица с утра до вечера, да к тому же его пища недостаточно питательна. Народ уже вырос. Его очень мало интересовал вопрос о том, сколько именно кушает наш монарх. Никто не отказывал монарху в праве получить сытный обед. Никто также не хотел лишить его необходимого досуга для сна. Люди хотели немногого: чтобы их монарх был человеком честным и мужественным, чтобы он достойно оберегал честь нации и вообще добросовестно выполнял свои обязанности правителя. Старые же россказни приносили не пользу, а вред.

Все это были еще только мелочи. Хуже было то, что в самых широких кругах нации укоренилось убеждение: все равно за нас все дела решают там наверху, поэтому нечего и нам заботиться о делах.

Пока правительство действительно вело правильную политику или по крайней мере было воодушевлено хорошими желаниями, это было еще с полбеды. Но горе, если на место старого хорошего правительства приходило новое, менее подходящее. В этом случае безвольная покорность и детская вера являлись уже причиной тяжелых бед.

Тем не менее, как мы уже сказали, рядом с этими слабостями Германия имела и ряд бесспорных преимуществ.

Монархическая форма управления обеспечивала известную стабильность всего государственного руководства. Она изымала по крайней мере высших носителей власти из круга честолюбивых политиков. Институт монархии издавна пользовался уважением и авторитетом. Вторым нашим преимуществом было то, что Германия обладала превосходным корпусом государственного чиновничества. И, наконец третьим и главным преимуществом являлось то, что армия наша стояла над уровнем каких бы то ни было партийно-политических обязательств. К этому надо прибавить еще и то преимущество, что образ единоличного монарха все еще будил и укреплял чувство личной ответственности - во всяком случае в гораздо большей степени, нежели в тех странах, где носители власти сменялись с кинематографической быстротой. Все это вместе взятое и придавало немецкой администрации порядочность и чистоту, признававшуюся всеми. Наконец и культурное значение монархии для немецкого народа было очень велико. Оно вполне перевешивало все ее недостатки. Немецкие резиденции все еще являлись крупными художественными центрами, чего совершенно нельзя сказать о нашей нынешней погрязшей в материализме, эпохе. То, что немецкие князья сделали для искусства и науки в течение XIX в., было образцово. Во всяком случае наша современность совершенно не может идти в этом отношении ни в какое сравнение.

* * *

Но самым важным из положительных факторов этого времени, когда распад народного организма прогрессировал еще только медленно, являлась конечно армия. Недаром ненависть всех врагов Германии направлялась прежде всего против нашей армии, главной защитницы нашей свободы и национального самоутверждения. Армия наша была в те времена самой могучей школой для всей немецкой нации. Лучшим памятником для нашей старой армии является констатирование той истины, что германскую армию ненавидели, преследовали оскорблениями, забрасывали грязью все враги, но вместе с тем и боялись ее. Что армия наша являлась главным оплотом свободы и главной нашей защитой перед властью биржи, это видно уже из того, с какой жадностью версальские ростовщики набросились прежде всего именно на германскую армию. Если бы не могущество нашей армии, версальская петля затянулась бы на шее нашего народа еще гораздо раньше. Если захотеть с полной точностью сказать, чем же именно обязан немецкий народ своей армии, то это можно будет выразить одним словом: всем! В нашей армии воспитывалось еще чувство ответственности в такую пору, когда это свойство стало уже совсем редким, когда все старались уйти от ответственности, вдохновляясь прежде всего примером парламента, который являлся образцом полного отсутствия какой бы то ни было ответственности. В нашей армии воспитывалось чувство личного мужества в такой период, когда трусость свирепствовала повсюду и когда готовность пожертвовать собою в интересах общего блага рассматривалась уже почти как глупость, а умным считался лишь тот, кто больше всего думал о своем собственном "я". Армия наша была той школой, в которой немец учился видеть благо народа в его силе и единстве, а не в лживых фразах об интернациональном братстве с неграми, китайцами, французами, англичанами и т.д.

Армия наша воспитывала в людях дух решимости в такую пору, когда знамением времени являлись отсутствие решимости и вечные колебания. Армия учила тому, что определенный приказ всегда лучше, чем полное отсутствие твердых указаний.

Это было уже кое что в такую пору, когда тон задавали сомнительные умники. Уже в одном этом был кусок настоящей здоровой народной мудрости, от которой вообще не осталось бы и следа, если бы наша армия не была бы непрерывным источником здоровья. Сравните это с теперешней просто ужасающей нерешительностью наших правящих кругов. Нынешние наши правители находят в себе силу решимости только тогда, когда дело идет о подписании какого-либо продиктованного нам нового разорительного договора. Когда дело идет о каком-нибудь новом грабеже Германии, тогда правительство быстро решается подписать "соглашение", конечно слагая с себя в то же время всякую ответственность. В этих случаях "ответственные" правители выполняют роль простых парламентских стенографов, которые всегда ведь пишут только то, что им диктуют.

Армия наша воспитывала людей в идеализме и в чувстве преданности великой родине в такое время, когда все кругом у нас погрязло в жадности и материализме.

Армия воспитывала нас в преданности идее национального единства в такое время, когда кругом шла уже ожесточенная борьба классов. Единственной ошибкой, быть может было введение института вольноопределяющихся с годовым сроком службы. Это было ошибкой потому, что здесь нарушался принцип безусловного равенства и люди с лучшим образованием опять попадали в несколько обособленное положение, между тем как интерес дела требовал обратного. Наши верхние слои и без того уж достаточно оторвались от народа. На армию оказало бы особенно благотворное влияние, если бы в ее рядах не было этого разделения. Что мы не провели этого принципа, было ошибкой. Но где же не бывает ошибок. В армии нашей настолько преобладало хорошее, что ее немногие недостатки отступали на задний план.

Но самой большой заслугой нашей старой армии было то, что она не допускала торжества принципа "большинства" над значением отдельной личности, что ясная голова в ее рядах ценилась больше, нежели мнение "большинства". В противовес еврейской демократической идее слепого поклонения "количеству" армия твердо отстаивала веру в гений единиц. Вот почему только в армии тогда и воспитывались такие люди, которые больше всего были нам нужны. Из армии выходили настоящие мужи. В то время как кругом произрастали только размагниченные существа и бабы, армия каждый год выпускала из своих рядов 350 тысяч молодых людей в расцвете сил и здоровья - людей, которые в течение своей двухлетней службы из неокрепших юношей превратились в стальных бойцов. Наши солдаты, привыкшие в течение двух лет слушаться приказа, по окончании службы умели также и приказывать. Старого солдата можно было узнать уже по одной походке.

Такова была лучшая школа немецкой нации. И недаром же на ней концентрировалась яростная ненависть всех тех, кто из жадности, зависти или собственного бессилия стремился к тому, чтобы дорогие сограждане оставались как можно более безоружны. То, чего в своем ослеплении или по злой воле не понимали многие немцы, отлично было понято всем остальным миром: немецкая армия являлась самым могущественным орудием немецкого народа в его борьбе за свободу и пропитание его детей.

* * *

Наряду с ролью монархии и ролью армии необходимо отметить еще благодетельную роль нашего несравненного корпуса государственных служащих; Германия была страной лучшей организации и лучшей администрации во всем мире. О нашем государственном чиновнике говорили, что он старомоден и немножко бюрократ. Но в этом отношении в других странах дело обстояло не лучше, а скорее хуже. А вот чего не хватало другим государствам, так это той изумительной солидности всего аппарата и абсолютной неподкупности чиновников, которые отличали Германию. Уж лучше, чтоб чиновник был несколько старомоден, но зато безусловно честен и предан делу, чем если этот чиновник выглядит весьма "современно", но зато отличается невежеством да еще изрядно развращен. Если нам теперь часто говорят, что наша администрация в довоенное время состояла хотя и из хороших бюрократов, но зато из плохих хозяйственников, то мы на это отвечаем: пусть нам укажут другую страну в мире, которая поставила бы, скажем, свое железнодорожное хозяйство на такую высоту, как это было в Германии. Только германской революции впоследствии удалось в результате длительных усилий настолько разложить этот прекрасный аппарат, что потом уже можно было его "социализировать", т.е. отнять железные дороги у народа и передать их интернациональному биржевому капиталу, действительному вдохновителю германской революции.

Что особенно выделяло довоенный корпус государственных чиновников и весь административный аппарат, так это их независимость по отношению к правительству. В те времена правительство не оказывало никакого давления на политические взгляды немецкого государственного чиновника. Только со времени революции все это радикально переменилось. Теперь от чиновника требуют не знаний, не умения, а только принадлежности к определенной партии. Теперь люди с самостоятельным независимым характером не нужны: они только мешают.

Громадная сила довоенной Германии держалась, таким образом, на монархии, армии и корпусе государственных чиновников. Из этих трех источников государство черпало ту силу, которой ей сейчас больше всего не хватает, а именно - государственный авторитет! Подлинный авторитет государства покоится на всеобщем доверии к руководителям государства и к его администрации, а не на болтовне в рейхстагах и ландтагах и не на специальных законах, долженствующих "защитить" республику от какой бы то ни было критики. Всеобщее доверие граждан может быть только результатом всеобщего непоколебимого убеждения в бескорыстии и чистоте правительственных намерений и в честности всех административных органов страны. Это всеобщее доверие возникает лишь тогда, когда государственное законодательство вполне отвечает всеобщему чувству справедливости, ибо при помощи голого насилия ни одна правительственная система долго не продержится. Прочность системы возможна только как результат всеобщего доверия к правдивости и честности тех, кто призван защищать интересы народа.

* * *

Итак, хотя довоенную Германию разъедали уже довольно тяжелые внутренние болезни, не следует все же забывать того обстоятельства, что и другие государства не в меньшей степени были поражены этими болезнями и тем не менее в критическую минуту выдержали испытание, не ставши жертвами катастрофы. Если же мы припомним, что рядом с этим довоенная Германия имела еще очень сильные стороны, то мы неизбежно должны будем придти к тому выводу, что действительную причину германской катастрофы следует искать в чем-то другом. Так оно и есть.

Самая важная и самая глубокая причина краха старой германской империи заложена была в непонимании значения расовой проблемы и ее великой роли во всем историческом развитии народов. Ибо все наиболее крупные события в жизни народов являются не продуктом случайности, а закономерно вытекают только из неудержимого стремления каждого народа к сохранению и размножению вида и расы. Люди не всегда отдают себе в этом ясный отчет, но тем не менее это так.

ГЛАВА XI

НАРОД И РАСА

Есть на свете много истин, казалось бы, совершенно очевидных, и тем не менее именно в силу их очевидности люди зачастую их не замечают или, во всяком случае, не понимают их значения. Мимо таких самоочевидных истин люди иногда проходят как слепые, а затем бывают чрезвычайно удивлены, когда кто-либо внезапно откроет то, что, казалось бы, все должны были знать. Куда ни кинешь взглядом, всюду тысячи колумбовых яиц, а вот самих-то Колумбов в жизни встречается совсем мало.

Все без исключения люди каждый день так или иначе общаются с природой, знакомятся с ее тайнами и воображают, что им понятно почти все, а между тем за единичными редкими исключениями люди совершенно слепо проходят мимо одного из важнейших явлений, связанных с их собственным бытием: а именно, люди совершенно не замечают, что все живущее на земле строго разделено на отдельные замкнутые в себе группы, из которых каждая представляет отдельный род или вид.

Уже при самом поверхностном наблюдении нельзя не заметить тот почти железный закон, что хотя жизненная энергия природы почти безгранична, формы размножения и продолжения рода и вида очень ограничены. Каждое животное спаривается только со своим товарищем по роду и виду. Синичка идет к синичке, зяблик к зяблику, скворец к скворчихе, полевая мышь к полевой мыши, домашняя мышь к домашней мыши, волк к волчице и т.д.

Изменить это могут только какие-либо чрезвычайные обстоятельства, прежде всего например обстановка лишения свободы или какие-нибудь другие обстоятельства, мешающие спариванию в пределах одного и того же рода и вида. В этих случаях природа тут же начинает оказывать сопротивление и выражает свой протест либо тем, что отказывает этим животным в способности к дальнейшему размножению или ограничивает рождаемость следующих поколений этих ублюдков. В громадном же большинстве случаев природа лишает этих ублюдков силы сопротивления болезням и нападению врагов. Это вполне естественно. В результате скрещения двух существ, стоящих на различных ступенях развития, неизбежно получается потомство, ступень развития которого находится где- то посередине между ступенями развития каждого из родителей. Это значит, что потомство будет стоять несколько выше, нежели отсталый из родителей, но в то же время ниже, нежели более развитой из родителей. А из этого в свою очередь вытекает то, что такое потомство впоследствии должно будет потерпеть поражение в борьбе с более развитыми представителями рода и вида. - Такое спаривание находится в полном противоречии со стремлениями природы к постоянному совершенствованию жизни. Основной предпосылкой совершенствования является конечно не спаривание вышестоящего существа с нижестоящим, а только победа первого над вторым. Более сильный должен властвовать над более слабым, а вовсе не спариваться с более слабым и жертвовать таким образом собственной силой. Только слабые могут находить в этом нечто ужасное. На то они именно и слабые и ограниченные люди. Если бы в нашей жизни господствовал именно этот закон, то это означало бы, что более высокое развитие органических существ становится вообще невозможным.

Результатом этого заложенного во всей природе стремления к расовой чистоте является не только строгое отграничение отдельных рас друг от друга, но и известная однородность внутри каждой из них. Лиса всегда остается лисой, гусь - гусем, тигр - тигром и т.д.; разница тут может заключаться только в большей или меньшей выносливости отдельных экземпляров, в большем или меньшем уме, понятливости и т. д. Но никогда нельзя встретить лисы, которая обнаруживала бы какие-нибудь гуманные намерения по отношению к гусю, как никогда мы не встретим кошки, склонной к дружбе с мышами.

Борьба между теми и другими является результатом не столько прирожденной вражды, сколько результатом голода и любви. В обоих случаях природа смотрит на эту борьбу с полным спокойствием и даже с известным удовлетворением. Борьба за пропитание приводит к тому, что наиболее слабое и болезненное терпит поражение. Борьба самцов из-за самки обеспечивает право и возможность размножения только за более сильным. Но всегда и неизменно борьба только способствует здоровью и увеличению силы сопротивления данного рода и вида. Тем самым борьба является фактором более высокого развития.

Если бы дело обстояло не так, то это означало бы, что на нашей земле вообще прекратилось бы прогрессивное развитие. Тогда скорее наступило бы обратное. С количественной стороны слабое всегда имеет перевес над сильным. И если бы способность к размножению у обоих была одинакова, то в течение некоторого времени слабое расплодилось бы в таких огромных размерах, что совершенно затмило бы собой сильное. Вот почему природа и вносит известную поправку в пользу более сильного. Эту поправку природа реализует тем, что ставит слабое в более тяжелые условия существования; таким путем природа ограничивает это слабое уже в количественном смысле; но мало того, природа делает еще отбор и из этого числа и предоставляет возможность к размножению лишь наиболее крепким и здоровым экземплярам.

Природа противится спариванию более слабых существ с более сильными. Но в еще большей степени противно ей смешение высокой расы с нижестоящей расой. Такое смешение ставит под вопрос всю тысячелетнюю работу природы над делом усовершенствования человека.

Из опыта истории мы видим тысячи примеров этого. История с ужасающей ясностью доказывает, что каждое смешение крови арийцев с более низко стоящими народами неизбежно приводило к тому, что арийцы теряли свою роль носителей культуры. В Северной Америке, где население в громадной своей части состоит из германских элементов, только в очень небольшой степени смешавшихся с более низкими цветнокожими народами, мы видим совершенно других людей и другую культуру, нежели в Центральной и Южной Америке, где переселенцы, преимущественно люди романского происхождения, зачастую в гораздо больших размерах смешивались с туземным населением. Уже одного этого примера, в сущности говоря, было бы достаточно, чтобы ясно и недвусмысленно установить влияние расового смешения. Германец американского континента, сохранивший беспримесную чистоту своей расы, стал господином континента, и он останется им, вплоть до того момента, когда сам падет жертвой позора кровосмешения.

Таким образом, можно сказать, что результатом каждого скрещивания рас является:

а) снижение уровня более высокой расы;

б) физический и умственный регресс, а тем самым и начало хотя и медленного, но систематического вырождения.

Содействовать этакому развитию означает грешить против воли всевышнего вечного нашего творца.

Но по заслугам грех этот и наказывается.

Идя против железной логики природы, человек попадает в конфликт с теми принципами, которым он сам обязан своим существованием. Так, его борьба против природы неизбежно приводит к его собственной гибели.

Здесь приходится часто выслушивать истинно еврейское по своей наглости и совершенно глупое возражение современных пацифистов: "но ведь человек на то и человек, чтобы преодолевать природу!"

Миллионы людей бессмысленно повторяют эту еврейскую нелепость и в конце концов сами убеждают себя в том, будто люди могут "преодолевать" природу. Что хотят сказать этим наши пацифистские дурачки, в сущности говоря, даже понять нельзя.

Не будем уже говорить о том, что на деле человеку еще ни в чем не удалось преодолеть природу; не будем говорить уже о том, что человеку в лучшем случае удается лишь постигнуть ту или другую загадку или тайну частицы природы; не будем напоминать о том, что в действительности человек ничего не изобретает, а только открывает, т.е. другими словами, что не он господствует над природой, а природа над ним, и что только, постигнув отдельные законы природы и тайны ее, человеку удается стать над теми существами, которые лишены этого знания; не будем уж говорить обо всем этом; достаточно будет констатировать, что никакая идея не в состоянии преодолеть то, что является предпосылкой бытия и существования, хотя бы уже по одному тому, что сама идея зависит только от человека. Вне человека не может быть никакой человеческой идеи на этой земле. Но ведь из этого вытекает, что сама идея предполагает сначала существование человека, а стало быть и всех тех законов, которые сами служат предпосылкой появления человека на земле.

Мало того! Ведь определенные идеи свойственны только определенным людям. Это относится прежде всего к тем мыслям, которые ведут свое происхождение не от точного научного знания, а заложены в мире ощущений и чувств, или, как у нас теперь принято выражаться, в мире внутренних переживаний. Все те идеи, которые сами по себе ничего общего не имеют с холодной логикой, а являются чистейшим выражением определенных чувств, этических представлений и т.д., - все такие идеи неразрывно связаны с существованием человека. Вне этих свойств человека, вне его творческой силы, вне присущей ему силы воображения само существование таких идей было бы невозможным. Но отсюда-то как раз и вытекает, что именно сохранение определенных рас и людей является основной предпосылкой самого существования этих идей. Отсюда можно было бы даже сделать тот характерный вывод, что кто действительно всей душой добивается победы идеи пацифизма в нашем мире, тот должен всею душой добиваться, чтобы мир был завоеван немцами. Если случится наоборот, то ведь вместе с последним немцем, пожалуй, вымрет и последний пацифист: по той причине, что весь остальной мир отнюдь не поддался на противоестественную бессмыслицу пацифизма в такой мере, как, к сожалению, наш народ. Волей-неволей пришлось бы сначала вести войны, чтобы затем увидеть победу пацифизма. Этого, говорят, как раз и добивался американский апостол Вильсон. Наши немецкие фантасты по крайней мере были уверены в этом. Действительные результаты теперь хорошо известны.

Что же! Идеи гуманизма и пацифизма действительно, может быть, будут вполне у места тогда, когда вышестоящая раса предварительно завоюет весь мир и в самом деле станет господствовать над всей землей. Если так поставить вопрос, то идеи пацифизма и гуманизма перестанут быть вредными. К сожалению, только на практике такой ход развития трудно осуществим и, в конце концов, невозможен.

Итак - сначала борьба, а потом может быть и пацифизм! В ином случае пришлось бы сказать, что человечество прошло уже через свой кульминационный пункт развития и что нас ожидает не победа той или иной другой этической идеи, а варварство и в результате этого хаос. Пусть смеется, кто хочет, но ведь мы знаем, что наша планета в течение миллионов лет носилась в эфире без людей. Это вполне может повториться, если люди позабудут, что их существование подчиняется безжалостным железным законам природы, а вовсе не выдумкам отдельных слабоумных "идеологов".

Все, чему мы изумляемся в этом мире, - наука и искусство, техника и открытия - все это только продукт творчества немногих народов, а первоначально, быть может, только одной расы. От них и зависит существование всей нашей культуры. Если бы эти немногие народы погибли, то вместе с ними сошло бы в могилу все прекрасное в этом мире.

Все великие культуры прошлого погибли только в результате того, что творческий народ вымирал в результате отравления крови.

Причина этой гибели всегда в последнем счете лежала в забвении той истины, что всякая культура зависит от человека, а не наоборот; что таким образом, дабы сохранить культуру, надо сохранить данного творящего эту культуру человека. Но такое сохранение целиком подчинено железному закону необходимости, сохранению права на победу за более сильным и более высоким.

Итак, кто хочет жить, тот должен бороться, а кто в этом мире вечной борьбы не хочет участвовать в драке, тот не заслуживает права на жизнь.

Пусть это жестоко, но это так! По-нашему гораздо более горька участь того человека, которому кажется, что он в состоянии преодолеть природу, но который на деле только издевается над природой. В этом последнем случае природе ничего не остается, как ответить этому человеку болезнями, несчастьями, нуждой. Человек, не понимающий законов расового развития и пренебрегающий этими законами, сам себя лишает счастья, которым он мог бы воспользоваться. Такой человек мешает победному шествию лучшей из рас и тем самым уничтожает основную предпосылку всякого человеческого прогресса. Такой человек уподобляется беспомощному животному, несмотря на то, что он сохраняет органы чувств человека.

* * *

Было бы совершенно праздным занятием спорить о том, какая раса или какие расы были первоначальными носителями всей человеческой культуры, а стало быть и основателями того, что мы теперь обозначаем словом "человечество". Легче ответить себе на этот вопрос, если мы будем иметь в виду только современность. Тут ответ будет ясен. Все то, что мы имеем теперь в смысле человеческой культуры, в смысле результатов искусства, науки и техники - все это является почти исключительно продуктом творчества арийцев. Из этого конечно можно не без основания заключить, что и в прошлом именно арийцам принадлежала эта самая высокая роль, т.е. что арийцы явились основоположниками человечества. Ариец является Прометеем человечества. Его ясная голова была одарена божьей искрой гения, ему дано было возжечь первые огоньки человеческого разума, ему первому удалось бросить яркий луч света в темную ночь загадок природы и показать человеку дорогу к культуре, научив его таинству господства над всеми остальными живыми существами на этой земле. Попробуйте устранить роль арийской расы на будущие времена, и, быть может, уже всего через несколько тысячелетий земля опять будет погружена во мрак, человеческая культура погибнет и мир опустеет.

Если мы разделим все человечество на три группы:
1) основателей культуры,
2) носителей культуры и
3) разрушителей культуры,

то представителями первых двух групп будут пожалуй только одни арийцы. Именно арийцы создали, так сказать, фундамент и стены всех человеческих творений. Другие народы наложили свой отпечаток только на внешнюю форму и окраску. Все основные планы человеческого прогресса, все самые большие камни, необходимые для постройки, - все это дал ариец. Другим расам принадлежало только выполнение планов. Возьмите следующий пример. Пройдет еще несколько десятилетий и весь восток Азии будет называть "своей" ту культуру, которая на деле является не чем иным, как соединением германской техники и старогреческого духа, как и у нас самих. Только внешние формы - по крайней мере, отчасти - будут носить азиатский характер. Дело обстоит не так, как думают многие, будто Япония применяет только европейскую технику, но развивает "свою собственную" культуру. Нет! На деле мы имеем перед собою европейскую науку и технику, только внешне окрашенные в японские цвета. Действительной основой жизни этой части Востока является могучая научно-техническая работа Европы и Америки, т.е. арийских народов, а вовсе не особая "японская" культура. Внешние японские цвета этой культуры только больше бросаются в глаза европейцу в силу их отличия от наших. На деле же Восток может развиваться в сторону общечеловеческого прогресса, только усваивая европейскую и американскую технику и науку. Только это дает основу для борьбы за насущный хлеб, для выковывания оружия. Только внешность постепенно приспособляется к отличительным чертам японцев.

Если допустить на одну минуту, что например Европа и Америка погибли и что таким образом прекращается дальнейшее воздействие арийцев на Японию, то в течение короткого времени нынешний подъем в Японии в области техники и науки, быть может, еще и продолжался бы; но прошло бы небольшое количество лет, источник усох бы, нынешнее культурное развитие Японии приостановилось бы, и она опять была бы ввергнута в ту спячку, из которой семь десятилетий назад ее пробудила арийская культурная волна. Что современное японское развитие имеет арийское происхождение, это совершенно очевидно. Но несомненно и то, что и во времена седой старины тогдашняя японская культура тоже определялась чужими влияниями. Лучшим доказательством этого является тот факт, что в более позднее время японская культура прошла через целую полосу застоя и полного окостенения. Это могло случиться только потому, что она утеряла основное творческое расовое ядро. Другими словами, в более позднее время ей не хватало того внешнего влияния, которое она раньше получала от более высокой расы. Раз мы можем установить, что тот или другой народ воспринимал в основных чертах свою культуру от других рас и сам лишь в состоянии был постепенно ее развивать, а затем остановился в своем культурном развитии, как только приостановилось внешнее воздействие, то тут можно сказать: перед нами раса, способная играть роль "носительницы культуры", но неспособная играть роли "основательницы культуры".

При более внимательном ознакомлении с судьбами развития отдельных народов приходится констатировать тот факт, что все они почти сплошь первоначально являлись лишь носителями культуры, а не основателями ее.

Почти всюду можно наблюдать следующую картину развития. Арийским племенам - зачастую в численном отношении до смешного малочисленным - удается подчинить себе чужие народы. Опираясь на особые условия, свойственные данным территориям (степень обилия, климатические условия и т.д.), и используя соответствующим образом имеющуюся теперь в их распоряжении большую рабочую силу, арийцы пробуждают в покоренных народах духовные и организаторские способности, спавшие до сих пор непробудным сном. В течение немногих тысячелетий, а иногда даже только столетий арийцам удается создавать новую культуру, которой вначале присущи все внутренние черты арийцев и которая только до известной степени приспособляется в вышеуказанном смысле к свойствам земли и к человеческим свойствам завоеванных народов. Но затем проходит известное время, сами завоеватели начинают нарушать принцип чистоты крови, которого они раньше придерживались очень строго; постепенно они начинают смешиваться с покоренными народами, и таким образом заканчивается их собственное существование. Известно ведь, что вслед за грехопадением в раю пришло изгнание из рая.

Пройдет одно или два тысячелетия, и последние следы некогда господствовавшего народа мы можем констатировать только в более светлом цвете кожи, получившемся в результате смешения крови завоеванных и завоевателей, и в окостеневшей культуре, занесенной некогда более высокой расой. В крови завоеванных народов растворялись все духовные преимущества прежних завоевателей. В низшей культуре завоеванных народов угас факел человеческого прогресса, занесенный туда более высокой расой. Более светлый цвет кожи только слегка напомнит былую великую роль прежних завоевателей, а некоторые случайно уцелевшие остатки старой занесенной культуры только слегка озарят иногда давно уже наступившую ночь в области культурной жизни этих народов. Эти остатки культуры ярко светят в ночи наступившего вновь варварства. Поверхностный наблюдатель подумает, что он видит перед собою продукты современной культуры данного народа, между тем как, на деле перед ним только отсветы прошлого.

Иногда в истории случается так, что народ и во второй и в третий раз придет в соприкосновение с той расой, которая некогда уже занесла к нему культуру, причем ни та, ни другая сторона не будет даже помнить о предыдущих встречах. Теперь остатки крови прежних владык бессознательно потекут навстречу вновь пришедшей высшей расе, и то, что раньше могло являться только результатом принуждения, теперь будет удаваться и добровольно. В стране подымается новая культурная волна, и она оказывает свое благодетельное влияние вплоть до того момента, пока носители культуры опять не растворятся среди чужих народов.

Задача историков мировой культуры в будущем будет заключаться не в передаче голых фактов, как это к сожалению бывает у нас теперь, а в том, чтобы исследовать тот процесс, который мы выше очертили в основном наброске.

Уже из этого небольшого схематического наброска истории развития наций, принадлежащих к группе "носительниц" культуры", можно видеть картину становления, влияния и исчезновения истинных основателей культуры на земле: арийцев.

В нашей повседневной жизни мы видим, что каждый гений все же нуждается в особом поводе или даже в настоящем толчке, чтобы он действительно мог себя проявить. Это же можно сказать о гениальной расе в повседневной жизни народов. В будничной жизни часто бывает так, что и выдающийся человек кажется нам маловыдающимся и обыденным. Но вот надвигаются события, которые одних ввергают в отчаяние и обессиливают, а другим, до сих пор казавшимся нам совершенно средними людьми, придают новые силы. И вот неожиданно для себя мы видим перед собою гениальную натуру, которой мы до сих пор в обстановке обыденщины совершенно не замечали. Отсюда происхождение поговорки, что "трудно быть пророком в собственном отечестве".

Чаще всего приходится это наблюдать в обстановке войны. Вот перед нами совершенно рядовые молодые люди, почти мальчики. Надвинулись события, которые своей тяжестью совершенно придавили ряд людей. Но те же события превратили иных из этих мальчиков в настоящих героев. И мы видим перед собою непревзойденные образцы хладнокровия, мужественной решительности, героизма. Если бы не пришли эти часы испытания, то никто быть может так и не догадался бы, что в этом безусом мальчике живет настоящий молодой герой. Чтобы гений проявил себя, почти всегда необходим внешний толчок. Удары судьбы сбивают с ног одних, но встречают стальное сопротивление со стороны других. И вот повязка спадает с наших глаз, и мир с изумлением видит перед собой героя там, где он вовсе его не подозревал. Сначала люди сопротивляются и не хотят признать героя в том, кто внешне казался столь похожим на среднего из них. Старая история. Так почти всегда бывает со всеми сколько-нибудь значительными людьми.

Возьмите крупного изобретателя. Слава его обычно датируется со дня сделанного им открытия. Но ведь ясно, что гениальность его началась не с того часа, когда он сделал свое первое открытие, ведь искра гения несомненно жила в нем с самого его рождения. Подлинная гениальность всегда является врожденным качеством, ее нельзя просто воспитать в человеке, а тем более научиться ей.

Но все это, как мы уже сказали, относится не только к отдельному индивидууму, но и к расе. Творческие народы уже с самого начала по самой сущности своей призваны творить, хотя поверхностный наблюдатель не сразу это замечает. Внешнее призвание и здесь является только в результате уже совершенных дел. Ведь весь остальной мир неспособен различить гениальность иначе как только в форме для всех очевидных открытий, изобретений, создания определенных картин, построек и т.д. И здесь тоже нужно большое время, пока человечество признает гениальность того или другого народа. Как в жизни отдельного лица, так и в жизни целых народов нужны особые условия, чтобы творческие способности и силы действительно могли найти себе реальное применение.

Яснее всего мы видим это на судьбе арийцев, т.е. той расы, которая до сих пор была и остается главной представительницей культурного развития человечества. Как только судьба создает для арийцев более благоприятные условия, свойственные им способности начинают развиваться более быстрым темпом и принимают форму, понятную для всех. Арийцы начинают основывать новые культуры, на которые соответственное влияние оказывают конечно условия почвы, климата и - свойства покоренных народов. Это последнее имеет наиболее решающее значение. Чем примитивнее техника, тем большую роль играет человеческая рабочая сила, ибо ею приходится тогда заменять машины. Если бы арийцы не имели возможности применить к делу рабочую силу низших рас, им никогда не удалось бы сделать даже первые шаги к созданию более высокой культуры. Точно так же ариец не смог бы создать той техники, которая теперь начинает заменять ему применение силы животных, если бы в свое время он не сумел начать укрощать отдельные виды животных и применять к делу их физическую силу. Поговорка "мавр сделал свое дело, мавр может уйти" имеет свое достаточно глубокое основание. В течение долгих тысячелетий лошадь должна была работать на человека, прежде чем она помогла ему заложить основы той техники, которая теперь, после того как упрочился автомобиль, делает излишней самое лошадь. Пройдет еще немного времени, и лошадь станет совершенно излишней, а вместе с тем ясно, что без работы лошади в течение многих предыдущих веков человек быть может и совсем не мог бы дойти до того, до чего дошли мы теперь.

Для образования более высоких культур было совершенно необходимо наличие более низких рас. Не будь их, нечем было бы заменить недостаток технических средств, без которых более высокий уровень развития вообще был бы невозможен. Первые ступени человеческой культуры больше опирались на использование физической силы низших рас людей, нежели на использование физической силы укрощенных животных.

Только после того, как создалось рабство подчиненных рас, аналогичная судьба начала постигать также и животных, а вовсе не наоборот, как думают многие. Исторически дело было так, что победители сначала запрягали в плуг побежденного человека и только спустя некоторое время стали запрягать лошадь. Только пацифистские дурачки могут рассматривать это как символ человеческой испорченности, не понимая того, что только так и могли мы прийти к нынешней эпохе, когда господа пацифистские апостолы расточают перед нами свою мудрость.

Прогресс человечества похож на восхождение по бесконечно высокой лестнице. По ней не взберешься иначе, как пройдя сначала по более низким ступеням. Так и арийцу пришлось пойти той дорогой, которую ему указывала действительность а вовсе не той, которую ему могла подсказать фантазия современного пацифиста. Пути действительности тяжелы и жестки, но эти пути только одни ведут человечество к цели. Между тем иные мечтатели любят выдумывать гораздо более легкие пути, на деле, увы, только удаляющие нас от заветной цели.

Таким образом вовсе не случайностью является тот факт, что первые культуры возникли там, где арийцы пришли в соприкосновение с низшими народами и подчинили их своей собственной воле. Эти низшие народы явились тогда первым техническим инструментом, которым воспользовались арийцы в борьбе за новую культуру.

Но это и предопределило весь тот путь, по которому должны были пойти арийцы. В качестве завоевателя ариец подчинял себе завоеванных и заставлял их работать так, как это соответствовало его желанию и его целям. Заставляя их делать полезную, хотя и очень тяжелую работу, он не только сохранял им жизнь, но готовил им судьбу, несравненно более завидную, чем прежняя их, так называемая, "свобода". Пока ариец оставался до конца господином над завоеванными, он не просто господствовал над ними, но и приумножал их культуру. Все развитие культуры целиком зависело от способности завоевателя и от сохранения чистоты его расы. Когда покоренные сами начинали подниматься и, по всей вероятности, начинали сближаться с завоевателями также и в смысле языка, резкое разделение между господином и рабом стало ослабевать. Арийцы постепенно стали терять чистоту своей крови и поэтому потеряли впоследствии также и место в раю, который они сами себе создали. Под влиянием смешения рас арийцы постепенно все больше теряли свои культурные способности, пока в конце концов и умственно и физически стали больше походить на завоеванные ими народы, чем на своих собственных предков. В течение некоторого периода арийцы могли еще пользоваться благами существующей культуры, затем наступал застой, и, наконец, о них терялась память совершенно.

Так гибли целые культуры и целые государства, чтобы уступить место новым образованиям.

Единственной причиной отмирания старых культур было смешение крови и вытекающее отсюда снижение уровня расы. Люди гибнут не в результате проигранных войн, а в результате ослабления силы сопротивляемости, присущей только чистой крови.

Все в этом мире, что не есть добрая раса, является мякиной. Только проявления инстинкта сохранения рас имеют всемирно-историческое значение - как положительное, так и отрицательное.

* * *

Арийцы смогли сыграть такую великую роль в прошлом не столько потому, что инстинкт самосохранения как таковой был у них с самого начала развит сильнее, сколько потому, что инстинкт этот находил у них особое выражение. Субъективная воля к жизни у всех всегда одинакова, а вот форма выражения этой воли на практике бывает различна. У первых живых существ на нашей земле инстинкт самосохранения не идет дальше заботы о собственном "я". Эгоизм, как мы называем эту страсть, заходит тут так далеко, что существа эти думают только о данном мгновении и даже не о часах, которые наступят позже, в этом состоянии животное живет только для себя, оно ищет пищу, чтобы удовлетворить голод данной минуты, оно ведет борьбу только за свою собственную жизнь. Пока инстинкт самосохранения находит себе только такое выражение, отсутствует какая бы то ни была основа для образования хотя бы самой примитивной формы семьи. Лишь тогда, когда сожительство между самцом и самкой уже не ограничивается только спариванием, а начинает приводить к совместным заботам о потомстве, инстинкт самосохранения находит себе уже другое выражение. Самец начинает искать иногда пищу также для самки, но большею частью оба они вместе начинают искать пищу для своего потомства. Тогда самец начинает вступаться за самку, и наоборот; и вот тут-то начинают выкристаллизовываться первые, разумеется, бесконечно примитивные формы готовности к самопожертвованию. Когда это свойство начинает выходить за узкие пределы семьи, тогда и создаются первые предпосылки для создания более крупных коллективов, а в конце концов и целых государств.

У людей более низких рас это свойство наблюдается только в очень небольшом масштабе. Отсюда и то, что более низкие расы зачастую так и не идут дальше образования семьи. Ясно, что чем больше отступает на задний план личный интерес, тем больше возрастает способность к созданию более обширных коллективов.

И вот эта готовность к личному самопожертвованию, готовность жертвовать своим трудом, а если нужно, то и жизнью для других больше всего развита у арийцев. Арийцы велики не своими духовными качествами как таковыми, а только своей готовностью отдать эти способности на службу обществу. Инстинкт самосохранения принял у арийцев самую благородную форму, ибо ариец подчиняет собственное "я" жизни общества, а когда пробьет час, ариец охотно приносит себя в жертву общим интересам.

Не в особых интеллектуальных данных заложена причина культурных и строительных способностей арийцев. Если бы ариец обладал только этими данными, его роль была бы более разрушительной, чем организующей, ибо сердцевина всякой организующей деятельности состоит в том, что каждое отдельное лицо отказывается от отстаивания непременно своей собственной точки зрения и своих собственных интересов в пользу большинства людей. Каждый отдельный человек в этом случае получает то, что ему приходится, только кружными путями - через благополучие всего общества. Отдельный человек работает в этом случае не непосредственно для себя, не для своей пользы, а для пользы всех. И с этой целью он всю свою работу ведет в рамках общей работы всех. Наиболее изумительным выражением этого является само слово "работа"; ведь под этим словом мы вовсе не понимаем теперь деятельность отдельного человека в интересах поддержания его собственной жизни; нет, под этим словом мы понимаем труд в интересах общества. Поскольку же тот или другой отдельный индивидуум хочет "работать" только для себя и отказывается при этом в какой бы то ни было мере считаться с благом окружающего мира, постольку мы называем это воровством, ростовщичеством, грабежом и т.д.

Первейшей предпосылкой истинно человеческой культуры является прежде всего именно наличие таких настроений, когда люди готовы пожертвовать интересами своего собственного я в пользу общества. Только в этом случае и могут возникать те великие ценности, которые самим их творцам сулят лишь очень небольшую награду, но зато приносят неоценимую пользу будущим поколениям. Только отсюда и можно понять, как многие бескорыстные люди, сами ведя жизнь, полную лишений, отдают себя целиком на то, чтобы создать обеспеченную жизнь обществу. Каждый рабочий, каждый крестьянин, каждый изобретатель, чиновник и т.д., словом, каждый, кто работает для общества, не имея никаких надежд когда- либо самому стать счастливым и состоятельным человеком, является носителем этой высокой идеи, хотя бы ему самому иногда и не был ясен глубокий смысл его собственных действий. Но если мы говорим это относительно обыкновенного труда, направленного к тому, чтобы обеспечить пропитание человека и создать возможность общего прогресса, то это в еще большей степени относится к тому труду, который направлен на защиту жизни человека и его культуры. Когда человек отдает свою собственную жизнь за дело обеспечения безопасности общества, то это высшая форма самопожертвования. Только так можно помешать тому, чтобы созданное руками человека было разрушено его же руками, только так удается бороться и против грозных сил природы.

В нашем немецком словаре есть слово, которое особенно прекрасно выражает эту мысль: долг (Verpflichtung)! Выполнять долг это и значит обслуживать не самого себя, а служить обществу. Тот принцип, из которого вытекает такое действие, мы называем идеализмом в отличие от эгоизма, проистекающего из принципа обслуживания себя самого. Под идеализмом мы понимаем способность отдельного лица приносить себя в жертву окружающему миру.

Но как необходимо нам почаще вспоминать о том, что идеализм действительно является не химерой, что идеализм всегда был, есть и будет главной предпосылкой всей человеческой культуры! Мало того: только идеализм и создал понятие "человек". Только этому чувству арийцы обязаны всем своим положением в этом мире, только благодаря этому чувству на нашей земле и существует человек. Только благодаря этому чувству и мог выковаться тот творческий труд, который в сочетании с простой физической силой и гениальным интеллектом создал замечательнейшие памятники нашей человеческой культуры.

Если бы на свете не было идеализма, то все духовные способности людей, в том числе даже самых одаренных, были бы только простым "духом", бессильным сотворить что-либо действительно высокое и ценное.

Действительный идеализм есть не что иное, как подчинение интересов и всей жизни отдельного лица интересам и всей жизни общества. Только такое подчинение и создает возможность какой бы то ни было организации. В этом смысле идеализм соответствует глубочайшим велениям природы. Именно такой идеализм и побуждает людей добровольно признать преимущество более сильного. Именно такой идеализм становится частицей того миропорядка, который образует нашу вселенную.

Глубочайшее познание природы и чистый идеализм друг другу не противоречат, а напротив объективно совпадают. Насколько это верно и насколько подлинный идеализм ничего общего не имеет с фантастикой, в этом легче всего убедиться, если мы прислушаемся к суждениям неиспорченного ребенка, например здорового мальчика. Такой мальчик совершенно ничего не поймет в тирадах "идеалистически" настроенного пацифиста, и эти тирады наверняка ему не понравятся, а вот отдать свою молодую жизнь за идеал своей народности такой мальчик всегда будет годов.

Бессознательно, инстинктом ребенок чувствует необходимость борьбы за продолжение рода и вида, даже когда это может происходить только за счет отдельного индивидуума, и бессознательно же инстинкт протестует против фантастики пацифистских болтунов, прикрывающих пространными фразами только эгоизм. Ибо действительное развитие человечества возможно только при наличии готовности к самопожертвованию со стороны индивидуума в пользу общества, а не при наличии болезненных представлений трусливых умников и критиков, желающих переделать природу.

В такие времена, когда исчезает идеализм, мы можем тотчас же констатировать упадок тех сил, без которых нет общества, а стало быть нет и культурного развития. Как только в народе берет верх эгоизм, общественные связи начинают ослабевать. Каждый гонится за своим собственным счастьем и попадает только из огня в полымя.

Да и будущие поколения предают забвению тех, кто думает только о своей собственной пользе, и покрывают славой тех героев, кто отказался от своего собственного счастья в пользу общества.

* * *

Прямую противоположность арийцу представляет иудей. Ни у одного другого народа в мире инстинкт самосохранения не развит в такой степени, как у так называемого, избранного народа. Доказательством этому служит один факт существования этой расы на земле. Где вы найдете еще один такой народ, который в течение последних двух тысяч лет претерпел бы так мало изменений в смысле характера, внутреннего мира и т.д.? Какой еще другой народ принимал участие в столь громадных переворотах и тем не менее вышел из всех катастроф человечества таким же, каким был и раньше? Что за бесконечно цепкая воля к жизни, к сохранению своего рода и вида!

Интеллектуальные свойства евреев вырабатывались в течение тысячелетий. Еврей считается ныне очень "умным" и умным был он до известной степени во все времена. Но ум его есть не результат собственного развития, а результат наглядных уроков, получаемых им на опыте других народов. Ум человеческий тоже не может подыматься вверх иначе как по ступенькам; при каждом шаге вверх ему надо опираться на фундамент прошлого, т. е. чувствовать за собою всю предыдущую культуру человечества. Всякое мышление в огромной мере является результатом опыта предыдущих времен и лишь в небольшой мере определяется мыслительными способностями данного человека. Человек, сам того не замечая, заимствует из опыта прошлого бездну знаний, созданных всей предшествующей культурой человечества. Вооруженный этими знаниями, человек постепенно идет дальше. Наш современный мальчик, например, растет в обстановке таких громадных технических завоеваний, что то, что сто лет назад являлось еще загадкой для самых выдающихся людей, для него теперь является чем-то само собою разумеющимся. Результаты технических завоеваний всех последних столетий оказывают громадное воздействие на нашего мальчика, между тем как он даже не замечает их. Если бы на минуту предположить, что из гроба может восстать какой-либо из самых гениальных людей, скажем, 20-х годов прошлого столетия, то несомненно, что ему трудней было бы ориентироваться во всей нашей обстановке, чем самому обыкновенному 15-летнему мальчику наших дней. И это по той простой причине, что воскресшему из мертвых гениальному человеку недоставало бы тех бесконечно важных сведений, которые люди за последнее столетие, так сказать, вобрали в себя, сами того не замечая.

Евреи, как мы уже знаем, никогда не имели своей собственной культуры (почему именно это так, мы объясним ниже). И вот именно по этой причине умственное развитие евреев всегда находилось в зависимости от других народов. Интеллект евреев во все времена развивался за счет работы окружающего его культурного мира. Обратных примеров не было никогда.

Инстинкт самосохранения развит у еврейского народа никак не меньше, а скорее больше, нежели у других народов; его умственные способности кажутся также не меньшими, нежели умственные способности других рас; но евреям не хватает первой и основной предпосылки необходимой для самостоятельного культурного развития - идеализма.

Воля к самопожертвованию у еврея не идет дальше голого инстинкта самосохранения. Чувство солидарности у еврея проявляется внешним образом очень сильно, но на самом деле это только примитивный инстинкт стадности, который можно видеть и у многих других живых существ на этой земле. Инстинкт стадности побуждает евреев к взаимопомощи лишь до тех пор, пока им угрожает общая опасность. В этой обстановке они считают неизбежным и целесообразным действовать сообща. Возьмите пример любой стайки волков. Нападать на добычу они считают удобным сообща, но как только они насытили свой голод, они разбредаются в разные стороны. То же приходится сказать и относительно лошадей. Когда на них нападают, они держатся вместе. Как только опасность миновала, они бросаются врассыпную.

Таков же и еврей. Его готовность к самопожертвованию только мнимая. Такая готовность существует у него лишь до того момента, пока этого безусловно требуют интересы безопасности отдельного еврея. Но как только общий враг побежден, угрожавшая всем евреям опасность устранена, добыча спрятана в надежное место, так тотчас же исчезает и мнимая гармония между самими евреями, уступая место их естественным инстинктам. Евреи единодушны лишь до тех пор, пока им угрожает общая опасность или пока их привлекает общая добыча. Как только исчезают эти два импульса, сейчас же вступает в свои права самый резко выраженный эгоизм. Народ, который только что казался единодушным, тут же превращается в стаю голодных грызущихся друг с другом крыс.

Если бы евреи были одни на этом свете, они неизбежно задохлись бы в своей собственной грязи и нечистотах. Вся их жизнь превратилась бы вероятно в сплошную истребительную борьбу друг против друга, разве только свойственная им всем трусость и отсутствие готовности к самопожертвованию превратили бы и собственную их войну в комедию.

Неверно было бы поэтому из того факта, что в борьбе против общего врага или, точнее, в борьбе за общий грабеж евреи выступают солидарно, умозаключение будто евреям не чужд известный идеализм. Нет, евреями и в этом случае руководит голый эгоизм. Вот почему и государство евреев территориально совершенно не ограничено. А между тем, ведь именно государство и должно являться живым организмом, служащим к сохранению и размножению расы. У евреев не может быть государства с определенной территорией, ибо такое государство требует того, чтобы населяющая его раса, во-первых, отличалась известным идеализмом, а во-вторых, имела бы правильное и здоровое представление о том, что такое труд. Если данной расе не хватает того и другого, то об образовании ею государства с определенной территорией не может быть и речи; а тем самым отпадает и главная основа, на которой только и может возникнуть определенная культура.

Вот почему мы и видим, что еврейский народ - при всем том, что внешне он кажется очень развитым - на самом деле никакой истинной культуры не имеет, а в особенности не имеет никакой своей собственной культуры. Внешняя культура современного еврея на деле есть только извращенная им культура других народов.

Когда мы оцениваем роль еврейской нации в культурном развитии всего человечества, мы прежде всего не должны забывать того факта, что, например, еврейского искусства никогда не было на свете и нет и теперь; что, например, два главных вида искусства - архитектура и музыка - решительно ничем не обязаны евреям. Подвиги евреев в области искусства сводятся только либо к сомнительным "усовершенствованиям" чужих произведений, либо к прямым плагиатам. Но это и значит, что евреям не хватает прежде всего тех важнейших дарований, без которых нет культурно-одаренной и творческой расы.

Еврей умеет только подражать чужому искусству, а точнее будет сказать - искажать его. Это видно хотя бы уже из того, что чаще всего еврей подвизается в области сценического искусства, где собственной выдумки почти не нужно.

Нет, никакой культурно-созидательной силы евреи не представляют и представлять не могут по той простой причине, что у евреев недостает первой и основной предпосылки для этого: идеализма. Их интеллект не конструктивен, он только разрушителен. Только в редких единичных случаях евреи подадут импульс к чему-либо хорошему. Как правило же человеческий прогресс идет вперед не благодаря евреям, а вопреки им.

Евреи никогда не имели своего государства со своей определенной территорией, а по этой причине никогда не имели и своей собственной культуры. Между прочим, именно отсюда и возникло то представление, будто в лице евреев мы имеем дело с народом, ранее принадлежавшим к числу номадов. Это большая и опасная ошибка. Кочевые народы тоже всегда имели свою определенную территорию, они только не обрабатывали ее, как это делают оседлые крестьяне, а жили тем, что получали от своих стад, вместе с которыми они кочевали в пределах своей территории.

Причиной того, что кочевые народы поступали так, а не иначе являлось недостаточное обилие их почвы, в результате чего оседлая жизнь становилась просто невозможной. Еще более глубокая причина заключалась в разрыве между уровнем технической культуры данного народа и природной скудностью его территории. Есть такие территории, где и арийцам только после тысячи лет технического развития удавалось заставить землю родить достаточно, чтобы можно было зажить оседлой жизнью. Пока арийцы не имели техники, им тоже приходилось либо избегать таких территорий, либо тоже вести кочевую жизнь, поскольку тысячелетние привычки оседлой жизни не делали для них совершенно непереносимой жизнь номадов. Напомним, что в эпоху открытия американского континента многочисленным арийцам пришлось вначале жить на положении охотников, дровосеков и т.д. и зачастую большими лагерями с женами и детьми, постоянно меняя место, вести жизнь почти совершенно такую же, как жизнь кочевников. Но как только число арийцев возросло и выросла их техника, как только им удалось в достаточной мере расчистить землю и подчинить себе туземцев, они начали селиться оседло.

Очень вероятно, что и арийцы некогда были номадами и лишь с течением времени стали оседлыми. Но именно поэтому арийцы никогда ведь и не являлись евреями! Нет, евреи никогда не были кочевниками, ибо и у кочевников тоже было свое представление о "труде", послужившее основой всего дальнейшего их развития: у кочевников эта необходимая духовная предпосылка была налицо.

Пусть чувство идеализма у кочевников было развито только относительно слабо, но все-таки оно у них было. Вот почему арийские народы могли относиться к ним с известной симпатией. У евреев же именно ничего подобного не было.

Евреи никогда не являлись номадами, а всегда являлись паразитами на теле других народов. Если евреи иногда меняли свое местожительство, то это вытекало не из их собственных намерений, а было результатом только того, что время от времени их выгоняли те народы, гостеприимством которых они чересчур злоупотребляли. Евреи распространялись дальше именно так, как распространяются типичные паразиты. Они постоянно ищут только новой пищи для своей расы.

Но это ничего общего не имеет с кочевничеством, ибо еврей, занявший ту или другую территорию, и не думает потом ее очищать. Он остается там, где он сидит, и цепляется за эту территорию так крепко, что прогнать его оттуда можно только силой. Когда евреи найдут, что в других новых странах для них создалась подходящая обстановка, они начинают распространяться и туда. Однако, в отличие от номадов, они при этом ни в коем случае не покидают и свое старое жилье. Евреи были и остаются типичными паразитами, они живут за чужой счет. Подобно вредным бациллам, они распространяются туда, где для бацилл создается подходящая питательная среда.

Еврей несет с собой только смерть. Куда ни ступит его нога, там народ, до сих пор живший своим трудом, раньше или позже начнет вымирать.

Так во все время евреи гнездились в чужих государствах и образовывали внутри них свое собственное государство, маскируя последнее под псевдонимом "религиозная община". Под этим флагом евреи прятались до того момента, пока это казалось им выгодным. Но как только евреи чувствуют себя достаточно сильными, чтобы обойтись без этого прикрытия, они сбрасывают маску и являются перед изумленными людьми тем, чем они всегда были: евреями.

Евреи живут, как паразиты, на теле других наций и государств. Это и вырабатывает в них то свойство, о котором Шопенгауэр должен был сказать, что "евреи являются величайшими виртуозами лжи". Все существование еврея толкает его непрерывно ко лжи. То же, что для жителя севера теплая одежда, то для еврея ложь.

Длительно жить среди других народов евреи могут лишь до тех пор, пока им удается создавать представление, будто евреи не особый народ, а только особая "религиозная община". Вот вам первая большая ложь.

Чтобы длительно вести жизнь паразита на теле других народов, евреям опять-таки приходится скрывать важнейшие черты своего характера. Чем интеллигентнее каждый отдельный еврей, тем скорее удается ему этот обман. Дело доходит до того, что значительные группы трудящегося народа, среди которого живут евреи, действительно начинают верить, что перед ними француз или англичанин, немец или итальянец, имеющий только свою особую религию. Жертвой этого обмана особенно легко становятся власти предержащие, ибо они реже всего отличаются особой гениальной прозорливостью. В кругах "начальства" самостоятельное мышление иногда считается прямо грехом. Только этим и можно объяснить то обстоятельство, что, например, в Баварском министерстве внутренних дел и до сих пор понятия не имеют о том, что евреи являются определенным народом, а вовсе не одной лишь определенной "религией". А между тем, достаточно было бы нашему мудрому начальству хотя бы немножко заглядывать в еврейские газеты и тогда им не трудно было бы разгадать загадку. Но разве начальство обязано читать какие-либо газеты, кроме официальных? Ну, а так как газета "Еврейское эхо" еще не является официальным правительственным органом, то в нее конечно можно и не заглядывать.

Евреи всегда представляли собою определенный народ с определенными расовыми свойствами и никогда не являлись просто религиозной общиной... Только условия жизни еврейского народа уже с ранних пор побудили его искать такое средство, которое отвлекало бы чрезмерное внимание от сынов этого народа. Какое же другое средство могло показаться евреям более невинным и вместе с тем более целесообразным, кроме того, чтобы спрятаться под маской религиозной общины? Присвоив себе видимость религиозной общины, евреи опять совершили кражу. На деле евреи не могут представлять собою и религиозной общины хотя бы потому, что им и для этого не хватает необходимого идеализма, а тем самым не хватает веры в какую бы то ни было загробную жизнь. Между тем, любая религия, как она свойственна арийцам, требует именно известной веры в загробную жизнь. Посмотрите на талмуд. - Разве эта книга для загробной жизни? Нет, эта книга посвящена исключительно вопросу о том, как создать себе на практике жизнь получше в этом лучшем из миров.

Чтобы как следует изучить еврея, лучше всего проследить тот путь, который он прошел в течение столетий, гнездясь среди других народов. Чтобы получить необходимые выводы, достаточно проследить это только на одном примере. Так как все еврейское развитие во все времена было в общем одно и то же, среди каких народов ни жили бы евреи, то лучше всего будет описать это развитие схематически. Для простоты мы будем обозначать отдельные периоды развития буквами алфавита.

Первые евреи появились в Германии в период продвижения римлян. Как всегда, они явились в качестве торговцев. В грозе и буре великого переселения народов евреи как будто вновь исчезли. Поэтому, эпоху нового проникновения евреев в центр и на север Европы приходится считать со времени образования первых германских государств. Во всех тех случаях, когда евреи проникают в среду арийских народов, мы видим в общем одну и ту же картину развития.

* * *

а) Как только возникают первые места прочной оседлой жизни, евреи внезапно тут как тут. Сначала евреи появляются в качестве торговцев, считая еще необходимым скрывать свою народность. Черты внешнего расового различия между ними и тем народом, который оказывает им гостеприимство, еще слишком бросаются в глаза. Значение чужих языков у евреев еще слишком мало развито. А с другой стороны, и сам народ, оказывающий им гостеприимство, еще слишком представляет собою замкнутое целое. И вот в результате всего этого еврей вынужден выступать открыто как торговец и как чужой. При ловкости еврея и при неопытности того народа, у которого он ищет гостеприимства, еврею для данного периода даже выгодно выступать открыто, ибо чужаку идут особенно охотно навстречу как гостю.

б) Затем евреи начинают постепенно пролезать в хозяйственную жизнь, выступая при этом не в роли производителей, а исключительно в роли посредников. При их тысячелетнем торговом опыте и при беспомощности, а также безграничной честности арийцев евреи сразу завоевывают себе известное превосходство, и через короткое время вся торговля грозит стать монополией евреев. Еврей начинает выступать в роли заимодавца, причем деньги дает только на ростовщических процентах. Проценты вообще изобрел еврей. Опасностей ростовщичества вначале никто не замечает. Наоборот, так как кредит в начале приносит некоторое облегчение, то все его приветствуют.

в) Затем еврей становится оседлым. Другими словами, он угнездился в определенных городах, местечках, в определенных кварталах и все больше образует государство в государстве. Торговлю и все вообще денежные дела он начинает рассматривать как свою собственную привилегию, и этой привилегией он пользуется до конца.

г) Затем кредит и торговля стали полностью его монополией. Еврейское ростовщичество начинает вызывать некоторое сопротивление. Возрастающая еврейская наглость порождает возмущение, а рост его богатства - зависть. Чаша переполняется, когда еврею удается сделать и землю объектом своих торговых операций. Сам еврей на земле не работает, он рассматривает ее как объект своей жадной эксплуатации, предоставляя христианину по-прежнему обрабатывать эту землю, с тем только что нынешний владыка будет выжимать из него соки. Благодаря этому возникает уже открытая ненависть к евреям. Евреи уже настолько тиранят народ и настолько высасывают его кровь, что дело доходит до эксцессов. Теперь к этим чужакам начинают внимательнее присматриваться и открывают в них все более отталкивающие черты. В конце концов создается непроходимая пропасть.

В годы особенно тяжкой нужды терпению приходит конец, и разоренные евреями народные массы в отчаянии прибегают к мерам самопомощи, чтобы как-нибудь избавиться от этого бича божия. В течение нескольких столетий народные массы на своей спине испытали гнет евреев, и теперь они начинают понимать, что одно его существование равносильно чуме.

д) Но теперь только еврей по-настоящему начинает разворачиваться. При помощи гнусной лести он пролезает в правительственные круги. Он пускает в ход свои деньги и обеспечивает себе новые льготы, дающие ему возможность по-прежнему грабить. Если народный гнев против этих пиявок там или сям приведет к вспышке, то это тем не менее не мешает евреям через некоторое время появиться в том же самом месте вновь и опять взяться за старое. Никакие преследования не в состоянии отучить евреев от их системы эксплуатации людей, никакими преследованиями от них надолго не спастись. Проходит небольшой промежуток времени, и евреи, нисколько не изменившись, опять тут как тут.

Чтобы избегнуть по крайней мере самого худшего, евреям запрещают приобретать земли, дабы таким образом не позволить ростовщикам сосредоточить в своих руках еще и земельные фонды.

е) Поскольку за это время усилилась власть князей, евреи теперь начинают пролезать и в эту среду. Новые владыки почти всегда находятся в трудных финансовых обстоятельствах. Евреи охотно приходят к ним на "Помощь" и за это выклянчивают у них льготы и привилегии. Как дорого ни заплатил бы еврей за эти последние, все равно проценты и проценты на проценты в течение короткого времени покроют ему все расходы. Как настоящие пиявки, евреи присасываются к телу несчастного народа, пока наступает момент, когда князья снова нуждаются в деньгах, и тогда они из самой пиявки выпускают немного крови в свою пользу.

После этого игра начинается сначала. Роль, которую при этом играют так называемые немецкие князья, нисколько не лучше роли самих евреев. Эти господа князья были настоящим наказанием божием для их "возлюбленных" народов. Роль этих господ можно сравнить только с ролью иных современных министров.

Именно немецких князей должны мы благодарить за то, что немецкой нации так и не удалось окончательно избавиться от еврейской опасности. К сожалению, в этом отношении ничего не изменилось и в более поздние времена. Впоследствии сами евреи сторицей воздали князьям мира сего за все те преступления, которые эти владыки совершили по отношению к своим народам. Князья мира вступили в союз с дьяволом и были наказаны поделом.

ж) Опутав господ князей, евреи затем приводят их к гибели. Медленно, но неуклонно позиции князей ослабевают, ибо они перестали служить своим народам и начали думать только о себе. Евреи прекрасно отдают себе отчет в том, что конец этих владык близок, и они с своей стороны стараются только ускорить этот конец. Сами евреи делают все возможное, чтобы увеличить их нужду в деньгах, для чего стараются отвлечь их от действительно важных задач; ползая перед ними на коленях и усыпляя их гнусной лестью, евреи втягивают "своих" князей во все мыслимые пороки, стараясь сделать себя самих как можно более незаменимыми в глазах своих покровителей. Опираясь на свое дьявольское искусство во всем, что связано с деньгами, евреи самым бесстыдным образом подсказывают своим покровителям все новые, все более жестокие средства выкачивания последней копейки из подданных. Большие фонды, собираемые самыми жестокими средствами, пускаются на ветер. Тогда евреи придумывают новые средства ограбления народа. Каждый двор имеет своих "придворных евреев", как стали называть этих чудовищ. Их главная функция - придумывать новые средства выкачивания денег из народа ради безумных удовольствий правящей клики. Кто же удивится после этого, что за такие заслуги выродков человеческого рода начинают еще возводить в дворянское достоинство. Разумеется, институт дворянства становится благодаря этому только смешным, но яд благополучно проник и в эту среду.

Теперь евреи еще лучше используют свои привилегии в своих интересах.

В конце концов еврею надо только креститься, и он получит все права и преимущества коренных граждан. Он охотно пойдет и на это. Представители церкви будут радоваться по поводу нового завоеванного сына церкви, а сам этот "сын" - об удавшемся гешефте.

з) Теперь в еврейском мире начинается новая полоса. До сих пор евреи слыли евреями, т.е. они не старались выдать себя за кого-либо другого, да это было и невозможно, так как слишком резко еще были выражены расовые черты евреев, с одной стороны, и окружающих их народов, с другой. Еще в эпоху Фридриха Великого никому не могло придти в голову видеть в евреях что-либо другое, чем "чужой" народ. Еще Гете ужасался по поводу одной мысли, что на будущее закон уже не запрещает браков между христианами и евреями. А ведь Гете, упаси боже, не был реакционером или другом рабства. В Гете говорил только голос крови и здравого рассудка. Вопреки всем позорным махинациям придворных кругов сам народ инстинктивно видел в евреях чужеродное тело и соответственно этому относился к ним.

И вот теперь наступила пора, когда все это должно было перемениться. В течение более чем тысячи лет евреи настолько изучили языки приютивших их народов, что теперь они решаются уже начать затушевывать свое еврейское происхождение и как можно настоятельнее начать подчеркивать, что они "немцы". Как это ни смешно, как это ни чудовищно, а у евреев все-таки хватает наглости объявлять себя "германцами", в данном случае "немцами". Начинается самый гнусный обман, какой только можно себе представить. Из всего немецкого еврей с грехом пополам овладел только способностью говорить на немецком языке, - да и то на каком ужасном немецком языке. Только на этом знании языка он обосновывает свою принадлежность к немецкому народу. Но ведь действительный признак принадлежности к определенной расе заложен исключительно в крови, а вовсе не в языке. Это лучше всего знают евреи. Именно поэтому они так и блюдут чистоту своей собственной крови и вовсе не придают большого значения чистоте своего собственного языка. Человек легко может взять себе другой язык и пользоваться им с большими или меньшими удобствами. Но, и пользуясь новым языком, он будет выражать на нем свои старые мысли. Внутренний же мир человека измениться не может. Лучше всего это видно на примере именно еврея - он может говорить на тысяче языков и все-таки остается тем же евреем. Его характерные особенности останутся теми же, какими они были, когда он две тысячи лет назад торговал хлебом в древнем Риме и говорил на латинском языке, и какими они являются в наш век, когда он спекулирует мукой и коверкает немецкий язык. Еврей остался все тот же. Что этой простой истины никак не могут усвоить иные современные тайные советники и высокопоставленные полицей-президенты, в этом мало удивительного. Ведь редко найдешь людей столь бездушных и столь лишенных всякого здорового инстинкта, как иные представители наших самых "высоких" сфер.

Мотивы, по которым евреи теперь решают начать выдавать себя за "немцев", совершенно очевидны. Евреи чувствуют, что почва начинает уходить из-под ног княжеских владык, и евреи начинают поэтому заблаговременно создавать для себя новую платформу. К тому же и их финансовая власть над всем нашим хозяйством достигла уже таких размеров, что, не имея всех "государственных" прав, евреи не могут уже далее удерживать всю систему; во всяком случае без этого евреям трудно расширять свое влияние дальше. Но удержать завоеванные позиции и добиться роста своего влияния еврею необходимо во что бы то ни стало. Чем выше восходят евреи по ступеням власти, тем больше влечет их старая заветная конечная цель: достижение полного господства над всем миром. Наиболее дальновидные из евреев замечают, что эта цель приблизилась уже совсем вплотную. Вот почему теперь все главные усилия направлены на то, чтобы завоевать себе всю полноту "гражданских" прав.

Такова действительная причина того, что еврей старается развязаться с гетто.

и) Так "придворный еврей" медленно и постепенно превратился в обыденного "народного еврея". Конечно еврей по-прежнему будет стараться оставаться в окружении высоких господ; он будет проявлять даже еще больше рвения, чтобы проникать в эту среду. Но в то же время другая часть еврейской расы делает все возможное, чтобы подделаться под народ. Задача эта не легка для евреев. Припомните только, сколь много грешил еврей в отношении народной массы в течение долгих веков, как безжалостно высасывали евреи из массы последние соки, как постепенно народные массы научились ненавидеть еврея и видеть в нем прямую кару божию). Да, нелегкая это задача изображать из себя "друга человечества" как раз в глазах тех, с кого в течение столетий еврей сдирал кожу.

Евреям теперь приходится вначале предпринять кое-какие шаги, которые хоть немного заставили бы народную массу позабыть о прежних их преступлениях. Отсюда и то, что евреи начинают играть роль филантропов и благодетелей. Они имеют для этого весьма прозаические основания, и поэтому евреям отнюдь не приходится руководиться библейским правилом - пусть левая рука не знает, что дает правая. Евреи ставят себе задачей, чтобы как можно большее количество людей узнало, как близко к сердцу принимает теперь еврей страдания народных масс и на какие громадные личные жертвы готов он пойти в интересах общества. Со свойственной ему прирожденной скромностью еврей теперь на весь мир трезвонит о своих собственных заслугах и делает это до тех пор, пока ему и впрямь в этом отношении начинают верить. Лишь очень несправедливые люди откажутся теперь поверить в щедрость евреев. В течение короткого времени евреям начинает удаваться представить дело так, будто и вообще во все предыдущие времена к ним относились только несправедливо, а вовсе не наоборот. Особенно глупые люди начинают этому верить и начинают высказывать искреннее сочувствие бедным, "несчастным", обиженным евреям.

Разумеется, при этом приходится иметь в виду, что при всей своей "щедрости" еврей себя не забывает и теперь. Они очень хорошо умеют считать. Еврейские "благодеяния" очень похожи на то удобрение, которое употребляется в сельском хозяйстве. Ведь расходы на удобрение всегда окупаются сторицей. Но как бы то ни было, спустя короткое время весь мир уже знает, что евреи ныне превратились в "благодетелей и друзей человечества". Какое замечательное превращение, не правда ли!

Что люди должны приносить известные жертвы для других, к этому, вообще говоря, привыкли. Но когда известные жертвы приносят евреи, это не может не повергнуть в изумление, ибо от них этого никто никогда не ожидал. Вот почему даже пустяковые даяния евреев засчитываются им больше, нежели кому бы то ни было другому.

Мало того. Евреи неожиданно становятся также либералами и начинают вслух мечтать о необходимости человеческого прогресса.

Постепенно евреи становятся выразителями стремлений всей новой эпохи.

На деле вся просвещенная деятельность евреев направлена конечно на то, чтобы разрушить все основы действительно общеполезной хозяйственной работы. Через овладение акций евреи контрабандным путем проникают в круговорот всего национального производства, превращают нашу промышленность в простой объект купли-продажи и таким образом вырывают из-под наших предприятий здоровую базу. Именно благодаря этой деятельности евреев между работодателями и рабочими возникает та внутренняя отчужденность, которая впоследствии приводит к классовому расколу. Наконец через биржу еврейские влияния достигают ужасающих размеров. Евреи становятся уже не только фактическими владельцами наших предприятий, но к ним же переходит действительный контроль над всей нашей национальной рабочей силой.

Чтобы усилить свои политические позиции, евреи ныне стараются покончить со всеми расовыми и гражданскими перегородками, мешающими им теперь на каждом шагу. С этой целью евреи теперь со свойственной им цепкостью начинают борьбу за религиозную веротерпимость. Франкмасонство, находящееся целиком в руках евреев служит для них превосходным инструментом в мошеннической борьбе за эти цели. Через нити масонства евреи опутывают наши правительственные круги и наиболее влиятельные в экономическом и политическом отношениях слои буржуазии, делая это настолько искусно, что опутываемые этого даже не замечают.

Трудненько только евреям опутать весь народ как таковой или, вернее сказать, то его сословие, которое как раз пробудилось к новой жизни и готовится вести борьбу за свои собственные права и свободу. Это-то как раз и является сейчас главным предметом заботы для евреев. Евреи прекрасно чувствуют, что окончательно достигнуть своей цели они могут лишь в том случае, если на нынешней стадии развития кто-нибудь им протопчет дорогу. Выполнить эту задачу по их расчетам должна была бы для них буржуазия, включая самые широкие слои мелкой буржуазии и мелкого люда вообще. Но перчаточников и ткачей не поймаешь на тонкую удочку франкмасонства, тут нужны средства более простые, но вместе с тем столь же действенные. Таким средством в руках евреев является пресса. Со всей цепкостью овладевают евреи прессой, пуская в ход для этого все уловки. Получив в свои руки прессу, евреи начинают систематически опутывать общественную жизнь страны, при помощи прессы они могут направить дело в любую сторону и оправдать мошенничество. Сила так называемого "общественного мнения" теперь находится целиком в руках евреев, а что это значит, теперь хорошо известно.

При этом еврей неизменно изображает дело так, что лично он жаждет только знаний; он восхваляет прогресс, но по большей части только такой прогресс, который ведет других к гибели. На деле же и знания и прогресс еврей всегда рассматривает под углом зрения их пользы только для еврейства. Если он не может получить от них пользы для еврейского народа, он станет самым беспощадным врагом и ненавистником науки, культуры и т.д. Все, чему он научается в школах других народов, всем этим он пользуется исключительно в интересах своей собственной расы.

Свою собственную народность евреи в эту фазу охраняют более, чем когда бы то ни было. Направо и налево кричат евреи о "просвещении", "прогрессе", "свободе", "человечности", и т.д., а сами в то же время строжайшим образом соблюдают чистоту своей расы. Своих женщин они, правда, иногда навязывают в жены влиятельным христианам, но что касается мужчин, то тут они принципиально не допускают браков с другими расами. Евреи охотно отравляют нрав других наций, но, как зеницу ока, охраняют чистоту своей собственной крови. Еврей почти никогда не женится на христианке, зато христиане часто женятся на еврейках. Таким образом в еврейской среде людей смешанной крови не оказывается. Часть же нашего высшего дворянства в результате кровосмешения гибнет окончательно. Евреи прекрасно отдают себе отчет в этом, и они совершенно планомерно прибегают к этому способу "обезоруживания" идейного руководства своих расовых противников. Чтобы замаскировать все это и усыпить внимание своих жертв, евреи все громче и громче кричат о необходимости равенства всех людей, независимо от расы и цвета кожи, а дураки начинают им верить.

Но всеми своими чертами еврей все-таки продолжает еще отталкивать широкую массу людей, от него все еще пахнет чужаком. И вот для удовлетворения массы еврейская пресса начинает изображать евреев в таком виде, который совершенно не соответствует действительности, но зато вызывает представления, которые нужны евреям. В этом отношении особенно характерна юмористическая печать. В юмористических листках всегда нарочно стараются изобразить евреев как в высшей степени смирненький народец. Читателю внушают ту мысль, что, может быть, у евреев имеются некоторые комические черты, зато по сути дела этот народ добрый, не желающий никому вредить. Читателю дают понять, что, может быть, некоторая часть евреев действительно не представляет собой героев, но зато во всяком случае не представляет собой и сколько-нибудь опасных врагов.

Конечной целью евреев на этой стадии развития является победа демократии или же, в их понимании, - господство парламентаризма. Система парламентаризма более всего соответствует потребностям евреев, ибо она исключает роль личности и на ее место ставит количество, т.е. силу глупости, неспособности, трусости.

Конечным результатом всего этого будет низвержение монархии. Немного раньше или немного позже монархия погибнет неизбежно.

к) Теперь гигантское хозяйственное развитие страны приводит к новому социальному расслоению народа. Мелкое ремесло медленно отмирает, благодаря этому рабочий все более теряет возможность снискать себе пропитание как самостоятельный мелкий производитель; пролетаризация становится все более очевидной; возникает индустриальный "фабричный рабочий". Самой характерной чертой последнего является то, что в течение всей своей жизни он не сможет стать самостоятельным предпринимателем. Он является наинизшим в подлинном смысле этого слова. На старости лет ему приходится мучиться и оставаться без обеспеченного куска хлеба.

Аналогичное положение мы видели и раньше. Требовалось найти во что бы то ни стало разрешение вопроса, и такое разрешение действительно нашлось. В такое положение кроме крестьян и ремесленников постепенно попали также чиновники и служащие. Они тоже стали наинизшими в подлинном смысле этого слова. Но государство нашло выход из этого, взяв на себя заботу о тех государственных служащих, которые сами не в состоянии были обеспечить свою старость: государство ввело пенсию. Постепенно этому примеру последовали также и частные фирмы, так что теперь почти каждый служащий у нас стал обеспечен пенсией, если только он служит у фирмы более или менее крупной. Только после того как мы обеспечим старость государственного служащего, мы можем опять воспитать в нем чувство безграничной преданности государству - то чувство, которое в довоенное время было самой благородной чертой немецкого чиновничества.

Эта умная мера вырвала целое сословие из когтей социальной нищеты и тем самым создала здоровые взаимоотношения между этим сословием и всей остальной нацией.

Теперь этот вопрос заново поставлен перед государством и нацией и притом в гораздо больших размерах. Все новые и новые миллионные массы оставляли деревню и постепенно переселялись в большие города, ища себе кусок хлеба в качестве фабричных рабочих в новых промышленных предприятиях. Общие условия труда и жизни этого нового сословия были более чем печальны. Уже самая обстановка труда совершенно не походила на прежнюю обстановку ремесленника или крестьянина. Индустриальному фабричному рабочему приходилось напрягать свои силы куда в большей, мере, нежели ремесленнику. Величина рабочего дня для ремесленника имела гораздо меньшее значение, нежели для фабричного рабочего. Если формально рабочий день рабочего оставался даже таким же, как прежде у ремесленника, то и для него (рабочего) создавалось куда более трудное положение. Ремесленник не знал такой интенсивности труда, с какой теперь приходится работать фабричному рабочему.

Если раньше ремесленник так или иначе мог примириться даже с 14-15-часовым рабочим днем, то теперь это становится совершенно непереносимым для фабричного рабочего, каждая минута которого используется самым напряженным образом. Бессмысленное перенесение прежней продолжительности рабочего дня на современное фабричное производство оказало величайший вред в двух направлениях: во-первых, благодаря этому подрывалось здоровье рабочих, а во-вторых, в рабочих подрывалась вера в высшую справедливость. К этому надо прибавить еще, с одной стороны, жалкую зарплату, а с другой стороны, относительно более быстрое возрастание богатства работодателя.

Ранее в сельском хозяйстве социальной проблемы не могло быть, ибо и хозяин и работник делали одну и ту же работу, а главное ели из одной и той же миски. Теперь и в этом отношении положение резко изменилось.

Теперь во всех областях жизни окончательно совершилось отделение рабочего от работодателя. Насколько в жизнь нашу проник еврейский дух, лучше всего видно из того недостатка уважения или даже прямо из того презрения, с которыми у нас теперь относятся к физическому труду. Это не имеет ничего общего с германским характером. Только по мере того как в жизнь нашу стали проникать чуждые, по сути дела еврейские влияния прежнее уважение к ремеслу сменилось известным пренебрежением ко всякому физическому труду.

Так возникло у нас новое, мало кем уважаемое сословие; и в один прекрасный день неизбежно должен был встать вопрос: либо нация сама найдет в себе достаточно сил, чтобы создать вполне здоровые взаимоотношения между этим сословием и всем остальным обществом, либо сословное различие превратится в классовую пропасть.

Одно несомненно: это новое сословие включало далеко не худшие элементы, во всяком случае к нему принадлежали самые энергичные элементы. Чрезмерная утонченность так называемой культуры здесь не могла еще произвести своей разрушительной работы. Новое сословие в своей основной массе не подверглось еще действию пацифистского яда, оно обладало физической силой, а, если нужно было, то и брутальностью.

Пока буржуазия совершенно беззаботно и равнодушно проходит мимо этой в высокой степени важной проблемы, евреи не спят. Они сразу поняли громадную важность этой проблемы для всего будущего. И вот они поступают так: с одной стороны, они разжигают эксплуатацию рабочих до самых крайних пределов, а с другой стороны, они начинают подслуживаться к жертвам своей собственной эксплуатации и в течение короткого времени завоевывают себе роль вожаков рабочих в борьбе этих последних против работодателей. Таким образом евреи внешне становятся как бы руководителями борьбы против самих себя. На деле это конечно не так, ибо эти виртуозы лжи, понятно, всегда умеют взвалить всю ответственность на других, а себя изобразить невинными младенцами. Благодаря тому, что у евреев хватило наглости самим стать во главе борьбы масс, этим последним не приходит даже в голову, что их обманывают самым подлым образом. И все-таки это было именно так. Не успел еще этот новый класс как следует сложиться, а евреи уже сразу увидели, что из этого сословия они могут сделать для себя орудие своих дальнейших планов. Сначала евреи использовали буржуазию как свое орудие против феодального мира, а затем рабочего как свое орудие против буржуазного мира. Прячась за спиной буржуазии, еврей сумел завоевать себе гражданские права. Теперь же, эксплуатируя борьбу рабочих за существование, евреи надеются, прячась за спиной этого сословия, окончательно водрузить свое господство над землей.

Отныне рабочему приходится на деле бороться только за будущее еврейского народа. Сам того не сознавая, рабочий попал во власть той силы, против которой он, как ему кажется, ведет борьбу. Рабочему внушают, будто он борется против капитала, а на самом деле его заставляют бороться за капитал. Громче всех евреи кричат о необходимости борьбы против интернационального капитала, а на деле они организуют борьбу против национального хозяйства. Губя национальное хозяйство, евреи рассчитывают на трупе его воздвигнуть торжество интернациональной биржи. Евреи поступают так: Втираясь в ряды рабочих, они лицемерно притворяются их друзьями и делают вид, что страшно возмущены тяжелыми страданиями рабочих. Таким образом они завоевывают доверие рабочих. Евреи дают себе труд тщательным образом изучать во всей конкретности все действительные и мнимые тяготы повседневной жизни рабочих. Опираясь на это знание всей конкретной обстановки, евреи всеми силами начинают раздувать стремление рабочих к изменению этих условий существования. В каждом арийце, как известно, живет глубокое стремление к большей социальной справедливости. И вот евреи самым хитрым образом эксплуатируют это чувство, постепенно превращая его в чувство ненависти к людям более богатым и счастливым. Таким путем евреям удается наложить свой отпечаток и придать свое мировоззрение всей борьбе рабочих за лучшую жизнь. Так закладывают евреи основу учения марксизма.

Евреи нарочно переплетают свою марксистскую проповедь с целым рядом конкретных требований, которые сами по себе с социальной точки зрения вполне справедливы. Этим они сразу убивают двух зайцев. Во-первых, таким путем марксистское учение получает громадное распространение. А во-вторых, они отталкивают многих приличных людей от поддержки этих социально справедливых требований именно тем, что требования эти сопровождаются марксистской пропагандой. Уже благодаря этому сопровождению требования эти начинают рассматривать как несправедливые и совершенно невыполнимые.

И действительно под покровом этих чисто социальных требований евреи прячут свои дьявольские намерения. Порою об этих намерениях совершенно нагло говорится открыто.

Учение марксизма представляет собою причудливую смесь разумного с нелепейшими выдумками человеческого ума. Но при этом еврей систематически заботится о том, чтобы в живой действительности находила себе применение только вторая часть этой проповеди, но ни в коем случае не первая. Систематически отклоняя роль личности, а тем самым и нации и расового "содержания" последней, марксистское учение постепенно разрушает все самые элементарные основы человеческой культуры, судьбы которой зависят как раз от этих факторов. Вот в чем заключается действительное ядро марксистского мировоззрения, поскольку это исчадие преступного мозга вообще можно рассматривать как "мировоззрение". Устранив роль великой личности и расы, еврей устранил и самое важное препятствие к господству низших. А эти низшие как раз и есть евреи.

Вся преступная суть марксистского учения заключается как раз в его экономической и политической стороне. Именно эта сторона отталкивает от марксизма все интеллигентное. Интеллигентные люди начинают отворачиваться и от справедливых требований рабочих. А в то же время наименее развитая рабочая масса толпами переходит под знамена марксизма. Рабочее движение, каково бы оно ни было, нуждается в своей интеллигенции. Честную интеллигенцию евреям удалось оттолкнуть от рабочего движения. И вот теперь евреи готовы принести "жертву"; они поставляют из своих рядов интеллигенцию для рабочего движения.

Так возникает движение рабочих физического труда, находящееся под полным руководством евреев. По внешности движение это имеет целью улучшение положения рабочих. В действительности дело идет о порабощении и в сущности о полном уничтожении всех других нееврейских народов.

Франкмасонство берет на себя задачу систематического пацифистского расслабления инстинкта национального самосохранения в кругах интеллигенции. В кругах же широких народных масс и прежде всего в кругах бюргерства эту же задачу берет на себя пресса, все больше концентрирующаяся в руках евреев. К этим двум орудиям разложения теперь присоединяется еще третье, куда более страшное - организация голой силы. При помощи первых двух орудий евреи провели всю подготовительную подрывную работу. Теперь штурмовая колонна марксизма должна закончить все дело и нанести обществу решающий удар.

На наших глазах разыгрывается нечто совершенно неслыханное. Как раз те самые учреждения, которые больше всего твердят о себе, что они являются единственными носителями пресловутого государственного авторитета, - как раз они-то и оказываются совершенно парализованными в борьбе против марксизма. В сущности говоря евреи во все времена своей "просвещенной" деятельности находили себе лучших помощников как раз в кругах высоких и высочайших чиновников наших государственных учреждений (отдельные исключения конечно не в счет). Эти круги чиновничества всегда отличались необычайным лакейством в отношении еще более "высоких" кругов, с одной стороны, и необычайным высокомерием в отношении к более "низким" кругам, с другой. Их ограниченность могла помериться только с их самомнением. Но это как раз и есть то, что нужно еврею. Именно этакие представители власти пользуются наибольшей его любовью. Практически дело развивается примерно следующим образом: Соответственно своим конечным целям, заключающимся как в экономическом завоевании, так и в политическом порабощении всего мира, евреи разделяют свою организацию на две части, друг от друга будто бы отдаленные, но на деле представляющие собою неразрывное целое. А именно - они делят движение на политическую партию, с одной стороны, и профсоюзную организацию, с другой.

Профсоюзное движение имеет главной задачей вербовку рабочих. В тяжелой борьбе за существование, которую рабочим приходится вести из-за жадности и недальновидности многих предпринимателей, профсоюзы оказывают рабочим кое-какую материальную помощь и поддержку. Рабочему приходится самому заботиться об улучшении своей жизни в борьбе против предпринимателей, относящихся к нему бессердечно и зачастую забывающих о той ответственности, которая лежит на них перед обществом. Само государство тоже забыло о рабочих, и получается так, что помнят о них только профсоюзы. Ослепленная жадностью так называемая национальная буржуазия ставит рабочему все мыслимые и немыслимые препятствия, чтобы только помешать всем попыткам сокращения бесчеловечно длинного рабочего дня, всем попыткам уничтожения детского труда, улучшения условий женского труда, улучшения жилищных условий и оздоровления процессов труда на фабриках и заводах. Всему этому буржуазия не только сопротивляется, но даже прямо саботирует этого рода мероприятия. И что же? Еврею только этого и нужно. Оказывается, что он один только и заботится о судьбах угнетенных. Евреи становятся во главе профессионального движения. Это для них, тем легче, что ведь в действительности задачей их деятельности является вовсе не честная борьба за устранение социального зла; реальной их целью является создание такой боевой экономической организации, которая слепо будет подчиняться им и послужит орудием в борьбе за уничтожение экономической независимости национального государства. Подлинно здоровая социальная политика должна была бы руководиться двумя критериями: с одной стороны сохранения здоровья собственного народа, а с другой - интересами обеспечения экономической независимости своего национального государства. Для евреев конечно не существует ни тот, ни другой критерий. Напротив, их целью является ударить и по тому и по другому. Евреи добиваются не сохранения экономической независимости национального государства, а уничтожения его, поэтому евреи не испытывают ни малейших угрызений совести, выдвигая от имени рабочих такие экономические требования, которые не только практически невыполнимы, но которые на деле означают гибель национального хозяйства. Но евреям не нужна также здоровая нация и физически здоровый рабочий класс, им нужна физически слабая толпа, которую легче покорить под ярмо. Это, в свою очередь, позволяет им выставлять самые нелепые требования, практическое выполнение которых для них заведомо невозможно, - такие требования, которые вообще ничего изменить не могли бы и годятся только для того, чтобы натравливать массы. Вот действительные цели евреев. До честного улучшения социального положения рабочих им нет никакого дела.

Руководство профессиональным движением обеспечено за евреями до тех пор, пока мы сами не предпримем большую просветительную работу в рядах широких масс, пока мы не покажем этим массам действительную дорогу борьбы за улучшение их положения или пока само государство не возьмется за евреев как следует и не отодвинет их с нашего пути. До тех пор пока масса так малосознательна, как сейчас, и до тех пор пока государство остается столь равнодушным, как сейчас, рабочие массы неизбежно пойдут за первым встречным, кто сделает им наиболее безрассудные обещания. А в этом отношении, как известно, евреи непревзойденные мастера. Ведь никакой морали для них в этом отношении не существует.

На этом поприще евреи в кратчайший срок забьют любого конкурента. Еврей, как известно, достаточно кровожаден. И соответственно этому он с самого начала ставит все профессиональное движение на почву насилия. Если найдутся люди, которые разгадают подлинные намерения евреев и не пойдут за ними, то к ним будет применен террор. Не надо обманывать себя: успехи этой террористической тактики огромны.

Профессиональные союзы при правильной постановке должны были бы иметь благодетельное значение для всей нации. В нынешней же обстановке евреи делают из профсоюзов прямое орудие разрушения национального хозяйства. Параллельно с этим идет "работа" политической организации.

Эта последняя действует сообща с профессиональными союзами, поскольку профсоюзы лишь подготовляют рабочего, а затем и прямо заставляют его вступать в политическую партию. Профсоюзы, далее, являются главным финансовым источником, из которого политическая организация черпает средства для содержания своего огромного аппарата. Профсоюз контролирует политическую деятельность каждого отдельного рабочего и при всевозможных политических демонстрациях принуждает своих членов участвовать в них. В конце концов профсоюзы и вообще забывают обо всех своих экономических задачах и целиком концентрируют свои усилия на подготовке массовых стачек, всеобщей стачки как средства политической борьбы.

Политическая и профессиональная организации создают густую сеть газет, целиком приспособленных к умственному горизонту наименее развитых людей. Эта пресса в руках вождей превращается в бесстыдное орудие натравливания низших слоев нации и провоцирует их на самые безумные поступки. Эта пресса отнюдь не считает своей задачей постепенно подымать своих отсталых читателей на более высокую ступень развития. Нет, свою задачу она видит в разжигании самых низменных инстинктов. Косная масса, иногда очень много воображающая о себе, легко поддается на такие приемы. В результате пресса является и коммерчески выгодным гешефтом и политически выгодным орудием. Вся эта пресса изо дня в день ведет клеветническую кампанию, внушая фанатической массе ненависть ко всему тому, что служит национальной независимости, культурному развитию и укреплению экономической самостоятельности нации.

Пресса эта ведет особенно безжалостную канонаду против тех людей с характером и выдающимся умом, которые не хотят преклониться перед претензиями евреев. Чтобы стать объектом травли со стороны евреев, не нужно даже прямо выступать против них; достаточно одного подозрения, что данный человек когда-либо может придти к мысли о необходимости борьбы против евреев; достаточно даже только того, что данный человек обладает свойствами сильного характера и стало быть может помочь своему народу когда-либо начать подыматься и крепнуть.

Еврея в этом отношении никогда не обманет его инстинкт; он всегда отгадает, кто не с ним, и уж такому человеку конечно обеспечена смертельная вражда со стороны иудеев. И так как еврей всегда является не обороняющейся, а наступающей стороной, то врагом своим он считает не только того, кто на него нападет, но и того, кто пытается оказывать ему хотя бы малейшее сопротивление. Ну, а средства, которые еврей употребляет в своей борьбе против честных и стойких людей, известны: это не борьба честными средствами, а борьба с помощью лжи и клеветы. В этой области еврей не останавливается ни перед чем. Тут он поистине "велик" в своей изобретательности. Недаром же наш народ видит олицетворение самого дьявола в еврее. Народ легко становится жертвой еврейского похода лжи. С одной стороны, этому содействует недостаточная подготовленность широких слоев народа и как результат этого неспособность разобраться во всех ходах евреев. С другой стороны, этому содействует ограниченность кругозора и полное отсутствие здоровых инстинктов в наших высших слоях.

Стоит только евреям напасть на того или другого выдающегося человека, оказывающего сопротивление их планам, как наши высшие слои из прирожденной трусости немедленно отворачиваются от этого человека; широкие же массы народа по простоте и глупости всему поверят. Государственные же власти либо отмалчиваются, либо, что бывает еще чаще, сами присоединяются к преследованию данного человека, воображая, что таким путем они положат конец крикам в газетах. А в глазах иного облеченного властью осла именно такой образ действий обеспечивает "тишину и порядок" и сохраняет "государственный авторитет".

Постепенно для всех приличных людей страх перед клеветой в марксистской печати становится угрозой, парализующей и ум и сердце.

Люди начинают просто трепетать перед ужасным врагом и тем самым окончательно становятся его жертвой.

л) Теперь господство евреев в государстве уже настолько упрочено, что они не только могут называть себя евреями, но могут уже открыто признать, какими именно политическими и национальными идеями определяются все их действия. Часть еврейской расы начинает уже открыто признавать себя чужим народом. Однако и тут опять не обходится без лганья. Сионизм доказывает направо и налево, что если евреям удастся образовать в Палестине самостоятельное государство, то это и будет все, что нужно евреям как нации. Но на деле это только наглая ложь, опять-таки имеющая целью обмануть глупых "гоев". Еврейское государство в Палестине нужно евреям вовсе не для того, чтобы там действительно жить, а только для того, чтобы создать себе там известную самостоятельную базу, не подчиненную какому бы то ни было контролю других государств, с тем, чтобы оттуда можно было еще более невозбранно продолжать политику мирового мошенничества. Палестина должна стать убежищем для особо важной группы негодяев и университетом для подрастающих мошенников.

В одно и то же время часть евреев нагло признает себя особой расой, а другая часть продолжает утверждать, что они немцы, французы, англичане и т.д. В этом новом явлении приходится видеть только лишнее доказательство того, насколько обнаглели евреи, насколько безнаказанными чувствуют они себя.

Насколько уверены евреи в том, что их победа уже совсем близка, видно из того, как обращаются они теперь с сынами и дочерьми других народов.

Черноволосый молодой еврейчик нахально вертится около нашей невинной девушки, и на его наглом лице можно прочитать сатанинскую радость по поводу того, что он сможет безнаказанно испортить кровь этой девушки и тем самым лишить наш народ еще одной здоровой немецкой матери. Всеми средствами стараются евреи разрушить расовые основы того народа, который должен быть подчинен их игу. Евреи не только сами стараются испортить как можно большее количество наших женщин и девушек. Нет, они не останавливаются и перед тем, чтобы помочь в этом отношении и другим народам. Разве не евреи привезли к берегам Рейна негров все с той же задней мыслью и с той же подлой целью - через кровосмешение принести как можно больший вред ненавистной белой расе, низвергнуть эту расу с ее политической и общекультурной высоты, а затем самим усесться на ее спине.

Подчинить себе народ, сохранивший свою расовую чистоту, евреи никогда не смогут. Евреи в этом мире всегда будут господствовать только над народами, потерявшими чистоту крови.

Вот почему евреи и стараются самым планомерным образом разрушить чистоту расы и с этой целью прибегают к систематическому отравлению крови отдельных лиц.

В политической же сфере евреи начинают заменять идею демократии идеей диктатуры пролетариата.

Сорганизовав массы под знаменем марксизма, еврей выковал себе то оружие, которое теперь позволяет ему обойтись без демократии и дает ему возможность с помощью кулака подчинить себе другие народы, которыми он хочет управлять теперь диктаторским способом.

Работу революционизирования евреи планомерно ведут в двух направлениях: в экономическом и политическом.

Те народы, которые обнаруживают слишком сильное сопротивление, евреи окружают густою сетью врагов, затем ввергают их в войну, а когда война началась, они водружают знамя революции уже на самих фронтах. Благодаря своим интернациональным связям, евреям вовсе не трудно это сделать.

В экономическом отношении евреи вредят государству до тех пор, пока государственные предприятия становятся нерентабельными, денационализируются и переходят под еврейский финансовый контроль.

В политическом отношении еврей бьет целые государства тем, что лишает их нужных средств, разрушает все основы национальной защиты, уничтожает веру в государственное руководство, начинает позорить всю предыдущую историю данного государства и забрасывает грязью все великое и значительное.

В культурном отношении евреи ведут борьбу против государства тем, что вносят разложение в сферу искусства, литературы, театра, извращают здоровые вкусы, разрушают все правильные понятия о красивом, возвышенном, благородном и хорошем, внушают людям свои собственные низменные идеалы.

Евреи насмехаются над религией. Евреи подтачивают всякую нравственность и мораль, объявляя все это отжившим. Так продолжается до тех пор пока удается подточить последние основы существования данного государства и данной народности.

м) Тогда евреи считают, что наступила пора сделать последнюю великую революцию. Захватив политическую власть, евреи считают, что теперь можно уже окончательно сбросить маску. Из "народного еврея" вылупляется кровавый еврей - еврей, ставший тираном народов. В течение короткого времени старается он совершенно искоренить интеллигенцию, носительницу национальной идеи. Лишив народ идейных руководителей, он хочет окончательно превратить его в рабов и закрепостить навеки.

Самым страшным примером в этом отношении является Россия, где евреи в своей фанатической дикости погубили 30 миллионов человек, безжалостно перерезав одних и подвергнув бесчеловечным мукам голода других, - и все это только для того, чтобы обеспечить диктатуру над великим народом за небольшой кучкой еврейских литераторов и биржевых бандитов. Однако конец свободе порабощенных евреями народов становится вместе с тем концом и для самих этих паразитов. После смерти жертвы раньше или позже издыхает и сам вампир.

Еще и еще раз продумывая все причины нашей германской катастрофы, мы неизбежно приходим все к тому же выводу: основной решающей причиной нашего крушения было непонимание важности расовой проблемы и в особенности непонимание еврейской опасности.

С результатами наших поражений на фронтах в августе 1918 г. мы могли справиться шутя. Не эти поражения привели к нашему краху. Крах наш подготовила та сила, которая подготовила и сами эти поражения. А сделала она это тем, что в течение многих десятилетий систематически и планомерно разрушала политические и моральные инстинкты нашего народа, лишая его того, без чего вообще нет здорового и крепкого государства.

Старая германская империя совершенно пренебрегала проблемой расы. Проходя мимо этой проблемы, империя пренебрегала тем правом, которое одно только является основой существования народов. Народы, которые допускают до того, чтобы их лишили чистоты крови, совершают грех против воли провидения. И если более сильный народ столкнет их с пьедестала и сам займет их место, то в этом не приходится видеть несправедливости, а напротив, необходимо видеть торжество права. Если данный народ не хочет соблюдать чистоты крови, данной ему природой, то он не имеет права потом жаловаться, что лишился своего земного существования.

Все на этой земле можно поправить. Каждое поражение может стать отцом будущей победы. Каждая потерянная война может стать толчком к новому подъему. Каждое бедствие может вызвать в людях новый приток энергии. Любой гнет может стать источником новых сил к новому возрождению. Все это возможно, пока народы сохраняют чистоту своей крови. Только с потерей чистоты крови счастье потеряно навсегда. Люди падают вниз уже навеки и из человеческого организма уже никак не вытравишь последствий отравления крови.

Стоит только сравнить гигантскую важность этого фактора с ролью всех любых факторов иного происхождения, и мы сразу убедимся, что все остальные проблемы по сравнению с расовой играют до смешного малую роль. Все остальные факторы имеют преходящее значение. Проблема же чистоты крови будет существовать до тех пор, пока будет существовать и сам человек.

Все серьезные симптомы распада, обнаружившиеся уже у нас в довоенную эпоху, в последнем счете связаны с расовой проблемой.

Все равно, идет ли речь о проблемах всеобщего избирательного права или о ненормальностях в области экономики, о печальных симптомах в области культурной жизни или о симптомах вырождения в области политики, о неправильной постановке дела воспитания или о плохих влияниях, оказываемых прессой на взрослых, - все равно в последнем счете вся беда была в пренебрежительном отношении к проблемам расы, в непонимании тех опасностей, которые несли нам чужие расы.

Вот чем объясняется и то обстоятельство, что ни к каким серьезным последствиям не могли привести ни реформы, ни меры социальной помощи, ни усилия чисто политического характера. Серьезного значения не имели также ни экономический подъем, ни рост всей суммы наших научных знаний. Напротив, и нация и государство, т.е. тот организм, который только и дает возможность нации жить и развиваться на земле, не становились здоровее, а постепенно теряли здоровье. При всем внешнем расцвете старой германской империи не удавалось скрыть ее внутренней слабости. Всякая попытка действительно поднять и укрепить империю неизбежно разбивалась о то, что мы игнорировали самую важную из проблем.

Было бы конечно неправильно думать, что все без исключения представители различных политических направлений в нашей стране и все без исключения наши правители, пытавшиеся лечить Германию, были плохими или злонамеренными людьми. Нет, деятельность их не имела успеха только потому, что в лучшем случае все они видели только внешние проявления болезни и закрывали глаза на действительных возбудителей ее. Кто хорошенько вдумается в историю развития нашей старой империи, тот, объективно рассуждая, должен будет придти к выводу, что уже в эпоху объединения Германии и связанного с ним подъема были налицо симптомы распада. Такие наблюдатели должны будут признать, что несмотря на все политические успехи и несмотря на огромный рост богатств общее положение страны из года в год все же становилось хуже. Об этом можно судить уже по одним только результатам выборов в рейхстаг. Систематический рост голосов, подаваемых за марксистов, тоже ведь говорил ни о чем другом, как о приближении внутреннего и внешнего краха. Все успехи так называемых буржуазных партий не имели никакого значения не только потому, что буржуазные партии не сумели даже положить предел росту марксистов, но и потому, что внутри самих буржуазных партий шел уже процесс разложения. Буржуазный мир, сам того не замечая, был уже отравлен трупным ядом марксистских представлений, а борьба буржуазных партий против марксизма больше являлась продуктом конкуренции со стороны честолюбивых вождей, нежели действительно принципиальной борьбой решившихся идти до конца противников. Одни только евреи уже в эту эпоху вели систематическую и неуклонную борьбу в определенном направлении. Чем более ослабевала воля к самосохранению в нашем народе, тем выше поднималась, тем ярче сияла еврейская звезда - звезда Давида.

Вот почему и в августе 1914 г. перед нами был не единый спаянный народ, наступающий на твердыни противника. Нет, этого не было! Мы стали свидетелями только последней вспышки инстинкта национального самосохранения, последнего судорожного усилия сбросить с себя марксистско-пацифистское иго, давно уже подтачивающее здоровье нашего народа. И в эту роковую минуту мы тоже оказались неспособными понять, где же находится наш подлинный внутренний враг. Вот почему и всякое внешнее сопротивление оказалось напрасным. Провидение не дало нам победы и воздало каждому по его заслугам.

Вот из всех этих соображений и исходили мы, когда разрабатывали основы всего нашего нового движения. Мы глубоко убеждены, что только наше движение способно задержать дальнейшее падение немецкого народа, а затем пойти дальше и создать гранитный фундамент, на котором в свое время вырастет новое государство. Это будет не такое государство, которое чуждо народу и которое занято только голыми хозяйственными интересами. Нет, это будет подлинно народный организм, это будет - германское государство, действительно представляющее немецкую нацию.

ГЛАВА XII

ПЕРВОНАЧАЛЬНЫЙ ПЕРИОД РАЗВИТИЯ ГЕРМАНСКОЙ НАЦИОНАЛ-СОЦИАЛИСТИЧЕСКОЙ РАБОЧЕЙ ПАРТИИ

В настоящей заключительной главе первой части моей работы я хочу остановиться на первоначальном периоде нашего движения, а вместе с тем осветить несколько вопросов, ставших тогда на очередь. Это не значит, что я остановлюсь здесь подробно на всех проблемах нашего движения. Цели и задачи нашего нового движения настолько грандиозны, что им я должен посвятить особый том. Во второй части настоящей работы я постараюсь осветить подробно программные основы нашего движения и нарисовать карту того, что мы понимаем под словом "государство". Говоря "мы", я имею в виду те сотни тысяч немцев, которые в основном стремятся к тому же идеалу, хотя конечно не всегда выражают его в одних и тех же словах. Для всех великих реформ, характерно именно то, что хотя за ними уже стоят миллионы людей, провозвестником этих реформ выступает один человек. Сотни тысяч людей лелеют определенную мечту, быть может, уже в течение целых столетий. И вот наконец находится один человек, который становится провозвестником этих целей, дает им ясное выражение и тем самым становится знаменосцем новой великой идеи.

Глубокое недовольство, господствующее в среде миллионов и миллионов людей, уже само по себе говорит о том, что эти миллионные массы вынашивают мечту о чем-то принципиально новом, о радикальной перемене нынешней обстановки. Недовольство масс находит себе выражение в различных формах. У одних оно выражается в отчаянии и безнадежности, у других - в возмущении и озлоблении, у третьих - в полном равнодушии, у четвертых - в бешеном гневе и т.д. Об этом внутреннем недовольстве масс одинаково говорят как наличие большого числа людей, которым всякие выборы надоели, так и наличие большого числа избирателей, фанатически голосующих за крайнюю левую.

Именно к этим группам и обращалось прежде всего наше молодое движение. Партия наша ставила себе задачей собрать под свои знамена не людей сытых и довольных, а людей униженных и очень недовольных, людей страдающих и беспокойных. Партия наша должна была поставить себе задачей не плавать по поверхности, а глядеть прежде всего в корень вещей.

Под чисто политическим углом зрения мы имели в 1918 г. следующую картину. Народ разорван на две части. Одна часть, очень небольшая, включает главным образом национальную интеллигенцию и совершенно не имеет в своих рядах людей физического труда. Внешним образом эта интеллигенция настроена национально, но под этим словом она все еще не представляет себе ничего другого, кроме шаблонной слабой защиты так называемых государственных интересов, совпадающих с интересами династии. Интеллигенция эта пытается защищать свои идеи и цели духовным оружием, которое по-прежнему очень недостаточно и поверхностно и во всяком случае совершенно бессильно перед напором противника. Одним ударом в 1918 г. этот еще недавно правивший класс сбит с ног. Дрожа от страха, слой этот теперь готов покорно снести любое унижение и полон трепета перед торжествующим беспощадным победителем.

Этому слою противостоит другой класс: широкие массы трудящихся, людей физического труда. Массы эти объединены в более или менее радикальных марксистских партиях и полны решимости любое идейное сопротивление раздавить силой. Массы эти не хотят быть национальными, они сознательно отвергают какую бы то ни было защиту национальных интересов и охотно подставляют шею любому иностранному гнету. Этот второй лагерь численно, конечно, сильно превосходит первый; а главное, в этом втором лагере находятся как раз те элементы, без которых никакое национальное возрождение немыслимо и невозможно.

Ибо одно было уже ясно и в 1918 г.: какое бы то ни было возрождение немецкого народа возможно только путем возвращения Германии ее былой силы на внешней арене. Наши буржуазные "государственные деятели" постоянно болтают о том, что для того, чтобы вернуть себе силу на международной арене. Германии не хватает только оружия. Но это неверно. На деле нам не хватает прежде всего силы воли. Было время, когда немецкий народ имел оружия более чем достаточно. И что же? Оружие это, тем не менее, не смогло защитить нашу свободу. Это случилось потому, что инстинкт национального самосохранения оказался недостаточно силен, не хватило воли к самосохранению. Никакое оружие не поможет, любое оружие останется мертвым грузом, ничего не стоящим материалом, если не хватает решимости воспользоваться этим оружием до конца. Германия превратилась в безоружную страну не потому, что ей не хватало раньше оружия, а потому что у нее не хватило воли до конца воспользоваться силой оружия в борьбе за сохранение своей народности.

Господа левые политики теперь любят оправдывать свою безвольную политику безмерных уступок тем, что Германия-де безоружна. В действительности дело обстоит совершенно наоборот. Именно благодаря вашей антинациональной преступной политике, именно благодаря тому, что вы, господа левые, предали национальные интересы Германии, вам пришлось сдать оружие нашей страны. Теперь вы пытаетесь свою собственную подлую трусость свалить на отсутствие оружия. Но это простая ложь и фальсификация, как все в ваших устах.

Однако надо сказать, что этот упрек в той же мере относится и к политикам справа. Только благодаря их бесхарактерной трусости пришедшая в 1918 г. к власти еврейская сволочь смогла украсть оружие у немецкой нации.

Первые политики также не имеют ни малейшего права в оправдание своей мудрой осторожности (читай - трусости) ссылаться на отсутствие оружия по той простой причине, что безоружность Германии является результатом их же трусости.

Вот почему проблема возрождения германской силы заключается не в том, как достать нам вновь оружие, а в том, как возродить тот дух, который один только и дает возможность народу пользоваться оружием. Если в народе жив этот дух, тогда воля его найдет тысячи путей обрести оружие. А если, с другой стороны, трусу дать в руки хотя бы десять ружей, он не выстрелит ни из одного, когда подвергнется нападению. Эти десять ружей будут в руках труса менее полезны, чем в руках мужественного человека простая палка.

Вопрос о возрождении политической мощи нашего народа есть прежде всего вопрос об оздоровлении нашего национального инстинкта самосохранения. Это ясно хотя бы из одного того, что в области внешней политики предварительная оценка любого государства делается не на основе того, каким количеством оружия располагает данное государство. Потенциальная сила каждого данного государства расценивается прежде всего на основании заложенной в данной нации моральной силы сопротивления. Когда определяют ценность того или другого народа как возможного союзника на международной арене, то критерием при этом является не количество мертвого оружия в цейхгаузах - действительным критерием является то, насколько жив в этом народе героизм борьбы, насколько сильна, насколько пламенна его воля к национальному самосохранению. Союзы заключаются не с оружием, а с людьми. Так, например, английский народ всегда останется в глазах всего мира ценным союзником вплоть до того времени, пока его руководители и широкие массы народа будут обнаруживать прежнюю стойкость и твердую решимость раз начатую борьбу непременно доводить до конца, не останавливаясь ни перед какими жертвами и не считаясь с тем, как долго протянется данная борьба. А ведь при этом весь мир знает, что, начиная борьбу, англичане вовсе не считают решающим моментом состояние своего вооружения в данную минуту по сравнению с вооруженными силами противника.

Но если мы поймем, что возрождение немецкой нации возможно только на основе возрождения инстинкта к политическому самосохранению, то нам станет ясно и еще одно: что для этого мало завоевать тот небольшой слой, который и без того состоит из более или менее национально настроенных элементов, но что нам для этого необходимо прежде всего пропитать национальной идеей те массы, которые до сих пор настроены антинационально. Вот почему молодое движение, поставившее своей задачей возрождение суверенного германского государства, и должно видеть свою единственную цель в завоевании самых широких масс народа. Как ни жалка наша так называемая национальная буржуазия, как ни слабо развито в ней истинно национальное чувство, - ясно, что с этой стороны не приходится опасаться сколько-нибудь серьезного сопротивления, если мы сумеем повести сильную внутреннюю и внешнюю национальную политику. Да если даже эти слои со свойственными им тупоумием и близорукостью и стали бы оказывать пассивное сопротивление, как они это в известной степени делали и в эпоху Бисмарка, то при их баснословной трусости серьезно считаться с этим не пришлось бы.

Совсем другое дело широкие массы наших интернационально настроенных соплеменников. Тут приходится считаться не только с примитивной силой широкой массы, привыкшей разрешать основные проблемы путем насилия, но и с еврейским руководством ее, готовым пустить в ход самые жесткие и беспощадные способы борьбы. Этот лагерь не остановится и перед тем, чтобы подавить любое немецкое возрождение теми же способами, какими он в свое время сломал спинной хребет немецкой армии. А главное: в парламентарном государстве эти массы уже одной своей численностью могут сорвать любую внешнюю политику, направленную к возрождению нации, и могут сделать так, что другие народы вообще будут оценивать нас как возможных союзников лишь очень низко. Не следует думать, что только мы одни понимаем, насколько Германию ослабляет наличие 15- миллионного лагеря марксистов, демократов, пацифистов и сторонников партии центра. Нет, за границей тоже очень хорошо отдают себе отчет в том, что этот мертвый груз очень ослабляет нас и делает нас как союзников малоценными. Ни одна держава не станет особенно охотно заключать союз с тем государством, у которого наиболее активные слои населения не хотят поддерживать никакой сколько-нибудь решительной внешней политики.

Прибавьте к этому еще и то, что руководители этих партий национальной измены неизбежно будут бороться против всякого возрождения уже из инстинкта своего собственного самосохранения. Вот почему исторически совершенно немыслимо представить себе, что немецкий народ сможет вновь завоевать свои старые позиции, раньше чем сведет счеты с подлинными виновниками нашего крушения. Перед судом истории ноябрь 1918 г. будет рассматриваться не как измена монархии, а как измена отечеству.

Итак, чтобы вновь обрести независимое положение на международной арене, Германия прежде всего должна вернуть единую волю, вернуть единство своему собственному народу.

Уже с чисто технической стороны ясно, что идея независимости Германии на международной арене неосуществима, до тех пор пока на стороне этой освободительной идеи не будут стоять самые широкие массы народа. Любой офицер легко поймет, что и с чисто военной точки зрения мы не можем вести войну, опираясь только на батальоны студентов, что кроме мозгов народа нам нужны также и его кулаки. Необходимо даже иметь в виду и то, что если бы наша национальная защита опиралась только на так называемую интеллигенцию, это было бы непоправимым расточительством тех сил, которых у нас очень немного. Мы очень сильно ощущали эти потери, после того как такое большое количество молодой немецкой интеллигенции осенью 1914 г. погибло на фландрских полях в наших добровольческих полках. Это было лучшее из того, чем обладала наша нация; эту невознаградимую потерю мы потом ощущали в течение всего хода войны. Без рабочих масс мы не можем не только воевать, но даже не можем провести надлежащую техническую подготовку. Для этого тоже прежде всего необходимо единство воли нашего народного организма. Не забудем кроме того, что нам приходится считаться с контролем, учрежденным над нами версальскими победителями. Каждое наше действие находится под надзором тысяч ревнивых глаз. При таких обстоятельствах какая бы то ни было техническая военная подготовка возможна только, если мы абсолютно едины и если версальским шпионам помогать будут только отдельные негодяи, продающиеся за 30 сребреников. С такими отдельными негодяями нам будет легко справиться. Но ничего нельзя поделать против миллионных масс, если они из политического убеждения не хотят никакого национального возрождения. Такое сопротивление непреодолимо, до тех пор пока мы не победим главную причину их враждебности, заложенную в марксистском миросозерцании, пока мы не изгоним из их сердец и мозгов идеи марксизма.

Итак, с какой бы точки зрения мы ни взглянули, - с точки ли зрения технической подготовки, с точки ли зрения самого ведения войны, с точки ли зрения внешнеполитических союзов, - все равно, вопрос о нашем национальном возрождении и завоевании подлинной независимости для Германии упирается в предварительное завоевание широких масс нашего народа.

Необходимо помнить, что без завоевания внешней свободы любая внутренняя реформа в лучшем случае превращает нас только в более выгодную для внешнего врага колонию. Плоды всякого так называемого экономического подъема все равно достанутся только контролирующим нас государствам. И если в результате социальных перемен мы и станем работать лучше то ведь работа эта идет только на пользу им же. Что же касается общекультурного прогресса, то он вообще недоступен немецкой нации, до тех пор пока она не завоюет национальной независимости; ибо общекультурный прогресс тесно связан с политической независимостью и достоинством национального целого.

Но раз так, раз все наше национальное будущее так тесно связано с завоеванием под знамя национальной идеи самых широких слоев народа, то ясно, что именно в этом и заключается самая большая, самая важная задача всего нашего движения. Ибо наше движение не может ограничиваться вопросами минуты, а должно отдать все свое внимание именно тем вопросам, от которых зависит будущее.

Вот почему нам уже в 1919 г. было вполне ясно, что высшей целью нового движения должна быть "национализация" масс, т. е. внедрение национальной идеи в самые широкие слои народа.

Отсюда с тактической точки зрения вытекал целый ряд требований.

1. Чтобы завоевать массы на сторону идеи национального возрождения, никакие социальные жертвы не являются слишком большими.

Какие бы хозяйственные уступки ни были сделаны трудящимся, они ничто в сравнении с той громадной пользой, которую получит вся нация, если благодаря уступкам удастся вернуть эти слои под знамена нации. Только близорукая ограниченность (которой, увы, отличаются иные наши предпринимательские круги) может не понимать, что, если нам не удастся опять возродить полную солидарность нашей нации, то прочный хозяйственный подъем будет невозможен, а стало быть, невозможно будет извлекать и серьезную хозяйственную пользу.

Мы не потеряли бы войну, если бы немецкие профсоюзы действительно целиком отдались делу национальной защиты и если бы рабочие, входящие в профсоюзы, со всем фанатизмом боролись за дело родины. Пусть бы эти профсоюзы со всем рвением отстаивали экономические интересы рабочих против жадных до прибылей предпринимателей, пусть бы они иной раз пустили в ход даже стачку, чтобы принудить предпринимателей пойти навстречу законным требованиям рабочих. От этого наша нация не погибла бы, если бы только профсоюзы всей душой поддерживали войну. Ну, а если бы мы выиграли войну, все экономические уступки рабочим покрылись бы конечно сторицей. Об этом даже смешно было бы говорить.

Вот почему такому движению, которое ставит себе великую задачу вернуть рабочий класс в лоно нации, не надо забывать, что вопрос об экономических жертвах вообще тут никакой роли играть не должен, поскольку экономические уступки не угрожают делу независимости национального хозяйства.

2. Воспитать широкие массы народа в национальном духе можно только на путях поднятия их социального уровня. Только через поднятие их социального уровня могут быть созданы те общеэкономические предпосылки, которые вообще только и позволяют отдельному лицу приобщиться к культурным благам всей нации.

3. Внедрить национальную идею в широкие массы народа невозможно при помощи половинчатых мер, - невозможно, если исходить из точки зрения так называемой "объективности". Для того чтобы достигнуть цели, необходимо самым решительным, самым фанатическим и самым односторонним образом сосредоточиться именно на одной этой цели. Это и значит, что невозможно завоевать целый народ для национальной идеи так, как представляет себе современная наша буржуазия, т.е. с такими-то и такими-то "оговорками" и "ограничениями". Нет, для этого надо стать на точку зрения крайнего национализма и не бояться тех эксцессов, которые связаны с любой крайностью. Против яда необходимо противоядие. Только пошлый ум умеренного и аккуратного буржуа может вообразить, что в рай ведет дорога золотой середины.

Широкие массы народа состоят не из профессоров и не из дипломатов. Народные массы обладают лишь очень небольшим количеством абстрактных знаний. Для них решает область чувства. Положительное или отрицательное отношение народной массы к тому или другому явлению определяется больше всего чувством. Масса восприимчива прежде всего к выражению силы. Ей нужно сказать да или нет, иного она не понимает. Но именно потому, что масса управляется чувством, ее трудно поколебать. Поколебать веру труднее, чем поколебать знание; любовь более прочна нежели уважение; чувство ненависти прочнее чем простое нерасположение. Движущая сила самых могучих переворотов на земле всегда заключалась в фанатизме масс, порой доходившем до истерии, но никогда эта движущая сила не заключалась в каких-либо научных идеях, внезапно овладевших массами.

Кто хочет завоевать на свою сторону широкие массы народа, тот прежде всего должен отыскать ключ, открывающий двери к сердцам народа. Этот ключ - воля и сила, а отнюдь не "объективность", т.е. не слабость.

4. Завоевать душу народа можно только, если одновременно с борьбой за собственные положительные цели повести борьбу за уничтожение тех, кто является противниками наших целей.

Если ты станешь вести против противника самую беспощадную борьбу, то народ чаще всего именно в этом увидит твою правоту. А если ты отказываешься от полного уничтожения врага, то народ видит в этом твою собственную неуверенность в правоте твоего дела, а может быть даже и прямую твою неправоту.

Широкие массы народа - это только кусок самой природы. Они не понимают, как это люди, утверждающие, что они хотят прямо противоположного, в то же время миндальничают друг с другом, жмут друг другу руку и т.д. Масса требует одного - победы сильного над более слабым, уничтожения слабого или его беспрекословного подчинения.

Внедрение национальной идеи в широкие слои нашего народа удастся лишь в том случае, если рядом с положительной борьбой за душу народа мы проведем полное искоренение интернациональных отравителей его.

5. Все большие вопросы одновременно являются вопросами дня и все они являются производным от определенных более глубоких причин. Но решающее значение имеет только одна из проблем: проблема расового сохранения народа. Одной только степенью чистоты крови определяется подлинная сила или слабость людей. Люди, не понимающие значения расовой проблемы, уподобляются тем, кто хочет мопсам привить свойства борзых собак, не понимая того, что быстрота бега борзой собаки или особая понятливость пуделя являются свойствами, заложенными в их расе, а вовсе не чем-то таким, чему можно научить. Народы, пренебрегающие чистотой своей расы, тем самым оказываются и от единства душевной жизни во всех ее проявлениях. Недостаточная однородность крови

неизбежно приводит к недостаточному единству всей жизни данного народа; все изменения в сфере духовных и творческих сил наших являются только производным от изменений в области расовой жизни.

Кто хочет освободить немецкий народ от чуждых ему влияний и пороков нынешнего дня, тот прежде всего должен освободить его от тех чуждых факторов, которые являются возбудителями всех этих пороков.

Пока мы не поймем до конца значения расовой проблемы, а стало быть, и значения еврейского вопроса, возрождения немецкой нации не будет.

Проблема расы дает нам ключ к пониманию не только всего хода мировой истории, но и всего развития общечеловеческой культуры вообще.

6. Наше стремление вернуть в лоно народа те широкие массы, которые до сих пор находятся в интернациональном лагере, ни в коем случае не означает отказа от защиты справедливых интересов отдельных сословий. Различие интересов отдельных сословий и профессий вовсе не то же самое, что классовый раскол. Нет, такие различия являются только само собою разумеющимся результатом всей нашей экономической жизни. Группировка людей по профессиям ни в коем случае не идет вразрез с интересами народа в целом. Эти последние требуют единства лишь в тех вопросах, которые действительно касаются всего народа.

Вернуть в лоно народа или даже только государства сословие, превратившееся в класс, можно не тем, что более высокие классы пойдут вниз, а только тем, что более низкие классы удастся поднять вверх. Носителями этого процесса никогда не могут стать высшие классы - носителем его может стать только низший класс, ведущий борьбу за свое равноправие. Современная буржуазия, например, заняла свое место в государстве не благодаря мероприятиям дворянства, а благодаря своей собственной энергии и стараниям своих собственных руководителей.

Немецкого рабочего мы завоюем для немецкой нации не посредством жалких сцен сентиментального братания, а политикой систематического и планомерного улучшения его социального и общекультурного положения, до тех пор, пока в результате таких систематических усилий вообще не исчезнет противоположность интересов, по крайней мере, в самых решающих областях. Движение, ставящее себе такие цели, разумеется, в первую очередь должно вербовать себе сторонников именно в лагере трудящихся. Интеллигенция нужна нам лишь постольку, поскольку она целиком поняла эту цель. Этот процесс превращения и сближения, разумеется, не будет закончен в течение каких-нибудь 10-20 лет, а потребует многих поколений.

Самым большим препятствием к тому, чтобы сблизить рабочих нашего времени с нацией как целым является вовсе не расхождение сословных интересов. Нет, это препятствие заложено в интернациональных аспирациях нынешних руководителей рабочего класса, в их противогосударственных и противоотечественных установках. Если бы во главе тех же профсоюзов стояли люди, настроенные действительно национально, и если бы они с фанатизмом проводили свои национальные идеи в области политической и всей вообще народной жизни, то миллионы рабочих стали бы самыми ценными членами нашего общества, нашего народа, независимо от наличия ряда трений в вопросах чисто экономических.

Такое движение, которое честно хочет вернуть немецкого рабочего своей нации, разумеется, должно самым резким образом выступить против предпринимателей, которые под народными интересами понимают лишь свое неограниченное господство над рабочим как продавцом рабочей силы и в любой попытке совершенно справедливой защиты законных интересов рабочего видят преступление против "народа". Люди, защищающие такое "мировоззрение", сознательно защищают неправду и ложь. Интересы народа как целого возлагают определенные обязательства не только на одну, но на обе стороны.

Если рабочие, не считаясь с большим благом и с состоянием национальной промышленности, опираясь только на свою силу, шантажом выжимают известные уступки, они совершают действительный грех против народа: но такой же грех совершают и предприниматели, если они, бесчеловечно эксплуатируя рабочих, злоупотребляют национальной рабочей силой, выжимая из ее пота миллионные прибыли. Такие предприниматели не имеют права говорить о своих национальных чувствах, такие предприниматели являются эгоистическими негодяями, ибо, внося социальное напряжение в ряды рабочих, они провоцируют конфликты, которые так или иначе неизбежно приносят вред всей нации.

Итак, главным резервуаром, из которого наше молодое движение должно черпать свои силы, является прежде всего круг людей труда. Наша задача в том, чтобы освободить эти массы из-под гнета интернациональных идей, вырвать их из когтей социальной нужды и общекультурной отсталости, а затем сделать из них великий ценный фактор общенациональной борьбы за общенациональные интересы.

Если в рядах национальной интеллигенции найдутся люди с горячими сердцами, люди, думающие о будущем своего народа и целиком понимающие великое значение, какое имеет завоевание широких масс для нашего дела, то конечно такие люди окажут ценные услуги нашему движению, и мы охотно воспользуемся их ценными духовными качествами. Но гоняться за голосующей скотиной из рядов буржуазии мы никогда не станем. Эти избиратели стали бы для нашего движения только мертвым грузом, который только ослабил бы притягательную силу движения по отношению к широким массам народа. Конечно, идея объединения народа одновременно и сверху и снизу теоретически очень хороша. На массовых собраниях и манифестациях, когда сходятся вместе и рабочие представители имущих классов, на первый взгляд получается как будто большой эффект. Но эти эффекты не могут искоренить того, что создавалось в течение столетий. Разница в культурном уровне столь велика и позиции, занимаемые обеими сторонами в чисто экономических вопросах, также еще настолько отличаются друг от друга, что как только внешний эффект совместной манифестации рассеялся, это различие немедленно начинает сказываться вновь.

Да в конце концов цель заключается не в том, чтобы перестроить ряды внутри национального лагеря. Наша главная цель заключается в том, чтобы завоевать ту массу, которая находится еще в антинациональном лагере.

Только под углом зрения этой последней цели и приходится определять всю тактику нашего движения.

7. Эта, быть может, и односторонняя, но зато совершенно ясная позиция должна найти себе выражение и в постановке пропаганды молодой партии, а с другой стороны, успех самой пропаганды требует именно такой ясной позиции.

Для того чтобы пропаганда действительно имела успех, она должна обращаться только к одной стороне; в ином случае, имея в виду большое различие в образовательном уровне обоих лагерей, пропаганда либо не будет понята одной из сторон, либо другой стороной будет воспринята, как нечто само собою разумеющееся, скучное и неинтересное.

Даже способ выражения и тон пропаганды не может быть одинаков для двух столь различных лагерей. Если пропаганда откажется от простоты и силы народного стиля, она не найдет дороги к широким массам. Если же пропаганда будет по вкусам широкой массе, будет соответствовать ее грубоватым чувствам и манерам, она непременно покажется ординарной и примитивной так называемой интеллигенции. Среди ста так называемых ораторов едва ли найдется и десять таких, которые сумели бы с одинаковым успехом сегодня выступить перед аудиторией подметальщиков, слесарей, канализационных рабочих и т.п., а завтра прочесть достаточно содержательный доклад перед аудиторией профессоров и студентов. Но из тысячи ораторов с трудом найдется только один, кто сумеет увлечь собрание, на котором находятся и слесаря и профессора, сумеет найти такую форму изложения, которая покажется одинаково интересной обеим частям аудитории и которая вызовет гром аплодисментов и у тех и у других. Не надо забывать, что самая великолепная идея и самая превосходная теория находят себе распространение по большей части только через маленьких людей. Не в том дело, что имеет в виду отдельный гениальный творец той или другой великой идеи, а дело в том, в какой форме и с каким успехом идею эту донесут до широких масс народа те, кто играет тут роль посредника.

Притягательная сила социал-демократии и всего марксистского лагеря в значительной части объяснялась тем, что они обращались именно к определенной публике, к определенному лагерю. Идеи социал-демократии были достаточно ограничены и тупоумны, но тем легче воспринимали их те массы, умственный уровень которых вполне соответствовал таким идеям.

Отсюда и для нашего молодого движения вытекает простая и ясная задача.

Наша пропаганда по содержанию и форме должна соответствовать самым широким массам народа; ее правильность проверяется только ее реальным успехом.

В больших народных собраниях, где собираются широкие народные массы, лучшим оратором будет не тот, кто в духовном отношении ближе всего стоит к присутствующей интеллигенции, а тот, кто умеет завоевать сердца массы.

Тот интеллигент, который, присутствуя на таком собрании, станет критиковать речь оратора, несмотря на то, что она имела громадный успех у массы, докажет этим лишь то, что он совершенно не понял подлинных целей нашего движения и, стало быть, не представляет для него никакой ценности. Для нашего движения имеет цену лишь тот интеллигент, который настолько понял задачки цели движения, что умеет оценить пропаганду исключительно под углом зрения ее влияния на массу, а вовсе не под углом зрения того впечатления, которое она производит на него самого. Ибо наша пропаганда имеет целью не "развлечение" людей и без того уже национально настроенных, а завоевание тех слоев народа, которые по крови принадлежат нашему лагерю, но по своим убеждениям пока еще относятся враждебно к нашим идеям.

В общем нашему молодому движению приходилось руководствоваться теми соображениями, которые я развил выше в главе о военной пропаганде. Что наша пропаганда была правильной, это доказал ее успех.

8. Политические цели великого реформаторского движения никогда не могут быть достигнуты в результате одной лишь просветительной работы или влияния на представителей господствующей власти; они могут быть реализованы только путем завоевания политической власти. Каждая мировая идея не только имеет право, но и имеет обязанность захватить в свои руки те средства, которые одни только дают ей возможность воплотить в жизнь свои планы. Один лишь успех является главным судьей на нашей земле и в зависимости от него определяется степень правоты или неправоты данного движения. При этом конечно под успехом мы понимаем не просто захват власти сам по себе, как мы это видели в 1918 г.; под успехом мы понимаем действительно благодетельные последствия от перехода власти в определенные руки для всего народа. Под удавшимся государственным переворотом мы вопреки безыдейным немецким юристам понимаем не просто переход государственной власти в руки господ революционеров, а понимаем лишь то революционное действие, которое принесло благие результаты для нации и создало для нее лучшие условия, нежели прежний режим. Ничего подобного нельзя конечно сказать о несчастных событиях 1918 г., явившихся результатом проделки бандитов, а вовсе не великой революцией.

Но если завоевание политической власти является важнейшей предпосылкой для практического воплощения в жизнь реформаторских намерений данного движения, то ясно, что это движение с первых же дней своего возникновения должно сознавать и чувствовать себя движением масс, а не литературным клубом, где пьют чай, или обществом, где играют в кегли.

9. Наше молодое движение по самой сущности своей и по формам своей организации является антипарламентарным движением. Это значит, что во всей своей работе и в частности в формах своего внутреннего строения движение решительно отвергает принцип решения по большинству голосов, отвергает тот порядок, когда вождь является только выполнителем воли и мнений большинства. Такой деградации роли вождя мы не допускаем. В большом и малом наше движение представляет принцип безусловного авторитета вождя в сочетании с высшей формой его ответственности. На практике этот принцип

находит себе следующее приложение. Первый председатель нашей местной организации назначается вождем, стоящим одной ступенью выше в нашей организационной иерархии. Этот председатель является ответственным руководителем местной организации. Все местные комитеты подчиняются ему, а не наоборот. У нас нет и не может быть комитетов, занимающихся голосованиями, у нас существуют только комитеты для работы. Всю работу распределяет ответственный руководитель, т.е. председатель местной организации. По тому же принципу строятся все остальные организационные звенья - район, округ, область. Вождь во всех этих звеньях назначается сверху - с неограниченными полномочиями и авторитетом. Только вождь всей партии согласно уставу выбирается на первичных собраниях членов партии. Он является единственным руководителем всего движения. Все комитеты подчиняются ему, а не наоборот. Но зато он на плечах своих несет и всю ответственность. Перед новыми выборами сторонники движения могут привлечь его к ответственности, могут снять с него звание, если он действовал против принципов движения или если он плохо служил его интересам. Тогда место прежнего вождя займет другой, лучший, он будет обладать тем же авторитетом и на нем будет лежать та же ответственность.

Одна из высших задач нашего движения заключается в том, чтобы дать победу этому принципу не только в наших собственных рядах, но и во всем будущем государственном устройстве.

Кто хочет быть вождем, тот будет облечен неограниченным авторитетом, но должен будет нести также самую тяжелую ответственность.

Кто к этому неспособен, кто слишком труслив, чтобы нести все последствия за свои действия, тот не годится в вожди. К роли вождя призван только герой.

Весь прогресс и вся культура человечества покоятся исключительно на гениальности и энергии личностей, а ни в коем случае не являются продуктом "большинства".

Чтобы наша нация могла вернуть себе свое величие и свою силу, она должна суметь культивировать личность и вернуть ей все права. Это значит, что все наше движение является антипарламентарным движением. И если мы на деле принимаем участие в том или другом парламентском учреждении, то мы делаем это только для того, чтобы взорвать его изнутри и в конце концов устранить само то учреждение, в котором мы не можем не видеть один из вреднейших элементов распада государства и общества.

10. Наше движение отказывается занять какую бы то ни было позицию в таких вопросах, которые выходят за пределы нашей политической работы или не имеют принципиального значения для него. Задача нашего движения не в религиозной реформации, а в политической реорганизации народной жизни. В протестантизме и католичестве мы видим одинаково ценную опору для нашего народа и поэтому решительно боремся против тех партий, которые хотят превратить религию в инструмент политической борьбы, хотят принизить религию до голых партийных интересов.

Наконец наше движение не видит своей задачи в восстановлении определенных форм государственного устройства или в борьбе против другой формы устройства его. Мы видим свою задачу в создании того принципиального фундамента, без которого невозможно длительное существование ни республики, ни монархии. Наша миссия заключается не в том, чтобы восстановить монархию или укрепить республику, а в том, чтобы создать германское государство.

Вопрос о внешних формах государственного строя - это будет уже венец дела. Этот вопрос не имеет принципиального значения, а целиком зависит от практической целесообразности.

Для народа, который сумеет прежде всего разрешить великие проблемы и задачи своего существования, вопросы внешних формальностей уже не будут играть большой роли и во всяком случае не приведут к внутренней борьбе.

11. Вопросы внутренней организации являются для нашего движения не вопросами принципа, а только вопросами целесообразности.

Наилучшей формой организации является та, при которой между руководством и отдельными сторонниками движения будет как можно меньшее количество посредствующих звеньев. Ибо главной задачей организации является только распространение определенной идеи, а затем претворение этой идеи в действительность. Но идея, как мы это уже знаем, рождается в голове только одного человека.

В общем и целом можно сказать, что организация является только необходимым злом. В лучшем случае она является средством к цели, в худшем случае - становится самоцелью.

В нашем мире механические натуры рождаются гораздо чаще нежели творческие натуры. Вот почему формы организации складываются несравненно легче, нежели формируются идеи.

Путь, который проходит всякая стремящаяся к воплощению в жизнь идея, в особенности идея, имеющая реформаторский характер, в общих чертах можно обрисовать следующим образом.

В мозгу одного человека возникает гениальная идея. Человек этот чувствует себя призванным сообщать эту идею всему человечеству. Он начинает проповедовать свои взгляды и постепенно завоевывает себе определенный круг сторонников. Пока человек этот передает свои идеи другим людям лично и непосредственно, мы имеем перед собою самую естественную и самую идеальную форму распространения идеи. Но вот число сторонников нового учения начинает сильно возрастать, и для автора великой идеи становится уже невозможным вступать в непосредственную связь с бесчисленным количеством своих сторонников и руководить всем делом в прежних формах. В меру роста движения непосредственное общение вождя со всеми его сторонниками становится невозможным, и возникает необходимость в посредствующем аппарате. Тем самым прежняя идеальная форма передачи идеи становится невозможной; теперь приходится пригнуть к необходимому злу - к организации. На местах образуются первые подсобные группы. Если дело идет о политическом движении, то возникают первые местные комитеты, представляющие собою зародыши всей позднейшей более разветвленной организации.

Раньше чем допустить организацию местных групп, нужно прежде всего обеспечить, чтобы эти группы безусловно признавали авторитет идейного руководителя всего движения и образованной им школы. Без этого невозможно сохранить единство всего учения. Гигантское геополитическое значение имеет правильный выбор одного определенного пункта, который должен стать сосредоточением всего движения. Чтобы движение было прочно, чтобы представляющая его верхушка пользовалась бесспорным и абсолютным признанием, для этого нужно прежде всего выбрать один определенный географический пункт движения, который обладал бы магическим влиянием на всех сторонников и играл бы для них роль Мекки или Рима.

Вот почему основатель движения, приступая к созданию первых местных организаций, никогда не должен забывать этой задачи: первоначальный центр движения должен не только сохранять свое влияние, но и систематически увеличивать его. Чем сильнее рост низовых ячеек, чем больше плодится новых организаций, тем больше должно возрастать идейное, моральное и фактическое влияние центрального пункта движения.

Сначала рост количества сторонников привел к необходимости образования местных организаций. Но дальнейший рост приводит уже к необходимости создания новых организационных звеньев - районных, окружных организаций и т.д.

Первоначально центральный пункт движения сравнительно легко удержит свое влияние на первичные местные организации. Но уже гораздо труднее будет ему удержать безусловное влияние на новые организации более высокого типа; а удержать это влияние необходимо во что бы то ни стало, ибо без этого невозможно единство движения, невозможно действительное воплощение в жизнь той идеи, во имя которой движение началось.

Но затем движение развивается, и возникает необходимость создания еще новых более высоких организационных звеньев - окружных и областных организаций. Теперь необходимо добиваться того, чтобы первоначальный центральный пункт движения сохранил свое неоспоримое влияние и на эти звенья. Только это обеспечит единство школы, единство учения.

Вот почему образование новых организаций допустимо лишь при том условии, что центр имеет возможность полностью обеспечить себе бесспорный идейный авторитет над всеми этими организациями. Если дело идет о политической организации, то эта гарантия зачастую создается только реальной практической силой.

Отсюда вытекают следующие правила, которых необходимо придерживаться при создании организации:

а) Прежде всего необходимо концентрировать всю работу на одном пункте. У нас это был Мюнхен. Здесь необходимо создать круг безусловно преданных сторонников, создать школу, пригодную для дальнейшего распространения идеи вождя. Завоевать авторитет, который мог бы простираться и на все другие организации позднейшего времени, можно только, если сначала удастся сделать очевидные для всех успехи в данном центральном пункте. Чтобы сделать известным широкой массе само движение, чтобы сделать хоть немного известными имена вождей движения, необходимо было хотя бы в одном определенном городе не только поколебать идею непобедимости марксистского учения, но и доказать полную возможность роста нашего движения, враждебного марксизму.

б) Образование местных групп можно было допускать лишь в той мере, в какой безусловно был обеспечен полнейший авторитет центрального руководства в Мюнхене.

в) Образование районных, окружных и областных организаций тоже необходимо было регулировать, допуская их возникновение лишь по мере полного обеспечения фактического руководства из Мюнхена.

Далее, разумеется, развитие организационных форм находится в тесной зависимости от наличия необходимых для организаций руководящих голов.

Тут возможны два пути:

а) Либо движение обладает необходимыми финансовыми средствами, чтобы воспитать способных руководителей; тогда оно собирает людей и обрабатывает этот материал вполне планомерно под углом зрения своих основных тактических планов.

Этот путь является наиболее легким и наиболее быстрым. Но он требует больших денег, ибо такой контингент руководителей необходимо взять на постоянное жалованье.

б) Либо же движение не располагает достаточными денежными средствами и не может поэтому держать на постоянном жаловании своих руководителей.

Это путь более медленный и более тяжелый. В этом случае руководство вынуждено иногда оставлять целые области без всякой организации, пока среди сторонников движения не найдется достаточно способный человек, которому центральное учреждение сможет поручить организацию работы в соответствующем районе или области.

Может случиться, что в каком-либо одном большом районе не найдется ни одного подходящего руководителя, а в другом месте найдутся два или три крупных работника. Отсюда возникают большие трудности и лишь с течением лет движению удается преодолеть их.

Всегда и неизменно главной предпосылкой успеха организации является наличие выдающегося руководителя.

Как армия никуда не годится без офицеров, так и политическая организация - без соответствующего руководителя.

Если мы не имеем в своем распоряжении достаточно талантливого руководителя, то лучше вовсе не создавать в данном месте организации, чем создать плохую.

Для руководителя нужна не только твердая воля, но и способности; энергия и сила воли имеют однако большее значение, чем полет ума. Но разумеется, всего полезнее сочетание в одном лице упорства, решительности и крупных умственных способностей.

12. Будущее движения больше всего зависит от фанатизма и нетерпимости, с какими сторонники его выступают на защиту своего учения, решительно борясь против всех тех, кто конкурирует с данным учением.

Величайшей ошибкой является предположение, будто от объединения с аналогичными нам организациями мы становимся сильней. Чисто внешним образом это может быть и так. В глазах поверхностных наблюдателей организация после объединения с аналогичными другими организациями становится могущественнее. На деле же это не так. В действительности такое объединение несет в себе только зародыш будущей внутренней слабости.

Как бы ни доказывали, что две таких-то организации почти тождественны, в действительности это оказывается вовсе не так. Если бы тождество было полное, тогда и на деле были бы не два, а только одно движение. Различие несомненно налицо. И если бы даже различие это определялось только различной степенью способностей вождей каждой из организаций, все равно различие являлось бы фактом. Закон природы заключается в том, что более сильное должно побеждать более слабое и тем содействовать совершенствованию более сильного. Беспринципное же объединение двух различных движений в одно противоречит закону природы.

На первых порах объединение двух политических организаций в одну может даже дать некоторый внешний успех, но в дальнейшем эти успехи послужат только причиной будущих слабостей.

Движение становится великим только в том случае, если заложенным в нем силам предоставляется неограниченное поле развития. Только тогда, постепенно развивая свои силы, движение в конце концов одержит победу над всеми конкурентами.

Можно даже сказать вообще, что силы движения растут лишь до тех пор, пока оно признает целиком своим руководящим принципом борьбу и только борьбу. Лишь в тот момент движение достигнет своего кульминационного пункта, когда на его сторону склонится почти полная победа.

Для движения иной раз бывает даже очень полезно вести свою борьбу именно в такой форме, которая не обещает быстрых успехов. Те успехи, которые достигнуты в результате длинной, упорной и полной нетерпимости борьбы, бывают куда прочнее.

Движение, выросшее в результате объединения так называемых аналогичных партий, т.е. движение, основанное на компромиссах, похоже на оранжерейное растение. Внешним образом оно разрастается очень пышно. Но подлинной силы, способной выдержать любые бури и оказать успешное сопротивление столетним традициям, у такого движения нет.

Лишь та организация станет могучей и сумеет подлинно воплотить в жизнь великую идею, которая относится с нетерпимостью, с религиозным фанатизмом ко всем остальным без различия движениям и убеждена только в своей собственной правоте. Если сама идея движения верна и если борьба за идею ведется именно так, как мы говорим, эта идея станет совершенно непобедимой. Какие угодно преследования приведут только к ее укреплению.

Сила христианства состояла например вовсе не в попытках соглашения и примирения, скажем, с близкими ему философскими мнениями древних.

Она состояла в непреклонной фанатической защите только одного своего собственного учения.

Быстрые, но чисто внешние успехи, достигаемые при помощи различных объединений, стоят гораздо меньше, чем медленный, но зато прочный рост сил собственной организации, ведущей совершенно независимую борьбу за свое собственное учение.

13. Движение должно воспитывать своих членов так, чтобы борьба не казалась им чем-то тягостным, а чтобы они сами рвались навстречу борьбе. Они не должны бояться вражды со стороны противника. Напротив, эту вражду они должны рассматривать, как первое доказательство того, что собственное движение имеет право на существование. Не страшиться ненависти со стороны противника должны мы, а стремиться к тому, чтобы он как можно глубже ненавидел нас за нашу работу на пользу нашей нации. При этом надо заранее знать, что раз враг нас ненавидит, то он будет на нас также лгать и клеветать.

Тот не является настоящим национал-социалистом и вообще приличным немцем, на кого не нападают еврейские газеты, т.е. кого они не осыпают бранью и клеветой. Чем больше смертельные враги нашего народа ненавидят и преследуют данного работника, тем более честен этот человек, тем чище его намерения, тем полезнее его деятельность.

Сторонников нашего движения мы должны систематически воспитывать в той мысли, что евреи в своих газетах врут беспрестанно и если даже случайно в этих газетах один раз скажут правду, то это делается только для того, чтобы прикрыть девяносто девять случаев лжи. Евреи являются непревзойденными мастерами лжи. Ложь и обман - вот главные орудия их борьбы.

Наш боец должен рассматривать каждый удар, наносимый ему в клеветнической еврейской прессе, как почетную рану.

Тот, на кого больше всего клевещут евреи, ближе всего к нам. Тот, кого больше всего ненавидят евреи, тот лучший наш друг.

Если ты, встав утром, взял в руки еврейскую газету и не нашел в ней новой клеветы против себя, это значит, что вчерашний день ты потерял даром. Если бы это было не так, то евреи наверняка и сегодня нападали бы на тебя, ругали, грязнили, клеветали, проклинали, преследовали бы тебя. Кто по-настоящему борется против этих худших врагов нашего народа, злейших врагов всего арийского человечества и всей общечеловеческой культуры - против того, конечно, еврейская раса неизбежно будет рвать и метать.

Если именно эти взгляды проникнут в плоть и кровь наших сторонников, движение наше станет непоколебимым и непобедимым.

14. Наше движение должно систематически воспитывать чувство уважения к выдающейся личности. Наше движение никогда не должно забывать, что одаренная личность является главным двигателем прогресса, что каждая великая идея и каждое великое действие суть только продукт творческой силы человека, что чувство преклонения перед величием крупной личности есть не только справедливая дань, воздаваемая человеку, но и нечто такое, что объединяет многих людей в одном действии.

Величие личности нельзя заменить ничем. Ее не заменишь ничем, особенно в том случае, когда она олицетворяет культурно-творческий элемент, а не просто организационно-механический фактор. Как нельзя заменить великого художника, успевшего закончить свою картину только наполовину, так нельзя заменить и великого поэта, мыслителя, великого государственного деятеля и великого полководца, ибо деятельность всех этих людей есть искусство. Их дарование есть дар божией милостью, а не результат механической учебы.

Все самые великие перевороты и завоевания на земле, все великие культурные события и бессмертные дела в области государственного искусства и т.д., - все это на вечные времена неразрывно связано с тем или другим отдельным именем, являющимся воплощением этих великих дел. Отказаться от преклонения перед великим человеком означает отказаться от использования всей той грандиозной притягательной силы, которая свойственна всем великим деятелям на этой земле.

Евреи лучше всех понимают эту истину. Крупные деятели еврейского лагеря "велики" только в разрушительной работе, в борьбе против человечества и его культуры. И тем не менее евреи делают из них полубогов. Если же народы захотят воздать должное своим действительно великим деятелям, евреи немедленно подымут крик, что это недостойный "культ личности".

Если тот или другой народ стал настолько трусливым, что поддался этому нахальству и наглости евреев, это значит, что он отказался от использования самых выдающихся сил, которыми он располагает. Ибо сила наша заключается не в уважении к голой "массе", а в поклонении гению, в том, чтобы стараться подняться до его идей.

Когда люди надламываются и начинают впадать в отчаяние, именно тогда им больше всего нужны великие гении. Именно тогда на бедных и несчастных людей из прошлого глядят тени великих людей, сумевших стать борцами против нужды, позора, несчастий, сумевших показать людям дорогу к счастливой жизни.

Горе народу, который стыдится обращать свои взоры за помощью к великим людям!

* * *

В первую полосу зарождения нашей партии движение наше больше всего страдало от того, что имена его вождей не были еще известны, что противники не придавали движению серьезного значения. Это больше всего мешало нашему успеху. В эту полосу наши собрания состояли только из шести, семи, максимум восьми человек, и главная трудность заключалась в том, чтобы именно этому небольшому кругу лиц внушить несокрушимую веру в великое будущее нашего движения.

Подумайте только. На наших собраниях присутствуют шесть-семь бедняков, людей без имени. И вот эти-то люди должны взять на себя задачу выковать великое движение, которое должно суметь сделать то, что не удалось громадным массовым партиям, а именно: воссоздать германское государство более могучее, более прекрасное, чем оно было когда-либо в прошлом. Если бы в ту пору на нас нападали, если бы нас даже только стали высмеивать, мы были бы уже счастливы, ибо самое тяжелое для нас было то, что нас совершенно не замечали. От этого мы страдали в ту пору больше всего, в особенности я лично.

Когда я вступил в этот небольшой кружок, конечно не могло быть еще и речи ни о партии, ни о серьезном движении. Я уже описал выше первые свои впечатления от первых встреч с этим кружком. В ближайшие недели я еще и еще раз убедился в том, как печально положение этой так называемой партии. Картина была действительно удручающая. Партия не имела в своем распоряжении ничего, решительно ничего. И в то же время небольшая партия представляла собою парламент в миниатюре, т.е. как раз тот самый институт, которому она объявила борьбу. В этой нашей маленькой партии вопросы тоже решали большинством голосов. И в то время как в настоящих парламентах люди до хрипоты в течение целых месяцев спорили по поводу все же значительных проблем, в нашем маленьком кружке бесконечно препирались по вопросу о том, как ответить на то или другое несчастное письмишко.

Более широкие круги народа конечно совершенно не имели представления о нашей тогдашней работе. Ни один человек в Мюнхене не знал нашу партию даже только по имени, если не считать полудюжины ее сторонников и их немногих знакомых.

Каждую среду в одном из небольших мюнхенских кафе собирался, так называемый комитет. Раз в неделю происходили дискуссионные вечера. И так как весь состав членов "партии" исчерпывался составом комитета, - то люди конечно были одни и те же. Задача заключалась теперь в том, чтобы выйти за пределы небольшого кружка, завоевать хоть некоторое количество новых сторонников. А еще важнее было каким угодно способом сделать сколько-нибудь известным наше движение в более широких кругах.

С этой целью мы прибегали к следующей технике. Раз в месяц, а затем и раз в две недели мы пытались созывать "собрания". Приглашение на эти собрания мы писали от руки, затем на пишущей машинке, и вначале сами раздавали эти приглашения. Каждый из нас обращался к своим личным знакомым и убеждал их явиться на собрание.

Результаты были очень жалкие.

Я отлично помню, как я сам лично в эту пору раздал около 80 таких приглашений и как вечером мы сидели в помещении собрания и с нетерпением ждали прихода "масс".

Наступило время собрания. Мы прождали еще лишний час и - никого не дождались. "Председателю" пришлось открыть "собрание" при тех же семи посетителях.

Затем мы перешли к тому, что стали размножать свои приглашения в одной конторе пишущих машин. Успех выразился в том, что на ближайшие собрания стало приходить на несколько человек больше. Медленно и постепенно выросло количество посетителей до 11, 13, затем 17, 23 и наконец 34 посетителей.

Собрав крохотные суммы в нашем небогатом кругу, мы наконец смогли дать первое объявление о собрании в газете, а именно, в тогдашнем независимом органе "Мюнхенский наблюдатель". Успех оказался поразительным. Мы назначили собрание в погребе мюнхенской Придворной пивной (не смешивать с большим залом этой пивной) - в небольшом помещении, вмещавшем не более 130 человек. Мне лично это помещение казалось тогда большим залом, и каждый из нас боялся, удастся ли в этот вечер заполнить посетителями такое "громадное" помещение.

В 7 часов вечера в помещении было 111 человек, и, мы открыли собрание.

Вводный доклад прочитал один мюнхенский профессор. Мне же предстояло выступить вторым докладчиком - впервые на публичном собрании.

Тогдашний наш председатель партии, г. Харер, считал все это предприятие очень рискованным. Этот в высокой степени порядочный господин был твердо убежден в том, что я, Гитлер, обладаю очень разносторонними способностями, но не обладаю только одной, а именно - не являюсь оратором. Разубедить его в этом не было никакой возможности и впоследствии.

Тем не менее он оказался неправ.

На этом собрании мне было предоставлено слово на 20 минут. Я говорил полчаса. И то, что я раньше только инстинктивно чувствовал, то было теперь доказано на практике: говорить я умею! В конце моей получасовой речи слушатели были совершенно наэлектризованы. Их энтузиазм для начала выразился в том, что на мой призыв поддержать движение материально тут же на месте было собрано 300 марок. Это сняло у нас гору с плеч. Нищета нашей партии в эту пору была так велика, что у нас не было средств, чтобы напечатать первые тезисы, не говоря уже о том, чтобы печатать воззвания. Теперь был создан первый маленький фонд, который давал возможность покрыть хотя бы самые необходимые расходы.

Но успех этого первого более крупного собрания имел значение еще в другом отношении.

В ту пору я предпринял первые шаги, чтобы ввести в состав комитета некоторое количество более свежих молодых сил. В течение военных лет я завязал дружественные связи с большим количеством верных товарищей. И вот под моим влиянием эти люди начали вступать в ряды нашего движения. Это были все энергичные молодые люди, привыкшие к дисциплине и вынесшие из военной службы то мнение, что невозможного на свете нет, стоит только как следует захотеть.

Насколько такой приток свежей крови был нам действительно необходим, я смог убедиться уже через несколько недель совместной работы.

Тогдашний первый председатель нашей партии, г. Харер был журналистом и для журналиста обладал достаточно разносторонним образованием. Но у него был один большой недостаток, крайне важный для партийного вождя: он не был массовым оратором. Он работал очень прилежно и добросовестно, но у него не было большого размаха; может быть, это тем и объяснялось, что он не был крупным оратором. Господин Дрекслер, являвшийся тогда председателем местной мюнхенской группы, был рабочий. Большого ораторского дарования у него тоже не было, кроме того, он не был и солдатом. Он не служил на военной службе, не был мобилизован и во время войны. Человек он был физически слабый и недостаточно решительный, и ему не хватало как раз тех данных, которые необходимы для того, чтобы оказывать закаляющее влияние на мягкие натуры. Таким образом оба председателя сделаны были не из того материала, который нужен людям, чтобы внушать фанатическую веру в победу движения, будить железную энергию и, если нужно, с грубой решимостью устранять с дороги все препятствия, мешающие росту новой идеи. Для этого нужны были люди соответствующих физических и идейных качеств, люди, которые усвоили себе те военные добродетели, которые можно характеризовать так: быстры и ловки как гончие, упруги и упорны как кожа, тверды и несгибаемы, как крупповская сталь.

Я сам в ту пору больше всего еще был солдатом. В течение шести лет военной службы во мне выработались привычки, которые как и сама тогдашняя внешность моя должны были казаться довольно чуждыми этому кружку. Я тоже разучился понимать смысл слов: "это невозможно", "это не удастся", "на это нельзя рискнуть", "это еще слишком опасно" и т.п.

Конечно затеянное нами дело действительно было очень опасно. Во многих местностях Германии в 1920 г. собрание национально настроенных людей, открыто апеллирующих к широким массам, было, попросту говоря, еще невозможным. Участников таких собраний просто избили бы и разогнали. Для этого не требовалось больших усилий. В те времена даже большие массовые собрания буржуазных партий разбегались при появлении дюжины коммунистов, как зайцы от собак. Но господа красные сами превосходно знали, сколь безвредно и невинно было большинство тогдашних собраний буржуазных партий, больше похожих на скучные клубы развлечений. Преследовать такие безвредные собрания красные не давали себе труда. Зато они особенно беспощадно обрушивались на такие собрания, которые казались им опасными. Тут они прежде всего пускали в ход самое надежное оружие - насилие и террор.

Самыми ненавистными для этих марксистских обманщиков неизбежно должны были явиться те люди, которые поставили себе сознательной задачей вырвать широкие массы народа из-под монополистического влияния марксистских еврейско-биржевых партий и вернуть эти массы под знамена нации. Уже одно название "немецкая рабочая партия" раздражало этих господ до последней степени. Нетрудно было понять, что при первом же удобном случае нам придется встретиться в серьезном бою с этими, тогда еще пьяными от победы марксистскими шайками.

В узком кругу нашей тогдашней партии сильно побаивались этого столкновения. Люди боялись, что нас побьют. Отсюда стремление поменьше выступать на публичной арене. Люди опасались, что первое же наше собрание будет сорвано и что это может привести к гибели все движение. Мне было нелегко убедить коллег, что этого столкновения не следует избегать, что, напротив, надо идти навстречу ему и запасаться тем оружием, которое одно только является защитой против насильников. Террор можно сломить только террором, а не духовным оружием. Исход первого же собрания усилил мою позицию. Теперь явилась уже решимость созвать второе, более крупное собрание.

Около октября 1918 г. в пивной "Эберл" состоялось второе более крупное по размерам собрание. Тема: Брест-Литовск и Версаль. Докладчиков было целых четыре. Я лично говорил около часа и имел больший успех, нежели на предыдущем собрании. Посетителей было несколько больше 130. Не обошлось без попытки сорвать собрание, но мои коллеги раздавили эту попытку в зародыше. Скандалистов спустили с лестницы, изрядно избив их.

Две недели спустя, в том же помещении состоялось следующее собрание. Число посетителей было уже за 170, - для данного помещения достаточно большая аудитория. Я выступал опять, и опять мой успех был больше предыдущего.

Я стал настаивать на том, что нужно устроить собрание в гораздо большем зале. Наконец нам удалось найти такой зал в другом конце города. Это был ресторан "Германская империя" на Дахауэрштрассе. На это первое собрание в новом помещении народу пришло поменьше: около 140 человек. В комнате опять начались колебания. Наши вечные пессимисты начали утверждать, что мы устраиваем собрания "слишком" часто. В комитете здорово поспорили. Я защищал ту точку зрения, что в таком большом городе как Мюнхен с его 700 тысяч жителей можно бы устраивать и десять собраний в неделю. Я убеждал товарищей не поддаваться упадку настроения после первой же маленькой неудачи, доказывал, что избранный нами путь единственно правильный и что, если мы будем настойчивы, то успех придет наверняка. Вообще вся зима 1919/20 г. сплошь была посвящена тому, чтобы внушить товарищам веру в непобедимую силу нашего молодого движения и поднять эту веру до той степени фанатизма, который двигает горами.

Ход и исход следующего собрания сразу же оправдали мою точку зрения. Число посетителей опять поднялось до 200 с лишним, внешний успех ораторов был велик, и в финансовом отношении мы также получили хорошие результаты.

Тотчас же я стал настаивать на устройстве следующего собрания. Оно состоялось менее чем через две недели, и на него пришло уже 270 человек.

Спустя две недели мы уже в седьмой раз пригласили в то же помещение всех наших друзей и сторонников. Пришло более 400 человек, и зал уже с трудом мог вместить всех желающих.

В эту именно пору происходило внутреннее формирование нашего молодого движения. В нашем небольшом кругу дело частенько доходило до крупных споров. С разных сторон - как это, увы, бывает и в нынешние дни - нас критиковали за то, что мы называем наше молодое движение "партией". Я в этом взгляде всегда видел и вижу сейчас узость умственного кругозора и полную непрактичность тех, кто так говорит. С этой критикой всегда выступали и выступают те, кто не умеет отделить внешнее от внутренней сути и кому хотелось бы непременно навязать нашему движению возможно более громко звучащее имя, заимствованное непременно из очень древней эпохи.

Нелегко было мне тогда убедить людей в том, что всякое движение, какое бы название оно себе ни присвоило, всегда будет являться только партией вплоть до того момента, пока цели этого движения не воплотятся в жизнь.

Если тот или другой деятель привержен к определенной смелой идее, осуществление которой он считает полезным для всего человечества, то он начнет с того, что будет искать себе сторонников, которые были бы готовы вместе с ним бороться за его идею. И если даже задача данного деятеля и представляемого им движения предполагает уничтожение всяких партий и ликвидацию всякого раздробления нации, - все равно начать приходится с образования новой партии, которая будет существовать вплоть до того момента, когда провозглашенная ею цель осуществится в жизни. И если наши старомодные народнические (фелькише) теоретики, которые сильны только на словах, но никогда не умели достигать практических успехов, пытались наделить партию очень пышными названиями, то дело от этого ни капельки не менялось. Это только игра в словечки и фокусничество.

Напротив!

Если что и противоречит народническому (фелькише) пониманию в лучшем смысле этого слова, так это именно швыряние пышными названиями, к тому же заимствованными из старогерманского периода нашей истории и совершенно неподходящими к современности. Такие совершенно никчемные попытки к сожалению имели место очень часто.

Вообще и в те времена и в более поздний период мне не раз приходилось предостерегать друзей против этих народнических школяров, которые дать движению ничего не могут, но зато обладают самомнением совершенно невероятным. Молодому движению может очень сильно повредить приток в его ряды таких людей, которые приносят ему только заверение в том, что они вот уже 30 или 40 лет защищают "ту же" идею. В конце концов, если люди 30 или 40 лет боролись за, так называемую, идею и не имели при этом ни малейшего реального успеха; если они не только не завоевали победу своей идее, но не сумели помешать победе противоположной идеи, - то ведь это лучшее доказательство того, что эти люди никуда не годятся. Самая большая опасность заключается в том, что такие натуры не склонны стать просто рядовыми членами партии, а претендуют на роль вождей. На эту роль по их мнению дает им полное право их давняя деятельность. Но горе молодому движению, если оно попадает в такие руки. Если тот или другой коммерсант в течение 40 лет подряд умел только систематически губить свое предприятие, то ведь всякий поймет, что такому человеку не следует поручать организовывать новое предприятие. То же самое приходится сказать о древних народнических (фелькише) Мафусаилах, которые в течение нескольких десятилетий умели только губить великую идею и приводить ее к окостенению.

Лишь немногие из этих людей приходили в ряды нашего нового движения, чтобы действительно честно служить ему. Большинство же пробиралось в наши ряды для того, чтобы продолжать тянуть свою собственную волынку и получить возможность проповедовать свои прежние старинные идеи. Ну, а что это были за идеи, это даже трудно пером описать.

Самым характерным для этих натур является то, что у них всегда на устах примеры из эпохи старогерманского героизма, что они постоянно болтают о седой старине, о мечах и панцирях, каменных топорах и т.п., а на деле являются самыми отъявленными трусами, каких только можно себе представить. Размахивая в воздухе зазубренными жестяными мечами, натягивая на себя страшную шкуру медведя и напяливая на голову самый страшный головной убор, они для текущего дня проповедуют борьбу посредством так называемого "духовного оружия" и разбегаются как зайцы при появлении первой же группки коммунистов с резиновыми палками в руках. Будущие поколения никак не смогут увековечить образа этих людей в новом героическом эпосе.

Я слишком хорошо изучил этих господ, чтобы испытывать к их фокусничеству что-либо другое, кроме чувства презрения. В народной массе они вызывали только смех. Появление таких "вождей" было только на руку евреям. Для евреев это были подходящие защитники идеи нового германского государства. К тому же претензии этих господ совершенно чрезмерны. Они считают себя умнее всех, несмотря на то, что все их прошлое красноречиво опровергает такую претензию. Наплыв подобных людей становится настоящей карой божией для честных прямодушных борцов, которые не любят болтать о героизме прошлых веков, а хотят в наш нынешний грешный век на деле выказать хоть немножко собственного практического героизма.

Довольно трудно бывает разобраться в том, кто же из этих господ поступает так только по глупости и неспособности, а кто из них преследует определенные цели. Что касается, так называемых, религиозных реформаторов старой германской марки, то эти персонажи всегда внушают мне подозрение, что они подосланы теми кругами, которые не хотят возрождения нашего народа. Ведь это же факт, что вся деятельность этих персонажей на деле отвлекает наш народ от общей борьбы против общего врага - еврея и распыляет наши силы во внутренней религиозной распре.

Все это вместе взятое служит только лишним мотивом к тому, чтобы добиваться создания действительно сильного и централизованного авторитетного руководства нашего движения. Только при наличии такого руководства можно обезвредить эти сомнительные элементы. Нет ничего удивительного в том, что именно из кругов этих народнических (фелькише) Агасферов и вербуются наиболее озлобленные противники централизованного сильного руководства нашего движения. Они ненавидят эту силу именно за то, что она не дает им вредить движению.

Недаром же наше молодое движение сразу приняло определенную программу, в которой термин "народничество" не употребляется ни разу. Этот термин не годится именно в силу своей расплывчатости. Вот почему он и не смог стать базой нашего движения и критерием принадлежности к нему. Чем "шире" это понятие, чем больше толкований допускает оно, тем больше будет охотников использовать этот псевдоним. Если бы мы приняли такой неопределенный и допускающий множество толкований критерий, это привело бы только к тому, что вся наша политическая борьба потеряла бы свое единство и цельность, ибо каждый стал бы вкладывать в это понятие то, что ему заблагорассудится.

Разве не грустно видеть и теперь, как среди тех, кто на шляпе своей носит лозунг "фелькиш" ("народник"), каждый толкует этот лозунг так, как ему заблагорассудится. Известный баварский профессор, воюющий только при помощи пресловутого "духовного оружия" и аккуратно пресмыкающийся перед Берлином, толкует этот лозунг как преданность монархии. Эта ученая головушка забывает конечно при этом, что как раз наши немецкие монархи последней эпохи имели очень мало общего с "народом". Такой связи не сконструирует и сей ученый, ибо трудно найти что-либо менее "народное", чем большинство наших монархий. Если бы это было не так, то оные монархии не исчезли бы или исчезновение монархий было бы тогда доказательством именно неправоты "народнического" мировоззрения.

Так и получается, что в это понятие каждый вкладывает то что хочет. Но именно поэтому оно никуда не годится как лозунг нашего политического движения.

Не буду дальше распространяться о полной непрактичности, о полном непонимании народной души этими народническими святителями XX столетия. Беспомощность их достаточно доказана тем, что в левом лагере над ними только снисходительно смеются. Пусть болтают, говорят о них левые, пренебрежительно махая на них рукой. Кто на этом свете не сумел даже добиться того, чтобы его ненавидели враги, тот сам малого стоит. Дружба со стороны этаких людей не только не имела цены для нашего молодого движения, но была прямо таки вредна. В этом и заключалась одна из причин того, что мы, во-первых, выбрали термин "партия", а во-вторых, назвали себя: "Германская национал-социалистическая рабочая партия". Одним этим мы надеялись избавиться от всей этой стаи народнических сонных тетерь.

Назвавшись партией, мы освобождались от этих поклонников старины, от всех пустомель, прожужжавших нам уши о прелестях народнической идеи. Назвавшись национал-социалистической рабочей партией, мы отрезали от себя весь длинный хвост рыцарей печального образа, желающих сражаться только "духовным" оружием, избавлялись от всех тех "шляп", которые за фразами о духовном оружии прятали только свою собственную трусость.

Само собою разумеется, что впоследствии именно эти господа больше всего нападали на нас, пользуясь для своих нападений конечно только пером, как и подобает таким гусям. Эти господа конечно не считали возможным руководиться принципом "на насилие отвечать насилием".

Любимый мотив всех их упреков против нас заключался в том, что мы-де поклоняемся нагайке и совершенно не понимаем, что такое "духовное оружие". Что на любом народном собрании любые пятьдесят идиотов, используя свои глотки и свои кулаки, не дадут говорить даже Демосфену - это совершенно не трогает подобных чудаков. Сами они благодаря своей прирожденной трусости никогда не попадут в положение ораторов, чьи выступления срывают идиоты. Помилуйте, они вообще не любят "шума" и "толкотни", они любят работать "тихо" и "спокойно".

Еще и теперь я считают необходимым самым решительным образом предостеречь наше молодое движение против сетей этих, так называемых, "тихих" работничков. Они не только трусы, но и невежды и бездельники. Мужественный человек, который видит опасность и знает, как именно необходимо против нее бороться, не станет проповедовать "тишину" и "порядок", а будет считать своей первейшей обязанностью открыто и решительно выступить против данного зла и показать на деле, как против него бороться. Кто поступает не так, тот жалкий трус, тот не выполняет своего элементарного долга либо из лени и невежества, либо из прямого шкурничества. Большинство этих "тихих" работников держатся так, как будто они невесть как умны. На деле они ничего не понимают, хотя и пыжатся изо всех сил. Кроме того они ленивы, что не мешает им однако пытаться внушать всему миру, что они прилежны как пчелки. Словом, перед нами очковтиратели, политические мошенники, которые ненавидят честных работников именно за их энергию. Как только вы услышите, что этакая ночная бабочка шелестит о прелестях "тихой" работы, можете смело ставить тысячу против одного, что сама она бездельничает и живет только тем, что крадет у других.

Прибавьте к этому еще надменность и неслыханное самомнение, характерное для этих господ. Вся эта ленивая и трусливая сволочь всегда еще считает своим долгом сверху вниз критиковать действительную работу преданных делу людей, не останавливаясь при этом перед фактической помощью злейшим врагам нашего народа.

Любой наш агитатор, имеющий мужество хотя бы в небольшой пивной за столом отбиваться от противников и открыто защищать наши воззрения, приносит гораздо больше пользы делу, чем тысяча этих мудрых крыс. Этот наш рядовой агитатор уже наверняка завоюет для нас одного-другого нового сторонника. Его деятельность так или иначе принесет все же какие- нибудь видимые результаты. Эти же трусливые мошенники, проповедующие "тихую" работу и прячущиеся от всякой ответственности, не стоят и медного гроша. В великой борьбе за возрождение нашего народа они играют только роль трутней.

* * *

В начале 1920 г. я стал настаивать на том, что нам необходимо устроить уже первое настоящее массовое собрание. По этому поводу опять возникли разногласия. Часть руководящих товарищей считала это преждевременным и опасным. К этому времени красная печать начала уже обращать на нас внимание. Мы были счастливы, что нам наконец удалось вызвать ненависть с этой стороны. Мы стали выступать в качестве дискуссионных ораторов на собраниях других партий. Конечно нас срывали криками и шумом. Но все- таки известная польза была. О нас узнали, и по мере того как наши взгляды приобретали большую известность, в рядах красных росла против нас ярость. Было ясно, что как только мы попробуем устроить большое массовое собрание, наши "друзья" из красного лагеря явятся в большом количестве, чтобы попробовать устроить скандал.

Конечно я лично хорошо понимал, что такая попытка срыва нашего собрания вполне возможна, но я держался того мнения, что борьбы этой все равно не избежать и что мы столкнемся с красными, если не сейчас, то через несколько месяцев. Я хорошо знал психологию красных и поэтому не сомневался, что, оказав им самое крайнее сопротивление, мы не только произведем на них известное впечатление, но и некоторых из них завоюем на свою сторону. Вот почему нужно было запастись решимостью идти во что бы то ни стало до конца.

Наш тогдашний первый председатель партии, г. Харер, не разделял моего мнения и не считал момент подходящим; как честный, прямой человек он сложил свои полномочия и отошел в сторону. На его место выбран был г. Антон Дрекслер. Я лично оставил за собою отдел пропаганды и повел ее без всякой оглядки. На 24 февраля 1920 г. мы назначили первое большое народное собрание, имевшее задачей вынести в массу идеи нашего тогда еще неизвестного движения.

Всю подготовку я повел лично; она была совсем коротка. Весь аппарат наш вообще был налажен так, чтобы иметь возможность проводить принятые решения с молниеносной быстротой. Мы поставили себе задачей собирать в течение 24 часов большие собрания, раз только возникает какой-либо крупный злободневный вопрос. О собраниях мы решили извещать публику через плакаты и прокламации, которые должны были составляться в духе, изложенном мною в соответствующей главе о пропаганде. Наша задача была писать так, чтобы написанное было понятно широким массам - концентрироваться на немногих пунктах, много раз повторять одно и то же, говорить коротко, ясно, уверенно, проявлять настойчивость в распространении наших листков и плакатов и иметь достаточно выдержки и терпения, чтобы выждать, когда придут результаты.

Мы сознательно выбрали красный цвет для наших плакатов и листков. Этот цвет больше всего подзадоривает. Кроме того выбор нами красного цвета больше всего должен был дразнить и возмущать противников, и уже одно это должно было помешать им забывать о нас. В скором времени и в Баварии обнаружилась тесная связь между марксизмом и партией центра. Правящая здесь "баварская народная партия" также стала проявлять величайшую заботу о том, чтобы ослабить влияние наших красных плакатов на рабочих, идущих за красными. Впоследствии власти стали прямо запрещать эти плакаты. Если полиция не могла придумать никаких других мотивов, она начинала утверждать, будто наши плакаты "мешают уличному движению". В конце концов находились поводы, чтобы запретить наши плакаты и тем самым услужить своим друзьям красным. Так называемая, немецкая национальная народная партия тоже помогала нашим врагам в этом благородном деле. Как же! Могли ли они примириться с тем, что мы ставим себе задачей вернуть в лоно нации сотни тысяч заблудших, запутавшихся в интернациональных кознях немецких рабочих? Эти наши плакаты - лучшее доказательство тех громадных трудностей, с которыми приходилось в ту пору считаться нашему молодому движению. Для будущих поколений плакаты эти будут не только великим символом того, что сделало наше движение для раскрепощения народа, но и символом того, как велик был произвол тогдашних, так называемых, национальных властей, пускавшихся во все тяжкие, чтобы только помешать нам внедрить действительно национальные идеи в широкие массы нашего народа.

Судьба наших первых красных плакатов докажет всем и каждому, что в годы 1919, 1920, 1921, 1922 и 1923 подлинно национального правительства в Баварии не было и в помине, что на деле баварское правительство только вынуждено было постепенно считаться с нарастающим национальным движением, организованным нами.

Сами же правительства делали все от них зависевшее, чтобы помешать и задержать начавшийся процесс оздоровления.

Исключение в этом отношении составляли только два деятеля. Я имею в виду тогдашнего полицей-президента Эрнста Пенера и его верного советника Фрика.

Эти два человека были единственные из высоких чиновных сфер, кто уже тогда обладал достаточным мужеством, чтобы чувствовать себя в первую очередь немцем и уже затем государственным чиновником. Из числа ответственных деятелей Эрнст Пенер был единственный, кто не гонялся за дешевой популярностью масс и чувствовал настоящую ответственность перед своим народом, для дела возрождения которого он готов был отдать все, вплоть до своей собственной жизни. Вот почему он всегда и был сучком в глазу всей той массы продажного чиновничества, для которого освободительное движение народа - звук пустой и которое, не рассуждая, выполняет все, что ни поручит работодатель.

В отличие от многих наших так называемых блюстителей так называемого государственного авторитета Эрнст Пенер принадлежал к тем, кто не только не боялся ненависти со стороны изменников и предателей, а напротив, считал само собою разумеющимся, что всякого приличного человека изменники должны ненавидеть. При виде того безмерного горя, которое переживал наш народ, Пенер только радовался тому, что своей борьбой против врагов народа он навлек и на себя ненависть евреев и марксистов.

Это был человек необычайной честности. Главные черты его натуры - необычайная, почти античная простота и германское прямодушие. "Лучше смерть чем рабство" - эти слова не были для него фразой, они характеризовали все его существо.

В моих глазах из всех тогдашних государственных, деятелей Баварии только Эрнст Пенер и его сотрудник доктор Фрик имеют право на то, чтобы считаться работниками, действительно помогавшими возрождению национального дела в Баварии.

Раньше чем созвать наше первое массовое собрание, нам нужно было не только заготовить весь необходимый пропагандистский материал, но и окончательно сформулировать тезисы партийной программы.

Во второй части нашей работы мы изложим подробнее те большие идеи, которыми мы руководились, формулируя программу. Здесь я хочу отметить только тот факт, что, приступая к окончательной формулировке тезисов, мы ставили себе задачу не только окончательно оформить движение и дать ему определенное содержание, но преследовали и практическую цель - написать программу так, чтобы цели движения сразу стали понятны широким массам.

В так называемых интеллигентских кругах много шутили и остроумничали по поводу нашей попытки сформулировать программу самым популярным образом. Но что правота была на нашей стороне, это быстро доказали события.

В течение этих лет на наших глазах возникали десятки новых партий, но все они давным-давно исчезли бесследно, и программы их развеяны ветром. Осталась только одна единственная партия: германская национал- социалистическая рабочая партия! И ныне, когда я пишу эти строки, я более чем когда-либо полон веры в то, что наша окончательная победа безусловно обеспечена, сколько бы препятствий ни воздвигали нашему движению, сколько раз маленькие партийные министры ни лишали бы нас свободы слова, сколько раз на партию ни накладывались бы запреты.

Пройдут года, о нынешнем режиме и его носителях успеют давно уже позабыть, а программа нашей партии станет программой всего государства, и, сама наша партия станет фундаментом его.

Средства которые мы успели собрать на наших собраниях в течение 4 месяцев, дали нам возможность напечатать первые листки, плакаты и программу партии.

Если я заканчиваю всю первую часть своего произведения описанием первого массового собрания партии, то я делаю это потому, что именно это собрание явилось крупной вехой. Это собрание покончило с традицией маленького ферейна. Впервые вышли мы на широкую дорогу и обратились к широкому общественному мнению, являющемуся самым могучим фактором нашего времени.

Больше всего меня в те дни озабочивала одна единственная мысль: будет ли полон зал или нам придется говорить перед зияющей пустотой. Внутренне я был совершенно убежден, что если только народ в достаточном количестве соберется, то день этот станет днем громадного успеха для нашего молодого движения. С нетерпением и тревогой ожидали мы назначенного вечера.

Собрание должно было начаться в 7 ч. 30 м. В 7 ч. 15 м. зашел я в большой зал Придворной пивной на Малой мюнхенской площади, и сердце мое затрепетало от радости. Гигантский зал (помещение это казалось мне тогда совершенно грандиозным) был полон народа. В зале негде было яблоку упасть. Присутствовало не менее двух тысяч человек. А главное, пришли именно те, кто нам был нужен. Более половины аудитории несомненно составляли коммунисты и независимые. Конечно, они пришли с намерением сорвать наше собрание в самом начале его.

Однако их планам не суждено было осуществиться. Как только кончил первый оратор, слово было предоставлено мне. Уже через несколько мгновений посыпались цвишенруфы. В зале начались первые столкновения. Горсточка моих самых преданных друзей по фронту вместе с некоторыми другими нашими сторонниками схватились с нарушителями порядка. Лишь постепенно удалось им добиться установления некоторой тишины. Я продолжал свою речь. Не прошло и получаса, и гром аплодисментов заглушал уже крики и рев противников.

Теперь я перешел к чтению программы и к разъяснению ее по пунктам. Это была первая попытка популяризации нашей программы. С каждой минутой цвишенруфы становились реже, а аплодисменты громче. Я читал пункт за пунктом все 25 тезисов, каждый раз спрашивая присутствующую массу слушателей, что они имеют возразить против данного пункта. В ответ гремели аплодисменты, становившиеся все более единодушными. И когда я зачитал последний тезис, аплодисменты гремели без конца, и все тезисы были одобрены единогласно. Когда я кончал, передо мною была единая сплоченная масса слушателей, сердца которых бились в унисон. Энтузиазм неописуемый! Было ясно, что люди обрели новую веру, новые убеждения и новую волю.

Собрание тянулось четыре часа. И когда по истечении этого времени люди стали медленно расходиться, полные подъема и воодушевления, я уже твердо знал, что теперь принципы нашего движения действительно пробили первую брешь и стали проникать в толщу немецкого народа. Я не сомневался уже ни на минуту, что теперь нет уже той силы в мире, которая заставила бы народ предать забвению эти великие принципы.

Мы возожгли огонь, на котором будет выкован меч нашей свободы. Теперь я непоколебимо верил, что пробил не только час возрождения, но и час великой мести за преступление 9 ноября 1918 г.

Зал постепенно пустел.

Начиналась новая эпоха в истории нашего движения.

ЧАСТЬ ВТОРАЯ

НАЦИОНАЛ-СОЦИАЛИСТИЧЕСКОЕ

ДВИЖЕНИЕ ГЛАВА I

МИРОВОЗЗРЕНИЕ И ПАРТИЯ

24 февраля 1920 г. состоялось первое массовое собрание, устроенное сторонниками молодого движения. В большом зале мюнхенской Придворной пивной 25 тезисов программы новой партии были прочитаны перед двухтысячной аудиторией и пункт за пунктом одобрены ею при невиданном энтузиазме всех собравшихся.

Этим самым партия получила первое руководство к действию, получила программу, раз навсегда разрывавшую со всеми прежними устаревшими представлениями, ставившую крест на всех прежних устаревших и прямо вредных целях. На сцену выступала новая сила, объявившая решительную борьбу всему старому гнилью трусливого буржуазного мира и всем оттенкам пьяных от победы марксистских организаций. Германия катилась в пропасть; удержать ее от окончательного падения в последнюю минуту было призвано наше движение.

Для меня стало вне всякого сомнения, что новое движение лишь в том случае достигнет достаточной силы и выиграет бой, если оно с первых же дней своего существования вызовет в сердцах своих сторонников горячее убеждение, что для нас дело идет не о модном избирательном лозунге для ловли голосов, а о новом действительно великом миросозерцании.

В самом деле припомним, как мастерили до сих пор так называемые партийные программы, как их перелицовывали, перекрашивали и т.д. Достаточно только вспомнить, какими мотивами обыкновенно руководствовались всевозможные "программные комиссии" буржуазных партий, когда они садились за свое рукоделие.

Когда эти партии предпринимали новые изменения в своих программах, они неизменно руководились только одним мотивом: как бы набрать побольше голосов на предстоящих новых выборах. Как только эти парламентские фокусники учуют, что любимый народ опять склонен взбунтоваться и не хочет вести дальше старую повозку, так они сейчас же стараются перепрячь лошадей. Тогда на сцену выступают старые звездочеты и партийные астрологи, главным образом из числа так называемых, опытных и видавших виды "старых" парламентариев "с богатым политическим опытом". Им уже не раз случалось наблюдать, как у масс лопалось терпение и как вожди всегда находили новый "выход". Тотчас же на сцену появляется старое испытанное средство: образуют "комиссию". Затем начинают разнюхивать во всех направлениях, что же именно не нравится народу и чего бы он хотел новенького. С этой целью старательно обыскивают также все печатные произведения других партий. Затем "комиссия" усердно пытается узнать, какие собственно лозунги пользуются в данный момент особенной популярностью у тех или других групп, профессий и т.д. Внезапно оказывается, что "демагогические лозунги" оппозиции тоже не так уже плохи, и внезапно эти дотоле "вредные" лозунги появляются в "исправленной" программе к величайшему изумлению подлинных отцов этих лозунгов. И все это совершается как нечто само собою разумеющееся.

Солдат на фронте обыкновенно меняет рубашку только тогда, когда она кишит вшами. Но примерно так же поступают и пресловутые "программные" комиссии, "ревизуя" старые программы и наскоро перелицовывая их на новый лад. Крестьянину они пообещают защиту сельского хозяйства, промышленнику - покровительство предметам его производства, потребителю - защиту его потребительских интересов, учителям они обещают повысить жалованье, чиновникам - пенсию, вдовам и сиротам - полное обеспечение. Заодно они не скупятся на обещания улучшить пути сообщения, понизить тарифные пошлины, снизить налоги, если уж не уничтожить их совершенно. Иной раз случится, что впопыхах позабыли о том или другом отдельном сословии или о том или другом отдельном требовании, популярном в широких слоях народа; тогда в последнюю минуту наскоро стараются приделать к программе еще одно-два "необходимых" требования, пока наконец господа опытные парламентарии не придут к выводу, что теперь у них в программе написано абсолютно все необходимое, все, чего требует для своего успокоения и для успокоения своих жен и детей средний мещанин. Теперь можно опять благополучно отправиться в новое плавание в надежде на то, что "граждане избиратели" будут достаточно глупы, чтобы поверить "новой" программе и опять клюнуть на удочку старых политиканов.

Затем проходят выборы, и господа парламентарии теперь целых пять лет и не думают больше устраивать народные собрания. Господа законодатели рады теперь, что они избавились от надоевшей возни с плебсом и могут теперь отдаться более приятным и более высоким занятиям в самом парламенте. Теперь можно распустить и "программную комиссию". Теперь начинается борьба парламентария за насущный кусок хлеба - сиречь за получение суточных, полагающихся народному представителю.

Каждое утро господин народный представитель отправляется в высокую палату, иногда впрочем не доходя до зала заседания, а ограничиваясь только занесением своей фамилии в списки "присутствующих", лежащие в кулуарах. Полный готовности служить своему народу до последней капли крови, господин депутат самоотверженно вписывает в указанный список свое имя и затем спешит получить полагающуюся ему за этот тяжелый труд мзду.

Спустя года четыре или в особо критические недели, когда начинает казаться, что парламент может быть вот-вот распущен, этими господами овладевает неукротимая энергия. Как личинка майского жука в определенный момент не может не превратиться в самого жука, так и эти парламентские гусеницы теперь не могут усидеть на месте. Теперь они покидают подмостки кукольного театра и все, как на крылышках, летят в разные концы страны - опять к "возлюбленному народу". Снова произносят они речи перед избирателями, пространно рассказывают им о своих собственных подвигах и о черствости и злой воле всех других депутатов. Но вместо аплодисментов этим господам иногда приходится выслушать довольно грубые замечания, а иногда и просто брань. Если народ оказывается уже очень "неблагодарен", господа депутаты знают испытанное средство. Тогда им становится ясно, что программу надо опять перекроить, подновить и выгладить. С этой целью создается новая комиссия, и подлая игра начинается сначала. А так как известно, что глупость человеческая неизмерима, то не приходится удивляться тому, что господа эти, несмотря ни на что, опять достигают своей цели. Обманутая прессой, ослепленная соблазнами "новой" программы голосующая скотинка - как "буржуазного", так и "пролетарского" происхождения - вновь возвращается в стойла своих господ и опять отдает голоса старым обманщикам.

Теперь господа народные представители, избранники трудящихся масс, снова возвращаются в первобытное состояние парламентских гусениц и приступают с новой энергией к пожиранию государственных запасов. Они лоснятся от жира и спокойно ничего не делают целых четыре года, пока опять пробьет час и из куколки вылупится сверкающая всеми цветами радуги бабочка.

Нет ничего более тягостного, чем наблюдать этот систематически повторяющийся обман масс.

Такие порядки в буржуазном лагере конечно вовсе не содействуют появлению новых свежих сил, способных довести до конца борьбу с организованной силой марксизма.

Но сами эти господа серьезно и не думают о такой борьбе. Как ни ограниченны, как ни тупы эти парламентских дел мастера, но все же и они не поверят, что на путях западной демократии можно победить марксистское учение, для которого сама эта демократия и все, что с ней связано, служат только средством, чтобы парализовать противника, только орудием в борьбе за собственные цели марксистов. Часть марксистов очень ловко притворяется, будто для них демократия - святыня. Но мы-то ведь все-таки не так глупы, чтобы забыть, что в критические минуты эти господа плевать хотели на всякое решение большинства, проведенное на путях западной демократии. Разве забыли мы те дни, когда буржуазные парламентарии по глупости своей видели гарантию в том, что-де они составляют большинство в парламенте, между тем как господа марксисты, предоставив им забавляться этой погремушкой, реальную власть захватили в свои руки, опираясь на банды уличных громил, дезертиров, на кучки еврейских литераторов и партийных дельцов. Нужно быть совершеннейшим парламентским колпаком, чтобы поверить, будто носители этой мировой чумы, когда придет время, хоть на минуту остановятся перед сакраментальными формулами западного парламентаризма.

Марксизм будет идти рука об руку с демократией до того момента, пока ему всеми правдами и неправдами удастся сверх всего прочего добиться еще фактической поддержки его планов со стороны тех кругов национальной интеллигенции, которые он как раз и хочет истребить. Но если бы марксисты сегодня же пришли к убеждению, что в котле нашей современной парламентской демократии каким-то образом выкристаллизовалось большинство, имеющее намерение воспользоваться своими законными правами большинства против марксизма, то вы можете быть уверены, что всей парламентской комедии тут же моментально был бы положен конец. Знаменосцы красного интернационала моментально перестали бы апеллировать к демократической совести и немедля выпустили бы зажигательное воззвание к пролетарским массам против демократии. В тот же день господа марксисты перенесли бы свою борьбу из затхлой атмосферы заседаний парламента на фабрики, заводы, на улицы. Все парламентское великолепие потерпело бы крушение в один день и то, что шустрым апостолам не удалось сделать в парламенте, то силой захватили бы взвинченные ими пролетарские массы, как это уже один раз было осенью 1918 г. Эти разъяренные массы вновь преподали бы буржуазному миру хороший урок того, насколько безумно тешить себя иллюзиями, будто средствами западной демократии буржуазия может защитить себя от завоевания мира евреями.

Нужно быть уж очень доверчивыми дурнями, чтобы, имея дело с таким партнером, связывать себе руки определенными правилами игры, в то время как сам партнер в любую минуту готов наплевать на всякие правила, когда они для него невыгодны.

Мы уже знаем, что для всех так называемых буржуазных партий вся политическая борьба есть только средство для завоевания парламентских кресел. Мы знаем, что в этих целях названные партии готовы менять свои программные принципы как перчатки и что, когда нужно, они выкидывают за борт целые части программы как излишний балласт. Конечно по делам получаются и результаты. Партии эти не могут иметь никакой притягательной силы для широких масс, ибо масса всей душой будет лишь с теми, в ком она видит носителей больших идей, кому она может верить безусловно и неограниченно, в ком она видит людей, до конца с фанатизмом борющихся за свои идеи.

Противник вооружен с головы до ног, у него есть свое мировоззрение, пусть хотя бы тысячу раз преступное. Противник штурмует существующий строй и готов идти до конца. Чтобы победить такого противника, мы должны иметь свой высокий идеал, мы должны с развернутыми знаменами идти в наступательный беспощадный бой, отбросив раз навсегда тактику расслабленной обороны. Если поэтому нашему движению приходится выслушивать из уст так называемых буржуазных министров, как например, из уст баварских министров партии центра, остроумный упрек в том, что мы работаем для "переворота", то этаким политическим тупицам мы отвечаем: да, милостивые государи, мы стараемся наверстать то, что потеряно в результате вашей преступной глупости! Своим парламентским торгашеством вы помогли ввергнуть нацию в пропасть. Мы же поможем народу выбраться из этой пропасти, мы сделаем для него ступеньки, по которым он взберется вверх и войдет наконец в подлинный храм свободы. Именно для этого мы выковали новое миросозерцание, именно для этого мы проводим тактику наступления.

В силу всего этого мы в первый период существования нашего движения должны были особенно тщательно позаботиться о том, чтобы весь мир увидел в нас фалангу подлинных бойцов за новое миросозерцание, а не шаблонный парламентский клуб, преследующий обыденные парламентские интересы.

Первой же предохранительной мерой было выставление нами такой программы, которая уже одним величием своей цели отпугивала от нас все мелкие умы, всех слабеньких партийных политиков современности.

Насколько правильно действовали мы, придавшие нашей программе такой грандиозный размах и такую резкую формулировку, лучше всего доказывают роковые ошибки, сделанные другими партиями, приведшими в конце концов Германию к катастрофе.

Тяжелые уроки этих лет неизбежно должны были привести к возникновению нового учения о государстве, а это учение в свою очередь само должно было стать составной частью нового миросозерцания.

* * *

В первой части этого сочинения я разобрал термин народничество ("фелькиш") чтобы указать, насколько понятие это растяжимо, насколько непригодно оно стать знаменем партии. Под флагом этого термина ныне объединяются люди совершенно противоположных взглядов на самые важные вопросы политики. Раньше чем я перейду к изложению задач и целей германской национал-социалистической рабочей партии, хочу остановиться еще подробнее на понятии "народничество" и на том, как оно относится к партийному движению.

Если о человеке сказать, что он мыслит народнически (фелькиш), это будет столь же неопределенно и растяжимо, как если о человеке сказать, что он настроен "религиозно". Под тем и другим совершенно невозможно представить себе что-нибудь ясное, конкретное, практическое. Характеристика человека как религиозно настроенного становится конкретной лишь тогда, когда мы знаем, какую практическую форму приняла его религиозность.

Вера подымает человека над уровнем чисто животной жизни и этим самым содействует укреплению и обеспечению самого существования человека. Отнимите у современного человечества воспитанные в нем религиозно-нравственные верования и, если вы ему не дадите равноценной замены, то вы скоро убедитесь, что в результате поколеблется самый фундамент его бытия.

Люди существуют для того, чтобы служить высоким идеалам, но в то же время мы имеем право сказать, что без высоких идеалов нет и самого человека. Так замыкается круг.

Конечно и общая характеристика человека как "религиозно настроенного", уже содержит частично принципиальные идеи. Это понятие включает в себя например мысль о существовании высшего существа, мысль о вечности души и т.д. Однако все эти отдельные мысли, как бы аксиоматичны они ни были для того или другого индивидуума, все-таки в ту или другую минуту могут еще подвергнуться сомнению, и тогда поколеблется вся "религиозность" данного человека. Его религиозность станет вполне прочной лишь тогда, когда он проникнется неопровержимой верой, для чего нужна либо определенная степень глубины чувства, либо определенная глубина познания. Только неопровержимая вера становится активным фактором, прокладывающим дорогу основным религиозным понятиям.

Если бы перед нами была только религия без ясных и точных очертаний, то общая малооформленная "религиозность", именно ввиду ее малооформленности, была бы не только бесполезна для человека, но, вероятнее всего, приводила бы ко всеобщему распаду.

Аналогичное положение имеем мы с понятием: "народнически настроенный" человек ("фелькиш"). Отдельные частичные принципы содержатся конечно и в этом общем понятии. И хотя сами по себе эти отдельные принципы имеют большую важность, но они еще так неясны, что получить серьезное значение они смогут лишь тогда, когда будут восприняты политической партией, которая и придаст им определенные очертания. Всякий знает, что свободы нельзя добиться одним общим стремлением к ней, как бы страстно ни было это последнее. То же приходится сказать об осуществлении идеалов нашего миросозерцания и вытекающих из этих идеалов практических постулатов. Тут также не поможет одно чувство и одно внутреннее желание человека. Нет! Только тогда, когда стремление наше к национальной независимости принимает форму боевой организации, получающей в свое распоряжение средства военной силы, - лишь тогда идеальное стремление народа превратится в прекрасную действительность.

Ни одно мировоззрение, будь оно даже тысячу раз правильно и полезно для человечества, не приобретет практического значения в жизни народов, до тех пор пока принципы его не станут практическим знаменем боевого движения. А это движение в свою очередь останется партией до тех пор, пока деятельность этой партии не приведет к полной победе ее идей и догмы партии не окрасят собою всю общественную жизнь нового государства.

Но для того, чтобы то или иное миросозерцание действительно послужило фундаментом нового общественного развития, нужно прежде всего создать полную ясность относительно характера, целей и основных черт этого миросозерцания. Первое условие успеха движения, основанного на определенном миросозерцании, заключается в том, чтобы ему действительно удалось установить ясность и единство идей. От общих представлений мы должны идти к определенной политической программе. Из общего миросозерцания мы должны суметь вывести определенное политическое верование. При этом, конечно, мы должны будем уделить должное внимание не только самой нашей конечной цели, но и тем конкретным средствам борьбы, при помощи которых мы хотим привести наше дело к победе. Сумма правильных абстрактных представлений, выдвигаемых творцом программы, нуждается еще в сочетании с суммой практических мер, выдвигаемых политиком. Нашей путеводной звездой должен быть вечный идеал человечества. Однако при этом мы не должны забывать и о слабостях человеческих, ибо, не учтя их, мы к сожалению можем с самого начала обречь наше движение на неудачу. В нашем мире недостаточно еще исследовать и установить вечные законы истины. К этому должны прибавиться еще усилия великих знатоков народной психологии. И лишь тогда мы выйдем из области вечно истинного и идеального и сумеем достигнуть для смертных людей того, что человечески возможно в нашем практическом мире.

Пусть само по себе мировоззрение будет абсолютно правдиво и идеально. Тем не менее, его еще надо перевести на язык практической политики. И только тогда, когда мы придадим движению строгие очертания, единую волю к борьбе, - только тогда можно рассчитывать на победу общей идеи, заложенной в нашем миросозерцании. Предчувствовать или даже сознавать правоту нашей основной идеи могут уже, быть может, даже целые миллионы людей. И тем не менее необходимо, чтобы сначала выступил один человек и изложил учение с неопровержимой силой. Только тогда окончательно укрепятся в своей вере и миллионы. Только тогда перед ними будет не бесформенная идея, а вечный незыблемый принцип. Только тогда создастся железный утес единой и несокрушимой веры, только тогда создастся единая воля миллионов, которая сокрушит все препятствия.

Право на такую работу вообще заложено в ее общей необходимости. Право именно данного конкретного лица на такую работу заложено в его практическом успехе.

* * *

Если мы попробуем из слова "фелькиш" вышелушить его действительное внутреннее ядро, то мы придем к следующему:

Современный ходячий взгляд на роль государства заключается в том, что государство ничего общего не имеет с расовыми предпосылками. За государством, правда, признается определенная творческая и культурная сила, но в нем больше всего видят продукт определенных хозяйственных необходимостей, в лучшем случае - естественный результат стремлений определенного человеческого конгломерата к расширению своей политической власти. Такой взгляд в своем логическом развитии ведет не только к отрицанию расового фактора, но и к недооценке роли личности. Ибо отрицание роли различных рас в деле развития культуры неизбежно приводит к тому, что мы перестаем понимать и роль личности в этой области. Одна большая ошибка ведет за собою другую. Если мы перестаем видеть различие между расами, то это приводит в дальнейшем к игнорированию различий между отдельными народами, а затем логически и к игнорированию различий, существующих между отдельными людьми. Детище еврея Карла Маркса, учение марксизма, есть в сущности не что иное, как превращение в определенный политический символ веры этих давно уже существующих и широко распространенных превратных представлений. Изумительный политический успех марксистского учения был бы совершенно невозможен, если бы в основе марксизма не лежала эта издавна распространенная у нас извращенная идея. Отрава эта давно уже носится в воздухе. Ее разлагающему влиянию подверглись миллионы. Не хватало только одного лица, которое оформило бы эту извращенную идею. И вот этот один человек нашелся. Это и был Карл Маркс. Он пророчески угадал, какую разрушительную силу может представить собою этот яд. С искусством чернокнижника он создал концентрированное учение, направленное на возможно более быстрое уничтожение независимости всех свободных наций на этой земле, и все это свое ядовитое учение он поставил на службу своей собственной расе.

Марксистское учение таким образом является только концентрированным идейным экстрактом ставших ныне ходячими представлений и убеждений. Уже по одному этому вся борьба нашего так называемого буржуазного мира против марксизма просто смешна и бесцельна по той простой причине, что наш буржуазный мир по существу дела и сам насквозь отравлен теми же самыми ядами. Миросозерцание нашей буржуазии отличается от миросозерцания марксистов только в степенях и лицах. Сам буржуазный мир подвержен марксизму. Вся разница в том, что буржуазия верит в возможность господства одних групп людей (буржуазии), в то время как марксизм стремится к тому, чтобы отдать всю власть в руки другой группы - евреев.

В противовес всему этому народническое (фелькиш) миросозерцание главную роль признает за расой. Народничество принципиально видит в государстве только средство к цели, самую же цель видит в сохранении расовых основ человечества. Народничество таким образом, ни в коем случае не верит в равенство рас. Оно знает, что расы различны между собою, что расы делятся на низшие и высшие и что наша задача на земле - помогать победе лучшей, более сильной расы, которая должна подчинить себе худшую и более слабую расу. Народничество таким образом принципиально стоит на аристократической точке зрения природы и верит в то, что закон этот простирает свое действие на все в этом мире, вплоть до каждого отдельного живого существа. Оно признает не только различную ценность рас, но и различную ценность отдельных людей. Оно умеет из понятия "масса" вышелушить понятие "личность". И тем самым оно имеет организующее значение против дезорганизующей роли марксизма. Оно верит в необходимость идеализации человечества, ибо в ней оно видит предпосылку всего нашего существования. Но оно откажет в праве на существование и любой этической идее, если только эта последняя представляет собою какую-либо угрозу расовой жизни, носительнице самой высшей этики. Ибо в онегритянившемся мире ублюдков все человеческие понятия о прекрасном и возвышенном, все человеческие представления об идеальном будущем были бы навсегда потеряны.

Вся человеческая культура и цивилизация на нашей земле неразрывно связаны с существованием арийца. Если бы арийцы постепенно вымерли или сразу погибли, то это означало бы, что весь земной шар был бы вновь обречен на полное бескультурье.

Самым большим преступлением на нашей земле в глазах народнического миросозерцания является деятельность, направленная против человеческой культуры путем уничтожения носителя этой культуры. Кто подымает руку на высшее воплощение подобия божия на этой земле, тот восстает на всеблагого творца всех чудес на земле, тот тем самым содействует изгнанию нашему из рая.

Это означает, что народническое миросозерцание (фелькиш) идет рука об руку с действительными велениями природы. Оно помогает восстановлению свободной игры сил, которая одна только ведет к высшему совершенству и одна только способна содействовать победе лучшей расы, которая должна владеть всей землей.

Все мы предчувствуем, что в отдаленном будущем перед человечеством возникнут проблемы, которые будут по плечу только высшей расе. И только эта высшая господствующая раса, опираясь на все средства и возможности всего земного шара, призвана будет разрешить эти проблемы.

* * *

Само собой разумеется, что это самое общее изложение принципов народнического миросозерцания поддается тысяче различных истолкований. И действительно, среди наших молодых политических новообразований вы с трудом найдете хотя бы одну группу, которая так или иначе не присваивала бы себе общих основ этого миросозерцания. Но это и показывает, что пока дело идет только об "общих основах" этого миросозерцания, никакого подлинного единства еще не устанавливается. Марксистский лагерь действует строго организованно, и во главе его стоит единое централизованное руководство. И пока против этого централизованного лагеря мы выступаем вразбивку, отдельными небольшими отрядами, ни о каком успехе не может быть и речи. Столь слабому оружию никогда не суждена будет победа. Только в том случае, если мы противопоставим интернационалистскому миросозерцанию, руководимому марксизмом, столь же организованную силу, руководимую нашими взглядами, - только тогда при одинаковом напряжении энергии успех в последнем счете склонится на сторону вечной истины.

Но дать организационное выражение определенным идеям можно только на основе совершенно точной и ясной формулировки этих идей. Ту роль, которую для веры играют догматы церкви, - для новой политической партии должны играть партийные принципы.

Вот почему мы и говорим, что народническое миросозерцание должно выковать себе оружие, которое дало бы ему возможность драться за свое дело с таким же успехом, как это делает марксистская партийная организация в ее борьбе за интернационализм.

Эту задачу и берет на себя германская национал-социалистическая рабочая партия.

Что победа общих основ народнического миросозерцания обеспечивается только созданием вполне определенной партийной организации, это лучше всего доказывается одним фактом, который по крайней мере косвенно признается и противниками создания специальной партийной организации. Эти последние не устают кричать о том, что народническое миросозерцание не должно являться "наследственной вотчиной" одного лица, потому что оно-де "живет" в сердцах миллионов и миллионов людей. Но спрашивается: если это так, если нашим идеям сочувствуют миллионы, то почему же эти миллионы не смогли помешать победе враждебного нам миросозерцания? Ответить на этот вопрос придется: только потому, что противник-то наш не распылен, а имеет организацию, построенную классически. Если бы не в этом заключалось преимущество противника, то наш немецкий народ должен был бы уже давно одержать гигантскую победу, а между тем на деле он стоит на краю пропасти. Что дало победу интернационалистскому мировоззрению, так это его строго организованная политическая партия, построенная по-военному. Что приносило до сих пор поражение за поражением противоположному миросозерцанию, так это то, что до сих пор мы не имели единой и хорошо организованной партии. С успехом бороться и победить наше миросозерцание можно не тогда, когда оно предоставит всякому и каждому толковать наши взгляды, как заблагорассудится, а лишь тогда, когда взгляды наши получат строго очерченное истолкование и когда мы создадим себе крепкую политическую организацию.

Вот почему свою собственную задачу я видел в том, чтобы из всего многообразия идей, составляющих наше миросозерцание, выбрать главные и центральные идеи и придать им более или менее законченную форму догматов, вокруг которых только и можно объединять большие массы людей. Другими словами: из всей сокровищницы идей общенароднического миросозерцания германская национал-социалистическая рабочая партия выбирает наиболее существенные, учитывая все особенности эпохи, все практические потребности дня, все слабые и сильные стороны того человеческого материала, с которым приходится иметь дело, партия вырабатывает определенный символ веры; и на основе этой программы мы строим строго централизованную организацию, которая одна только может принести победу нашему миросозерцанию.

ГЛАВА II

ГОСУДАРСТВО

Уже в 1920-1921 гг. из кругов современного, пережившего себя буржуазного мира на наше молодое движение посыпались упреки в том, что мы-де отрицаем современное государство. На этом основании карликовые рыцари всех партий считали себя вправе наперебой предлагать меры преследования нашего молодого движения, становившегося для них все более неудобным. Эти господа сознательно забывали о том, что и буржуазный мир ныне под словом "государство" разумеет совершенно различные вещи, что единообразного определения понятия "государство" нет среди них самих, да и быть не может.

Говоря вообще, можно подразделить существующие взгляды на роль государства на три группы:

а) Группа тех, кто под государством понимает просто более или менее добровольное объединение людей под эгидой одной и той же правительственной власти.

Эта группа наиболее многочисленна. В ее рядах прежде всего объединяются те фетишисты современного принципа легитимизма, в чьих глазах воля человека вообще во всем этом деле никакой роли не играет. Раз перед нами факт существования такого-то государства, то уже одного этого достаточно, чтобы данное государство считать священным и неприкосновенным. Чтобы подкрепить эту нелепую идею, на первый план выдвигают собачью преданность так называемой идее "государственного авторитета". По мановению палочки эти люди превращают простое средство в самостоятельную цель. По их мнению оказывается, что не государство существует для того, чтобы служить людям, а люди существуют для того, чтобы бить земные поклоны перед авторитетом государства, включая сюда самого последнего чинушу, тоже воплощающего этот "авторитет". Чтобы это перманентное состояние тихого восторженного почитания не сменилось чувством беспокойства, - власть предержащая должна обеспечить "тишину и порядок". Эти последние тоже превращаются из средства в самоцель. Государственная власть должна заботиться о "тишине и порядке", а тишина и порядок в свою очередь должны заботиться о долголетии государственной власти. Этим исчерпывается вся жизнь государства.

В Баварии эти "принципы" отстаиваются государственными искусниками баварской народной партии, местными отпрысками партии центра. В Австрии эти "принципы" защищались в свое время черно-желтыми легитимистами. В самой Германии эти взгляды частенько защищались, к сожалению, консервативными элементами, остававшимися в пределах тех же взглядов на роль государства.

б) Вторая группа менее многочисленна. К ней принадлежат те, кто не довольствуется голым фактом существования данного государства, а выдвигает еще кое-какие другие условия. Люди этих взглядов не довольствуются тем, что такое-то и такое-то количество граждан живет под эгидой одной правительственной власти, но требуют еще одинаковости языка, исходя при этом, правда, только из административно-технических соображений. В глазах этой группы государственная власть не является единственной и исключительной целью существования государства. Они выдвигают сверх того еще критерий благополучия подданных. В этих кругах любят уже поговорить и о "свободе", причем, правда, очень неверно представляют себе, что же именно такое есть свобода. Форма правления этим людям уже не кажется неприкосновенной, ее уже можно подвергнуть обсуждению с точки зрения целесообразности. Древнее происхождение этой формы правления тоже уже не служит в глазах этих людей броней против всякой критики. Эта группа подходит к вопросу о государстве главным образом с критерием благополучного экономического развития. Решающим моментом в глазах этой группы является хозяйственный фактор, рентабельность. Эти взгляды представлены главным образом нашим средним немецким бюргерством, в особенности либеральной демократией.

в) Третья группа в цифровом отношении наиболее слаба. Она видит в государстве уже средство к завоеванию определенных политических позиций для народа, объединенного одним языком и являющегося главным носителем государственной идеи. Правда, сами политические цели, которые должно преследовать государство, еще недостаточно ясны и этой группе. Стремление к тому, чтобы в государстве существовал единый государственный язык, определяется у этих людей тем, что на этих путях они рассчитывают добиться расширения территории и увеличения политической власти своего государства. Но рядом с этим ими руководит еще и то в корне неправильное мнение, будто через влияние языка вообще возможно проникнуть в новые территории и "национализировать" их.

Нельзя было без чувства тяжелой досады наблюдать, как в этих кругах в течение последних десятилетий играли словом "германизация". Я лично еще помню, как в годы моей юности этот термин приводил к совершенно невероятным ошибкам. Даже в кругах всегерманского национального движения нередко можно было слышать мнение, что с помощью правительства австрийские немцы легко смогут проводить "германизацию" австрийского славянства. Люди не имели даже представления о том, что "германизировать" вообще можно только землю, а не людей. Под "германизацией" люди понимали тогда в сущности только внешнее усвоение (да и то вынужденное) немецкого языка. Но ведь совершенно чудовищной ошибкой было бы думать, что, например, негр или китаец превращаются в "германцев", если они научатся говорить по-немецки и, скажем, готовы отдать свои голоса на выборах той или другой немецкой партии. Наш буржуазный национальный мир даже не представлял себе, что такая "германизация" на деле является дегерманизацией. Ибо, навязывая людям общий язык, мы только внешним образом стираем ту разницу, которая до сих пор больше бросалась в глаза, и тем самым кладем начало процессу смешения рас, добиваясь этим не германизации, а уничтожения элементов германизма. В истории нередко бывали случаи, когда народ-завоеватель силой внешнего принуждения навязывал свой язык завоеванным народам, но спустя какую-нибудь тысячу лет оказывалось, что на этом языке говорит в сущности уже совсем другой народ и победители на деле превратились в побежденных.

Народность или, лучше сказать, раса определяется не общностью языка, а общностью крови. Из этого вытекает, что о подлинной германизации можно было бы говорить лишь в том случае, если бы в результате этого процесса можно было бы добиться того, чтобы у побежденных оказалась германская кровь. Но это невозможно. В результате кровосмешения получается только такая перемена, которая снижает уровень более высокой расы. В конечном итоге таким образом получается только уничтожение тех свойств, которые в свое время и дали победу народу-завоевателю. В процессе смешения наций особенный урон терпят культурные силы. И это невзирая на то, что смешавшиеся нации будут говорить на языке прежней, более высокой расы. В течение некоторого периода будет происходить еще известное соревнование различных черт характера обеих смешивающихся наций. Постепенно идя вниз, смешивающиеся народы могут, тем не менее, еще показать последние вспышки яркого культурного развития. Иногда эти вспышки имеют неожиданно большой размах. Но это только вспышки. В первых поколениях скрещивания перевес имеет еще кровь более высокого качества, но окончательный продукт смешения неизбежно будет ближе к низшей расе. Окончательным результатом неминуемо будет культурный регресс.

Теперь приходится считать только счастьем, что этакая "германизация" Австрии в эпоху Иосифа II не удалась. Если бы она удалась, то австрийское государство, вероятно, сохранилось бы, но только ценою снижения расового уровня немецкой нации. В течение столетий в старой Австрии, быть может, и выкристаллизовался бы известный инстинкт стадности, но само "стадо" стало бы при этом на несколько ступеней ниже. Народ - носитель государственной идеи в Австрии, - быть может, и создался бы, но при этом неизбежно погиб бы народ - носитель культуры.

Для германской нации гораздо лучше, что этот процесс смешения не совершился, хотя это и не было результатом благородной дальновидности, а только результатом близорукой ограниченности Габсбургов. Если бы смешение это произошло, то едва ли теперь можно было бы говорить об австрийских немцах как о крупном факторе культуры.

Но не только в Австрии, а и в самой Германии так называемые национальные круги зачастую исходили и исходят из того же круга идей. Ведь, например, выдвигающаяся многими польская "политика" с целью "германизации" Востока исходит, к сожалению, из тех же самых ложных посылок. Люди и тут рассчитывают добиться "германизации" посредством простого внедрения немецкого языка. Но и тут мы могли бы получить только очень печальные результаты: польский народ остался бы польским народом, только выражающим на чужом языке свои собственные чуждые нам идеи. Такой чуждый нашей расе народ своею более низкой ступенью развития только компрометировал бы достоинство и высоту развития нашего собственного народа.

Подумайте только, какой огромный вред приносит нам уже одно то обстоятельство, что эмигрирующего в Америку еврея, умеющего кое-как коверкать немецкий язык, в САСШ принимают иногда за немца. Ведь казалось бы, никому не может придти и в голову, что раз эта вшивая эмиграция с Востока пользуется немецким языком, то значит и происхождение ее немецкое. А между тем на первых порах именно мы до известной степени несем в глазах американцев ответственность за этих вшивых евреев.

Полезной германизацией в ходе истории была та германизация земли, которую провели наши предки с оружием в руках, завоевав определенные земли и заселив их немецкими крестьянами. Но поскольку в результате этого в наш народный организм влилась чуждая кровь, предки наши тоже содействовали нашей будущей раздробленности и нашему немецкому сверхиндивидуализму, который, к сожалению, в некоторых кругах рассматривается как нечто весьма положительное.

Для этой третьей группы государство тоже до известной степени является еще самоцелью; в сохранении данного государства группа эта тоже видит высшую задачу человеческого бытия.

Подводя итог, можно сказать: все эти воззрения объединяются непониманием той главной мысли, что все развитие культуры обусловливается прежде всего расой и что поэтому главнейшей задачей государства должно являться сохранение расы, улучшение расы, от чего прежде всего и зависит весь ход развития человеческой культуры.

Самые крайние логические выводы из этих неверных взглядов на сущность и цель государства сумел сделать еврей Карл Маркс. Буржуазный мир сам своими руками оторвал идею государства от идеи расы и, не сумев вместо расовой точки зрения выдвинуть какую-нибудь другую, равноценную, только открыл этим ворота тому учению, которое отрицает уже само государство как таковое.

Вот почему уже и в этой области борьба со стороны буржуазного мира против марксистского интернационала неизбежно ни к чему не приводит. Буржуазный мир сам подточил тот фундамент, который должен был бы быть опорой его собственных идей. А прожженный противник сразу уловил, где слабое место врага, и обрушился на него при помощи того оружия, которое буржуазный мир, сам того не желая, отдал ему в руки.

Вот почему первейшей обязанностью нашего движения, покоящегося на общенародническом миросозерцании, является забота о том, чтобы было создано наконец единство взглядов на цель и сущность государства.

Правильный принципиальный взгляд на государство заключается в том, что государство является не целью, а средством к цели. Правда без государства нет высокой человеческой культуры, но само государство не является еще главным фактором культуры. Главным фактором последней является исключительно наличие расы, способной стать творцом культуры.

Пусть на земле существуют сотни самых образцовых государств, но если бы вымерли носители культуры - арийцы, то на земле не осталось бы никакой культуры, сколько-нибудь соответствующей духовному уровню ныне существующих наиболее культурных народов. Можно пойти еще дальше. Можно сказать, что факт существования государства еще ни в малой степени не избавляет нас даже от уничтожения всего человеческого рода, если бы в результате гибели наиболее высоких рас мы лишились наиболее высоких духовных качеств и духовной эластичности.

Если бы, например, в результате какого-либо тектонического события земная поверхность пришла в неспокойное состояние и из волн океанов поднялся новый Гималай, то вся человеческая культура могла бы погибнуть в результате одной такой ужасной катастрофы. В результате этого мы увидели бы гибель всех государств, разрушение всякого порядка, уничтожение всех документов тысячелетнего развития. В результате - одно сплошное мертвое поле, покрытое водой и грязью. Но если бы в этом ужасе и хаосе сохранилось даже только очень небольшое количество людей культурной расы, то спустя тысячелетия на земле опять все же появились бы признаки человеческой культуры и творческой силы. Навсегда, навеки земля была бы опустошена лишь в том случае, если бы погибла последняя культурная раса и все до единого ее отдельные представители. Ту же самую мысль с другой стороны подтверждают и примеры некоторых современных государств. Если данное зачаточное государство не обладает расой достаточно высокого качества, то оно так и не пойдет дальше зачатков и может окончательно зачахнуть. Как известные виды животных доисторического периода должны были исчезнуть и уступить место другим, так и человек вынужден исчезнуть, если у него не хватает духовных сил, которые одни только обеспечивают ему должное оружие в борьбе за самосохранение.

Не само государство создает определенную ступень культуры. Государство только сохраняет расу, а эта последняя определяет ступень культуры. Государство само по себе может существовать целые столетия, не изменяясь, а в то же время в результате расового смешения культурные способности народа уже давно деградировали и весь жизненный уровень упал в громадной степени. Наше нынешнее государство, например, может в качестве формального механизма влачить свое существование еще такое- то и такое-то количество лет и в то же время систематическое отравление нашей расы неизменно снижает культурный уровень народа и уже теперь приводит к явлениям, перед которыми только ужасаешься.

Вот почему необходимо констатировать: не государство является главной предпосылкой возникновения человека более высокой породы, а раса.

Это свойство расы вечно. Нужны только соответствующие внешние условия, чтобы оно могло практически проявиться. Культурно одаренные, творческие нации или, лучше сказать, расы носили в себе эти полезные свойства и тогда, когда неблагоприятные внешние обстоятельства мешали им проявиться. Вот почему грубейшей ошибкой является представлять дело так, будто германцы эпохи до рождества христова были "лишены всякой культуры", были "варварами". Ничего подобного в действительности не было. Суровость их северного отечества поставила их только в такое положение, которое мешало развитию их творческих сил. Если бы они попали в более благоприятную обстановку юга и если бы в лице низших народов они нашли себе необходимую рабочую силу, то заложенные в них, но временно дремавшие способности пышно расцвели бы совершенно так же, как это было с древними греками. Однако, не следует думать, что этими творческими способностями высшие расы обязаны только северному климату. Переселите с севера на юг, скажем, лапландцев или эскимосов, и они от этого не станут народами, способными творить культуру. Нет, эта прекрасная творческая способность свойственна только арийцу. Она может временно дремать в нем, если он поставлен в неблагоприятные условия, если он попал в обстановку слишком уж негостеприимной природы, но она проявится в нем тотчас же, как только он попадет в более благоприятную природную среду.

Отсюда вытекает следующее.

Государство есть средство к цели. Его собственная цель состоит в сохранении и в дальнейшем развитии коллектива одинаковых в физическом и моральном отношениях человеческих существ. Это сохранение относится прежде всего только к тому ядру, которое действительно принадлежит к данной расе и обеспечивает ей развитие тех сил, которые заложены в этой расе. Часть этого ядра будет обеспечивать сохранение физической жизни, а другая часть - содействовать дальнейшему духовному развитию. На деле одна часть создает предпосылки, необходимые для другой.

Государство, которое не служит этой цели, является чем-то уродливым и обреченным на гибель. Самый факт его существования еще ничего не доказывает. Ведь никто не скажет, что успех шайки флибустьеров может оправдать разбойничество как институт.

Мы, национал-социалисты, как борцы за новое миросозерцание, никогда не должны становиться на пресловутую "почву фактов", да к тому же еще фактов фальшивых. Иначе мы были бы не борцами за новую великую идею, а жалкими рабами современной лжи. Мы должны научиться строжайше различать между государством как известным сосудом и расой как содержимым этого сосуда. Сосуд этот вообще имеет какой бы то ни было смысл лишь тогда, когда он действительно имеет возможность сохранить и защитить содержимое. В ином случае сосуд этот ничего не стоит.

Итак, высшей целью действительно народного государства должна быть забота о сохранении того основного расового ядра, которое одно только способно создавать культуру, дарить человечеству красоту, достоинство и все высокое. Мы, арийцы, понимаем под государством только живой организм расы, который не только обеспечивает само существование этой расы, но обеспечивает ей также возможность дальнейшего более высокого развития всех заложенных в ней способностей до степени самой высшей свободы.

Вот чем должно быть государство. То же, что навязывают нам теперь под названием "государство", есть только печальнейший продукт тяжких человеческих заблуждений. Ну, а неизбежным спутником этих заблуждений являются неописуемые страдания народа.

Мы, национал-социалисты, вполне отдаем себе отчет в том, что, защищая выше развитые взгляды на роль государства, мы выступаем как революционеры, каковыми нас и клеймят на каждом шагу. Однако мы мыслим и действуем совершенно независимо от того, как отнесутся к нам современники: будут ли нам аплодировать или будут нас порицать. Для нас существует только одно обязательство: то, которое возлагается на нас истиной. Мы будем исполнять свой долг в твердой уверенности, что будущие поколения проявят больше дальновидности и не только поймут наше теперешнее поведение, но и оправдают и вознесут его.

* * *

Отсюда и тот масштаб, с которым мы, национал-социалисты, подходим к оценке того или другого государства. Эта оценка всегда будет относительной, поскольку мы исходим из точки зрения отдельного народа; она будет абсолютной, поскольку мы исходим из точки зрения всего человечества. Другими словами:

Полезность данного государства не может оцениваться с точки зрения культурного значения и силы данного государства в рамках всего остального мира, но должна расцениваться исключительно с точки зрения степени полезности этого института для данного конфетного народа.

Образцовым можно считать лишь то государство, которое не только соответствует жизненным условиям представляемого им народа, но и само своим существованием на деле обеспечивает дальнейшее развитие этого народа. И это - независимо от того, какое общекультурное значение вообще имеет данное государство в рамках всего остального мира. Ибо задача государства состоит не в том, чтобы самому порождать новые способности нации, а только в том, чтобы обеспечить свободное развитие уже существующим, данным способностям ее. Отсюда вытекает, что плохим мы назовем то государство, которое всеми условиями своего существования обрекает на гибель расу - носительницу культуры. И это, независимо от того, что само по себе это государство стоит на известной культурной высоте. На деле ведь такое государство разрушает предпосылки дальнейшего существования этой культуры, которая создана не государством, а культурнотворческими силами, заложенными в самом народе. Государство, как мы уже говорили, представляет собою только форму, но не само содержание. Степень культурности данного народа никоим образом не может быть критерием доброкачественности государства, в котором живет данный народ. Вполне понятно, что высокоодаренный в культурном отношении народ представляет собою нечто гораздо более ценное, чем, скажем, то или другое негритянское племя; и тем не менее, вполне возможно, что государство, в котором живет этот более культурный народ, соответствует своей цели гораздо меньше, нежели государственный организм негритянского племени тем целям, которые стоят перед этим последним.

Отсюда вытекает, что доброкачественность или недоброкачественность данного государства для нас определяется только в зависимости от той относительной пользы, которую данное государство приносит данному конкретному народу, но ни в коем случае не тем значением, которое данное государство имеет вообще в рамках всего остального мира.

Этот относительный критерий очень прост и легок; гораздо труднее найти критерий абсолютный, ибо эта абсолютная оценка зависит уже в сущности не от доброкачественности государства, а от доброкачественности и степени высоты самого данного народа.

Поэтому, когда мы говорим о более высокой миссии государства, мы никогда не должны забывать, что миссия эта заложена, в сущности говоря, в свойствах самого народа и что задачей государства является всей своей органической силой обеспечивать свободное развитие данного народа.

Если поэтому мы хотим пролить свет на вопрос о том, какое именно государство нужно нам, немцам, то мы должны прежде всего уяснить себе вопрос о том, какие люди живут в этом государстве и каким целям стало быть, должно служить само это государство.

К сожалению, теперь уже нельзя сказать, что расовое ядро нашего немецкого народа представляет собою что-либо единое и цельное. С другой стороны, мы не можем утверждать и то, что процесс смешения крови прежних самостоятельных народов зашел у нас уже так далеко, чтобы перед нами была уже новая раса, образовавшаяся в результате этого смешения. Напротив: те отравления крови, которые постигли наш народный организм, особенно со времени 30-летней войны, приводят не только к разложению нашей крови, но и к разложению нашей души. То обстоятельство, что границы нашего отечества остаются открытыми, то обстоятельство, что вдоль всей нашей границы мы приходим в постоянное соприкосновение с чужими негерманскими народами, наконец (и это главное) то обстоятельство, что чуждая нам кровь все сильнее вливается в самую глубь нашей страны - все это вместе взятое мешает абсолютному смешению крови, ибо не дает времени для создания чего-либо окончательного, постоянного. Во всех этих процессах не может вывариться новая раса. На деле получается так, что составные части отдельных рас обитают рядом, не сливаясь друг с другом. И в результате всего этого получается то, что в особенно критические моменты, когда всякий действительно единый народ быстро сокроется в одно стадо, наш немецкий народ, напротив, разбредается во всех возможных направлениях. Составные части отдельных рас расположены у нас даже не территориально, ибо зачастую мы видим на одной и той же территории представителей различных рас. Северогерманцы, ост-готы, вест-готы живут рядом, а между ними помеси тех, других и третьих. Это, с одной стороны, приносит громадный вред: немецкому народу не хватает здорового инстинкта стадности, который дается только единством крови и который в момент опасности всегда является могучим фактором. У тех народов, которые отличаются этим единством, все небольшие внутренние различия моментально улетучиваются перед лицом общего врага. И тогда перед противником стоит единый фронт единой нации, защищающей общий очаг. У нас же получается не то. Рядом живущие, но не вполне смешавшиеся друг с другом расы и остатки рас не умеют должным образом объединиться против общего врага. С этим связано и то свойство, которое у нас называют сверхиндивидуализмом. В мирные времена это свойство иногда может еще быть полезно, но если взять развитие в целом, то приходится сказать, что из-за этого ультраиндивидуализма мы лишились возможности завоевать мировое господство. Если бы в ходе исторического развития немецкий народ обладал таким же прочным единством, как остальные народы, то германское государство ныне безусловно господствовало бы над всем земным шаром. Ход мировой истории в этом случае был бы совершенно другой. И никто не возьмется сказать, не удалось ли бы нам тогда действительно добиться того, чего теперь ослепленные пацифисты пытаются добиться слезами и виляниями. Только тогда могли бы мы добиться действительно прочного мира, ибо мир, основанный на победах меча, куда прочнее нежели "мир", выклянчиваемый слезотчивыми старыми бабами пацифизма; только такой мир был бы прочен и только такой мир поставил бы весь земной шар под руководство народа-господина, способного обеспечить высший расцвет культуры.

То обстоятельство, что у нас не оказалось единого, единокровного народа, стоило нам неописуемых страданий. Каждый немецкий князек смог получить свою собственную резиденцию, но немецкий народ в целом лишился того господствующего положения, на которое он имел полное право.

Еще и ныне наш немецкий народ страдает от этой раздробленности. Однако надо сказать, что то, что в прошлом и настоящем приносило одни несчастья, в будущем мажет иметь благодетельную сторону. До сих пор было крайне вредно, что смешение рас не доходило до конца и что у нас рядом продолжали жить кусочки и составные части прежних самостоятельных рас. Но в этом все-таки есть и известная хорошая сторона: благодаря такому ходу процесса чистота крови сохранилась хотя бы только частично, и часть населения спаслась от расовой деградации.

Верно то, что если бы процесс дошел до конца, то перед нами был бы теперь более единый народный организм, но зато его культурный уровень, как мы уже это знаем из законов смешения любых рас, был бы ниже, чем культурный уровень той части населения, которая первоначально стояла в расовом смысле выше. В этом и заключается хорошая сторона того, что у нас до сих пор не дошло до полного завершения процесса смешения рас. Именно благодаря этому в Германии еще имеются значительные группы северогерманцев чистой крови, в каковых нам и приходится видеть главное свое сокровище, главную свою надежду. В темные времена полного непонимания законов расового развития люди не отдавали себе достаточно ясного отчета в значении этого факта и просто считали, что все люди одинаковы и равны. Теперь мы знаем иное. Теперь мы понимаем, что если бы процесс смешения дошел до самого конца, то возникшее новое единство, быть может, и обеспечило бы нам большую внешнюю силу, но зато самая высокая цель человечества была бы уже недостижима: единственный носитель более высокой культуры утонул бы в общем расовом "киселе" этого нового "единого" народа, и тем самым исчезло бы то племя, которое избрано судьбой для совершения более великих дел.

Судьба была к нам в этом отношении милостива и без нашего содействия помешала совершиться этому несчастью. Наша задача теперь - понять и использовать это обстоятельство.

Кто говорит о высокой миссии немецкого народа на этой земле, тот должен понимать, что миссия эта может заключаться только в создании такого государства, которое будет видеть самую высокую свою задачу в сохранении и поддержке еще сохранившихся наиболее благородных частей нашего народа, а тем самым и всего человечества.

Этим самым государство впервые в истории возьмет на себя действительно высокую задачу. Лозунг сохранения "тишины и порядка" только смешон. В лучшем случае он может только обеспечить "тихое" мошенничество и грабеж. А вот лозунг сохранения и поддержки той лучшей части немцев, которая сохранилась на земле благодаря милости божией, - это будет действительно великий лозунг. Такая миссия действительно достойна великого государства.

Из мертвого механизма, имевшего до сих пор только самодовлеющее значение, теперь возникнет действительно живой организм, и его исключительной целью будет служение высшей идее.

Германское государство должно охватить собою всех немцев и должно поставить перед собой как важнейшую задачу не только собрать и сохранить, но постепенно помочь занять господствующее положение тем наиболее ценным в расовом отношении элементам, которые у нас, несмотря ни на что, сохранились.

Но это и значит конечно, что нынешняя полоса прострации должна смениться периодом борьбы. И прежде всего мы должны запомнить две вещи. Во-первых, что под лежачий камень и вода не течет (буквально: "кто лежит, тот ржавеет". - Переводчик), а во-вторых, что лучший способ защиты есть наступление, ибо только оно обеспечивает победу. Чем более велика цель, которая носится перед нашими глазами, и чем менее в данный момент понимают величие этой цели широкие массы народа, тем большее значение получат наши успехи. Если мы правильно поняли нашу цель и если мы поведем борьбу без колебаний и с твердой верой в наше депо, успех не заставит себя слишком долго ждать.

Нынешним властям предержащим, конечно, кажется более спокойным делом "работать" для сохранения статус-кво, чем быть вынужденными бороться за неизвестное будущее. Гораздо легче продолжать видеть в государстве простой механизм, существующий только для того, чтобы обеспечить свое существование. Гораздо легче повторять пустые фразы о том, что вся наша жизнь "принадлежит государству". Человек конечно для того и существует, чтобы служить человечеству, а все вышедшие из недр народа - чтобы служить народу. Понятно, гораздо легче в государственной власти видеть только механизм определенной организации, чем видеть в нем высшее воплощение инстинкта самосохранения, заложенного в данном народе. В первом случае слабые люди видят в государственной власти самоцель. Во втором случае в государстве приходится видеть только могучее орудие в великой и вечной борьбе за существование - орудие, перед которым каждому приходится преклониться, потому что дело идет в этом случае не просто о формально-механическом учреждении, а о выражении общей воли к сохранению жизни.

Вот почему в предстоящей нам великой борьбе за наше мировоззрение мы получим лишь очень небольшое количество союзников из среды тех, кто устарел, к сожалению, не только физически, но и духовно. Только в виде исключения к нам придут старцы с юными сердцами и свежим умом. Но конечно из среды так называемого общества к нам никогда не придут те, кто видит задачу своей жизни в сохранении нынешнего порядка вещей.

Нам приходится считаться не только с теми слоями, которые обладают злой волей, сколько с той бесконечно большой армией, которая состоит, с одной стороны, из косных и равнодушных, а с другой - из тех, кто прямо заинтересован в сохранении нынешних порядков. На первый взгляд та гигантская задача, которую мы взваливаем на свои плечи, может показаться безнадежной, но на самом деле именно величие наших задач таит в себе возможность их реализации.

Наш боевой клич становится сигналом, собирающим в наши ряды все, что есть сильного. Именно величие целей отпугивает мелких людей сразу или отсеивает их спустя некоторое время, но зато под наши знамена собираются все действительно боевые натуры. Необходимо отдать себе ясный отчет в следующем: если на одной стороне мы видим концентрацию высшей энергии и решимости, а на другой стороне - широкие массы равнодушных, то небольшое меньшинство, собравшееся в первом лагере, всегда одержит верх над громадным большинством, оставшимся во втором лагере. Мировую историю делают меньшинства, раз только в этом численном меньшинстве воплотились большая воля и большая решимость.

Громадность задач, которые мы себе ставим, в глазах многих затрудняет нашу победу, на деле же в этом именно заложена наша победа. В величии и трудностях нашей задачи как раз и заложено то, что в нашем лагере соберутся только лучшие бойцы. Именно в этом подборе - гарантия нашего успеха.

* * *

Как правило, сама природа зачастую вносит свои поправки в процесс смешения народов, и поправки эти направлены к сохранению чистоты расы. Природа не любит помеси рас. Особенно тяжело приходится первым продуктам скрещения наций - третьему, четвертому, пятому поколениям. Им похватает не только качеств более высокой из смешавшихся рас, им не хватает не только единства крови, но и единства воли и единства жизненной энергии вообще. Во все те критические минуты, когда единая раса приняла бы быстрое и единодушное решение, этакая расколотая раса непременно обнаружит нерешительность и все ее мероприятия будут носить половинчатый характер. И все это вместе взятое означает, что расколотые расы не только более слабы, нежели расы единые, но прямо могут быть обречены в результате этой слабости на быструю гибель. История знает бесчисленное количество случаев, когда единая раса устоит в борьбе, а смешанная при тех же обстоятельствах погибнет. В этом и приходится видеть поправку, вносимую самой природой. Но природа зачастую идет и дальше. Она ограничивает способность к размножению у смешанных наций. Таким путем она вообще мешает дальнейшему размножению скрещивающихся народов, и дело может дойти до полного вымирания.

Если, таким образом, одно лицо, принадлежащее к определенной расе, вступает в связь с лицом более низкой расы, то для начала получится только снижение самого уровня потомства; в дальнейшем же получится ослабление потомства в сравнении с потомством тех супругов, которые не смешали расы. Если в дальнейшем не будет никакого притока свежей крови со стороны более высокой расы, то при продолжающемся скрещивании потомков первой взятой нами пары потомство по этой линии либо вовсе вымрет в результате мудрого вмешательства природы, либо в течение тысячелетий и тысячекратных смешений создается новый вид, совершенно отличный от первых смешавшихся, рас. Тогда перед нами новая народность со свойственной ей определенной силой сопротивления, но упавшая на гораздо более низкую ступень, нежели более высокая из участвовавших в первом смешении рас. Но и в этом последнем случае новая, более низкая раса неизбежно погибнет в борьбе с более высокой расой, если только таковая осталась на земле. Эта более низкая раса никогда не сможет выдержать борьбы со столь же единой, но зато более высоко стоящей на культурной лестнице расой. У нее не хватит для этого ни творческих способностей, ни духовной эластичности, ибо во всех этих отношениях она в результате многократных смешений только проигрывала. На основании всего этого можно сказать:

Всякое расовое смешение раньше или позже неизбежно приводит к гибели того потомства, которое получилось в результате смешения, если только более высокая раса, вступавшая в смешение, хотя бы частью сохранилась в чистом виде на земле. Лишь в том случае, если и более высокая раса вся до конца участвует в смешении, исчезнет вышеуказанная опасность для продукта смешения.

В этом и приходится видеть известную гарантию постепенного естественного процесса возрождения. Поскольку на земле сохраняется хотя бы известная часть в расовом отношении чистых элементов, не участвующих в смешении, постольку постепенно прекращаются отравления рас.

Это происходит само собой у населения с сильным расовым инстинктом, которое только в силу особого стечения обстоятельств на время сошло с пути нормального в расовом отношении чистого размножения. Как только исключительные обстоятельства кончились, та часть расы, которая сохранила свою чистоту, опять будет стремиться к бракам только с чистыми в расовом отношении элементами, и таким образом будет положен конец дальнейшему смешению. Тогда население, которое получалось в результате смешения, опять отступит на задний план, разве только что оно в количественном отношении стало уже такой гигантской силой, что никакое сопротивление со стороны сохранивших свою расовую чистоту элементов уже невозможно.

Но если человек сам потерял чистоту инстинкта, ему не приходится надеяться на то, что на помощь ему придет природа. Для этого необходимо, чтобы человек сам постарался возместить силою разума недостаток инстинкта. Только разум может еще тогда помочь. Но часто мы видим на деле другое. Человек в слепоте своей продолжает губить последние остатки своей расовой чистоты, пока наконец он потеряет ее целиком и полностью. Тогда в результате мы и получаем уже ту единую бесформенную расовую массу, какая в глазах многих современных благодетелей человечества является идеалом. Это самое большое несчастье для всего человечества. Такая смесь не даст нам человека, способного быть носителем культуры или, лучше сказать, основателем культуры, творцом культуры. Такая смесь создает только большое стадо, большую бесформенную массу стадных животных.

В этом случае историческую миссию человечества можно считать законченной.

Кто не хочет, чтобы земля наша пришла в это состояние, тот должен раз и навсегда понять, что задачей прежде всего германских государств является - принципиально положить конец всякому дальнейшему смешению рас.

Нынешнее наше жалкое поколение конечно сейчас же закричит по поводу недопустимости вмешательства в область священных прав человека. Нет, скажем мы этим людям, мы знаем только одно священное право человека, являющееся в то же время его священной обязанностью: человек должен неусыпно заботиться о том, чтобы кровь его осталась чистой, ибо, только сохранив лучшую часть человечества, мы обеспечиваем возможность более высокого и благородного развития всего человечества на земле.

Наше народническое государство будет считать поэтому своей первейшей задачей - поднять институт брака на новую высоту, оздоровить его настолько, чтобы он перестал быть позором расы.

Наше государство поставит институт брака на такую высоту, которая соответствовала бы его высокому призванию - давать потомство людей, являющихся образом и подобием божиим, а не потомство, состоящее из помеси человека и обезьяны.

Если против этого протестуют с точки зрения, так называемой гуманности, то мы должны на это заметить, что это менее всего к лицу нашей эпохе. Ведь, с одной стороны, эта наша эпоха считает своим долгом каждому несчастному дегенерату непременно обеспечить возможность плодить потомство, а тем самым, и плодить бесконечные страдания на этой земле. А с другой стороны, ведь именно в наш век в любой аптеке и даже у любого уличного торговца вы можете получить средства, чтобы помешать появлению на свет божий потомства даже у действительно здоровых родителей. Что же получается? Выходит, что наше хваленое государство "тишины и порядка" считает своим долгом обеспечить сифилитику, туберкулезному, наследственно больному, калеке, идиоту и преступнику возможность свободно плодиться; а с другой стороны, оно увековечивает такие порядки, при которых миллионы самых лучших членов нашей нации не имеют возможности рожать детей. Если бы это было не так, то наше государство прежде всего должно было бы постараться, по крайней мере, подумать над тем, как же именно создать здоровые предпосылки для пропитания и сохранения жизни тех человеческих существ, которые одни только способны обеспечить здоровье будущих поколений.

Насколько же вся нынешняя система противоречит какому бы то ни было идеалу, как низка и бесконечно неблагородна такая система! Наше нынешнее государство все предоставляет собственному ходу вещей и не дает себе даже труда подумать над тем, что же надо делать, для того чтобы помочь совершенствованию будущих поколений. Само собой понятно, что и церковь наша столь же грешна в этом отношении. Она, больше всех кричащая о том, что человек является подобием божиим, вместе с тем не считает своим долгом даже подумать над тем, как же сделать, чтобы этот человек, носитель духа божия на земле, не вырождался в погибающего пролетария. Сначала церковь сама складывает ненужные руки на усталой груди, а затем делает печальную мину по поводу того, что христианское учение не оказывает достаточного влияния, что "безбожие" принимает ужасающие размеры и т.п. Нашей церкви видимо невдомек, что если люди погибают физически, то, конечно они разлагаются и духовно. Не умея выполнить своей элементарной обязанности перед собственным народам, церковь наша возмещает это тем, что хочет осыпать своими благодеяниями готтентотов и зулусов. В то время как мы с божьей помощью дожили уже да того, что наши собственные европейские народы на наших глазах болеют настоящей физической и моральной проказой, мы, видите ли посылаем благочестивых миссионеров в Центральную Африку, и они устраивают там миссии для негров. В конце концов дело дойдет до того, что мы своей "высшей культурой" превратим и там примитивный, но здоровый народ в гнилую расовую помесь.

Обе наши христианские церкви поступили бы гораздо лучше, если вместо навязывания неграм своих миссий, которых негры не хотят и не понимают, они взяли бы на себя труд убедить европейцев в том, что больным родителям гораздо лучше взять на себя воспитание здорового ребенка, оставшегося сиротой, чем самим производить на свет божий хилых детей, обреченных затем влачить жалкое существование.

Нашему народническому государству придется взять на себя все эти задачи, находящиеся ныне в таком пренебрежении. Наше государство сделает расу средоточием всей общественной жизни. Наше государство будет систематически заботиться о сохранении чистоты расы. Оно объявит ребенка самым ценным достоянием народа. Оно позаботится о том, чтобы потомство производили только люди здоровые. Позором будет считаться только - производить детей, если родители больны. Величайшей честью будет считаться, если родители откажутся производить детей, будучи недостаточно здоровыми. С другой стороны, предосудительным будет считаться не рожать детей, если родители здоровы, ибо - государству нужно здоровое потомство. Государство будет выступать в роли защитника тысячелетнего будущего, и перед волей государства должны будут склониться желания отдельных граждан. Государство даст возможность населению воспользоваться всеми действительно великими изобретениями и медициной. Государство будет объявлять лишенными прав производить потомство всех тех, кто болен сам, кто имеет плохую наследственность, а стало быть, может наградить плохой наследственностью и следующие поколения. С другой стороны, государство позаботится о том, чтобы здоровые женщины рожали детей, не ограничивая себя в этом отношении - под влиянием жалкой экономической обстановки - и чтобы для самих детей детство не становилось проклятием. Наше государство положит конец тому преступному безразличию, с которым ныне относятся к многодетной семье. Наше государство, напротив возьмет на себя почетную защиту такой семьи, которая должна стать благословением для народа. Наше государство будет заботиться о ребенке еще больше, чем о взрослом.

Кто в физическом и моральном отношении недостаточно здоров, тот не смеет увековечивать свою болезнь в организме своего ребенка. Нашему государству тут предстоит огромная воспитательная работа, но эта работа в свое время будет считаться гораздо большим подвигом, нежели все самые победоносные войны нашей современной буржуазной эпохи. Государство будет воспитывать граждан в той мысли, что быть самому больным или слабым не позор, а только несчастье, но что позорным является из-за собственного эгоизма передавать свою болезнь будущим поколениям. Государство убедит граждан в том, что куда более благородным будет, если неповинные в своей болезни взрослые люди откажутся иметь собственных детей и отдадут свою любовь и заботу здоровым, но бедным детям своей страны, которые затем вырастут и составят опору общества. Эту свою воспитательную работу государство конечно дополнит чисто практическими мероприятиями. Не смущаясь никакими предрассудками, не останавливаясь перед тем, что вначале нас плохо поймут, наше государство будет вести линию именно в этом направлении.

Если только в течение каких-нибудь 600 лет государство будет твердо проводить такую политику, это приведет к такому оздоровлению населения, какого мы сейчас себе и представить не можем. Если мы сознательно и планомерно станем проводить политику поддержки только здоровых родителей, то в результате мы получим расу, которая сначала освободится от нынешних физических недостатков, а затем станет постепенно подыматься и духовно.

Стоит только народу и государству твердо стать на этот путь, и затем уже внимание наше само будет концентрироваться на том, чтобы повышать размножение наиболее ценной в расовом отношении части нации. А затем и весь народ почувствует те громадные плюсы, которые получает нация.

Прежде всего для этого необходимо, чтобы государство не предоставляло случаю вопрос о заселении приобретенных им новых земель, а подчиняло этот вопрос определенным нормам. Государство должно учредить для этого специальные "расовые" комиссии, и только они могут выдавать разрешение на переселение в эти новые земли. Комиссии должны при этом исходить только из того, насколько чиста в расовом отношении кровь данного переселенца. Только так можем мы постепенно создать вокруг государства кольцо колоний, все жители которых являются людьми одной чистой расы, и только так можем мы содействовать совершенствованию расы. Население этих колоний стало бы тогда драгоценнейшим сокровищем всего народного целого. Рост этих колоний будет внушать тогда гордость и веру в будущее всякому сыну народа. Ибо каждый будет видеть в них зародыш великого будущего всего народа да и всего человечества.

В результате всего этого нашему народническому миросозерцанию безусловно удастся вызвать к жизни такую эпоху, когда люди будут видеть свою высшую задачу не в том, чтобы улучшать качество собаки, лошади, кошки, а в том, чтобы создавать более высокую расу людей. Это будет эпоха, когда одни люди в сознании необходимости будут молча кое от чего отказываться, а другие будут радостно жертвовать и давать.

Пусть не говорят нам, что о чем-либо подобном невозможно и мечтать в нашем мире. Разве не видим мы сейчас, что сотни и сотни тысяч людей накладывают на себя узы целибата под влиянием одних только требований церкви и ничего другого. Неужели же не сможем мы добиться аналогичных результатов, если вместо одной церкви все государство станет систематически указывать людям, какой великий наследственный грех совершают те, кто систематически отравляет расу и мешает тому, чтобы на свет божий родились люди, действительно достойные творца всемогущего?

Конечно нынешняя армия несчастных обывателей этого не поймет. Обыватели и мещане будут пожимать плечами и по своему обыкновению станут повторять свою обычную глупую фразу: "да, само по себе это очень хорошо, но ведь этого нельзя сделать". Да, господа, ответим мы им, с вами конечно этого не сделаешь! Вы с вашими моральными качествами для этого не годитесь! Вы, господа мещане, знаете только одну заботу: о себе самих! Вам, господа, знакомо только одно божество: ваши деньги! Мы обращаемся не к вам, а к той великой армии бедняков, кто слишком беден, чтобы свою личную жизнь считать высшим счастьем на земле. Мы обращаемся не к тем, кто верит только в золотого божка, а к тем, у кого есть другие боги. И прежде всего мы обращаемся к громадной армии нашей немецкой молодежи. Она подрастает в такую эпоху, когда назревает великий поворот. То положение, к которому привело равнодушие отцов, теперь неизбежно побудит детей к активности и борьбе. Наша нынешняя немецкая молодежь либо станет строительницей нового народного государства, либо ей придется стать свидетельницей полного краха и гибели всего буржуазного мира.

Не надо делать себе иллюзий. Если определенное поколение видит свои ошибки и даже признает их, но в то же время, как это делает наш современный буржуазный мир, продолжает довольствоваться дешевенькими заявлениями, что против существующих зол ничего-де не поделаешь, тогда надо прямо сказать: такое общество обречено на гибель. Самым характерным для современного буржуазного мира является то, что он сам уже не решается отрицать этих зол. Он вынужден признать, что многое у нас плохо и гнило, но он вместе с тем не может найти в себе решимости подняться против этого зла, собрать воедино энергию 60-70- миллионного народа и таким образом вступить в решительную борьбу с этим злом. Мало того, если за это берутся другие, то их осыпают только тупыми насмешками и стараются найти как можно больше "теоретических" аргументов, чтобы доказать, что успех невозможен. Любой аргумент кажется тут подходящим, чтобы только "подкрепить" свое собственное малодушие и ничтожество. Если например, целый американский континент высказывается против отравления алкоголем и начинает борьбу против этого яда, а наш европейский буржуазный мир умеет по этому поводу только качать головой и болтать пустяки. Людям даже невдомек, насколько они ничтожны в своих насмешках по поводу такого мероприятия. Если насмешки не помогают и если все-таки в том или другом углу земного шара находятся смелые люди, которые объявляют борьбу рутине и имеют при этом известный успех, то все-таки средство против них найдется. На них будут клеветать, все их успехи будут поставлены под знак вопроса, против смельчаков будут приводить так называемые "моральные" соображения, хотя бы усилия этих смельчаков направлялись на устранение самых гнусных антиморальных вещей.

Нет, на этот счет у нас не может быть никаких сомнений: современное наше бюргерство никакой цены не имеет в деле борьбы за более высокие задачи человечества. Оно для этого совершенно теперь неквалифицированно, оно для этого само погрязло в слишком плохих качествах. Вот почему и те политические клубы, которые ныне известны под коллективным названием "буржуазные партии", уже давно не являются не чем другим, как своекорыстными объединениями для защиты просто профессиональных или сословно-классовых интересов. Свою высшую задачу они видят теперь исключительно в наиболее успешной защите самых узких эгоистических интересов. Что этакая политиканствующая "гильдия" буржуазии годится на что угодно, только не на серьезную борьбу за великие цели, это ясно. Усилия этих буржуа безусловно обречены на полную бесплодность - в особенности, раз мы на другой стороне видим не компанию "осторожных" старых перечниц, а настоящие пролетарские массы, которые марксисты систематически раздражают и разжигают до белого каления и которые готовы поэтому не болтать, а действовать.

* * *

Если мы считаем первейшей задачей государства защиту и систематическую поддержку лучших элементов расы, то из этого конечно вытекает, что государство должно простирать свои заботы не только на новорожденного, но должно систематически помогать вырастить этого новорожденного вплоть до того момента, когда из него вырастет взрослый человек, который станет ценным членом общества и будет сам помогать дальнейшему здоровому размножению.

Мы уже знаем, что общей предпосылкой здорового духовного развития является чистота расы. В такой же мере можно сказать, что физическое здоровье каждого отдельного человека является главной предпосылкой здорового духовного воспитания. Если говорить не об одном лице, а обо всей массе, то конечно верно, что здоровый дух живет только в здоровом теле. Это нисколько не опровергается тем обстоятельством, что в отдельных случаях мы встречаем и гениев в физически слабой оболочке и что некоторые гении иногда являются прямо физически больными людьми. Здесь дело идет только об исключениях, которые как и везде только подтверждают правила. Но если целый народ в массе своей состоит из физических дегенератов, то из этакой среды лишь очень редко может выйти великий человек. А если он и появится, ему не суждены большие успехи. Окружающая его вырождающаяся среда либо вообще его не поймет, либо воля ее окажется настолько парализованной, что подняться на орлиную высоту этого отдельного героя она все равно не сможет.

Принимая все это во внимание, народническое государство будет видеть главную свою задачу не в том, чтобы накачивать наших детей возможно большим количеством "знаний", а прежде всего в том, чтобы вырастить вполне здоровых людей. Лишь во вторую очередь будем мы думать о развитии духовных способностей. Но и в этой последней области мы прежде всего будем думать о том, чтобы развить в нашей молодежи характер, волю, силу решимости, а в сочетании с этим будем систематически работать над тем, чтобы развить в ней чувство ответственности. Лишь в последнюю очередь будем мы думать о чисто школьном образовании.

Наше государство будет исходить из того, что нам нужны не физически слабые люди, хотя бы они были и разносторонне образованы, а нужны физически здоровые люди с твердым характером, решительные и энергичные, хотя бы их образование и было недостаточно широко. Если бы народ состоял сплошь из ученых и если бы в то же время эти ученые были людьми физически вырождающимися, слабовольными, да к тому еще молились богу пацифизма, то о таком народе можно заранее сказать: он не только не завоюет неба, но не сумеет обеспечить себе сколько-нибудь достойного существования на земле. В тяжелой борьбе, когда решаются судьбы людей и народов, поражение потерпит не тот, кто меньше знает, а тот, кто слабее и кто не умеет делать практических выводов даже из того немногого, что он знает. В конце концов и здесь нужно соблюдение известной пропорции: между физическим здоровьем и умственным знанием должна существовать известная гармония. Гниющее тело не станет более привлекательным, хотя бы в нем и жил самый поэтический дух. Да люди никогда бы не стали стремиться к развитию умственных способностей, если бы это непременно было связано с тем, что данный человек должен превратиться в физическую развалину, стать слабохарактерным калекой. Греческий идеал красоты потому и остался бессмертным, что тут мы имели изумительное сочетание физической красоты с благородством души и широким полетом ума.

Вот почему в нашем государстве забота о физическом развитии не будет предоставлена каждому отдельному лицу, не будет только задачей родителей. Нет, этой проблеме само государство посвятит огромное внимание, ибо это есть проблема самоутверждения нации, здоровье которой и призвано защищать государство.

Эту работу воспитания надо начинать уже с юных матерей, ведь удалось же нам в результате десятилетий внимательной работы добиться того, чтобы роженицы при родах у нас не заражались и чтобы родильная лихорадка стала только редкой гостьей. Так теперь необходимо нам поработать над воспитанием наших сестер и матерей и добиться того, чтобы они рожали детей здоровых. Этим мы положим основу созданию действительно здорового потомства.

В нашем народническом государстве школа должна уделить несравненно больше времени физическому образованию. Никуда не годится обременять молодые мозги таким балластом, как это делается теперь. Опыт показал, что из всей громадной массы так называемых школьных знаний мозг удерживает только одну небольшую часть да и при том в большинстве случаев как раз не самое важное. Воспитанники наших учебных заведений просто не имеют никакой возможности отделить важное от неважного и в конце концов запоминают только второстепенные мелкие детали. Если теперь в учебных программах наших средних школ на гимнастику едва отводят каких-то два часа в неделю, да при том еще делают этот предмет необязательным, то пропорционально с тем временем, которое мы уделяем умственному развитию, это - какое-то сплошное недоразумение. Мы должны поставить дело так, чтобы каждый молодой человек посвящал ежедневно минимум один час до обеда и один час вечером всевозможным видам спорта и гимнастики. При этом ни в коем случае не следует отказываться от одного важного вида спорта, на который к сожалению и в нашей собственной среде иногда смотрят сверху вниз, - я говорю о боксе.

В кругах, так называемого, "образованного" общества приходится слышать на этот счет совершенно невероятные глупости. Если молодой человек учится фехтовать и затем целые дни занимается фехтованием, это считается чем-то само собой разумеющимся и даже почетным. А вот если он учится боксу, то это кажется чем-то очень грубым. Спрашивается - почему? Мы не знаем никакого другого вида спорта, который в такой мере вырабатывал бы в человеке способность наступать, способность молниеносно принимать решения и который вообще в такой мере содействовал бы закалке организма. Если два молодых человека разрешают тот или другой конфликт при помощи кулаков, то это ни капельки не более грубо, чем если они разрешают его при помощи отшлифованных кусков железа. Если человек, подвергшийся нападению, защищается при помощи своих кулаков, то это ни капельки не менее благородно, чем убеждать и звать шуцмана. Наш здоровый мальчик должен с ранних лет научиться переносить побои. Пусть наши сверхумники по этому поводу подымут крик, что я проповедую нечто дикое, а я все-таки продолжаю думать, что задача нашего государства будет заключаться не в том, чтобы воспитывать целые колонны робких эстетов и физических дегенератов.

Наше государство видит свой идеал не в "уважаемом" обывателе и не в добродетельной старой деве; наш идеал мужчины - олицетворение мужественной силы; наш идеал женщины - чтобы она в состоянии была рожать нам новое поколение здоровых мужчин.

Спорт нужен нам не только для того, чтобы воспитывать отдельных сильных и смелых людей, но и для того, чтобы закалять наших детей и подготовлять их к тому, чтобы они умели спокойно переносить, если нужно, и несправедливые удары судьбы.

Если бы весь наш верхний умственный слой в свое время обучался не только хорошим манерам, а вместо этого как следует обучился бы, скажем, боксу, то у нас была бы невозможна пресловутая ноябрьская революция, которую сделали сутенеры, дезертиры и тому подобная дрянь. Если вся эта сволочь имела в ноябре 1918 г. успех, то это объясняется отнюдь не энергией и решимостью этих "творцов" революции, а только жалкой бесхарактерностью тех, кто тогда руководил государством и на ком лежала ответственность за него. В том-то и беда, что наши идейные руководители имели так называемое "духовное" воспитание. Вот почему они оказались совершенно бессильны в тот момент, когда противная сторона прибегла к силе. Все это в последнем счете было результатом того, что наши высшие учебные заведения принципиально воспитывали не мужей, а только чиновников, инженеров, техников, химиков, юристов, литераторов, а также конечно - дабы все эти породы не вымирали - профессоров соответственной специальности.

Идейное наше руководство всегда было блистательно. Зато там, где требовалось проявить какую-либо силу воли, мы в большинстве случаев стояли ниже всякой критики.

Конечно одним воспитанием из человека с трусливым от природы характером не сделаешь храбреца. Но, с другой стороны, и человек, от природы не лишенный храбрости, будет парализован в этих своих качествах, если благодаря недостаткам своего физического воспитания он попадет в более невыгодное положение, чем его противник. Пример армии лучше всего показывает, насколько сознание своей физической силы и ловкости пробуждает в человеке чувство мужества, дух наступления. Разумеется и армия не состоит сплошь из героев. В громадном большинстве случаев мы имеем здесь дело со средними заурядными людьми. Но превосходство физического воспитания немецкого солдата в мирное время внушило этому гигантскому организму непроизвольную веру в свои преимущества. Это делало из нашего солдата человека, глубоко верившего в свое превосходство над противником. Этого не смог отрицать и неприятель. То, что нашим армиям удалось сделать летом и осенью 1914 г., когда мы неудержимо шли вперед и покрыли наши наступающие знамена бессмертной славой, было только результатом неустанного воспитания в течение долгих лет перед войной. Именно в довоенные годы мы надлежащей постановкой дела физического воспитания в армии подготовили людей к этим совершенно невероятным подвигам, ибо внушили им такую веру в себя, которая не выдохлась даже в ужасах неслыханных кровавых сражений.

Именно нашему немецкому народу, которому сейчас приходится испытывать унижения со стороны всего остального мира, больше всего не хватает внутренней веры в свои силы. Но эту внутреннюю веру можно воспитать только с детских лет. Мы должны воспитать наших детей так, чтобы они верили, что именно мы, немцы, будем безусловно сильнее всех остальных. Всей постановкой дела воспитания мы должны внушить нашему народу сознание того, что нация наша вновь станет непобедимой. Что в свое время вело наши немецкие армии от победы к победе, так это та сумма доверия, которое испытывал каждый солдат сам к себе и все вместе к своим руководителям. Что еще может вновь поднять немецкий народ, так это только убеждение в том, что мы опять завоюем себе свободу. Но это убеждение может быть результатом только того, что миллионы и миллионы людей одинаково воспримут это чувство.

И тут не надо делать себе никаких иллюзий.

Ужасно было крушение нашего народа и невероятные усилия потребуются для того, чтобы в один прекрасный день можно было наконец ликвидировать результат этого поражения. Можно ли в самом деле поверить, что наш народ, если мы будем продолжать его воспитывать как теперь в идее поклонения "тишине и порядку", когда бы то ни было найдет в себе силы разорвать свои цепи и бросить в лицо врагу обломки этих цепей. Нет, думать так было бы горькой ошибкой. Поправить дело могут только настоящая крепкая национальная воля, жажда свободы и высшая страсть.

* * *

Вопрос об одежде тоже имеет известное значение. Наша молодежь должна одеваться так, чтобы это содействовало указанной цели. Просто жалко смотреть, как наша молодежь становится жертвой глупейших мод. Старинная пословица - по платью встречают - получает самый извращенный смысл.

Платье должно служить делу воспитания молодежи. Тот молодой парень, который летом расхаживает в длинных штанах, закутанный до шеи, уже одним этим приносит вред делу своей физической закалки. Нам нужно воспитывать в молодом человеке и известное самолюбие и даже прямо - не будем бояться назвать вещи своими именами - известное тщеславие. Нужно только, чтобы предметом тщеславия было не то, что человек приобрел себе красивое платье, которого не могут купить другие, а то, что человек имеет красивое тело, чего добиться при желании может всякий.

Это имеет значение и для дальнейшего. Нам нужно, чтобы наши девушки хорошо знали своих рыцарей. Если бы вопрос о красивом теле не был сейчас благодаря дурацким модам отодвинут на самое последнее место, то кривоногие истасканные еврейчики не могли бы свести с правильного пути сотни тысяч наших немецких девушек. Нация заинтересована в том, чтобы в брак вступали люди с красивыми телами, ибо только это способно обеспечить нашему народу действительно красивое потомство.

В нынешнее время это для нас особенно необходимо, ибо у нас нет теперь военного воспитания, которое в прежние времена по крайней мере частью заменяло нам отсутствие должной постановки физического воспитания в школе. В армии тоже важно было не только то, что каждое отдельное лицо получало соответствующую закалку. Важно было еще и то, какое влияние военное воспитание оказывало на взаимоотношение полов. Молодая девушка всегда предпочитала военного невоенному.

Наше государство должно взять на себя заботу о физическом воспитании не только на официальный школьный период молодежи, но и на период послешкольный. Государство не должно оставлять своих забот о молодежи, пока продолжается период ее физического роста. Было бы совершенно нелепо представлять себе задачу государства так, что как только молодой гражданин кончает школу, государство должно внезапно перестать заботиться о нем и затем вспомнить о нем лишь тогда, когда оно призовет его на военную службу. Нет, государство не только имеет право, но и обязано систематически и неуклонно заботиться о всем физическом воспитании населения. Наше современное государство не проявляет никакого интереса к здоровью граждан, и поэтому оно преступно забыло о физическом воспитании молодежи. Нынешнее государство спокойно предоставляет молодежи разрушать свое здоровье в домах терпимости и на улицах, вместо того чтобы взять в свои руки дело воспитания молодежи и систематической работой добиваться создания поколения физически здоровых мужчин и женщин.

Каковы будут конкретные формы физического воспитания, об этом мы еще успеем поговорить впоследствии. Сейчас важно то, чтобы мы вообще взялись за дело физического воспитания и стали искать надлежащих путей. Наше государство возьмет на себя правильную постановку не только умственного, но и физического воспитания молодежи в послешкольный период и создаст для этого соответствующие государственные учреждения. В общих чертах все это воспитание будет закладывать основы для будущей военной службы. Задачей будущей армии уже не будет обучение молодого человека простейшим физическим упражнениям. Рекрутов в нынешнем смысле слова у нас не будет. Армия сразу будет получать молодых людей, прошедших безукоризненную школу физической подготовки, и задача армии будет заключаться только в том, чтобы из этих подготовленных людей сделать солдат.

В нашем государстве армия будет обучать солдат не просто маршировать, она станет для него высшей школой патриотического воспитания. Молодой солдат получит в армии все необходимые сведения относительно обращения с соответствующим видом оружия. Но в то же время армия будет его формировать и для всей его дальнейшей жизни. Главное, что даст армия молодому солдату, это то, что в высшую заслугу засчитывалось уже и старой армии: в этой школе юноши будут превращаться в настоящих мужей; в этой школе наша молодежь будет обучаться не только послушанию и дисциплине, но будет учиться также приказывать. В армии молодой немец научится молчать не только тогда, когда его порицают справедливо, но и тогда, когда ему приходится выслушивать несправедливые упреки. В армии он должен упрочить свою веру в собственную силу, воспитать свой корпоративный дух, воспитать в себе глубокое убеждение в непобедимости собственной нации.

По окончании военной службы молодому немцу выдадут на руки два документа: во-первых, его гражданский диплом, дающий ему право заниматься общественной деятельностью, и во-вторых, свидетельство о состоянии физического здоровья, дающее ему право вступить в брак.

По аналогии с воспитанием мальчиков наше государство поставит и дело воспитания девочек. И здесь центр тяжести будет прежде всего в физическом воспитании и лишь затем в воспитании моральном. Чисто школьное образование будет стоять на третьем месте. Главная задача женского воспитания будет заключаться в том, чтобы подготовить настоящих матерей.

* * *

Лишь во вторую очередь наше государство поставит дело воспитания характера.

Основные черты характера каждого человека заложены в нем конечно от рождения. Родившийся эгоистом, останется им навсегда. Родившийся идеалистом, тоже так или иначе идеалистом и останется. Однако надо иметь в виду и то, что между двумя группами людей с резко выраженными характерами стоят миллионы и миллионы людей с очень неопределенными и неясно выраженными чертами характера. Прирожденный преступник, разумеется, был и останется преступником. Но очень многие люди с некоторыми преступными наклонностями могут благодаря правильному воспитанию стать честными людьми и ценными членами общества и наоборот благодаря плохому воспитанию многие колеблющиеся характеры окончательно собьются на плохой путь.

Как часто во время войны приходилось слышать жалобы на то, что наш народ не умеет молчать! Как трудно бывало из-за этого сохранить от противника даже очень важные военные секреты. Но разве же неуместно будет спросить себя: а что же до войны сумело сделать немецкое воспитание, чтобы научить немца, когда нужно, молчать? Разве неверно, что в нашей школе очень часто маленького доносчика ставили в пример его молчаливым товарищам. Разве в нашей школе и теперь не смотрят на доносы как на признак похвальной "откровенности" и на молчаливость как на признак позорной скрытности? Да разве наша школа вообще давала себе когда-либо труд внушать своим воспитанникам, что молчаливость есть ценное мужественное чувство! Нет, в глазах всех нынешних школьных наставников все это нестоящие внимания мелочи. А на деле из-за этих мелочей наше государство несет зря многомиллионные судебные издержки, ибо 90% всех наших судебных процессов об оскорблении личности и т.п. возникают исключительно из того, что у нас не умеют молчать. У нас привыкли легкомысленно повторять и распространять всевозможные безответственные заявления. Наше народное хозяйство систематически терпит большой ущерб от того, что направо и налево разбалтываются важные производственные секреты. Мало того! Даже известные секретные приготовления военного характера делаются совершенно иллюзорными в результате того, что мы разучились молчать и обо всем болтаем вслух. Во время же самой войны такая болтливость может причинить еще гораздо больший вред - вплоть до потери целых сражений, вплоть до потери всей компании. Не приходится сомневаться в том, что чего мы не воспитали в юности, того мы не увидим и в более зрелом возрасте. Надо во что бы то ни стало добиться, чтобы наше учительство раз навсегда перестало пользоваться "сведениями", получаемыми от неразумных юных доносчиков, ибо это воспитывает одно из самых плохих качеств характера.

Это только один из многих примеров. В настоящее время у нас вообще не обращают никакого внимания на дело развития благородных черт характера в школе. В свое время наше государство должно будет обратить на это очень пристальное внимание. Преданность, верность, готовность к самопожертвованию, уменье молчать - вот добродетели, которые очень нужны великому народу. Систематически поддерживать и воспитывать в школе эти чувства - дело гораздо более важное, чем многое из того, что заполняет ныне наши учебные программы. Такой же важной задачей воспитания является - систематически отучивать от слезливых жалоб, от вечного хныканья и т.д. Наша школа должна воспитывать детей в той мысли, что надо уметь, когда приходится, молча переносить и страдания и справедливые удары. Если мы забываем о такой важной задаче, то не приходится потом удивляться и тому, что в критическую минуту, скажем во время войны, когда на фронтах находятся миллионы наших сынов, вся почта только и делает, что перевозит взад и вперед письма, полные хныканья и жалоб. Если бы в наших народных школах молодежь меньше накачивали школьной премудростью, но зато систематически воспитывали бы в ней чувство самообладания, то это очень и очень окупилось бы в 1915- 1918 гг.

Таким образом наше государство должно будет обратить особенное внимание на дело воспитания характера. Многие моральные дефекты, от которых ныне страдает наш народный организм, могут быть устранены только на этих путях. Если нам не удастся устранить их полностью, то во всяком случае удастся сильно смягчить эти болезненные явления.

* * *

Особенно большое значение придаем мы воспитанию силы воли и решимости, систематическому культивированию чувства ответственности.

В старой армии мы любили говорить, что лучше жесткий приказ, чем никакого приказа. Если перефразировать эти слова применительно к воспитанию молодежи, то можно сказать: лучше, чтобы молодежь отвечала на вопрос иногда не совсем правильно, чем не отвечала вовсе. Нужно, чтобы у нас стыдились больше бояться ответить из-за опасения сказать что-либо неправильное, нежели дать быстрый ответ, хотя не всегда правильный. Уже в этой примитивной форме надо воздействовать на молодежь в том смысле, чтобы она имела мужество действовать.

Часто мы жалуемся на то, что в декабре 1918 г. все, начиная монархом и кончая последним солдатом, потеряли способность принимать какое-либо самостоятельное решение.

Этот ужасный факт является грозным предостережением всему нашему делу воспитания. В этой ужасной катастрофе нашло себе выражение в гигантских размерах лишь то, что у нас систематически воспитывалось в мелочах. Что и поныне лишает нас силы к какому бы то ни было серьезному сопротивлению, так это не недостаток оружия, а недостаток воли. Этот недостаток воли угнездился глубоко в нашем народе, и именно он мешает нам принимать какое бы то ни было решение, если оно связано с серьезным риском. Как будто в самом деле величие решения не заложено именно в том, что приходится дерзать.

Один из наших генералов, как известно, употребил формулу: "Я предпринимаю тот или иной шаг лишь в том случае, если мне не менее чем на 51 процент обеспечен успех". Сам того не желая, этот немецкий генерал дал в своих словах классическую формулу нашего глубоко печального безволия. В этом "51 проценте" весь трагизм современного германского крушения. Люди не понимают того, что кто сначала требует от судьбы какой-то гарантии успеха, тот тем самым заранее отказывается от последних остатков героизма. Ибо героизм заключается как раз в том, чтобы в полном сознании грозящей смертельной опасности тем не менее предпринять смелый шаг и может быть все-таки спасти положение. Если человек болен раком, то ему не нужно 51 процента уверенности, чтобы решиться на операцию, ибо без операции он все равно умрет. Если эта операция обещает даже только полпроцента на выздоровление, то мужественный человек и то предпочтет операцию, чем просто плаксиво хныкать о своей неизлечимой болезни.

Если мы сейчас переживаем такую тяжелую полосу полного безволия людей, полного отсутствия какой бы то ни было решительности, то это, несомненно, есть результат принципиально неправильной постановки у нас дела воспитания. Ужасающие последствия этой неправильной постановки дела воспитания затем неизбежно сказываются на всей нашей жизни и неизбежно приводят к тому, что и руководители государства начинают страдать от недостатка гражданского мужества.

Сюда же относится и свирепствующая ныне новая модная болезнь: трусость перед ответственностью. Здесь тоже приходится видеть результат неправильной постановки воспитания. Недостаток этот постепенно окрашивает всю общественную жизнь и находит себе "бессмертное" завершение в институте парламентаризма.

Уже со школьной скамьи у нас отдают предпочтение маленькому грешнику, быстро и охотно приносящему "клятвенное раскаяние" в грехах, перед мальчиком, который открыто и мужественно защищает свое мнение. Иному нашему современному воспитателю последнее качество иногда даже прямо представляется образчиком непоправимой испорченности характера. И такому маленькому упрямцу иногда прямо сулят виселицу за его упорство, не понимая того, что если бы этими чертами характера обладал весь наш народ, то в этом приходилось бы видеть громадное сокровище.

Наше государство будет воспитывать в юношестве со школьной скамьи чувство ответственности и готовность мужественно отстаивать свое мнение. Это необходимо нам так же, как и систематическое воспитание в молодежи воли и решимости к действию. Если государство сумеет полностью и до конца понять эти задачи, то в результате очень длительной работы над самими собой мы получим народный организм, действительно свободный от тех слабостей, которые ныне роковым образом должны были привести к нашему крушению.

* * *

Что касается чисто школьного образования, которое ныне у нас является альфой и омегой всего, то наше государство в будущем сможет его перенять, правда, с некоторыми небольшими изменениями.

Эти изменения лежат в трех областях.

Во-первых, молодой мозг не должен быть обременен вещами, которые ему на 95% не нужны и которые он поэтому быстро забывает. Задача должна заключаться в том, чтобы каждому учащемуся дать хотя бы небольшой, но самый важный запас тех сведений, которые ему действительно необходимы для дальнейшей жизни и которые он сможет применить с пользой для всего общества. А именно этого как раз мы и не сможем сделать, если просто будем навязывать молодому человеку чрезмерно большую массу материалов, самую существенную часть которых он не в состоянии удержать в памяти. Так например совершенно непонятно, для чего это нужно, чтобы миллионы людей тратили ряд лет на изучение двух или трех иностранных языков. На деле лишь очень небольшая частичка этих людей применит это знание языков в жизни. Громадное же большинство скоро просто-напросто позабудет о них. Из ста тысяч учеников, изучающих, скажем, французский язык, максимум две тысячи найдут этому серьезное практическое применение, а 98 тысяч в течение всей своей дальнейшей жизни на практике не воспользуются этими знаниями. Что же получается? Только то, что из-за двух тысяч, которым эти знания полезны, 98 тысяч мучаются совершенно зря и совершенно бесполезно теряют драгоценное время.

К тому же в данном случае дело идет о языке, о котором нельзя сказать, например и того, что относится к латинскому языку, т.е. что изучение его содействует вообще сильному развитию логического мышления. По- нашему; было бы гораздо полезнее, если бы молодому учащемуся мы дали только самое общее понятие о данном языке, общий очерк его, дали понимание характерных черт этого языка, другими словами, дали ему некоторое представление о грамматике, произношении, синтаксисе и т.п. Для этого можно было ограничиться отдельными образцами. Этого было бы вполне довольно для общего обихода, с этим каждый мог бы справиться, и это было бы в конце концов, много ценнее, чем нынешнее накачивание "всем языком", хотя мы заведомо знаем, что действительного изучения языка не получается и что люди все равно скоро позабудут его. Тогда исчезла бы и та опасность, что из всего материала в памяти учащегося останутся только отдельные случайные крохи, и мы добились бы того, что молодежь удержала бы в памяти самое важное, ибо неважное было бы уже отсеяно самими педагогами.

Благодаря этому большинство учащихся получило бы общие основы, которые им действительно необходимы в дальнейшей жизни. Те же, кому действительно необходимо изучение иностранных языков, занялись бы этим специально по собственному выбору и достигли бы нужных результатов.

Благодаря этому в учебных программах очистилось бы время для необходимых физических упражнений и для других дисциплин, о которых мы говорили выше.

Особенно необходимо внести серьезные изменения в нынешнее наше преподавание истории. Едва ли какой-нибудь другой народ больше изучает историю, нежели мы, немцы. Но едва ли найдется другой народ, кто хуже применял бы в жизни это изучение, чем мы. Если верно, что политика есть история в ее становлении, то вся наша современная политика доказывает, как плохо поставлено у нас дело преподавания исторических наук. Конечно было бы совершенно бесполезно просто хныкать по поводу жалких политических результатов, получаемых нами, если бы у нас не хватило решимости действительно принять необходимые меры, чтобы изменить преподавание исторических наук и тем создать базу для лучшего политического воспитания. В 99 случаях из 100 нынешнее наше преподавание исторических наук никуда не годится. Общая линия совершенно отсутствует. В памяти остаются только немногие даты, имена, частичка хронологии. О самом важном, о том, что в сущности только и имеет значение, преподаватель истории не говорит вовсе.

Как раз в области преподавания истории нужно прежде всего сильно сократить программу. Центр тяжести надо перенести на то, чтобы облегчить учащимся понимание общей основной линии развития. Чем больше мы изменим программу преподавания в этом направлении, тем более позволительно будет надеяться на то, что каждый отдельный учащийся действительно с пользой пройдет необходимый курс, а стало быть, пользу в последнем счете получит и все общество. Ибо историю должны мы изучать не просто для того, чтобы знать, что было раньше на свете, а для того, чтобы уроки истории уметь применить на будущее с пользой для собственного народа. В этом должна заключаться цель. Сообщение же соответствующего фактического материала учащемуся должно рассматриваться только как средство.

Ныне же у нас и тут получилось наоборот: средство стало целью, а сама цель позабыта совершенно. И пусть опять-таки нам не говорят, что для основательного изучения истории все эти отдельные даты, фактики и хронология, дескать, совершенно необходимы и что без них учащийся не может понять общей цепи развития. Нет, этим могут заниматься только специалисты-историки. Средний же заурядный человек не является профессором исторических наук. Для него история необходима настолько, чтобы он мог составить себе самостоятельное мнение в вопросах политической жизни своего собственного народа. Кто хочет стать профессором истории, тот может после посвятить себя этим занятиям целиком. Такой человек, понятно, должен заняться всей этой наукой и углубиться в ее малейшие детали. Но в этом ему как раз не поможет нынешний наш способ преподавания, ибо нынешнее преподавание слишком обширно для среднего рядового человека и в то же время совершенно недостаточно для ученого специалиста.

Одной из важных задач нашего государства поэтому явится забота о том, чтобы наконец был написан такой курс истории, в котором доминирующее положение займет расовая проблема.

* * *

Подводя итог, приходится сказать: наше государство сильно сократит общешкольное преподавание и выделит из него только самое главное и существенное. Рядом с этим оно создаст возможность для всех желающих получить действительно основательное специальное образование. Вполне достаточно, если каждый получит в качестве основного только самое общее образование. В той же области, которую он изберет своей специальностью, он сможет получить основательное, детальное, специальное образование. Общеобразовательный минимум будет обязательным для всех, специальное же образование будет делом каждого отдельного лица.

Сократив учебный план, мы выиграем много свободных учебных часов, и эти часы должны быть посвящены физическим упражнениям, воспитанию характера, воли и силы решимости.

Насколько нынешнее наше школьное преподавание недостаточно, чтобы дать человеку нужные ему в дальнейшей жизни профессиональные знания, - это лучше всего видно уже из одного того факта, что на одни и те же должности люди приходят у нас из трех различных школ. Решающее значение имеет только общеобразовательный минимум, а вовсе не механическое "приобретение" специальной школьной премудрости. Кому нужны действительно специальные знания, тот не может их, как мы уже сказали, приобрести в пределах учебных планов наших нынешних средних учебных заведений.

Наше государство поэтому должно раз и навсегда покончить со всей этой половинчатостью.

* * *

Во-вторых, наше государство проведет следующее изменение.

В наше время засилья материализма преимущество все больше отдают точным наукам - математике, физике, химии и т.д. Разумеется в эпоху, когда техника и химия главенствуют и окрашивают собою всю нашу повседневную жизнь, без этого обойтись нельзя. Но тем не менее было бы крайне опасно, если бы все наше общее образование исчерпывалось этими предметами. Нет, дело воспитания нации должно быть построено не на материализме, а на идеализме. Наше народное образование должно быть построено в первую очередь на гуманистических науках и давать учащемуся лишь основы для дальнейшего специального образования.

Поступая иначе, мы лишаемся таких ценностей, которые с точки зрения общих интересов нации гораздо важнее, чем любые технические и специальные знания. В области истории ни в коем случае не следует отказываться от изучения античного мира. Изучение римской истории - конечно в самых общих чертах ее развития - всегда было и на все времена останется важнейшим делом. Нам нужно также сохранить преподавание истории греков, ибо культурные идеалы этого народа навсегда останутся образцом всего прекрасного. Наша современная борьба есть борьба за тысячелетнюю культуру. Древние греки и древние германцы работали над одним делом. И мы никому не должны позволить теперь разорвать это расовое единство.

Необходимо строго различать между общим образованием и особыми специальными знаниями. Именно потому, что эти последние в наш век все больше и больше становятся достоянием мамоны, нам необходимо в качестве противовеса сохранить идеалистические основы общего образования. Всюду и везде должны мы доказывать, что промышленность и техника, торговля и ремесла могут процветать лишь до тех пор, пока общество в целом проникнуто идеализмом, без которого нет и указанного расцвета. Действительной предпосылкой такого расцвета может быть не материалистический эгоизм, а только идеалистический альтруизм, готовность людей жертвовать личными интересами в интересах общества.

* * *

Нынешнее наше воспитание в общем и целом видит свою главную задачу в том, чтобы дать молодому человеку лишь те специальные знания, которые нужны ему, чтобы он мог в дальнейшей жизни зарабатывать себе кусок хлеба. Это обыкновенно выражается в следующих словах: "молодой человек должен со временем стать полезным членом нашего общества". Под этим, однако, понимают только то, что он должен суметь себе обеспечить соответствующий заработок. Кой-какое поверхностное общее образование - это, так сказать, только бесплатное приложение. Говорят о том, что наш учащийся получает еще общее "государственное" образование. Но мы-то с вами, читатель, знаем, что государство есть только форма. Уже по одному этому трудно современному нашему учащемуся дать "государственное" образование. Форма легко может сломаться. Действительно же ясного содержания в понятие "государство" у нас теперь не вкладывают. Что же реально остается от современного "государственного" воспитания? Остается только ходячий "патриотизм". В старой довоенной Германии главную задачу видели в том, чтобы воспитывать идолопоклонство к монарху и всем большим и маленьким князьям. Такая "педагогика" была не только очень безвкусна, но и крайне неумна. Она не приводила к цели хотя бы уже по одному тому, что идолов воздвигали слишком уж много. Это приводило к тому, что действительно великих деятелей нашей истории народ наш не знал. И здесь за мелочами мы упускали основную линию развития.

Что на этих путях нельзя было вызвать настоящего национального энтузиазма - это ясно само собой. Такая постановка воспитания совершенно не давала возможности выбрать лишь очень немногие, но действительно великие в нашей истории имена и сделать эти имена достоянием всего немецкого народа, - что одно только могло объединить весь народ в поклонении единому идеалу и вызвать в нем действительно глубокий и прочный подъем. Мы не сумели поставить в центр внимания народа имен наших действительно крупных деятелей, сделать из них героев современности, концентрировать на них внимание всей нации и тем самым создать настроение, объединяющее весь народ. Мы не сумели во всех областях знания выделить тех людей, которые действительно должны составлять нашу славу, и не сумели сделать из них великие образцы, которыми должна гордиться вся нация. Мы оставались целиком на уровне обыденщины. Очевидно, тут играл роль и страх, как бы нам не оказаться в "шовинистах", чего у нас особенно боялись. Мы довольствовались шаблонным династическим патриотизмом. Этот последний казался нам куда более "удобным", нежели шумные и радостные проявления действительно глубокой национальной гордости. Заурядный династический патриотизм всегда готов был "служить", ну, а подлинная национальная гордость могла сама предъявить претензию подчинить себе других. И это казалось "опасным". Монархический патриотизм не шел дальше образования шаблонных ферейнов "ветеранов войны". Национальная гордость едва ли ограничилась бы такими невинными игрушками. Она похожа на благородного коня, на которого не каждый сядет и поедет. Стоит ли удивляться тому, что руководители старой Германии предпочли не связываться с такими опасными "вещами". Ведь никому из них и в голову не приходило, что близок день, когда придет мировая война, которая в грохоте пушек и в волнах газовых атак произведет подлинный экзамен истинному патриотизму и стойкости каждого немца. Когда же эта война пришла, мы все убедились, как ужасно отомстило за себя полное отсутствие у нас действительно национального воспитания, полное отсутствие у нас действительно глубокого национального чувства. Умирать за своих королевскоимператорских владык у народа не было большой охоты. Ну, а что такое "нация", об этом мы знали только понаслышке. Когда пришла революция и идея монархического патриотизма угасла сама собой, преподавание истории получило у нас уже действительно только прикладное значение. Современное государство в национальном подъеме не нуждается. Чего бы ему хотелось, так это энтузиазма к республиканскому режиму. Но именно этого получить оно не сможет. Как династический патриотизм не мог быть особенно прочным в эпоху, когда крупнейшую роль играл уже принцип национальностей, так республиканский патриотизм не получит серьезной силы теперь. Едва ли можно сомневаться в том, что под лозунгом "за республику" немецкий народ не стал бы четыре с половиной года сражаться на фронтах. А всего меньше стойкости проявили бы вероятно сами инициаторы этой замечательной республики.

Если наша хваленая республика неожиданно существует уже довольно долгое время, то этим она обязана только тому, что в любую минуту готова взять на себя любой грабительский договор, платить сколько потребуют, уступать любую территорию, какую пожелают получить и т.д. Чужим государствам такая германская республика очень нравится. Противнику всегда удобнее иметь дело с людьми слабыми и покорными. Эта симпатия противника именно к республиканской форме правления в Германии и есть самый уничтожающий приговор для ноябрьской республики. Противники любят германскую республику и дают ей возможность жить, ибо они знают, что лучшего помощника в деле закабаления германского народа им не найти. Только этому обстоятельству и обязана своим существованием наша прекрасная республика. Вот почему она легко может обойтись без всякого действительно национального воспитания. Ей довольно того, что герои рейхсбаннера кричат ей "ура", хотя между нами будь сказано, если бы рейхсбаннерам действительно пришлось своей жизнью защищать знамя республики, то они бы вероятно разбежались, как зайцы.

Наше народническое государство должно будет вести серьезную борьбу за свое существование. Оно не может возлагать своих надежд на план Дауэса, и никакие подписи на этаких договорах не будут служить для него защитой. Нам, чтобы обеспечить существование нашего государства, необходимо будет именно то, от чего так отказывается современная республика. Чем совершеннее будет наше новое государство как в смысле формы, так и в смысле содержания, тем большую зависть, тем большее сопротивление встретим мы со стороны противника. Главная наша защита будет тогда не столько в силе оружия, сколько в силе самих граждан. Нашей защитой будет не система крепостей, а живая стена мужчин и женщин, преисполненных высокой любви к отечеству и фанатического национального энтузиазма.

Вот почему мы должны, в-третьих, иметь в виду следующее:

Наше народническое государство сумеет и науку использовать в интересах развития национальной гордости. Мы поставим с этой точки зрения дело преподавания не только общей истории, но и истории развития всей культуры. Мы будем прославлять нашего изобретателя не только как такового, но и как немца, как сына нашего народа. Мы научим уважать в каждом крупном человеке не только творца великих дел, но и сына великой нации. Из всего большого числа великих деятелей германской истории мы выберем несколько самых великих и сумеем сделать их известными самым широким слоям нашей молодежи. Вокруг этих немногих столпов мы и построим все гордое здание непоколебимого национального подъема.

Под этим углом зрения мы должны перестроить все учебные программы и постепенно реорганизовать дело воспитания так, чтобы наш молодой человек, кончая школу, выходил из нее не полупацифистом, демократом и т.п., а настоящим немцем.

Чтобы это национальное чувство с самого начала было подлинным, а не иллюзорным, необходимо с самой ранней молодости, когда люди еще особенно восприимчивы, с железной последовательностью прививать им следующие мысли.

Кто действительно любит свой народ, тот всегда должен быть готов подтвердить это подлинной жертвой. Нет и не может быть такого национального чувства, которое заботится только о собственной пользе. Нет и не может быть такого национализма, который свойственен только отдельным классам. Мало только кричать ура, нужно, чтобы за этим стояла подлинная любовь к нации, подлинная забота о сохранении народного здоровья. Гордиться своим народом мы можем лишь тогда, когда у нас нет причин стыдиться ни за одно из наших сословий. Никакой гордости не может внушить такой народ, добрая половина которого живет в постоянной нищете и в горе и систематически гибнет от этих тяжелых условий жизни. Лишь тогда, когда весь народ пользуется настоящим физическим и моральным здоровьем, могут появиться радостное чувство и гордость по поводу того, что мы принадлежим к данному народу. Это высокое чувство национальной гордости по-настоящему испытает только тот, кто видит и понимает величие своего народа.

Уже с юных лет должны мы воспитывать в нашей молодежи уважение к национализму в сочетании этого последнего с чувством социальной справедливости. Только тогда у нас сложится народ, состоящий из граждан, действительно связанных друг с другом узами общей любви, общей гордости, общего сознания своей непобедимости.

Свойственный современной эпохе страх перед шовинизмом есть только симптом импотентности самой этой эпохи. Эта эпоха не знает, что такое действительно глубокая, действительно стихийная сила. Вот почему она и не призвана совершать великие дела. Великие перевороты были бы совершенно невозможны, если бы на земле существовали только мещанские добродетели тишины и спокойствия и не было страстей, доходящих до фанатизма и даже до истерии.

Наш мир безусловно идет навстречу великим преобразованиям. Вопрос только в том, пойдут ли эти преобразования во спасение арийскому человечеству или лишь на пользу вечного еврея.

Наше государство должно поставить все дело воспитания так, чтобы суметь вырастить поколение, которое действительно окажется на высоте предстоящих задач.

Победа достанется тому народу, кто первый сумеет стать на этот путь.

* * *

Венец всех задач нашей постановки воспитания должен заключаться в том, чтобы со всей отчетливостью поставить перед всей молодежью в первую очередь проблему расы. И умом и чувством наша молодежь должна понять, что это главная из главных и центральная из центральных проблем. Ни один юноша и ни одна девушка не должны покидать стен школы, не поняв до конца, какое гигантское решающее значение имеет вопрос о чистоте крови. Только так создадим мы основы расового возрождения нашего народа. Только на этих путях выкуем мы все предпосылки нашего дальнейшего культурного развития.

Ибо мы должны помнить, что все физическое и умственное воспитание в последнем счете может быть полезно лишь для тех людей, кто понял принципиальную важность расовой проблемы и кто готов действительно сделать все необходимое для сохранения чистоты расы.

В противном случае неизбежно создастся то трагическое положение, которое отчасти уже и создалось для нас, и на нас надвинется несчастье, размеры которого даже трудно себе представить, а именно: мы и на будущие времена останемся тогда только культурным навозом. Не только в том смысле, что мы будем терять все большее число сынов своего народа, а в том смысле, что кровь наша будет обречена на систематическую деградацию. Смешиваясь с другими расами, мы оказываем им некоторые услуги, подымая их на более высокий уровень, но сами мы при этом обречены на систематическое нисхождение, а затем и вырождение.

Если мы сумеем на указанных началах перестроить все дело воспитания под углом зрения сохранения чистоты расы, то это, разумеется, принесет величайшую пользу и военному делу. В нашем государстве военная служба вообще будет рассматриваться только как заключительная глава в воспитании нашей молодежи.

* * *

Но как ни велико значение физического и умственного воспитания молодежи в нашем будущем государстве, столь же большое значение мы должны будем придать и систематическому человеческому отбору. В настоящее время мы относимся и к этой проблеме слишком легко. Благами высшего образования у нас теперь, как правило, пользуются только дети зажиточных родителей. Вопрос талантливости при этом играет лишь подчиненную роль. У нас забывают, что простой деревенский мальчик зачастую может быть талантливее, чем дети более зажиточных родителей, хотя в смысле знаний этот деревенский мальчик будет им сильно уступать. Если дети более зажиточных родителей больше знают, то это вовсе не говорит в пользу их большей талантливости. Знания дались им только в результате более богатой обстановки, более разносторонних впечатлений и т.д. Если бы наш более талантливый простой деревенский мальчик с самого раннего детства тоже жил в такой хорошей обстановке, то он накопил бы, быть может, еще и не такие знания. В нынешнее время осталась быть может, еще только одна область, где врожденный талант играет большую роль, нежели происхождение. Это - область искусства. Тут вопрос о богатстве или бедности родителей не играет уже такой роли по той простой причине, что тут дело идет о врожденных способностях, а не об учебе. Эта последняя может пригодиться для усовершенствования таланта, но первым и главным условием является наличие самого таланта. На этом примере особенно ясно видно, что талантливость отнюдь не свойственна только высшим слоям, а тем более только богатым людям. Нередко крупнейшие художники происходят как раз из наиболее бедных семейств. Немало знаем мы случаев, когда простой, но талантливый деревенский мальчик впоследствии превращался во всемирно знаменитого маэстро.

Замечательно, что в нашу эпоху это понимают, когда дело идет об искусстве, но ни за что не хотят применить ко всем другим областям духовной культуры. Почему-то считают, что к так называемым точным наукам это не относится. Нет сомнения, что известные механические способности можно в человеке и воспитать. Опытному дрессировщику удается ведь обучить неглупого пуделя самым мудреным кундштюкам. Но как собаке, так и человеку тут помогает только дрессировка, об особом таланте тут пока нет и речи. Любого среднего человека, если посвятить этому достаточно времени, можно кое-чему научить. Но если у него нет никакой искорки таланта, то это будет лишь бездушное "обучение", как и у животного. Если посвятить особенно много внимания дрессировке, то можно и среднего человека обучить кое-чему сверх среднего уровня, но это будет только мертвая "наука", совершенно бесплодная и в последнем счете лишенная всякого творчества. Такая "педагогика" может воспитать людей, которых мы называем ходячими энциклопедическими словарями. Но такие "образованные" люди потерпят фиаско всякий раз, когда суровая жизнь предъявит им сколько-нибудь серьезные требования. Такие люди ни на шаг не двинут вперед дело прогресса. Наоборот, они сами будут нуждаться в постоянной поддержке и будут ходить только на помочах. Люди, получившие такое "воспитание", годятся разве еще только на то, чтобы занимать высокие должности при нынешнем нашем несчастном режиме.

Мы считаем само собою разумеющимся, что при правильной постановке дела воспитания в недрах нации всегда найдется достаточное количество талантов для всех областей нашей жизни. Мы считаем далее само собою разумеющимся, что научное знание принесет тем большую пользу, чем больше в мертвую науку мы вдохнем живой дух соответствующего таланта. Действительно творческий акт получается только тогда, когда знание и способности заключают брачный союз.

Приведем здесь один пример того, сколь безгранично грешит в этом направлении наше нынешнее общество. От времени до времени вы можете встретить в наших иллюстрированных изданиях статьи с соответствующими портретами, рассказывающие на удивление нашему среднему немецкому мещанину, как там или сям удалось в первый раз сделать из негра учителя, адвоката или даже пастора или наконец героического тенора и т.п. Разинув рот, наш немецкий мещанин ахает от изумления по поводу таких чудес и приходит к выводу, что дело воспитания находится в современном обществе на недосягаемой высоте. Евреи же пользуются этим совсем для других целей: хитро улыбаясь себе в бороду, они начинают доказывать всему честному народу, что эти примеры являются самым убедительным аргументом в пользу их теории о равенстве всех людей. Современному несчастному обществу не приходит даже в голову, что примеры эти говорят только об одном: о том, сколь сильно грешим мы против самых элементарных требований здравого рассудка. Миллионы и миллионы людей, принадлежащих к гораздо более высокой по своей культуре расе, влачат жалкое существование, занимая самые низкие места в нашей общественной иерархии. А мы в это время радуемся преступной игре, позволяющей выдрессировать полуобезьяну настолько, чтобы сделать из нее адвоката. Люди не понимают, что мы совершаем величайший грех против воли вечного творца нашего, когда мы спокойно смотрим на то, как сотни и сотни тысяч одареннейших людей гибнут, подвергаясь всем ужасам пролетаризации, и в то же время дрессируем зулусов и кафров, чтобы дать им возможность занять места в более высоких профессиях. Ибо надо же сказать правду: на деле это только дрессировка, - такая же дрессировка, как соответствующее обучение пуделя. Если бы мы столько же труда и внимания посвятили людям более интеллигентных рас, то результат, разумеется, получился бы в тысячу раз больший.

Хорошо еще, что наши иллюстрированные издания могут нам поведать только об исключительных случаях такой дрессировки. Если бы эти исключения стали правилом, то это было бы поистине нестерпимо. Достаточно нестерпимо уже и то, что и сейчас высшее образование получают у нас вовсе не те, у которых для этого есть способности и таланты. Да, мы говорим прямо: совершенно нестерпимо такое положение, когда из года в год сотни тысяч совершенно бесталанных людей получают возможность проходить через высшие учебные заведения, между тем как сотни тысяч других действительно талантливых людей лишены возможности получить высшее образование. Нация несет в результате этого невероятный ущерб, которого даже не учтешь. Если в течение последних десятилетий именно в САСШ происходит такой громадный рост важнейших изобретений, то это в значительной мере объясняется тем, что там талантливые люди из низших слоев народа имеют гораздо большую возможность получить высшее образование чем в Европе.

Чтобы стать изобретателем, нужен прежде всего талант. Тут недостаточно механических знаний. Но на это у нас не обращают никакого внимания. У нас главное - хорошая отметка.

Придет пора, и наше народническое государство примет свои меры и в этой области. Мы будем видеть свою задачу не в том, чтобы увековечить влияние одного общественного класса. Мы поставим себе целью отобрать все лучшие головы во всех слоях населения и именно этим наиболее способным людям дадим возможность оказывать наибольшее влияние на наше общество и пользоваться наибольшим почетом. Наше государство будет чувствовать себя обязанным не только обеспечить должное воспитание всем детям среднего уровня, но возьмет на себя еще особое обязательство открыть дорогу всем подлинно талантливым людям. В особенности постараемся мы открыть двери государственных высших учебных заведений для всех людей с дарованием - совершенно независимо от того, из каких общественных кругов происходят эти люди. Мы должны это сделать во что бы то ни стало - ибо только так мы воспитаем действительно гениальных руководителей нации, а не просто ученых сухарей.

Наше государство должно будет поступить так еще ввиду следующего. У нас в Германии, так называемый, высший образованный слой настолько замкнут сам в себе и настолько окостенел, что у него совершенно уже нет никакой живой связи с более низко стоящими слоями населения. За это нам приходится расплачиваться в двух направлениях. Во-первых, слой этот совершенно лишился способности понимать настроения широких масс народа. Этот слой слишком давно оторван от всякого общения с народом, чтобы он мог еще сохранить понимание психологии последнего. Слой этот стал теперь совершенно чужд народу. Во-вторых, слой этот страдает еще и другой болезнью: он теряет последние остатки всякой силы воли. Интеллигентские круги, ведущие совершенно замкнутую жизнь, всегда будут обнаруживать гораздо меньше силы воли, нежели широкие слои простого народа. А ведь весь мир знает, что мы, немцы, до сих пор страдали уж конечно не от недостатка научных знаний, а как раз от недостатка силы воли, силы решимости. Разве не видели мы, что чем более "образованы" были наши государственные люди, тем более слабыми оказывались они в живой практике. Если и политическая и техническая подготовка наша в мировой войне оказалась недостаточной, то уж конечно не потому, что среди наших правящих кругов чувствовался недостаток в образованных головах; напротив, это было потому, что правители наши состояли сплошь из слишком образованных людей, у которых было сколько угодно знаний, но совершенно не было здорового инстинкта, энергии и смелости. Разве это не было несчастьем для всего нашего народа, что борьбу не на жизнь, а на смерть в течение всей мировой войны мы должны были вести под руководством канцлера Бетмана-Гольвега, который был натурой философствующей и очень слабой. Если бы вместо него у нас был сильный народный вождь, то уже конечно жертвы наших героических солдат не оказались бы напрасными. Такой подбор руководителей исключительно из "умственных", "образованных" слоев сильнейшим образом сыграл на руку и негодяям ноябрьской революции. Все эти наши "образованные" государственные деятели держали свое образование только при себе, не сумели поставить его на службу всему отечеству. Это- то и привело к успеху противной стороны.

В этом отношении мы можем кое-чему полезному научиться на примере католической церкви. Ее священники дают обет безбрачия.

Именно поэтому все новые и новые ряды католического духовенства неизбежно вербуются из широких масс народа. Именно этой роли целибата до сих пор обыкновенно не замечали. Но именно в ней-то как раз и заложена та громадная стихийная сила, которая свойственна этому старинному институту. Вынужденная вновь и вновь пополнять ряды своих руководителей за счет выходцев из низших слоев народа, католическая церковь благодаря этому сохраняет тесную связь с народом и обеспечивает себе постоянный приток новой энергии, новых свежих сил, которые только живут в широкой народной массе. Отсюда и то, что этот гигантский организм сохраняет вечную силу, молодость, духовную эластичность и стальную силу воли.

Наше государство в свое время поставит себе задачу сорганизовать дело воспитания так, чтобы оно обеспечило постоянный приток свежей крови и постоянное обновление личного состава умственно руководящих слоев. На государстве лежит прямой долг систематически и планомерно выискивать во всей массе народа наиболее способных и одаренных людей и ставить этих людей на службу обществу. Государство и государственные должности должны существовать не для того, чтобы обеспечивать хорошую жизнь отдельному классу, а для того, чтобы выполнять свои действительно высокие обязанности. Но это будет возможно лишь тогда, когда носителями государственной власти принципиально будут являться только самые способные, самые энергичные и сильные волей люди. Это должно относиться не только к административным должностям, но и к идейному руководству нации во всех без различия областях. Тот народ, которому удастся поставить самых способных людей во главе самых важных отраслей жизни, уже в одном этом получит сильнейший фактор величия. Если друг с другом конкурируют два одинаковых народа, то победа достанется тому народу, который сумел все умственное руководство страны отдать в руки наиболее талантливых людей. И наоборот: потерпит поражение тот из народов, который не сумел дать должного хода людям крупных врожденных талантов и превратил свои государственные учреждения в простую богадельню.

Разумеется, при нынешних наших порядках все эти наши предложения пока что неосуществимы. Нам тотчас же возразят, что нельзя же требовать, например, от сынка какого-нибудь государственного чиновника, чтобы он пошел в ремесленники только потому, что, скажем, сын действительного ремесленника оказался способнее его. При нынешних взглядах на роль физического труда такое возражение понятно. Вот почему наше государство и должно будет прежде всего добиться принципиального изменения самого отношения к физическому труду. Наше государство должно будет во что бы то ни стало покончить с нынешним недостойным отношением к физическому труду. Этого надо добиться, хотя бы для этого потребовались усилия целых столетий. Наше государство будет судить о человеке не потому, какую именно работу он делает, а по тому, каково качество его труда. Нынешним нашим умникам это может показаться чем- то неслыханным. Еще бы! Ведь "труд" самого бездарного газетного бумагомарателя у нас считается сейчас более "высоким", нежели труд, скажем, интеллигентнейшего рабочего, занятого в точной механике. И только на том основании, что газетчик работает, видите ли, пером! Однако такой подход является вовсе не чем-либо естественным и обязательным. Его нам привили искусственно. Раньше к труду не подходили с такими критериями. Нынешние противоественные порядки являются только результатом общих болезней нашей современной чрезмерно материалистической эпохи.

С принципиальной точки зрения мы должны оценивать каждый труд двояко: любой труд имеет, с одной стороны, материальное, с другой стороны, идеальное значение. Его материальная ценность покоится в том материальном значении, какое данный труд имеет для жизни общества. Чем большее количество людей могут прямо или косвенно воспользоваться плодами данного труда, тем больше его материальная ценность. Это находит себе наиболее пластическое выражение в размерах того материального вознаграждения, которое получает каждое данное лицо за свой труд. С другой стороны, в отличие от этой чисто материальной ценности труда не следует упускать из вида и его идеальную ценность. Эта последняя измеряется не тем материальным значением, какое имеет данный труд, а только степенью необходимости данного труда как такового. Материальная польза от какого-нибудь крупного открытия конечно больше, нежели та материальная польза, которую приносит каждый день своей работой, скажем, обыкновенный чернорабочий. Но ведь наше общество одинаково нуждается и в услугах изобретателя и в услугах чернорабочего. Общество конечно делает материальное различие между пользой, какую приносит труд изобретателя и труд чернорабочего, и выражает это тем, что платит им различное вознаграждение. Но с идеальной точки зрения труд того и другого в глазах общества одинаков, раз только каждый из них в своей области работает с одинаковой добросовестностью. И вот, оценивать каждого отдельного человека мы должны конечно именно с этой точки зрения, а не в зависимости от того, какое вознаграждение он получает.

Будущее разумное государство поставит себе задачей давать каждому отдельному человеку работу, действительно соответствующую его способностям. Другими словами, наиболее способным людям будет дана соответственная работа. При этом под способностями будут понимать то, что действительно врождено человеку, то, что подарила ему сама природа, а не то, чему его с трудом кое-как обучили. В нашем государстве мы будем оценивать человека по тому, как именно он выполняет возложенную на него обществом задачу. Сама же задача будет возложена на него соответственно его способностям. Род деятельности, лежащей на отдельном человеке, в разумном государстве будет являться не целью его существования, а только средством. Каждый человек будет иметь полную возможность развиваться дальше и совершенствоваться, но конечно он будет делать это только в рамках общества, которое само построено на фундаменте государства. Каждый человек должен дать долю своего труда для упрочнения этого фундамента. В какой форме каждый данный человек работает для своего государства - это уже зависит не от него, а от природы, которая вложила в него ту или другую степень одаренности. От степени трудолюбия и добросовестности каждого отдельного гражданина зависит, вернет ли он честно обществу то, что оно ему дало. Тот, кто делает это с надлежащим трудолюбием и добросовестностью, заслуживает должного уважения со стороны общества. Пусть большее материальное вознаграждение получает тот, чья работа приносит большую материальную пользу обществу. Идеальная же оценка должна быть равна для всех, раз люди добросовестно выполняют возложенные на них обществом обязанности и тем самым честно отдают долг и природе и усилиям общества. С этой точки зрения отнюдь не позорным является работать в качестве самого обыкновенного ремесленника, но зато позорно быть, скажем, неспособным чиновником, зря поедающим народный хлеб. С этой точки зрения будет само собой понятно, что на человека не будут возлагаться такие задачи, для которых у него заведомо - не хватает соответствующих способностей.

Только так получаем мы единственно правильный критерий общественных прав и преимуществ.

Современная эпоха сама работает против себя. Она вводит всеобщее избирательное право, она болтает направо и налево о полном равноправии, но обосновать всего этого совершенно не умеет. Современная эпоха оценивает человека в зависимости от того материального вознаграждения, какое он получает за свой труд. Но этим самым она уничтожает самый фундамент для действительного равенства в более благородном смысле этого слова. Ибо подлинное равенство может выражаться только в форме выполнения каждым своих особых обязанностей, а не в том, чтобы все давали один и тот же продукт труда. Только так мы устраняем ту роль, которую играет случайность (прирожденные качества) и которая не зависит от самого человека. Только так создаем мы положение, при котором каждый отдельный человек становится кузнецом той роли и того значения, какое он имеет в обществе.

В наше время, когда большие группы людей оценивают друг друга только по размерам доходов, всего этого, как мы уже сказали, не понимают. Но из этого вовсе не вытекает, что мы откажемся поэтому защищать свои идеи. Напротив: кто хочет излечить нашу современность от ее внутренних болезней, от всего ее гнилья, тот прежде всего должен иметь смелость взглянуть правде в лицо и найти причины болезни. Эту задачу и берет на себя национал-социалистическое движение. Мы хотим во что бы то ни стало преодолеть все пошлые предрассудки современности, мы хотим во что бы то ни стало в недрах нашего народа найти и сорганизовать ту силу, которая сумеет расчистить дорогу новому миросозерцанию.

* * *

Конечно нам тут же будет сделано возражение, что идеальная оценка труда неотделима от материальной оценки его, что более пренебрежительное отношение к физическому труду объясняется более низкой оплатой его и т.д. Нам скажут далее, что более низкая оплата физического труда как раз и приводит к тому, что люди физического труда меньше пользуются культурными благами нации и что от этого страдает степень культурности людей физического труда. Нам скажут наконец, что люди потому и боятся физического труда, что ввиду его худшей оплаты он неизбежно приводит к тому, что работники физического труда являются менее культурными людьми и т.д.

В этом будет много правды. Но из этого вытекает только то, что на будущее мы должны будем отказаться от слишком большого разрыва в оплате труда. Пусть не говорят нам, что это приведет к упадку производительности труда. Если бы единственным стимулом умственного труда было только высокое вознаграждение его, то это означало бы, что мы имеем перед собою печальнейшие симптомы величайшего распада. Если бы этот критерий имел господствующее положение во всей нашей прежней истории, человечество никогда не могло бы сделать своих величайших культурных и научных завоеваний. Ибо мы знаем, что величайшие наши открытия, величайшие научные работы, превосходнейшие памятники человеческой культуры - все это возникло отнюдь не в результате жажды высоких окладов. Напротив, все это зачастую становилось возможным только потому, что люди отказывались от земных благ, связанных с богатством.

Конечно мы не будем отрицать, что в наш век золото является правителем мира. Однако мы надеемся на то, что в близком будущем человек опять станет служить более высоким богам. В теперешней нашей жизни многое конечно обязано только стремлению к деньгам, но именно поэтому в теперешней нашей жизни так мало такого, без чего человечество стало бы действительно беднее.

Одной из задач нашего движения является уже сейчас провозгласить такую эру, которая обеспечит каждому человеку средства к достойному существованию, но в то же время создаст такие порядки, когда человек будет жить отнюдь не только для материальных удовольствий. Для этого между прочим мы проведем такую политику вознаграждения труда, которая даже самому последнему рядовому рабочему обеспечит возможность вести честную порядочную жизнь, если только он добросовестно исполняет свои обязанности.

И пусть нам не говорят, что это только идеал, которого мы никогда не достигнем и который не мирится с нашими порядками на земле вообще.

Мы тоже не такие простаки, чтобы верить, что нам удастся создать такой строй, в котором совсем не будет никаких недостатков. Однако это не освобождает нас от обязанности бороться против тех ошибок, которые уже сейчас вполне ясны, преодолевать слабости и стремиться к идеалу. Суровая действительность сама уже позаботится о том, чтобы внести более чем достаточное количество ограничений к нашему идеалу. Но именно поэтому люди и должны всеми силами своей души стремиться к великой цели. Отдельные неудачи не должны отклонять нас от этого. Ведь не отказываемся же мы от судов только потому, что иногда бывают судебные ошибки; ведь не отказываемся же мы от медицины только потому, что болезни все равно останутся на земле.

Недооценивать силу идеала - дело очень опасное. Кто смалодушествует в этом отношении, тому я напомню пример наших героических солдат на фронтах. И если человек сам был солдатом, он поймет, что я хочу этим сказать. На фронтах люди умирали не потому, что они искали материальных благ. Они умирали из любви к отечеству, из желания защитить честь нации, из веры в величие ее. И только тогда, когда наш немецкий народ отдалился от этих идеалов и поддался меркантильным обещаниям революционеров, оказалось, что он не обрел и земного счастья, а обрел только всеобщую нужду и общее презрение.

Но из всего этого как раз и вытекает самая настоятельная необходимость противопоставить современной материалистической республике веру в идеальное государство будущего.

Адольф Гитлер

ГЛАВА III

ПОДДАННЫЙ И ГРАЖДАНИН

Нынешние наши так называемые государства как правило знают только две категории людей: граждан и иностранцев. Гражданами считаются все те, кто либо родился в данном государстве, либо, приехав сюда, приобрел в нем права гражданства. Иностранцами считаются все те, которые этими же правами пользуются в другом государстве. Между той и другой категориями существует еще небольшая группа так называемых лишенных подданства. Эти люди имеют честь не принадлежать ни к одному из нынешних государств, а стало быть нигде и не пользуются гражданскими правами.

Итак, гражданские права в современном государстве определяются прежде всего тем, что данный человек родился внутри данного государства. Принадлежность к определенной расе или к определенному народу вообще не играет тут никакой роли. Негр, раньше проживавший в немецких колониях и ныне поселившийся в Германии, производит потомство и это потомство мы рассматриваем, как "немецких граждан". То же самое можно сказать о еврее, поляке, африканце, азиате и т.д. Их дети также без особого труда становятся немецкими гражданами.

Кроме прав гражданства, приобретаемых благодаря рождению, существует еще возможность более позднего приобретения прав гражданства. Тут уже ставят некоторые "ограничения". Например, от человека требуют, чтобы он по возможности не принадлежал к числу громил и сутенеров, чтобы он был в политическом отношении "безопасен", т.е. являлся совершенным политическим нулем и наконец, чтобы он не был "обременителен" для своей новой родины. Под этим последним в наш меркантильный век понимают конечно чисто финансовую сторону. Если данному лицу удастся убедить администрацию, что оно будет хорошим налогоплательщиком, то это уже достаточная рекомендация, чтобы быть принятым в число граждан.

На расовый момент при этом вообще не обращают никакого внимания.

Принятие в число граждан происходит примерно в той же обстановке, в какой человека принимают, скажем, в члены автомобильного клуба. Человек заполняет анкету, затем эти данные проверяются и через несколько дней этому человеку посылают записку, в которой ему сообщается, что он стал гражданином такого-то государства. При этом форма, как нарочно, избирается наиболее смешная. Господину зулусу, приобретшему только что гражданство в Германии, сообщают в записке, что "с получением сего вы становитесь немцем!"

Все эти чудеса совершает президент государства. То, чего не могут сделать сами небеса, легко совершается по мановению палочки этакого сановного чудотворца. Один взмах пера - и любой монгол внезапно превращается в настоящего "немца".

Мало того, что при этом не обращают ни малейшего внимания на расовый момент. Государство не проявляет ни малейшего интереса и к тому, насколько физически здоров этот новый гражданин. Пусть этот человек заживо разлагается от сифилиса, нас это не интересует, лишь бы только он платил налоги и был политически "безопасен".

Так из года в год эти образования, называемые государствами, впитывают в себя яды, которым они едва в состоянии противостоять.

В современном государстве гражданин таким образом отличается от иностранца только тем, что ему открыт путь ко всем общественным должностям, что он, отбыв военную службу, получает активное и пассивное избирательное право. К этому в общем сводится вся разница. Ибо защитой личных прав и личной свободы иностранец пользуется в такой же мере, как и гражданин государства. По крайней мере в нашей нынешней германской республике дело обстоит именно так.

Я знаю, что мои слова покажутся кой-кому неприятными. Но я должен сказать прямо: ничего более нелепого и бессмысленного, чем нынешняя наша система приобретения прав гражданства, я не могу себе представить. Мы знаем одно государство, в котором существуют хотя бы в зародыше совсем иные порядки на этот счет. Конечно это не германская республика. Это - САСШ, где государственная власть пытается по крайней мере поставить дело разумно. САСШ принципиально отказывают в праве на иммиграцию физически нездоровым элементам, а некоторым расам запрещают право въезда вообще. Этим самым САСШ принципиально становятся на точку зрения нашего народнического понимания государства. Первые зачатки такого понимания безусловно там налицо.

Наше будущее народническое государство ведет подразделение жителей страны на три класса: граждане, подданные и иностранцы.

Самый факт рождения в данном государстве будет принципиально обеспечивать только право подданства. Подданство как таковое не дает еще права занимать общественные должности и участвовать в политической деятельности. Ни активного, ни пассивного избирательного права! Государство проведет тот принцип, что в документах каждого подданного будет ясно говориться о том, к какой расе и национальности он принадлежит. Подданный в любой момент может отказаться от подданства в Германии и стать гражданином той страны, которая соответствует его национальности. Иностранец будет отличаться от подданного только тем, что он пользуется подданством в другой стране.

Молодой подданный немецкой национальности будет обязан проходить ту же школу, что и всякий немец. Этим самым он подчиняется всем тем требованиям, какое государство выдвигает в целях воспитания из подданного верного сына своей нации и расы. Подданный далее обязан подчиниться всем требованиям государства в вопросах физического воспитания, а также проходить военную службу. Государство учредит всеобщую воинскую повинность; через военную службу будет проходить каждый немец, и армия будет использовать его так, как это соответствует его физическим и духовным способностям. И вот тот молодой человек, который будет вполне безупречен и вполне здоров, по окончании военной службы в торжественной обстановке получит права гражданина. Свидетельство о предоставлении гражданских прав должно рассматриваться, как самый ценный документ для всей дальнейшей жизни. Получив этот документ, подданный становится гражданином и пользуется всеми правами и преимуществами последнего. Государство обязано проводить резкую разницу между теми, кто является цветом нации, фактором ее величия, и теми, кто только проживает на территории государства и "зарабатывает" там свой хлеб.

В момент выдачи документа о гражданстве гражданин приводится к торжественной присяге государству и своему народу. Документ о гражданстве должен рассматриваться, как нечто такое, что объединяет всех граждан и уничтожает какие бы то ни было противоречия, какой бы то ни было намек на возможность пропасти между ними. Мы должны воспитать своих граждан так, чтобы каждый из них считал большей честью состоять подметальщиком в своем собственном государстве, нежели королем в чужом государстве.

Гражданин пользуется определенными преимуществами перед иностранцем. Он является господином в государстве. Но большие права возлагают и большие обязательства. У преступников, изменников, бесхарактерных и бесчестных людей государство в любой момент может отнять права гражданства. Тогда они вновь превращаются в простых подданных.

Немецкие девушки являются лишь подданными и права гражданства будут получать только после замужества. Но женщинам, живущим своим собственным трудом, в известных случаях могут быть предоставляемы гражданские права и независимо от замужества.

ГЛАВА IV

НАРОДНИЧЕСКОЕ ГОСУДАРСТВО И ПРОБЛЕМА ЛИЧНОСТИ

Итак, наше национал-социалистическое государство видит свою главную задачу в том, чтобы воспитать достойных носителей идеи государства. С этой целью оно делает все возможное, чтобы поддержать наиболее ценные в расовом отношении элементы, помочь их развитию и затем обеспечить им соответствующую роль в практической жизни. Но этого мало. Раз государство ставит себе такие цели, то оно должно и свою собственную организацию привести в соответствие с этими целями.

Раз мы объявляем непримиримую войну марксистскому принципу "человек равен человеку", раз мы оцениваем человека прежде всего с точки зрения принадлежности его к определенной расе, - то мы должны уметь сделать из этого все необходимые логические выводы до самого конца. Раз мы исходим из того, что решающее значение имеет раса, т.е. степень чистоты крови, то мы должны суметь этот критерий приложить и к каждому отдельному человеку. Как мы подразделяем целые народы в зависимости от того, к какой расе они принадлежат, так приходится подразделять и отдельных людей внутри каждого народа. Раз мы говорим, что один народ вовсе не равен другому народу, то эту аксиому приходится применить и к отдельным людям внутри каждого народа. Другими словами это значит, что не каждый человек равен другому человеку, не каждая голова равна другой голове, ибо и тут ту же роль играет степень чистоты крови, хотя в отдельных случаях мы имеем перед собой тысячи тончайших вариаций.

Первый вывод, который вытекает отсюда, это необходимость внутри каждого народа выделить наиболее ценные в расовом смысле элементы, обладающие наибольшим физическим здоровьем и, стало быть, более приспособленные к размножению. Эту первую дифференциацию можно назвать более грубой. Она более груба, потому что данная задача разрешается почти механически.

Второй вид дифференциации будет трудней. Мы говорим о дифференциации интеллектуальных способностей. Из всей нации мы должны уметь выделить наиболее ценные головы духовно наиболее развитых людей. Им мы должны обеспечить наибольшее влияние в государстве не только потому, что этого требует справедливость, но потому, что этого прежде всего требует польза нации. Этот отбор нельзя произвести чисто механическим путем. Об этом должна позаботиться уже сама повседневная борьба.

То миросозерцание, которое отвергает демократический принцип массы и ставит своей задачей отдать власть над всем миром в руки лучшей из наций, т. е. в руки самых лучших людей, логически должно применить тот же аристократический принцип внутри самого данного народа. Другими словами, оно должно обеспечить наибольшее влияние и подлинное руководство за самыми лучшими головами в данном народе. А это значит, что такое мировоззрение все строит не на принципе большинства, а на роли личности.

Нужно не иметь ни малейшего представления о подлинной сущности национал-социалистического мировоззрения, чтобы думать, будто наше государство будет отличаться от всех других государств только чисто механически; скажем - лучшим устройством своей хозяйственной жизни, меньшим неравенством между богатством и нищетой, более правильной политикой зарплаты, устранением слишком большой разницы в оплате труда, предоставлением больших прав широким слоям населения в производственном процессе и т.п. Нет, всего этого было бы слишком мало. Все это ни капельки не обеспечивает еще ни прочности, ни подлинного величия национал-социалистического государства. Народ, который ограничился бы только этими внешними реформами, нисколько не был бы гарантирован, что именно ему обеспечена окончательная победа в общем соревновании народов. Все это вещи весьма справедливые, и стремление к равенству само по себе хорошее стремление. Но ограничиться только этим наше движение, если оно хочет быть действительно великим, не может, ибо это значило бы в конце концов ограничиться только внешностью. Нам же необходимо повести дело так, чтобы для народа создалась, можно сказать, повелительная необходимость во что бы то ни стало и раз навсегда действительно покончить со всеми теми слабостями, от которых мы страдаем сейчас.

Чтобы это было более понятно, быть может небесполезно будет еще раз бросить взгляд на то, как в самом начале развивалась общечеловеческая культура.

Первый шаг, который с полной наглядностью отличал человека от животного, был шаг к изобретательству. Изобретательство это вначале сводилось только к хитростям и уловкам, облегчавшим человеку его борьбу с животными. Без этих хитростей он зачастую просто не мог сохранить свою жизнь. Значение этого совершенно примитивного изобретательства нынешнему наблюдателю недостаточно ясно. Мы воспринимаем теперь эти приемы суммарно, как явление массовое, и не можем поэтому себе и представить, какая роль принадлежала тут отдельному человеку, отдельному лицу. Так и хитрости и уловки, применяемые животными, человеческий глаз тоже воспринимает только суммарно: никто не возьмется установить с точностью первое происхождение этих приемов и уловок. И мы ограничиваемся тем, что объявляем эти приемы "инстинктивными".

Для нашего случая это слово ничего не говорит, ибо кто верит в то, что всякое человеческое существо постепенно развивается, тот неизбежно должен признать, что развитие это с чего-то должно было начаться. А раз это так, то приходится признать, что когда-либо должен был найтись один субъект, который первым начал развиваться, а затем этот процесс стал повторяться все чаще и чаще, пока перешел в подсознательную жизнь целого рода или вида, и все это затем стали называть "инстинктом".

Легче всего это понять у самого человека. Если мы возьмем первые разумные мероприятия в борьбе с животными, то мы бесспорно должны будем признать, что по своему первоначальному происхождению эти действия являются действиями особенно одаренных субъектов. Здесь уже безусловно сказывалась роль личности. Постепенно эти умные мероприятия стали усваиваться всеми людьми, а затем стали считаться чем-то само собою разумеющимся. Разве не то же самое видим мы и в области военного дела. Есть ряд вещей, которые ныне стали чем-то само собою разумеющимся и легли в основу всякой стратегии. Но ведь ясно, что первоначально до этих мероприятий должен был додуматься кто-либо один. Мысль об этих мероприятиях сначала возникла в одной определенной голове. А затем прошли столетия или может быть тысячелетия, и эти мероприятия стали чем-то само собою разумеющимся для всех.

За первыми шагами человека в области изобретательства идут и следующие шаги: он научается в своей борьбе за существование использовать ряд вещей и ряд живых существ. Отсюда и берет начало изобретательская деятельность человека, грандиозные плоды которой теперь у всех перед глазами. Таковы все материальные изобретения, начиная с употребления камня как оружия, продолжая укрощением животных, затем искусственным добыванием огня и т.д. и т.д., вплоть до многообразных и совершенно изумительных открытий наших дней. И что же? Во всех этих открытиях всюду сквозит роль личности. И чем величественнее эти открытия, чем ближе они к нашей нынешней современности, тем яснее устанавливается роль личности в них.

Итак: мы знаем теперь, что всеми нашими материальными открытиями мы обязаны творческой силе и способности личности, и именно эти открытия в последнем счете и подымают человека над всем животным миром, окончательно ставят его на более высокий уровень. Именно открытия больше всего и служат всему делу развития культуры. Сначала это была самая обыкновенная уловка первобытного человека, гонявшегося в первобытном лесу за животным. Теперь это изумительнейшие научные изобретения, в высочайшей степени облегчающие человеку борьбу за жизнь и дающие ему в руки изумительные средства борьбы за лучшее будущее. Все человеческое мышление, все изобретения человеческого мозга в последнем счете служат человеку в борьбе за жизнь на этой планете, хотя бы вначале мы и не понимали так называемой реальной пользы, проистекающей от данного открытия или изобретения. Все это вместе взятое постепенно подымает человека все выше и выше над всей средой окружающих его других живых существ, все это укрепляет его позиции во всех отношениях, и человек становится господином над всей землей.

Все изобретения таким образом являются только продуктом творчества отдельного лица. Независимо от своих желаний изобретатели являются таким образом в большей или меньшей степени благодетелями. Деятельность этих лиц дает в руки миллионов, а затем и миллиардов людей необходимые орудия, при помощи которых люди потом облегчают себе всю дальнейшую борьбу за жизнь.

Мы видим таким образом, что у колыбели всей современной материальной культуры стоит изобретательская деятельность отдельных лиц. Отдельные изобретатели взаимно дополняют друг друга, и каждый стоит на плечах другого. Это же относится и к самим процессам производства, к самим вещам, изобретенным отдельными людьми. Ибо все производственные процессы по происхождению своему суть тоже не что иное, как изобретения, постольку они зависят от мозга отдельных личностей. То же приходится сказать и о чисто творческой умственной работе. Она не поддается никаким измерениям, но в то же время является необходимой предпосылкой всех дальнейших материальных открытий, а стало быть в свою очередь является исключительно продуктом деятельности отдельной личности. Открытия делает не масса, организовывает и думает не большинство, а только и исключительно отдельный человек - личность.

Правильно организованным мы должны признать то общество, которое больше всего идет навстречу этим творческим силам, облегчает им работу и дает им возможность с пользой трудиться для всех людей. В каждом открытии, будь то материальное или чисто творческое открытие, самым драгоценным фактором прежде всего является сам изобретатель как личность. Первейшей и самой высокой задачей организации общества является поэтому создание таких условий, которые дали бы возможность личности приносить наибольшую пользу обществу. Вся организация должна быть построена под углом зрения именно этой задачи. Только тогда организация перестает быть чисто механической и становится живым организмом. Вся организация общества должна представлять собою воплощенное стремление поставить личность над массой, т.е. подчинить массу личности.

Итак организация не только не должна мешать тому, чтобы личность выделялась из массы, но напротив она должна сама этому содействовать и это облегчать. Организация должна при этом исходить из того принципа, что все благодеяния для человечества до сих пор проистекали не от массы, а от творческой силы отдельной личности. Действительными благодетелями рода человеческого до сих пор были только отдельные творческие головы. И об этом надо сказать открыто вслух. Обеспечить решающее влияние за этими головами, облегчить деятельность этих выдающихся личностей будет в интересах всего общества. Уже во всяком случае мы не послужим обществу и не пойдем навстречу его подлинным интересам, если предоставим власть слепой массе, неспособной думать и не озаренной искрой божией. Если мы хотим послужить обществу, мы должны отдать руководство в руки тех, кого природа действительно наделила особыми дарами.

Отбор этих голов происходит, как мы уже сказали, в процессе тяжелой жизненной борьбы. Многие надламываются и погибают, доказывая тем самым, что они не были приспособлены к жизни, и лишь немногие в последнем счете удостаиваются жребия избранных. Этот процесс отбора и сейчас еще происходит во всех областях мышления, художественного творчества и даже хозяйства, хотя в этой последней области он очень осложняется привходящими обстоятельствами. Эта идея господствует также и над армией и над всем государством. Во всех этих областях все еще доминирует идея личности, идея власти, идущей сверху вниз, а ответственности, идущей снизу вверх. Одна только область чистой политики в наш век уже почти на все 100% отвернулась от этого естественного принципа. Вся человеческая культура, как мы видели, есть результат творческой деятельности личности. И вот наперекор этому как раз в руководящих органах государства хотят провести не принцип личности, а "большинства". Яд этот неизбежно начинает проникать во все поры нашей жизни и естественно, что это не может привести ни к чему другому кроме полного разрушения общества. Если вы присмотритесь к разрушительной деятельности евреев в чужих государствах, то вы должны будете убедиться в том, что вся их "работа" как раз и сводится к попыткам уничтожить роль личности в этих государствах и на место ее поставить роль массы. Но это и значит, что организационные принципы арийского человечества вытесняются разрушительными принципами евреев. Благодаря этому евреи и превращаются в "фермент разложения" целых народов и рас и постепенно разрушают всю человеческую культуру.

Марксизм есть не что иное как политика евреев, заключающаяся в том, чтобы добиться систематического уничтожения роли личности во всех областях человеческой жизни и заменить ее ролью "большинства". Этому соответствует в политической области парламентарная форма правления, несчастные последствия которой мы видим повсюду, начиная с крошечного муниципалитета и кончая руководящими органами государства; а в экономической области этому соответствует профсоюзное движение, которое ныне совершенно не заботится об интересах рабочего, а служит только разрушительным планам интернационального еврейства. По мере того как в экономике перестает существовать роль личности, по мере того как вся она начинает все больше и больше зависеть от воздействия и влияния массы и лишается ценного сотрудничества творческих умов, хозяйство неизбежно должно идти назад. Все современные фабрично-заводские комитеты думают теперь не об интересах занятых в этих предприятиях рабочих и служащих, а также не о самом производстве, на которое они не пытаются влиять, а служат только разрушительным целям. Они вредят не только всему производству в целом, но и каждому участнику его в отдельности. Пустые теоретические фразы не могут принести удовлетворения участникам хозяйственного процесса. Удовлетворение получилось бы лишь тогда, когда на каждого участника хозяйственного процесса стало бы приходиться все большее количество повседневных материальных благ. Только тогда каждый труженик пришел бы к убеждению, что хозяйство работает в интересах целого и в интересах каждого отдельного его участника.

Может ли марксизм, опираясь на свою теорию массы, взять в свои руки существующее хозяйство и способен ли он был бы повести дело дальше - это не играет никакой роли. Вопрос заключается не в том, может ли он сейчас или сможет ли он в будущем управлять уже существующим хозяйством, а в том, смог ли бы он при его в корне неправильной установке сам создать подобную культуру. Пусть даже будет доказано, что марксизм смог бы взять в свои руки нынешнее хозяйство и повести его дальше не без некоторых успехов, все равно этим абсолютно не доказано, что он сам своими силами мог бы создать при сохранении своих принципов подобное хозяйство, достающееся ему сейчас уже в готовом виде.

И марксизм на практике дал уже не одно доказательство правильности этого нашего утверждения. Ему не только нигде ни разу не удалось своими силами создать какую-либо действительно творческую культуру; он не только ни разу не был в состоянии существующую культуру направить так, как этого требуют его принципы; напротив, на практике он вынужден был неизменно делать уступки ходу идей своих противников, вынужден был признавать принцип личности даже в построении своей собственной организации.

Наше мировоззрение принципиально отличается от марксистского мировоззрения тем, что оно признает не только великое значение расы, но и великое значение личности, а поэтому на них именно и строит все свое здание. Раса и личность - вот главные факторы нашего миросозерцания.

Если бы национал-социалистическое движение не придавало основного значения именно этим двум факторам, если бы оно ограничилось только внешними реформами или даже пошло на уступки теории массы, тогда мы представляли бы собою только заурядную партию, ведущую только самую обыкновенную конкуренцию с марксистской партией. Тогда мы не имели бы права говорить о том, что наше движение представляет собою новое миросозерцание. Если бы вся социальная программа нашего движения заключалась в том, чтобы вытеснить роль личности и на ее место поставить роль массы, тогда это значило бы, что яд марксизма стал разъедать уже и самую национал-социалистическую партию, как он уже давно разъедает буржуазные партии современности.

Нет, наше государство в интересах всех своих граждан позаботится прежде всего о том, чтобы роль личности была признана во всех без исключения областях. Только так дадим мы возможность каждому сделать как можно больше для общества и получить как можно больше для самого себя.

И наоборот: наше государство сделает все возможное, чтобы изгнать принцип большинства, принцип решения через массу из всех областей нашей жизни, а стало быть и из области политики. Вместо всего этого мы воздвигнем во всех областях право личности.

Отсюда вытекает следующий вывод:

Лучшей формой государства, лучшим государственным устройством будет то, которое естественно и неизбежно будет выдвигать на самые высокие места самых выдающихся сынов народа и будет обеспечивать им бесспорное руководящее влияние.

Мы уже сказали, что в области хозяйственной жизни наиболее способные люди не назначаются сверху, а сами должны пробить себе дорогу снизу. Соревнование более способных с менее способными происходит повсюду, начиная с маленького предприятия и кончая самым грандиозным из них. Но это относится также и к области политики. Наиболее выдающиеся люди и здесь не могут быть внезапно "открыты". Только совершенно выдающиеся гении расчищают себе дорогу одним ударом.

Задача государства заключается в том, чтобы, начиная с крохотного муниципалитета и кончая высшими органами страны, создать такую организацию, которая полностью обеспечивает торжество принципа личности.

У нас не будет никаких решений по большинству голосов, а будут только ответственные личности. Слову "совет" мы опять вернем его старое значение. Конечно у каждого деятеля должны быть свои советчики, но решать он должен сам один.

Мы должны перенести в сферу государственной жизни тот основной принцип, на котором в свое время была построена вся прусская армия и благодаря которому эта армия сумела стать изумительным инструментом всего немецкого народа: власть каждого вождя сверху вниз и ответственность перед вождем снизу вверх.

Это не значит, что тогда мы сможем совершенно обойтись без тех корпораций, которые ныне называются парламентами. Но члены этих корпораций станут действительно советчиками. Пусть они дают советы, ответственность же будет нести только одно определенное лицо и вместе с тем только оно будет иметь власть и право приказывать.

Сами по себе парламенты необходимы, ибо прежде всего здесь люди будут постепенно расти и таким образом будет создаваться круг деятелей, на которых впоследствии можно будет возлагать особенно ответственные задачи.

Таким образом наше государство будет выглядеть так. Начиная с общины и кончая главными руководящими органами государства, нигде не будет представительных органов, которые что бы то ни было решали бы по принципу большинства. Будут только совещательные органы, имеющие задачей помогать данному избранному вождю, который и ставит людей на соответствующие посты. В соответствующей области каждый данный деятель несет определенную ответственность совершенно так же, как за свои действия отвечает вождь более крупного масштаба или председатель соответствующей корпорации. Наше государство принципиально не будет допускать того, чтобы по специальным вопросам, скажем по вопросам хозяйственным, испрашивалось мнение людей, которые по роду своей деятельности и образования ничего в этом деле не могут понимать. Вот почему мы свои представительные органы с самого начала разделим на 1) политические палаты и 2) профессиональные сословные палаты.

Чтобы сделать возможным плодотворное сотрудничество обоих учреждений, над нами будет поставлен специальный сенат людей избранных.

Ни в палатах, ни в сенате никогда не будет никаких голосований. У нас будут только работающие учреждения, но не голосующие машины. Каждый член учреждения имеет только совещательный голос, но не решающий. Решает только соответствующий председатель, несущий и ответственность.

Только при неуклонном применении в жизнь этого сочетания абсолютной ответственности с абсолютной властью мы постепенно создадим такую отборную корпорацию вождей, о которой сейчас в эпоху безответственного парламентаризма не приходится и мечтать. Тогда и государственное устройство нации придет в соответствие с тем законом, которому человечество обязано всеми своими успехами в области культурной и хозяйственной жизни.

* * *

Что касается осуществимости этих мероприятий, то я прошу прежде всего не упускать из виду тот факт, что современный парламентарный принцип решения по большинству голосов в истории человечества существовал далеко не всегда. Напротив, демократический принцип существовал только в течение очень небольших периодов истории, и всегда эти периоды бывали эпохой нисхождения народов и государств.

Конечно не приходится думать, что такой глубокий переворот можно провести простым приказом сверху вниз или при помощи только теоретических рассуждений. Нет. Ведь мероприятия, которые мы предлагаем, не ограничатся только государственным устройством, а должны будут проникнуть и во все остальное законодательство да и во все области общественной жизни. Осуществить такой великий переворот будет по силам такому движению, которое само уже будет построено в духе этих идей и тем самым само явится прообразом грядущего государства.

Вот почему необходимо, чтобы наше национал-социалистическое движение уже сейчас как можно глубже усваивало эти идеи и сживалось с ними. Мы сумеем применить эти идеи во всем практическом построении нашей собственной организации; тогда нам легче будет не только проложить дорогу для будущих новых государственных форм, но в свое время мы сможем отдать в распоряжение всего народа и нашу собственную организацию, которая в своей законченности сама будет уже представлять собою некое государство.

ГЛАВА V

МИРОВОЗЗРЕНИЕ И ОРГАНИЗАЦИЯ

Мы нарисовали в общих чертах картину того, как должно выглядеть наше национал-социалистическое государство. Конечно нарисовать, как должно выглядеть такое государство, недостаточно для его осуществления. Гораздо важнее сказать, как возникнет это государство. Разумеется, невозможно ожидать того, чтобы нынешние партии, которые пользуются в своекорыстных интересах современными формами государства, сами добровольно изменили теперешнюю свою позицию и принялись бы осуществлять то, что мы здесь предлагаем. Этого тем менее приходится ожидать, что руководящие элементы нынешних партий на деле сплошь состоят из евреев. Евреи конечно хотят продолжать в старом духе, ибо они знают, что если мы им не помешаем, то в один прекрасный день их пророчество исполнится и евреи действительно пожрут все остальные народы земли и станут господами мира.

Евреи одинаково смеются и над немецкими "буржуа" и над немецкими "пролетариями", которые в глупости и трусости своей одинаково облегчают еврею его гнусную работу. Евреи смеются над нами и систематически продолжают свою злую работу. Нынешние партии, руководимые евреями, конечно не могут преследовать никаких других интересов кроме еврейских. С великими стремлениями арийских народов эти партии ничего общего иметь не могут.

Поэтому всякий, кто хочет идеал национал-социалистического государства превратить в действительность, должен искать новую силу независимо от существующих партии и властей - такую силу, которая хотела бы и способна была бы действительно начать борьбу за этот великий идеал. А борьба предстоит громадная, ибо первый же вопрос заключается не в том, как на чистом месте построить наше новое идеальное государство, а в том, - как устранить существующее еврейское государство. Главная трудность, как это часто бывает в истории, заключается не в том, как открыть новые формы лучшего, а в том, как очистить поле от худшего. Предрассудки обычно вступают тут в союз со своекорыстными интересами, образуя общую плотину, задерживающую победу новой идеи.

Вот почему борцам за новый великий идеал к сожалению не приходится ограничиваться только позитивным изложением этого идеала, но приходится в первую очередь заняться негативной работой устранения существующего зла и расчистки дороги для будущего.

Как это ни неприятно покажется любому из нас, а новое молодое учение, желающее проложить дорогу новым великим принципам, прежде всего должно обратиться к оружию критики по отношению ко всему старому.

Если из среды так называемых фелькише нам столь часто говорят, что они, видите ли, не хотят терять время на негативную критику, а хотят заниматься только положительной работой строительства, то это лишь показывает, сколь поверхностно рассуждают эти люди. Это нелепое и беспомощное ребячество, этот поистине наивный лепет доказывает только то, что люди не поняли смысла даже тех событий, в которых сами участвуют. У марксизма тоже есть своя цель и своя положительная программа строительства (хотя бы его положительная программа и состояла только в создании диктатуры интернационального финансового капитала еврейства). И тем не менее, ведь и марксизму пришлось сначала посвятить целых 70 лет одной только работе критики. Марксизм занимался уничтожающей, разъедающей критикой, критикой и еще раз критикой, - вплоть до того момента, пока ядовитые кислоты этой критики не разъели старое государство и не привели к его падению. Только тогда началась его так называемая "строительная" работа. И разумеется, это было с его точки зрения правильно и логично. Пропаганда будущего строя сама по себе еще не устраняет существующего. Было бы смешно надеяться на то, что сторонники существующего строя, не говоря уже о тех, кто лично заинтересован в нем, легко поддадутся увещаниям и сами добровольно признают, что им надо уйти со сцены. Нет, этого не будет. Друг против друга будут стоять сторонники двух различных точек зрения. В конце концов найдутся группы, которые станут искать компромисса. Это и значит, что в их лице так называемое мировоззрение становится обычной партией и не может подняться выше этого уровня. Подлинное миросозерцание всегда будет нетерпимо и не удовольствуется ролью "партии среди других партий"; подлинное миросозерцание отвергает правило "живи и жить давай другим"; оно претендует на исключительное и безусловное признание и требует, чтобы вся общественная жизнь была построена исключительно согласно его указаниям. Цельное миросозерцание не мирится поэтому с людьми, продолжающими защищать старый порядок вещей. Так было и с религиями.

Христианство тоже не могло довольствоваться тем, что воздвигло собственный алтарь, но вынуждено было подумать прежде всего и о разрушении языческих алтарей. Только благодаря фанатической нетерпимости и родилась потом неопровержимая вера. Без нетерпимости нет и веры.

Нам возразят, быть может, что нетерпимость и фанатизм больше всего свойственны как раз евреям, и будут ссылаться при этом на различные исторические примеры. Может быть это и верно. Об этом можно только сожалеть. Роль еврейской нетерпимости и еврейского фанатизма в истории, конечно, очень печальна. Но это тем не менее не меняет того факта, что без фанатизма и нетерпимости мы существующего положения вещей не изменим. Если мы действительно хотим вырвать наш немецкий народ из нынешних ужасов, то нам приходится не мечтать о том, как было бы хорошо, если бы того-то и того-то не было на свете, а приходится подумать, какими же именно средствами можем мы положить конец существующему положению вещей. Что еврейское мировоззрение насквозь проникнуто чертовской нетерпимостью, это конечно верно. Но сломить евреев мы можем только в том случае, если сами проявим такую же нетерпимость, если обнаружим еще более сильную волю и будем с тем же фанатизмом защищать другое мировоззрение, в существе своем, разумеется, правдивое и чистое.

Никому не возбраняется конечно выражать печаль по поводу того факта, что с возникновением христианства впервые в древнем мире, прежде всего более свободном, возник духовный террор. Но факт остается фактом. Никто не может отрицать, что с тех пор мир попал в такое положение, когда насилие можно сломить только насилием и террор - террором. Только проделав эту предварительную работу, можно приступить к созданию нового порядка вещей.

Политические партии всегда склонны к компромиссам, цельные же мировоззрения - никогда. Политические партии сами считают, что рядом с ними должны существовать другие партии: цельные мировоззрения объявляют себя одних непогрешимыми.

Каждая политическая партия в тенденции тоже до известной степени стремится к деспотическому единовластию; в этом смысле в каждой партии заключена часть мировоззрения. Но уже узкие рамки программы большею частью лишают партию того героизма, какого требует приверженность к цельному миросозерцанию. Умеренность и сговорчивость заурядной партии привлекают в ее ряды и слабых людей, с которыми не предпримешь крестовых походов. Вот почему заурядные партии большей частью быстро мельчают и застревают на этой стадии развития. Это значит, что данная партия отказалась от серьезной борьбы за мировоззрение и перешла исключительно к так называемой "положительной работе"; другими словами, она торопится занять местечко у казенного пирога и хочет, как можно дольше, удержаться на этом местечке. К этому теперь сводятся все ее стремления. А если жадные конкуренты пытаются ее оттолкнуть от казенного пирога, то все помышления партии направляются теперь на то, чтобы силой или хитростью в свою очередь оттолкнуть конкурента и во что бы то ни стало урвать себе кусок пирога. Это шакалы политики.

Цельное миросозерцание никогда не согласится делить свое влияние с другим миросозерцанием. Вот почему оно и не согласится сотрудничать с теми учреждениями, которые воплощают другое миросозерцание. Вот почему оно видит свою задачу в том, чтобы полностью разрушить весь ход идей противника, подорвать его всеми средствами, бороться до конца, пока дорога не будет расчищена.

Чтобы довести до конца истребительную борьбу против старого, чтобы приступить затем всерьез к строительству нового - для этого требуются действительно решительные бойцы, ибо борьба эта всегда сопряжена с серьезными опасностями. Цельное мировоззрение победит лишь в том случае, если в рядах его сторонников соберутся действительно наиболее решительные и мужественные люди эпохи и если они сумеют создать с этой целью действительно крепкую боевую организацию. В этих целях из всей суммы данных идей необходимо выделить наиболее важные, наиболее крупные идеи, придать им ясную и удобопонятную форму и суметь сделать из них определенный символ веры для определенного коллектива людей. Программа заурядной политической партии является обыкновенно только рецептом для той или другой избирательной кампании. Совсем другое дело - программа, вытекающая из цельного миросозерцания. Такая программа - объявление войны всему существующему старому порядку со всеми его государственными учреждениями, объявление войны другому мировоззрению.

При этом вовсе не необходимо, чтобы каждый отдельный сторонник нового миросозерцания, готовый бороться за его идеи, непременно понимал до конца весь ход мыслей вождей движения. Достаточно того, чтобы он понимал только самые основные идеи, лежащие в основе движения, чтобы он проникся ими настолько и уверовал в них так горячо, что его единственным стремлением стало бы обязательно добиться победы этого учения. Ведь мы вовсе не считаем обязательным, чтобы каждый отдельный солдат был посвящен во все соображения высшей стратегии полководца. От солдата мы требуем одного: чтобы он был строжайше дисциплинирован и фанатически верил в правоту и силу нашего дела. Только этого же требуем мы и от рядового сторонника нашего движения. Для великого движения с великим размахом и будущим этого вполне достаточно.

Армия, которая состояла бы из одних генералов (хотя бы только генералов по своему образованию и пониманию), никуда бы не годилась. То же самое можно сказать о политическом движении, представляющем определенное миросозерцание. Если в его рядах соберутся исключительно только "образованные" люди, то это никуда не годится. Нет, нам нужны также и простые примитивные солдаты, ибо без этого невозможна никакая дисциплина.

Организация вообще возможна лишь тогда, когда базой для высококачественного руководства служит более широкая масса, руководящаяся преимущественно чувством. Военный отряд, состоящий, скажем, из двухсот одинаково развитых людей, труднее поддается прочной дисциплине, нежели отряд, состоящий из 190 менее развитых и одного десятка более развитых людей.

Это хорошо поняла в свое время социал-демократия и сумела с пользой для себя учесть это. Она завербовывала в свои ряды нашу молодежь, прошедшую через военную службу, и из этого материала создавала стройную организацию, в которой дисциплина была такая же крепкая, как в армии. Социал-демократическая организация тоже представляла собою своего рода армию, состоящую из солдат и офицерства. Люди физического труда, прошедшие через военную службу, составляли для социал-демократии контингент солдат. Еврейская же интеллигенция взяла на себя роль офицерства. Что же касается чиновников профсоюзов (большею частью немцев), то они играли при этом преимущественно роль унтер-офицеров. Глядя на то, как социал-демократы вербуют в свои ряды только так называемую необразованную массу, наши почтенные бюргеры укоризненно покачивали головой. Они совершенно не понимали того, что в этом и заключен залог успеха социал-демократии. Наши буржуазные партии в своем одностороннем стремлении вербовать исключительно "образованных" людей на деле набрали в свои ряды только ни к чему непригодные, лишенные всякой дисциплины банды. А в это же время марксисты из своего необразованного человеческого материала выковали настоящую армию партийных солдат, подчиняющихся дисциплине еврейских руководителей так же слепо, как они раньше в армии подчинялись дисциплине своих немецких офицеров. Немецкое бюргерство вообще не интересовалось психологией масс, считая это ниже своего достоинства. Вот почему наши почтенные бюргеры не сочли нужным даже задуматься над тем, какой глубокий смысл имеет это обстоятельство и какие опасности таятся в нем. Господа бюргеры напротив продолжали быть уверенными в том, что ценным является лишь то политическое движение, которое вербует своих странников из рядов "интеллигенции". Раз в наших рядах интеллигенция, значит мы скорее придем и к власти - рассуждали мудрые бюргеры. Ведь не может же быть, чтобы власть досталась необразованной массе! Эти люди совершенно не понимали того, что действительная сила политической партии заключается вовсе не в том, чтобы собрать побольше "образованных", а в том, чтобы обеспечить действительную дисциплину и послушание со стороны рядовой массы членов партии. Решающее значение имеет руководство. Главное, что необходимо, это - чтобы руководство стояло на высоте. Если друг против друга воюют две армии, то победа достанется не той, у которой каждый солдат прошел особенно высокую стратегическую школу, а той, во главе которой стоят лучшие руководители и которая состоит из солдат, более дисциплинированных и более привыкших к слепому послушанию.

Этот принцип мы не должны упускать из виду ни на одну минуту, если мы действительно хотим, чтобы наше мировоззрение воплотилось в жизнь.

Итак, если мы хотим, чтобы наше мировоззрение победило, мы должны суметь превратить его в боевое движение. Составляя программу этого движения, мы должны учесть качество того человеческого материала, с которым нам приходится иметь дело. Конечные цели и руководящие идеи программы должны быть безупречны; но одного этого еще мало. Сами формулировки должны гениально ухватить всю психологию тех кругов, без помощи которых самая прекрасная идея навсегда останется только в царстве идей.

Если народническая идея хотела не просто оставаться неопределенной идеей, а добиться реальных практических успехов, она должна была сформулировать определенные тезисы, способные своим содержанием и своей формой объединить вокруг себя человеческую массу. Говоря о массе, мы имеем в виду прежде всего те слои, которые одни только и могут дать победу нашему миросозерцанию. Мы имеем в виду немецких рабочих.

Поэтому мы и выразили всю нашу программу в немногих, а именно в двадцати пяти тезисах. Первейшая задача этих тезисов состоит в том, чтобы дать простому человеку из народа ясное грубое представление о том, чего хочет наше движение. Эти тезисы являются известным политическим символом веры. Они, с одной стороны, вербуют нам новых сторонников, а с другой - объединяют и сплачивают уже завербованных, связывая их единством взятых на себя обязательств.

При этом мы не должны упускать из виду следующее. Так называемая программа нашего движения по своим конечным целям совершенно правильна и абсолютно незыблема; но формулировка тезисов учитывала также ряд чисто психологических моментов. Многим теперь может показаться, что тот или другой отдельный тезис можно было бы сформулировать более удачно, и такие заявления не раз нам делались. Однако мы должны сказать, что всякая попытка улучшить формулировки большею частью приносит только вред. Нельзя делать предметом дискуссии то, что должно быть чем-то незыблемым. Как только мы признаем, что хотя бы один только тезис не является больше догматом и может быть пересмотрен, это несомненно приведет к бесконечным дебатам и ко всеобщему разброду. Лучшая формулировка найдется не сразу, а прежняя, пусть и худшая, покажется уже неверной. В таких случаях всегда приходится взвесить; что же выгоднее - искать новую, более подходящую формулировку, которая вызовет неизбежную дискуссию в наших рядах, или ограничиться старой, не самой удачной формулировкой, которая однако позволяет нам сохранить полное единство и незыблемость наших рядов. Взвесив, мы приходим к выводу, что последнее действительно предпочтительнее. Ведь внешние формулировки всегда можно улучшать без конца. Мы знаем, что люди достаточно поверхностны; многие из них подумают, что это улучшение чисто внешних формулировок и впрямь является самой важной задачей нашего движения. Это привело бы только к ослаблению воли и энергии в борьбе. Вся активность, которая должна быть направлена на завоевание новых сторонников, была бы обращена в неверную сторону, и энергия могла бы распылиться во внутренних распрях из-за формулировки программы.

Если данное учение в основе своей верно, то гораздо менее вредным будет сохранить даже такую формулировку, которая уже не вполне соответствует действительности, чем начать улучшать тот основной закон движения, который до сих пор считался незыблемым, плодить таким путем дискуссию со всеми вытекающими отсюда вредными последствиями. Особенно недопустимы такие дискуссии, пока движению приходится еще только вести борьбу за победу. Как хотите вы внушить людям слепую веру в правильность собственного учения, если вы сами будете постоянно допускать пусть хотя бы только внешние изменения программы и тем сеять сомнения и неуверенность?

Самую суть движения следует видеть конечно не во внешних формулировках, а в его внутренних целях. Цели же эти вечны. Чтобы привести эти цели к победе, мы в интересах движения должны систематически устранять все то, что вносит неуверенность, что дробит силы. В этом отношении мы тоже можем многому научиться от католической церкви. Ее учение теперь во многих пунктах стоит в противоречии с точными науками и с результатами новейших исследований. И тем не менее католическая церковь не станет ни на йоту менять главные положения своего учения. Католическая церковь правильно считает, что сила ее учения состоит не в том, чтобы оно непременно во всем совпадало с результатами научных исследований, которые и сами к тому же претерпевают постоянные изменения, а в том, чтобы раз навсегда до конца отстаивать свои догмы, без которых вообще нет веры. Вот почему католическая церковь и ныне сильна, как никогда. Не надо быть пророком, чтобы предсказать, что в наше век, когда все так быстро течет и изменяется, католическая церковь будет приобретать все большее количество сторонников именно потому, что она продолжает неизменно занимать одну и ту же раз навсегда данную позицию.

Итак, кто всерьез хочет победы нашего мировоззрения, тот должен понять, во-первых, что для успеха необходимо создать боевое и сильное движение, и во-вторых, что в основу программы этого движения нужно положить ряд тезисов, не подлежащих никаким изменениям. Программа отнюдь не должна допускать всевозможных уступок духу времени и менять свои формулировки. Форма, которая однажды признана правильной, должна быть сохранена во что бы то ни стало, во всяком случае, вплоть до того момента, пока движение наше победит. Всякие попытки раньше этого вызвать дискуссии и подвергнуть сомнению тот или другой пункт программы только ослабляют движение и уменьшают его боевую силу. Сегодня мы примем одно "улучшение", но уже завтра поступят новые поправки, а послезавтра - еще более новые. Стоит только открыть дорогу таким поправкам. Чем это начнется - мы знаем, а чем это кончится, до каких безбрежных споров дело дойдет - этого знать никто не может.

Наше молодое национал-социалистическое движение обязательно должно было учесть этот вывод. Германская национал-социалистическая рабочая партия, приняв двадцать пять тезисов, выработала себе незыблемую программу. Задача старых и новых членов нашей партии заключается не в том, чтобы критически перерабатывать эти тезисы, а в том, чтобы выполнять их до последней капли крови. Если мы будем поступать не так, то любая группа новых членов, вступающих в нашу партию, с таким же правом будет видеть свою задачу все в новых и новых пересмотрах программы. К чему же это приведет? Только к растрате сил на внутрипартийные споры, вместо того чтобы целиком отдавать их делу вербовки новых сторонников движения! Громадная масса наших сторонников судит о нашем движении не по букве того или другого тезиса, а по духу всего учения, которое истолковываем ведь мы сами.

Этими соображениями руководились мы, выбирая название нашего молодого движения, этими же соображениями руководились мы позднее, вырабатывая программу, ими же руководимся мы в деле распространения наших идей. Чтобы действительно обеспечить победу народнических идей, мы должны были создать народную партию, т.е. партию, состоящую не только из интеллигентных вождей, а объединяющую в своих рядах и людей физического труда.

Если бы мы не создали такую боевую организацию, то все попытки осуществить в жизни народнические идеи были бы обречены на неудачу как в прошлом, так и в будущем. Вот почему наше движение не только вправе, но и обязано смотреть на себя, как на передовой отряд, как на подлинного представителя народнических идей. Основные идеи национал-социалистического движения являются народническими идеями и наоборот народнические идеи являются в то же время идеями национал-социализма. Если национал-социализм хочет победить, он должен целиком и полностью встать на эту почву. И опять таки национал-социалисты не только вправе, но и обязаны самым категорическим образом отстаивать ту точку зрения, что бороться за народнические идеи можно только в рядах Германской национал-социалистической рабочей партии. Всякая иная попытка будет только шарлатанством.

Когда нас теперь пытаются упрекнуть в том, что мы "монополизировали" народнические идеи, мы на это отвечаем:

- Не только монополизировали, но одни только и претворяем их в жизнь!

Все то, что до нас понималось под народническими идеями, было настолько бесформенно, что не могло оказать ни малейшего влияния на судьбы нашего народа. До нас дело шло только об отдельных, стоящих вне связи друг с другом, истинах, которые зачастую только противоречили друг другу и решительно не представляли ничего сколько-нибудь цельного. Если бы даже между отдельными постулатами тогда и существовала известная связь, то все же это было нечто столь слабое, что построить на этом какое бы то ни было движение было просто немыслимо.

Сделать это могло только наше национал-социалистическое движение.

* * *

Если сейчас всевозможные маленькие союзы и союзики, группы и группки, а если хотите и "большие партии" - все наперебой кричат о своем "народничестве", то и это тоже является только результатом работы нашего национал-социалистического движения. Без нашей работы всем этим организациям не пришло бы даже в голову употребить это слово. Само это слово ничего не говорило бы им. И в особенности о руководителях этих групп и группок можно сказать наверняка, что никакого отношения к этому понятию они бы не имели. Понадобилась громадная работа германской национал-социалистической рабочей партии, чтобы эти люди вообще поняли, какое великое содержание вкладывается в это понятие. Только славная и успешная деятельность нашей партии показала громадную силу этой идеи и побудила другие группы уже из-за одной конкуренции по крайней мере на словах усвоить себе этот лозунг.

Все эти партии и группы издавна привыкли менять свои лозунги под углом зрения мелкой избирательной спекуляции. Ничего нет удивительного в том, что они теперь присваивают себе и народнические лозунги, пытаясь таким образом хоть несколько ослабить притягательную силу национал- социалистического движения и поправить свои собственные делишки. Только тревога за судьбу своих собственных организаций, только страх перед нашей растущей силой, перед универсальным значением нашего движения заставляет теперь этих господ употреблять слова, которых они восемь лет тому назад не знали вовсе, над которыми они семь лет тому назад только смеялись, шесть лет тому назад объявляли нелепостью, пять лет тому назад вступали с ними в борьбу, четыре года тому назад встречали ненавистью, три года тому назад подвергали преследованию, а вот года два тому назад аннексировали себе и теперь пользуются ими для того, чтобы контрабандно протащить свой старый хлам.

Нам приходится теперь еще и еще раз констатировать тот факт, что все эти партии не имеют ни малейшего представления о том, что же действительно нужно немецкому народу. Лучше всего это доказывается той поверхностностью, с которой они бросаются направо и налево словом "фелькиш".

Вы встретите теперь на каждом шагу людей, драпирующихся в тогу "фелькиш" и распространяющих самые фантастические и глупые планы. Если они даже нечаянно набредут на какую-либо отдельную правильную идейку, то все равно окажется, что одна эта идейка в ее полной изолированности тоже совершенно не может служить основой для какого- либо серьезного и крупного движения. Этакие "друзья", пытающиеся сварганить программы - частью вычитывая их из книг, частью выдумывая из собственной головы - зачастую опаснее, нежели открытые враги народнической идеи. В лучшем случае это бесплоднейшие теоретики. В большинстве же случаев перед нами вреднейшие болтуны, с трудом маскирующие "древнегерманским" важничаньем свою полную никчемность и пустоту.

В противовес всем этим негодным попыткам очень полезно вызвать в памяти ту полосу, когда молодому национал-социалистическому движению приходилось делать еще только первые свои шаги.

Адольф Гитлер

ГЛАВА VI

ПЕРВАЯ СТАДИЯ НАШЕЙ РАБОТЫ. ЗНАЧЕНИЕ ЖИВОЙ РЕЧИ

Не успели рассеяться наши впечатления от первого большого собрания, состоявшегося 24 февраля 1920 г. в большом зале мюнхенской Придворной пивной, как мы уже начали приготовления к следующему большому собранию. Раньше в нашей среде считали затруднительным в таком городе как Мюнхен устраивать раз или два раза в месяц небольшое собрание. Теперь мы считали вполне возможным устраивать каждую неделю большое массовое собрание. Мне незачем прибавлять, что теперь нас постоянно мучила только одна мысль: придут ли слушатели и будут ли они нас слушать? Хотя о себе самом скажу, что я в эту пору был уже полон веры в то, что если народ только соберется, нам удастся его убедить. Названный зал в мюнхенской пивной в эту пору получил для нас, национал-социалистов, почти священное значение. Каждую неделю собирали мы в этом зале большое собрание, и каждый раз зал все больше и больше заполнялся, а слушатели становились все внимательнее и внимательнее. Мы начали с вопроса о "виновниках войны" - проблема, которая тогда решительно никого из "руководящих" политиков не интересовала. Затем мы перешли к оценке Версальского и других мирных договоров, а затем перешли и к ряду других самых различных тем, которые казались нам полезными с агитационной точки зрения. Особенно много внимания посвятили мы разбору мирных договоров. Как много пророческого предсказало тогда наше молодое движение народной массе и как все эти наши пророчества исполнились теперь буква в букву! Теперь конечно легко говорить и писать обо всем этом. А в те времена на каждое такое публичное массовое собрание на тему о "Версальском мирном договоре" (ведь мы собирали на эти собрания не спокойных филистеров, а возбужденную массу пролетариев) смотрели как на покушение против республики, как на реакционное, а зачастую даже просто монархическое выступление. Стоило только нашему оратору произнести первую фразу, первые слова критики по адресу Версальского договора, как сейчас же раздавалось стереотипное восклицание с места: "а Брест-Литовск!" И масса возбужденно повторяла это восклицание до хрипоты или до того момента, когда докладчик махал рукой и отказывался от какой бы то ни было надежды переубедить аудиторию. Глядя на это настроение народа, можно было впасть в отчаяние и начать биться головой о стену. Народ вначале не хотел даже слушать, не хотел понять, что Версаль есть наш позор, не хотел понять, что этот продиктованный нам мир означает неслыханное разорение нашего народа. Разрушительная работа марксистов, с одной стороны, пропагандистская отрава держав Антанты, с другой, лишили людей всякой способности мыслить. Да и жаловаться на это не приходилось, ибо ведь бесконечно велика была и собственная вина. Что сделала наша буржуазия, чтобы хоть сколько-нибудь задержать этот ужасный процесс разложения, чтобы помочь прояснению мозгов, чтобы проложить дорогу истине? Ничего, ровным счетом ничего! Нигде не встречал я тогда всех этих нынешних великих апостолов народнических идей. Может быть они выступали где- нибудь в небольших кружках за чайным столом, в кругу единомышленников, но там, где было их подлинное место, мы их не видели. Явиться туда, где они могли встретиться с волчьей стаей, они не решались - кроме разве тех случаев, когда им казалось удобным с волками вместе выть.

Мне уже в ту пору было совершенно ясно, что для первого контингента наших сторонников необходимо прежде всего подробно разобрать вопрос о виновниках войны, установить подлинную историческую истину на этот счет. Наше движение первым взяло на себя задачу познакомить самые широкие слои народа с подлинным содержанием Версальского мирного договора. В этом был залог успеха нашего движения в будущем. В этом мирном договоре тогда еще видели успех демократии. И вот мы считали своей задачей выступить против Версальского договора с максимальной резкостью, дабы в мозгах всех запечатлелся тот факт, что мы одни являемся принципиально непримиримыми противниками этого договора. Мы знали, что придет время, когда народ поймет подлинно грабительскую сущность этого преступного договора во всей его наготе и тогда народ вспомнит о том, что мы ему говорили и обретет доверие к нашему движению.

Уже и тогда я доказывал своим товарищам, что если в крупных принципиальных вопросах все общественное мнение в данный момент занимает неправильную позицию, то наша задача заключается в том, чтобы напролом выступить против неправильного мнения, не считаясь с соображениями популярности, не боясь того, что на нас набросятся с ненавистью. Я доказывал, что германская национал-социалистическая рабочая партия должна быть не служанкой общественного мнения, а владыкой его. Партия не раб массы, а повелитель ее!

Когда движение еще слабо, перед ним всегда возникает искушение в момент, когда сильному противнику удалось увлечь за собой всю народную массу по определенному фальшивому пути, найти некоторые соображения, якобы говорящие в пользу того, что на время можно и должно примкнуть к большинству и петь с ним в унисон. Человеческая трусость в этих случаях так усердно ищет соображений в пользу такой тактики, что всегда непременно найдутся кое-какие аргументы, будто бы говорящие в пользу необходимости поддержать преступное движение "под углом зрения наших собственных интересов".

Я не раз попадал в такую обстановку, когда требовалась величайшая энергия, чтобы не дать ввергнуть наш корабль в пучину чуждого потока и не допустить до того, чтобы наша партия стала игрушкой в чужих руках. Вспомните хотя бы один пример: вопрос о южном Тироле. Что еврейской прессе судьба южного Тироля! Что ей Гекуба! А ведь вот подняла же она такой отчаянный вой по поводу южного Тироля, что громадной массе народа действительно стало казаться, будто дело идет о судьбах всего германского народа. И что же? Среди многих деятелей так называемого "национального" движения началось брожение. Ряд союзов и партий этого лагеря из голой трусости перед общественным мнением, взвинченным еврейскими газетами, бессмысленно присоединился к травле той системы, которая для нас, немцев, в нашем нынешнем положении должна бы являться настоящим лучом надежды. В то время, как нас за горло держит интернациональный еврейский капитал, наши так называемые патриоты подымают рев против того деятеля и той системы, которые осмелились по крайней мере в одной стране разорвать еврейско-франкмасонские цепи и оказать действительно здоровое националистическое сопротивление этой интернациональной язве. Но для некоторых слабых характеров показалось очень уж соблазнительным поплыть по течению, т.е. на деле капитулировать перед взвинченным общественным мнением. А дело шло именно о капитуляции! Конечно людям неприятно признаться теперь в этой горькой правде, и они предпочитают изворачиваться и лгать иногда даже самим себе. И тем не менее это факт: дело шло только о трусости, которая приводила к капитуляции перед настроениями, искусственно созданными господами евреями. Все остальные "мотивы", которые обыкновенно приводят, являются только жалкими и мелкими попытками замести следы. Так всегда поступают мелкие грешники.

В этой обстановке было совершенно необходимо железной рукой перестроить движение, чтобы спасти его от малейших уступок в этом направлении, которые только привели бы нас к гибели. Произвести такую перестройку в обстановке, когда все общественное мнение было возбуждено в определенном направлении, когда сильные ветры раздували огромное пламя только в одну определенную сторону, являлось конечно делом не очень популярным, а иногда связано было прямо со смертельной опасностью для того смельчака, который взялся за эту задачу. Из истории мы знаем немало случаев, когда таких смельчаков забрасывали камнями за действия, которые потом у следующих поколений вызывали чувства величайшей признательности и поклонения.

Великое движение должно строить свои планы только в расчете на это последнее и не должно считаться с настроениями данной минуты. Конечно в такие часы отдельному деятелю приходится трудненько, но он не должен забывать при этом, что трудная минута пройдет и что великое движение, желающее обновить весь мир, не имеет права считаться с настроениями данной минуты, а обязано думать о будущем.

Можно даже установить закон, в силу которого лишь те успехи были наиболее прочными и великими в истории, которые вначале встречали наименьшее понимание у толпы, ибо вначале данные новые предложения стояли в полном противоречии к пониманию массы, к ее желаниям и мнениям.

Это пришлось нам испытать уже тогда, в первые же дни наших публичных выступлений перед массой. С первых же шагов нашей деятельности мы воистину не заботились о благоволении массы и считали своим долгом выступать против того безумия, которое владело тогда нашим народом. Почти всегда в течение этих лет мне приходилось выступать на собраниях перед людьми, которые верили в идеалы прямо противоположные моим, и которые стремились к тому, что было прямо противоположно моим верованиям. Передо мной - две-три тысячи человек; в моем распоряжении - только два часа; и вот в течение этих двух часов я должен переубедить эту массу людей! Шаг за шагом я выбивал из-под их ног фундамент старых верований, шаг за шагом преодолевал я их внутреннее сопротивление, постепенно переубеждал их и в конце концов переводил их на почву нашего нового мировоззрения.

В течение короткого времени я тогда изучил новое искусство: брать быка за рога, заранее предугадать возражения противника и разбить их уже в ходе своей собственной речи. Мне не трудно было убедиться тогда, что дискуссионные ораторы противного лагеря обыкновенно выступают с определенным "репертуаром", повторяя одни и те же аргументы, явно выработанные, так сказать, в централизованном порядке. Так оно и было конечно на деле. На этих примерах я еще раз убеждался в том, с какой невероятной дисциплинированностью противник проводит свою пропаганду. И я еще и теперь горжусь тем, что мне удалось найти средства не только обезвредить эту пропаганду, но и повернуть оружие врага против него самого. Спустя года два я овладел этим искусством виртуозно.

Составляя план каждой речи, я уже заранее старался представить себе предполагаемые возражения, которые будут мне сделаны, и ставил себе задачей в ходе собственной речи разбить и опровергнуть эту аргументацию. Скоро я пришел к выводу, что лучше всего все эти возможные возражения открыто привести в своей собственной речи и тут же доказать их неверность. Если перед вами честный слушатель, хотя и переполненный до краев этими шаблонными возражениями, то вы именно таким способом изложения скорее всего привлечете его на свою сторону. Как только в ходе вашей собственной речи вам удалось поколебать внушенную этому слушателю премудрость, так вы его уже наполовину завоевали и во всяком случае он будет слушать вас все более и более внимательно.

Еще будучи офицером по политпросвещению я выступал перед солдатами главным образом на тему о "Версальском договоре". Исходя из соображений, которые я привел выше, я теперь расширил тему и стал выступать с докладом "Брест и Версаль". Я уже знал из своего собственного опыта с первым докладом, что аудитория обыкновенно совершенно незнакома с реальным содержанием Брест-Литовского договора и что противнику при помощи искусной пропаганды удалось внушить массам ту мысль, будто Брестский договор являлся действительно каким-то насильническим позорным договором. Упорство, с которым эту ложь внушали самым широким массам, привело в конце концов к тому, что массы стали видеть в Версальском договоре только некое справедливое возмездие за то преступление, которое мы будто бы сами совершили в Бресте. Люди, подпавшие под такое настроение, естественно, воспринимали всякую попытку борьбы против Версальского договора, как нечто несправедливое. Не раз приходилось нам встречать массу простых людей, которые по-своему честно и искренне возмущались по поводу попыток борьбы против Версальского договора - именно с этой точки зрения. Только поэтому в Германии могло получить права гражданства бесстыдное и ужасное словечко "репарации". Лживо-лицемерная фраза о репарациях в ту пору действительно казалась миллионам нашего народа воплощением какой-то высшей справедливости. Это было ужасно, но это было так. Лучшим доказательством того, что это было так, может служить тот успех, который имела начатая мною пропаганда против Версальского договора, каковую пропаганду я теснейшим образом связал с объяснением подлинного значения Брест-Литовского договора. Я брал оба договора, сопоставлял их друг с другом пункт за пунктом и демонстрировал аудитории, насколько Брестский договор в действительности являлся образцом безграничной гуманности по сравнению с бесчеловечной жестокостью Версальского договора. Результат получался ошеломляющий. Выступать мне в то время приходилось перед аудиториями примерно в две тысячи человек. Сначала из зала на меня глядело по крайней мере 3600 враждебных глаз, а спустя три часа, к концу собрания, передо мной обыкновенно была уже единая масса, сплоченная чувством священного негодования и неистового возмущения против авторов Версальского договора. И я с удовлетворением чувствовал, что опять и опять удалось нам освободить сердца и мозги сотен тысяч соотечественников от ядовитого семени лжи и внушить им нашу правду.

Эти две темы - "Действительные причины мировой войны" и "Брест и Версаль" - я считал тогда самыми важными. И вот в различных вариациях я повторял эти доклады десятки и десятки раз перед различными аудиториями, пока наконец я пришел к выводу, что для основного контингента первых сторонников нашего движения эти темы прояснились вполне.

Для меня лично эти собрания имеют еще и ту хорошую сторону, что я постепенно научился искусству массового оратора, что у меня явился надлежащий пафос и я научился владеть теми жестами, которые необходимы для оратора, выступающего перед тысячными собраниями.

Я уже говорил, что в те времена на открытых собраниях совершенно не слышно было руководителей нынешних групп и партий, теперь изображающих дело так, будто это именно они произвели переворот в общественном мнении. Если кто-либо из так называемых национальных политиков и выступал с докладом на подобную тему, то лишь перед собранием единомышленников, т.е. перед такой аудиторией, которая уже заранее была согласна с оратором и нуждалась, быть может, только в подкреплении своих взглядов. Но такие собрания конечно не представляли большой важности. Важно было завоевать тех людей, которые до сих пор, в силу всего своего воспитания, в силу традиций, находились в лагере противника.

Теперь мы смогли использовать в интересах своей пропаганды и прокламации. Еще состоя на военной службе, я составил листок на тему "Брест-Литовск и Версаль", вышедший очень большим тиражом. Теперь я переиздал эту прокламацию и для партии. Результаты были превосходны. На первых наших собраниях все столы обыкновенно были завалены всевозможными листками, газетами, брошюрами и т.д. Но главное значение имело все-таки только устное слово. Одна только устная речь и способна производить коренной переворот в умах. Для этого имеются достаточно важные психологические причины.

В первой части настоящего сочинения я уже показал, что главным фактором величайших мировых переворотов всегда бывала устная речь, а не печатное слово.

По поводу этого моего утверждения в буржуазной печати поднялась дискуссия. Часть наших буржуазных мудрецов сочла необходимым выступить с возражениями. Но каков был реальный повод для этих возражений? Уже сами мотивы, по которым эти господа выступили против меня, говорят о их неправоте и моей правоте. На деле буржуазная интеллигенция протестует против этого моего взгляда только потому, что сама она абсолютно лишена дара устного воздействия на массу. Наша интеллигенция целиком отдается писательской деятельности. Агитаторская устная речь - не ее профессия. По мере того как наша интеллигенция отучалась говорить с народом, она неизбежно теряла и в конце концов совершенно потеряла способность понимать психологию массы.

Оратор, выступивший перед народной массой, читает на лицах аудитории, насколько она понимает то, что он говорит, насколько она ему сочувствует. Аудитория тут же вносит известные поправки к тому, что говорит оратор. Между оратором и его слушателями всегда существует известный контакт. Ничего подобного не может сказать о себе писатель. Ведь он своих читателей по большей части никогда даже не видит. Уже по одному этому писатель неизбежно придает своим писаниям совершенно общую форму. Перед его глазами нет той аудитории, которую он бы видел непосредственно. Это неизбежно лишает печатное слово достаточной гибкости, достаточного понимания психологических нюансов. Блестящий оратор по правилу будет и недурным писателем, а блестящий писатель никогда не будет оратором, если только он специально не упражнялся в этом искусстве. К тому же надо еще учесть, что масса косна и ленива. Она неохотно берет в руки печатное произведение, в особенности если человек из массы не убежден заранее, что в данной книжке он найдет именно то, во что он сам верит и на что он сам надеется. Книги определенного направления обыкновенно читаются только людьми, которые сами принадлежат к этому направлению. Только прокламация или плакат могут еще рассчитывать на то, что ввиду краткости этих произведений они будут прочитаны иногда и противниками и тем окажут на них мимолетное влияние. Рисунок во всех его формах, вплоть до фильма, имеет уже большие шансы. Здесь человеку уже не приходится много шевелить мозгами. Ему достаточно взглянуть на рисунок и самое большее прочитать краткий пояснительный текст к нему. Это не то, что прочитать целую книжку или брошюру.

Рисунок действует на человека быстро, можно сказать, одним ударом. Тут не нужно много времени, как это бывает при чтении.

Самое же важное это то, что печатное произведение может попасть в различные руки, а формулировка ведь всегда остается одна и та же. Между тем, мы знаем, что формулировка имеет большое значение и что каждое произведение оказывает тем большее влияние, чем больше оно приспособлено именно к данному кругу читателей. Книжка, предназначенная для широких масс, должна быть написана совсем в другом стиле, нежели книжка, имеющая в виду только узкий круг высшей интеллигенции.

Только в немногих отношениях печатное произведение может также приспособляться к своей аудитории, как и устное слово.

Каждому оратору приходится конечно много раз говорить на одну и ту же тему. Но если он действительно великий и гениальный народный оратор, то он сумеет тот же самый материал все же разнообразить по форме. Такой оратор всегда чувствует свою аудиторию, и у него непроизвольно появляются именно те слова, которые нужны для того, чтобы добраться до сердца данной аудитории. Если ему случится чуточку ошибиться, то он тут же это почувствует и сразу же сделает необходимую поправку. Я уже сказал, что настоящий оратор по лицам своих слушателей читает и видит, во-первых, понимают ли они то, что он говорит, во-вторых, способны ли они внимательно следить за его изложением, и в-третьих, убеждает ли то, что он говорит. Если он замечает, что аудитория его не понимает, то он тотчас же меняет тон и начинает говорить гораздо более просто и популярно, так что его поймет самый отсталый слушатель. Если он замечает, что аудитории трудно следить за всем ходом изложения, он тут же изменит темп речи и начнет излагать свою мысль медленнее, подробнее и схематичнее, пока не почувствует, что аудитория теперь вполне спокойно следит за нитью доклада. Если же он, наконец, почувствует, что аудитория не вполне убеждается его аргументами, он станет приводить все новые и новые доводы и примеры, станет разбирать ходячие возражения, невысказанные сомнения и будет систематически разжевывать свою мысль вплоть до того момента, когда почувствует, что в зале исчезли последние остатки оппозиции, пока он опять-таки по лицам своих слушателей увидит, что аргументация понята и принята и что последние сопротивлявшиеся слушатели капитулировали.

Нередко оратору приходится наталкиваться на предрассудки, являющиеся только продуктом чувства, а вовсе не разума. Зачастую тут приходится встречаться с инстинктивным недоброжелательством, бессознательной ненавистью, предвзято отрицательным отношением. Преодолеть такие бессознательные настроения гораздо труднее, чем побороть тот или другой ошибочный принципиальный взгляд, покоящийся на непонимании, скажем, той или другой научной истины.

Ошибочные научные взгляды, неправильное политическое понимание можно побороть аргументами рассудка. Внутреннее сопротивление людей, основанное на чувствах, этим путем не преодолеешь никогда. Тут приходится действовать уже исключительно только апелляцией к таинственной области чувств. Такая задача уж совершенно непосильна писателю. Тут нужен только оратор.

За примерами недалеко ходить. Вот перед нами стоустая буржуазная пресса. Ее газеты ведутся очень ловко. Тиражи их достигают многих миллионов. Пресса эта наводняет все углы страны. И что же? Все это не мешает тем не менее широким слоям народа оставаться непримиримейшими врагами буржуазного мира. Вся эта газетная и книжная волна отскакивает от низших слоев народа, как горох от стены. Все усилия нашего интеллектуального мира в этом отношении пропадают даром. Что же это доказывает? Одно из двух - либо то, что все печатные произведения современного буржуазного мира совершенно никуда не годятся, либо то, что печатные произведения вообще не доходят до сердца широких народных масс. Последнее особенно верно, если печатные произведения совершенно не соответствуют психологии массы, что в данном случае и имеет место.

И пусть не говорят нам (как это сделала недавно одна берлинская газета из лагеря дейч-национале), будто пример марксизма и главного сочинения Карла Маркса опровергает наши рассуждения. Нет ничего более поверхностного, как это ошибочное утверждение. Свое гигантское влияние на массу марксизм на деле получил не благодаря тем его печатным произведениям, в которых изложено формальное учение еврейской мысли, а исключительно благодаря грандиозной устной пропаганде, которая воздействует на массы уже в течение многих лет. Можно ручаться, что из ста тысяч немецких рабочих максимум сто человек знают Марксов "Капитал". Это сочинение изучается главным образом только интеллигенцией и в особенности евреями, а вовсе не широкой массой сторонников марксизма из низших слоев народа. Да сочинение это и написано вовсе не для широких масс, а исключительно для еврейских руководителей, обслуживающих машину еврейских захватов. В качестве топлива для всей этой машины марксисты употребляют совсем другой материал, а именно: ежедневную прессу. Марксистская ежедневная пресса радикально отличается от буржуазной тем, что в марксистских газетах пишут агитаторы, а буржуазную, с позволения сказать, агитацию ведут писаки. Рядовой редактор социал-демократической газеты приходит в помещение своей редакции прямо с народного собрания. Он знает свою паству превосходно. Буржуазный же писака вообще редко расстается со своим кабинетом. На народные собрания он не ходит вовсе. А если и придет туда, то тут же заболеет от одного плохого воздуха. Вот почему его печатное слово остается совершенно беспомощным и бессильно оказывать влияние на широкие массы.

Миллионы сторонников из числа рабочих марксизму дали не печатные произведения марксистских отцов церкви, а неутомимая и поистине грандиозная пропагандистская работа десятков тысяч неутомимых агитаторов, начиная с самых крупных апостолов травли и кончая мелкими чиновниками профсоюзов, мелкими секретарями и дискуссионными ораторами.

Эта именно пропаганда подготовила тот контингент людей, которые затем стали постоянными читателями социал-демократической прессы. Да притом и сама эта пресса тоже пишется больше на разговорном языке. В их газетах не пишут, а "говорят". Деятели буржуазного лагеря - профессора, ученые, теоретики, всевозможного вида писатели - иногда пытаются выступать и как ораторы. Марксистские же ораторы почти всегда выступают также и в роли писателей. В последнем случае дело идет ведь главным образом об евреях.

Вот действительная причина того, почему буржуазный газетный мир не в состоянии оказывать никакого сколько-нибудь серьезного влияния на настроения самых широких слоев нашего народа. Известную роль при этом конечно играет и то, что сами эти газеты находятся в руках евреев, а эти последние совершенно не заинтересованы в том, чтобы чему-нибудь хорошему научить массу.

Крайне трудно бывает, как мы уже сказали, преодолевать бессознательно враждебное настроение аудитории, предрассудки, основанные на чувстве, предвзятые мнения, неясные ощущения и т.д. Тут приходится считаться прямо таки с невесомыми факторами. Чуткий оратор скажет вам, что успех собрания в немалой степени зависит даже от такого фактора, как часы, когда это собрание происходит. Тот же самый оратор, читающий тот же самый доклад на ту же самую тему, оставит совершенно иное впечатление на аудиторию, если собрание происходит в десять часов утра, или в три часа дня, или вечером. Когда у меня не было еще достаточного опыта, я сам назначал собрания на утро. И я очень хорошо еще помню неуспех собрания, которое мы назначили утром в помещении мюнхенского ресторана "Киндл" с целью протеста "против безобразий в занятых иностранными войсками немецких территориях". Это было тогда самое большое помещение в Мюнхене, и риск наш был довольно велик. И вот мы решили, что народу соберется больше и что всем нашим сторонникам будет легче явиться на собрание, если мы назначим его на воскресенье в 10 часов утра. Результат получился очень плохой, хотя в то же время и в высшей степени поучительный. Народ-то пришел. Зал был полон. Внешнее впечатление было импозантное. Но в то же время все настроение собрания было совершенно ледяное. Не чувствовалось решительно никакой теплоты. И я сам в качестве докладчика чувствовал себя глубоко несчастным, что не могу вызвать решительно никакого контакта между собою и слушателями. Говорил я в это утро вероятно нисколько не хуже, чем всегда, а впечатления не получилось никакого! Совершенно неудовлетворенный покидал я зал этого собрания, получив, однако, ценный урок. Позднее я еще несколько раз повторил этот опыт, и всегда результат был тот же самый.

В конце концов тут нечему особенно удивляться. Попробуйте сходить в театр на дневное представление, скажем, в 3 часа дня и попробуйте сходить на ту же самую пьесу с тем же составом артистов на вечернее представление в 8 часов вечера, и вы поразитесь тем, насколько различно будет впечатление. Наблюдательный человек, способный отдавать себе отчет в своих собственных настроениях, сразу почувствует громадную разницу между тем впечатлением, какое получается от дневного, и тем впечатлением, какое получается от вечернего представления. Это относится даже и к кино. Последний пример особенно важен потому, что в примере с театром могут возразить, что в вечернем представлении артисты, быть может, более старались и т.п., но кинематографический-то фильм одинаков и в 12 часов дня и в 9 часов вечера. Нет, дело тут именно в том, что само время дня оказывает свое определенное влияние на зрителя. Такое же влияние оказывает и помещение. Есть такие помещения, которые всегда и неизменно оставляют зрителя и слушателя холодными. Видимого объяснения не найдешь, и все-таки это факт, что что-то мешает и настоящего настроения не создается.

Во всех этих случаях задача заключается в том, чтобы соответственным образом воздействовать на волю зрителя или слушателя. Больше всего это относится к собраниям, в которых аудитория составляется из людей других противоположных желаний и на каковых людей оратор хочет оказать воздействие в прямо противоположном направлении. По-видимому, воля человека с утра, а может быть и в течение всего дня еще сильнее нежели к вечеру; поэтому данный слушатель оказывает оратору противоположных взглядов большее внутреннее сопротивление утром нежели вечером.

По- видимому; к вечеру рядовой человек легче поддается воле более сильного, в данном случае выступающего перед ним докладчика. Ибо подобные собрания представляют не что иное как своего рода поединок двух различных настроений. И даже для настоящего оратора, обладающего замечательным красноречием, обладающего чертами апостола, все-таки легче переубедить человека в те часы дня, когда сама природа уже ослабила его силу сопротивления, нежели в те часы дня, когда человек этот обладает еще всей своей энергией и волей.

Этой же цели служит искусственная, но в то же время таинственная обстановка, создаваемая католической церковью: горящие свечи, кадила, запахи и т.д.

Настоящий оратор именно в своих поединках с противником, которого он хочет обратить в свою веру, постепенно вырабатывает себе поразительно тонкую психологическую чуткость, которая почти совершенно несвойственна писателю. Вот почему можно сказать, что как правило печатные произведения больше приспособлены только к тому, чтобы углублять и упрочивать уже сложившиеся мнения. Все действительно великие исторические перевороты сделаны были при помощи устного слова, а не при помощи печатных произведений. Эти последние всегда играли только подчиненную роль.

Ведь все мы знаем, что французская революция отнюдь не была результатом философских теорий. Революции этой не было бы, если бы демагоги большого стиля не создали целую армию людей, травивших монархию, систематически раздувавших страсти страдающего народа, - пока наконец не разразился чудовищный взрыв, заставивший трепетать всю Европу. То же самое приходится сказать о самом большом революционном перевороте новейшего времени. Не сочинения Ленина сделали большевистскую революцию в России. Главную роль сыграла ораторская деятельность больших и малых апостолов ненависти, разжигавших страсти народа в невероятных размерах.

Народ, состоящий из неграмотных людей, был вовлечен в коммунистическую революцию не чтением теоретических сочинений Карла Маркса, а картинами тех небесных благ, которые рисовали им тысячи и тысячи агитаторов, руководившихся при этом, конечно, только одной определенной идеей.[1] Так было, так всегда будет.

---

[1] Неточный перевод. Очень важно, что Гитлер сказал на самом деле (это как раз то, что нынешние властители мира не хотят вспоминать – что красные были **верующими** и собирались жить в Раю именно на *Том* Свете, а вовсе не на Этом). А Гитлер сказал на самом деле вот это: *«Большевистская Революция в России была вызвана не сочинениями Ленина, а разжигающей ненависть ораторской активностью бесчисленных великих и малых* **апостолов** *агитации. Неграмотный простой народ, несомненно, воспылал страстью к*

Адольф Гитлер

Крайне характерно для нашей несчастной, оторванной от жизни немецкой интеллигенции, что по ее мнению писатель всегда имеет умственное превосходство над оратором. В этом смысле распространяется и упомянутая нами газета из лагеря дейч-национале. Свою аргументацию эта несчастная газета подтверждает тем, какое разочарование иной раз вызывает речь признанного большого оратора, будучи напечатанной. Это напоминает мне другой эпизод, оставшийся у меня в памяти со времен войны. В то время появилась книжка речей Ллойд-Джорджа, который был тогда еще английским военным министром. Наша буржуазная немецкая печать сейчас же подвергла эту книжку самому "тонкому" критическому разбору и как дважды два доказала, что речи Ллойд-Джорджа совершенно банальны, ненаучны, недостаточно тонки и т.п. В это время томик речей Ллойд-Джорджа попался и в мои руки. Я прочитал взасос эту книжечку и убедился сразу, что передо мною превосходные образцы ораторского искусства и изумительное умение воздействовать на психологию массы. Мне оставалось только горько посмеяться над нашими газетными писаками, которые совершенно не в состоянии были понять значения таких речей. Наши чернильные кули судили о речах Ллойд-Джорджа по тому впечатлению, какое они производили на наших спесивых пресыщенных интеллигентов. Между тем, великий английский демагог, Ллойд-Джордж, строил свои речи конечно исключительно на том, чтобы оказать как можно большее воздействие на действительно широкие массы своего народа. И он был, конечно, совершенно прав. С точки зрения этого критерия речи английского военного министра были превосходны, были образцовы и речи эти говорили о совершенно изумительном понимании души народа этим оратором. Именно поэтому речи Ллойд-Джорджа действительно оказали огромное влияние на английскую толпу.

---

*Коммунистической Революции не за счёт теоретических чтений Карла Маркса, но исключительно за счёт **Рая Небесного**, который тысячи агитаторов, все как один состоявшие на службе у Идеи, обещали народу...»*
P.S. все как то и «позабыли», что Маркс и Ленин были талмудистами, а Сталин – так и вовсе семинаристом, и что красные на самом деле отреклись от Иеговы Бога и от «Светлого Будущего» на Небесах, где они могли бы быть «вечно молодыми», только на 20м съезде КПСС… Гитлер же в Бога никогда и не верил – не зря же он постоянно употребляет слова «природа», «боги» и «небеса», что выдаёт в нём суеверного язычника. Разумеется, что вся эта «жидовская» тема с очередным Исходом из буржуазного рабовладельческого Египта, который затеяли красные перед самым Концом Света, была Гитлеру глубоко чужда. Гитлер никогда не верил в существование Рая и Ада, в отличие от большевиков, которые считали, что жизнь человеку даётся только один раз, и прожить её надо так, чтобы не было мучительно больно… Собственно, по причине своего неверия в Бога, Гитлер был несогласен с «жидами». А вот современный «полит. корректный» перевод эту деталь замазывает...»

Сравните, эти речи Ллойд-Джорджа с беспомощным лепетом немецкого "оратора" Бетмана-Гольвега. По внешности речи последнего могли казаться более "тонкими", в действительности же речи Бетмана доказывали только то, что этот человек совершенно не умеет говорить со своим народом, ибо абсолютно не знает последнего. Для воробьиных мозгов "образованного" немецкого журналиста остается совершенно непонятным, почему Ллойд-Джордж мог оказывать такое гигантское влияние на массу, а "образованная" болтовня Бетмана, столь нравившаяся нашим "умным" журналистам и интеллигентам, оставалась без всякого влияния на массу. Что Ллойд-Джордж не только не уступает в гениальности Бетману-Гольвегу, но во много раз превосходит его, - это он доказал именно тем, что сумел придать своим речам такую форму, которая раскрыла ему сердца его народа и дала ему возможность полностью подчинить народ своей воле. Этот англичанин доказал свое превосходство над различными Бетманами именно тем, что умел говорить со своим народом просто, ясно, выразительно, приводя легкие и доступные примеры, воздействуя на чувство и воображение массы. Речь подлинного государственного деятеля должна оцениваться не по тому впечатлению, какое она производит на университетских профессоров, а по тому влиянию, какое она оказывает на широкие слои народа. Вот единственный критерий, позволяющий судить о степени действительной гениальности данного оратора.

* * *

Наше движение еще очень молодо. И если оно из ничего стало уже такой большой силой и если все внешние и внутренние враги вынуждены оказывать ему честь своим преследованием, то это приходится приписать только тому, что мы ни на минуту не упускали из виду вышеприведенных соображений.

Печатная литература нашего движения имеет, конечно, важное значение для партии. Но в настоящей обстановке ее роль главным образом в том, чтобы придавать единство мышления руководящему слою работников - высшим и низшим руководителям движения. Вербовать же массы, настроенные еще враждебно к нам, призвано главным образом устное слово. Возьмите убежденного социал-демократа или, скажем, фанатически настроенного коммуниста. Да станут ли они вообще брать в руки национал-социалистическую брошюру! А тем более они не станут покупать книгу нашего издания, не станут ее читать, не придадут никакого значения той критике, которая содержится в ней по адресу их собственного миросозерцания. Да и газету чужой партии в наш век берут в руки лишь очень редко.

Отдельный номер газеты впрочем и не может оказать сколько- нибудь серьезного влияния. Изолированный номер газеты любого лагеря не дает ясного представления о взглядах этого лагеря и поэтому не может оказать влияния на читателя. Большинство людей из массы кроме того вынуждено считать каждый свой пфенниг и уже по одному этому от рядового человека нельзя ожидать, что он подпишется на газету противного лагеря только для того, чтобы иметь возможность объективно разобраться в разногласиях. Из десяти тысяч человек едва ли найдется один, который поступит так. Только тогда, когда человек уже завербован данным движением, он подпишется на газету партии и то главным образом для того, чтобы быть в курсе своей же партийной жизни.

Совсем другое дело - короткая прокламация, написанная "разговорным" языком. Если прокламацию раздают бесплатно, то ее уже довольно охотно берут в руки. Известную роль играет тут и то, чтобы в заголовке была обозначена тема прокламации. Если дело идет о вопросе, который в данную минуту интересует всех, если тема эта на устах у всех, то прокламацию берут наперебой. Такой листок обыкновенно просматривают более или менее внимательно, такому листку иногда удается направить внимание читателя в новую сторону, вызвать у него интерес к новому движению и т.д. Но и листок даже в самом благоприятном случае дает только легкий толчок в определенном направлении. Довести дело до конца, т.е. завоевать человека, он не может. Листок может только обратить внимание прочитавшего его на какой-нибудь новый факт, новый лозунг и т.п. Закрепить влияние листка приходится другими средствами. Сюда относится прежде всего массовое собрание.

Если данный человек начал склоняться в сторону определенного нового молодого движения, то вначале он все-таки чувствует себя еще неуверенно. И тут-то именно приходит на помощь массовое собрание. Картина большого собрания, состоящего из людей одного и того же настроения, большею частью действует одобряюще на человека, только еще собирающегося вступить в ряды нового движения. Возьмите солдата на фронте. Вместе со своей ротой, с батальоном, окруженный со всех сторон товарищами, он идет в бой смелее, нежели тогда, когда он предоставлен сам себе. В кучке он чувствует себя все-таки еще в некоторой безопасности, хотя на самом деле это вовсе не так.

Когда человек попадает на большое собрание или на большую демонстрацию, это не только подкрепляет его настроение, но дает ему определенную связь с единомышленниками, вырабатывает в нем корпоративный дух. Если данный человек является только первым сторонником нового учения на данном заводе, в данном предприятии, мастерской и т.д., то ему иногда приходится трудновато и он подбодряется, когда видит, что он является солдатом большой армии, членом обширной корпорации. Это ощущение он впервые получает только тогда, когда попадает на первое большое массовое собрание или массовую демонстрацию. Из своей маленькой мастерской или из своего большого предприятия, где отдельный человек однако чувствует себя совсем маленьким, новый сторонник нового движения впервые попадает на массовое собрание. Тут он сразу видит тысячи и тысячи людей того же настроения. Его сразу окружает атмосфера шумного энтузиазма, свойственная собранию, где присутствует три-четыре тысячи человек одного лагеря. Эта атмосфера увлекает. Очевидный для всех успех собрания пробуждает подъем и в этом новом посетителе и впервые окончательно освобождает его от живших еще в нем внутренних сомнений. Человек невольно поддается тому волшебному влиянию, которое мы называем массовым самовнушением. Воля, страсть, сила тысяч аккумулируется в каждом отдельном участнике собрания. Человек, переступивший порог собрания еще с некоторым сомнением в груди, теперь покидает его с гордо поднятой головой: он обрел полную веру в свое дело, он стал членом определенного коллектива.

Наше национал-социалистическое движение никогда не должно забывать обо всем этом. Мы никогда не поддадимся внушению буржуазных олухов, которые, видите ли, очень хорошо понимают все и однако, ухитрились проиграть большое государство, проиграть господство своего собственного класса. Да, они страшно умны, эти господа; они умеют все и не сумели сделать только одной мелочи - не сумели помешать тому, чтобы весь немецкий народ попал в объятия марксизма. Тут они провалились самым жалким образом. Не ясно ли, что их самомнение и чванство только родные братья их глупости и невежества.

Если эти господа не хотят признать великого значения за устным словом, то это объясняется очень просто тем, что сами они слишком хорошо убедились в бессилии своего слова.

ГЛАВА VII

НАШИ СТОЛКНОВЕНИЯ С КРАСНЫМ ФРОНТОМ

В 1919-1920 гг., а также в 1921 г. я лично считал необходимым посещать буржуазные собрания. Они неизменно производили на меня такое же впечатление, какое я в свои детские годы получал, когда мне приказывали выпить ложку рыбьего жира. Выпить приходится и, говорят, что рыбий жир очень полезен, но вкус его отвратителен! Если бы можно было весь немецкий народ на веревках приводить силой на эти буржуазные собрания и если бы до конца представления можно было его там удержать, закрыв заранее двери, то в течение нескольких столетий это, может быть, и дало бы определенные результаты. Но о себе лично скажу, что жизнь потеряла бы для меня в этом случае всю свою прелесть и я, пожалуй, перестал бы радоваться тому, что являюсь немцем. К счастью однако на веревке народ не приведешь на эти собрания. Вот почему не приходится удивляться, что здоровая безыскусственная масса народа избегает этих буржуазных "массовых собраний", как черт ладана.

Я лично имел удовольствие видеть живьем этих сомнительных пророков буржуазного миросозерцания и я должен сказать, что с тех пор перестал удивляться тому, что эти господа не придают большого значения устному слову. Я посещал тогда собрания демократов, дейч-национале, немецкой народной партии, баварской народной партии (партия центра в Баварии). Что прежде всего бросалось в глаза, так это полная однородность состава аудитории. Во всех этих "массовых" собраниях на деле принимали участие только члены партии. Полное отсутствие дисциплины! Внешняя картина собрания больше напоминает толпу зевак в картежном клубе, нежели собрание народа, только что проделавшего свою величайшую революцию. И надо отдать справедливость господам докладчикам: они со своей стороны делали все возможное, чтобы еще больше сгустить скуку. Они произносили или, лучше сказать, читали речи, совершенно похожие на газетные статьи в наших "образованных" органах печати или на какой- нибудь скучный научный трактат. Почтенные ораторы старательно избегали хотя бы одного яркого слова. Иногда допускалась только натянутая тощая профессорская шутка. В этот момент почтенные члены президиума считали своей обязанностью засмеяться, но и смех этот ни в коем случае не должен был быть громким. Нет, ведь это могло бы, боже упаси, заразить аудиторию, которая тоже того и гляди стала бы смеяться. Нет, члены президиума считали возможным только "благородно" улыбаться. Сдержанность прежде всего! И вообще этот президиум всегда был таким.

Однажды случилось мне присутствовать на буржуазном собрании в Мюнхене в Вагнеровском зале. Это была манифестация по случаю юбилея Лейпцигской битвы. Речь держал какой-то почтенный старец, профессор какого-то из университетов. На трибуне сидел президиум. Слева - один монокль, справа - другой монокль, посередине какой-то субъект без монокля. Все трое в наглухо застегнутых сюртуках. Впечатление получалось такое, что перед нами не то судьи, только что произнесшие кому-то смертный приговор, не то пасторы, которые сейчас собираются крестить ребенка. Так называемая речь докладчика, которая, будучи напечатана, может быть и произвела бы какое-нибудь впечатление, при устном произнесении действовала просто ужасно. Через три четверти часа все собрание от скуки впало в транс. Скука нарушалась только тем, что время от времени отдельные господчики или отдельные дамочки поднимались и уходили. Тишина нарушалась еще шумом, производимым кельнершами, да зевотой отдельных "воодушевленных" слушателей. В одном углу зала я заметил троих рабочих, пришедших сюда то ли из любопытства, то ли по поручению своей организации. Я занял место около них. Рабочие эти только иронически переглядывались друг с другом, а затем стали друг друга толкать в бок, приглашая к выходу. Наконец они тихонько поднялись и, стараясь не производить ни малейшего шума, вышли из зала. Было ясно, что они и не хотят произвести никакого шума: видя этакое сборище, они должны были прийти к выводу, что не стоит труда мешать этим людям скучать. Я остался. Собрание стало приближаться к концу. Голос докладывавшего профессора становился все слабее. Почтенный оратор кончил. Тогда поднялся субъект, сидевший посередине между двумя моноклями, и стал подробно излагать присутствующим немецким "братьям и сестрам", сколь благодарен он сам и сколь благодарны должны быть все присутствующие высокоуважаемому профессору Икс за его замечательный, исключительный, изумительный доклад, который был так основателен и глубок, который так многому всех нас научил и который составит для нас целое "внутреннее переживание" и вообще является "крупным событием". Было бы профанированием этой торжественной минуты, продолжал председатель, если бы после такого глубокого доклада мы допустили бы еще какую-нибудь дискуссию. Я думаю, что выражу мнение всех присутствующих, если заявлю, что никакой дискуссии не надо, и вместо этого приглашаю всех встать и провозгласить единодушное "ура" и т.д. В заключение председатель приглашал спеть "Дейчланд убер аллес". Собрание кое-как запело. Но когда дело дошло только до второй строфы, число поющих сразу упало. Припев был поддержан опять большим количеством голосов, а когда дело дошло до третьей строфы, поющих стало еще меньше. Мне стало ясно, что почтенное собрание не знает даже текста нашей великой патриотической песни. Но стоит ли в самом деле такому "высокому" собранию знать наизусть народную песню.

На этом собрание разошлось, вернее сказать, разбежалось. Одни торопились в пивную, другие - в кафе, третьи - просто на свежий воздух.

Да, на свежий воздух! Сюда стремился и я всей душой. После спертой атмосферы такого собрания это было вполне понятно. И это называется манифестацией в память великой героической битвы, в которой участвовали сотни тысяч сынов нашего народа! Хотелось только плеваться.

Такие "манифестации" правительство любит. Это действительно "спокойные" собрания. Господину министру не приходится беспокоиться тут, как бы не вышло какого-нибудь беспорядка, как бы волны энтузиазма внезапно не поднялись выше нормального уровня, допускаемого буржуазными приличиями. Тут нашим правителям не приходится бояться, что воодушевленная масса выйдет из зала, построится в стройные ряды и дружным железным шагом пройдет по всем главным улицам города с пением, скажем, нашего национал-социалистического гимна. Нет, наша, любящая спокойствие, полиция может не тревожиться. Тут никаких неприятностей не будет. Люди отправятся только в пивные и в кафе...

Нет, такими гражданами власть может быть довольна!..

* * *

Наши национал-социалистические собрания уж конечно не являлись этакими "мирными" собраниями. Здесь два враждебных миросозерцания вступали в открытый бой друг с другом. Наши собрания отнюдь не кончались тривиальным пением, никому не нужным и никого не зажигавшим. Наши собрания большею частью кончались взрывом настоящей фанатической страсти и подлинного национального энтузиазма.

Нам было ясно с самого начала, что на наших собраниях безусловно необходимо обеспечить слепую дисциплину и прежде всего гарантировать настоящий авторитет президиумам наших собраний. Ибо речи наших ораторов конечно совершенно не были похожи на бесцветную болтовню буржуазных "референтов"; речи наших докладчиков и своим содержанием и своей формой всегда вызывали в противниках бешеную злобу и попытки возражения. Насчет недостатка противников на наших собраниях жаловаться не приходилось. Как часто появлялись они на наши собрания целыми большими толпами, распределив заранее между собою роли! И на лицах всех можно было прочитать: "сегодня мы с ними покончим"!

Зачастую красные приводили на наши собрания своих людей буквально целыми колоннами, причем конечно заранее накачивали этих людей в том направлении, что сегодня же вечером они нас должны разгромить окончательно. Зачастую красные делали абсолютно все приготовления к тому, чтобы взорвать наши собрания. Только решительность и энергия наших президиумов, только быстрота и натиск нашей охраны собраний могли помешать этим заговорам. Действительно, красным было от чего придти в бешенство. Уже один красный цвет наших плакатов привлекал к нам аудиторию и из числа красных. Средний буржуа не переставал возмущаться по поводу того, что и мы, национал-социалисты, избрали красный цвет. В этом видели с нашей стороны, по крайней мере, двусмысленность. Мудрые вожди дейч-националов нашептывали друг другу подозрения, что мы-де на деле являемся только разновидностью марксистов, что, может быть, мы и вообще-то только скрытые марксисты или еще и того лучше - социалисты. Разницы между социализмом и марксизмом эти мудрецы до сих пор не поняли. Особенное возмущение среди этих мещан вызывало то обстоятельство, что мы на наших собраниях обращались к аудитории не со словами "милостивые государи и милостивые государыни", а со словами: "соотечественники и соотечественницы". Ну, а когда узнали, что в своей собственной среде мы друг друга величаем "партийными товарищами", то наш "марксизм" стоял уже вне всяких подозрений. Не раз мы прямо тряслись от смеха по поводу страхов этих буржуазных зайцев и их остроумных догадок насчет нашего происхождения, наших намерений и наших целей.

Красный цвет для наших плакатов мы избрали конечно не случайно, а по зрелом размышлении. Мы хотели этим как можно больше раздразнить красных, вызвать у них возмущение и провоцировать их на то, чтобы они стали ходить на наши собрания хотя бы только с целью срыва их. Нам было важно, чтобы люди эти вообще пришли и чтобы часть их нас выслушала.

Забавно было в эти годы наблюдать колебания и беспомощность наших противников, не знавших какую же тактику выбрать по отношению к нам.

Сначала красные предложили своим сторонникам не обращать на нас внимания и бойкотировать нас.

Так рабочие, как правило, и поступали. Но с течением времени отдельные рабочие все-таки стали просачиваться на наши собрания. И так как число их становилось все больше, а впечатление, производимое нашим учением на них, все сильнее, то вожаки все-таки стали нервничать и пришли в беспокойство. В конце концов они стали приходить к выводу, что просто отмалчиваться неудобно и что к нам нужно применить террор.

Теперь вожаки обращаются к "сознательным рабочим" с другим призывом: пусть они идут на наши собрания с тем, чтобы дать там отпор "реакционно- монархической провокации"; пусть вожди национал-социалистов познакомятся-де с кулаками честных пролетариев.

В результате этого получалась уже иная картина. Уже за три четверти часа начала собрания помещение обыкновенно переполнено рабочими. Собрание напоминает пороховой погреб, в любую минуту готовый взлететь на воздух. Фитиль уже заряжен, и вот-вот раздастся взрыв. Однако на деле получалось иное. Рабочие приходили к нам как противники и враги, а уходили с собрания если уже не как друзья, то по крайней мере как люди, призадумавшиеся над правотой своего собственного учения. Постепенно картина еще больше менялась в нашу пользу. Обыкновенно после трехчасового моего доклада вся аудитория - как друзья, так и недавние враги - превращалась в единую воодушевленную массу друзей. Настроение создавалось такое, что противникам нельзя было уже и мечтать взорвать собрание. Тогда вожаки опять начинали трусить и переходили на сторону тех, которые раньше предлагали не ходить на наши собрания. Опять в рядах марксистских вожаков укреплялось то мнение, что единственно правильной тактикой по отношению к нам будет бойкот наших собраний.

Опять в течение некоторого времени сторонники красных переставали приходить на наши собрания, но спустя короткое время игра опять начиналась сначала.

Полный запрет ходить на наши собрания не удавался. "Товарищи" все же приходили на них во все более и более значительных количествах. Тогда опять побеждали сторонники более радикальной тактики: наши собрания надо-де во что бы то ни стало взрывать.

Но вот проходят два, три, восемь, десять наших собраний; попытки срыва не удаются, и каждый раз часть красных переходит на нашу сторону. Тогда внезапно опять раздается старый пароль: "Пролетарии, товарищи, рабочие и работницы, бойкотируйте собрания этих национал-социалистических провокаторов!".

Те же вечные колебания можно было наблюдать и в красной прессе. То пытаются нас замалчивать, то, убедившись, что это не приводит к цели, избирают противоположную тактику. Тогда начинают нас склонять во всех падежах каждый божий день. При этом рабочим усердно доказывают прежде всего, насколько смешны мы, национал-социалисты. Но скоро вожаки опять убеждаются, что они только достигают противоположных результатов, ибо у многих рабочих естественно возникает вопрос: если национал-социалисты так смешны и ничтожны, то на кой же черт так много о них писать. У рядовых рабочих начинает просыпаться любопытство. Тогда газеты красных внезапно делают новый поворот: над нами уже не просто издеваются, а изображают нас как самых страшных преступников во всей истории человечества. В красных газетах появляются десятки статей, имеющих задачей еще и еще раз доказать преступность наших намерений. Затем пускают в ход россказни о разных скандальных историях, от начала до конца, конечно, выдуманных. Но скоро вожаки убеждаются, что и этот способ борьбы ни к чему не приводит. По сути дела все это нам только помогало, ибо только приковывало внимание к нам и к нашему движению.

Я уже и тогда считал: пусть они нас высмеивают или ругают, пусть изображают нас комедиантами или преступниками, лишь бы только они побольше говорили о нас, лишь бы только рабочие заинтересовывались нашим движением и начинали видеть в нас определенную силу, с которой раньше или позже придется считаться.

Что мы действительно представляем собою и чего мы действительно хотим, с этим вожаки еврейской прессы в один прекрасный день познакомятся очень хорошо. В этом мы были вполне уверены.

Если в то время дело однако не доходило до прямых срывов наших собраний, то это в значительной мере объясняется прежде всего невероятной трусостью господ вожаков красных. Их любимой тактикой было посылать на наши собрания маленьких людишек, а самим дожидаться результатов затеваемого скандала на улице - недалеко от помещения, где происходит само собрание.

Обыкновенно мы бывали в курсе всех планов этих господ, вплоть до деталей и подробностей. Это объясняется, во-первых, тем, что мы, исходя из соображений целесообразности, нередко оставляли многих из своих товарищей в красных организациях. А во-вторых, это объяснялось тем, что заправилы красных по обыкновению не умели держать язык за зубами. Мы уже говорили о том, что у паев Германии вообще не умеют молчать. В данном случае болтливость приносила пользу национальному делу. Вожаки красных не умели удержаться от того, чтобы сразу не разболтать задуманных гениальных планов. Курица, говорят, квохчет лишь тогда, когда она уже снесет яйцо; вожаки же красных поступали наоборот. Будучи вполне в курсе планов красных, мы всегда заблаговременно принимали нужные меры, и посланным ими агентам зачастую даже не приходило в голову, что они очутятся за дверью еще раньше, чем попытаются начать скандал.

Вся эта обстановка побудила нашу партию взять дело охраны своих собраний в собственные руки. Рассчитывать тут на официальную полицейскую охрану не приходится. Напротив. Официальные власти обычно действуют так, что это идет на пользу только скандалистам. Чтобы помешать скандалу полиция обыкновенно прибегает к тому, что просто закрывает собрание. Но ведь этого только и нужно было красным. Практика нашей полиции в этом отношении представляет собою действительно предел беззакония. У нас выработался такой обычай. Если высокоуважаемая полиция узнает, что та или другая группа скандалистов хочет сорвать собрание, полиция не считает своим долгом задержать этих скандалистов, а просто-напросто запрещает самое собрание. Заурядный полицейский гений видит в этом предел государственной мудрости. Это называют у нас "превентивными мероприятиями, направленными к тому, чтобы помешать совершиться беззаконию".

Что же получается? Любая кучка решительных бандитов всегда может помешать честным людям провести задуманное ими политическое собрание. Во имя "тишины и порядка" государственная власть покорно склоняется перед волей бандитов и "просит" честных политических деятелей быть настолько снисходительными и "не провоцировать" бандитов. Если национал-социалисты назначают ряд своих собраний, а профсоюзы заявляют, что они призовут своих членов оказать сопротивление, то наша мудрая полиция не считает необходимым посадить под замок этих шантажистов, а считает за благо просто-напросто запретить наши собрания. Эти охранители закона зачастую бывали даже настолько бесстыдны, что не стеснялись сообщать нам такие вещи в письменном виде.

Чтобы обезопасить свои собрания от возможных скандалов, мы должны были поставить дело так, чтобы быть в состоянии уже в зародыше раздавить всякие такие попытки.

Кроме того мы считались еще и со следующим: любое собрание, если его охраняет только полиция, уже тем самым дискредитируется в глазах широких масс народа. То собрание, которое может состояться только благодаря усиленной охране полиции, уже не может иметь притягательной силы для масс. Низшие слои народа примыкают лишь к тем, за кем они чувствуют большую собственную силу.

Как человек мужественный скорее побеждает сердца женщин, так и соответственная партия скорее побеждает сердца народа, нежели трусливая организация, прячущаяся за спиной полиции.

Это последнее соображение играло особенно большую роль в том, что наша молодая партия сочла необходимым взвалить на свои собственные плечи задачу охраны своих публичных собраний от террора противников.

Дело охраны наших собраний мы построили на следующих двух принципах:
1. На энергичном и психологически правильном руководстве собранием.
2. На создании специальных отрядов, имеющих задачей охрану порядка на наших собраниях.

Когда мы, национал-социалисты, в ту пору устраивали собрания, то хозяевами на наших собраниях были мы и никто другой. Что именно мы являемся неограниченными хозяевами в зале, это мы давали чувствовать собравшимся непрерывно каждую минуту. Наши противники превосходно знали, что если кто-либо посмеет прибегнуть к провокации, он немедленно вылетит за дверь, и что если нас будет всего даже 10 человек на полтысячи, все равно мы не остановимся ни перед чем. Обычно тогда - особенно вне Мюнхена - на наших собраниях и господствовала такая пропорция: 10-15 национал-социалистов на 500-700 слушателей. И тем не менее ни одна провокация на наших собраниях не могла оставаться безнаказанной. Посетители наших собраний твердо знали, что мы лучше дадим убить себя, нежели капитулируем. И не раз действительно случалось на наших собраниях, что маленькая горсточка наших товарищей геройски отбивалась от громадной массы ревущих и готовых на все красных и тем не менее добивалась своего.

Конечно, если бы красные решились идти до конца, они могли бы расправиться с нашей горсточкой; но господа красные знали, что раньше чем они перебьют наших 15-20 человек, мы наверняка раздробим черепа по крайней мере вдвое большему количеству их сторонников. Ну, а такого риска красные не любили.

Приступая к широкой организации наших собраний, мы научились использовать опыт и технику марксистских и буржуазных собраний.

У марксистов на собраниях издавна господствовала слепая дисциплина, так что о попытках срыва их собраний по крайней мере со стороны буржуазных противников не могло быть и речи. За то сами красные изощрялись в этих попытках по отношению к своим противникам. Они достигли в этом отношении такой виртуозности, что одно время в целом ряде областей Германии любая попытка созвать немарксистское собрание уже рассматривалась как провокация по отношению к рабочим. Особенно неистовствовали вожаки красных, если они подозревали, что на каком- нибудь собрании заговорят об их собственных грехах и разоблачат их собственную низость и ложь. Как только господа вожаки узнавали, что предполагается созыв такого враждебного им собрания, вся красная печать подымала неистовый вой. Затем эти принципиальные противники закона тотчас же бежали к первому попавшемуся полицейскому и нахально заявляли, что пусть лучше полиция сама не допустит до этой "провокации рабочих", иначе-де "будет хуже". С каждым чиновником они говорили в соответственном стиле, учитывая, насколько большим ослом является этот чиновник. Но если в виде исключения они наталкивались на действительно честного немецкого администратора, а не на жалкую тряпку, и если этот администратор не поддавался их шантажу, тогда господа красные опять прибегали к своему испытанному средству: они заявляли, что рабочие не потерпят "провокации пролетариев", и приглашали своих сторонников в таком-то количестве собраться в таком-то часу, явиться на собрание противников и "при помощи мускулистой руки рабочего положить конец этому неслыханному позору". Надо было видеть, в какое смятение приходили трусливые руководители буржуазных собраний, когда там появлялись господа красные. Чаще всего одной угрозы красных бывало достаточно, чтобы устроители собрания отказывались от самого собрания. Но если собрание не отменялось, то из трусости его открывали по крайней мере на час позже - вместо 8 часов в 9 часов вечера. В течение этого часа будущий председатель вступал в частные переговоры с явившимися противниками; лебезя перед ними, он делал тридцать три комплимента "господам из оппозиции", распространялся о том, как все устроители собрания рады и счастливы, что оппозиция явилась на собрание (чистейшая ложь!), ибо они уверены-де, что после обмена мнений (а свободу дискуссии он, таким образом, уже заранее конечно гарантировал противникам), быть может, найдется общая почва и, во всяком случае, точки зрения-де сблизятся и т.п. При этом храбрый председатель конечно не переставал божиться, что в задачи устроителей собрания, боже упаси, отнюдь не входит переубедить людей другой партии. Нет, пусть каждый свободно остается при своем мнении и предоставит свободу мнений и другим. Все, о чем председатель просит "господ из оппозиции", так это, чтобы они не прерывали докладчика: к тому же и докладчик будет-де совсем короток, а после него сразу начнутся прения. Неужели же уважаемые граждане хотят, чтобы и это наше собрание явило картину братоубийственной войны в лагере немецкого народа.

В этом духе униженно изливался будущий председатель собрания. Бррр...

Господа друзья слева конечно очень мало трогались такими увещаниями. Как только докладчик начинал свою речь, его тут же осыпали самыми бешенными ругательствами. В конце концов докладчику приходилось собирать свои бумажки и кончать. При этом часто получалось впечатление, что сам докладчик облегченно вздыхал, довольный, что мучения его быстро кончились. При неистовых воплях красных покидали эти буржуазные тореадоры арену собрания, а еще чаще просто вылетали с собрания с разбитой головой.

Вот почему господам марксистам показалось чем-то совершенно новым то, с чем им пришлось встретиться на наших национал-социалистических собраниях. Сначала они приходили в помещения наших собраний в полной уверенности, что им и здесь шутя удастся их обычная игра. "Сегодня мы кончаем с этими господами" - так хвастливо говорили они друг другу при входе на наши собрания. И как же удивлены бывали эти господа, что, не успев еще сделать второго цвишенруфа, они уже вылетали из зала собрания, как перышки, и сами не понимали при этом, как они очутились за дверями зала.

Во-первых, председатель собрания вел себя у нас совершенно по-иному. Никогда наш председатель не унижался до того, чтобы просить противников дать нам свободно говорить. Во-вторых, наш председатель ни в коем случае не обещал заранее безграничной свободы дискуссий на нашем собрании, а только заявлял, что хозяевами собраниями являемся мы, что поэтому все права на этом собрании принадлежат нам и что каждый, кто посмеет сделать хотя бы один только цвишенруф, сейчас же будет безжалостно удален из зала. Далее наш председатель считал необходимым тут же заявить, что никакой ответственности за ту судьбу, какая может постигнуть скандалистов, мы на себя не берем. Если останется время и если мы будем считать это полезным, то мы откроем некоторую дискуссию, если же нет, то не откроем. Затем председатель без дальних слов объявлял собрание открытым, и наш докладчик тотчас же приступал к докладу. Уже одно это вызывало изумление противников. Но далее в нашем распоряжении были еще, хотя и малочисленные, но превосходно организованные отряды, имевшие задачей охрану порядка на собраниях. Буржуазные партии обыкновенно вербовали распорядителей собрания из числа старых почтенных людей, которым право на уважение и авторитет давал их преклонный возраст. Но так как натравливаемая марксистами толпа плевать хотела на преклонный возраст, то пользы от этих распорядителей на буржуазных собраниях ровным счетом никакой не получалось.

Я в самом начале провел ту мысль, что отряды наших распорядителей на собраниях должны принципиально состоять только из молодежи. Наши отряды состояли частью из моих ближайших товарищей по фронту и по военной службе вообще, частью же из молодых партийных товарищей, недавно вступивших в наше движение. Я воспитывал этих товарищей в той мысли, что террор можно сломить только террором, что успех на нашей земле сужден только тем, у кого будет достаточно решимости и мужества, что мы ведем борьбу за такую великую идею, за которую не грех отдать последнюю каплю крови. Это молодежь воспитана была нами в той мысли, что если уж приходится дело решать силой, то наилучшей тактикой будет всегда наступление. Вот почему уже в очень скором времени все узнали ту истину, что наши отряды - это не члены дискуссионного клуба, а люди, проникнутые воинским духом и всегда готовые бороться не на жизнь, а на смерть.

Как страстно жаждала эта превосходная молодежь именно боевого лозунга!

Как презирало это фронтовое поколение, как ненавидело оно буржуазную слабохарактерность и трусость!

Эта превосходная молодежь теперь воочию убедилась, что ноябрьская революция была результатом только слабости и трусости буржуазных руководителей. Физической силы, чтобы защитить интересы немецкого народа, хватило бы и в ноябре 1918 г. Для этого не хватило только стойкости и ума у руководителей. Как радостно сияли, бывало, глаза этих молодых товарищей, когда я все это им разъяснял и вновь и вновь доказывал им, что самые мудрые идеи ни к чему не приведут, если у нас не хватит физической силы их защитить, что милосердная богиня мира нисходит только к сильному и что действительно прочный мир могут завоевать лишь те, кто опирается на реальные силы. Только теперь эта молодежь действительно поняла идею всеобщей воинской повинности в ее подлинно великом значении. Теперь она убедилась, сколь мертвенно было то толкование, какое давали этой идее старые чиновничьи души. Теперь моя молодежь поняла, что смысл этой идеи заключается в подлинно героической борьбе за существование своего народа, а не в борьбе за мертвый авторитет мертвого государства.

И как превосходно выполняла свою задачу эта наша прекрасная молодежь!

На каждого нарушителя порядка на наших собраниях наши отряды налетали как стая хищных птиц. Они совершенно не считались с количеством противников. Пусть врагов в зале было в десять раз больше, пусть их ранили, пусть убивали - все равно, каждый из этих молодых людей знал, что он выполняет великую священную миссию, что на нем лежит дело защиты нашего великого движения. Уже к концу лета 1920 г. организация этих наших отрядов приняла определенные формы. Весною 1921 г. мы стали формировать из них сотни, которые в свою очередь подразделялись на более мелкие единицы.

Это стало совершенно необходимо, ибо тем временем собрания наши стали все больше и больше разрастаться. Все чаще и чаще приходилось нам прибегать к самым большим залам в Мюнхене. В течение осени и зимы 1920-1921 гг. в самых больших помещениях в Мюнхене сплошь и рядом собиралась именно наша аудитория. Массовые собрания, устраиваемые германской национал-социалистической рабочей партией, все время были настолько переполнены, что каждый раз полиция закрывала двери и объявляла, что зал больше не может вместить ни одного человека.

* * *

Когда сорганизовались наши отряды, перед нами возник один новый важный вопрос. До сих пор у нас не было ни своего партийного значка, ни своего партийного знамени. Это стало вредно для движения. Без этих символов мы не могли уже обойтись ни сейчас ни тем более на будущее. Партийным товарищам нужен был значок, по которому они уже внешним образом могли бы друг друга узнавать. Ну, а на будущее уж конечно нельзя было обойтись без известного символа, который мы к тому же должны были противопоставить символам красного интернационала.

Я уже с детских лет знал, какое великое психологическое значение имеют подобные символы и как действуют они прежде всего на чувство. После окончания войны мне однажды пришлось наблюдать массовую марксистскую демонстрацию перед королевским дворцом в Люстгартене. В демонстрации этой участвовало около 120 тысяч человек. Море красных знамен, красных повязок и красных цветов - все это создавало неотразимое внешнее впечатление. Я лично мог тут убедиться, насколько такое волшебное зрелище неизбежно производит гигантское впечатление на простого человека из народа.

Буржуазные партии, не обладающие своим особым миросозерцанием, не нуждались поэтому до сих пор и в своем собственном партийном знамени. Буржуазные "патриоты" довольствовались официальным государственным флагом. Это было бы естественно, если бы дело обстояло так, что буржуазия сама создала свое государство, а стало быть и соответственные символы его. Но дело обстояло именно не так.

Империя создалась без всякого содействия со стороны германской буржуазии, а имперский флаг родился на полях войны. Но именно поэтому официальный имперский флаг и представлял собою только государственный флаг и не служил выражением какого-либо особого миросозерцания.

Только еще в немецкой Австрии буржуазия имела нечто вроде своего собственного знамени. Часть немецко-австрийского национально настроенного бюргерства присвоила себе знамя 1848 г. Этот черно-красно- золотой флаг стал официальным символом части австрийских немцев. За флагом этим тоже не стояло особое миросозерцание. Но с государственной точки зрения этот символ тем не менее представлял собою нечто революционное. Самыми непримиримыми врагами этого черно-красно- золотого флага были тогда - не забудем этого - социал-демократы, христианско-социальная партия и всех видов клерикалы. Эти партии издевались тогда над черно-красно-золотым флагом, забрасывали его грязью, ругались над ним совершенно так же, как они это проделывали в 1918 г. по отношению к черно-бело-красному знамени. Черно-красно- золотые цвета, которыми пользовались немецкие партии старой Австрии, были в свое время цветами 1848 г., т.е. цветами довольно фантастической эпохи. В Австрии за этими знаменами шла часть честных немецких патриотов. Но за кулисами движения и тогда уже осторожно прятались евреи. А вот, после того как совершилась подлейшая измена отечеству, после того как самым бесстыдным образом продали немецкий народ, марксистам и партии центра черно-красно-золотые знамена внезапно стали так дороги, что теперь они рассматривают их как свою святыню.

Так и получилось, что вплоть до 1920 г. красному знамени марксистов, в сущности говоря, не противостоял никакой другой флаг, который был бы символом другого, прямо противоположного марксизму мировоззрения. Лучшая часть немецких буржуазных партий, правда, не захотела стать под черно-красно-золотой флаг, ставший теперь флагом врагов. Но, с другой стороны, она не сумела и выдвинуть свою самостоятельную программу. В лучшем случае она выдвигала только идею простого восстановления старой империи.

Благодаря этому последнему обстоятельству черно-бело-красный флаг опять возродился и стал официальным флагом наших так называемых "национальных" буржуазных партий.

Нам было ясно, что этот флаг, который был уже побежден и разорван марксистами в обстановке очень унизительной для нашего национального достоинства, совсем не годится стать символом новой эпохи, когда главной нашей задачей становится борьба против этого же самого марксизма. Конечно, цвета эти очень дороги и священны для нас. Это чудесное сочетание красок не может не радовать глаз каждого честного немца, боровшегося под этим знаменем и приносившего за него величайшие жертвы. Но символом новой эпохи, знаменем предстоящей теперешней борьбы цвета эти все же стать не могут.

В отличие от всех буржуазных политиков я держался того мнения, что для немецкой нации является истинным счастьем то обстоятельство, что мы потеряли официальный флаг старой империи. Пусть современная подлая республика совершает свои подлости под своим собственным знаменем. Мы должны быть только благодарны судьбе за то, что она избавила старое славное знамя старой германской империи от участи позорного проституирования его современной республикой. Пусть нынешние государства, торгующие своими собственными судьбами своих граждан, не смеют грязнить наше старое героическое черно-бело-красное знамя.

Пока существует режим ноябрьского позора, пусть он лучше пользуется своими собственными эмблемами и не смеет позорить знамена героического прошлого. Пора нашим буржуазным политикам понять, что тот, кто предлагает присвоить нынешнему режиму черно-бело-красный флаг, обкрадывает наше прошлое. Этот старый флаг соответствовал старой империи, а нынешняя республика, слава богу, избрала те цвета, которые подходят для нее.

Вот почему мы, национал-социалисты, не могли сделать своим старое официальное знамя старой империи. Наша задача - создать новое государство, а не просто пробудить от мертвого сна старый режим, погибший в результате его собственных слабостей и ошибок.

Вот почему наше движение, открывшее во имя этого кампанию против марксизма, должно иметь свое собственное новое знамя, являющееся символом грядущего нового государства.

Вопрос о том, как должно выглядеть это наше новое знамя, нас в то время сильно интересовал. Со всех сторон мы получали всевозможные проекты. Желания авторов этих проектов были конечно очень хороши, но действительно удачных проектов не было. Новый флаг должен был выражать центральные идеи нашего движения. Но вместе с тем внешняя форма его непременно должна была быть очень выразительной, притягательной, действующей на массы. Кому приходится много соприкасаться с массой, тот поймет, что и небольшие мелочи имеют в этом отношении крупное значение.

Удачный партийный значок может послужить первым толчком, который пробудит интерес к новому движению у сотен тысяч людей.

С разных сторон нам предлагали белый цвет. Это было неприемлемо для нас, ибо мы ни в какой мере не хотели отождествлять наше движение со старой империей или, вернее сказать, с теми трусливыми партиями, которые видят свою единственную политическую цель в восстановлении старого режима. К тому же белый цвет вообще не является цветом, увлекающим массу. Он подходит для добродетельных старых дев и для всевозможных постных союзов, но не для великого революционного движения нашего времени, ставящего себе целью совершить величайший переворот.

Другие предлагали нам черный цвет. Черные краски недурно символизируют современное положение вещей, но зато они совершенно не выражают внутренних тенденций, заложенных в нашем движении. Затем черный цвет тоже не увлекает массы.

Бело-синие цвета, сами по себе с эстетической точки зрения очень недурные, исключались уже потому, что эти цвета являются официальным символом одного из отдельных германских государств, к тому же не пользующегося особой популярностью ввиду партикуляристских тенденций. Да и это сочетание цветов не давало сколько-нибудь ясного представления о целях нашего движения. То же самое относилось и к черно-белым цветам. О черно-красно-золотом флаге не могло быть и речи. Черно-бело- красные цвета были неприемлемы по соображениям, указанным уже раньше, по крайней мере в их прежнем виде. Это сочетание красок, вообще говоря, безусловно лучше всех остальных. Это самый могущественный аккорд красок, который вообще только возможен. Я лично все время выступал за то, чтобы так или иначе сохранить старые цвета, ибо они были для меня как для солдата не только святыней, но и казались мне с эстетической точки зрения наиболее художественными. Тем не менее я вынужден был отклонить все бесчисленные проекты, присылавшиеся мне со всех концов молодыми сторонниками движения, поскольку все эти проекты сводились только к одной теме: брали старые цвета и на этом фоне в разных вариациях рисовали мотыгообразный крест. В качестве вождя я не хотел с самого же начала опубликовать свой собственный проект, ибо допускал, что кто-нибудь другой предложит столь же хороший, а может быть и лучший проект, чем мой. И действительно один зубной врач из Штарнберга предложил совсем неплохой проект, близкий к моему проекту. Его проект имел только тот единственный недостаток, что крест на белом круге имел лишний сгиб. После ряда опытов и переделок я сам составил законченный проект: основной фон знаменил на красный;

белый круг внутри, а в центре этого круга - черный мотыгообразный крест. После долгих переделок я нашел наконец необходимое соотношение между величиной знамени и величиной белого круга, а также остановился окончательно на величине и форме креста.

Это знамя и стало нашим знаменем. Форма повязок принята была такая же: красная повязка, внутри ее белый круг, а в центре этого круга черный крест.

Затем был выбран такой же партийный значок: белый круг на красном поле, а внутри круга черный крест. Один мюнхенский золотых дел мастер по фамилии Фюсс представил первый проект, который потом вошел в обиход.

Поздним летом 1920 г. наш партийный флаг впервые увидел свет. Он превосходно подходил к молодому нашему движению. Он был нов и молод, как само наше национал-социалистическое движение. Новое невиданное дотоле знамя производило могучее агитационное влияние.

Это был действительно достойный символ! Перед нами не только сочетание всех красок, которые мы так горячо любили в свое время. Перед нами также яркое олицетворение идеалов и стремлений нашего нового движения. Красный цвет олицетворяет социальные идеи, заложенные в нашем движении. Белый цвет - идею национализма. Мотыгообразный крест - миссию борьбы за победу арийцев и вместе с тем за победу творческого труда, который испокон веков был антисемитским и антисемитским и останется.

Спустя два года, когда наши дружины разрослись и охватывали уже много тысяч штурмовиков, возникла необходимость выработать для этой молодой организации еще один новый символ победы: специальный штандарт. Проект штандарта я тоже выработал сам, а затем передал его одному золотых дел мастеру - Гару для исполнения. С тех пор штандарт тоже принадлежит к числу победоносных символов нашего движения.

Собрания наши в 1920 г. стали происходить все чаще и чаще. В конце концов мы стали устраивать по два собрания в неделю. Перед нашими плакатами всегда толпилось множество людей. Самые большие залы Мюнхена всегда были переполнены. Десятки тысяч обманутых марксистами рабочих перешли на нашу сторону и тем самым были возвращены в лоно борцов за новое будущее свободное немецкое государство. Теперь в Мюнхене нас знала уже широкая публика. О нас заговорили. Слово "национал-социалист" было у всех на устах, и все уже понимали, что это слово означает определенную программу. Систематически росло число наших сторонников и увеличивалось число членов организации. Зимою 1920/21 г. мы выступали уже в Мюнхене как сильная партия.

Кроме марксистских партий и нас в Мюнхене не было тогда никакой другой партии с таким массовым влиянием. Во всяком случае не было другой национальной партии с таким массовым влиянием. Пятитысячная аудитория в зале "Киндл" не раз заполнялась нашими слушателями так, что яблоку негде было упасть. В Мюнхене оставалось только одно большое помещение, в котором мы еще не решались устраивать свои собрания: цирк Кроне.

В конце января 1921 г. Германия опять переживала особенно тяжелые времена. Парижское соглашение, обязывавшее Германию к выплате безумной суммы в 100 миллиардов золотых марок, входило в силу и начинало давить на народ самым беспощадным образом.

В Мюнхене издавна существовал блок так называемых патриотических союзов. И вот этот блок проектировал теперь устроить большое собрание протеста по этому поводу.

Время было горячее, ждать было нельзя. Я лично очень нервничал по поводу того, что принятое решение о большом собрании протеста все откладывалось и затягивалось. Сначала проектировалась манифестация на Королевской площади. Затем этот план был оставлен из опасения, что манифестация будет разогнана красными. Потом был выдвинут проект манифестации по Аллее полководцев. Но затем и этот проект был сдан в архив, и в конце концов остановились на проекте общего собрания в том же помещении "Киндл". Между тем дело все затягивалось. Так называемые большие партии вообще не обращали внимания на это событие, а блок патриотических союзов все не решался точно назначить день предполагаемой манифестации.

Во вторник 1 февраля 1921 г. я стал настоятельно требовать, чтобы наконец принято было решение. Мне обещали, что в среду решение будет принято. Наступила среда, и я потребовал окончательного ответа. Но ясного ответа я опять не получил. Мне было заявлено, что блок "рассчитывает" на следующей неделе в среду непременно устроить эту манифестацию.

Но это было уже слишком. Мое терпение лопнуло, и я принял решение устроить это собрание протеста на свой собственный страх и риск. В ту же среду после обеда я в течение 10 минут продиктовал машинистке листовку и поручил нанять помещение в цирке Кроне на следующий же день в четверг 3 февраля.

В ту пору это было очень рискованное предприятие. Неизвестно было, удастся ли собрать такую аудиторию, которая смогла бы заполнить это колоссальное помещение. Но кроме того существовала еще та громадная опасность, что придут красные и сорвут собрание.

Наши дружины были еще слишком слабы для такого колоссального помещения. Конкретного плана действий на случай попыток срыва собрания у меня тоже еще не было. Мне тогда еще казалось, что сорвать собрание в таком громадном помещении вообще гораздо легче, чем в меньшем зале. Но опыт показал, что в этом отношении я был совершенно неправ. Дело обстоит как раз наоборот. В этом большом помещении гораздо легче справиться с нарушителями порядка, чем в переполненном до краев меньшем зале. Ясно было только одно: если нас постигнет неудача, мы можем быть отброшены назад надолго. Если бы красным один раз удалось разогнать наше собрание, это одним ударом лишило бы нас ореола и придало бы противнику духу повторять такие попытки на каждом нашем дальнейшем собрании. Это привело бы к саботажу всех наших дальнейших собраний и прошло бы, быть может, несколько месяцев, прежде чем мы смогли бы оправиться от удара.

Но решение было принято. Оставалось действовать. Для распространения нашего листка и плакатов мы имели в своем распоряжении только один день, а именно четверг. Уже с утра, к нашему огорчению, пошел дождь. Были все основания опасаться, что многие предпочтут остаться дома, чем по дождю и снегу идти на собрание, где к тому же возможна кровопролитная драка.

В четверг утром я стал серьезно опасаться, удастся ли нам собрать достаточно большую аудиторию, чтобы заполнить такое гигантское помещение. Если бы это не удалось, вся вина пала бы на мою голову и мое положение перед блоком было бы неважное. Я решил тут же выпустить еще пару летучек. Немедленно я продиктовал текст, дал напечатать листки и приступил к их распространению. Летучки естественно содержали приглашение на собрание. Затем я нанял два грузовика, задрапировал их красной материей, водрузил на них несколько партийных знамен и посадил на каждый из грузовиков по 15-20 товарищей. Они получили приказ объехать все улицы города, разбросать всюду листки и вообще вести пропаганду в пользу нашего собрания. Это был первый случай, когда на улицах Мюнхена появились грузовики со знаменами, принадлежавшими немарксистской партии. Буржуазное население города с раскрытыми ртами следило за разъездами красных грузовиков с нашими знаменами. В рабочих же кварталах по адресу наших грузовиков раздавались проклятия, рабочие грозили кулаками в воздух и ругались по поводу новейшей "провокации по адресу пролетариев". Ведь до сих пор никто не сомневался в том, что большие собрания имеют право созывать только марксисты и разъезжать со своими знаменами на грузовиках имеют право тоже только они.

К семи часам вечера помещение цирка не было еще полно. Каждые десять минут мне сообщали по телефону о положении дел. Я сам изрядно нервничал. Когда мы устраивали наши собрания в других помещениях, то к семи часам или к семи с четвертью зал уже обыкновенно бывал полон. Но скоро положение стало разъясняться: я просто не учел гигантских размеров помещения цирка. В прежних залах наших собраний тысяча человек составляла уже заметную величину. В помещении же цирка Кроне такое количество людей было совершенно незаметно. Минут через 20 я стал получать уже более благоприятные сведения. В три четверти восьмого мне сообщали, что помещение уже на четыре пятых заполнено и что большие массы народа толпятся еще перед билетными кассами. Тогда я отправился в цирк.

Я подъехал к помещению цирка без двух минут восемь. Перед цирком все еще толпилась громадная масса людей. Частью это были просто любопытствующие, но частью и противники из числа тех, которые предпочитали выжидать событий на улице.

Когда я вошел в зал, я увидел перед собою гигантскую массу людей, сердце мое забилось такой же радостью, как это было год тому назад во время первого нашего большого собрания в большом зале мюнхенской Придворной пивной. Насколько велик успех, это я понял лишь тогда, когда, пробравшись через человеческую стену, я взошел на трибуну и смог лучше обозреть аудиторию. Зал показался мне похожим на гигантскую раковину, переполненную тысячами и тысячами людей. Арена цирка также вся занята была посетителями. Продано было более 5600 билетов. А если сюда прибавить еще известное количество безработных, неимущих студентов и нашу собственную охрану, то аудитория была никак не меньше, чем шесть с половиной тысяч человек.

Мой доклад был озаглавлен: "Гибель или светлое будущее". Когда я взглянул на аудиторию, сердце мое забилось уверенностью: не гибель, а именно светлое будущее!

Я начал свой доклад и проговорил около двух с половиной часов. Уже после первого получаса чувство подсказывало мне, что настоящее собрание превратится в громадный наш успех. Я почувствовал, что речь моя доходит до сердца каждого из слушателей. Уже после первого часа меня начали прерывать все более и более бурными аплодисментами. Спустя два часа в зале наступила та напряженная и торжественная тишина, которую я впоследствии не раз переживал в этом же помещении и которая незабываема для всех участников таких наших собраний. Затаив дыхание, гигантская толпа ловила каждый звук. А когда я произнес последнее слово своей речи, толпа разразилась бурным восторгом, вся поднялась с места, и из всех грудей вырвалось могучее пение "Дейчланд убер алес".

Я сам находился под огромным впечатлением происшедшего. Как завороженный продолжал я стоять на трибуне и наблюдать, как гигантский человеческий поток в течение целых 20 минут выливался из центральных дверей наружу. Когда народ разошелся, я полный счастья медленно отправился домой.

С этого собрания в цирке Кроне были сделаны снимки. Эти фотографии лучше чем какие угодно слова показывают величие собрания. Некоторые буржуазные газеты напечатали снимки и дали небольшие заметки, в которых говорилось о том, что это была "национальная" манифестация, но по обыкновению замалчивались имена устроителей.

Это собрание впервые подняло нашу партию над уровнем обычных шаблонных партий. Теперь никто уже не мог пройти мимо нашего движения. Чтобы подчеркнуть, что перед нами не просто мимолетный успех, не случайный эпизод, я тотчас же принял меры к тому, чтобы на следующей неделе повторить такое же собрание в этом же помещении. Успех получился такой же. Гигантское помещение было опять переполнено настолько, что я тут же решил на следующей же неделе устроить третье такое собрание. Это третье собрание было переполнено в такой же мере и прошло с таким же подъемом.

Так начался для нас 1921 г. в Мюнхене. Теперь я перешел к устройству двух, а иногда и трех массовых собраний в неделю. Теперь наши собрания постоянно происходили именно в цирке, и все вечера имели одинаково большой успех.

В результате число сторонников быстро возросло; сильно увеличилось также число членов партии.

Такие успехи не могли конечно оставить равнодушными и наших противников. Мы уже сказали, что противники прибегали то к замалчиванию нашего движения, то к террору. Теперь они убедились, что ни то ни другое не помогло. После некоторых колебаний противники вновь приняли решение прибегнуть к террору, но сделать это с такой силой, чтобы надолго отучить нас от устройства собраний.

Внешним поводом они избрали некое очень таинственное покушение на их депутата Эргардта Ауэра. На этого Эргардта Ауэра будто бы кто-то ночью напал с револьвером. Правда, он не был ранен и вообще неизвестно, стреляли ли в него, но версия была пущена такая, что имело место покушение. Конечно изумительное присутствие духа и необычайное мужество социал-демократического вождя не только помешали преступному покушению совершиться, но и обратили в бегство таинственных преступников. Преступники убежали так быстро, что полиции так никогда и не удалось набрести даже на их след. Но именно этот повод показался красным подходящим, чтобы опять начать безмерную травлю нашего движения и опять начать хвастаться, как беспощадно они разделаются с нами. Теперь - угрожала местная с.-д. газета - приняты уже вполне достаточные меры, чтобы раз навсегда раздавить нас. Мускулистая рука рабочих положит-де предел всем нашим крикливым успехам. Спустя несколько дней, красные назначили и срок нападения. С этой целью они остановились на собрании, в котором должен был выступать я лично. Дело шло о собрании в большом зале Придворной пивной.

4 ноября 1921 г. между 6 и 7 часами пополудни я получил точные известия, что решено во что бы то ни стало взорвать наше собрание и что с этой целью со многих красных предприятий посланы специально большие массы рабочих.

Только благодаря несчастному стечению случайных обстоятельств, мы не получили этого сообщения гораздо раньше. Дело в том, что как раз в этот день мы меняли помещение своей партийной организации и переходили в новое. Но в новом помещении продолжали работать, и мы не сразу могли там устроиться. В старом помещении телефон уже был снят, а в новое мы не успели еще его перенести. Несколько раз в течение дня нам пытались звонить, чтобы сообщить нам о готовящемся скандале, но вследствие указанных обстоятельств не могли дозвониться.

Так как мы не знали о готовящихся событиях, то случилось так, что на собрании присутствовала только очень слабая наша дружина. Не было даже целой сотни. Присутствовавший отряд насчитывал всего 46 человек. Наш осведомительный аппарат в то время был налажен еще плохо, и при тогдашней службе связи мы в течение какого-нибудь одного часа не в состоянии были мобилизовать достаточное подкрепление. К тому же в прошлом не раз бывали ложные тревоги и получавшиеся сведения не оправдывались. Недаром старая пословица говорит, что заранее назначенные революции никогда не происходят. Это правило подтвердилось и на опыте наших собраний.

В результате всех этих обстоятельств мы не смогли принять всех тех мер, которые были бы приняты, если бы мы заблаговременно знали о готовящемся.

Данное помещение к тому же казалось нам менее удобным для упражнения красных. Обыкновенно мы больше боялись за цирк, вообще за собрания, происходившие в более крупных помещениях. Но в этот день мы получили урок, убедивший нас в противном. Все эти проблемы мы впоследствии изучили досконально, можно сказать, научно. Результаты, к которым мы пришли, были крайне поучительны и сослужили большую службу нашим отрядам штурмовиков на будущее.

Когда я в три четверти восьмого вошел в небольшой зал, прилегающий к главному помещению, где должно было происходить собрание, не было уже никаких сомнений в том, что красные действительно подготовили провокацию. Главный зал был уже переполнен, и полиция больше никого уже не пускала. Противники явились очень рано и заняли много мест в зале. Большинство же наших сторонников уже не могли проникнуть в помещение собрания. Наш маленький отряд штурмовиков поджидал меня в небольшом зале, прилегавшем к главному помещению. Я приказал закрыть двери, ведущие в главное помещение, и решил переговорить сначала с моими штурмовиками. Без дальних слов я объяснил своим молодцам, что сегодня им вероятно впервые представится случай показать на деле, насколько они преданы нашему движению. Я заявил, что никто из нас не должен и не смеет покинуть зал собрания - разве что его вынесут оттуда мертвым. Я сказал им, что сам я во что бы то ни стало останусь в зале собрания и надеюсь, что никто из них меня не покинет. Если же я замечу, что кто-нибудь из них струсит, то я лично сорву с него повязку и отниму у него партийный значок. Затем я дал им приказ при первых же попытках внести беспорядок в собрание моментально наступать, памятуя, что наступление есть лучшая защита.

Ребята ответили мне троекратным "ура". Голоса их были взволнованы.

Вслед за этим я попал в большой зал. Теперь я мог собственными глазами убедиться в том, какая создалась ситуация. Противники сидели густыми рядами и пытались пронзить меня уже одними взглядами. Многие из них смотрели на меня с нескрываемой ненавистью, а другие стали делать совершенно недвусмысленные замечания с мест. Сегодня нам "приходит конец", сегодня нам "раз навсегда" закроют рот; многие намекали на то, что нам прямо "выпустят кишки" и т.д. в том же духе. Господа эти слишком были уверены в своем перевесе сил и чувствовали себя соответственным образом.

Тем не менее собрание было открыто, и я приступил к докладу. Мой стол в этом помещении обыкновенно ставился в середине зала вдоль его большой стены. Таким образом я обыкновенно находился в самом центре аудитории. Этим может быть и объясняется то обстоятельство, что в данном зале мне удавалось вызвать настроение более подъемное, чем в каком-либо другом.

На этот раз перед самым моим носом, особенно слева от меня сидели сплошь противники. Это были все физически крепкие люди, главным образом молодежь с фабрик Кустермана, Маффея и др. Вдоль всей левой стены зала они сидели очень густо, и ряды их доходили вплоть до моего стола. Я сразу заметил, что они стали накапливать около своих скамей возможно большее количество кружек из-под пива. Они заказывали все новые и новые порции, а опорожненные кружки ставили под стол. Так накопили они целые батареи кружек. Трудно было ожидать, что при таких обстоятельствах дело может кончиться сколько-нибудь благополучно.

Тем не менее я уже успел проговорить около полутора часов - несмотря на все цвишенруфы. Начинало уже казаться, что мы овладели полностью положением. Вожаки, присланные для устройства скандала, по-видимому сами начали так думать. Это видно было по тому, как они становились все более и более беспокойными, куда-то выходили, затем вновь возвращались и все более и более нервно о чем-то нашептывали своей пастве.

Парируя один из цвишенруфов, я допустил небольшую психологическую ошибку и сам почувствовал это тотчас же после того, как слова слетели с моих уст. Это и послужило сигналом к началу скандала.

Раздалось несколько гневных выкриков, и в этот момент какой-то субъект внезапно вскочил на стул и заорал "свобода". По этому сигналу печальные рыцари "свободы" и приступили к делу.

В течение нескольких секунд весь громадный зал превратился в свалку. Кругом - дико ревущая толпа, над головами которой как снаряды летают бесчисленные глиняные кружки. Улюлюканье, крики и вопли, треск сломанных стульев, звон разлетающихся вдребезги кружек, словом ад!

Таков был этот сумасшедший спектакль. Я остался невозмутимым на своем месте и смог отсюда наблюдать, как превосходно исполняли свои обязанности мои молодцы.

Посмотрел бы я в аналогичной обстановке на любое буржуазное собрание!

Скандалисты еще не успели войти в роль, как мои штурмовики (так суждено было называться им с этого дня) уже перешли в наступление. Как стаи разъяренных волков устремились на них мои штурмовики, группируясь маленькими кучками по 8-10 человек. Немедленно мои молодцы стали выкидывать скандалистов из зала. Уже минут через пять со всех моих молодцов струилась кровь. Многих из этой дружины я впервые тогда как следует узнал. Во главе их стоял мой храбрый Морис. Затем я тут впервые узнал Гесса, который ныне является моим личным секретарем, и многих, многих других. Даже те из них, которые были ранены тяжело, продолжали драться, пока сколько-нибудь держались на ногах. Весь этот ад продолжался почти 20 минут. Затем однако, противники, которых было не меньше 700-800 человек, были выбиты из зала и летели стремглав с лестницы. Только в левом углу зала еще держалась большая группа противников, оказывавшая ожесточенное сопротивление. В это время у входной двери по направлению к трибуне раздалось два револьверных выстрела, после чего поднялась бешеная пальба. Мое сердце старого солдата испытало настоящее удовольствие. Обстановка начинала напоминать настоящую перестрелку на фронте.

Кто именно стрелял, уже нельзя было понять. Ясно было только одно, что с этой секунды ярость моих обливающихся кровью ребят только усилилась. В копне концов им удалось справиться с последней группой противников и полностью очистить зал.

С момента начала боевых действий прошло примерно 25 минут. Теперь зал выглядел так, будто в нем только что разорвалась граната. Многим из моих сторонников пришлось сделать перевязки тут же на месте, других пришлось увезти в больницу. Но господами положения остались мы. Председательствовавший на этом собрании Герман Эссер встал и невозмутимо сказал: "Собрание продолжается. Слово имеет докладчик". И я продолжал.

Когда мы уже закрыли собрание, внезапно вбежал возбужденный полицейский чиновник и, дико размахивая руками, закричал: "Собрание распускаю".

Невольно расхохотались мы при виде этого запоздавшего блюстителя порядка. Как похоже это на этих героев! Чем мельче масштаб этих господ, тем больше они важничают и встают на ходули.

Многому важному научились мы в ходе этого собрания. Противники тоже однако получили уроки, которые не скоро забыли.

До самой осени 1923 г. местная с.-д. газета ("Мюнхенская почта") не решалась нам больше угрожать "мускулистой рукой рабочего".

ГЛАВА VIII

СИЛЬНЫЕ БОЛЬШЕ ВСЕГО КРЕПКИ СВОЕЙ САМОСТОЯТЕЛЬНОСТЬЮ

Выше я упоминал о блоке немецких патриотических союзов. Здесь я хочу коротко остановиться на проблеме таких блоков вообще.

Обыкновенно под блоком понимают соглашение нескольких союзов или организаций, которые, чтобы облегчить свою работу, вступают в известное сотрудничество, создают общие руководящие органы с большей или меньшей компетенцией и затем приступают к совместным действиям. Уже из одного этого ясно, что тут дело должно идти о союзах или партиях, цели и пути которых не должны слишком отличаться друг от друга. Обыкновенно так и считают. Средний обыватель бывает обыкновенно очень обрадован, когда слышит, что такие-то и такие-то организации наконец образовали блок, отодвинули на задний план "все то, что их разъединяет", и выдвинули вперед "то, что их объединяет". При этом обыкновенно полагают, что в результате такого объединения непременно получается невесть какое увеличение сил, что слабые дотоле отдельные группы теперь внезапно выросли в огромную силу.

По большей части это совершенно неверно.

Чтобы как следует разобраться в этой проблеме, по-моему, надо прежде всего поставить себе вопрос: если данные группы и организации утверждают, что все они преследуют одну и ту же цель, то как же, спрашивается, объяснить самый факт возникновения различных организаций? Ведь логика, казалось бы, говорит за то, что если цель совершенно одинакова, то нет никаких разумных оснований для возникновения нескольких организаций, преследующих одну и ту же цель.

Обыкновенно так и бывает, что данную определенную цель сначала преследует только одна организация. Один определенный деятель, познав определенную истину, провозглашает ее в определенной среде, а затем вызывает к жизни движение, призванное бороться за осуществление этой цели.

Так и создается союз или партия, которые в зависимости от своей программы либо ставят себе задачей устранение определенных существующих порядков, либо стремятся к созданию новых порядков в будущем.

Раз такое движение вызвано к жизни, оно этим самым практически приобретает права приоритета. Казалось бы, что все люди, преследующие такую же цель, должны бы без дальних слов просто-напросто примкнуть к уже существующему движению, стараясь его усилить и тем приблизить достижение обшей цели.

На деле это зачастую получается не так. И причин для этого две. Одна из них заслуживает название трагической; другая же заложена в человеческих слабостях, в жалких чертах характера иных людей.

Глубочайшей основой обеих этих групп явлений я считаю факторы, сами по себе способные увеличивать силу воли, энергию и интенсивность действий людей, а тем самым стало быть способные приблизить разрешение возникающих проблем и в последнем счете содействовать повышению человеческой энергии.

Трагическую причину того, что при разрешении определенной задачи дело не ограничивается одной единой организацией, мы видим в следующем. Каждое действие большого стиля на нашей земле обыкновенно является выражением стремлений, давно уже живущих в миллионах сердец. Бывает даже и так, что какое-либо страстное стремление к разрешению определенной проблемы живет в сердцах миллионов людей в течение целых столетий. Люди все больше и больше чувствуют непереносимость таких-то и таких-то несправедливостей, стонут под игом этих несправедливостей, а внешнее выражение этих стремлений все еще заставляет себя ждать. Бывает и так, что народы, стонущие под игом таких несчастий, в течение очень долгого срока не находят никакого героического разрешения проблемы. Такие народы мы и называем импотентными. Если же у данного народа достаточно жизненной силы и энергии, тогда в его среде непременно найдется отмеченный божьим перстом человек, который покажет правильную дорогу к освобождению, к исполнению заветной мечты, к устранению горькой нужды, к успокоению исстрадавшейся души миллионов и миллионов.

Поэтому вполне в порядке вещей, что в деле разрешения таких великих проблем эпохи неизбежно участвуют тысячи и тысячи людей, как неизбежно и то, что очень многие считают именно себя призванными показать людям дорогу. Сама судьба по-видимому выдвигает очень много кандидатур, предоставляя затем в свободной борьбе сил победить тому, кто способней, кто крепче. Этому последнему жизнь тогда вручает окончательное разрешение соответствующей проблемы эпохи.

Так бывало и в области религии. Люди испытывали глухое недовольство данным положением вещей в течение долгих столетий. Все это время они страстно стремились к обновлению. Это напряженное стремление людей к одной цели неизбежно выдвигало из их среды десятки деятелей, каждый из которых чувствовал себя призванным показать дорогу и найти выход религиозному недовольству. Многие из этих людей считали себя пророками нового учения и многие из них во всяком случае становились выдающимися борцами в этой области.

Конечно и здесь в силу естественного порядка вещей великая миссия в конце концов выпадает на долю самого сильного. Однако, что самым сильным является именно данное единственное лицо, это всем остальным претендентам становится ясно лишь с трудом. Напротив, эти претенденты всегда сначала склонны думать, что все они имеют одинаковые права стать главными выразителями данного направления или настроения. Да и окружающий мир сначала тоже с трудом разбирается в вопросе о том, кто же из претендентов на руководство является самым сильным и за кем поэтому надо последовать до конца.

Так и случается, что на протяжении столетий, а зачастую и в один и тот же сравнительно короткий отрезок времени появляются деятели, которые вызывают к жизни движение и намечают цели более или менее одинаковые по существу или во всяком случае кажущиеся широким массам народа более или менее одинаковыми.

Стремление самого народа часто носит достаточно неопределенный характер. Столь же общи в основном и его убеждения. Народ редко отдает себе полный отчет до конца в том, каковы же собственно его желания и каковы возможности их воплощения в жизнь.

Трагизм положения заключается в том, что крупные деятели зачастую различными путями стремятся к одной и той же цели, совершенно не зная друг о друге, и каждый из них поэтому с полной искренностью верит в свою собственную миссию и в то, что он один знает дорогу, по которой ему и следует идти, не обращая внимания на других.

Трагичным является или трагичным во всяком случае кажется на первый взгляд то обстоятельство, что ряд движений, партий, религиозных групп, порожденных духом времени, работают совершенно независимо друг от друга, хотя цели их в основном едины. Люди считают это трагичным, потому что большею частью уверены в том, что при объединении всех этих групп в одном лагере основные цели были бы достигнуты быстрее и вернее. На самом деле это, однако, не так. В действительности сама природа с ее беспощадной логикой оставляет отдельным группам и течениям свободу соревнования и пальму первенства отдает наиболее сильным. В конце концов победа достается тому движению, которое избрало самый верный, самый ясный и самый прочный путь.

А как в самом деле определить правильность или неправильность того или иного пути, если не предоставить решение свободной борьбе сил, если не поставить крест на отзывах всезнаек и доктринеров и если не положиться на то, что в конце концов наиболее сильному достанется и наиболее верный успех.

Если оказывается что к одной и той же цели, но только различными путями идут различные группы, то каждая из этих групп, узнав об остальных, сочтет своим долгом внимательнее вникнуть в свои собственные пути и подумать о том, нельзя ли сократить дорогу, нельзя ли еще больше напрячь свою энергию, чтобы скорей придти к желанной цели.

В результате этого соревнования получается только большая закалка отдельных бойцов. Человечеству не раз приносили величайшую пользу как раз те движения и те учения, которые сумели правильно учесть опыт поражений своих предшественников.

Таким образом раскол и раздробленность, которые на первый взгляд производят на нас впечатление чего-то трагического, на самом деле зачастую приводят в конце концов совсем не к столь плохим результатам.

Возьмите например такую проблему как объединение Германии. Достаточно распространен взгляд, что оба пути объединения и через Австрию и через Пруссию, и через посредство Габсбургов, и через посредство Гогенцоллернов были-де одинаково хороши и что надо было просто объединить все силы и идти к ошей цели. Ну, а мы-то знаем, что если бы дело пошло тогда на объединение всех сил, то все преимущества имела бы тогда Австрия, а через Австрию мы как раз никогда бы не получили единой германской империи.

Действительное единство Германии возникло не из такого объединения сил, а из борьбы - той борьбы, в которой миллионы немцев видели тогда ужасающий символ братоубийственной войны, ибо подлинное единство Германии родилось даже не в боях под Парижем, как думали многие впоследствии, а родилось в Кенигреце.

Мы видим таким образом, что и создание немецкой империи не было результатом простого объединения и сложения всех сил, а результатом вполне сознательной (а иногда и бессознательной) борьбы за гегемонию, из каковой борьбы Пруссия в конце концов вышла победительницей. Кто не ходит в шорах, кто умеет видеть жизнь, как она есть, тот должен признать вместе с нами, что живая жизнь с ее свободной борьбой сил в конце концов дает нам образцы гораздо более правильных решений, нежели так называемый здравый рассудок человека. Кто в самом деле поверил бы 200 лет назад, что именно гогенцоллерновская Пруссия, а не габсбургская Австрия станет творцом и учителем новой германской империи. Ну, а кто станет теперь отрицать, что судьба решила более правильно? Кто в наши дни может себе хотя бы только представить единую германскую империю под руководством сгнившей и разложившейся династии?

Естественное развитие вещей, как мы видим, хотя и после целых веков борьбы, все же в конце концов поставило надлежащих людей на надлежащее место. Так было, так будет. Вот почему не приходится жаловаться на то, что различные люди, стремясь к одной и той же цели, избирают различные пути к ней. Ход событий уже сам позаботится о том, чтобы победа досталась тем, кто более силен, тем, кто сумел избрать самые правильные пути к цели. Но кроме указанной причины, есть еще одно обстоятельство, приводящее к тому, что в народной жизни часто возникают параллельные движения, идущие, казалось бы, к одной и той же цели, только различными путями. Это второе обстоятельство уже отнюдь не трагично, а совсем наоборот. Оно заложено в той зависти, самолюбии, конкуренции и воровских навыках, которые, к сожалению, очень часто встречаются на свете. Нередко мы видим у отдельных субъектов сочетание всех этих малоприятных качеств.

Стоит только найтись крупному человеку, который понял потребности времени, постиг нужду своего народа, правильно установил причины болезни и начал серьезную борьбу, чтобы излечить ее; стоит только этому деятелю окончательно фиксировать свою цель и выбрать соответствующую дорогу к ней, - как сейчас же непременно найдутся маленькие люди и людишки, которые станут внимательно и ревниво следить за каждым шагом этого деятеля, раз он только успел обратить на себя внимание всего общества. Видали ли вы, как воробей притворяется, что он совершенно равнодушен, а на самом деле внимательнейшим образом смотрит и завидует своему более счастливому товарищу, который успел овладеть небольшим кусочком хлеба? Видали ли вы, как этот воробей, выждав удобную минуту, неожиданно бросается на этого второго воробушка, чтобы его ограбить? Вот так же поступают эти мелкие люди и людишки! Стоит только какому-нибудь крупному человеку открыть новые пути, как сейчас же найдется много охотников, которые сами не умеют найти новых дорог, но зато не прочь выждать удобной минуты, чтобы попытаться урвать себе некоторые результаты победы, не им принадлежащей.

Как только они ознакомились с новыми целями движения, не ими выдуманными и не ими сформулированными, они тотчас же начали думать: а не удастся ли нам перехватить эту цель, если мы пойдем к ней другими более короткими путями?

Когда цели нового движения уже сформулированы, когда программа этого движения уже известна, тогда на сцену появляются маленькие люди и людишки, подымающие крик, что они преследуют как раз те же цели. Казалось бы, что если они действительно преследуют эти самые цели, они должны честно стать в ряды уже существующего движения и признать его приоритет. Но так они не поступят ни за что. Ничуть не бывало! Они предпочтут украсть у других программу и основать свою собственную новую партию. При этом у таких людишек всегда хватает бесстыдства на то, чтобы всем охочим людям направо и налево доказывать, будто они "уже давно" преследовали как раз те же самые цели. Зачастую такая проделка удается.

Уделом таких людей должно было бы быть всеобщее презрение, а в действительности они иногда пользуются даже некоторым почетом. Разве в самом деле не бесстыдством является выдавать чужую программу за свою, а затем еще идти какими-то своими особыми путями к достижению тех целей, которые украдены у других? А еще большим бесстыдством являются те крики о пользе единства, которые чаще всего подымают как раз эти подлинные виновники раскола и дробления сил. Когда эти субъекты убедятся, что обкраденный ими противник все-таки имеет крупные преимущества перед ними и неудержимо идет вперед, тогда эти людишки подымают неистовый крик о необходимости объединения всех сил.

Примерно таким образом возник так называемый "раскол патриотических сил".

Тот факт, что в 1918-1919 гг. во всей стране параллельно возникал целый ряд групп, партий и т.д., называвших себя народническими совершенно не зависел от воли отдельных инициаторов, а вытекал из естественного развития вещей. Уже в течение 1920 г. из среды всех этих групп и партий постепенно выкристаллизовалась германская национал-социалистическая рабочая партия, вышедшая победительницей. Честность и чистота намерений большинства инициаторов параллельных групп и партий была доказана тем, что эти добросовестные люди скромно и без претензий примыкали к более сильному движению и без всяких условий сами распускали свои более слабые группы и организации в пользу нашей единой партии.

Я должен особо подчеркнуть это относительно главного представителя тогдашней немецкой социалистической партии в

Нюрнберге, Юлиуса Штрейхера. Конечные цели германской национал-социалистической партии, с одной стороны, и германской социалистической партии, с другой, были одинаковы, и вместе с тем обе эти партии были образованы совершенно независимо одна от другой. Главным вождем германской социалистической партии был тогда, как я уже сказал, учитель Юлиус Штрейхер из Нюрнберга. Сначала он свято верил в будущее и в миссию созданного им движения, но как только он увидел, что наша германская национал-социалистическая рабочая партия сильнее и быстрее растет, он распустил свою собственную партию и пригласил всех своих сторонников войти в ряды нашей партии и вместе с нами бороться дальше за общие цели. Такие решения даются людям нелегко. Тем больше признательности заслуживает Штрейхер.

От этой полосы движения не осталось ни малейших осколков. Люди действительно по-честному хотели объединения сил и поэтому сразу же нашли правильный путь к такому объединению. То, что теперь принято называть "расколом патриотического лагеря", получилось исключительно в результате второго из двух вышеуказанных факторов: как раз в тот момент, когда германская национал-социалистическая рабочая партия вступила на путь несомненных успехов, нашлись честолюбцы, которые сочли себя вправе вступить в конкуренцию с ней. Раньше у них не было никаких своих собственных идей и тем более никаких своих собственных целей; теперь они все это "позаимствовали" у нас.

Внезапно стали возникать "новые" программы, в действительности целиком списанные с нашей программы. Внезапно сформулированы были "новые" идеи, на самом деле целиком взятые у нас. Внезапно возникли "новые" цели, за которые мы в действительности боролись уже в течение ряда лет. Внезапно обнаружились "новые" пути, по которым наша партия на деле давно уже шла. Пущены были в ход всевозможные софизмы, чтобы только "доказать", почему эти люди вынуждены основывать свои параллельные новые партии рядом с давно уже существующей германской национал- социалистической рабочей партией. Но чем более "благородные" мотивы приводили эти господа, тем более лживы были их фразы.

В действительности решающую роль здесь играло только одно личное честолюбие инициаторов, их стремление сыграть роль, для которой у них не было никаких данных и дарований. У этих политических лилипутов поистине не было никаких дарований кроме одного: большой смелости, когда дело идет о том, чтобы украсть чужую идею. В общежитии такую смелость обыкновенно характеризуют словом воровство.

Любую нашу идею, любую нашу мысль эти политические клептоманы в кратчайший срок присваивали и пускали в оборот для своих делишек. И эти же самые господа ухитрялись еще при этом на всех перекрестках оплакивать "раскол патриотического лагеря" и кричать о необходимости единства. Видимо они надеялись на то, что эти крики нам надоедят и что мы вдобавок к украденным ими идеям выдадим им еще в руки соответствующие организации.

Но перехитрить всех конечно этим господам не удавалось. И когда они начинали убеждаться, что игра не стоит свеч и что собственная лавочка развивается не очень успешно, тогда эти господа становились сговорчивее и были счастливы, если им удавалось найти пристанище в одном из так называемых блоков партий.

Все эти группы и группки, не умевшие стоять на собственных ногах, обыкновенно начинали объединяться друг с другом в форме блока. Эти господа были твердо уверены, что если сложить восемь хромых, то обязательно получится один гладиатор.

К вопросу об образовании так называемых блоков мы всегда должны подходить под углом зрения тактики, но при этом мы не должны упускать из виду следующее принципиальное соображение.

Образование блоков никогда не приводит к усилению слабых партнеров, но зато очень часто приводит к ослаблению наиболее сильного из партнеров. Совершенно неверно то мнение, будто объединение всевозможных слабых групп непременно дает в итоге крупную силу. Это неверно хотя бы уже потому, что, как доказано опытом, "большинство", в какой бы форме оно ни сорганизовалось, всегда является только представительством трусости и глупости. Многоголовое руководство, создаваемое в результате блока разных групп, неизбежно будет вести линию глупую и трусливую. Мало того. Сверх всего прочего блок групп мешает еще и свободному соревнованию сил, а стало быть, задерживает отбор наиболее доброкачественных элементов, что только замедляет окончательную победу более здоровых и более сильных организаций.

Ввиду всего сказанного подобные объединения приносят только вред естественному ходу развития. Во всяком случае подобные "объединения" гораздо чаще мешают разрешению соответствующих проблем, нежели содействуют разрешению их.

Разумеется, иногда бывают такие обстоятельства, когда, исходя из чисто тактических соображений, главные руководители движения, обозревающие весь путь в целом и умеющие отгадывать будущее, тем не менее сочтут необходимым на очень короткий срок вступить в определенное соглашение с аналогичными группами и вместе с ними сделать тот или иной шаг. Но если движение не хочет само отказаться от своей великой освободительной миссии, оно ни в коем случае не должно увековечивать подобный блок. Ибо если бы движение надолго задержалось на этом этапе, оно неизбежно запуталось бы в таком блоке и тем самым само лишило бы себя возможности (да и потеряло бы право) развить до конца свои собственные силы, победить в открытой борьбе всех соперников и выйти полным победителем в борьбе за поставленные себе цели.

Никогда не следует забывать, что все действительно великое в этом мире было завоевано отнюдь не коалициями, а являлось результатом успеха одного единственного победителя. Успехи, достигаемые в результате коалиции, уже в самих себе несут зародыш будущего дробления сил, а тем самым и потери завоеванного. Великие, действительно мировые умственные революции всегда являются продуктом титанической борьбы отдельных строго отграниченных друг от друга лагерей, а вовсе не делом коалиций.

Наше новое, собственное, патриотическое государство возникает отнюдь не в результате компромиссных соглашений того или иного патриотического блока, а только в результате стальной воли нашего собственного движения, которое проложит себе дорогу против всех.

ГЛАВА IX

МЫСЛИ О ЗНАЧЕНИИ И ОРГАНИЗАЦИОННОМ ПОСТРОЕНИИ ШТУРМОВЫХ ОТРЯДОВ

Сила старого германского государства покоилась, так сказать, на трех китах: 1) на монархической форме правления, 2) на административном аппарате и 3) на армии. Революция 1918 г. устранила монархическую форму правления, разложила армию и сделала административный аппарат достоянием партийной коррупции. Этим самым революция уничтожила все три главные источника сил государственной власти. Ибо надо сказать, что источником сил всякой государственной власти почти всегда являются именно эти три указанных фактора.

Главнейшим фундаментом государственной власти всегда является популярность ее. Однако та государственная власть, которая базируется только на этом фундаменте, еще крайне слаба и непрочна. Любой носитель власти, основанной только на одной популярности, будет поэтому думать о том, что вдобавок к популярности обязательно необходимо создать себе еще силу. Второй из важнейших факторов всякой государственной власти мы видим поэтому в вооруженной силе. Такая власть будет уже куда стабильнее, прочнее, сильнее, чем первая. Если затем популярность соединится с вооруженной силой и если такая власть просуществует достаточно долгий срок, тогда такая государственная власть будет еще прочнее, ибо она получит за себя и авторитет традиции. Когда же соединятся популярность, вооруженная сила и традиция, тогда государственная власть станет уже совершенно незыблемой.

Революция 1918 г. совершенно уничтожила возможность этого третьего случая. После революции ни о какой традиционной государственной власти не может уже быть и речи. Уничтожив старое государство, устранив старую форму правления, выбросив вон старые государственные символы, революция резко оборвала всю традицию. Результатом всего этого не мог не быть глубочайший подрыв всякой государственной власти.

Второй фактор государственной власти - вооруженная сила - тоже был уничтожен. Чтобы сделать революцию возможной, революционерам пришлось ведь разложить и армию, всегда являвшуюся до сих пор воплощением организованной силы государства. Мало того. Разъеденные революционной агитацией воинские части пришлось и непосредственно употребить как ударную силу революционного переворота. Правда фронтовые армии далеко не все поддались процессу разложения. Но когда война кончилась и армии после четырех с половиной лет героической борьбы ушли с фронтов, они, придя на родину, также подверглись дезорганизации и разложению. Демобилизация протекала в самой неблагоприятной обстановке. В конце концов вся бывшая фронтовая армия была ввергнута в хаос и разложение, характеризовавшиеся принципом "добровольной дисциплины". Это и была эпоха пресловутых солдатских советов.

На этаких бунтовщических отрядах, рассматривающих военную службу под углом зрения пресловутого восьмичасового рабочего дня, конечно нельзя было уже построить никакой государственной власти. Этим самым уничтожен был и второй фактор, единственно способный обеспечить подлинную прочность государственной власти. Что же осталось тогда у революции? Осталась одна только голая популярность. Но на ней одной, как мы уже знаем, прочной государственной власти не построишь. Этот один фактор крайне ненадежен. Если революции тем не менее удалось одним ударом опрокинуть все государственное здание, то это объясняется только тем, что уже в ходе самой мировой войны у нас было уничтожено то внутреннее равновесие, которое прежде обеспечивалось самой структурой нашего народа.

Каждый народный организм можно подразделить на три больших класса. Первый класс это - полюс самых лучших людей - лучших в смысле большей добродетели, большего мужества и готовности к самопожертвованию. Второй класс это - полюс самого худшего человеческого материала, полюс человеческих отбросов; эти люди являются вместилищем всех эгоистических инстинктов и пороков. Третий класс это - та громадная масса, которая находится посередине между обоими указанными полюсами. Это именно средние люди, не отличающиеся ни чрезмерным героизмом, ни резко выраженной преступностью.

Эпохи подъема государства обыкновенно характеризуются абсолютным господством полюса самых лучших людей. Если бы не руководили эти люди, невозможен был бы и самый подъем.

Обычные нормальные эпохи более или менее равномерного и стабильного развития характеризуются очевидно для всех преобладанием элементов середины. Силы обоих полюсов в такие эпохи более или менее уравновешивают друг друга.

Эпохи крушения государства характеризуются преобладающей ролью полюса самых худших людей.

Примечательно, однако, то, что золотая середина, т.е. широкие массы средних людей, накладывает свой отпечаток на эпоху только тогда, когда оба крайних полюса находятся в жестокой свалке друг с другом и тем самым связывают силы друг друга. А как только победит тот или другой из крайних полюсов, так широкая масса середины немедленно подчиняется данному победителю. Если победит полюс лучших людей, широкая середина сразу пойдет за ним. Если же верх возьмет полюс худших элементов, то широкая середина во всяком случае не станет оказывать ему сопротивления. Ибо широкие массы средних людей никогда не способны повести самостоятельную борьбу.

И вот мировая война после четырех с половиной лет тяжких битв совершенно нарушила у нас равновесие между тремя указанными классами. Нельзя конечно отрицать того факта, что и середина принесла в течение войны громадные жертвы. Но решающее значение получил тот факт, что полюс лучших людей в течение войны почти целиком лег на полях войны. Поистине неисчислимо количество героев нашей нации, сложивших свои головы на фронтах войны.

Вспомним в самом деле, каких гигантских жертв потребовала война именно от этих героических элементов, которых обычно средние люди заметить не могут. Добровольцы - на фронт! Добровольцы - в наиболее опасные патрули! Добровольцы - в разведчики! Добровольцы - на трудную телефонную службу! Добровольцы - в колонну для наводки мостов! Добровольцы - на подводные лодки! Добровольцы - в авиацию! Добровольцы - в штурмовые батальоны! И т.д. и т.д. Тысячи и тысячи раз в течение четырех с половиной лет войны раздавались эти призывы по разным поводам. И всегда мы могли наблюдать одну и ту же картину: на такие призывы откликались безусые юноши или зрелые люди из числа только тех героически настроенных немцев, которые забыли все личные интересы и, полные горячей любви к отечеству, в любую минуту готовы были отдать свою жизнь. Десятками, сотнями тысяч гибли эти лучшие люди во время войны. Вот почему эта лучшая человеческая прослойка неизбежно становилась все тоньше и тоньше. Те, кто не погиб, были искалечены. Немногочисленный круг уцелевших не мог уже удовлетворительно выполнять свою социальную функцию. Чего стоит один тот факт, что в 1914 г. у нас вербовались целые армии из числа добровольцев? А ведь большинство из них погибло и не могло не погибнуть, так как благодаря преступной бессовестности наших парламентских невежд эти люди не имели достаточной довоенной подготовки и неизбежно стали поэтому простым пушечным мясом. В тогдашних фландрских боях пало (или было искалечено) добрых 400 тысяч человек, и заменить этот лучший слой людей у нас некем было.

Потерю этих людей нельзя исчислять только арифметически. Их гибель уже достаточно чувствительно нарушила равновесие. Полюс худших элементов нации неизбежно стал перевешивать. Низость, трусость и подлость неизбежно стали брать верх. К этому надо прибавить еще следующее. Дело было не только в том, что на полях битв массами погибали лучшие люди. Беда заключалась еще и в том, что в это же самое время в тылу самым старательным образом консервировались именно самые худшие элементы. На каждого героя добровольца, смело и бесстрашно шедшего, навстречу патриотической смерти, приходилось по меньшей мере по одному "герою" тыла, убегавшему от смерти и сохранявшему свою драгоценную жизнь для "пользы" родины.

Вот почему к концу войны мы и получили следующую картину: середина принесла свои очень большие жертвы кровью; полюс лучших людей дрался образцово и почти весь физически погиб; полюс худших элементов к сожалению уцелел почти весь, использовав в своих интересах многие нелепости нашего законодательства, а главное - то обстоятельство, что мы не пустили в ход военного устава. И вот именно эта очень хорошо сохранившаяся человеческая накипь и сделала ноябрьскую революцию. Лагерь этот мог сделать революцию только потому, что ему теперь не противостоял уже полюс самых лучших людей. Эти последние в своем большинстве погибли на фронтах.

Ввиду этого приходится сказать, что германскую революцию сделал отнюдь не сам народ. Не народные массы Германии повинны в этих каиновых делах, а только гнусная шайка дезертиров, сутенеров и прочей сволочи.

Рядовой фронтовик с радостью приветствовал окончание кровавой борьбы и был счастлив, что может вернуться на родину повидать жену и детей. Настоящей внутренней связи с революцией у него не было. Он не любил революцию и еще меньше любил ее вождей и организаторов. В течение четырех с половиной лет пребывания на фронте он успел позабыть даже имена этих партийных гиен и вся их внутренняя склока была ему совершенно чужда.

Только среди одной небольшой части немецкого народа революция была действительно популярна. Я имею в виду тот сорт людей, который под всевозможными предлогами старался улизнуть с фронта и спрятаться в тылу. Эти персонажи любили революцию, но тоже не ради ее прекрасных глаз, а ради того, что она избавляла от необходимости бороться за дело родины.

Однако из популярности у таких разложившихся элементов революция не могла себе сшить шубу. Построить государственную власть на этаких элементах было невозможно. А между тем молодой республике нужно было во что бы то ни стало создать сколько-нибудь прочную государственную власть; иначе она имела все основания опасаться, что после первого замешательства остатки лучших элементов нашей нации все-таки объединятся и одним ударом смахнут всю эту республику.

Вожди переворота в ту пору больше всего боялись, что водоворот внутренних беспорядков увлечет их за собой и что тут-то внезапно подымется какой-нибудь железный кулак, который всех их опрокинет наземь. Молодой республике нужно было во что бы то ни стало консолидировать свои силы.

Обстановка сложилась так, что республике во что бы то ни стало нужно было быстро создать себе вооруженную силу, ибо опираться на одну только слабую популярность было более чем опасно.

В декабре, январе, феврале 1918-1919 гг. матадоры революции сразу почувствовали, что у них уходит почва из-под ног. И вот они стали озираться кругом, где бы найти таких людей, которые захотели и смогли бы подкрепить вооруженной силой те слабые позиции, которые дарованы были им "народною любовью". "Антимилитаристическая" республика нуждалась теперь в солдатах. А так как популярностью эта республика пользовалась только в кругах сутенеров, воров, взломщиков, дезертиров, героев тыла и вообще элементов, охарактеризованных нами выше как полюс самых худших людей, то вербовать среди этих слоев солдат, готовых умереть за новый идеал, было бы бесполезным делом. Тот слой, который был носителем идей ноябрьской революции, не хотел да и не способен был дать солдат для защиты этой своей революции. Этому слою нужна была не организация сил республики, а еще большая дезорганизация их, ибо только так они могли удовлетворить свои грабительские инстинкты. Этот слой шел не под лозунгом: порядок и строительство германской республики, а под лозунгом: разграбление республики.

Правительство народных уполномоченных на всех перекрестках молило о помощи. Но меньше всего отклика оно получило со стороны этого слоя носителей идей революции. Напротив, с этой стороны оно получало только отпор и даже озлобление. Ибо грабители в попытках создать армию неизбежно видели опасность для себя. Им хотелось именно такой республики, которая целиком зависела бы от одной "популярности" ее в среде грабителей. В революции они видели только право на воровство, монополию на хозяйничанье для арестантов, только что вырвавшихся из тюрьмы, для воровских банд и грабителей, словом, для самой отъявленной сволочи.

Правительство народных уполномоченных могло сколько угодно вопить о помощи. Из этого лагеря оно никакого отклика не получало. Напротив, отсюда только раздалась брань: "предатели!" Тогда и господа народные уполномоченные начали понимать, каково подлинное умоначертание того слоя, на котором зиждилась их популярность.

И вот именно в эту пору в нашем отечестве опять нашлись многочисленные молодые немцы, выразившие готовность, как они думали, в интересах "тишины и порядка" вновь надеть на себя солдатские шинели и взять ружье на плечо для борьбы против разрушителей страны. Эти молодые люди вновь стали создавать отряды добровольцев. В глубине души глубоко ненавидя революцию, они вместе с тем на деле выступили на защиту ее и тем самым практически укрепили ее.

Молодежь эта действовала конечно с самыми лучшими намерениями. Подлинные организаторы революции, дергавшие ее за веревочку, евреи, оценили тогдашнюю ситуацию трезво и со своей точки зрения правильно. Немецкий народ не созрел еще тогда к тому, чтобы его можно было бросить в кровавую лужу большевизма, как это удалось сделать в России. Это объяснялось тем, что расовое состояние немецкого народа все же являлось еще более благополучным и единство между немецкой интеллигенцией и немецким населением физического труда еще не было достаточно разрушено. Население России было сплошь безграмотное, чего конечно нельзя было сказать ни о Германии, ни о других западноевропейских народах. В России сама интеллигенция в большинстве своем принадлежит к нерусским национальностям и во всяком случае к неславянским расам. С тонким слоем интеллигенции в России легко было справиться, ибо между ним и широкими массами народа почти совсем не было посредствующих звеньев, а умственный и моральный уровень широкой массы народа был в России страшно низок.

В России достаточно было немногого. Надо было только натравить необразованную, не умеющую ни читать, ни писать массу на верхний слой интеллигенции, и без того почти не связанной с народом. Этого было довольно, чтобы решить всю судьбу страны и чтобы можно было считать революцию удавшейся. Вся неграмотная масса русского народа попала в полное рабство к еврейским диктаторам, у которых конечно хватило ума задрапировать свою диктатуру в тогу "диктатуры народа".

Только применение самых драконовских мер при каждой попытке дезертирства послужит достаточно отпугивающим примером не только для отдельных лиц, но и для всей массы солдат.

В Германии имело крупное значение еще и следующее обстоятельство. Разложение армии конечно происходило всюду - без этого ноябрьская революция не могла удаться. Но тем не менее главным носителем идеи революции и главным виновником разложения армии был не фронтовик. Эту "работу" выполнили главным образом негодяи местных гарнизонов или те субъекты, которые вообще сумели изобразить себя "незаменимыми" и спрятаться где-нибудь в тылу на хозяйственной работе. Соответствующие "дополнения" эти банды получали еще за счет дезертиров. С фронтов в это время дезертировали в тыл десятки тысяч людей, оставаясь при этом почти совершенно безнаказанными. Трусы, как известно, во все времена и эпохи боятся только одного: собственной смерти. На фронтах смерть конечно могла настигнуть такого труса в любой день и час. Есть только одно средство заставить трусов, слабых и колеблющихся несмотря ни на что выполнить их долг: дезертир должен знать, что если он убежит с фронта, то его непременно настигнет та участь, которой он больше всего боится. Дезертир должен знать, что если он останется на фронте, то его только может настигнуть смерть, а если он удерет с фронта, то смерть непременно настигнет его.

В этом и заключается весь смысл военного устава.

Конечно было бы очень хорошо и красиво, если бы в той великой борьбе за существование немецкого народа, которую нам пришлось вести, можно было опереться только на добровольную преданность всех и каждого. Однако мы знаем, что такие качества свойственны были только самой лучшей части нации, а вовсе не каждому среднему человеку. Вот почему и необходимы специальные законы военного времени. Ведь и законодательство против воровства рассчитано вовсе не на принципиально честных людей, а только на колеблющиеся слабые элементы. Своим устрашающим влиянием такое законодательство мешает возникнуть положению, когда более честного считают более глупым, и когда поэтому люди могли бы придти к убеждению, что лучше самим начать принимать участие в краже, чем оставаться с пустыми руками или дать обкрадывать себя.

Вот почему было абсолютно неправильным допустить даже на одну минуту, что в борьбе, которая по всякому человеческому разумению должна была занять по крайней мере несколько лет, можно будет обойтись без специальных законов военного времени. Ведь опыт многих столетий и даже тысячелетий совершенно недвусмысленно говорит о том, что в очень серьезные времена, когда государство вынуждено предъявить суровые требования к нервам всех граждан, людей слабохарактерных приходится принуждать к выполнению их обязанностей.

Конечно для наших героических добровольцев закон о смертной казни был не нужен, но такой закон был совершенно необходим по отношению к тем трусливым эгоистам, кто свою драгоценную жизнь ставил выше интересов отечества. У нас же на деле смертная казнь не была применена, т.е. военный устав фактически остался без применения, и за это мы жестоко поплатились. С фронтов полился - особенно начиная с 1918 г. - непрерывный поток дезертиров, и именно эти элементы помогли создать ту преступную организацию, которая с 7 ноября 1918 г. внезапно выступила главным коноводом революции.

Фронтовики как целое ничего общего не имеют с этим позорным явлением. Страстное стремление к миру испытывали конечно и фронтовые солдаты. Но именно это могло стать громадной опасностью как раз для революции. Когда после перемирия немецкие армии стали возвращаться домой, тогдашние вожаки революции со страхом спрашивали себя: что же сделают теперь фронтовые войска? Потерпят ли фронтовики все то, что они теперь увидят на родине?

В эти недели германская революция вынуждена была по крайней мере по внешности притвориться очень скромной и умеренной. Вожаки революции боялись, что иначе возвращающиеся дивизии быстро положат конец всей революции. Если бы тогда нашелся хотя бы один решительный человек и если бы он сумел перевести на свою сторону хотя бы одну преданную ему дивизию, дивизия эта сорвала бы с себя красные тряпки, поставила бы к стенке свой "совет", сопротивляющихся забросала бы ручными гранатами, и в течение каких-нибудь четырех недель такая дивизия разрослась бы в целую могучую армию, быть может, из 60 дивизий или еще того больше. Этого больше всего и опасались господа еврейские импрессарио. Чтобы избегнуть этого, они и придали революции известный оттенок умеренности. Отказавшись от прямого большевизма, вожаки представили дело так, будто их задачей является "обеспечить тишину и порядок". Отсюда и все многочисленные крупные уступки, отсюда апелляция к старому корпусу чиновничества, отсюда обращение к старым руководителям армии. Все эти люди пока еще были на некоторое время нужны. Только после того как их надлежащим образом использовали, можно было их и прогнать и, изъяв республику из рук этих старых слуг государства, бросить ее во власть коршунов революции.

Только так можно было еще рассчитывать обмануть старых генералов и старых администраторов. Показав себя очень мягкой и невинной, революция могла рассчитывать сломить сопротивление этих кругов и таким образом обезоружить самых страшных своих противников. Практика показала, что этот обман вполне удался. Однако революцию, как мы знаем, сделали не элементы "тишины и порядка", а те элементы, идеалом которых является мятеж, грабеж, воровство. Новая умеренная тактика революции не могла быть по душе этим элементам. Что такой тактический ход необходим, эти элементы понять не могли, а объяснять это вслух тоже было затруднительно.

Постепенно увеличиваясь численно, германская социал-демократия все больше переставала быть грубо революционной партией. Это не значит, что партия эта поставила себе теперь другие цели или что вожди ее перестали хотеть революции; никоим образом. Однако теперь у нее осталось только желание революции, а весь корпус партии был уже совершенно неприспособлен к тому, чтобы делать революцию: с 10- миллионной партией вообще уже революции делать нельзя. Такое массовое движение не представляет уже больше полюса активности; это уже широкие массы середины, т.е. косности.

Евреи своевременно поняли это обстоятельство и именно поэтому произвели раскол германской социал-демократии уже во время войны. Убедившись, что социал-демократия благодаря косности массы ее членов непроизвольно как бы стала на сторону большинства народа, т.е. в действительности стала свинцовой гирей для дела национальной защиты, евреи решили изъять из социал-демократии ее наиболее радикально- активистские элементы и создать из них особо ударные наступательные колонны. Независимая партия и союз "Спартака" стали штурмовыми батальонами революционного марксизма. На них возложена была задача поставить всех перед совершившимся фактом, а подготовленная к этому десятилетней работой с.-д. масса неизбежно уже должна была стать "на почву этих фактов". Трусливую буржуазию марксизм оценивал при этом совершенно правильно: он просто третировал ее en canaille. С ней вообще не считались. Марксисты прекрасно знали собачью покорность этого отжившего поколения и не сомневались, что никакого серьезного сопротивления она оказать неспособна.

Но вот революция сделана и основа старого режима уничтожена. Войска с фронта потекли назад в страну. Теперь вожаки революции считают совершенно необходимым немножко затормозить ее дальнейший ход. Теперь все важнейшие позиции заняты старой с.-д. партией, а штурмовые батальоны независимой с.-д. партии и спартаковцы отстранены.

Без внутренней борьбы тут дело не могло обойтись. С одной стороны, эти активистские батальоны революции конечно не могли быть довольными и чувствовали себя обманутыми, с другой стороны, и самим импрессарио теперь было только выгодно, чтобы эти активистские батальоны продолжали шуметь и скандалить. Ибо как только закончился переворот, так сразу и оказалось, что в лагере революции были в сущности две партии: партия "тишины и порядка" и группа кровавого террора. Неясно ли, что наша буржуазия тотчас же поторопилась перебежать в лагерь "тишины и порядка". Теперь для жалких политиков буржуазии опять создался давно желанный момент, когда они могут идти в ногу с представителями официальной власти, могут прижать к груди своей новых владык, которых они, правда, в глубине души своей ненавидели, но еще больше боялись. Политикам буржуазии была оказана высокая честь: теперь они могли сесть за один стол с трижды ненавистными им марксистскими вожаками и вместе с ними обдумать план совместной борьбы против большевиков.

Так уже в декабре 1918 г., а тем более в январе 1919 г. в Германии создалась следующая картина.

Меньшинство худших элементов страны сделало революцию, под знамя которой сейчас же стали все марксистские партии. Революция внешним образом пошла по умеренному пути, что сразу же вызвало фанатическую ненависть к ней со стороны экстремистов. Эти последние сразу же берутся за ручные гранаты и пулеметы, начинают занимать государственные здания, словом, начинают серьезно угрожать умеренной революции. Убоясь крайних левых, официальная социал-демократия заключает перемирие с приверженцами старого строя, чтобы вместе бороться против экстремистов. В результате этого получается то, что противники республики приостанавливают свою борьбу против нее и помогают усмирению тех, кто, правда, по совершенно другим мотивам тоже является противником этой республики. В результате этого в конце концов получается то, что опасность борьбы сторонников старого строя против республики совершенно элиминирована.

Это обстоятельство имеет настолько важное значение, что его надо подчеркнуть как можно более сильно. Только тот, кто учтет это обстоятельство и сможет понять, как это случилось, что Германии навязали революцию несмотря на то, что девять десятых народа не участвовали в этом, семь десятых народа высказались против нее, шесть десятых ненавидели ее и в конце концов только одна десятая активно в ней участвовала.

Так и случилось, что постепенно исчерпали свои силы на баррикадах спартаковцы, с одной стороны, и националистические фанатики и идеалисты, с другой. Оба крайних полюса таким образом уничтожили друг друга, в результате чего как всегда и победила середина. Буржуазия и марксисты объединились на почве "созданных фактов", и молодая республика начала "консолидироваться". Это, однако, не помешало буржуазным партиям на первых порах, в особенности перед выборами, еще продолжать заигрывать с идеей монархизма. Вызывая великие тени прошлого, буржуазия все еще надеялась оказать достаточное влияние на умы маленьких людей, идущих за ее знаменами.

Конечно, это было довольно нечестно. Внутренне буржуазия уже давно порвала с монархией; но моральный разврат, воцарившийся с пришествием республики, в достаточной степени разложил и лагерь буржуазных партий. Заурядный буржуазный политик ныне чувствует себя гораздо лучше в обстановке грязи и продажности, созданной республикой, нежели он чувствовал себя раньше в суровой обстановке прежнего государства, требовавшего еще известной чистоты нравов.

* * *

Как мы уже сказали, революция после разгрома старой армии вынуждена была заботиться о создании новых вооруженных сил, способных подкрепить новую государственную власть. В силу всей создавшейся обстановки революция могла вербовать себе новые вооруженные силы только из лагеря, придерживавшегося прямо противоположного ей мировоззрения. Только в этих рядах можно было постепенно навербовать армию, размер которой был заранее сильно ограничен мирным договором. Со временем эта именно армия и должна была стать инструментом нового государства.

Итак, если мы попытаемся отвлечься от всех действительных ошибок старого государства, конечно сильно содействовавших революционному движению, и если мы попытаемся спросить себя, как же все-таки при описанной обстановке революция могла удаться, то мы должны будем ответить так. Революция удалась:
1) в результате окостенения наших понятий о долге и дисциплине и
2) в результате трусливой пассивности наших так называемых государственных партий.

К этому приходится прибавить еще следующее.

Основной причиной окостенения наших понятий о долге и дисциплине в последнем счете явилось наше совершенно анациональное и только формально государственное воспитание. Благодаря этому и в этой области у нас перестали понимать действительную роль средства и цели. Понятие о долге, исполнение своих обязанностей, дисциплина - все это отнюдь не самоцель, совершенно так же, как самоцелью не является и государство. Нет, все эти понятия должны быть только средством к цели. Сама же цель заключается в том, чтобы обеспечить обществу, состоящему из физически и морально однородных живых существ, возможность достойного существования на этой земле. Когда гибнет целый народ, когда он стоит перед тягчайшими испытаниями главным образом в результате действий отдельных негодяев, тогда было бы чистым безумием руководиться соображениями формальной дисциплины по отношению к этим негодяям, хотя бы они и были у власти. Нет, при таком положении вещей действительное исполнение долга требует нарушить формальную дисциплину, но спасти свой народ от гибели. Согласно современным ходячим буржуазным понятиям, если солдату сказали сверху, чтобы он не стрелял в бунтовщиков, то дисциплина требует от него, чтобы он действительно не стрелял. Такая бездушная формальная дисциплина кажется иным более ценной, чем жизнь собственного народа. Согласно нашим национал-социалистическим понятиям, дело обстоит совсем не так. В такие моменты солдат должен соблюдать не формальную дисциплину по отношению к своему слабому начальнику, а подлинную дисциплину по отношению к своему народу. В такие минуты каждый из нас должен помнить о всей своей личной ответственности перед нацией в целом.

Ноябрьская революция могла удаться только потому, что это действительно живое представление о подлинной дисциплине к этому времени совершенно исчезло в нашем народе - вернее, в правящих кругах его. Это живое чувство уступило место доктринерским и чисто формалистическим понятиям о дисциплине, что при данной обстановке было только на руку революции.

В пояснение второго из вышеприведенных пунктов мы должны сказать еще следующее.

Действительная причина трусости так называемых "государственных партий" в последнем счете заложена в том, что во время войны мы потеряли наиболее активистские, наиболее доброкачественные элементы нашего народа. Далее, крупную роль сыграло тут и то обстоятельство, что все наши буржуазные партии стояли исключительно на почве борьбы только так называемым духовным оружием, а применение физической силы предоставляли только государству. Конечно такой взгляд говорит только о слабости и даже прямо о вырождении буржуазных партий. Взгляд этот был совершенно бессмыслен хотя бы уже по одному тому, что ведь политические противники буржуазных партий давным-давно отказались от подобной точки зрения и заявляли совершенно открыто, что они готовы бороться за достижение своих целей также и путем применения физической силы. Идейный мир буржуазной демократии неизбежно должен был породить марксизм. Но в ту самую минуту, когда марксизм родился на свет божий, апелляция к борьбе только духовным оружием стала уже совершенной бессмыслицей. За эту нелепицу нам пришлось впоследствии расплатиться ужасающей ценой. Ибо ведь известно, что сам марксизм всегда и неизменно доказывал, что вопрос о выборе средства борьбы есть вопрос одной лишь целесообразности. И сам марксизм считал себя вправе выбирать любое средство борьбы, лишь бы только оно сулило успех.

Насколько правы мы, оценивая так намерения марксистов, доказали события 7 - 11 ноября 1918 г. В эти дни марксисты ни на минуту и не подумали даже в какой бы то ни было мере связывать себе руки принципами парламентаризма и демократии. Нисколько не колеблясь, они пустили в ход вооруженные банды преступников, нанесших смертельный удар этим "великим" принципам. Ну, а буржуазные организации болтунов, само собою разумеется, оказались в этот момент совершенно безоружными.

Спустя некоторое время после революции, буржуазные партии вновь вынырнули на свет божий, хотя и под новыми названиями. Когда храбрые вожди наскоро перекрасившихся буржуазных партий решились опять покинуть свои убежища и выйти из темных подвалов, где они прятались в дни революции, то оказалось, что эти печальные вожди, как водится, ничего не позабыли и ничему не научились. Их политические программы по-прежнему целиком уходили в прошлое, поскольку внутренне они не примирились с новым режимом. Их политические же цели заключались в том, чтобы непременно принять посильное участие в новых государственных учреждениях, созданных революцией. А единственным оружием по-прежнему оставалась болтовня.

И после революции буржуазные партии не раз самым жалким образом капитулировали перед улицей.

Когда на очередь поставлен был вопрос о так называемых законах в защиту республики, то сначала не было большинства в пользу этого закона. Но когда на улицах Берлина появилась двухсоттысячная демонстрация марксистов, государственные деятели буржуазии так испугались, что против своего собственного убеждения проголосовали за закон. Эти господа просто-напросто боялись, что в ином случае при выходе из рейхстага демонстрирующая толпа переломает им руки и ноги. После того как они проголосовали за закон, этого, к сожалению, не случилось.

Новое государство могло свободно идти какими ему угодно путями, как будто бы никакой национальной оппозиции и не было вовсе.

Единственные организации, которые еще решались в эту пору так или иначе оказывать сопротивление марксистам и идущим за ними массам, были добровольческие корпуса, союзы самообороны, гражданская милиция и наконец традиционные военные союзы. Однако и эти организации не смогли оказать сколько-нибудь серьезного влияния на ход вещей. И вот почему.

Так называемые национальные партии не смогли оказать никакого влияния на ход вещей, ввиду того что у них не хватало реальной силы, которая могла бы быть выведена на улицу. А так называемые военные союзы не могли оказать никакого реального влияния на ход вещей, потому что у них не было ясной политической идеи, не было никакой, сколько-нибудь определенной политической цели.

Что в свое время марксизму дало силу, так это было именно отличное сочетание политической воли с активистской брутальностью. А что лишило всякого реального влияния немецкие национальные партии, так это именно полное отсутствие какого бы то ни было сочетания между брутальной силой и политической целеустремленностью.

Каковы бы ни были желания немецких "национальных" партий, все равно у них не было ни малейшей реальной силы, чтобы повести действительную борьбу за эти цели. В особенности же не хватало такой силы, которую можно было бы вывести на улицу.

С военными союзами дело обстояло наоборот. Они были хозяевами улицы и в сущности также хозяевами государства. Но им не хватало политической идеи, ясности политических целей. Вот почему они совершенно не в состоянии были использовать свою силу в интересах национального возрождения Германии. А хитрые евреи в обоих случаях потирали руки и делали все возможное, чтобы увековечить именно такое положение вещей, льстя обеим сторонам и нашептывая им медоточивые речи о том, что именно такое положение является идеальным.

Через свою печать евреи замечательно ловко пропагандировали идею "аполитичности" военных союзов. И столь же ловко умели они пропагандировать ту мысль, что политические партии должны-де пользоваться только "чисто духовным" оружием. А миллионы наших немецких простофиль бессмысленно повторяли всю эту мудрость вслед за евреями, даже не подозревая того, что этим самым они обезоруживают себя и целиком отдают себя в лапы евреев.

Для всего этого тоже конечно была своя причина. Раз отсутствует большая организующая идея, то это всегда и неизбежно ведет за собою и отсутствие крупной физической силы, способной бороться за эту идею. Лишь те, кто совершенно фанатически убежден в своей правоте и в том, что их идея должна во что бы то ни стало победить и перевернуть весь мир, - будут иметь достаточно решимости, чтобы в борьбе за свою Цель прибегнуть и к силе оружия.

То движение, которое не ставит себе таких высоких целей и таких великих идеалов, никогда поэтому и не прибегнет к силе оружия.

Тайна успехов французской революции в том и заключалась, что у нее была такая новая великая идея. Этому же обстоятельству обязана своей победой и русская революция. И то же, наконец, приходится сказать об итальянском фашизме: если ему удалось с таким громадным успехом и с пользой для дела реорганизовать жизнь целого народа, то это произошло только потому, что у него была своя великая идея.

Буржуазные партии на это совершенно неспособны. Но и о военных союзах описываемой эпохи приходится сказать то же; поскольку они вообще не ставили себе какие бы то ни было политические цели, их идеал как и идеал буржуазных партий заключался в простой реставрации прошлого. Во всех этих военных союзах скоро опять укрепился дух старых шаблонных союзов довоенного времени. И благодаря этому это наиболее острое оружие тогдашнего национального движения Германии быстро притупилось. Военные союзы просто поступили в рабство к новой республике. Субъективные желания этих военных союзов были самые почтенные, но это нисколько не меняет дала. Реально их роль была более чем печальна.

Затем марксисты постепенно получали новую базу в лице консолидировавшегося рейхсвера. Государственная власть смогла теперь опереться на рейхсвер. Неизбежная логика привела теперь к тому, что военные союзы стали ненужными. А так как марксисты все время видели в них известную опасность, то теперь они приступили к роспуску военных союзов. Наиболее ненадежных вожаков военных союзов, которым марксисты особенно не доверяли, стали отдавать под суд и упрятывать в тюрьму. Своими собственными руками вожаки военных союзов приготовили себе эту участь.

* * *

Когда основана была германская национал-социалистическая рабочая партия, в Германии впервые появилось движение, которое в отличие от буржуазных партий не ставило себе целью механическую реставрацию прошлого, а выдвинуло новый идеал органического народного государства в противовес современному совершенно противоестественному государственному механизму.

С первой же минуты своего возникновения наше молодое движение стояло на той точке зрения, что за свои идеи оно конечно должно бороться духовными средствами, но в то же время, если это необходимо, должно суметь стать на защиту идеи грудью и применить физическую силу. С самого начала мы были глубоко убеждены, что наше новое учение имеет гигантское всемирное значение, и именно поэтому мы с первой же минуты считали, что в защиту его можно и должно идти на самые тяжелые жертвы.

Выше я уже говорил о том, почему всякое движение, желающее завоевать сердца своего народа, должно суметь само своими собственными силами защищать себя против всяких террористических попыток противника. Весь опыт истории показывает, что террористические средства, применяемые представителями определенного миросозерцания, никогда не могут быть сломлены одной только формальной государственной властью, что тут необходимо террору прежде всего противопоставить свое собственное смелое и решительное миросозерцание. Бездушные чиновники всех времен никак не могут понять этой простой вещи. Но факт остается фактом. Государственная власть лишь тогда может обеспечить подлинный порядок, когда идейное содержание государства является в то же время целым мировоззрением, господствующим над умами. Тогда лишь отдельные преступные натуры решатся на покушение против основ данного государства. Тогда террор против государства не будет являться орудием борьбы широких масс, находящихся под обаянием другого столь же цельного, но прямо противоположного миросозерцания. В ином случае государство может даже в течение целых столетий применить самые насильственные меры борьбы против террора и все-таки оно ничего против него не сможет поделать и в конце концов потерпит поражение.

Посмотрите на борьбу нашего немецкого государства с идеями марксизма. Натиск марксизма против государства становился все сильнее и сильнее. В течение 70 лет государство боролось против марксизма, но не смогло помешать победе этого миросозерцания несмотря на то, что оно приговаривало марксистов на тысячи лет тюрьмы и применяло вообще самые кровавые средства борьбы. В конце концов, немецкое государство пришло к полной капитуляции перед марксистами (средний буржуазный руководитель нашего государства будет конечно отрицать и это, но он не переубедит никого).

Конечно такое государство, которое 9 ноября 1918 г. ползало на коленях перед марксистами и сдалось ему на милость, не сможет завтра внезапно возродиться и взнуздать марксистов. Наоборот, буржуазные дурачки, восседающие на министерских скамьях, теперь все чаще и чаще начинают болтать о том, что нельзя де управлять "против рабочих", причем понятие "рабочие" на деле совпадает у них с понятием "марксисты". Эти господа не понимают даже того, что, отождествляя рабочих с марксистами, они совершают подлую фальсификацию истины. Выдвигая эту новую "аргументацию", буржуазные деятели пытаются только вскрыть свое собственное крушение и свою собственную капитуляцию перед идеями и организацией марксистов.

Стоя перед фактом окончательного подчинения современного государства под иго марксизма, национал-социалистическое движение тем более чувствует себя обязанным бороться за свои идеи не одними только духовными средствами, а суметь защитить себя и физической силой против упоенного победой Интернационала.

Я уже описал выше, как потребности борьбы нашего молодого движения постепенно привели нас к необходимости организовать собственную охрану собраний, как затем мы должны были создать специальные отряды охраны и как потом перед нами встал вопрос об организационных формах дальнейшего строительства таких отрядов.

По внешности наши отряды отчасти напоминали так называемые военные союзы, но в действительности они ничего общего с ними не имеют. Я уже упоминал, что немецкие военные организации никакой собственной сколько-нибудь определенной политической идеи не имели. Это были действительно только союзы самообороны, организованные на более или менее целесообразных началах, и они в сущности являлись только некоторым нелегальным придатком к легальным военным силам государства. Если они носили добровольческий характер, то не в том смысле, что это были свободные дружины, боровшиеся за свою собственную освободительную идею и имевшие свои собственные политические взгляды, но просто только в том смысле, что с формальной стороны они возникали как бы в самом деле добровольно. Отдельные вожаки этих союзов, а иногда и целые союзы были настроены более или менее оппозиционно к республике, но это не меняло дела. Ведь мало еще придти к убеждению, что данный порядок вещей и данные государственные учреждения недостаточно хороши. Надо знать самим, какие же новые порядки и новые учреждения хочешь ты создать в противовес старым. И надо затем проникнуться действительной решимостью бороться до конца за этот новый идеал. Лишь тогда можно сказать, что данная организация обладает своей собственной более высокой идеей.

Этим-то наши национал-социалистические отряды обороны и отличались от всех остальных военных организаций, что они ни в малейшей мере не отдавали себя под руководство учреждений, созданных революцией, а напротив, целиком отдавали себя в распоряжение новой великой идеи борьбы за новую Германию.

Наши отряды, правда, ставили себе вначале задачей только охрану порядка на наших собраниях. Их задачи сначала были очень ограничены: отряды имели целью только обеспечить нашим собраниям порядок и не дать противникам возможности срывать их. Наши отряды с самого начала были воспитаны в духе слепой дисциплины и строго наступательной тактики. Многие дураки даже из "патриотических" кругов населения зубоскалили по поводу того, что-де наши отряды являются слепыми поклонниками резиновой дубинки. Этим дурням было и невдомек, что к резиновым дубинкам мы прибегли только потому, что не хотели, чтобы чужими резиновыми дубинками избивали наших людей. Да кроме того разве не знаем мы из истории, что не раз величайшие деятели человечества падали жертвами от руки самых ничтожных убийц. Наша задача заключалась отнюдь не в том, чтобы насилие сделать самоцелью; задача наша заключалась в том, чтобы охранить великих провозвестников наших идеалов от насилия других. И наше движение сразу поняло, что оно не может и не должно рассчитывать на охрану со стороны государства, раз государство это не в состоянии охранить интересов нации. Наше движение поняло, что наоборот мы должны взять на себя дело защиты нации и дело борьбы против всех тех, кто угрожает уничтожить и народ, и государство.

После описанного нами выше сражения в зале мюнхенской Придворной пивной наши отряды в память о том штурме, который они тогда так успешно провели, получили название штурмовых отделов. Уже одно название показывает, что мы имеем дело лишь с одной определенной отраслью движения, с одним отделом его. Это такие же отделы, как отдел пропаганды, отдел печати, научные институты и другие составные части нашей партии.

Насколько штурмовые отряды были необходимы, мы могли убедиться не только на примере мюнхенского собрания, но и на примере собраний в других городах, когда мы попытались выйти за пределы Мюнхена. Марксисты убедились, что мы становимся опасными и поэтому поставили себе задачей душить каждое наше собрание уже в зародыше. К каким бы грязным мерам ни прибегали тут красные, вожаки стояли за них стеной и всюду и везде защищали эти мероприятия. Что марксисты радовались каждой своей удаче в борьбе против нас - это понятно. Но что сказать о тех буржуазных партиях, которые во многих местах просто не осмеливались устраивать открытых собраний и в то же время радовались, когда видели, что там или сям нам тоже не удается отстоять своих собраний от нападений марксистов? Буржуазные деятели, не умевшие сами справиться с марксистами и местами целиком капитулировавшие перед ними, радовались, когда видели, что и нам не удается сломить этого противника. Что сказать далее о таких государственных чиновниках, полицей-президентах и даже министрах, которые внешне любили изображать из себя сторонников "национального" движения и в то же время самым бессовестным образом помогали марксистам против нас, национал-социалистов? Что сказать о людях, которые в своем самоунижении заходили настолько далеко, что за жалкий комплимент в еврейской газете готовы были преследовать людей, героизму которых они собственно и обязаны тем, что в 1919 г. бунтующая толпа не вздернула их на первых попавшихся фонарях.

Жалкие людишки! Недаром же наш незабвенный Пенер, который до глубины души ненавидел всех этих лакеев, со свойственной ему прямотой однажды сказал: "Всю жизнь я хотел быть прежде всего немцем, а затем государственным чиновником; но никогда в жизни я не хотел бы, чтобы меня смешивали хотя бы на одну минуту с этими чиновными проститутками, которые в любую минуту готовы продаться каждому, кто их покупает".

Самое печальное было то, что именно этому сорту государственных чиновников постепенно удавалось не только подчинить себе десятки тысяч действительно честных и мужественных слуг немецкого государства, но и заразить многих своей собственной бессовестностью. Тех, кто оставался верен себе и не терял чести, они постепенно вытесняли и заменяли покорными субъектами. А сами себя эти негодяи еще имели наглость всегда выдавать за людей, сочувствующих "национальному" движению! Ждать какой бы то ни было помощи и поддержки со стороны этой части чиновников нам конечно не приходилось. Лишь в редких случаях мы получали помощь от государственных органов. Только создав собственную охрану, мы могли обеспечить известную свободу своих собраний и только таким путем могли мы внушить известное уважение к себе, ибо уважают только тех, кто умеет сам себя защищать.

Приступая к организации наших штурмовых отрядов, мы прежде всего стремились дать участникам их надлежащую возможность физического воспитания и вместе с тем стремились сделать из них убежденных сторонников национал-социалистической идеи. Дисциплина в этих отрядах должна была господствовать строжайшая.

Мы создавали свои штурмовые отряды так, чтобы они ничего общего не имели с обычными буржуазными военными организациями, но также ничего общего не имели и с нелегальными организациями.

Борясь самым резким образом против того, чтобы штурмовые отряды германской национал-социалистической рабочей партии были похожи на так называемые военные союзы, я исходил из следующих соображений.

Уже по существу дела мне было ясно, что дать военное образование целому народу через частные военные союзы - дело совершенно невозможное, ибо для этого требуются грандиозные государственные средства. Кто думает иначе, тот в сильнейшей степени переоценивает свои собственные силы. На основе так называемой "добровольной дисциплины" можно построить организации лишь сравнительно очень небольшие. Совершенно исключено, чтобы можно было тут пойти дальше определенных размеров военной организации. Ибо тут не хватало бы важнейшей вещи: чтобы повелевать, надо иметь право наказывать; нужно специальное законодательство о наказаниях, нужна принудительная сила. Осенью 1918 г. или, вернее, весною 1919 г. конечно можно было создавать так называемые "добровольческие корпуса". Но это, во-первых, потому что в своем большинстве эти корпуса вербовались из фронтовиков, а во- вторых, потому что люди, вступавшие в эти корпуса, тогда на деле безусловно подчинялись еще военной дисциплине, хотя и на ограниченный только срок.

Ни на что это претендовать не может "добровольческая военная организация" нынешнего времени. Чем больше разрастается такой союз количественно, тем слабее становится его дисциплина, и тем меньшие требования приходится предъявлять к отдельным участникам союза. Так постепенно получается, что военные организации современности приобретают старый хорошо известный нам характер аполитичных воинских союзов и объединений ветеранов войны.

Добровольная военная подготовка, если за ней не стоит безусловная сила принуждения, возможна только для очень ограниченного количества людей. Готовность добровольно подчиниться дисциплине всегда проявят лишь немногие, и только в регулярной армии дисциплина является действительно чем-то само собою разумеющимся.

Да, наконец, проведение действительно всеобщей военной подготовки через частные военные союзы невозможно еще и потому, что такие союзы обычно располагают только до смешного малыми денежными средствами. А ведь именно дело всеобщей военной подготовки является теперь самым важным. Не забудем, что со времени окончания войны истекло уже восемь лет и что в течение этого времени мы не дали ни одной возрастной группе молодежи надлежащей военной подготовки.

Военные союзы не могут ставить себе задачей только охватить те возрасты, которые уже прошли военную подготовку, ибо тогда можно было бы тут же математически установить, когда через эту корпорацию пройдут последние из обучавшихся военному делу молодых людей. Даже самый молодой солдат эпохи 1918 г., спустя 20 лет, будет небоеспособен. А ведь мы быстро приближаемся именно к этому сроку. Так и получается, что все нынешние так называемые военные союзы все более приобретают характер старых объединений бывших воинов. Но ведь это не может являться задачей учреждений, которые смотрят на себя не как на организацию бывших воинов, а как на военную организацию современности, что видно уже из их названия. Ведь современные военные союзы ставят себе задачей не просто сохранение старых связей и традиций бывших солдат, а видят свою миссию в создании действительно серьезной военной силы и в пропаганде военной идеи.

Чтобы выполнить такую задачу, нужно иметь реальную возможность действительно охватить всю молодежь, не проходившую до сих пор военного обучения. Если обучать молодежь только в течение одного или двух часов в неделю, то так солдата не создашь. При тех повышенных требованиях, которые военная служба теперь предъявляет каждому отдельному солдату, двухлетний срок службы едва-едва достаточен, чтобы из необученного молодого человека сделать обученного солдата. Ведь все мы на фронтах сами могли убедиться, к каким ужасным последствиям приводило то обстоятельство, что часть нашей молодежи приходила на фронт без достаточной военной подготовки. Ведь даже те отряды добровольцев, которых с железной энергией обучали в течение 15-20 недель, на фронте тем не менее представляли собою только пушечное мясо. Их приходилось распределять по другим военным частям и только в рядах опытных старых солдат эти, обучавшиеся в течение 4 - 6 месяцев рекруты могли приносить некоторую пользу. Лишь под руководством "стариков" добровольцы эти постепенно входили в курс дела и становились полезны.

Совершенно бесполезным делом кажется нам пытаться давать военную подготовку молодежи, раз мы можем употребить на это всего один-два часа в неделю, раз для этого нет достаточных денежных средств и нет определенной принудительной компетенции. Освежить познания старых солдат таким путем может быть, и можно, но превратить молодых необученных людей в солдат на этих путях невозможно.

Да и что пользы от такой работы? Тому или другому военному союзу, быть может и удастся на началах так называемого добровольчества с громадным трудом кое-как и кое-чему обучить несколько тысяч людей, если эти последние проявят действительно много доброй воли. Что пользы в этом, если в то же самое время современное государство своими пацифистско-демократическими формами "воспитания" миллионов молодежи лишает эти миллионы всех здоровых инстинктов, вытравливает из них все проблески подлинно-патриотического мышления и посредством этого яда разложения превращает нашу молодежь в терпеливое стадо баранов.

Ведь в сравнении с этим все потуги так называемых военных союзов просто смешны.

Но еще гораздо важнее следующее соображение, которое мы всегда приводили против неправильной идеи организации военной подготовки на началах добровольчества.

Допустим даже, что несмотря на все перечисленные трудности военным союзам удалось год за годом дать определенную военную подготовку известному числу молодых немцев. Допустим даже, что союзам удалось дать этой молодежи и необходимую физическую закалку, обучить владеть оружием и даже привить ей соответствующие патриотические идеи. Но что пользы, если все это происходит в рамках государства, которое по самому нутру своему совершенно не стремится к созданию серьезной военной силы и даже прямо ненавидит военную организацию? Вся проделанная работа все равно пойдет к черту, ибо руководители государства, т.е. на деле разрушители государства, преследуют прямо противоположные цели.

Результаты все равно будут ничтожны, раз сами правительства не показали на деле, что они хотят создать для нации серьезную вооруженную силу. А ведь наши правительства до сих пор показали только противоположное. К военной силе они апеллируют разве только еще в том случае, когда это им нужно для подкрепления своей собственной вредной для народа власти.

Ныне дело обстоит, увы, именно так. Разве не смешно в самом деле в поте лица работать над тем, чтобы дать военную подготовку какому-нибудь десятку тысяч людей, когда государство всего еще несколько лет назад позорно предало восемь с половиною миллионов прекрасно обученных солдат, когда государство не только не захотело серьезно опереться на этих солдат, а в благодарность за принесенные ими жертвы обрушило на их головы всеобщий позор. Что толку обучать новых солдат для того государственного режима, который забросал грязью храбрых и славных солдат прошлого времени, который оплевал их, сорвал с их грудей знаки отличий, отнял у них кокарды, растоптал в грязи их знамена и сделал вообще все возможное, чтобы представить в самом позорном свете те геройские подвиги, которые были совершены старой армией. Решится ли в самом деле кто-нибудь утверждать, что современный государственный режим когда-нибудь сделал хоть один шаг, чтобы восстановить честь старой армии, чтобы призвать к порядку тех, кто разлагал и оскорблял ее? Ничего подобного. Напротив, именно те, кто оскорблял и разлагал старую армию, теперь находятся на самых высоких постах, стоят у кормила правления. Ведь давно уже сказано, что "право сопутствует силе". Ну, а сила в нашей республике сейчас находится, как известно, в руках тех господ, которые в свое время начали революцию. Революция эта, как мы уже не раз говорили, на деле была подлейшей изменой отечеству, была самой гнусной проделкой мошенников, какую только знает немецкая история. Какие же после этого могут быть надежды на то, что такая власть поставит себе задачей действительно создать новую молодую немецкую армию? Все доводы рассудка говорят прямо об обратном.

Да нечего далеко ходить. Присмотримся к тому, какую позицию после революции 1918 г. заняли наши правительства по отношению к тогдашним крупным организациям самообороны. К ним относились с некоторым благоволением, пока эти организации могли пригодиться для личной защиты наиболее трусливых вожаков самой революции. Но как только благодаря всеобщему разложению народа эта опасность показалась устраненной и организации самообороны могли понадобиться только как орудие укрепления национальной идеи, их тотчас же признали ненужными, и все было сделано, чтобы разоружить эти организации, а по возможности и просто разогнать их.

Даже подлинные князья, как показывают примеры истории, далеко не всегда платили благодарностью за оказанную им помощь. Ну, а уж революционные убийцы, грабители и предатели конечно меньше всего думали о том, чтобы оплатить добром за оказанные им услуги. Только нынешние новоиспеченные буржуазные "патриоты" могут в это поверить. Что до меня лично, то когда мне говорили о необходимости создавать добровольные военные союзы, я никогда не мог удержаться от того, чтобы не спросить себя: для кого же это я буду создавать новую армию из наших молодых людей? Для какой цели будет употреблена эта армия? Когда, в какой обстановке будет она призвана к действию? Стоило только поставить себе эти вопросы и мы сразу получали тот ответ, который действительно должен был определить наши собственные действия.

Нам было ясно, что если современный режим когда-либо вообще обратится к такой военной силе, то уж во всяком случае не для того, чтобы действительно защитить подлинно национальные интересы, а только для того, чтобы укрепить свою собственную насильническую власть против народа, когда терпение народа истощится и ему надоест спокойно смотреть, как его обманывают, предают и продают.

Уже по одному этому мы пришли к выводу, что штурмовые отряды германской национал-социалистической рабочей партии не должны иметь ничего общего с подобной организацией военных сил для государства. Мы с самого начала смотрели на штурмовые отряды, как на организацию охраны национал-социалистического движения, как на воспитательный орган. Вот почему мы считали, что задачи штурмовых отрядов лежат в совершенно другой сфере нежели задачи так называемых военных союзов.

Но наши штурмовые отряды ни в коем случае не должны были стать и тайными нелегальными организациями. Цели тайных организаций всегда противозаконны. Но благодаря этому размеры таких организаций естественно лишь очень невелики. Создать крупную по размерам организацию и в то же время сохранить ее существование втайне или даже только скрыть ее подлинные цели - дело невозможное, особенно если иметь в виду болтливость нашего немецкого народа. Всякая такая попытка тысячу раз провалится. Во-первых, нынешняя полиция всегда имеет в своем распоряжении достаточный штаб сутенеров и тому подобной сволочи, всегда готовой за 30 сребреников предать все, что ей удастся узнать, и даже придумать то, чего не было. А во-вторых, и собственные сторонники никогда не будут достаточно конспиративны, чтобы сохранить организацию втайне. Только путем долголетнего личного отбора можно создать очень небольшие тайные организации, состоящие из совсем немногочисленных групп. Но такие очень маленькие организации потеряли бы всякую цену для национал-социалистического движения. Что нам нужно было и что нам нужно теперь, так это не сотня-другая отчаянных заговорщиков, а сотни и сотни тысяч фанатических борцов, готовых отдать свою жизнь за дело победы нашего мировоззрения. Нам нужно работать не в тайных кружках и конспиративных организациях. Нам нужны могущественные выступления масс. Не при помощи кинжала и яда или револьвера откроем мы дорогу нашему великому движению, а при помощи завоевания улицы. Мы должны показать марксистам, что будущими хозяевами улицы являемся мы, национал-социалисты. Мы докажем им, что в будущем станем не только хозяевами улицы, но и хозяевами государства.

Тайные организации могли стать еще опасными и тем, что члены их могли бы начать забывать о величии стоящих перед нами задач и склониться к той мысли, что можно изменить судьбы народа к лучшему при помощи того или иного отдельного убийства. Такое мнение может иногда найти себе историческое оправдание. А именно - в том случае, когда народу приходится страдать под тиранией какого-либо действительно гениального угнетателя и когда позволительно думать, что этот ужасный гнет держится так прочно главным образом благодаря личным качествам данного тирана. При таких обстоятельствах в народе всегда найдется мститель, и этот мститель, выйдя из среды народа, пожертвует собой, чтобы метким выстрелом покончить с ненавистным тираном. Только мелкие людишки, только негодяи, восторгающиеся нравами современной республики, сочтут такой акт достойным осуждения и всяких моральных ламентаций. А вот величайший певец свободы нашего народа в своем "Вильгельме Телле", как мы знаем, воспел именно такой акт.

В 1919-1920 гг. можно было серьезно опасаться, что в тайных организациях непременно найдутся люди, которые, ужаснувшись перед бесконечными несчастьями родины и вдохновившись примерами истории, в самом деле возьмутся за револьвер, чтобы отомстить тем, кто мучит Германию, и подумают, что таким путем можно исцелить свой народ. Но такой образ действий был бы бессмыслен, ибо на самом деле наши марксисты победили вовсе не благодаря превосходству качеств отдельных их вожаков, а только и исключительно благодаря безбрежной трусости и жалкой дрянности буржуазного мира. Наша буржуазия сама подписала себе самый безжалостный приговор именно тем, что она подчинилась такой революции, которая не выдвинула ни одной сколько-нибудь значительной головы. Можно еще так или иначе понять, что приходится капитулировать перед такими людьми, как Робеспьер, Дантон или Марат. Но уничтожающий приговор выносят себе люди, капитулирующие перед такими субъектами, как тощий Шейдеман, жирные Эрцбергер и Фридрих Эберт или перед всеми остальными политическими карапузами ноябрьской революции. В Германии нельзя было даже сказать, что вот именно такой-то вожак революции благодаря своим крупным личным качествам является главным несчастьем отечества. Нет, кругом нас были одни только революционные клопы, дезертирующие спартаковцы, одна мелочь и мелочишка. Взять в руки револьвер и убрать с дороги того или другого из этих господ совершенно не имело никакого смысла. Самое большее, к чему это привело бы, это к тому, что на место одного такого кровопийцы село бы два новых кровопийца.

В описываемое время приходилось самым резким образом выступать против таких покушений. Такая тактика была целесообразна, когда на арене истории действительно действовали крупные личности, но она совершенно не подходила для нашей эпохи политических лилипутов.

В сущности, то же самое приходится сказать и по вопросу о мерах борьбы против обычных изменников. Какой в самом деле смысл расстреливать, скажем, субъекта, предавшего в руки врага одну пушку, если тут же на самых высших должностях у нас сидят канальи, продающие все государство, имеющие на своей совести два миллиона напрасных жертв, являющиеся виновниками искалечения миллионов и при всем том совершенно спокойно сидящие на своих местах и обделывающие свои республиканские делишки. Бессмысленно убивать мелких предателей в таком государстве, где само правительство освобождает предателей от какого бы то ни было наказания. Ибо при таком положении вещей вполне может случиться, что крупные предатели потребуют к ответу подлинного идеалиста за то, что он послал пулю в лоб попавшемуся ему по дороге какому-нибудь мелкому жулику или предателю. И ведь надо себе еще задать вопрос: кого же в самом деле послать убрать с дороги такого мелкого предателя? Послать ли с этой целью такого же мелкого человечка или послать настоящего идеалиста? В первом случае рискуешь не получить необходимого результата и раньше или позже на тебя непременно донесут. Во втором случае мелкий жулик будет правда устранен, но зато приходится рисковать ценной жизнью быть может, незаменимого идеалиста.

Моя точка зрения на этот счет заключается в следующем. Нам совсем не пристало вешать мелких воров и предоставлять бегать на свободе крупным ворам. Гораздо лучше будет, если в один прекрасный момент мы создадим национальный трибунал, который сумеет отдать под суд и расстрелять несколько десятков тысяч ноябрьских преступников, тех, которые играли роль организаторов революции и поэтому должны нести главную ответственность. Такой пример в достаточной степени устрашит на все дальнейшие времена так же и мелких предателей и послужит для них необходимым уроком.

Вот все эти соображения и побудили меня тогда еще и еще раз самым решительным образом запрещать участие в тайных организациях и не допустить до того, чтобы наши штурмовые отряды приняли характер нелегальный. В те годы я принимал самые настоятельные меры, чтобы не допустить участия наших национал-социалистических организаций в экспериментах, во главе которых в большинстве случаев стояла превосходная, идеалистически настроенная немецкая молодежь, принесшая очень большие жертвы, но не сумевшая сколько-нибудь изменить в благоприятную сторону судьбы родины.

* * *

Но если наши штурмовые отряды не должны были стать ни обыкновенными военными организациями, ни тайными союзами, то из этого вытекало следующее.

1. Главным принципом организации наших штурмовых отрядов должен был стать не военный критерий, а критерий партийной целесообразности.

Члены наших штурмовых отрядов должны были конечно получить соответствующую школу физического развития, но центр тяжести нам пришлось видеть не в чисто военных упражнениях, а в спорте. Я всегда придерживался того взгляда, что бокс и джиу-джитсу имеют гораздо большее значение, чем плохенькие стрелковые курсы, ибо все равно добровольческие общества в состоянии были давать своим членам только полуобразование, а не полное военное образование. Дайте немецкой нации 6 миллионов безукоризненно вытренированных спортсменов, добейтесь того, чтобы эти 6 миллионов были полны фанатической любви к родине и закалены в той мысли, что наступление является лучшей тактикой - и подлинно национальное государство сумеет в течение каких-нибудь двух лет создать из них, если нужно будет, настоящую армию, в особенности, если мы будем иметь необходимые для этого кадры. Кадры же для такой армии при наших условиях может дать нам только рейхсвер, а не половинчатые воинские союзы. Мы считали, что физические упражнения нужны нашему штурмовику для того, чтобы в нем укоренилось сознание своего физического превосходства, которое одно только и может дать убеждение в собственной силе. А спорт должен был развить в наших штурмовиках все те качества, которые дали бы им возможность более успешно выступать на защиту нашего движения там и тогда, где и когда это понадобится.

2. Чтобы наши штурмовые отряды не превращались в тайные организации, мы сразу же ввели определенную форму одежды, по которой каждый мог узнать члена нашего отряда. А затем и сами размеры отрядов должны были указывать каждому и всякому на то, что дело идет отнюдь не о тайных организациях.

Наши штурмовые отряды не должны были прятаться в подполье, а должны были маршировать под открытым небом. Уже одно это должно было сразу положить конец всяким легендам о "тайной организации". Членов наших штурмовых отрядов мы прежде всего воспитывали в полной идейной преданности великим целям движения. Мы ставили себе задачей расширить горизонт каждого штурмовика настолько, чтобы любой из них понимал ту великую миссию, которая лежит на нем. Каждому рядовому штурмовику мы помогали усвоить понимание того, что нашей задачей является создание нового национал-социалистического государства. Поняв все это, наш штурмовик конечно уже не мог видеть свою задачу в том, чтобы убрать с дороги того или другого мелкого или даже более крупного мошенника. И таким образом отпадала опасность, что наши штурмовики станут соблазняться мелкой конспирацией и искать удовлетворения своему активизму в отдельных покушениях. Только так могли мы рассеять атмосферу мелкой мести и мелких заговоров, свойственных современной республике. Только благодаря этому подняли мы нашу борьбу на более высокий уровень борьбы двух мировоззрений. Каждый наш рядовой штурмовик должен был понять, что наша борьба есть истребительная борьба целого нового миросозерцания против миросозерцания марксизма и всего того, что порождает этот последний.

3. Из этого вытекает, что и организационные формы штурмового движения и способ вооружения штурмовиков и даже форма их одежды не могли и не должны были напоминать струю армию. Все это должно было быть построено на совершенно другом принципе, соответственно тем задачам, которые стояли перед штурмовым движением.

В течение 1920 и 1921 гг. я самым усиленным образом проповедовал именно вышеизложенные взгляды. Постепенно мне удалось привить эти взгляды нашей молодой организации полностью. Результат получился тот, что к концу лета 1922 г. мы располагали уже изрядным количеством штурмовых отрядов (сотен), а к концу осени 1922 г. все эти отряды были уже одеты в свою особую форму. Бесконечно важное значение для всего дальнейшего развития штурмовых отрядов имели три события.

1. Большая объединенная демонстрация всех патриотических союзов, направленная против закона о защите республики. Демонстрация эта состоялась в конце лета 1922 г. на Королевской площади в Мюнхене. Мюнхенские патриотические союзы выпустили воззвание протеста против закона о защите республики и в этом воззвании приглашали население принять участие в предстоящей грандиозной манифестации. Наше национал-социалистическое движение тоже приняло участие в этой манифестации. Впереди секций нашей партии мы пустили шесть штурмовых отрядов, каждый по 100 человек. Впереди наших колонн шли два оркестра музыки, а наши манифестанты несли 15 партийных знамен. Когда наши колонны подходили к площади, она была уже наполовину заполнена народом. Но у собравшейся там толпы не было в руках ни одного знамени. Появление наших колонн с оркестрами, со знаменами и с несколькими сотнями штурмовиков вызывало настоящий взрыв энтузиазма. Мне лично выпала на долю честь выступить одним из ораторов перед собравшейся на площади шестидесятитысячной толпой.

Успех манифестации был огромный. Теперь было доказано всем и каждому, что вопреки всем угрозам красных и национальные организации Мюнхена умеют манифестировать на улице. Когда красные попытались выпустить против наших марширующих колонн некоторое количество своих вооруженных людей, наши штурмовики в течение нескольких минут разогнали этих господ, расколотив их в пух и прах. Впервые наше национал-социалистическое движение показало здесь свою решимость и на будущие времена отстаивать за собою право на улицу и раз навсегда лишить этой привилегии господ предателей.

Этот день окончательно доказал, что те организационные принципы и психологические соображения, которые мы положили в основу построения штурмовых отрядов, были совершенно правильны.

На этой победоносной основе мы продолжали расширять движение штурмовиков. Через несколько недель количество штурмовых отрядов в Мюнхене удвоилось.

2. Поход в Кобург в октябре 1922 г.

Народнические союзы приняли решение устроить в Кобурге так называемый "день нации". Лично я тоже получил приглашение в Кобург, причем в пригласительном письме было сказано, что желательно, чтобы я приехал не один, а "в некотором сопровождении". Это приглашение я получил в 11 час, утра и сразу же решил, что все это будет очень кстати. Уже через какой-нибудь час я отдал все необходимые распоряжения. В качестве "сопровождения" я наметил 800 человек штурмовиков. Разделив их на 14 отрядов, я посадил их в специальный поезд и отправил в Кобург - городишко, ставший теперь баварским. Соответствующие приказания посланы были также другим национал-социалистическим штурмовым группам, образовавшимся к тому времени в различных городах.

Впервые в Германии отправлялся такой специальный поезд. На промежуточных станциях в поезд входили новые группы штурмовиков, что вызывало громадную сенсацию. Публика до сих еще не видела наших знамен; теперь она смогла увидеть их. Эффект был очень велик.

Когда мы прибыли на кобургский вокзал, нас встретила делегация от комитета, руководившего "днем нации", и сообщила нам следующее. Между комитетом и местными профсоюзами, а также местными организациями независимой с.-д. партии и коммунистической партии состоялось-де соглашение, что мы должны отправиться в город не в строю, а врассыпную без знамен и без своей музыки (с нами был свой собственный оркестр из 42 человек).

Разумеется я тут же решительно отверг это позорное условие и выразил делегации свое возмущение по поводу того, что комитет вообще счел возможным вступать в какие бы то ни было соглашения с такими господами. Затем я спокойно заявил, что мои штурмовики немедленно построятся и что мы конечно с музыкой и со знаменами отправимся в город.

Сказано - сделано.

Уже на привокзальной площади нас встретила многотысячная толпа, начавшая осыпать нас бранью и угрозами. На нас посыпались выкрики - "убийцы", "бандиты", "грабители", "преступники" и другие ласкательные эпитеты, которые любят употреблять пресловутые творцы германской республики. Молодые штурмовые отряды сохраняли образцовый порядок. Развертываться пришлось тут же на плацу перед вокзалом на глазах у публики. Штурмовики вели себя сдержанно, совершенно не замечая сыпавшихся оскорблений. Расположения города мы не знали. Потерявшая голову полиция ошибочно направила нас не в предназначенные нам квартиры на окраине города, а в большое помещение одной из пивных, расположенной близко к центру города. С обеих сторон за нашими колоннами следовала большая пестрая толпа, продолжавшая шуметь. Как только последний из наших отрядов начинал входить в ворота пивной, собравшаяся толпа сделала попытку с криками и улюлюканьем устремиться вслед за нами. Чтобы помешать этому, полиция поспешила запереть ворота и все входы в помещение. Создалось совершенно невозможное положение. Построив фронтовиков во дворе, я сказал им несколько слов и дал соответствующие указания. Затем я потребовал от полиции, чтобы она немедленно открыла ворота. После больших колебаний полиция уступила моему требованию.

Уже к вечеру дело дошло до серьезных столкновений. Наши патрули подбирали в бессознательном состоянии отдельных национал-социалистов, подвергшихся гнусным нападениям со стороны противников. Тогда и мы перестали церемониться с врагом. Уже к утру можно было констатировать, что красный террор, под игом которого население Кобурга стонало в течение многих лет, одним ударом сломлен. Красные тотчас же выпустили листки, в которых со свойственной им еврейско-марксистской лживостью утверждали, что-де наши "банды" ни с того ни с сего повели "истребительную войну против мирных рабочих". "Товарищей рабочих и работниц" приглашали выйти на улицу и дать нам отпор. Назначенная красными демонстрация должна была состояться в половине второго. И на эту "грандиозную народную демонстрацию" приглашались десятки тысяч рабочих со всей округи. Твердо решив раз навсегда покончить с красным террором в Кобурге, я в половине двенадцатого собрал своих штурмовиков, число которых к тому моменту достигло уже полутора тысяч человек. Построив их в ряды, я сам стал во главе отряда, и мы двинулись к кобургской крепости, путь к которой лежал как раз через большую площадь, где назначена была демонстрация красных. Посмотрим, думал я про себя, решатся ли красные вновь напасть на нас. Когда мы приблизились к площади, на ней вместо обещанных десятков тысяч оказалось всего несколько сот человек; часть из них сейчас же разбежалась, другая часть старалась держаться очень тихо. Только кое-где встречавшиеся нам красные отряды, пришедшие из других мест и поэтому еще не знакомые с нами, пытались вновь бросать нам оскорбления. Но в течение нескольких минут мы раз и навсегда отбили у них охоту к этому. И вот теперь, когда наша победа была очевидна, местное население сразу облегченно вздохнуло. У людей появилось мужество. Население начало выкрикивать по нашему адресу приветствия. А к вечеру, когда мы возвращались назад, в ряде мест происходили стихийные восторженные демонстрации в нашу честь.

Когда мы пришли на вокзал, чтобы садиться в поезд, железнодорожный персонал неожиданно для нас заявил нам, что они не поведут нашего поезда. Тогда я велел сообщить ряду вожаков, что если железнодорожники действительно не поведут поезд, то я сейчас же арестую всех тех красных вожаков, которые попадутся мне под руку, и рассажу их по несколько человек в каждый из вагонов, на локомотив и на тендер, а затем мои люди сами поведут поезд. Я велел сказать господам красным, что такое путешествие станет конечно довольно рискованным, но зато уж если случится железнодорожная катастрофа и мы должны будем погибать, то и их вожаки будут погибать вместе с нами. У нас по крайней мере будет то утешение, что мы явились на тот свет не одни, а в "почетном" сопровождении красных апостолов "равенства и братства".

Как только это было сообщено кому следует, поезд немедленно был подан и отошел пунктуально минута в минуту. На следующее утро мы благополучнейшим образом прибыли в Мюнхен.

Таким образом в Кобурге впервые с 1914 г. нами было восстановлено действительное равенство граждан перед законом. Если наши чиновные олухи всюду и везде самодовольно заявляют, будто современное государство строжайше защищает жизнь своих граждан, то это просто неправда. В действительности в те годы дело обстояло так, что гражданам приходилось защищаться от самих представителей современного государства.

Кобургские события имели самые благодетельные последствия. Дух наших победоносных штурмовых отрядов конечно укрепился. Все убедились, что руководство отрядов находится на полной высоте. Но главное, население заинтересовалось теперь нами гораздо больше, чем до сих пор, и многие впервые начали понимать, что национал-социалистическое движение по всей видимости и является той силой, которая в более или менее близкий срок покончит с марксистским безумием.

Только в лагере демократии шипели по поводу того, что мы не дали спокойно раздробить себе череп, что мы решились в демократической республике ответить на подлое нападение не пацифистскими песнями, а кулаками и палками.

Буржуазная пресса вела себя конечно гнусно и низко, как всегда. Только очень небольшое число честных газет приветствовало тот факт, что по крайней мере в одном месте марксистским насильникам был дан должный отпор.

В самом Кобурге часть обманутых марксистами рабочих получила очень полезный урок. В столкновениях с нашими национал-социалистическими рабочими эти красные поняли, что и наши рабочие борются за определенный идеал, ибо нетрудно было догадаться, что так драться способны только люди, которые борются действительно за нечто высокое и дорогое.

Но наибольшую пользу от всех этих событий получили конечно сами штурмовые отряды. Отряды стали быстро расти в числе. Когда 27 января 1923 г. открылся наш партийный съезд, то в освящении знамен приняло участие уже шесть тысяч штурмовиков, и первая часть отрядов была в своем новом обмундировании.

Кобургские события еще и еще раз доказали, что нам необходимо не только систематически развивать корпоративный дух внутри наших отрядов, но во что бы то ни стало обязательно также одинаково одевать штурмовиков, чтобы они могли друг друга узнавать уже по внешнему виду. До сих пор мы ограничивались только повязкой на руке. Теперь мы ввели также френч и всем известный теперь головной убор.

Воспользовавшись опытом Кобурга, мы решили теперь систематически и планомерно проделать то же самое в целом ряде других городов, где за последние годы красные не допускали ни одного собрания инакомыслящих. Теперь в этих городах мы решили восстановить свободу собраний. Мы выбирали город за городом, концентрировали там наши национал- социалистические батальоны и таким образом приводили к капитуляции одну баварскую крепость красных за другой. Штурмовые отряды все больше и больше осваивались со своей ролью. Все менее и менее похожими становились они на старые безжизненные военные союзы и все более и более принимали они характер настоящих живых боевых организаций, играющих крупнейшую роль в деле борьбы за новое будущее германского государства.

Так систематически развивалось дело до марта 1923 г. К этому времени разразились события, которые заставили меня во многом переменить тактику и перевести движение на новые рельсы.

3. В начале 1923 г. французы, как известно, заняли Рурский бассейн. Это на первых порах оказало очень серьезное влияние на ход развития нашего штурмового движения.

И теперь еще я не могу и не считаю целесообразным с точки зрения национальных интересов рассказать открыто обо всем, что с этим связано. Я должен ограничиться только тем, что уже было затронуто в публичных обсуждениях и что так или иначе стало достоянием гласности.

Занятие Рурского бассейна французами пришло отнюдь не неожиданно. Мы имели тогда серьезные основания надеяться, что с трусливой политикой постоянных отступлений теперь будет покончено и что на военные союзы при новой обстановке ляжет вполне определенная ответственная задача. При таких обстоятельствах мы полагали, что и наши штурмовые отряды, насчитывавшие тогда уже несколько тысяч молодых закаленных бойцов, не должны остаться в стороне от общенационального объединения военных сил. Весною и летом 1923 г. штурмовые отряды были реорганизованы и превращены в воинскую боевую часть. Этот факт сыграл крупную роль в дальнейшем развитии событий 1923 г., по крайней мере постольку, поскольку в них участвовало наше движение.

Ход событий в 1923 г. я в общих чертах осветил в другом месте. Здесь я ограничусь только тем, что замечу: раз те предпосылки, из которых мы исходили, приступая к реорганизации тогдашних штурмовых отрядов, не оправдались; раз переход к активному сопротивлению против Франции не совершился, то приходится сказать, что с чисто партийной точки зрения реорганизация эта была вредна.

Как ни ужасен на первый взгляд конец 1923 г., все-таки, глядя назад, приходится сказать, что финал его был необходим. Поведение германского правительства сделало беспредметным тот путь, на который мы перевели было наши штурмовые отряды. И теперь одним ударом было покончено с той реорганизацией штурмового дела, которая, как мы уже сказали, с нашей партийной точки зрения была вредна.

Теперь после событий конца 1923 г. было ясно, что мы опять должны вернуться на старую дорогу и начать с того, на чем мы кончили, раньше чем перевели штурмовые отряды на новые рельсы. В этом была своя хорошая сторона событий конца 1923 г.

Заново организованной в 1925 г. германской национал-социалистической рабочей партии приходится заново реорганизовать свои штурмовые отряды в духе тех именно основных принципов, какие я изложил в первой части настоящей главы. На этих именно началах приходится организовать дело и в этом духе вести его и дальше. Германская национал-социалистическая рабочая партия должна таким образом вернуться к тем истинно здоровым взглядам, из которых мы исходили с самого начала. Свою высшую задачу ей приходится видеть в том, чтобы из своих штурмовых отрядов сделать инструмент защиты и пропаганды идей нашего мировоззрения.

Партия не должна допускать ни того, чтобы штурмовые отряды превращались в так называемые военные союзы, ни того, чтобы они превращались в тайные организации. Партия видит в штурмовых отрядах авангард великих национал-социалистических идей. Когда партия сумеет сделать так, чтобы наши штурмовые отряды действительно стали такой стотысячной гвардией, партия добьется того, чтобы ее штурмовики являлись паладинами самой великой и святой идеи на земле.

ГЛАВА X

ФЕДЕРАЛИЗМ КАК МАСКИРОВКА

Зимою 1919 г., а в еще большей степени весною и летом 1920 г. наша молодая партия принуждена была занять позицию по одному вопросу, который получил огромное значение уже во время войны. В первой части настоящего сочинения, описывая методы пропаганды противника, особенно бросившиеся в глаза мне лично, я обратил внимание читателя на то, как и англичане и французы усиленно старались разжечь старые противоречия между севером и югом Германии. Первые прокламации, начавшие систематическую травлю против Пруссии как единственного якобы виновника войны, появились уже весною 1915 г. К концу 1916 г. эта столь же ловкая, сколь и низкая агитация достигла кульминационного пункта. Это, рассчитанное на самые низменные инстинкты, натравливание южан на северян уже вскоре начало давать свои ядовитые плоды. Одним из крупнейших упущений руководящих кругов правительства и армии (и в особенности баварского штаба) было то, что в своем ослеплении и самонадеянности они совершенно не принимали необходимых мер противодействия. Против этой агитации не было предпринято ровно ничего. Напротив, в некоторых кругах на эту агитацию посматривали не без удовольствия. Иные господа были настолько ограничены, что им казалось, будто такая пропаганда не только поможет ослаблению централистических тенденций германского государства, но может быть автоматически даже укрепит идею федерализма. За это тяжелое упущение мы поплатились столь тяжко, как это редко бывает в истории. Люди думали, что в результате этой агитации поплатится одна только Пруссия, а на деле поплатилась вся Германия. Эта агитация ускорила наше крушение. Крах потерпело не только германское государство как таковое, но и отдельные государства, входившие в состав нашей германской империи.

Случилось так, что революция победила прежде всего как раз в том городе, где искусственно разжигаемая ненависть против пруссаков была особенно велика. Именно здесь революция прежде всего и свергла как раз наиболее старую традиционную династию.

Было бы конечно неверно думать, что антипрусские настроения объяснялись исключительно военной пропагандой противников. Точно так же было бы неверно думать, что у народа, поддававшегося этой пропаганде, совершенно не было смягчающих вину обстоятельств. Одной из важнейших причин возникновения антипрусских настроений являлась невероятная организация всего нашего хозяйства военного времени. В этой области господствовала совершенно безумная централизация, равнявшаяся прямой опеке над всем государством. Мошенники же пользовались этой ультрацентрализацией для того, чтобы легче организовать свой ультраграбеж. Средний человек неизбежно отождествлял акционерные общества военного времени с Берлином (где заседали воротилы этих обществ), а Берлин конечно с Пруссией. Среднему человеку не приходило и в голову, что подлинными организаторами этих грабительских институтов, работавших под псевдонимом акционерных обществ, не являются ни берлинцы, ни пруссаки, ни немцы вообще. Средний человек приписывал все преступления и злоупотребления этих ненавистных учреждений столице и всю свою ненависть поэтому переносил, естественно, как на столицу, так и на Пруссию в целом. А так как ниоткуда таким представлениям отпора не давалось, а кое-кто смотрел на такое толкование не без удовольствия, то естественно, что ненависть против Пруссии все больше разгоралась.

Евреи были конечно достаточно умны, чтобы понимать, что бесстыдный грабеж немецкого народа, который они организовали под прикрытием акционерных обществ военного времени, неизбежно вызовет известное сопротивление. Пока самих евреев никто не брал прямо за горло, они конечно могли не беспокоиться по поводу растущего недовольства. Но чтобы не допустить и впоследствии до прямого взрыва возмущения, евреям должно было больше всего понравиться именно такое средство, которое направляло недовольство совсем в другую сторону и таким образом давало исход чувству негодования.

Пусть себе Бавария идет в поход против Пруссии, а Пруссия - против Баварии. Чем сильнее разжечь вражду между Баварией и Пруссией, тем лучше. Чем горячее станет схватка между Баварией и Пруссией, тем спокойнее для евреев. Именно так лучше всего было отвлечь общественное внимание от этой интернациональной шайки. Люди даже стали прямо забывать об ее существовании. Конечно и в самой Баварии все же находилось достаточное количество благоразумных людей, которые делали усилия, чтобы не допустить до дальнейшего разжигания междоусобицы. Но как только такая опасность становилась реальной, евреи тотчас же пускали в ход в

Берлине какую-нибудь новую подлую провокацию и тем вновь разжигали борьбу. Все, кому сие ведать надлежало, тотчас же набрасывались на этот новый инцидент и раздували его изо всех сил, пока наконец пожар усобицы между югом и севером опять не разгорался докрасна.

Евреи вели тогда замечательно ловкую, уточненную игру. Все время занимали они этой внутренней склокой внимание то одной, то другой стороны и благодаря этому могли все с большим успехом грабить и тех и других.

Затем пришла революция.

До 1918 г. или, точнее сказать, до ноября 1918 г. средний человек и особенно менее развитый обыватель и рабочий могли еще не отдавать себе полного отчета в происхождении этой междоусобицы и в ее последствиях. Но уж казалось бы с началом революции, в особенности в Баварии, это должны были понять все, и во всяком случае это должна была понять та часть населения, которая причисляла себя к "национальному лагерю". Ибо не успела еще революция победить, как организатор переворота в Баварии сразу же выступил защитником специфически "баварских" интересов.

Конечно Курт Эйснер знал, что он делает. Придав революционному восстанию в Баварии определенное острие против остальной Германии, он меньше всего преследовал специально баварские интересы, а действовал просто по уполномочию от господ евреев. Он просто использовал существующие в Баварии антипатии и предрассудки, чтобы легче раздробить Германию. Если бы удалось полностью раздробить государство, то тогда оно уже совсем легко стало бы добычей большевизма.

Примененную Эйснером тактику продолжали и после его смерти. Марксистская "независимая партия" внезапно стала апеллировать к тем чувствам и инстинктам, которые прочнее всего коренились в государственной обособленности и насаждались отдельными династиями, хотя, как известно, марксисты всегда до этого времени осыпали только самой язвительной иронией как раз всякий сепаратизм и всякое обособление.

Борьбу Баварской советской республики против наступающих с севера армий, шедших на освобождение Баварии, марксисты во всей своей пропаганде изображали прежде всего как борьбу "баварских рабочих" против "прусского милитаризма". Только этими можно объяснить то обстоятельство, что в Мюнхене в отличие от целого ряда других германских областей после низвержения советской республики отнюдь не наступило отрезвление широких масс, а напротив еще выросло возмущение и озлобление против Пруссии.

Искусство, с которым большевистские агитаторы сумели изобразить устранение советской республики как победу "прусского милитаризма" над "антимилитаристическим" и "антипрусским" "баварским народом", принесло им богатые плоды. Еще при выборах в законодательный баварский ландтаг Курт Эйснер получил в Мюнхене менее 10 тыс. голосов, а коммунистическая партия даже всего только 3 тыс.; после низвержения же советской республики обе партии вместе имели уже около 100 тыс. избирателей.

Я лично начал свою борьбу против этого безумного натравливания отдельных немецких племен друг на друга уже в эту именно пору.

Думается, в течение всей своей жизни мне ни разу не пришлось браться за дело, которое вначале было бы столь непопулярно, как эта моя тогдашняя борьба против антипрусской травли. В течение советского периода в Мюнхене происходили бесчисленные массовые собрания, в которых настроение против остальной Германии разжигали настолько, что ни один северянин не мог выступать на них, а пруссакам просто угрожали смертью. Большинство этих собраний доводились до такой точки кипения, что в конце их аудитория обыкновенно сливалась в одном диком крике: "долой Пруссию", "прочь всякую связь с Пруссией", "война Пруссии" и т.д. Один из наиболее "блестящих" представителей идеи суверенности Баварии, как известно, бросил даже в рейхстаге лозунг, который он сформулировал в словах: "лучше умереть баварцами, чем прозябать под властью пруссаков".

Нужно было видеть тогдашние собрания, чтобы быть в состоянии понять, что означало для меня лично, когда впервые, окруженный маленькой горсточкой друзей, я выступил против этого безумия на большом собрании в зале мюнхенской пивной "Лев". Группа окружавших меня друзей состояла сплошь из моих товарищей по фронту. И вот пусть читатель представит себе наше настроение: когда мы проливали свою кровь за отечество на фронтах, большинство этих господ, которые сейчас осыпали нас бранью, прятались конечно в тылу, дезертировали и т.д. А теперь эти банды, потеряв всякое самообладание, встречали нас ревом, осыпали всевозможными оскорблениями и угрожали тут же убить на месте! Для меня лично эти выступления имели еще ту счастливую сторону, что благодаря им вокруг меня собралась особенно тесная кучка друзей, почувствовавших себя связанными со мною не на жизнь, а на смерть и как бы присягнувших мне на верность.

Эти наши сражения на собраниях повторялись в течение всего 1919 г., а в начале 1920 г. они еще усилились. Были такие собрания, - особенно я вспоминаю одно такое собрание в Вагнеровском зале на

Зоненштрассе, - в которых группе моих друзей, к тому времени уже несколько разросшейся, приходилось страшно туго. Эти собрания нередко кончались тем, что моих друзей избивали, оскорбляли, топтали ногами и выбрасывали из собрания в полумертвом состоянии.

Я начал эту борьбу в качестве отдельного лица и имел сначала поддержку только со стороны своих личных друзей по фронту. Но затем все наше молодое движение увидело свою, можно сказать, священную задачу в том, чтобы продолжить эту борьбу.

Еще и теперь я горжусь тем, что именно на мою долю выпало положить конец этой смеси глупости и преступления. Хотя я сначала опирался только на своих баварских сторонников, мне все-таки постепенно удалось разрешить эту задачу. Я сказал - смеси глупости и преступления. Я выражаюсь так потому, что знаю: большая масса попутчиков состояла вероятно из добродушно глупых людей, но организаторы травли несомненно не принадлежали к числу простаков. Нет, я и тогда считал и теперь считаю, что организовали это дело предатели, состоявшие на платной службе у Франции. В одном случае (я имею в виду историю Дортена) факты уже подтвердили, что это было именно так.

Режиссеры всей этой травли легко изображали дело так, будто единственным поводом всех их выступлений являются только федералистские мотивы. Это-то и было особенно опасно. Конечно, всякому разумному человеку ясно, что идея федерализма в действительности ничего общего не может иметь с организацией травли и возбуждением прямой ненависти против Пруссии. Хорош в самом деле "федерализм", который стремится оторвать у другой составной части федерации определенные территории или даже довести до прямого раздела этой части федерации. Честный федералист, ссылающийся на государственные идеи Бисмарка не для обмана, не может, цитируя Бисмарка, тут же единым духом пытаться оторвать от созданного Бисмарком государства определенные территории и открыто поддерживать сепаратистские тенденции по отношению к этому созданному Бисмарком государству. Какой крик подняли бы в Мюнхене, если бы, скажем, та или другая консервативная прусская партия стала открыто требовать или поддерживать отделение определенных территорий от Баварии. Жалко было только тех действительно честных федералистов баварцев, которые не понимали, в чем смысл этой подлой игры; ибо обманутыми были прежде всего именно эти простые люди. Именно тем, что федеративной идее давали подобное истолкование, ее больше всего и толкали в могилу. Какая же в самом деле возможна успешная пропаганда федеративного устройства государства, раз люди тут же осыпают оскорблениями и забрасывают грязью одно из важнейших звеньев федеративного государства - Пруссию, раз люди делают все возможное, чтобы подорвать Пруссию и сделать ненавистной идею какой бы то ни было связи с ней. Весь этот поход был особенно вреден потому, что эти так называемые федералисты направляли всю свою кампанию тогда против той Пруссии, которая ничего общего не имела с режимом ноябрьской демократии. Эти пресловутые "федералисты" все стрелы своих оскорблений направляли ведь не против отцов веймарской конституции (отцы этой конституции сами в большинстве случаев принадлежат к числу выходцев из южной Германии или к числу евреев, а против представителей старой консервативной Пруссии, т.е. против антиподов веймарской конституции. Не приходится конечно удивляться, что во всей этой злостной кампании федералисты тщательно обходили евреев, не смея их затрагивать. В этом может быть и приходится искать ключ ко всей этой загадке.

Мы знаем уже, что до революции евреи для того, чтобы отвлечь внимание народа от своих акционерных обществ военного времени и от себя самих, умели настраивать массы баварского народа против Пруссии. Но после победы революции евреям ведь надо было прикрыть свой еще в десять раз более хищный грабительский поход. И вот евреям теперь опять удалось натравить так называемые "национальные" элементы Германии друг против друга: консервативно настроенных баварцев евреям удалось втравить в борьбу против консервативно же настроенных пруссаков. И опять евреи прибегли к своему излюбленному средству. Держа в своих руках все нити государства, евреи легко вызывали новые грубые и бестактные провокации в Пруссии и тем разжигали все более ярую ненависть в Баварии. А когда нужно было, то и наоборот. Ненависть ни разу не была направлена против самих евреев, зато всегда и неизменно она направлялась против немецких братьев. Баварец забывал, что в Берлине живет 4 миллиона трудящихся, трудолюбивых, занятых творческой работой людей, а помнил только, что в Берлине есть гнилой, развратный Западный квартал. Но в конце концов, ненависть баварца обращена была не против этого одного квартала, а против всего "прусского" города.

Часто прямо можно было впасть в отчаяние.

Еще и теперь на каждом шагу вы можете натолкнуться на ту же ловкость евреев. Всегда и неизменно они стараются отвлечь общественное внимание от себя самих и направить его в совершенно другую сторону.

В 1918 г. не могло еще быть и речи ни о какой планомерной антисемитской работе. Я и теперь еще живо вспоминаю, с какими препятствиями приходилось считаться, как только произнесешь первое слово "еврей". Сразу же начинались глупейшие выкрики или аудитория начинала оказывать упорное сопротивление. Первые наши попытки показать общественному мнению, кто же является действительным врагом, не приводили почти ни к каким результатам. Только медленно и постепенно дела начинали принимать лучший оборот. Организационные основы, на которых построен был тогдашний антисемитский союз "Schutz und Trutzbund" (оборонительный и наступательный союз), были неправильны. Но в тоже время организация эта имела ту заслугу, что она как-никак поставила перед более широкими кругами еврейский вопрос. Зимою 1918/19 г.г. можно было констатировать, что антисемитское движение начинает пускать кое-какие корни. Наше национал-социалистическое движение спустя некоторое время повело борьбу против еврейства в гораздо более широких размерах. Мы сумели сделать из антисемитизма движущую силу большого народного движения, между тем как до нас эта проблема оставалась достоянием только узко ограниченных кругов крупной и мелкой буржуазии.

Но едва только нам стало удаваться прививать антисемитизм действительно широким слоям немецкого народа, как евреи стали принимать свои контрмеры. Прежде всего евреи прибегли к своему излюбленному средству. Со сказочной быстротой евреи ухитрились вызвать внутреннюю распрю в самом патриотическом лагере, бросив в этот лагерь факел междоусобного раздора. На очередь дня был поставлен вопрос об ультрамонтанстве, и это не могло не привести к борьбе между католицизмом и протестантизмом. В создавшейся обстановке это было, пожалуй, единственное средство отвлечь внимание к другим проблемам и помешать нам еще больше концентрировать натиск против еврейства. Те деятели, которые выдвинули на авансцену этот вопрос, совершили огромный грех. Поправить это зло не так легко. Евреи во всяком случае достигли желанной для них цели: католики и протестанты дерутся друг с другом в свое удовольствие, а смертельные враги арийского человечества и всего христианства могут потирать руки от удовольствия и смеяться себе в бороду.

В свое время евреи умели в течение многих лет занимать общественное мнение борьбой между федерализмом и унитаризмом. Пока эти два лагеря вели истребительную войну друг против друга, евреи торговали нашей свободой и продавали наше отечество международному капиталу. Так поступают они и теперь: натравив католиков на протестантов и обратно, они обделывают свои делишки, стараясь в то же время постепенно отравлять сознание и католического и протестантского лагеря.

Вспомните хотя бы тот вред, который приносят евреи, лишая нацию чистоты крови. Вспомните, что избавиться от результатов этого загрязнения крови нашей расы можно будет только в течение столетий, если мы вообще окажемся в силах когда бы то ни было побороть это зло. Вспомните далее, как это систематическое разложение нашей расы уничтожает последние арийские ценности немецкого народа. Разве не ясно, что мы все больше и больше теряем качества нации - носительницы культуры. Разве не ясно, что по крайней мере в наших больших городах мы быстро идем навстречу такому положению, в котором находится уже южная Италия. Сотни тысяч членов нашего народа гибнут в результате отравления крови, а мы проходим мимо всего этого, как будто совершенно слепые.

Эту свою гнусную работу евреи проводят совершенно планомерно. Эти черноволосые паразиты совершенно сознательно губят наших неопытных молодых светловолосых девушек, в результате чего мы теряем такие ценности, которых никогда не восстановишь. И что же? И католический, и протестантский мир - да, мы утверждаем это: и католический и протестантский лагеря относятся совершенно равнодушно к этим преступлениям евреев и не замечают, как эти паразиты народов преступно уничтожают самые ценные, самые благородные дары божии на земле. Судьбы мира решаются не тем, победят ли католики протестантов или протестанты католиков, а тем, сохранится ли арийское человечество на нашей земле или оно вымрет.

И при таком положении вещей католические и протестантские лагеря не умеют соединиться против врагов человечества, а вместо этого подумывают, как бы уничтожить друг друга! Мы считаем, что именно подлинные патриоты имеют священную обязанность позаботиться о том, чтобы верующие обоих лагерей перестали только всуе поминать имя божие, а стали бы на деле выполнять волю божию и сумели бы помешать евреям позорить дело божие. Разве не божья воля создала человека по образу и подобию творца всевышнего. Кто разрушает дело божие, тот ополчается против воли божией. Поэтому мы и говорим: пусть каждый остается при своей вере, но пусть каждый считает своей первейшей обязанностью бороться против тех, кто задачу своей жизни видит в том, чтобы подорвать веру другого. Католик не смеет оскорблять религиозного чувства протестанта и наоборот. Мы и без того уже имеем в Германии религиозный раскол. Если мы не добьемся того, чтобы борьба на религиозной почве прекратилась, то в конце концов между католическими и протестантскими лагерями может разгореться война на уничтожение. Положение в нашей стране в этом отношении нельзя и сравнивать с положением во Франции, Испании или Италии. Так в этих трех последних странах легко можно себе представить кампанию борьбы против клерикализма и ультрамонтанства, причем эта кампания нисколько не будет угрожать распадом французского, испанского или итальянского народа. Совсем другое дело - Германия. У нас к такой кампании наверняка немедленно примкнули бы и протестанты. Но тем самым кампания сразу теряет свой характер простого протеста самих католиков против политических излишеств со стороны их собственных верховных пастырей и сразу получает характер нападения протестантизма на католицизм.

Нападки людей одной и той же веры воспринимаются совсем по-иному, чем нападки, идущие от людей другой веры, даже если бы первые были совершенно несправедливы. Люди быть может охотно пошли бы навстречу критике и исправили бы те или иные ошибки, поскольку критика исходит от людей своей же веры. Но люди тотчас же решительно заупрямятся и откажутся принять какие бы то ни было поправки, если это рекомендуют, а тем более если этого требуют сторонники другой веры. Вожди каждого лагеря в этом случае воспринимают все эти попытки как нечто недопустимое и совершенно неприличное, как покушение на вмешательство в чужие внутренние дела. Тут не помогут также ссылки на единство национальных интересов, ибо религиозные чувства все еще сидят в нас гораздо глубже, чем любые соображения политической целесообразности. Во всяком случае национальное единство нельзя укрепить тем, что разжигают войну между католиками и протестантами. Только при взаимной уступчивости, только при одинаковой терпимости с обеих сторон можно изменить нынешнее положение вещей и добиться того, что в будущем нация действительно станет единой и великой.

Я заявляю совершенно открыто, что в людях, которые хотят теперь ввергнуть наше движение в религиозные споры, я вижу еще гораздо худших врагов моего народа, нежели даже в интернационально настроенных коммунистах. Ибо этих последних национал-социалистическое движение сумеет в свое время вернуть на правильный путь. Преступнее всего поступают теперь именно те, кто, находясь в наших собственных рядах, пытается сбить наше движение с правильного пути и мешает ему выполнить нашу миссию Такие люди являются борцами за еврейские интересы, - все равно, поступают ли они при этом сознательно или бессознательно. Ибо только евреи заинтересованы теперь в том, чтобы ввергнуть наше движение в кровавую религиозную распрю как раз в тот момент, когда мы начинаем становиться опасными для еврейства. Я говорю совершенно сознательно о кровавой распре, ибо только невежественные в смысле исторических уроков люди могут полагать, что наше движение способно разрешить и религиозную проблему - такую проблему, о которую разбивались усилия веков и великих государственных деятелей.

Да факты и сами достаточно говорят за себя. Ведь это же факт, что те господа, которые в 1924 г. внезапно открыли, будто главной миссией "народнического" движения является борьба против ультрамонтанства, достигли уже вполне определенных результатов; господам этим отнюдь не удалось сломить ультрамонтанство, зато им удалось внести раскол в лагере патриотического движения. Не поверю я также и тому, что тот или другой незрелый ум из современного лагеря патриотического движения будто сумеет сделать то, чего не сумел сделать сам Бисмарк. Я считаю высшим долгом руководителей национал-социалистического движения повести самую решительную борьбу против всякой попытки использовать национал-социалистическое движение для такой борьбы. Людей, выступающих с такой пропагандой, надо моментально удалять из рядов нашего движения. До осени 1923 г. это и удавалось нам вполне. Верующий протестант и верующий католик дружно работали в рядах нашего движения рука об руку, никогда не впадая ни в малейший конфликт со своей религиозной совестью. Напротив, совместная героическая борьба, которую вели католики и протестанты единым фронтом против разрушителей арийского человечества, научила их больше ценить и уважать друг друга. Как раз в это же время наше движение провело, как известно, самую решительную борьбу против партии центра, причем конечно вся кампания велась нами не на религиозной почве, а исключительно на почве политико- экономических, расовых и национальных мотивов. Успех, который мы имели в течение этого времени, говорит целиком за нашу точку зрения и против тех, которые сейчас пытаются выдумать "лучшую" тактику.

В течение последних лет дело доходило до того, что иные ослепленные сторонники "народнического" движения настолько усердно занялись религиозной склокой, что перестали замечать, как атеистические марксистские газеты нарочно разжигают эти споры, подсказывают обеим сторонам различные глупые аргументы, подсовывают обоим лагерям соответственных адвокатов и т.д.

Смертельную опасность представляют собою эти споры именно у нас в Германии. История показала, что немцы больше чем какой-либо другой народ способны вести кровопролитнейшие войны во имя какого-нибудь фантома. Не раз и не два благодаря этому народ наш отвлекался от действительно важных проблем, которыми определяются его подлинные судьбы. Пока мы занимались религиозными распрями, весь остальной мир поделил между собою свободные территории. Пока мы теперь спорим о том, какая опасность больше - еврейская или ультрамонтанская, - господа евреи усиленно разрушают расовый фундамент нашего существования и тем самым губят наш народ навсегда. Я со своей стороны могут только от всей души сказать по поводу этих "новаторов", желающих показать национал-социалистическому движению новые пути: избави нас, боже, от таких друзей, а с врагами своими национал-социалистическое движение само уже справится.

* * *

В течение 1919, 1920 и 1921 гг., а также и в более поздние годы евреи вели очень ловкую пропаганду, разжигая борьбу между федералистами и унитаристами. Наше национал-социалистическое движение относилось конечно совершенно отрицательно к этой распре. Тем не менее нам пришлось занять определенную позицию по существу самой проблемы. Должна ли Германия представлять собою федеративный союз государств или единое централизованное государство и что именно следует понимать под тем и другим? С моей точки зрения наиболее важным является второй вопрос. Ибо именно только ответ на этот второй вопрос, с одной стороны, проясняет всю проблему, а с другой, позволяет сгладить всю остроту этой альтернативы. Что такое союзное государство?

Под союзным государством мы понимаем союз суверенных государств, вступающих в связь совершенно добровольно, т.е. опираясь на свой суверенитет, и уступающих таким образом в пользу союза ту часть своих прав, которые неизбежно должны отойти к учреждениям объединенного государства.

На практике эта теоретическая формулировка полностью не соответствует положению вещей ни в одном из существующих в мире союзных государств. Меньше всего соответствует эта формула тому, что мы видим в САСШ. О первоначальной суверенности отдельных штатов, вошедших потом в Североамериканский союз, вообще не приходится говорить. Многие из этих отдельных штатов образовались только позднее и лишь после были, так сказать, занесены в список Североамериканских соединенных штатов. Вот почему тут перед нами в большинстве случаев лишь единицы, сложившиеся под углом зрения больших или меньших административно- технических удобств. Границы отдельных штатов зачастую установлены здесь простым росчерком пера. Штаты эти никогда не обладали да и не могли обладать никакой особой суверенностью.

Целиком и полностью вышеприведенная формулировка не подходит и для Германии, хотя надо сказать, что в Германии вне всякого сомнения сначала существовали отдельные государства и именно как государства и лишь затем из них создался союз. Однако приходится иметь в виду, что ведь и германская империя образовалась не на основе свободного волеизъявления и равномерного содействия со стороны каждого из отдельных государств, а на основе гегемонии одного из государств над всеми остальными, а именно Пруссии. Уже в чисто территориальном отношении отдельные немецкие государства представляют громадные различия, так что с этой точки зрения их нельзя сравнивать, например, с Американским союзом. Сравните прежние совсем маленькие отдельные немецкие государства с большими или с самым большим из них и вы сразу увидите, как неравны были силы и как неравна, стало быть, была та лепта, которую каждое из них внесло в дело создания союзного государства. По отношению к большинству из этих отдельных государств о подлинном суверенитете не могло быть и речи, если только слова "государственный суверенитет" не понимать в чисто чиновничьем казенном смысле. В действительности "государственному суверенитету" многих из этих отдельных самостоятельных государств давно уже положен конец - чем только окончательно доказано, как слабы в самом деле были эти мнимо самостоятельные государства.

Мы не станем здесь прослеживать подробно историю образования отдельных немецких государств. Укажем только на то, что государственные границы почти никогда не совпадали с племенными границами. Происхождение этих государств обусловлено чисто политическими факторами, и корни их по большей части лежат в печальной эпохе бессилия Германии, обусловливавшегося раздробленностью немецкого отечества, которая со своей стороны вызывала конечно и само это бессилие.

Все это и принимала в расчет (по крайней мере частично) старая конституция, когда в союзном совете она предоставляла например отдельным государствам не одинаковое количество голосов, а считалась с действительными размерами отдельных государств и с их ролью при образовании единого государства.

Дело обстояло не так, что при образовании единого государства отдельные государства просто добровольно поступались в его пользу определенной частью своего суверенитета. На практике дело обстояло так, что либо этих суверенных прав отдельных государств уже не существовало вовсе, либо Пруссия своим превосходством сил заставляла отдельное государство поступиться своими суверенными правами в пользу единого государства. Бисмарк конечно отнюдь не руководился при этом тем принципом, что у отдельных государств надо во что бы то ни стало изъять как можно больше прав и передать их объединенному государству. Нет, он требовал только того, без чего объединенное государство совершенно не могло обойтись. Этот принцип был столь же умерен, как и разумен, ибо он принимал в расчет и привычку и традиции прежних отдельных государств. Именно благодаря этому Бисмарку и удалось с самого начала обеспечить подлинную любовь к объединенному государству и подлинную готовность добровольно работать в его пользу. Из этого отнюдь не вытекает, будто Бисмарк считал тогда, что данного количества суверенных прав достаточно будет для объединенного государства на все предбудущие времена. Нет, этого Бисмарк не думал. Напротив он только видел, что в данный момент трудно провести что-либо другое и предоставлял в этом отношении будущему доделать остальное. Он не считал удобным тут же сразу ломать до конца сопротивление отдельных государств и надеялся на то, что само время и естественный ход развития доделают остальное. Конечно Бисмарк этим именно и доказал, что он был действительно искусным и великим государственным деятелем. Ход дальнейшего развития на деле именно к тому и свелся, что возрастал суверенитет объединенного государства за счет суверенитета отдельных растворившихся в нем частей. Время поработало именно в том направлении, на которое возложил свои надежды Бисмарк.

Развитие это ускорилось после германского крушения и уничтожения монархической формы правления. Это и понятно. Границы отдельных немецких государств, как мы уже сказали, отнюдь не совпадают с племенными границами. Их происхождение больше всего связано с чисто политическими факторами. Монархические династии играли тут громадную роль. Вот чем объясняется, что когда монархическая форма правления была уничтожена, то это неизбежно привело к уменьшению значения отдельных государств. Целый ряд таких "самостоятельных государств" настолько сразу потерял всякое значение и всякую внутреннюю прочность, что они сами сразу, руководясь одной лишь целесообразностью, стали объединяться с другими мелкими государствами или растворяться в более крупных. В этом приходится видеть наиболее наглядное доказательство того, насколько нереален в действительности был суверенитет этих маленьких государств и насколько невысоко ценили этот мнимый суверенитет их собственные граждане.

Таким образом устранение монархической формы правления и самих монархов нанесло достаточно сильный удар федеративному характеру государства; но еще гораздо больший удар нанес ему так называемый "мирный договор" и те обязательства, которые для нас вытекают из него.

До войны отдельные немецкие государства пользовались известным финансовым суверенитетом. Ясно однако, что, после того как Германия проиграла войну и вынуждена была взять на себя по мирному договору такие гигантские финансовые обязательства, которые ни в коем случае нельзя было покрыть за счет взносов отдельных государств, никакая финансовая самостоятельность отдельных государств не была уже возможна. Весь свой прежний финансовый суверенитет отдельные государства должны были уступить единому государству. Дальнейшие шаги, приведшие к полному переходу почты и железных дорог в руки органов объединенного государства, также являлись неизбежным результатом "мирного" договора, приводящего ко все большему порабощению нашего народа. Органы объединенного государства вынуждены были концентрировать в своих руках все новые и новые ценности, без чего центральное правительство не могло выполнять Версальского договора со всеми его вымогательствами.

Формы, в которых совершался этот переход суверенных прав отдельных государств в руки органов объединенных государств, часто были совершенно дикие, но самый процесс был логически необходим. Вина за это лежит на тех партиях и тех деятелях, которые в свое время не приложили всех усилий к тому, чтобы Германия победила в войне. Вина за это лежит в особенности на тех партиях в Баварии, которые во время войны из мелкого эгоизма отказывали объединенному государству в самом необходимом и за то вынуждены теперь после поражения платить в центральную кассу вдесятеро больше. История отомстила за себя. Редко наказание следовало так быстро за преступлением. Те самые партии, которые всего еще несколько лет тому назад могли ставить интересы отдельных государств выше интересов Германии в целом (а это особенно заметно было в Баварии), теперь под давлением обстановки вынуждены молча смотреть на то, как уничтожаются последние суверенные права отдельных государств, ибо без этого стало уже невозможным самое существование Германии. Во всем этом они виноваты сами.

Обращаясь к избирателям - а вся агитация наших современных партий теперь направлена исключительно к избирателям, - буржуазные партии хныкают и жалуются по поводу того, что отдельные государства все больше и больше теряют свои суверенные права. Но это сплошное лицемерие. Разве не эти же самые партии старались перещеголять друг друга в политике выполнения Версальского договора. Ну а политика выполнения естественно влечет за собою очень глубокие перемены и в области внутренней политики Германии. Бисмарковская Германия была свободна во вне и не связывала себе рук никакими внешними обязательствами. Бисмарковская Германия конечно не знала никаких финансовых обязательств, сколько-нибудь похожих по своей тяжести, а тем более по бесплодности на обязательства нынешней дауэсовской Германии. В области внутренней политики компетенция объединенного государства в эпоху Бисмарка была также строго ограниченной и концентрировалась только на самом необходимом. Вот почему бисмарковская Германия могла жить на взносы отдельных государств и не требовала себе исключительных прав. Отдельные государства, с одной стороны, могли сохранить необходимую финансовую самостоятельность, а с другой, могли платить в центральную кассу только сравнительно скромные суммы. Благодаря обоим этим обстоятельствам, отдельные государства очень хорошо относились к объединенному государству. Однако было бы совершенно неправильно и нечестно утверждать, что нынешние натянутые отношения отдельных государств к органам объединенного государства объясняются только их финансовой зависимостью. Нет, дело обстоит далеко не так. Если отдельные государства теперь хуже относятся к идее объединенного государства, то это объясняется не потерей суверенных прав со стороны отдельных государств, а больше всего является результатом того, что нынешнее объединенное государство столь жалким образом представляет интересы всего немецкого народа. Друзья Веймарской конституции могут устраивать сколько им угодно юбилеев, рейхсбаннеры могут устраивать сколько им угодно торжеств, а современное государство все-таки остается чуждым всем слоям народа. Специальное законодательство о защите республики конечно может отпугнуть от того или иного выступления против республиканских учреждений, но завоевать любовь немецкого народа на этих путях невозможно. Тем, что современная республика вынуждена старательно защищать себя от собственных граждан специальными параграфами и тюрьмой, она сама выносит себе уничтожающий приговор и показывает, на каком низком уровне стоит весь современный режим.

Но еще и в другом отношении неправы те партии, которые утверждают, что нынешняя нелюбовь отдельных государств к объединенному государству объясняется якобы только тем, что объединенное государство слишком урезывает прежние суверенные права отдельных государств. Представим себе на минуту, что объединенное государство не стало бы расширять своей компетенции, но взимало бы с отдельных государств громадные суммы, которые оно сейчас взимает. Что же, разве любовь отдельных государств к объединенному государству была бы тогда больше? Нисколько. Напротив, если бы отдельным государствам пришлось самим делать взносы тех гигантских размеров, которые вытекают из грабительского Версальского договора, то враждебные отношения отдельных государств к объединенному государству вероятно еще гораздо больше возросли бы. Этих взносов, вероятно обычным путем так бы и не удалось бы получить, и скорее всего государству пришлось бы прибегать к принудительной экзекуции. Ведь раз республика стала на почву пресловутого мирного договора и не имеет ни мужества, ни вообще намерения порвать с ним, то она так или иначе должна выполнять свои обязательства. Ну, а кто в этом виноват? Виноваты опять-таки те партии, которые беспрерывно пропагандируют избирателям необходимость сохранения самостоятельности отдельных государств, но в то же время на деле систематически поддерживают такую политику объединенного государства, которая с неизбежностью приводит и не может не приводить к утере "суверенных" прав отдельных государств.

Я говорю "неизбежно" потому, что современной объединенной республике действительно ничего другого не остается делать, раз ее проклятая внешняя и внутренняя политика возлагает на нее такие громадные материальные тяготы. Мы видим здесь, как клин клином выгоняют. Каждое новое долговое обязательство, которое республика вынуждена возложить на себя благодаря своей преступной внешней политике, неизбежно увеличивает и внутренний гнет. А раз приходится все больше и больше давить внутри, то это в свою очередь неизбежно приводит к постепенному уничтожению всех суверенных прав отдельных государств, ибо нынешняя республика не может допустить, чтобы отдельные государства могли оказывать даже только подобие сопротивления.

Разницу между нынешней политикой объединенного государства и политикой старого нашего объединенного государства можно охарактеризовать так: старое государство обеспечивало свободу внутри и обнаруживало силу вовне, а нынешняя республика обнаруживает слабость вовне и давит собственных граждан внутри. В обоих случаях одно вытекает из другого. Могучее национальное государство пользуется большей любовью и привязанностью со стороны своих граждан и поэтому не нуждается в специальном законодательстве для внутренних целей; современная республика, находящаяся в рабской зависимости от интернационального капитала, только насилием может заставить своих подданных платить возложенную на них дань. Если современный режим смеет говорить о "свободных гражданах", то это объясняется только бесстыдством и наглостью этого режима. Свободные граждане были только в старой Германии. Нынешняя республика является только колонией, находящейся в рабской зависимости от иностранцев. Вот почему в нынешней республике нет граждан, а есть только в лучшем случае подданные. Вот почему между прочим нынешняя республика не имеет и национального флага. Ибо то, что у нас называют национальным флагом, на деле есть только фабричное клеймо, установленное соответствующими распоряжениями "любимого" начальства. Вот чем объясняется и то обстоятельство, что все символы современной немецкой демократии остаются совершенно чуждыми душе немецкого народа и останутся чуждыми ей навсегда. Нынешняя республика в свое время наплевала на все те чувства и традиции прошлого, которые были дороги всему народу. Ни на секунду не задумалась эта республика безжалостно растоптать все символы великого прошлого и забросать их грязью. Однако недалеко уже время, когда сама эта республика с удивлением увидит, сколь чужды ее собственные эмблемы нынешним ее подданным. Сама республика сделала все от нее зависящее, чтобы весь нынешний режим рассматривался населением только как некий эпизод в немецкой истории.

Таким образом получается, что нынешнее государство, чтобы продолжать влачить свое существование, вынуждено урезывать суверенные права отдельных государств не только из чисто материальных мотивов, но и по соображениям общеполитическим. Нынешняя республика вынуждена высасывать из каждого гражданина последнюю каплю крови. Для этого пускается в ход вымогательская финансовая политика. Но именно поэтому же она вынуждена лишать своих граждан последних прав. Иначе она имеет все основания опасаться, что в один прекрасный день всеобщее недовольство выльется в открытое возмущение.

Если перефразировать изложенный выше тезис, то мы, национал-социалисты, должны придти к следующему коренному выводу: могущественное национальное государство, умеющее до конца отстаивать и защищать интересы своих граждан вовне, всегда будет в состоянии обеспечить свободу своим гражданам и внутри, и ему не придется при этом тревожиться за прочность государства. Но именно поэтому могущественное национальное правительство может предъявлять и большие требования к отдельному лицу и к отдельным государствам, ибо каждый отдельный гражданин в таких мероприятиях центральной власти всегда и неизменно будет видеть орудие величия его собственного народа. Лишь в этом случае ограничение прав отдельных государств не будет вредить интересам государства в целом.

Нет никакого сомнения в том, что, вообще говоря, внутренняя организация всех государств мира идет навстречу известной нивелировке. В этом отношении и Германия не может составить исключения. Нелепо в наше время говорить о "государственном суверенитете" таких государств, которые уже ввиду ничтожности своих размеров не могут претендовать на него. И с точки зрения административно-технической и с точки зрения путей сообщения роль отдельных государств все больше падает. При современных путях сообщения и при современной технике расстояние и пространство играют все меньшую и меньшую роль. То, что раньше было государством, ныне представляет собою простую провинцию. То, что ныне является государством, раньше представляло собою континент.

Адольф Гитлер

С чисто технической точки зрения управлять сейчас всей Германией представляет не большие трудности, нежели 120 лет тому назад управлять какой-нибудь Бранденбургской провинцией. Расстояние между Мюнхеном и Берлином в настоящее время преодолевается легче, чем 100 лет тому назад расстояние между Мюнхеном и, скажем, Штарнбергом. С точки зрения современного развития путей сообщения вся территория теперешней Германии представляет собою нечто меньше, чем самое маленькое или среднее королевство времен наполеоновских войн. Кто не понимает этих новых обстоятельств и вытекающих отсюда последствий, тот просто отстает от своего времени. Такие люди всегда были и будут, но ни повернуть колесо истории назад, ни приостановить его движение они не в состоянии.

Мы, национал-социалисты, не можем и не должны проходить мимо этих фактов, а должны уметь делать из них соответствующие выводы. И тут мы не дадим себя в плен фразам так называемых национальных партий буржуазии. Я употребляю термин "фразы", во-первых, потому что эти партии сами серьезно не верят в осуществление своих планов, а во-вторых, потому, что партии эти больше всех сами виноваты в нынешних событиях. В особенности в Баварии все крики против государственной централизации продиктованы больше всего интересами партийной интриги. Никакой более серьезной идеи за этой агитацией не стоит. Во все те моменты, когда эти партии могли бы пустую фразу превратить в нечто серьезное, они все без исключения оказывались в тупике. Ни малейшего реального сопротивления так называемому грабежу суверенных прав ни разу баварское государство не оказало, хотя в визге и криках никогда не было недостатка. Мало того. Если в Баварии находился серьезный деятель, который осмеливался по-настоящему выступить против нынешней безумной системы, его тотчас же объявляли человеком, "сошедшим с почвы современного государства", и как раз эти самые баварские партии начинали травить и преследовать этого деятеля, пока им не удавалось засадить его в тюрьму или, по крайней мере, беззаконно лишить его возможности публичных выступлений. На этом примере наши сторонники лучше всего поймут, насколько лживы крики этих так называемых федералистических кругов. Эти люди умеют делать и из религии средство в партийной игре. Идея федеративного устройства государства тоже является в руках этих людей только средством партийных интриг иногда весьма грязного характера.

* * *

Известная централизация, особенно в области путей сообщения, является таким образом делом весьма естественным. Тем не менее для нас, национал-социалистов, часто возникает необходимость при современном режиме выступать против такой централизации. Поступать так мы вынуждены в тех случаях, когда соответствующие мероприятия имеют задачей послужить нынешней губительной внешней политике. Современный режим предпринял централизацию железнодорожного дела, финансов, почтового дела и т.д. не из высших национально-политических соображений, а только с той целью, чтобы сосредоточить в своих руках необходимые материальные ценности, дающие возможность осуществлять пресловутую политику выполнения. Вот почему нам, национал-социалистам, и приходится предпринимать все те шаги, которые в наших глазах являются подходящими, чтобы затруднить, а по возможности и вовсе помешать такой политике. Сюда относятся и все те средства борьбы против нынешней централизации важнейших отраслей государственных учреждений, поскольку мы видим, что эта централизация предпринята только с целью выкачивания новых миллиардов для взноса платежей иностранцам, навязавшим нам после войны версальское иго.

Именно из этих соображений национал-социалистическое движение и заняло позицию против таких попыток.

Второй мотив, побудивший нас оказать сопротивление такого рода централизации, сводится к тому, что в увеличении компетенции органов центральной власти мы при настоящей обстановке не можем не видеть новую угрозу в области внутренней политики. Концентрируя в своих руках большие средства, органы центральной власти получают возможность еще больше увеличивать давление на всю внутреннюю жизнь страны, а это в свою очередь становится еще большим несчастьем для всей немецкой нации. Нынешний еврейско-демократической режим, ставший настоящим проклятием для немецкого народа, пытается обезвредить всякую критику со стороны отдельных, не подчинившихся ему еще вполне государств и тем самым действительно лишить эти государства всяких остатков самостоятельности. Это дает нам, национал-социалистам, все основания, чтобы попытаться придать оппозиции этих отдельных государств более прочную основу и сделать их борьбу против централизации выражением более высокой национальной политики вообще. Баварская народная партия руководится в своей борьбе за "особые права и привилегии" для баварского государства только самыми мелочными партикуляристскими соображениями. Мы же, национал-социалисты, должны суметь использовать особое положение Баварии так, чтобы поставить Баварию на службу более высоким национальным интересам в борьбе против современной ноябрьской демократии. Но у нас есть еще одно основание бороться против централизации в ее нынешней форме. Дело в том, что нынешняя так называемая централизация в целом ряде случаев на самом деле вовсе не приводит к централизации и еще меньше ведет к упрощению дела управления, а в действительности отнимает суверенные права у отдельных государств только для того, чтобы выдать ряд учреждений целиком в руки своекорыстных вождей революционных партий. Никогда еще в немецкой истории мы не видели таких бессовестных злоупотреблений, рассчитанных на то, чтобы стоящие у власти могли погреть руки, как мы видим это в современной демократической республике. Если теперь с таким неистовством централизуют направо и налево, то это в значительной мере объясняется тем, что партии, некогда торжественно обещавшие, что отныне общественные должности будут раздаваться только по способностям, на самом деле торгуют теперь общественными местечками, руководясь только узко партийными эгоистическими интересами. Со времени существования республики, особенно с того момента, когда республика стала усиленно вести политику централизации хозяйственных органов, в административный аппарат полилась громадная волна евреев. Теперь всякий уже видит, что хозяйственные и административные аппараты становятся настоящей твердыней евреев.

Этот третий мотив уже в силу тактических соображений побуждает нас относиться с величайшей осторожностью к каждой новой попытке централизации с тем, чтобы, если нужно, оказать ей сопротивление. Но всегда и неизменно мы должны исходить при этом из высших национально- политических соображений и никогда не должны руководиться мелочной партикуляристской точкой зрения.

Это последнее замечание необходимо было сделать для того, чтобы у наших сторонников не могла возникнуть неправильная мысль, будто мы, национал-социалисты, вообще отказываем объединенному государству в праве пользоваться большим суверенитетом, нежели суверенитет отдельных государств. В действительности, мы, национал-социалисты, ни в малейшей мере не подвергаем сомнению такое право объединенного государства. Для нас, национал-социалистов, государство, как мы уже не раз говорили, является только формой. Самое же существенное для нас - его содержание, т.е. интересы нации, народа. Отсюда ясно, что с нашей точки зрения суверенным интересам нации подчиняется все остальное. Отсюда ясно также и то, что ни объединенное государство в целом, ни тем более отдельное государство внутри нации не могут быть для нас фетишами.

Отдельные государства, входящие в состав германской республики, считают нужным содержать за границей свои особые представительства сверх общегерманских представительств. Кроме того, отдельные наши государства посылают специальные представительства и друг к другу. Этому безобразию нужно положить конец. И этому будет положен конец.

У нас привыкли далее использовать на постах послов и в посольствах вообще непременно отпрысков старых дворянских фамилий. Пришедшие в упадок дела этих фамилий часто поправляют именно тем, что их отпрыскам раздают соответствующие местечки за границей. Мы, национал- социалисты, не можем, конечно, разделять этих трогательных забот о вырождающихся дворянских фамилиях. Мы считаем, что наши дипломатические представительства за границей уже и до революции были достаточно жалки. Продолжать и теперь идти по этому пути - это по нашему мнению чересчур большая роскошь.

Мы считаем, что в будущем самостоятельность отдельных государств должна быть ограничена преимущественно культурно-политической областью. Возьмем Баварию. Больше всех для Баварии сделал Людвиг I, а ведь этот монарх отнюдь не принадлежал к числу узколобых антицентралистически настроенных партикуляристов. Он был деятелем великогерманской ориентации и в то же время являлся настоящим другом искусств. Людвиг I обратил внимание в первую очередь на усиление культурных позиций Баварии, а вовсе не на специальное усиление ее государственной самостоятельности.

Именно этим путем он укрепил позиции Баварии куда лучше и прочнее. Мюнхен был в ту пору еще малозначительной провинциальной резиденцией, но Людвиг I сумел превратить ее в большую метрополию германского искусства. Именно на этих путях он создал крупнейший культурный центр, притягивающий к себе еще и теперь например и франконцев. Если бы Мюнхен остался тем, чем он был раньше, то в Баварии можно было бы наблюдать тот же самый процесс, который произошел в Саксонии с той лишь разницей, что "баварский Лейпциг", т.е. Нюрнберг, превратился бы в город франконцев и перестал бы быть баварским городом. В великий город баварскую столицу превратили не те крикуны, которые на всех перекрестках горланили "долой Пруссию", - великим городом Мюнхен сделал король, который превратил этот город в художественную жемчужину, настолько примечательную, что не заметить ее не мог никто и все должны были начать относиться с достаточным уважением к такому центру.

Мы не должны забывать этого урока. В будущем самостоятельность отдельных наших государств по моему мнению будет лежать в культурно- политической области, а не в чисто государственной. Но и в этом отношении со временем нивелировка усилится. Благодаря все растущей легкости путей сообщения, люди настолько быстро перемешиваются друг с другом, что границы отдельных племен неизбежно все больше и больше стираются, что должно приводить ко все большей и большей общности и культурной жизни.

Что касается армии, то ее мы должны безусловно избавить от каких бы то ни было отдельных влияний со стороны самостоятельных государств. Грядущее национал-социалистическое государство ни в коем случае не должно повторить ошибки прошлого, т.е. не должно подсовывать армии такую задачу, которая ей совершенно несвойственна. Германская армия не может и не должна быть школой консервирования черт обособленности отдельных племен; напротив, германская армия должна стать школой взаимного понимания и стирания черт различия между немцами всех частей Германии. Армия должна объединять всех немецких солдат и преодолевать все те моменты, которые вообще в жизни государства могут иметь иногда и разъединяющее значение. Армия должна ставить себе задачей расширить горизонт каждого солдата за пределы его маленького государства и раскрывать перед ним перспективы всей германской нации. Наш солдат должен научиться оберегать границы всей Германии, а не только границы своего маленького самостоятельного государства. Совершенно нелепо оставлять молодого немца непременно там, где он родился; гораздо целесообразнее в годы военной службы показать ему всю Германию. В наше время это тем более необходимо, что молодой немец уже не отправляется как прежде в странствование, что расширяло горизонты нашей молодежи. Разве не нелепо при таком положении вещей оставлять молодого баварца непременно в Мюнхене, франконца – в Нюрнберге, баденца, - в Карлсруэ, вюртембержца - в Штутгарте и т.д.? Разве, в самом деле, не полезнее было бы показать молодому баварцу Рейн или побережье Северного моря, показать гамбуржцу Альпы, показать жителю Восточной Пруссии нашу среднюю горную полосу и т. д.? Земляческий характер можно сохранить за родом войск, но не за гарнизонами. Другие роды централизации могут иной раз встретить и наше осуждение, централизация же в области военного дела - никогда! Централизация в области военного дела всегда будет встречать только нашу поддержку. Мы не говорим уже о том, что при нынешних небольших размерах нашей армии делить ее еще по отдельным государствам было бы совершенно абсурдным. В совершившейся у нас централизации военного дела мы видим залог будущего, ибо когда мы со временем сможем приступить к воссозданию большой народной армии, мы никогда не откажемся от централизованных путей.

Молодая победоносная идея во всяком случае не даст себе связать руки какими бы то ни было соображениями кроме соображений о победе нашего дела. Национал-социализм принципиально берет себе право навязывать свои принципы всей германской нации, не останавливаясь перед границами тех или других отдельных государств. Ибо только так мы можем воспитать всю немецкую нацию в идеях национал-социализма. Как церковь не чувствует себя связанной никакими политическими границами, так и национал-социалистическая идея не может останавливаться перед границами отдельных областей Германии.

Национал-социалистическое учение отнюдь не является оружием политических интересов отдельных государств Германии, а претендует на безусловное господство над всей германской нацией. Национал- социалистическое учение претендует на то, чтобы определять судьбы всего народа и заново реорганизовать всю его жизнь. Вот почему национал- социалисты не могут считаться с границами, которые созданы не нами, а той политикой, которую мы решительно отвергаем.

Чем полнее будет победа наших идей, тем большую внутреннюю свободу сможем мы предоставить каждому.

ГЛАВА XI

ПРОПАГАНДА И ОРГАНИЗАЦИЯ

1921 г. имел и для движения и для меня лично большое значение во многих отношениях. Вступив в немецкую рабочую партию, я сразу же взял на себя руководство делом пропаганды. Эту работу я в тот момент считал самой важной. Тогда не стоило еще ломать себе голову над организационными вопросами, ибо вся задача в той обстановке заключалась в том, чтобы прежде всего познакомить с нашими идеями возможно больший круг людей. Пропагандистская работа должна была предшествовать организационной, ибо без этого для организации не было соответствующего человеческого материала. Да я и вообще являюсь противником слишком быстрого создания организации и педантического подхода к этому вопросу. Редко на этих путях получишь действительно живую организацию; чаще всего получится только мертвый механизм. Подлинная организация должна развиваться органически. Только тогда она действительно жизненна. Идеи, охватившие значительное количество людей, будут всегда стремиться к созданию известного порядка. Каковы будут формы внутренней организации - это имеет большое значение. Однако и здесь приходится считаться с той слабостью человеческой, которая многих людей зачастую, особенно вначале, ставит на дыбы перед человеком более высоких умственных способностей. Если организация создается только сверху механическим путем, то отсюда возникает серьезная опасность, что поставленное во главе ее лицо из чувства ревности будет мешать тому, чтобы в руководстве приняли участие более способные люди. Вред может получиться громадный. Для молодого движения такая опасность может стать прямо роковой.

Ввиду этого целесообразнее, если центр сначала в течение определенного времени ведет чисто пропагандистскую работу и лишь затем производит тщательный отбор среди завоеванных сторонников, чтобы найти среди них действительно пригодных руководителей. При этом зачастую оказывается, что как раз среди наименее заметных людей находятся прирожденные вожди.

Совершенно неправильно было бы прежде всего видеть главное свойство, необходимое для руководителя, в теоретических способностях.

Зачастую верно прямо обратное.

Великие теоретики лишь в очень редких случаях будут также великими организаторами. Сила теоретика, творца новой программы, лежит прежде всего в плоскости познания и формулировки правильных абстрактных законов, между тем как организатор должен быть в первую очередь психологом. Организатору приходится брать человека таким, каков он есть, поэтому он должен в первую очередь хорошо знать его. Организатор не должен ни переоценивать человека, ни недооценивать его. Организатор должен считаться и с человеческими слабостями и со зверскими инстинктами, заложенными в человеке. Только если он учтет все факторы, ему удастся создать такую организацию, которая будет действительно живым организмом, достаточно крепким и сильным, чтобы послужить надежной опорой для определенных идей и открыть дорогу этим идеям в жизнь.

Еще реже крупный теоретик будет в то же время крупным вождем. Скорее уж агитатор сумеет быть в то же время и вождем, - хотя к такому утверждению обыкновенно относятся скептически люди, привыкшие работать только научно. Я тем не менее настаиваю на этом утверждении. Ведь оно и понятно. Агитатор, обладающий способностями действительно завоевывать массу на сторону определенной идеи, всегда должен быть в то же время психологом - хотя бы этот агитатор был всего лишь демагогом. Такой человек все-таки гораздо более приспособлен к роли вождя, нежели малознающий людей теоретик не от мира сего. Ибо руководить означает двигать массами. Уметь формировать идеи еще не значит уметь руководить. Одно ничего общего не имеет с другим. Совершенно праздным занятием является спор о том, что же важнее: уметь формулировать идеалы и цели человечества или уметь их осуществлять. Одно без другого было бы совершенно бессмысленно, как мы это часто замечаем в жизни. Самая прекрасная теория останется совершенно бесцельной и не будет иметь никакого значения, если не найдется вождь, который сумеет понести эти идеи в массы. И наоборот. Пусть практический руководитель обнаружит даже самый большой размах и свойства гениального вождя, что пользы, если не нашлось достаточно глубокого теоретика, который сумел бы надлежащим образом сформулировать сами цели борьбы. Сочетание качеств теоретика, организатора и вождя в одном и том же лице есть самое редкое из того, что мы встречаем на земле. Сочетание всех этих трех качеств в одном лице и дает великого человека.

Я лично, как я уже сказал, в первую полосу моей деятельности посвятил себя делу пропаганды. Только на путях пропаганды можно было создать первое небольшое ядро, проникшееся идеям нашего нового учения, и затем можно было подобрать тот человеческий материал, из которого должны были позднее создаться первые элементы организации. Цели пропаганды в это время имели гораздо большее значение, нежели организация.

Раз движение наше ставит себе целью сокрушать все нынешние порядки и вместо них создать новый строй, то в рядах наших руководителей должна господствовать полная ясность в следующих отношениях. Свой человеческий материал каждое движение должно прежде всего подразделить на две большие группы: 1) сторонников движения и 2) членов партии.

Задача пропаганды - вербовать сторонников; задача организации - вербовать членов партии.

Сторонником движения является всякий, кто заявляет о своем согласии с целями движения; членом организации может быть только тот, кто готов на деле бороться за эти цели.

Симпатии сторонников движение завоевывает путем пропаганды. Задача же организации заключается в том, чтобы побудить своих членов путем пропаганды завоевывать новых сторонников, из числа которых затем опять- таки вербуются члены организации.

Для того, чтобы быть сторонником определенной идеи, достаточно ей только пассивно сочувствовать. Для того же, чтобы быть членом организации, требуются активная работа и активная защита данных идей. Вот почему из десяти сторонников определенной идеи лишь один или два станут членами организации. Чтобы быть сторонником идеи, достаточно только иметь определенное убеждение.

Чтобы стать членом организации, нужно мужество открыто выступать за это убеждение и пропагандировать его среди других людей.

Ограничиваться пассивным сочувствием свойственно большинству людей, ибо большинство косно и трусливо. Чтобы стать членом организации, требуется определенная активность, что свойственно только меньшинству людей.

Задачей пропаганды поэтому является неустанная забота о том, чтобы завоевывать все новых и новых сторонников данных идей. Задачей же организации всегда будет неустанная забота об отборе наиболее ценных из сторонников движения с целью превращения их в членов партии. Вот почему пропаганда не обязана специально заботиться о том, насколько завоеванные ею сторонники являются людьми способными, людьми понимающими, людьми с характером. Организация же наоборот специально занята тем, что из всей массы сторонников она самым тщательным образом отбирает именно те элементы, которые действительно способны обеспечить победу движению.

* * *

Пропаганда ставит себе целью распространить данное учение во всем народе. Организация же ставит себе целью охватить лишь те элементы, которые не станут в силу психологических причин тормозом для дальнейшего распространения данных идей.

* * *

Пропаганда старается повлиять на все население в духе определенных идей и считает своей задачей подготовить все умы к победе этих идей. Организация же ставит себе задачей длительный органический подбор всех боеспособных элементов из числа сторонников движения, готовых и способных вести борьбу до полной победы данных идей.

* * *

Победа данных идей тем более обеспечена, чем лучше пропаганда сумеет охватить всю массу населения. Победа данных идей тем более обеспечена, чем строже и крепче построена та организация, которая имеет задачей провести всю практическую борьбу.

Из этого вытекает, что чем больше количество сторонников движения, тем лучше, но что для организации чрезмерное количество членов скорее опасно, чем полезно.

* * *

Когда пропаганда завоевала для данных идей уже почти весь народ, тогда соответствующие выводы может сделать организация уже с небольшой горсточкой людей. Из этого вытекает, что чем обширнее пропаганда, тем меньше может быть организация. Чем больше число сторонников, тем меньше может быть число членов партии. Тут связь обратно пропорциональна. Чем лучше поработала пропаганда, тем меньшей по размерам может быть организация. Чем больше число сторонников, тем скромнее может быть число членов организации. И наоборот: чем хуже поставлено дело пропаганды, тем обширнее должна быть организация. Чем меньше сторонников у данного движения, тем больше должно быть число членов организации, если движение вообще рассчитывает на успех.

* * *

Первейшая задача пропаганды - завоевать симпатии тех людей, из числа которых впоследствии составится организация. Первейшая задача организации завоевать тех людей, которые пригодны для дальнейшего ведения пропаганды. Вторая задача пропаганды подорвать веру в существующий порядок вещей и пропитать людей верой в новое учение. Вторая задача организации - борьба за власть, чтобы таким путем обеспечить окончательный успех данного учения.

* * *

Всемирно-историческая умственная революция достигла полнейшего успеха тогда, когда она сумела убедить почти все население в правильности своего мировоззрения, а если необходимо, то впоследствии и навязать свое мировоззрение тем, кто еще в него не уверовал. Организация же должна охватить только такое количество людей, которое безусловно необходимо, чтобы занять все важнейшие позиции в государстве, взять в свои руки все важнейшие нервные узлы.

Самой большой опасностью для движения является чрезмерно быстрый, ненормальный рост числа членов организации. Пока данному движению приходится вести тяжелую борьбу, трусливые и эгоистические элементы старательно избегают его. Но когда победа движения стала фактом или когда близость победы становится уже вполне очевидной, в ряды его организаций спешат все.

Этим и объясняется, что столь многие, казалось бы, победоносные движения перед самой победой или, лучше сказать, перед последним завершением их стремлений вдруг впадают в слабость, приостанавливают свою борьбу и отмирают. Это значит, что благодаря первым победам в данный лагерь устремилось так много недоброкачественных и недостойных элементов, что они взяли вверх над боевыми элементами организации. Тогда все движение подчиняется узким своекорыстным интересам этих неполноценных элементов и падает вниз, приспособляясь к низкому уровню тех, кто им овладел, победа же первоначальной идеи движения становится невозможной. Цель, к которой первые группы сторонников фанатически стремились, теперь смазана. Боевой дух движения парализован. Буржуазный мир в этих случаях правильно говорит, что "чистое вино разбавили водой". До особенно высоких идеалов движение тогда уж не подымется.

Поэтому уже из одних только соображений самосохранения всякое движение как только оно достигло крупного успеха, должно прекратить свободный доступ членов в его организации и допускать в свои ряды новых людей лишь с крайней осторожностью и после самой тщательной проверки. Только оставляя все влияние за основным ядром своих старых деятелей, движение всегда сохранит свою свежесть, чистоту и здоровье. Движение должно систематически заботиться о том, чтобы руководство неизменно принадлежало именно этому ядру. Только оно должно определять всю пропаганду, от которой зависит общий успех в населении. Только оно должно сосредоточивать в своих руках всю ту реальную власть, от которой зависит практический успех идей движения.

Завоевав тот или другой плацдарм, движение должно передать все важные позиции в руки именно этого старого ядра. Так надо поступать вплоть до момента, пока принципы и учение партии не станут фундаментом и содержанием всего нового государства. Только тогда из недр партии родится новая государственная конституция, и ей можно будет постепенно и осторожно передать руль правления. Но и этот процесс обходится не без взаимной борьбы. Это тоже не вопрос одного только человеческого предвидения. Это в значительной мере результат игры и борьбы сил, основное направление которой, правда, можно предвидеть, но нельзя до конца предопределить.

Могучие успехи всех действительно больших политических и религиозных движений были возможны только благодаря тому, что движения эти действительно не упускали из виду принципы, которые мы изложили выше. Во всяком случае никакой длительный успех невозможен, если не будут соблюдаться эти законы.

* * *

В роли руководителя пропагандистского отдела партии я заботился не только о том, чтобы создать движению достаточно большой контингент сторонников, я ставил себе еще одну задачу. Придавая пропаганде самый радикальный характер, я стремился добиться того, чтобы организация со временем получила только самый доброкачественный человеческий материал. Чем более радикальной и вызывающей была моя пропаганда, тем более отталкивала она всех слабых и колеблющихся и тем более мешала она таким людям проникать в ряды нашей организации и ее основного ядра. Пусть эти люди остаются сторонниками движения, говорили мы себе, но ведь это как раз те люди, которые сочувствуют только в душе, не решаясь заявить об этом открыто. Сколько тысяч людей тогда заверяли нас о том, что они всей душой нам сочувствуют, но тем не менее никак не могут стать членами нашей организации! Ведь движение ваше столь радикально, говорили они нам, что стать членом вашей организации означает подвергнуть себя очень тяжелым требованиям и опасностям, чего конечно нельзя требовать от почтенного мирного гражданина. Позвольте же нам, говорили эти люди, хотя бы на первых порах оставаться в сторонке и только в душе сочувствовать вашему движению.

Что же, это было не плохо! Если бы эти люди, в душе сочувствовавшие революции, все вступили в то время в нашу партию и стали полноправными членами ее, то мы в настоящее время были бы, быть может, благочестивым братством, но не представляли бы собой молодого, боевого, рвущегося к борьбе движения.

Живая и наступательная форма, какую я придал тогда всей нашей пропаганде, упрочила радикальное направление в нашем движении и гарантировала нам то, что в ряды наших организаций вступят только действительно радикальные люди. Исключения конечно не в счет.

В то же время пропаганда наша была поставлена так, что уже через самое короткое время нам не только стали внутренне сочувствовать сотни тысяч людей, но эти люди стали желать нашей победы, хотя сами они были еще слишком трусливы, чтобы решиться жертвовать собою для общего дела.

До середины 1921 г. можно было обойтись одной этой пропагандистской деятельностью. Ее было пока достаточно для пользы нашего движения. Но события лета этого года показали, что теперь наступил момент, когда надо систематически приспособить и организацию к очевидным успехам нашей пропаганды и придать делу организации такое же большое значение, какое до сих пор имела пропаганда.

В это время небольшая группка народнических фантастов при благосклонном содействии тогдашнего председателя партии сделала попытку захватить организационное руководство в свои руки. Но эта интрига потерпела поражение, и на общем собрании членов партии руководство движением единогласно было передано мне. Одновременно принят был новый устав, который возлагает всю ответственность на первого председателя движения, принципиально уничтожает решения комитетов и вместо них вводит систему разделения труда, с тех пор оправдавшуюся самым великолепным образом.

С первого августа 1921 г. я взял дело внутренней реорганизации движения в свои руки. На помощь мне пришел ряд превосходнейших сотрудников, о которых я еще поговорю особо ниже.

Перейдя к созданию организации, которая должна была реализовать результаты нашей предыдущей пропагандистской деятельности, мне пришлось ликвидировать ряд старых навыков и ввести ряд новых принципов, которых до сих пор не знала еще ни одна партия. В течение 1919 - 1920 гг. во главе нашего движения стоял комитет, который избирался на основании определенных уставных пунктов на членских собраниях. Комитет этот составлялся из первого и второго кассиров, первого и второго секретарей и первого и второго председателей. Сюда же входили еще партийный контролер, шеф пропаганды, несколько других членов комитета.

Как это ни комично, а ведь такой комитет олицетворял как раз то самое зло, против которого движение наше хотело вести самую резкую борьбу, а именно - парламентаризм. Ведь этот принцип, само собой понятно, проводился не только вверху, но и внизу, вплоть до самых мелких местных групп нашего движения, в том числе и в округах, областях, в центральных организациях отдельных самостоятельных государств и т.д. Словом, получалась как раз та самая система, под гнетом которой все мы в Германии страдали да и теперь еще страдаем.

Мне было ясно, что этим порядкам надо раз навсегда положить конец, если мы не хотим, чтобы из-за неправильной структуры нашей собственной организации движение потеряло способность вообще выполнить свою великую историческую миссию.

Заседания наших комитетов с протоколами, с голосованиями по большинству голосов в действительности представляли собою парламент в миниатюре. Здесь также целиком отсутствовала всякая личная ответственность, а стало быть и чувство ответственности. Здесь также процветала та безответственность и те же нелепые и неразумные порядки, как и в наших больших государственных представительных органах. В комитеты выбирали секретарей, кассиров, контролеров, руководителей пропаганды и еще бог весть кого, а затем всех этих людей, вместе взятых, заставляли по каждому вопросу выносить общие решения путем голосования. Таким образом получалось, что человек, которому поручена была, скажем, пропаганда, голосует по вопросам, которые касаются финансов; заведующий финансами голосует по вопросам, касающимся отдела организации; заведующий отделом организации голосует по вопросам, касающимся секретарей, и т.д. и т.п.

Но спрашивается, зачем же тогда назначать специального человека заведовать пропагандой, если голосовать по этим вопросам будут кассиры, контролеры, секретари и т.д. Человек с неповрежденными мозгами не поймет этого так же, как не поймет таких порядков, когда, скажем, в большом фабричном предприятии стали бы приглашать руководителей или конструкторов одних крупных отраслей большинством голосов решать вопросы, касающиеся совершенно других отраслей.

Я решил не подчиняться этим вздорным порядкам. Спустя самое короткое время я перестал ходить на эти заседания. Я целиком отдался своей пропаганде и - баста. И я принял самые серьезные меры к тому, чтобы в этой области первый попавшийся невежда не мог мне помешать, вмешиваясь в то, чего он не знает. Точно так же старался я не вмешиваться в дела других.

Когда был принят новый устав и я был призван на пост первого председателя, это дало мне достаточный авторитет и необходимые права, чтобы тотчас же положить конец всей этой бессмыслице. Теперь вместо решений комитетов по большинству голосов решительно был проведен принцип абсолютной личной ответственности.

Первый председатель несет ответственность за все руководство движением. Он разделяет работу между членами подчиненного ему комитета и между всеми другими необходимыми ему сотрудниками. Каждый из этих работников несет полнейшую личную ответственность за порученное ему дело. Каждый из этих работников подчинен только первому председателю. Выбор этих людей зависит только от председателя, и председатель же должен соответственным образом обеспечить организацию работы и намечать общую линию сотрудничества.

Постепенно этот закон о принципиальной личной ответственности стал чем- то само собою разумеющимся в нашем движении - по крайней мере, поскольку дело идет о партийном руководстве. В маленьких местных группах, а также в районных и окружных организациях, быть может, еще в течение ряда лет принцип этот не будет проведен полностью, ибо против него естественно возражают люди трусливые и малоспособные. Таким элементам принцип личной ответственности за каждое предприятие всегда неприятен. Такие элементы чувствуют себя вольготнее и приятнее, когда при каждом трудном решении они могут спрятаться за спину большинства так называемого комитета. Я лично однако считаю совершенно необходимым вести самую решительную борьбу против подобных настроений. Людям, трусящимся перед принципом личной ответственности, ни в коем случае не следует делать ни малейших уступок. Только так нам постепенно удастся выработать такой подход к руководителям, который даст возможность подобрать руководство, действительно способное выполнять свои ответственные функции.

Во всяком случае совершенно ясно, что движение, которое хочет освободить государство от всех нелепостей и безумия парламентаризма, прежде всего само должно быть свободно от всякого парламентаризма. Только так движение сможет создать себе достаточную базу и должную силу для успешной борьбы.

То движение, которое в эпоху господства принципа большинства сумеет во всем само принципиально стать на точку зрения первенствующей роли вождей и вытекающего отсюда принципа личной ответственности, - такое движение с математической точностью в один прекрасный день неизбежно победит и положит конец существующему старому порядку.

Эта идея привела к полнейшей внутренней реорганизации всего движения. Логическим выводом из такой реорганизации было также то, что мы должны были придти к строжайшему разделению между общеполитическим руководством движения и коммерческим руководством всех партийных предприятий. Принцип личной ответственности естественно проведен был также и во всех деловых предприятиях партии, что неизбежно должно было привести к коммерческому оздоровлению всех наших предприятий, поскольку они были освобождены от политических влияний и поставлены исключительно на хозяйственную ногу.

Когда осенью 1919 г. я примкнул к партии, состоявшей тогда из шести человек, у нее не было еще ни малейшего аппарата, ни одного служащего, ни одного печатного документа и даже не было бланков и печати. Комитет партии имел свое пристанище сначала в маленьком трактирчике на Герренгассе, затем в другом небольшом кафе. Конечно такое положение было нетерпимо. Спустя некоторое время я отправился в обход по мюнхенским ресторанам и трактирам с расчетом найти какую-нибудь отдельную комнату, которую можно было бы снять под постоянное помещение для партии. В пивной Штернэкке я нашел небольшое подвальное помещение, которым некогда по-видимому, пользовались господа баварские государственные советники для особо пьяных пирушек. Подвал был почти совершенно темный и поэтому гораздо больше подходил для прежнего своего назначения, нежели для политической организации. Подвал имел только одно небольшое окно, выходившее на узенькую улицу, и таким образом даже в самые солнечные дни в нашем помещении все же царила полутьма. Вот там-то мы и обосновались. Аренды с нас брали только 50 марок в месяц, тогда это казалось нам гигантской суммой, так что больших требований мы предъявлять не могли. Перед самым нашим въездом хозяева сняли со стен обшивку, составлявшую ранее украшение подвала. Нам пришлось примириться и с этим. В общем, помещение производило больше впечатление склепа, нежели партийного бюро.

И все-таки это был уже громадный прогресс. Постепенно мы провели электричество; затем, спустя долгое время, нам удалось поставить телефон. Сначала у нас был только один стол и несколько взятых напрокат стульев, затем удалось приобрести конторку, а впоследствии даже и шкаф. Два небольших шкафчика дал нам во временное пользование хозяин помещения. В них мы прятали свои плакаты, прокламации и т.д.

Оставаться при прежних собраниях комитета, созывавшихся раз в неделю, было невозможно. Нужно было во что бы то ни стало завести хотя бы одного постоянного платного работника, который мог бы систематически вести все дела.

Это было для нас тогда еще очень трудно. Партия имела тогда столь небольшое количество членов, что среди них было крайне трудно найти подходящего человека, который, с одной стороны, смог бы обслуживать все многосторонние потребности движения, а с другой, мог бы обойтись очень небольшой платой.

Наконец после долгих поисков мы нашли такого человека. Это был бывший солдат Шюслер, мой прежний товарищ по фронту. Шюслер сделался первым управляющим делами партии. Сначала он мог уделять нам только два часа в день и являлся к нам в бюро от 6 до 8 ч. вечера, затем он стал приходить от 5 до 8 ч. вечера, затем стал посвящать нам всю вторую половину дня, а спустя некоторое время мы смогли уже оплачивать его полностью, и он работал у нас с раннего утра до позднего вечера. Это был человек в высшей степени прилежный, чистый, глубоко честный, движению он был предан всей душой. Вот почему он работал, не покладая рук. Перейдя к нам, Шюслер принес с собою в бюро маленькую пишущую машину системы "Адлер", являющуюся его личной собственностью. Это была первая машинка, поступившая на службу нашему движению. Спустя некоторое время, мы приобрели у Шюслера эту машинку, а оплачивали ее по частям. Затем мы признали совершенно необходимым завести небольшой несгораемый шкаф, в котором мы решили сохранять от возможных нападений членские книжки и нашу картотеку. Как видит читатель, мы приобрели кассу не для того, чтобы хранить в ней наши большие деньги. Увы, денег у нас не было вовсе. Партия была страшно бедна, и частенько мне лично приходилось урывать кое-что для партии из своих небольших сбережений.

Спустя полтора года, это помещение оказалось уже однако слишком малым, и мы переехали в новое помещение на Корнелиусштрассе. Помещение это опять-таки принадлежало одной пивной, но теперь мы имели в своем распоряжении уже не одну комнату, а целых три и сверх того еще большую прихожую. В те времена такое помещение казалось нам настоящей роскошью. В этом помещении мы оставались до ноября 1923 г.

В декабре 1920 г. мы приобрели газету "Фелькишер беобахтер". Эту газету, придерживавшуюся, как видно уже из ее названия, в общем народнических взглядов, мы должны были теперь реорганизовать в орган германской национал-социалистической рабочей партии. Газета выходила два раза в неделю. В начале 1923 г. она превратилась в ежедневную газету, а с конца августа 1923 г. стала выходить в большом формате.

Будучи тогда еще совершеннейшим новичком в области газетного дела, я не раз должен был платить большие деньги за "науку". Знаменателен уже один тот факт, что против всего лагеря бесчисленных еврейских газет тогда удалось поставить только одну единственную действительно крупную народническую газету. В значительной мере это объяснялось тем обстоятельством, что все так называемые народнические предприятия до сих пор ставились на совершенно неделовую ногу. В этом я имел случай убедиться много раз. Руководители этих предприятий вербовались не по принципу действительной умелости, а по тому принципу, чтобы это был свой человек, разделяющий убеждения партии. Мы пришли к тому выводу, что это совершенно неправильный критерий. Убеждение с нашей точки зрения не должно быть чем-то только внешним. Если данный человек является убежденным сторонником движения, то он должен это показать на деле, т.е. должен уметь как следует поставить то дело, которое ему поручено. Тот, кто умеет сделать для своего народа что-либо ценное, этим самым доказывает, что он человек убежденный. А если люди только много кричат о своих убеждениях и в то же время не умеют ничем быть полезными своему народу, то таким убеждениям грош цена и ничего кроме вреда они не приносят. Такие люди являются только балластом для движения и для партии.

Газета "Фелькишер беобахтер", как видно уже из ее названия, была так называемым народническим органом со всеми теми преимуществами и еще больше со всеми теми слабостями и ошибками, которые свойственны были всем народническим предприятиям. Содержание газеты было весьма почтенно, а коммерческая сторона всего предприятия - ниже всякой критики. Издатели придерживались того мнения, что такая газета должна жить за счет добровольных пожертвований сторонников движения, между тем как мы считали, что газета сама должна оплачивать себя и должна проложить себе дорогу в серьезной конкуренции с другими газетами. Мы держались того мнения, что заставлять партию расплачиваться за ошибки и слабости коммерческой стороны предприятия просто неприлично. Нельзя за свое собственное неуменье заставлять расплачиваться добропорядочных патриотов.

Я счел своим долгом добиваться того, чтобы такому положению был раз и навсегда положен конец. И мне повезло. К счастью я нашел человека, который сумел не только реорганизовать всю постановку дела в газете, но и стать первым коммерческим руководителем всех предприятий партии и снискал себе громадные заслуги перед нашим движением. В 1914 г. я встретился на фронте с нынешним коммерческим руководителем всей нашей партии Максом Аманном, который тогда еще был моим начальством. В течение 4 лет войны я имел случай много раз убедиться в том, что этот человек обладает совершенно необычайными способностями, прилежанием и поразительной добросовестностью. Вот этот человек и стал теперь моим сотрудником.

Поздним летом 1921 г. движение наше переживало тяжелый кризис. Многими нашими работниками я не был доволен, а один из них - просто- напросто ограбил кассу. Вот в этот-то момент я случайно встретился с моим прежним товарищем по фронту Максом Аманном и стал его просить, чтобы он взял на себя коммерческое руководство делами партии. После долгих колебаний - Аманн находился тогда на очень хорошей должности, открывавшей ему большие перспективы - он согласился, поставив только одно условие, что он не согласен быть на посылках у невежественных комитетов, а будет признавать только одного хозяина: меня лично.

И вот, я должен сказать, что незабываемой заслугой этого действительно коммерчески образованного человека является то, что наши партийные предприятия были приведены в полный порядок. С тех пор наши центральные партийные предприятия стали образцовыми; во всяком случае ни одно из предприятий более низких партийных звеньев не смогли подняться на такую высоту, а тем более не смогли обогнать в коммерческом отношении наши центральные предприятия. Но как всегда в жизни, именно такие люди превосходных качеств становятся объектом зависти и вражды. Это правило к сожалению, подтвердилось в данном случае. Но тут уж ничего не поделаешь. Приходилось только запастись соответствующим терпением.

Уже в 1922 г. движение стояло на прочной основе как в смысле организации, так и в смысле коммерческой постановки наших предприятий. Мы обладали уже совершенно законченной центральной картотекой, охватывающей всех членов партии; финансирование партии было поставлено на здоровую основу; текущие расходы покрывались текущими же доходами; чрезвычайные доходы употреблялись только на чрезвычайные же расходы. Несмотря на то, что времена были очень тяжелые, партия почти совершенно не влезала в долги, если не считать небольших текущих счетов, и постепенно даже стала увеличивать свой капитал. Мы работали на тех же началах, на каких работают частные предприятия: служащий персонал не должен был ссылаться только на знаменитые "убеждения", а должен был делами доказывать, что люди находятся на месте. Настоящий национал-социалист подтверждает свои убеждения тем, что действительно прилежно и со знанием дела выполняет ту работу, которую поручил ему коллектив. Люди, которые не умеют, как следует, выполнять свои обязанности, пусть уж лучше не ссылаются на свои "убеждения", ибо на деле они только грешат против национал-социалистических убеждений. С крайней энергией, невзирая на лица, наш новый коммерческий руководитель последовательно провел ту точку зрения, что партийные предприятий ни в коем случае не должны являться синекурой для лентяев, хотя бы они принадлежали к числу сторонников движения и даже членов партии. Партия, которая как наша ведет столь резкую борьбу против партийной коррупции, господствующей в современных органах управления, прежде всего не должна допускать, чтобы ее собственный аппарат был заражен теми же самыми болезнями. У нас бывали случаи, когда в администрацию газеты мы принимали людей, по своим убеждениям принадлежавших к баварской народной партии, но зато показавших на деле, что они действительно квалифицированнейшие работники. Результат таких опытов был в общем превосходный. Честно и откровенно выдвигая именно этот критерий, движение быстрее и вернее завоевывало сердца своего персонала, чем это было бы возможно при другом подходе к делу. Большинство этих служащих впоследствии становились хорошими национал-социалистами и умели доказать это не только словами, но и честной работой на службе новому движению. Конечно, если перед нами были два одинаково квалифицированных человека, из которых один был членом партии, а другой беспартийным, то в этом случае преимущество мы оказывали первому, но никогда мы не принимали на службу людей только за то, что они являются членами партии. Та решительность, с которой наш новый коммерческий руководитель несмотря на сопротивление проводил и провел этот принцип, впоследствии принесла движению величайшую пользу. Только благодаря этому оказалось возможным, что в тяжелое время инфляции, когда гибли десятки тысяч предприятий и приостанавливались тысячи газет, коммерческое руководство нашего движения оставалось по-прежнему на высоте и газета "Фелькишер беобахтер" все больше и больше укреплялась.

Именно в эту пору наша газета стала одним из крупнейших органов ежедневной печати.

1921 год ознаменовался далее еще тем, что, став председателем партии, я добился, чтобы и все другие партийные предприятия были освобождены от вмешательства комитетов и от критики такого-то и такого-то количества членов коллегий. Это было очень важно, ибо иначе нельзя было для серьезного предприятия найти серьезного человека. Серьезный работник не соглашался идти на работу, раз он знал, что ничего не понимающие болтуны будут вмешиваться в его работу на каждом шагу, изображать дело так, будто они все сделали бы лучше, тогда как на самом деле они создают только хаос и беспорядок. Все эти господа советчики должны были ретироваться. Иным из них ничего не осталось, как начать подыскивать себе другие "функции", которые по-прежнему давали бы им возможность "контролировать", "инспирировать" и т.д. В те времена существовал целый круг людей, которые были прямо одержимы вечным стремлением всюду и везде "что-либо" найти и постоянно были беременны совершенно замечательными планами, прожектами, мыслями, методами и т.д. Высшим идеалом этих людей по-прежнему являлось образование какого-либо контрольного органа или комитета, который должен был сделать своей специальностью вынюхивать, что делают другие, и "контролировать". Этим комитетчикам не приходило даже в голову, что с точки зрения подлинного национал-социализма мешать людям, которые действительно знают свое дело, на каждом шагу "контролировать" их и вмешиваться в их распоряжения есть настоящее оскорбление. Я конечно счел своей обязанностью взять под свою защиту от этаких попыток всех действительно добросовестных и знающих свое дело работников. Я считал своей задачей обеспечить им тыл и создать для них все условия, при которых только и возможна серьезная и ответственная работа.

Лучшим средством обезвредить подобные комитеты, занимавшиеся вынесением невыполнимых решений или просто бездельничавшие, было предложить им самим какую-нибудь действительную работу. Просто смешно было видеть, как в этом случае подобные комитеты моментально улетучивались и членов этих комитетов уже нельзя было найти даже днем с огнем. Всякий раз в подобных случаях мне приходили на память нынешние наши высокие государственные учреждения - в первую голову наш германский рейхстаг. Как моментально испарились бы, думалось мне, все эти почтенные депутаты рейхстага, если бы им сказали: перестаньте болтать, вот вам такая-то и такая-то практическая работа! Как испугались бы эти господа, если бы им сверх того тут же было заявлено, что каждый из этих болтунов в отдельности будет нести строжайшую личную ответственность за определенную работу!

Я уже и тогда систематически отстаивал ту точку зрения, что мы должны в этом отношении поступать так же, как поступают частные предприниматели: на каждый пост в каждом предприятии подыскивать исключительно способных и честных чиновников, добросовестных и умелых администраторов и руководителей и менять их до тех пор, пока не подберется должный состав. Но подобравши этих людей, надо обеспечить им безусловный авторитет и предоставить полную свободу действий по отношению к подчиненным им работникам с тем, чтобы они несли и полную ответственность. Никто через их голову не должен отдавать распоряжений их подчиненным, раз он сам не является лучшим знатоком данной отрасли работы. В течение двух лет боролся я за эту свою точку зрения. Постепенно удалось мне провести ее в жизнь. Ныне такой подход к делу является у нас уже чем-то само собою разумеющимся - по крайней мере, поскольку речь идет о центральном руководстве партии.

9 ноября 1923 г. можно было произвести проверку того, насколько правилен такой подход. Когда четыре года тому назад я примкнул к движению, партия не имела еще даже своей печатки. 9 ноября 1923 г., когда партия была распущена, ее имущество было конфисковано. И что же? В этот момент капитал партии, включая и имущество нашей газеты, составлял уже более 170 тысяч золотых марок.

ГЛАВА XII

ПРОБЛЕМА ПРОФЕССИОНАЛЬНЫХ СОЮЗОВ

Быстрый рост движения заставил нас занять в 1922 г. позицию по одному из таких вопросов, который не разрешен еще полностью и до сих пор.

Мы систематически думали над тем, какими же путями наше движение легче всего могло бы завоевать сердца широких масс рабочих. В этих своих размышлениях мы всегда наталкивались на то, что нам трудно завоевать рабочих, до тех пор пока представительство профессиональных и экономических интересов рабочих находится в руках людей, враждебных нам, и пока на профсоюзы могут накладывать отпечаток чуждые нам политические организации. К этому выводу мы вынуждены были приходить постоянно. И несомненно, что это действительно так. Ведь по общему убеждению рабочий, занятый на предприятии, вообще не может существовать если он не является членом профессионального союза. Не в том только дело, что профсоюзы защищают его экономические интересы. Главная загвоздка в том, что его вообще не будут долго держать в предприятии, если он не является членом профессионального союза. В наше время профсоюзы охватывают уже большинство рабочих. Долгой борьбой профессиональные союзы добились заключения тарифных договоров, обеспечивающих каждому рабочему известный уровень заработной платы. Результатом этой борьбы пользуется каждый рабочий. Приличный человек из рабочих всегда будет испытывать угрызения совести, если он будет пользоваться более высокой заработной платой, завоеванной профессиональными союзами, и в то же время не будет участвовать в борьбе, которую ведут профсоюзы.

Разговаривать на эти темы со средним буржуазным предпринимателем значит зря терять время. Предприниматели не понимают (или не хотят понять) ни материальной ни моральной стороны вопроса. Они уверены в том, что их собственные экономические интересы будто бы требуют, чтобы рабочие не были организованы, и уже благодаря одному этому предприниматели неспособны сколько-нибудь беспристрастно судить об этих вопросах. Вот почему тут приходится, как и в целом ряде других случаев, обращаться к незаинтересованным людям, т.е. к тем, о которых не приходится думать, что они из-за деревьев не видят леса. Незаинтересованные круги при доброй воле сумеют понять то, от чего так или иначе зависят важнейшие стороны нашей теперешней и будущей жизни.

В первой части настоящей работы я уже высказался достаточно подробно о значении и целях профсоюзов, а также об их необходимости. Я пришел там к выводу, что до тех пор пока взаимоотношения между работодателями и рабочими не изменятся в корне, рабочим ничего другого не остается как самим защищать свои интересы в экономической области, выступая, как равноправные контрагенты. Я указывал там, что измениться эти взаимоотношения могут либо в результате государственных мероприятий (которые однако по большей части остаются бесплодными), либо в результате общего перевоспитания всего населения. Я развивал в первой части ту мысль, что защита экономических интересов рабочих полезна для общества в целом, если эта защита устраняет социальные несправедливости, способные принести только громадный вред обществу как целому. Я говорил там, что профсоюзы являются необходимостью, раз у нас среди предпринимателей существуют люди, которые не только не сознают, что на них лежат определенные общественные обязанности, но которые вообще не хотят идти навстречу даже самым примитивным правам человека. И я приходил к тому неизбежному выводу, что раз такая самозащита для рабочих нужна, то она возможна только в форме объединения рабочих на профсоюзной основе.

В этом отношении моя точка зрения в 1922 г. не изменилась. Но теперь нужно было точно формулировать наше отношение к этой проблеме. Теперь мы не могли уже ограничиваться только декларированием наших убеждений; теперь надо было сделать практические выводы из наших убеждений.

Необходимо было ответить на следующие вопросы.
1. Необходимы ли профсоюзы вообще?
2. Должна ли германская национал-социалистическая рабочая партия создать свои собственные профессиональные союзы или она должна дать своим членам возможность в какой-либо другой форме участвовать в профсоюзах?
3. Какой характер должны носить национал-социалистические профсоюзы? Каковы должны быть наши задачи и их цели?
4. На каких путях можем мы создать такие профессиональные союзы?

Первый вопрос, по-моему, освещен уже достаточно. При нынешнем положении вещей профессиональные союзы на, мой взгляд, совершенно необходимы. Я даже считаю, что они относятся к самым важным из всех учреждений, касающихся хозяйственной жизни нации. Они имеют большое значение не только для социально-политической жизни страны, но и для национально-политической жизни народа. Если бы широкие массы трудящихся благодаря правильной организации профессиональных союзов получали действительно полное удовлетворение своих потребностей и в то же время получали бы через профсоюзы соответствующее воспитание, то это только укрепляло бы силы народа и в необычайной мере увеличивало бы его стойкость в борьбе за существование.

Профсоюзам прежде всего предстоит сыграть очень большую роль при построении нашего будущего экономического парламента и наших будущих сословных палат.

На второй вопрос ответ столь же легок. Раз профессиональное движение имеет такую большую важность, что ясно, что национал-социализм не может тут ограничиться только чисто теоретическими ответами, а должен занять практическую позицию. Какую именно - на это уже ответить потрудней.

Национал-социалистическое движение ставит целью своей деятельности создание национал-социалистического государства. Мы не должны поэтому упускать из виду, что все будущие учреждения нашего государства должны вырасти из самого нашего движения. Было бы величайшей ошибкой думать, что достаточно только получить в свои руки власть и мы сможем тогда одним ударом из ничего построить новые учреждения, не имея для этого заранее подготовленных человеческих кадров, воспитывавшихся специально для данных задач и функций. Внешняя форма и тут не играет особенно большой роли, ее можно создать и механически. Главное значение имеет содержание, дух всего. Нет ничего легче, например, как путем приказа диктаторски навязать учреждениям государства тот принцип руководства, который господствует в наших партийных учреждениях (исключительная роль вождей и т.д.). Но действительно жизненным проведение этих принципов будет лишь тогда, когда оно не декретировано сверху, когда эти порядки развиваются постепенно, начиная с самого малого, и когда суровая жизнь сама в течение многих лет производит необходимый личный отбор, благодаря которому только и может выкристаллизоваться соответствующая группа вождей.

Вот почему не следует представлять себе дело так, что нам достаточно иметь в своем портфеле прожекты нового государственного устройства и что, получив в свои руки государственную власть, мы можем сразу "ввести в жизнь" эти прожекты. Нечто подобное можно конечно попытаться сделать, но результат никогда не будет достаточно благоприятен. В большинстве случаев это будет мертворожденное дитя. Такие планы напоминают мне только обстановку рождения Веймарской конституции. Люди сели за стол и написали новую конституцию, а заодно и даровали немецкому народу и новые эмблемы. Но ни то, ни другое совершенно не соответствовало тому, что пережито было нашим народом в течение последнего полустолетия.

Национал-социалистическое государство должно остерегаться повторить подобные эксперименты. Наше государство должно вырасти из недр давно уже существующих организаций. Лишь в том случае, если наши современные организации будут проникнуты национал-социалистическим духом, из них в свое время сможет родиться действительно жизненное национал-социалистическое государство.

Мы уже говорили, что именно в нынешних профессиональных органах, т.е. прежде всего в профессиональных союзах, мы видим зародыши наших будущих экономических палат. Но для того, чтобы эти будущие сословные представительства и будущий центральный экономический парламент были действительно национал-социалистическими учреждениями, надо, чтобы уже нынешние зародыши этих учреждений тоже проникнуты были национал-социалистическим духом. Учреждения, созданные нашим движением, в свое время перевоплотятся в государственные учреждения. Наше государство тоже не может одним ударом вытряхнуть из рукава соответствующие учреждения - если мы только не хотим, чтобы это были совершенно не жизненные органы.

Уже из одних этих более высоких соображений вытекает, что национал- социалистическое движение непременно само должно заняться профсоюзами.

Этим вопросом национал-социалистическое движение должно заняться еще и потому, что действительно перевоспитать работодателей и рабочих и сделать тех и других носителями нашей государственной идеи нельзя только при помощи теоретических поручений, воззваний к их совести и т.д. Этого можно достичь, только переделывая в повседневной борьбе всю обстановку жизни. Только в повседневной борьбе наше движение может перевоспитать обе стороны и сблизить их точки зрения в самом основном. Без такой предварительной работы чистейшей иллюзией было бы надеяться создать когда бы то ни было действительное единство интересов всего народа. Нужно, чтобы великие идеалы нашего мировоззрения постепенно просочились во все области жизни. Только тогда создастся новый стиль жизни, и со временем мы убедимся, что новый строй имеет действительно серьезную почву под ногами, а не является чем-то внешним и наносным.

Отсюда вытекает, что наше движение должно отнестись положительно не только к идее профсоюзов вообще, а должно поставить себе задачей всей своей практической работой перевоспитать всех своих сторонников и членов партии так, чтобы они действительно подготовляли грядущее национал-социалистическое государство.

Из сказанного вытекает наш ответ на третий вопрос.

Национал-социалистические профсоюзы отнюдь не должны являться органами классовой борьбы, а только органами профессионального представительства. Национал-социалистическое государство не знает "классов". Оно в политическом отношении знает только граждан, пользующихся совершенно одинаковыми правами и несущих одинаковые обязанности, а рядом с ними - подданных государства, которые никакими политическими правами не пользуются.

Задачей профсоюзов с нашей национал-социалистической точки зрения отнюдь не является сплочение определенных групп населения внутри государства и превращение их в классы с тем, чтобы они потом повели борьбу с другими, тоже сплоченными группами иных слоев населения внутри государства. Мы не можем считать, что такая задача присуща профессиональным союзам как таковым. Нет, эту задачу искусственно привили профсоюзам марксисты в тот момент, когда они сумели превратить профсоюзы в орудие для достижения своих целей. "Дух классовой борьбы" свойственен не профсоюзам как таковым, а свойственен только марксизму, который сумел сделать из профсоюзов орудие своей классовой борьбы. Марксизм создал это орудие, а интернациональное еврейство употребляет теперь этот инструмент в целях разрушения хозяйственной основы свободных независимых национальных государств, в целях уничтожения национальной индустрии и национальной торговли. На этих путях надгосударственный интернациональный еврейский капитал порабощает свободные народы, ставя их в рабскую зависимость от себя.

В противовес всему этому национал-социалистические профсоюзы должны организационно объединять определенные группы участников национального хозяйственного процесса с той целью, чтобы укреплять национальное хозяйство, увеличивать его силы. Устраняя существующие злоупотребления, которые в последнем счете приносят только вред национальному народному организму в целом, профсоюзы будут бороться против всего того, что вредит нации, а стало быть и государству и в последнем счете самому хозяйству.

Если поэтому национал-социалистический профсоюз прибегает к стачке, то для него стачка не есть средство разрушения или потрясения национального производства, а средство устранения тех злоупотреблений, которые в силу своего антисоциального характера только вредят производству и стало быть обществу в целом. Интересы производства, его роста, его мощи наши национал-социалистические профсоюзы будут принимать близко к сердцу. Производительность каждого отдельного труженика всегда находится в причинной зависимости от общеправового и социального положения, какое он занимает в хозяйственном процессе. Только этим в последнем счете и определяется степень его забот о производственном процессе в целом и понимание того, что его собственная судьба тоже зависит от процветания всего хозяйства как целого.

Труженики национал-социалисты должны иметь уверенность, что процветание национального хозяйства обеспечивает и их собственное материальное благосостояние.

Работодатели национал-социалисты должны иметь уверенность, что счастье и довольство их рабочих являются предпосылкой дальнейшего процветания их собственных предприятий.

И рабочие национал-социалисты, и работодатели национал-социалисты одинаково являются только слугами общества и выполняют его поручения.

Наш строй предоставит и тем и другим максимальную личную свободу в выполнении их обязанностей. Он сделает это потому, что, как показывает опыт, каждый выполняет свои обязанности тем лучше, чем больше ему предоставлено свободы, чем меньше практикуется принуждения сверху. Наш строй поступит так потому, что, как показывает тот же опыт, чрезмерное принуждение только мешает естественному процессу отбора наиболее крепких, наиболее способных и наиболее трудолюбивых.

Вот почему для наших национал-социалистических профсоюзов стачка является средством, которое может и должно применяться лишь до того момента, когда возникнет национал-социалистическое народническое государство. Наше государство возьмет на себя защиту всех прав всех граждан без различия и тем самым сделает излишней борьбу между обеими большими группами населения, т.е. работодателями и рабочими. Тогда и сама эта борьба, постоянно ведущая к известному сокращению производства, а стало быть приносящая ущерб всему обществу, станет излишней. На наши экономические палаты государство возложит обязанность заботиться о нормальном ходе всего национального производства и о своевременном устранении всех недостатков и ошибок, могущих принести вред производству. То, что теперь не может быть устранено иначе как борьбой миллионов, тогда будет изживаться в стенах сословных палат и центрального хозяйственного парламента. Тогда прекратится такой порядок, когда предприниматели и рабочие ведут ожесточенную борьбу из-за норм зарплаты, нанося при этом громадный вред всему хозяйству. Тогда все эти проблемы будут разрешаться сообща в более высоком учреждении, которое выше всего будет ставить благо общества и государства в целом и для которого не будет никакого другого критерия кроме этого.

В этой области, как и во всех других, у нас будет господствовать тот железный закон, что интересы отечества как целого стоят превыше всего и лишь затем идут интересы отдельных профессий, групп и т.д.

Задачей национал-социалистических профсоюзов является воспитание их членов именно в этом духе и подготовка их к этой более высокой цели, которая выражается в следующем: общая работа всех и каждого для обеспечения жизни народа и государства в соответствии с прирожденными способностями и тем развитием, которое дало этим способностям и силам общество.

На четвертый вопрос, на каких же путях можем мы придти к таким союзам, в свое время было особенно трудно ответить. Строить что бы то ни было на пустом месте легче, чем строить, когда на этом месте существует нечто старое. Если в данном месте нет еще предприятия соответственной отрасли, то его сравнительно легко создать. Значительно труднее создать предприятие, если аналогичное ему предприятие уже существует в данном месте. А еще труднее создавать параллельное предприятие, когда действительно процветать может только одно из них. Ибо при таком положении вещей перед инициатором стоит задача не только укрепить свое собственное новое предприятие, но и сделать все возможное, чтобы уничтожить уже существующее в данном месте предприятие, без чего инициатор не сможет укрепиться сам.

Существование параллельных национал-социалистических профсоюзов просто рядом с другими профессиональными союзами было бы бессмыслицей. Наш национал-социалистический профсоюз должен быть проникнут сознанием величия своих задач, и отсюда у него должна неизбежно родиться безусловная нетерпимость к каким бы то ни было параллельным, а тем более враждебным организациям. Наш профсоюз должен ставить себе целью во что бы то ни стало настоять до конца на своем я, на своей исключительности. В этой области для нас тоже не может быть никакого соглашательства и никаких компромиссов с родственными стремлениями. Нет, и здесь необходимо прежде всего требование полной исключительности для нас самих.

И вот, чтобы достигнуть этого, возможны были только два пути:
1) можно было тут же сразу начать строить свои собственные профсоюзы и затем постепенно начать борьбу против интернациональных марксистских профсоюзов, или можно было
2) начать входить в марксистские профсоюзы и попытаться наполнить их новым духом с тем, чтобы сделать из них орудие нового миросозерцания.

Против первого из этих путей говорили следующие соображения: наши финансовые трудности в те времена были еще очень велики, ибо мы обладали только очень незначительными средствам. Все усиливающаяся инфляция затрудняла положение еще тем, что в эти годы трудно было говорить о каких-либо ощутимых выгодах, приносимых профсоюзами своим членам. Исходя из этого, отдельный рабочий не видел тогда особых оснований вносить членские взносы в профсоюз. Это относилось и к уже существующим профсоюзам, а не только к таким, которые мы могли бы построить. Марксистские профсоюзы стояли на краю гибели. Их спасла от этого только гениальная рурская акция г-на Куно, принесшая внезапно профсоюзам в подарок миллионы марок. Именно этого "национального" рейхсканцлера по всей справедливости следует рассматривать как спасителя марксистских профсоюзов.

Мы на такие финансовые возможности в те времена рассчитывать не могли. Ну, а такие профсоюзы, которые в силу своего безденежья не в состоянии были оказывать материальную поддержку рабочим, не могли рассчитывать и на их поддержку. Наконец с моей лично точки зрения существенное значение имело еще и то обстоятельство, что такое дело как создание новых профсоюзов нельзя поручать заурядным средним работникам.

Вообще при разрешении этой проблемы вопрос о нужных для этого людях сыграл крупнейшую роль. В моем распоряжении не было тогда ни одной головы, на которую я мог бы возложить разрешение этой гигантской задачи. Кто сумел бы в это время действительно разбить марксистские профсоюзы и вместо этой машины истребительной классовой борьбы создать национал-социалистические профсоюзы, того можно было бы назвать одним из величайших людей Германии. Такому человеку впоследствии ставили бы памятники и причислили бы к Пантеону величайших деятелей истории.

К сожалению, я в то время не знал ни одного человека, который просился бы на такой памятник.

Было бы совершенно неправильно утешать себя тем, что ведь и во главе интернациональных профсоюзов ныне стоят совершенно заурядные люди. Это ничего не доказывает; ибо когда в свое время основывались эти профсоюзы, никаких других аналогичных организаций не существовало. Совсем другое дело теперь, когда национал-социалистическому движению пришлось бы провести борьбу с давно существующей гигантской организацией, очень разветвленной и прекрасно построенной сверху до низу. Тот, кто хочет отвоевать чужую позицию, всегда должен обладать превосходством над тем, кто только защищает позицию, которую он держит в своих руках. Теперь крепости марксистских профсоюзов легко могут удерживать и самые заурядные бонзы. Но чтобы с успехом штурмовать эти крепости и захватить их в свои руки, нужна дикая энергия, нужны гениальные способности людей, которые во всех отношениях имели бы превосходство над нынешними руководителями профсоюзов. Бесцельно было бы спорить с судьбой, пока у нас не нашелся такой человек. А еще бессмысленнее было бы попытаться брать эти крепости, опираясь только на суррогат такого человека.

Тут больше чем где бы то ни было следует иметь в виду, что в жизни гораздо лучше отложить то или другое дело, чем взяться за него с неподходящими силами и получить осечку.

Еще одно соображение руководило мною при этом. Пусть назовут его демагогическим, но оно все-таки верно. Я держался тогда и держусь еще и теперь твердого убеждения, что опасно великую принципиально политическую борьбу слишком рано осложнять экономическими проблемами. Это особенно верно применительно к нашему немецкому народу. У нас экономическая борьба тотчас же отвлечет энергию от борьбы политической. Стоит только немцу прийти к убеждению, что при бережливости он сможет завести себе маленький домик, и он сейчас же посвятит себя целиком именно этой задаче, так что у него даже не останется времени для политической борьбы. Это приведет к тому, что он оставит в покое те силы, которые, спустя некоторое время, сумеют, конечно, отнять у него и последний грош, сэкономленный им на путях бережливости. Вместо того, чтобы действительно до конца бороться за свои политические цели и убеждения, немец очень склонен целиком отдаться заботам о своем домике и садиться между всех стульев.

Наше национал-социалистическое движение ныне стоит у начала своих крупнейших боев. Ему еще приходится сосредоточивать свое внимание на окончательной выработке своих программных идеалов, ему еще приходится концентрировать всю энергию и напрягать последний мускул в борьбе за определившиеся идеалы, причем успех борьбы возможен лишь в том случае, если мы сумеем полностью сосредоточиться на определенных целях.

Отвлечение внимания к исключительно хозяйственным проблемам неизбежно парализует активность в политической борьбе. Это лучше всего доказано следующим классическим примером.

Германская революция в ноябре 1918 г. сделана была не профсоюзами, а вопреки профсоюзам. Германская буржуазия не ведет никакой политической борьбы за лучшее будущее именно потому, что она видит достаточную гарантию лучшего будущего в хозяйственном росте.

Эти уроки не должны пропасть даром и для нас, ибо с нами повторилось бы то же самое. Чем больше мы сосредоточим всю силу нашего движения на политической борьбе, тем вернее мы добьемся успеха по всей линии. А если мы преждевременно обременим свое движение профсоюзными вопросами, вопросами переселенческой политики и другими аналогичными проблемами, то от этого пользы нашему делу в целом не будет. Все эти проблемы сами по себе очень важны, но по-настоящему разрешить их мы сможем лишь тогда, когда для разрешения их можно будет пустить в ход политическую власть. До тех пор эти проблемы могут только парализовать энергию нашего движения. Чем более преждевременно мы займем свое внимание такими проблемами, тем более вредно это будет для движения, ибо тем больше будет расслабляться воля к борьбе за коренную переделку политических порядков. При таком положении вещей вполне могло получиться, что профсоюзные моменты стали бы сталкивать с правильного пути политическое движение вместо того, чтобы наши принципиальные воззрения сами определяли пути развития профессионального движения.

Самостоятельные национал-социалистические профсоюзы могли бы принести действительную пользу нашему движению и нашему народу лишь в том случае, если бы они настолько прониклись уже нашими идеями, что ни при каких обстоятельствах не могли бы попасть в тенета марксизма. Нам нужны ведь такие национал-социалистические профсоюзы, которые не просто занимались бы мелкой конкуренцией с марксистскими профсоюзами. Чем такие национал-социалистические профсоюзы, лучше отсутствие каких бы то ни было профсоюзов! Нам нужны такие свои профсоюзы, которые сумели бы повести против марксистских профсоюзов не только организационную, но и идейную борьбу. Наши профсоюзы должны суметь нанести решающий удар марксистским профсоюзам как организациям классовой борьбы, как представителям классовой идеи. Наши профсоюзы должны суметь вытеснить марксистские профсоюзы и сами стать организациями, представляющими профессиональные интересы немецких граждан.

Все эти соображения говорили тогда и говорят еще и теперь против образования своих собственных профсоюзов, - разве что внезапно появилась бы такая голова, о которой можно было бы сказать, что она явно предназначена судьбой разрешить именно эту проблему.

Итак, оставались еще только две последних возможности: либо посоветовать своим товарищам выйти из профсоюзов, либо же посоветовать им оставаться в них и вести свою разрушительную работу против марксизма внутри них.

Как правило, я рекомендовал этот второй путь.

В 1922-1923 гг. можно было смело советовать этот путь. Движение наше было еще молодо, число наших товарищей, входивших в существующие профсоюзы, было еще сравнительно невелико, а финансовая польза от членских взносов, которые делались нашими товарищами в период инфляции, не могла быть сколько-нибудь ощутимой для существующих профсоюзов. Вред же мы наносили им очень существенный, ибо наши товарищи, входившие в профсоюзы, вели внутри этих профсоюзов политику самой резкой критики и разложения рядов противника.

Решительно высказался я против экспериментов создания своих маленьких самостоятельных профсоюзов, которые с самого начала неизбежно были бы обречены на неуспех. К тому же я считал бы настоящим преступлением лишать рабочего хотя бы небольшой части его скромного заработка в виде членских взносов в такую организацию, от которой члены не могут ожидать серьезной пользы.

Если на политическом горизонте появляется та или другая новая политическая партия, чтобы затем быстро и бесследно исчезнуть, то это не беда, а зачастую от этого даже бывает только польза. Во всяком случае тут никто не имеет права жаловаться: кто вносит взнос в пользу той или другой политической партии, тот всегда дает свои денежки как бы "a fond perdu", но кто вносит взнос в кассу профсоюза, тот имеет право требовать, чтобы профсоюз ему действительно чем-нибудь помог, а если данный профсоюз не имеет никаких шансов это сделать, то на организаторов таких профсоюзов смотрят как на обманщиков или по крайней мере как на легкомысленных людей.

Вот всеми этими соображениями руководились мы в 1922 г. и соответственно им действовали. Некоторые из моих противников считали, что они лучше понимают положение нежели я, и приступили к образованию собственных профсоюзов. То, что мы отстаивали указанную точку зрения, они объявляли доказательством нашей ограниченности. И что же? Прошло совсем немного времени, и образованные ими новые профсоюзы совершенно исчезли с лица земли. В результате они также остались без своих профсоюзов, как и мы. Разница была лишь в том, что мы не стали обманывать ни других, ни самих себя.

Адольф Гитлер

ГЛАВА XIII

ИНОСТРАННАЯ ПОЛИТИКА ГЕРМАНИИ ПОСЛЕ ОКОНЧАНИЯ МИРОВОЙ ВОЙНЫ

Уже до революции руководство иностранной политикой в Германии было достаточно беспорядочно и не имело никакой определенной принципиальной линии, особенно, поскольку дело шло о политике целесообразных союзов с другими странами. После революции этот разброд не только продолжался, но принял еще более угрожающие размеры. В предвоенную эпоху приходилось констатировать просто недостаточное понимание дела и видеть именно в этом причину нашей неправильной внешней политики. По окончании же войны эту причину приходится искать в недостатке доброй воли и честности. В конце концов совершенно естественно, что те круги, которые благодаря революции увидели осуществленными свои разрушительные цели, совершенно не заинтересованы в такой внешней политике, которая в последнем счете могла бы привести к возрождению свободного германского государства. Такое развитие противоречило бы внутреннему смыслу всего ноябрьского преступления, ибо оно могло бы прервать процесс перехода германского хозяйства и германского труда под интернациональный контроль, что, конечно, отнюдь не входит в планы ноябрьских преступников. Но мало того. Если бы внешняя политика новой Германии действительно была направлена на возвращение свободы Германии, то ведь это могло бы стать прямой угрозой нынешним представителям власти внутри страны. Всякий действительно крупный успех в области внешней политики с железной необходимостью приводит к аналогичным результатам в области внутренней политики. А с другой стороны, серьезная попытка возрождения нации вовне невозможна, если этому не предшествует укрепление национальной идеи внутри. Если данная страна начинает серьезную борьбу за свою национальную независимость и свободу, то это неизбежно приводит к росту национального самосознания, к укреплению национальных чувств, что в свою очередь не может не усилить сопротивления по отношению к антинациональным элементам внутри страны. В обычное мирное серое время народ сравнительно покорно переносит такие порядки и терпит таких владык, которых ни за что не станут терпеть в период национального подъема. В эти бурные периоды народ повернется спиной к таких людям, а зачастую окажет им и такое сопротивление, которое станет для них роковым. Вспомним например, как отнеслось общественное мнение Германии к опасности шпионства в начале войны. Ведь в этот момент получился настоящий взрыв человеческих страстей; дело дошло до точки кипения; начались преследования шпионства, иногда доходившие даже до несправедливостей. А между тем каждый легко сообразит, что и в течение долгих лет мирного времени опасность шпионства тоже существовала и, быть может, была даже большей, нежели непосредственно в дни войны. Но в обычной будничной обстановке на эту опасность никто не обращал внимания.

Государственные паразиты, взобравшиеся на трон благодаря ноябрьским событиям, обладают очень изощренным инстинктом самосохранения. Они прекрасно понимают, что, если бы Германия повела умную иностранную политику и сумела заключить надлежащие союзы с другими государствами, то это привело бы к национально-освободительному подъему в нашем народе и вызвало бы затем такой взрыв национальных страстей, который легко мог бы привести к уничтожению самих ноябрьских преступников.

Вот почему с 1918 г. наши руководящие правительственные сферы ведут такую иностранную политику, которая стоит ниже всякой критики. Прослеживая эту их политику, приходится придти к выводу, что эти сферы почти всегда и во всем планомерно работают против интересов немецкой нации. На первый взгляд может показаться, что действия правительственных сфер в этой области лишены всякого плана и системы, но при ближайшем рассмотрении этих действий ясно видишь, что перед нами последовательное продолжение тех преступных методов, на путь которых ноябрьская революция впервые открыто встала в конце 1918 г.

Конечно мы должны уметь различать тут между позицией ответственных или, точнее сказать, "имеющих быть ответственными" вождей и руководителей государства, позицией среднего парламентского политикана и позицией большого безответного лагеря народа, обнаруживающего баранье терпение.

Одни прекрасно знают, чего они хотят; это - руководители государства. Другие поддерживают эту политику либо тоже потому, что знают, чего хотят, либо же потому, что трусость мешает им вступить в серьезную борьбу против того, что они сами в глубине души считают вредным. Это - средние парламентские политиканы. Ну, а третьи - т.е. основная масса населения - подчиняются из непонимания и глупости.

Пока наша немецкая национал-социалистическая рабочая партия представляла собою только маленькую и малоизвестную организацию, проблемы внешней политики в глазах наших сторонников могли иметь только подчиненное значение. К тому же наше движение всегда настаивало на том, что внешняя независимость и свобода народа не падают с неба и не могут явиться подарком из рук земных властей, а всегда являются только плодом внутреннего напряжения всех сил самого народа. Действительной предпосылкой национально-освободительного подъема нашего народа является предварительное устранение тех причин, которые привели к нашему крушению, и уничтожение того лагеря, который пользуется крушением Германии в своекорыстных целях.

Все это вполне объясняет, почему наше молодое движение на первых порах сосредоточивалось главным образом на проблемах изменения внутренней политики и не могло еще с должным вниманием относиться к проблемам внешней политики.

Но как только движение наше выросло и перестало быть небольшой и малозначащей организацией, как только мы стали крупной партией, сразу же возникла необходимость занять позицию в вопросах внешней политики. Необходимо было выработать тезисы иностранной политики, которые не только не находились бы в противоречии с основами нашего миросозерцания, а наоборот, сами вытекали бы из него.

Нашему народу не хватает достаточной школы внешней политики. Из этого для нашего молодого движения вытекает особенно важная обязанность преподать вождям нашего движения, да и всей широкой массе сторонников основной метод понимания внешнеполитических проблем. Без этого невозможно практически подготовиться к тем мероприятиям, которые необходимы, дабы народ наш мог со временем вернуть себе независимость, вернуть себе подлинный государственный суверенитет.

Самое важное и основное, что мы должны тут помнить, это то, что и внешняя политика является только средством к цели; сама же цель заключается в одном - в пользе для собственного народа. Внешняя политика может и должна исходить только из одного соображения: полезно ли данное предприятие твоему народу, принесет ли оно ему выгоды сейчас или в будущем или оно принесет ему только ущерб?

Это - единственный критерий, из которого можно исходить. Все остальные критерии - партийно-политические, религиозные, соображения гуманности и т.д.- отпадают совершенно.

В чем заключалась задача германской внешней политики до войны? В том, чтобы обеспечить прокормление нашего народа и его детей на этой земле, для чего соответствующей политикой необходимо было обеспечить Германии полезных союзников. В конце концов задача германской внешней политики и ныне сводится к тому же, с одной только разницей: до войны мы могли бороться за сохранение и укрепление немецкой нации, опираясь на силу существовавшего тогда независимого государства; ныне приходится еще сначала добиться восстановления нашей государственной независимости и тем создать предпосылку для дальнейшего проведения правильной внешней политики, способной обеспечить в будущем пропитание и укрепление нашего народа.

Другими словами, целью современной германской внешней политики является подготовка условий, необходимых для восстановления независимости и свободы нашего государства.

При этом постоянно надо иметь в виду следующее кардинальное соображение. Для того, чтобы народ получил возможность в будущем снова завоевать себе независимость, отнюдь не необходимо, чтобы он непременно сохранил полностью единство своей государственной территории. Этого может и не быть. Гораздо важнее то, чтобы он сохранил хотя бы небольшую часть своей государственной территории, но зато обладающую полной свободой. Тогда эта, пусть небольшая, территория сможет стать носительницей идей всей нации и будет в состоянии взять на себя дело подготовки освободительной борьбы всего народа, в том числе и подготовку вооруженной борьбы за свободу и независимость.

Если стомиллионный народ, чтобы сохранить свое государственное единство, готов покорно переносить иго рабства, то это гораздо хуже, чем если бы такое государство и такой народ были раздроблены, но при этом осталась бы хотя одна небольшая часть народа, сохранившая полную свободу. Конечно - при том предположении, что эта часть народа будет преисполнена сознания своей священной миссии и будет готова долго и упорно бороться не только за духовное и культурное единство своего народа, но и за военную подготовку освобождения своей родины и воссоединения всех тех частей народа, которые постигло несчастье иноземного порабощения.

Далее следует иметь в виду то соображение, что важнее отвоевать полную независимость и полную политическую самостоятельность для главной территории данного государства, чем гоняться за тем, чтобы сразу же вернуть себе второстепенные территории, которые данному государству или народу пришлось потерять. В подобных случаях надо решительно отодвинуть на задний план соображения о возвращении этих второстепенных территорий и целиком сосредоточиться на том, чтобы вернуть полную свободу и подлинную независимость главной территории. Вернуть оторванные провинции, восстановить полное государственное единство, включая все оторванные осколки, это зависит не от одних желаний порабощенных народов, не от одних протестов тех частей территории, которые сохранили свою самостоятельность. Это можно сделать только в том случае, если у тех территорий, которые в большей или меньшей мере сохранили свой государственный суверенитет, найдется достаточно реальный силы, чтобы в борьбе добиться восстановления отечества в прежних его границах.

Для того, чтобы со временем вернуть назад оторванные территории, надо суметь всеми силами укрепить оставшиеся свободными части государства, надо суметь укрепить во всех сердцах непоколебимое решение во что бы то ни стало выковать новую силу и в должный час поставить ее на карту в борьбе за освобождение и объединение всего народа. Отсюда - наш вывод: надо временно отодвинуть вопрос о возвращении отторгнутых областей и все внимание сконцентрировать на том, чтобы укрепить оставшиеся территории; надо добиться того, чтобы эти территории отвоевали себе подлинную политическую независимость и создали ту силу, без которой никогда не удастся исправить несправедливость, нанесенную нам чужеземным победителем. Чтобы вернуть в лоно нации отторгнутые от нее территории, недостаточно даже самых пламенных протестов. Для этого необходим хорошо отточенный меч. Отточить этот меч - такова задача внутренней политики данного народа. Создать обстановку, которая дает возможность заняться этим и которая поможет найти новых союзников, братьев по оружию, - такова задача внешней политики данного государства.

* * *

В первой части настоящей работы я остановился подробно на половинчатости нашей иностранной политики в довоенную эпоху. Из всех четырех путей, которые были возможны в борьбе за сохранение и пропитание нашего народа, правительство остановилось на четвертом, самом неблагоприятном из них. Вместо здоровой политики приобретения новых земель в Европе правительство остановилось на политике завоевания колоний и усиления своей международной торговли. Надеясь таким образом избежать войны, правительство совершило еще большую ошибку. Пытаясь усесться на все стулья сразу, германское правительство на самом деле упало между стульев. Расплатой за эту в корне неправильную внешнюю политику и была в последнем счете война.

Единственно правильным путем из всех очерченных мною в первой части четырех возможностей был бы третий путь: путь континентального укрепления Германии через приобретение новых земель в Европе. Если бы мы пошли по этому пути, то спустя некоторое время мы могли бы дополнить эту тактику приобретением колониальных территорий. Эту политику можно было провести либо в союзе с Англией, либо при таком напряжении военных сил собственной страны, которое заставило бы нас лет на 40-50 совершенно отодвинуть на задний план все культурные задачи. На худой конец и это последнее вполне оправдало бы себя. Культурное значение любой нации почти всегда связано с политической свободой и независимостью данной нации. Без независимости нет и культуры. Отсюда вытекает, что нет таких жертв, которые были бы чрезмерными, раз без них нельзя обеспечить политическую независимость и свободу данной нации. Если даже на время культурное развитие несколько отстанет из-за того, что придется отдать слишком большие средства на вооружение, то спустя некоторое время это окупится сторицей. Обычно так и бывает, что после очень уж сильного напряжения сил государства в интересах сохранения его независимости неизбежно наступает разрядка и должные средства могут быть обращены опять на культуру. Как раз в такие эпохи опять наступает гигантский расцвет культурных сил и государству легко удается наверстать то, что было упущено. Из напряжения персидских войн впоследствии родился расцвет эпохи Перикла. Через тяготы пунических войн римское государство пришло затем к великому культурному подъему.

Конечно, решение такого вопроса, как вопрос о том, необходимо ли подчинить все стремления народа одной единственной задаче - подготовке будущей военной борьбы, - нельзя предоставить на рассмотрение большинства, составляющегося из парламентских дурачков и бездельников. Подчинить всю жизнь народа одной единственной задаче подготовки будущей военной борьбы мог отец Фридриха Великого. Но отцам нашего современного еврейско-демократического парламентаризма такая задача конечно не по плечу.

Уже ввиду одного этого подготовка Германии к завоеванию новых земель в Европе в предвоенное время могла быть лишь очень небольшой. Разрешить эту задачу, не имея должных союзников, было крайне трудно.

Но так как у нас и слышать не хотели о планомерной подготовке к войне, то предпочли вовсе отказаться от завоевания земель в Европе и, избрав путь колониальной и торговой политики, отказались от единственно целесообразного союза с Англией. При этом ухитрились еще сделать так, чтобы одновременно порвать и с Россией, несмотря на то, что политика борьбы с Англией логически должна была бы привести к союзу с Россией. В конце концов мы влезли в войну, оставленные всеми, и оказались в несчастном союзе только с изжившим себя габсбургским государством.

* * *

К характеристике нашей современной внешней политики надо сказать, что найти в ней какую-нибудь определенную, сколько-нибудь понятную общую линию совершенно невозможно. До войны германское правительство шло по четвертому из возможных путей, хотя и тут проявляло достаточно половинчатости. Но со времени революции даже вооруженным глазом нельзя разглядеть сколько-нибудь определенной линии нашей внешней политики. Еще в большей степени чем до войны нынешняя иностранная политика Германии абсолютно лишена какой бы то ни было планомерности и обдуманности. В ней можно найти только одну планомерность: систематическое стремление создать такое положение, при котором наш народ никогда не мог бы подняться.

При хладнокровном рассмотрении современного соотношения сил в Европе приходится придти к следующим выводам.

В течение трехсот лет история нашего континента определялась прежде всего попытками Англии всегда создавать такие группировки держав в Европе, которые уравновешивали бы друг друга и тем обеспечивали бы тыл Англии, давая ей свободу действий в области мировой политики.

Традиционная тенденция британской дипломатии (в Германии аналогичную традицию до некоторой степени пыталась создать прусская армия) со времен императрицы Елизаветы заключалась в том, чтобы не дать ни одной из европейских великих держав подняться выше определенного уровня. В борьбе за эту цель Англия прибегала к каким угодно средствам, не исключая и войн. Средства, которые Англия в этих случаях пускала в ход, бывали очень различны, в зависимости от создавшегося положения или поставленной задачи. Но решительность и настойчивость Англия всякий раз проявляла одну и ту же. Чем труднее становилось со временем положение Англии, тем с большей настойчивостью британские государственные деятели продолжали добиваться того, чтобы европейские государства непременно уравновешивали друг друга и во взаимном соревновании неизменно парализовали свои силы. Когда Северная Америка политически отделилась от Англии, это еще в большей мере привело к тому, что Англия стала делать еще более настойчивые попытки к сохранению европейского равновесия, долженствовавшего обеспечить английский тыл. После того как Испания и Нидерланды были уничтожены как большие морские державы, Англия сконцентрировала все свои усилия против подымающейся Франции, пока наконец с крушением Наполеона I угроза военной гегемонии Франции могла в глазах Англии считаться уничтоженной.

Лишь постепенно британское государственное искусство обращалось против Германии. Процесс этот развивался медленно, во-первых, потому что пока Германия не достигла единства, она не могла представлять сколько-нибудь реальной опасности для Англии, во-вторых, потому что общественное мнение широких масс, созданное путем длительной пропаганды, меняется лишь весьма медленно. Убеждения государственных деятелей носят характер трезвый, широкая же пропаганда, имеющая в виду народные массы, апеллирует больше к чувствам. Но благодаря этому настроения, созданные широкой пропагандой, более стабильны. Чтобы переменить их, нужно больше времени. Бывает так, что государственные деятели, руководящие судьбами своей страны, успели уже придти к новым планам и к новым идеям, а массы все еще находятся под обаянием старых идей и их приходится медленно и постепенно поворачивать на новую дорогу, соответственно новым планам государственных руководителей.

Свою новую позицию по отношению к Германии Англия в основном определила уже в 1870-1871 гг. В связи с ростом экономического значения Америки, а также в связи с ростом политического влияния России, Англия несколько раз обнаруживала колебания в вопросе о своем отношении к Германии. Но Германия, к сожалению, не сумела использовать этих моментов, и ввиду этого враждебная позиция Англии по отношению к нам все больше укреплялась.

Англия стала видеть в Германии ту державу, которая вследствие своей чрезвычайно быстрой индустриализации приобретала такое большое торговое и общеполитическое значение, что она начала уже меряться силами с самой Великобританией. Германские государственные деятели видели перл мудрости в своей пресловутой идее "мирного хозяйственного" завоевания влияния. Но в глазах английских политиков эти планы германской политики являлись доводом в пользу необходимости организовать как можно более сильное сопротивление Германии. Это английское сопротивление вскоре, разумеется, приняло форму всестороннего наступления, ибо Англия никогда не видела цели своей политики в сохранении сомнительного мира, а всегда видела свою цель исключительно в том, чтобы укрепить и упрочить свое собственное британское мировое господство. Разумеется, Англия стала далее думать о том, чтобы использовать в борьбе против Германии абсолютно всех возможных союзников, какие только могли в военном отношении пригодиться для этой цели. Это тоже соответствовало старой английской традиции - трезво оценивать силы противника и не делать себе иллюзий насчет собственных сил. Эти свойства английской политики у нас характеризовали, как "бесстыдные"; но это просто неумно уже по той простой причине, что организацию любой войны следует рассматривать только под углом зрения целесообразности, а не под углом зрения героических фраз. Задача дипломатии любой страны заключается не в том, чтобы самым героическим образом привести свой народ к гибели, а в том, чтобы обеспечить дальнейшее существование своему народу, пусть самым прозаическими средствами. С этой точки зрения целесообразно каждое средство, которое ведет к цели. Упустить хотя бы одно из таких средств означает забвение своего дома и преступление по отношению к собственному народу.

Лишь с победой ноябрьской революции в Германии Англия могла вполне спокойно вздохнуть и сказать себе, что теперь опасность германской гегемонии в мире исчезла надолго.

Однако Англия вовсе не заинтересована в том, чтобы Германия совершенно исчезла с географической карты Европы. Напротив, как раз ужасное крушение Германии, пережитое ею в ноябрьские дни 1918 г., создало для британской дипломатии совершенно новую ситуацию, которую раньше никто не считал правдоподобной.

В течение четырех с половиной лет британская мировая империя вела войну против мнимого перевеса одной определенной колониальной державы, т.е. Германии. И вот внезапно разражается катастрофа, которая угрожает вообще стереть с лица земли эту державу. Германия внезапно обнаруживает такой ужасающий недостаток самого элементарного инстинкта самосохранения, что в течение каких-нибудь 48 часов все европейское равновесие нарушено. Совершенно неожиданно создается новое положение: Германия уничтожена, и самой сильной континентальной державой Европы становится Франция.

Но Англия в течение многих лет, особенно в годы войны, провела огромную пропаганду среди своего собственного населения и разбудила в нем все инстинкты и страсти против Германии. Теперь эти созданные английской пропагандой настроения ощущались уже британскими государственными деятелями, как некая свинцовая гиря. Уничтожив Германию как колониальную державу, как государство, претендующее на мировую роль в торговле, Англия могла считать, что она своих целей в войне, в сущности говоря, уже достигла. Все, что шло дальше этого, - шло уже вразрез с британскими интересами. Полное уничтожение Германии как крупного государства на европейском континенте входило только в интересы противников Англии. И тем не менее в ноябрьские дни 1918 г. и вплоть до конца лета 1919 г. английская дипломатия не могла быстро перестроить свою политику, хотя бы уже по одному тому, что в течение длительной войны она сама вызвала в широких массах английского народа определенные чувства и создала определенные настроения. Быстро перестроить свою политику английская дипломатия не могла, во-первых, потому что ей приходилось считаться с настроениями своего собственного народа, а во-вторых, потому что этого не позволяло и соотношение чисто военных факторов по окончании войны. Франция захватила инициативу в свои собственные руки и могла теперь диктовать свою волю другим. Сама же Германия, которая в эти месяцы, когда чаша весов колебалась, могла бы многое изменить, переживала судороги внутренней гражданской войны и устами своих так называемых государственных деятелей систематически заявляла только одно, а именно, что она неизменно готова подчиниться любым условиям, какие продиктует противник.

Так всегда будет. Если та или другая нация совершенно потеряла инстинкт самосохранения и не в состоянии уже играть роль "активного" союзника, то она непременно падет до роли раба и данная страна неизбежно испытает судьбу колонии.

Англии ничего другого не оставалось, как принять участие в грабежах Франции, хотя бы уже для одного того, чтобы не дать Франции чрезмерно укрепиться за наш счет. Это была единственная тактика, которая вообще была возможна для Англии в данной обстановке.

В действительности Англия не достигла тех целей, которые она ставила себе в войне. Ей не удалось добиться такого положения, чтобы ни одно из европейских государств не поднялось выше определенного уровня. Напротив, теперь такая опасность для Англии стала еще более реальной, лишь с той разницей, что этим государством является не Германия, а Франция.

Германия как военная держава до 1914 г. находилась в окружении двух стран, из которых одна была столь же сильна, а другая обладала еще большей силой, нежели Германия; кроме всего этого Германии еще приходилось считаться с преобладанием морских сил Англии. Уже одних сил России и Франции было достаточно, чтобы помешать слишком большому распространению влияния Германии. Далее надо учесть еще достаточно неблагоприятное военно-географическое положение Германии; на это Англия тоже могла делать известную скидку, ибо плохое военно- географическое положение очень мешало росту военного могущества Германии. Морское побережье с военной точки зрения представляло для Германии особенно большие неудобства, ибо берега ее были слишком узки и малы; что же касается сухопутных границ, то они были слишком открыты, а сухопутные фронты слишком обширны.

Совсем иное нынешнее положение Франции. Франция является самой могущественной военной державой на континенте, где она не имеет теперь ни одного сколько-нибудь серьезного соперника. Ее южные границы представляют собою как бы естественную защиту против Испании и Италии. Против Германии Франция сейчас достаточно защищена тем, что мы сами совершенно бессильны. Линия французского побережья такова, что Франция всегда может на длинном участке фронта угрожать самым важным нервным узлам Великобритании. Эти крупные английские центры представляют сейчас очень хорошие мишени как для французского флота, так и для французской дальнобойной артиллерии. Подводная война со стороны Франции могла бы также стать чрезвычайно опасной для всех важнейших путей английской торговли. Если бы Франция, опираясь на протяженность своего атлантического побережья и на не менее обширные французские части Средиземного моря, начала подводную войну, то ее подводные лодки могли бы нанести Англии величайший ущерб.

Что же получилось на деле? Англия ставила себе целью не допустить чрезмерного усиления Германии и получила на деле французскую гегемонию на европейском континенте. Таков общеполитический итог. Результаты войны в чисто военном отношении: укрепление Франции как первой державы на суше и признание за Америкой прав на такие же морские вооружения, какие имеет сама Англия. Экономические итоги войны для Англии: ряд территорий, в которых великобританское хозяйство чрезвычайно заинтересовано, стали достоянием бывших союзников.

Английская традиционная политика требовала и требует известной балканизации Европы; интересы же современной Франции требуют известной балканизации Германии.

Желание Англии было и остается - не допустить, чтобы какая бы то ни было европейская континентальная держава выросла в мировой фактор, для чего Англии необходимо, чтобы силы отдельных европейских государств уравновешивали друг друга. В этом Англия видит предпосылку своей собственной мировой гегемонии.

Желание Франции было и остается - не допустить, чтобы Германия стала действительно единым государством с единым крепким руководством, для чего она систематически поддерживает идею превращения Германии в конгломерат мелких и мельчайших государств, чьи силы взаимно уравновешивают друг друга. И все это - при сохранении левого берега Рейна в своих руках. В такой системе Франция видит главную предпосылку своей собственной гегемонии в Европе.

Цели французской дипломатии в последнем счете идут вразрез с целями и тенденциями британского государственного искусства.

* * *

Кто под этим углом зрения взвесит возможности, остающиеся для Германии, тот неизбежно должен будет придти вместе с нами к выводу, что нам приходится искать сближения только с Англией. Английская военная политика имела для Германии ужасающие последствия. Но это не должно помешать нам теперь понять, что ныне Англия уже не заинтересована в уничтожении Германии. Напротив, теперь с каждым годом английская политика все больше будет испытывать неудобства от того, что французская гегемония в Европе становится все сильнее. В вопросе о возможных союзниках наше государство не должно конечно руководствоваться воспоминаниями старого, а должно уметь использовать опыт прошлого в интересах будущего. Опыт же учит прежде всего тому, что такие союзы, которые ставят себе только негативные цели, заранее обречены на слабость. Судьбы двух народов лишь тогда станут неразрывны, если союз этих народов открывает им обоим перспективу новых приобретений, новых завоеваний, словом, усиления и той и другой стороны.

Насколько наш народ неопытен в вопросах внешней политики, можно судить по нашей прессе, часто помещающей сообщения о том, что какой- нибудь государственный деятель какой-нибудь страны настроен дружественно к Германии и наоборот - причем в "дружественности" таких-то государственных деятелей к нам видят серьезную гарантию для Германии. Это совершенно невероятный вздор. Это простая спекуляция на беспримерной наивности заурядного немецкого мещанина. На самом деле нет и никогда не может быть такого, скажем, американского, английского или итальянского государственного деятеля, о котором можно было бы сказать, что его ориентация является "прогерманской". На самом деле любой английский государственный деятель является прежде всего англичанином, любой американский государственный деятель - прежде всего американцем, и среди итальянских государственных деятелей мы также не найдем ни одного, кто не держался бы прежде всего проитальянской ориентации. Кто хочет строить союзы Германии с чужими нациями на том, что такие-то чужие государственные деятели придерживаются прогерманской ориентации, тот либо лицемер, либо просто осел. Народы связывают свои судьбы друг с другом не потому, что они испытывают особое уважение или особую склонность друг к другу, а только потому, что сближение обоих контрагентов кажется им обоюдовыгодным. Английские государственные деятели конечно всегда будут держаться проанглийской политики, а не пронемецкой. Но дела могут сложиться так, что именно интересы проанглийской политики по разным причинам в известной мере совпадут с интересами прогерманской политики. Разумеется, только в известной мере; в один прекрасный день все это может совершенно перемениться. Подлинное искусство руководящего государственного деятеля в том и должно заключаться, чтобы для каждого отрезка времени уметь соединиться с тем партнером, который в своих собственных интересах на данный период времени вынужден идти той же самой дорогой.

Для того, чтобы практически применить изложенные соображения к нашему случаю при том положении вещей, какое для Германии создалось ныне, надо ответить на следующие вопросы: есть ли такие государства на свете, которые в настоящий момент совершенно не заинтересованы в том, чтобы полностью уничтожить значение Германии в Средней Европе и тем окончательно упрочить безусловную гегемонию Франции в Европе? Необходимо спросить себя: есть ли такие государства, которые, исходя из своих собственных интересов и своих собственных политических традиций, неизбежно должны были бы увидеть в этом угрозу для себя?

Мы должны до конца понять следующее: самым смертельным врагом германского народа является и будет являться Франция. Все равно, кто бы ни правил во Франции - Бурбоны или якобинцы, наполеониды или буржуазные демократы, республиканцы-клерикалы или красные большевики - конечной целью французской иностранной политики всегда будет захват Рейна. И всегда Франция, чтобы удержать эту великую реку в своих руках, неизбежно будет стремиться к тому, чтобы Германия представляла собою слабое и раздробленное государство.

Англия не желает, чтобы Германия была мировой державой. Франция же не желает, чтобы вообще существовала на свете держава, именуемая Германией. Это все же существенная разница. Ну, а ведь злобой дня для нас сейчас является не борьба за мировую гегемонию. Сейчас мы вынуждены бороться просто за существование нашего отечества, за единство нашей нации и за то, чтобы нашим детям был обеспечен кусок хлеба. И вот, если мы учтем все это и спросим себя, где же те государства, с которыми мы могли бы вступить в союз, то мы должны будем ответить: таких государств только два - Англия и Италия.

Англия не хочет такой Франции, чей военный кулак без всяких помех со стороны остальной Европы охранял бы политику, которая раньше или позже придет в столкновение с английскими интересами. Англия ни в коем случае не может хотеть такой Франции, которая, опираясь на несметные угольные и железные богатства в Западной Европе, продолжала бы создавать себе могущественную мировую экономическую позицию, представляющую опасность для Англии. Наконец, Англия не может хотеть такой Франции, которая смогла бы разбить все остальные государства на европейском континенте, что не только могло бы, но неизбежно должно было бы привести к возрождению старых мечтаний Франции о мировом господстве. Англия понимает, что при таких обстоятельствах французский воздушный флот может стать для нее много опаснее, чем в свое время наши цеппелины. Военное превосходство Франции не может не расстраивать нервов мировой великобританской империи.

Но и Италия не может хотеть и не хочет, чтобы Франция еще больше укрепляла свое привилегированное положение в Европе. Будущие судьбы Италии неизменно связаны с побережьем Средиземного моря. Италия приняла участие в мировой войне, разумеется, совсем не для того, чтобы добиться расширения Франции. Италию толкало в войну стремление нанести смертельный удар своему адриатическому сопернику. Всякое дальнейшее укрепление Франции на европейском континенте неизбежно будет служить помехой Италии. И этого, разумеется, ни на йоту не может изменить тот факт, что итальянский и французский народы родственны между собою. Ни малейших иллюзий на этот счет быть не может: это обстоятельство ни капельки не устраняет соперничества.

Рассуждая совершенно хладнокровно и трезво, мы приходим к выводу, что при нынешней обстановке лишь два государства в первую очередь сами заинтересованы, по крайней мере до известной степени, в том, чтобы не подрывать условий существования немецкой нации. Эти два государства - Англия и Италия.

* * *

Взвешивая возможности такого союза, мы прежде всего не должны забывать три фактора. Один из этих факторов зависит от нас самих, а два остальных - от других государств.

Можно ли вообще вступать в союз с нынешней Германией? Станет ли какая бы то ни было держава вступать в союз (а целью союза всегда может быть лишь проведение определенных наступательных задач) с нашим государством, раз руководители нашего государства в течение ряда лет являют всему миру образцы жалкой неспособности и пацифистской трусости и раз громадная часть нашего народа, ослепленная марксистско- демократическими идеями, предает интересы собственной нации и собственной страны самым вопиющим образом? Станет ли какая бы то ни было держава ценить союз с нашим государством и возложит ли она какие бы то ни было надежды на совместную с нами успешную борьбу, раз она видит, что наше государство не имеет ни мужества ни желания пошевелить даже пальцем для защиты своего собственного существования? Станет ли какая бы то ни была держава, которая в союзе с другим государством ищет не просто сохранения статус-кво, обеспечивающего только дальнейшее гниение на корню (как это было с тройственным союзом), связываться не на жизнь, а на смерть с нашим государством, когда она видит, что мы способны теперь только пресмыкаться и покорно подчиняться любым предъявляемым нам требованиям? Кому нужен союз с таким государством, теряющим последние остатки своего величия? Ведь всем своим поведением мы лишили себя права претендовать на что-либо лучшее! Кому нужен союз с таким правительством, которое уже не пользуется каким бы то ни было уважением со стороны своих собственных граждан? Не может же в самом деле наше правительство претендовать на то, чтобы иностранцы уважали его больше, нежели его собственные граждане.

Нет, уважающая себя держава, видящая в союзах с другими государствами нечто большее, чем простой объект интриг предприимчивых парламентариев, не станет вступать в союз с нынешней Германией да и не могла бы этого сделать, если бы и хотела. Нынешняя Германия лишилась тех качеств, которые нужны для того, чтобы быть желанным союзником. Это в последнем счете является главной причиной солидарности, все еще существующей в лагере держав-грабительниц. Сама Германия никогда не оказывает никакого сопротивления. Все "сопротивление" ограничивается только парочкой пламенных "протестов" со стороны наших парламентских избранников. Раз мы сами не боремся за свои интересы, то естественно, что и весь остальной мир не видит никакого основания вступаться за нас. Да и сам всевышний, несмотря на все свое милосердие, принципиально не любит трусливых народов, - вопреки тому, что утверждают наши плаксивые патриотические союзы. При таком положении вещей даже тем государствам, которые непосредственно не заинтересованы в окончательном уничтожении Германии, ничего другого не остается, как принять участие в грабительских походах Франции, хотя бы для того, чтобы Франция не воспользовалась одна всей добычей и не стала благодаря этому еще сильнее.

Далее не следует упускать из виду, что странам, воевавшим против нас, далеко не так просто добиться перемены в настроениях широких масс населения, после того как массовая пропаганда в течение долгого промежутка времени била в одну определенную точку. В течение долгих лет народ наш изображали "гуннами", "грабителями", "вандалами" и т.д. После этого нельзя сразу переменить фронт и тут же объявить, что этот исконный враг теперь сразу может стать союзником. Но особенно большое значение имеет третий фактор, который оказывает самое существенное влияние на вопрос о будущих группировках европейских государств и на будущую политику союзов.

Собственно британские интересы Англии отнюдь не требуют дальнейшего ослабления и тем более уничтожения Германии, но зато в этом чрезвычайно заинтересован интернациональный еврейский биржевой капитал. Расхождение между официальной или, лучше сказать, традиционной политикой английских государственных деятелей и решающими силами еврейского биржевого капитала явственнее всего обнаруживается именно в вопросах английской иностранной политики. В противовес всем интересам британского государства еврейский финансовый капитал добивается не только полного экономического уничтожения Германии, но и полнейшего политического порабощения ее. Еврейский капитал считает, что полностью подчинить Германию интернациональному контролю, т.е. полностью подчинить германский труд еврейскому мировому капиталу возможно только в том случае, если Германию удастся в политическом отношении большевизировать. Чтобы марксистские банды интернационального еврейского биржевого капитала в состоянии были окончательно сломить спинной хребет германскому национальному государству, им необходима дружественная поддержка извне. Для этого евреям и нужно, чтобы французские армии угрожали Германии, до тех пор пока внутри страны наступит такое разложение, которое позволит большевистским бандам, спущенным интернационально- еврейским биржевым капиталом, окончательно овладеть нашим государством.

В наше время евреи больше всех ведут травлю, чтобы Германия была добита до конца. Главными фабрикантами всех нападок на Германию являются евреи. Так было и до войны и во время мировой войны. Еврейская биржевая и марксистская пресса систематически разжигала ненависть против Германии, пока она не добилась того, что одно государство за другим стало отказываться от своей нейтральной позиции и стало примыкать к антигерманской коалиции вопреки интересам своих собственных народов.

Чем руководятся при этом евреи, ясно. Посредством большевизации Германии они надеются искоренить основной слой немецкой патриотической интеллигенции и тем создать для себя совершенно неограниченные возможности выжимать из немецкой рабочей силы последние соки. Полностью покорив себе Германию, евреи хотят конечно распространять свою власть и дальше, вплоть до покорения под ноги свои всего мира. Германия, как это не раз бывало и в прежней нашей истории, является той точкой, вокруг которой происходит борьба, решающая судьбы мира. Если наш народ и наше государство действительно станут жертвой этой хищной и кровожадной еврейской тирании, то этот спрут охватит щупальцами всю землю. И наоборот: если Германии удастся избежать этого ига, тогда можно будет считать, что смертельная опасность, угрожающая всему миру и всем народам, сломлена.

Что евреи сделают абсолютно все от них зависящее, дабы поддержать прежнюю вражду ряда наций против Германии, а по возможности разжечь эту вражду еще больше, - в этом не может быть никакого сомнения. Однако нет никаких сомнений и в том, что подлинные интересы данных народов лишь в очень небольшой степени совпадают с тем, чего хотят евреи. Как правило, евреи в своей работе отравления сознания народов прибегают к тому оружию, которое больше всего соответствует умонастроению данного народа и которое, стало быть, обещает максимально возможный успех. У нас в Германии, где расовая чистота населения пострадала особенно сильно, евреи больше всего орудуют при помощи пацифистской идеологии, при помощи ссылок на интересы "мировых" граждан, словом, при помощи интернационалистского круга идей. Во Франции евреи больше всего орудуют при помощи шовинизма, справедливо считая, что здесь именно шовинизм будет иметь наибольший успех. В Англии евреи орудуют, пуская в ход больше всего аргументы, относящиеся к мировому господству - хозяйственному и политическому. Словом, в каждой стране евреи пускают в ход ту аргументацию, которая больше всего соответствует умонастроению данного народа. Только проделав эту предварительную работу и обеспечив себе достаточное политическое и экономическое влияние, евреи отбрасывают в сторону это оружие, снимают маску и начинают уже более откровенно обнаруживать подлинные цели своих стремлений. Тогда евреи начинают уже более интенсивно разрушать одно государство за другим, превращая их в груды развалин, с тем, чтобы на этой груде затем воздвигнуть вечный суверенитет еврейства.

В Англии как и в Италии можно и простым невооруженным глазом легко нащупать то расхождение, какое существует между взглядами лучшей части наиболее почтенных государственных деятелей данных стран и стремлениями еврейского мирового биржевого капитала.

Только во Франции ныне больше чем когда бы то ни было существует единство во взглядах биржи и еврейского биржевого капитала, с одной стороны, и шовинистически настроенных государственных деятелей французской республики, с другой. Это тождество интересов и настроений представляет громаднейшую опасность для Германии. Именно вследствие этого обстоятельства Франция является самым страшным нашим врагом. С одной стороны, французский народ все больше и больше смешивает свою кровь с кровью негров; а с другой, французский народ все теснее и теснее сближается с евреями на основе общего стремления к подчинению себе всего мира. И все это, вместе взятое, превращает Францию в самую большую угрозу для дальнейшего существования белой расы в Европе. Стремление французов привезти негров на Рейн в сердце Европы и тем отравить нашу кровь является выражением садистской, прямо противоестественной мести, которой пылает к нашему народу этот наш исконный враг, полный шовинистских чувств; но и хладнокровно мстительные евреи стремятся к тому же. Им тоже хочется начать свою работу отравления крови белой расы как раз в центре европейского континента. Отсюда они надеются нанести нашей более высокой расе самый верный удар, подорвав основы ее господствующего положения.

То, чем Франция, побуждаемая единственно чувством мести и планомерно руководимая евреями, занимается теперь в Европе, есть преступление против всего белого человечества на земле. Придет момент и целые поколения будут за это проклинать Францию и мстить ей за то, что, совершая преступление против расы, она совершает первородный грех против всего человечества.

Мы, немцы, для себя должны сделать из французской опасности только один вывод: мы обязаны отодвинуть на задний план все моменты чувства и, не колеблясь, подать руку тем, для кого диктаторские стремления французов представляют такую же опасность как и для нас.

На целый период времени для Германии возможны только два союзника в Европе: Англия и Италия.

* * *

Кто возьмет на себя труд произвести ретроспективный обзор всей внешней политики Германии за послереволюционный период, тот при виде совершенно невероятной слабости наших правительств должен схватиться за голову и либо впасть в полное отчаяние, либо преисполниться пламенным возмущением и начать борьбу против этих так называемых правительств. Сказать, что этим правительствам не хватает достаточного понимания, было бы слишком слабо, ибо умственные циклопы наших ноябрьских партий ухитрились избрать такую политику, которая ни одному человеку с нормальными мозгами, казалось бы, и в голову не могла придти: они стали льстить Франции, ища ее благоволения. Да, да, не больше и не меньше! В течение целого ряда лет наши правительства с трогательной наивностью неисправимых фантастов делают целый ряд повторных попыток подружиться с Францией. Они ходили на задних лапках перед ней, крича на всех перекрестках о том, что мы полны уважения к "великой нации", и всякое ловкое жульничество французских палачей неизменно пытались изображать, как предвестник явного поворота в нашу пользу. Действительные импресарио нашей политики конечно сами никогда не верили в эту нелепость, они смотрели на политику подлаживания к Франции исключительно под одним углом зрения: для них это был лучший способ саботажа всяких попыток наладить союз между Германией и другими странами - такой союз, который мог бы иметь действительно практическое значение. Эти господа превосходно отдавали себе отчет в том, каковы подлинные измерения Франции и тех, кто стоит за ней. Они притворялись, будто верят в возможность союза Германии с Францией, вполне отдавая себе отчет в том, что если бы народ наш перестал верить в эту химеру, то он вероятно стал бы искать иных путей.

Даже для нас, национал-социалистов, сейчас представляет еще известную трудность убедить наших собственных сторонников, что Англия в будущем может быть нашей союзницей. Наша еврейская пресса очень хорошо умела и умеет концентрировать всю ненависть на Англии. А многие добрые, но наивные немцы поддаются на эту еврейскую удочку и начинают направо и налево болтать о том, что не сегодня - завтра Германия "возродит" свою морскую мощь, начинают выносить протесты против того, что нас лишили колоний, и грозятся не сегодня - завтра вернуть себе эти колонии и т.п. А негодяям евреям только этого и нужно; они тщательно собирают весь этот материал и посылают его своим сородичам в Англию для их пропагандистских надобностей. Казалось бы, даже самым неискушенным в политике немцам нетрудно понять, что сейчас у нас на очереди вовсе не борьба за укрепление "морской мощи" Германии. Ставить себе такие цели, не укрепив предварительно наших позиций в Европе, было нелепостью уже до войны, а в нынешней обстановке такая глупость равносильна преступлению.

Можно поистине придти в отчаяние, когда наблюдаешь, как еврейским интриганам легко удается занять добрых немцев десятистепенными вопросами и пустыми демонстрациями, в то время как Франция систематически рвет на части наш народ и планомерно душит нашу независимость.

Я должен остановиться здесь еще на одной излюбленной евреями теме, которую они использовали в течение последних лет с особенной ловкостью. Я говорю о южном Тироле.

Да, южный Тироль! Я должен остановиться здесь хотя бы вкратце на этом вопросе, чтобы посчитаться с теми лжецами и негодяями, которые рассчитывают только на забывчивость и глупость широких слоев нашего народа. Эти негодяи смеют изображать дело так, будто они действительно полны чувства национального возмущения. Но ведь мы прежде всего знаем, что парламентским обманщикам понятие о национальном чувстве столь же свойственно, как сороке понятие о собственности.

Я хочу подчеркнуть, что в тот период, когда действительно решались судьбы южного Тироля - т.е. в период от августа 1914 до ноября 1918 г. - я лично находился там, где действительно можно было помочь благоприятному разрешению для нас этого вопроса, т.е. на фронте. Я все эти годы сражался бок о бок со всеми честными бойцами нации за то, чтобы мы не потеряли южного Тироля и чтобы эта немецкая территория как и все другие немецкие территории принадлежала никому другому как нашему отечеству.

А вот парламентские фокусники, вся эта политиканствующая партийная сволочь конечно и не подумала тогда пойти на фронт. Напротив, пока мы сражались на фронтах, будучи уверены, что мы добьемся благоприятного разрешения вопроса о южном Тироле, эти господа в поте лица своего работали против нации, изо всех сил точили нож и в конце концов всадили его в спину нашей армии. Кто же не понимает, что удержать южный Тироль в немецких руках можно было не лживыми спичами ловких парламентариев на венской Площади ратуши или перед мюнхенской Аллеей полководцев, а только мечом, только борьбой железных батальонов на фронте? Южный Тироль предали те, кто развалил фронт и кто тем самым предал еще ряд других немецких территорий.

А кто теперь изображает дело так, будто южнотирольскую проблему можно разрешить при помощи протестов, заявлений, глупеньких демонстраций и т.п., тот либо негодяй, либо немецкий филистер.

Ведь ясно как божий день, что вновь вернуть отторгнутые от нас территории можно только силой оружия, а никак не торжественными призывами к милости божией или апелляциями к Лиге наций.

И вот я прямо ставлю вопрос: кто же способен и кто готов действительно вооруженной рукой бороться за возвращение этих отторгнутых территорий?

Что до меня лично, то смею уверить, что у меня все же хватило бы мужества стать во главе батальона, даже если бы он состоял только из парламентских болтунов и других партийных руководителей и надворных советников. Пусть они образуют такой штурмовой батальон, и мы пойдем вместе отвоевывать южный Тироль. Черт побери, хотел бы я все-таки посмотреть, как реагировала бы эта братия, если бы в момент, когда они выносят "пламенный" протест, над их головами разорвалось бы несколько шрапнелей. Я думаю, картина немногим отличалась бы от той, когда в курятник внезапно вламывается лиса. Вся эта почтенная братия, вероятно, бежала бы, подобрав фалды, в таком же стройном порядке, как куры, преследуемые лисой.

Но самое низкое во всем этом то, что господа эти сами совершенно не верят, чтобы на их путях можно было бы чего-нибудь достигнуть. Они сами превосходно отдают себе отчет в том, что вся их шумная возня абсолютно никакого значения не имеет. Но почему не пошуметь? Конечно болтать об освобождении южного Тироля в нынешней обстановке куда легче, чем в свое время было бороться за его сохранение в немецких руках. Каждый делает то, что ему свойственно. Мы в свое время проливали кровь за южный Тироль, а эти господа ныне только точат свои клювы.

Особенно забавно видеть, какой важный вид принимают теперь венские легитимисты, притворяясь, будто они ведут невесть какую тяжелую борьбу за возвращение южного Тироля. Ни дать ни взять индюки! Семь лет тому назад высокая династия, которой поклонялись эти господа, не задумываясь, совершила предательство и преступление, помогая антигерманской коалиции проглотить также южный Тироль. Тогда эти круги всеми силами поддерживали политику своей предательской династии и плевать хотели на южный Тироль, как и на многое другое. Ну, а теперь отчего же не поболтать о борьбе за отторгнутые территории, - ведь это же борьба только "духовными средствами"! Почему и не вынести дюжину - другую "протестов", почему и не сделать вида, что ты "до глубины души" возмущен несправедливостью. Ведь тут никакого риска нет. Максимум только охрипнешь на время или перепачкаешь себе пальцы, когда мажешь статейку для газеты. Ведь это не то, что во время занятия Рурского бассейна организовывать, допустим, взрыв мостов.

Если вдуматься в дело, то конечно совсем нетрудно понять, почему определенные круги в течение последних лет пытались перенести центр тяжести немецко-итальянских взаимоотношений в плоскость проблемы южного Тироля. Евреи и габсбургские легитимисты крайне заинтересованы в том, чтобы помешать такой иностранной политике Германии, которая в один прекрасный день может привести к возрождению свободного немецкого отечества. Весь шум по поводу южного Тироля поднят не из любви к этому последнему - ибо шум этот не помогает южному Тиролю, а только вредит ему - а исключительно из боязни, как бы дело не дошло до соглашения и дружбы между Германией и Италией.

Ну, а лживости и хладнокровия у этих господ хватит, и они вопреки всякой очевидности самым наглым образом начинают доказывать, будто южный Тироль "предали" именно мы.

Давайте же скажем этим господам прямо в лицо.

Южный Тироль предали те немцы, кто, будучи здоров в течение 1914-1918 гг., находился не на фронтах и не отдал тем самым всех своих сил делу защиты отечества. Заметьте себе это, во-первых.

Южный Тироль предали те, кто в течение этих лет не считал своим долгом отдать все свои силы на то, чтобы укрепить государство как целое, укрепить волю народа для доведения войны до конца, чего бы это не стоило. Заметьте себе это, во-вторых.

Южный Тироль предали те, кто помогал революции - прямо или косвенно, обнаруживая трусливую терпимость к ней, - и тем самым выбил из рук наших единственное орудие, которое способно было спасти южный Тироль. Заметьте себе это, в-третьих.

Южный Тироль предали те, чьи партии и сторонники дали свои подписи под позорными "мирными" договорами Версаля и Сен-Жермена. Заметьте себе это, в-четвертых.

Да, господа храбрые организаторы пламенных протестов, именно так, а не иначе обстоит дело!

Я лично ныне руковожусь только той трезвой мыслью, что отторгнутые провинции не вернешь при помощи красноречия парламентских болтунов, а вернуть их можно только при помощи хорошо отточенного меча, т.е. при помощи кровавой войны.

Я лично совершенно не считаю нужным скрывать, что теперь, когда жребий уже брошен, я не считаю возможным вернуть южный Тироль при помощи войны. Более того. Я лично высказался бы против такой войны, ибо я уверен, что из-за одного этого вопроса в германском народе не удастся вызвать того пламенного национального подъема, без которого ни о какой победе не может быть и речи. Я лично считал и считаю, что если уж придется проливать кровь, то было бы преступлением делать это во имя 200 тысяч немцев, когда тут же рядом под чужеземным игом страдают 7 миллионов немцев, а африканские орды негритянских племен невозбранно отравляют кровь немецкого народа.

Если немецкая нация хочет покончить с грозящей ей опасностью истребления в Европе, она не должна впадать в ошибки предвоенной эпохи и наживать себе врагов направо и налево. Нет, она должна отдать себе ясный отчет, какой же из противников является самым опасным, и затем концентрировать все свои силы, чтобы ударить по этому противнику. Будущие поколения нашего народа не осудят нас, если достигнуть этой победы мы сможем только ценой известных жертв в других пунктах. Чем более блестящи будут достигнутые нами успехи, тем больше будущие поколения поймут и оценят наш подвиг и отдадут себе отчет в том, что мы действовали так, а не иначе только под влиянием тяжелой нужды и после глубокого раздумья.

Мы не имеем права забывать и никогда не забудем того основного тезиса, что для отвоевания отторгнутых областей надо прежде всего отвоевать политическую независимость нашей метрополии и вернуть былую силу нашему государству в тех его размерах, в каких оно сохранилось сейчас.

Чтобы добиться прежде всего этих целей, нужна умная политика союзов; в этом первая задача действительно сильного правительства, желающего спасти Германию.

Мы, национал-социалисты, ни в коем случае не пойдем по стопам наших крикливых "патриотов", которыми на деле руководят евреи. Горе нашему движению, если бы вместо подготовки действительно решающей вооруженной борьбы оно стало упражняться в словесных протестах!

Своим крушением Германия обязана также фантастическому представлению о священном союзе с государственным трупом габсбургской монархии. Фантазии и сантименты в подходе к внешнеполитическим возможностям нынешнего дня являются лучшим средством, чтобы помешать Германии возродиться когда бы то ни было.

* * *

Остановимся еще совсем коротко на тех возражениях, которые могут быть сделаны в связи с тремя поставленными мною вопросами.

Во-первых, пойдет ли вообще какое бы то ни было государство на соглашение с нынешней Германией при ее современной очевидной для всех слабости; во-вторых, способны ли враждовавшие с нами до сих пор нации перестроить свои собственные ряды в этом направлении и в-третьих, не пересилят ли еврейские влияния добрую волю и понимание государственных деятелей соответственных стран и не сумеют ли таким образом евреи расстроить все наши планы, не допустив их реализации.

На первый вопрос я наполовину уже ответил. Само собою понятно, что с нынешней Германией в таком виде, как она есть, никто в союз вступать не станет. Ни одно из государств не решится связать свою судьбу с таким государством, правительства которого делают все возможное, чтобы уничтожить какое бы то ни было доверие к нему. Но если многие наши соплеменники пытаются оправдать поведение наших правительств тем, что и сам народ наш настроен теперь плохо, и если в этом хотят видеть извинение для наших государственных деятелей, то против этого необходимо протестовать самым резким образом.

Совершенно несомненно, конечно, что поведение нашего народа в течение последних шести лет было крайне бесхарактерно - что очень печально. То безразличие, с которым народ наш относится ныне к самым важным вопросам, ложится прямо камнем на сердце. Проявляемая народом трусость иногда прямо вопиет к небу. И все-таки мы не должны забывать, что всего еще несколько лет тому назад этот самый народ являл всему миру примеры изумительных человеческих добродетелей. Начиная с августа 1914 г., и до самого конца великой борьбы народов ни один другой народ не показал таких чудес мужества, стойкости и терпения, как наш ныне столь опустившийся немецкий народ. Никто не посмеет, я думаю, утверждать, что позорное положение, переживаемое нами ныне, вообще заложено в характере нашей нации. Нет, все то, что мы вынуждены переносить теперь, есть только результат безумного преступления, совершенного 9 ноября 1918 г. Зло неизбежно порождает новое зло. Это утверждение поэта самым наглядным образом оправдывается событиями последних лет. Однако и в наше время не исчезли еще окончательно основные положительные черты характера нашего народа. Эти силы находятся только в дремлющем состоянии, их нужно пробудить. Уже сейчас отдельные молнии прорезают темные тучи, и перед нами нередко вспыхивают огоньки таких подвигов, которые впоследствии будут рассматриваться всей Германией как предвестники начавшегося выздоровления. Уже не раз видели мы в последнее время примеры того, как тысячи и тысячи молодых немцев опять собираются в ряды и твердо заявляют о своей готовности умереть за дорогое отечество, как это делала наша молодежь в 1914 г. Уже опять миллионы немцев со всем старанием и прилежанием занялись своим творческим трудом, как будто разрушений революции никогда и не было. Кузнец по-прежнему стоит за наковальней, крестьянин идет за сохой, а ученый работает в своем кабинете, и каждый целиком отдается своему делу, каждый добросовестно выполняет свою обязанность.

По поводу притеснений со стороны наших врагов рядовой немец теперь уже не смеется и не ищет оправдания противнику. Нет, эти притеснения вызывают уже горечь и гнев. Без сомнения перемены в настроениях произошли большие.

Если все это не привело еще к полному возрождению инстинкта самосохранения нашего народа и не создало еще настоящего стремления вернуть Германии ее былую мощь, то вину за это несут наши правители, которые не столько посланы нам небом, сколько сами захватили власть и пользуются ею с 1918 г. на погибель нашего народа.

Да, людей, которые жалуются ныне на нашу нацию, необходимо прежде всего спросить: а что сделали вы, чтобы улучшить дело, чтобы вытравить эти слабости? Если наш народ оказывает недостаточную поддержку мероприятиям наших правительств (а мы-то знаем, что серьезных мероприятий со стороны последних, пожалуй, и не было), то можно ли все это поставить в счет нашему народу? Не объясняется ли это, напротив, в большей мере тем, что сами правительства не умеют выполнять своего элементарного долга? Мы спрашиваем: что сделали наши правительства, чтобы опять заразить наш народ духом гордого самоутверждения, мужественного упрямства и гневной ненависти?

Когда в 1919 г. немецкому народу навязали грабительский мирный договор, можно было надеяться, что именно этот рабский договор вырвет из груди всей немецкой нации один сплошной крик протеста и требования свободы. Нередко в истории бывало так, что мирные договоры, как удары бича обрушивавшиеся на плечи побежденного народа, служили сигналом к началу подъема.

Как много мы могли бы в этом отношении сделать из Версальского грабительского договора!

Разве достойное своего звания немецкое правительство не сумело бы из этого неслыханно позорного бесконечно вымогательского договора сделать орудие борьбы против врага и довести национальные страсти до точки кипения? Разве не сумела бы подлинно гениальная пропаганда использовать садистскую жестокость этого договора, чтобы вывести собственный народ из равнодушия, вызвать в народе возмущение, а затем перевести это всеобщее возмущение в настоящее бешенство против грабителей?

Мы должны были взять каждый отдельный пункт Версальского договора и систематически разъяснять его самым широким слоям народа. Мы должны были добиться того, чтобы 60 миллионов немцев - мужчины и женщины, взрослые и дети - все до одного человека почувствовали в сердцах своих стыд за этот договор. Мы должны были добиться того, чтобы все эти 60 миллионов возненавидели этот грабительский договор до глубины души, чтобы эта горячая ненависть закалила волю народа и все это вылилось в один общий клич: Дайте нам снова оружие!

Да, именно так должны были мы использовать подобный мирный договор. Чем бесстыднее требования этого договора, чем безмернее гнет, возлагаемый им на нас, тем в большей мере он мог стать орудием лучшей пропаганды, средством пробуждения уснувших в нашей нации национальных стремлений.

Но конечно такая пропаганда возможна лишь в том случае, если бы мы сумели использовать все, начиная с улыбки ребенка и продолжая всеми до единой газетами, всеми театрами, всеми кино, всеми киосками и т.д. Если бы мы сумели поставить все и вся на службу этой идее, тогда нынешняя мольба плаксивых маргариновых патриотов "господи, пошли нам свободу!" вскоре сменилась бы действительно смелыми лозунгами, и мы сумели бы добиться того, что каждый немецкий мальчик стал бы обращаться к всевышнему с горячей мольбой: "господь всевышний, благослови наше оружие, окажи ту справедливость, которую ты всегда оказывал! Суди сам, заслуживаем ли мы теперь свободы. Господь бог, ниспошли благословение нашей борьбе!"

Но ничего подобного сделано не было. Мы ухитрились все это прозевать.

И теперь еще удивляются, что наш народ не таков, каким он мог и должен был бы быть. И теперь еще причитают по поводу того, что весь мир видит в нас рабов, видит в нас покорных собак, которые благодарно лижут руки тех, кто только что избил их.

Мы признаем, конечно, что нынешнее поведение нашего народа сильно мешает тому, чтобы в нас увидели ценных союзников. Но в гораздо большей мере этому содействует позорное поведение наших правительств. Если после 8 лет безмерного гнета народ наш все еще обнаруживает так мало воли к свободе, то в этом виновата прежде всего развращенность наших правительств.

Вести активную иностранную политику и найти себе ценных союзников мы можем только тогда, когда за границей станут по-иному оценивать качества нашего народа. Но еще в большей мере для этого необходимо, чтобы у нас возникло наконец правительство, которое будет смотреть на себя не как на поденщика чужих государств, не как на сборщика податей с собственного народа, а как на герольда национальной совести.

Когда народу нашему удастся создать себе правительство, которое увидит свою миссию в этом, то не понадобится новых шести лет, как смелая иностранная политика нашего государства сможет опереться на столь же смелую волю народа, готового к борьбе за свою свободу.

* * *

На второй вопрос - о трудностях, с которыми связано превращение враждебных настроений народных масс Англии и Италии в дружественные, - приходится ответить так:

Военная пропаганда вызвала в среде целого ряда народов, стоявших в мировой войне против нас, настоящий немецкий психоз. Для того, чтобы такое настроение изменилось, нужно, чтобы для всех стало очевидным, что воля к самосохранению вновь проснулась в германском народе. Только тогда германское государство вновь обретет те черты, которые необходимы, чтобы играть серьезную роль на шахматной доске европейской политики, и только тогда найдутся партнеры, которые захотят и смогут с ним играть. Лишь тогда, когда правительства соответствующих держав убедятся, что наш собственный народ и наше собственное правительство обрели наконец те качества, которые делают из нас ценного союзника, они, исходя из своих собственных интересов, начнут вести новую пропаганду, которая переделает общественное мнение данных стран. Конечно, это требует многих лет настойчивой и умелой работы. Но именно потому, что на такую работу нужны годы, все высказывают тут большую осмотрительность и осторожность. Ни одно правительство не приступит к этой работе, если оно не имеет безусловной уверенности, что ею стоит заняться и что в будущем можно будет пожать на этих путях достаточно обильные плоды. Пустой болтовни более или менее остроумных министров иностранных дел тут маловато. Ни одно правительство не станет менять характера своей агитации и переносить симпатии своего населения с одной нации на другую, пока оно не убедится, что этот возможный новый союзник имеет за собой действительно реальную силу. Иначе данное правительство только распылило бы общественное мнение в своей стране. Гарантию в том, что будущий союз с таким-то государством действительно будет иметь серьезную ценность, ни одно правительство не увидит в торжественных фразах отдельных членов правительства данной страны. Для этого нужно, чтобы соответствующая иностранная держава увидела, что у нас существует действительно стабильное правительство, ведущее действительно целесообразную политику. Для этого нужно, чтобы соответствующая держава убедилась, что и общественное мнение нашей страны целиком проникнуто теми же идеями. К нам отнесутся с тем большим доверием, чем больше убедятся, что и наше собственное правительство делает соответственные приготовления в области пропаганды и что наше собственное общественное мнение недвусмысленно поддерживает в этом свое правительство.

При нашем нынешнем положении это значит, что нас лишь тогда сочтут ценными союзниками, когда и наше правительство и наше общественное мнение сумеют показать, что они действительно проникнуты фанатической волей к борьбе за свободу и независимость. Только тогда и другие государства начнут подготовлять перегруппировку в общественном мнении их собственного населения - по крайней мере те государства, которые, исходя из своих собственных интересов, могут пойти с нами рука об руку, т.е. заключить с нами известный союз, если мы станем достойным партнером.

Но тут надо иметь в виду еще следующее: переделать общественное мнение целого народа в другом направлении - дело очень нелегкое. Многие во всяком случае вначале не поймут этого. Вот почему было бы глупостью и преступлением своими собственными ошибками давать оружие в руки элементам, желающим иного.

Мы должны отдать себе отчет в том, что пока целый народ до конца поймет внутренний смысл новых намерений своего правительства, пройдет большое время. Ведь слишком откровенно объяснять свои мотивы и окончательные цели данное правительство не сможет. Тут приходится надеяться либо на слепую веру массы, либо на интуитивное понимание более развитых руководящих слоев данного народа. Многие люди, однако лишены дара политического предвидения и дальнозоркости. И так как по политическим соображениям правительства, как мы уже сказали, не смогут в данном случае быть слишком откровенными, то вероятнее всего всегда найдется такая часть интеллектуальных руководителей, которая в силу недостаточной прозорливости непременно увидит в новом повороте только простой эксперимент. Часть консервативно настроенных элементов нации таким образом окажет вероятно сопротивление новой пропаганде.

Вот почему особенно необходимо позаботиться о том, чтобы эти консервативные элементы ни в коем случае не получили от нас самих оружия в руки, при помощи которого они смогли бы воздвигнуть серьезные препятствия для необходимого сближения. Этого нельзя забывать особенно у нас, где наши, с позволения сказать, политики выступают с чисто фантастическими и совершенно нереальными лозунгами. Разве не ясно в самом деле, что крики о необходимости воссоздания нового военного флота Германии, отвоевания наших колоний и т.д. - только пустая болтовня? Стоит только спокойно подумать над этими вопросами, и каждый убедится, что никаких сколько-нибудь реальных шансов на это не существует. А эти бессмысленные крики, которыми занимаются частью совершенно наивные, частью же спятившие с ума люди, ни в коем случае пользы принести Германии не могут. В Англии эти крики производят совершенно определенное впечатление. Все эти словесные протесты и громкие словоизлияния неизменно служат службу только нашим смертельным врагам. Люди тратят все силы на вредные демонстрацийки против бога и всего света, забывая, что главной предпосылкой каждого успеха прежде всего является принцип: Что делаешь - делай до конца.

У нас исходят словами и протестами сразу против пяти или даже целого десятка государств и забывают при этом, что нам прежде всего необходимо сконцентрировать все свои физические и духовные силы, чтобы нанести удар в сердце нашему злейшему противнику, Так мы только лишаемся всяких шансов заключить тот союз, который необходим нам, чтобы когда- нибудь свести счеты с самым проклятым врагом. Национал- социалистическое движение и тут должно взять на себя определенную миссию. Мы должны научить наш народ проходить мимо мелочей и концентрироваться на главном, не рассеивать своих сил на второстепенном и никогда не забывать, что целью данного дня для нас является борьба за голое существование нашего народа и что единственным нашим противником в данное время является та держава, которая лишает нас даже права на существование.

Многое конечно огорчает нас до глубины души; но это еще вовсе не основание, чтобы потерять хладнокровие и в бессмысленных криках ссориться со всем светом вместо того, чтобы концентрировать свои силы против самого смертельного врага.

Да наконец немецкий народ вообще не имеет никакого морального права жаловаться на поведение других государств, пока он не призвал на суд собственных преступников, продающих и предающих нашу родину. Издалека осыпать ругательствами Англию, Италию и т.д. - это совсем, совсем несерьезно, если мы в то же время предоставляем свободу действий негодяям, за 30 сребреников продавшимся врагу, - тем негодяям, которые в свое время поступили на службу враждебной пропаганде, помогли выбить у нас из рук оружие и постарались сломать моральный хребет парализованному народу.

Противник делает только то, чего и следовало ожидать от него. Его поведение и его действия должны бы только послужить уроком для нас самих.

Кто не хочет подняться на высоту таких взглядов, тому мы рекомендуем внять по крайней мере последнему доводу: ведь в таком случае нам остается только полный отказ от всего, потому что какая бы то ни была политика союзов становится в будущем невозможной. Если с Англией мы не можем заключить союза, потому что она захватила наши колонии; если с Италией мы не можем пойти рука об руку, потому что она владеет южным Тиролем; если с Польшей и Чехо-Словакией мы вовсе не можем заключить никаких союзов, - тогда в Европе вообще не остается никаких других держав, если только не считать Франции, которая однако, смеем напомнить, тоже украла у нас Эльзас-Лотарингию.

Едва ли можно сомневаться в том, что такая политика отнюдь не полезна немецкому народу. Усомниться можно только в одном: кто такие эти люди, проповедующие такую политику, - простаки, невежды или прожженные мошенники?

Поскольку дело идет о руководителях и вождях, мне всегда кажется, что эти господа принадлежат к последнему сорту людей.

Итак, насколько может предвидеть ум человеческий, достигнуть того, чтобы настроение ныне враждебных нам народов изменилось в нашу пользу, вполне возможно, поскольку их подлинные интересы схожи с нашими собственными. Для этого только нужно, во-первых, чтобы наше собственное государство проявило серьезную волю к борьбе за свое существование и приобрело качества ценного союзника и, во-вторых, нужно перестать давать этим народам материал против нас самих, - для чего необходимо положить конец собственным ошибкам, а тем более преступным действиям в нашем собственном лагере.

* * *

Труднее всего ответить на третий вопрос.

Мыслимо ли вообще, чтобы представители подлинных интересов английской и итальянской наций смогли провести свою волю вопреки воле евреев, смертельных врагов народного и национального государства?

Смогут ли, например, силы традиционного британского государственного искусства сломить еврейские влияния или нет?

Ответить на этот вопрос, как я уже сказал, очень трудно. Разрешение этой проблемы зависит от слишком большого числа факторов, чтобы можно было сразу дать вполне определенный ответ. Относительно одного государства мы во всяком случае можем сказать, что оно настолько прочно стабилизировано и служит исключительно интересам своей нации, что тут никаким еврейским влияниям не удастся преодолеть те тенденции, которые являются политической необходимостью для данного государства. Я говорю об Италии.

Борьба, которую фашистская Италия ныне, пусть и бессознательно (я-то лично думаю, что далеко не бессознательно), ведет против трех главных орудий еврейского влияния, служит порукой тому, что Италии удастся хотя бы и окольными путями вырвать ядовитые зубы еврейской силе, пытающейся стать над всеми государствами. Итальянское правительство запретило франкмасонские тайные общества, преследует прессу, которая хочет стать над нацией, и прочно пресекло всякое влияние интернационального марксизма. С другой стороны, итальянское правительство неизменно ведет политику укрепления фашистского образа правления. Вот почему нельзя сомневаться в том, что итальянское правительство не поддастся шипению еврейской мировой гидры и чем дальше, тем больше будет руководиться единственно интересами итальянского народа.

Труднее обстоит дело с Англией. В этой стране "самой свободной демократии" евреи обходным путем все еще неограниченно диктуют свою волю общественному мнению. Все-таки и в Англии мы видим уже непрерывную борьбу между представителями подлинно британских государственных интересов, с одной стороны, и защитниками еврейской мировой диктатуры, с другой.

Насколько острый характер зачастую принимают эти противоречия, впервые можно было видеть после войны в той разнице позиций в японском вопросе, какая выразилась во взглядах английского правительства, с одной стороны, и английской прессы, с другой.

Тотчас же по окончании мировой войны между Америкой и Японией, как известно, возникло старое взаимное раздражение. Великие европейские мировые державы, разумеется, тоже не смогли остаться равнодушными перед лицом новой военной опасности. Между Англией и Америкой, как известно, существует немало родственных связей. Но связи эти ни в коей мере не мешают возникнуть в Англии чувству известной зависти и озабоченности по поводу чрезмерного усиления Американского союза во всех областях международной политики и экономики. Еще недавно Америка была колонией, еще недавно все смотрели на эту страну как на дитя великой матери Англии. И вот теперь Америка становится владычицей всего мира. Вполне понятно, что Англия в тревожном беспокойстве пересматривает все свои старые союзы и британское государственное искусство с боязнью смотрит в будущее, как бы не наступил момент, когда формула "Англия - владычица морей" сменится формулой:

"Америка - владычица морей". Справиться с американским государственным колоссом, с его бесчисленными богатствами и нетронутой неистощенной землей труднее, чем справиться с окруженной со всех сторон Германией. Если в момент, когда будет решаться спор между Англией и Америкой, Англия будет предоставлена сама себе, то приговор ей подписан заранее. Вот почему Англия так жадно стремится к союзу с желтой нацией, который с чисто расовой точки зрения может быть и довольно сомнителен, зато с государственно-политической точки зрения является единственной возможностью подкрепить мировое положение Великобритании против быстро растущего влияния американского континента.

И что же мы видели? В то время как английское правительство несмотря на сотрудничество с Америкой на европейских фронтах не хотело ослаблять своих связей с азиатским партнером, - еврейская пресса в Англии самым решительным образом ударила в тыл англо-японскому союзу.

Спрашивается: как же это было возможно, что те самые еврейские органы, которые вплоть до 1918 г. ни на минуту не переставали служить идее британской борьбы против немецкого государства, тут вдруг пошли своими собственными путями, как бы нарушив свою клятву верности?

Дело объясняется очень просто. Уничтожения Германии требовали в первую очередь не интересы Англии, а интересы еврейства. Подлинные государственные интересы Англии не требуют также и уничтожения Японии. Это тоже нужно только евреям, стремящимся, как известно, к неограниченному господству над всем миром. Вот и получается, что пока Англия озабочена только тем, чтобы укрепить свое положение в мире, евреи в то же время готовятся захватить господство над всем миром.

Евреи держат уже сейчас в своих руках современные европейские государства. Они превращают эти государства в свои безвольные орудия, пользуясь для этого либо методом так называемой западной демократии, либо методом прямого угнетения в форме русского большевизма.

Но евреи ныне держат в своих руках уже не только старый свет. Нет, та же участь угрожает и новому свету. Евреи являются подлинными заправилами биржи в Североамериканских соединенных штатах. С каждым годом евреи все больше начинают вершить судьбы также и этого 120-миллионного народа. С бешенством евреи смотрят на то, что немногим народам все же удалось еще сохранить себе известную независимость по отношению к ним.

С бесстыдной ловкостью евреи лепят общественное мнение так, как это им нужно, для превращения его в орудие борьбы за их собственные мечты.

Наиболее крупные головы еврейства считают, что уже близок час, когда они увидят исполненной свою заветную мечту и смогут пожрать все другие народы.

И вот евреи боятся, чтобы рядом с большим стадом народов, которые им все больше удается превратить в свои колонии и лишить всяких черт своей собственной национальности, не осталось бы хотя бы одного действительно независимого государства, которое в последнюю минуту может испортить всю игру евреев. Ибо большевизированный мир сумеет удержаться лишь в том случае, если он охватит все.

Если на свете сохранится хотя бы одно подлинно национальное государство достаточных размеров, то еврейская мировая сатрапия неизбежно погибнет в борьбе с национальной идеей. Такова судьба любой тирании в этом мире.

Евреи прекрасно отдают себе отчет в том, что в течение тысячелетий им удалось достаточно приспособиться к европейским условиям. Здесь они успешно подкапываются под расовые фундаменты наций, все больше превращая европейское население в каких-то бесполых ублюдков. Но евреи не менее хорошо знают, что приготовить такую же судьбу азиатскому национальному государству как Япония им едва ли удастся. Подделываться под немцев, англичан или французов евреям удается, но мостов к желтым азиатам они не находят. Вот почему евреи и стараются разрушить японское национальное государство, использовав для этого силы пока еще существующих других национальных государств. Евреи хотят заблаговременно избавиться от опасного противника еще раньше, чем в их руки перейдет власть над всеми остальными государствами и они таким образом превратятся в мировую деспотию.

Евреи боятся Японии, ибо в нынешнем ее виде она совершенно не укладывается в рамки тысячелетнего еврейского господства. Вот почему они хотят сломить национальное государство еще до того, как окончательно обоснуют свою собственную диктатуру.

Вот почему евреи ныне натравливают все народы на Японию, совершенно так же, как они в свое время делали это по отношению к Германии. Вот почему могло случиться, что в то время, когда английские государственные деятели стараются заключить союз с Японией, британско-еврейская пресса требует прямой борьбы против японского союзника. Не исключено, что под флагом ли демократии или под лозунгом борьбы против японского милитаризма и японского кайзеризма евреям и впрямь удастся подготовить истребительную войну против Японии.

Этим объясняется то обстоятельство, что евреи вступили в открытое противоречие с английскими государственными деятелями. Но благодаря этому и в Англии неизбежно начнется борьба против еврейской мировой опасности.

Вот почему перед национал-социалистическим движением опять-таки возникает громадная задача.

Наше движение должно открыть глаза народу также на положение чужих наций и суметь показать всему миру, где действительный враг. Вместо ненависти против арийцев, от которых нас может отделять очень многое, но с которыми нас во всяком случае объединяет общность крови и общность культуры, наше движение должно направить всеобщий гнев против тех, кто является действительным врагом всего человечества и подлинным виновником всех страданий.

Но прежде всего мы должны позаботиться о том, чтобы по крайней мере в нашей собственной стране все поняли, где же действительный наш противник. Тогда наша собственная борьба станет лучшим примером и мы покажем другим народам дорогу, которая приведет к счастью всего арийского человечества.

Да будет нашим руководителем разум, а нашей силой - воля! Пусть сознание нашего священного долга поможет нам проявить достаточно упорства в действии! В остальном - да поможет нам господь бог, да послужит он нам защитой!

ГЛАВА XIV

ВОСТОЧНАЯ ОРИЕНТАЦИЯ ИЛИ ВОСТОЧНАЯ ПОЛИТИКА

Отношение Германии к России я считаю необходимым подвергнуть особому разбору. И это - по двум причинам.

1. Эта проблема имеет решающее значение для всей вообще иностранной политики Германии в целом.
2. Эта проблема является оселком, на котором прежде всего проверяются политические способности нашего молодого национал-социалистического движения; на этом оселке мы проверяем, насколько в самом деле мы способны ясно мыслить и правильно действовать.

Я должен тут же признаться, что в особенности этот второй пункт причиняет мне иногда немалые заботы. Наше молодое движение, как известно, завоевывает себе сторонников главным образом не из кругов ранее индифферентных людей, а большею частью из числа бывших сторонников крайних взглядов. Вот почему вполне естественно, что эти люди являются к нам, еще не вполне разделавшись с теми представлениями в области внешней политики (или с тем недостаточным пониманием этих вопросов), которые свойственны были им до перехода в наш лагерь. Это относится не только к тем сторонникам, которые приходят к нам из левого лагеря. Напротив, как ни вредны были те взгляды, которых до сих пор придерживались люди в вопросах иностранной политики, остатки здравого рассудка и верного инстинкта нередко вносили свои поправки в эти взгляды. Нам оставалось в этих случаях только указать этим людям на прежние ошибки и дать им более верные установки. Не раз приходилось нам при этом констатировать, что здравый рассудок и правильный инстинкт самосохранения являются нашими лучшими союзниками в этом отношении.

Гораздо труднее привить правильное политическое мышление тем кругам людей, которые ранее получили не только неправильное воспитание в этой области, но к тому же лишились последних остатков здорового инстинкта, принеся их на алтарь так называемой объективности. Опыт показал нам, что труднее всего переубедить выходцев из рядов так называемой интеллигенции. Именно они труднее всего усваивают себе, казалось бы, совершенно простые и логически ясные взгляды на то, что является подлинным интересом нашей иностранной политики. Эти люди не только обременены целой кучей самых бессмысленных представлений и предрассудков, но кроме того еще совершенно потеряли здоровый инстинкт самосохранения. Национал-социалистическому движению приходится выдерживать довольно тяжелые бои именно с этими кругами. Бои эти тяжелы, потому что перед нами субъекты, обладающие громадным самомнением и нередко смотрящие сверху вниз на людей с более здоровыми инстинктами, хотя их полное собственное невежество не дает им на это никаких прав. Эти надменно самонадеянные элементы воображают, что они все понимают. На деле у них нет даже и следа способностей трезво и хладнокровно анализировать положение и взвешивать необходимые действия. А ведь без этого ни шагу не сделаешь как раз именно в области внешней политики.

Но именно эти круги в последнее время все больше и больше определяют направление нашей внешней политики, сталкивая ее на самые несчастные и неправильные пути. Фантастическая идеология этих кругов определяет нашу внешнюю политику в гораздо большей мере, нежели подлинные здоровые интересы немецкого народа. Это является в моих глазах лишним аргументом за то, чтобы я разобрал здесь перед своими сторонниками самую важную проблему всей нашей иностранной политики, т.е., вопрос об отношении нашем к России. Я сделаю это со всей той обстоятельностью, которая необходима и какая возможна в рамках настоящего сочинения. Прежде всего я должен заметить здесь следующее. Под внешней политикой по нашему мнению следует понимать урегулирование взаимоотношений одного народа со всеми остальными народами мира. Как именно регулируются эти взаимоотношения, это всегда зависит от вполне определенных факторов. Мы, национал-социалисты, должны указать на то, что иностранная политика нашего народнического государства прежде всего будет исходить из следующего.

Наше государство прежде всего будет стремиться установить здоровую, естественную, жизненную пропорцию между количеством нашего населения и темпом его роста, с одной стороны, и количеством и качеством наших территорий, с другой. Только так наша иностранная политика может должным образом обеспечить судьбы нашей расы, объединенной в нашем государстве.

Здоровой пропорцией мы можем считать лишь такое соотношение между указанными двумя величинами, которое целиком и полностью обеспечивает пропитание народа продуктами нашей собственной земли. Всякое другое положение вещей, если оно длится даже столетиями или тысячелетиями, является ненормальным и нездоровым. Раньше или позже такое положение принесет величайший вред народу и может даже привести к его полному уничтожению.

Чтобы народ мог обеспечить себе подлинную свободу существования ему нужна достаточно большая территория.

Чтобы установить, как велика должна быть необходимая территория, недостаточно руководиться только потребностями текущего момента. Тут нельзя просто взять валовую сумму урожая и разделить ее на количество населения. В соответствующей главе первой части настоящей работы я уже изложил подробно, что величина территории имеет значение для государства не только с точки зрения чисто продовольственной но еще и с точки зрения военной и общеполитической. Народ не может довольствоваться тем, что принадлежащие ему территории дают ему достаточное пропитание. Народ должен еще заботиться и о том, чтобы сами эти территории были достаточно защищены. Это же последнее зависит от общеполитической силы данного государства, которая в свою очередь не в малой степени определяется военно-географическими факторами.

Что касается нашего немецкого народа, то надо сказать, что Германия может обеспечить свое будущее только в качестве мировой державы. В течение почти двух тысяч лет история нашего народа с его более или менее удачной внешней политикой являлась мировой историей. Разве в этом не смогло убедиться и наше собственное поколение? Ведь та гигантская борьба народов, которая заполнила 1914-1918 г., была на деле только борьбой германского народа за его существование на земном шаре, но тем не менее все называли эту войну мировой войной.

Вступая в эту войну, германский народ представлял собою только мнимо мировую державу. Я говорю "мнимо мировую", потому что в действительности Германия мировой державой не была. Если бы в Германии к 1914 г. существовала другая пропорция между объемом территории и количеством населения, тогда Германия действительно была бы мировой державой. И только тогда - если отвлечься от других факторов - мировая война могла бы кончиться для нас благоприятно.

Я вовсе не хочу и не вижу своей задачи в том, чтобы попытаться разобрать здесь, "как" могло бы обернуться дело, "если бы" все обстояло по-иному. Но я считаю совершенно необходимым с полной трезвостью и без всяких прикрас указать на нынешнее положение, внушающее самые тревожные опасения. Надо, чтобы по крайней мере в рядах национал- социалистического движения все отдавали себе отчет в том, как плохо обстоит дело сейчас, и чтобы люди поглубже задумались над тем, что надо предпринять, дабы выйти из положения.

Германия ныне не является мировой державой. Если бы даже нам и удалось преодолеть нашу нынешнюю военную беспомощность, Германия все равно не могла бы претендовать на такое звание. Какое в самом деле значение может иметь ныне на нашей планете государство с такой неблагоприятной пропорцией между количеством народонаселения и количеством земли? В наш век вся земля поделена между несколькими государствами, каждое из которых обнимает почти целые континенты. Кто же при таком положении вещей назовет мировой державой страну как современная Германия, территория которой (если иметь в виду ее основное политическое ядро) не превышает каких-нибудь 500 тыс. кв. километров.

Если взять только размер территорий, то германское государство имеет до смешного малое значение по сравнению с так называемыми мировыми державами. И пусть не говорят нам, что Англия тоже представляет собою небольшую территорию! На деле Англия является только столицей британской мировой империи, а эта последняя обнимает почти четвертую часть всей земной поверхности. Посмотрите далее на такие гигантские государства, как Североамериканские соединенные штаты, затем Россия и Китай. Каждое из этих государств владеет территорией по крайней мере в 10 раз большей, нежели современная Германия. К этим огромным государствам приходится отнести теперь даже Францию. Все в больших размерах черпает она новый человеческий материал для своих армий из африканских колоний. В расовом отношении Франция претерпевает теперь столь сильные негритянские влияния, что скоро можно будет уже говорить о возникновении нового африканского государства на европейской территории. Колониальную политику современной Франции совершенно нельзя сравнивать с той колониальной политикой, которую в свое время вела Германия. Если Франция в продолжение еще каких-нибудь трех веков будет развиваться в том же направлении, последние остатки франкской крови исчезнут, растворившись в новом европейско-африканском мулатском государстве. Франция постепенно превращается в одно гигантское государство, простирающееся от Рейна до Конго. И в государстве этом постепенно распространяется более низкая раса, являющаяся продуктом все усиливающегося смешения крови.

Этим и отличается французская колониальная политика от старой немецкой колониальной политики.

Колониальная политика старой Германии была половинчата, как и все остальное, что мы делали тогда. Германия не приняла мер к тому, чтобы в серьезных размерах заселить свои колонии людьми немецкой расы, а с другой стороны, не приняла мер и к тому, чтобы обеспечить приток крови черных на наши собственные территории (хотя это последнее было бы предприятием преступным). Аскеры в восточно-африканской колонии Германии представляли собою только робкий шаг в этом направлении. Их роль на деле заключалась только в охране самой колонии. У нас не возникало и мысли о том, чтобы подвезти черные войска на европейские фронты войны, даже если бы мы имели такую возможность. Но в действительности этой возможности мы не имели. Французы же с самого начала видели одну из важнейших своих задач именно в этом.

Так и получилось, что ряд государств теперь имеет не только гораздо большее народонаселение, чем мы, но и гораздо большую территорию, являющуюся основой их политической силы. Две тысячи лет тому назад соотношение между количеством народонаселения и количеством земли было для нас максимально неблагоприятным. И вот теперь, спустя две тысячи лет, мы находимся в этом отношении в столь же неблагоприятном положении. Но тогда мы были молодым народом, а вокруг нас были большие государства, переживавшие эпоху распада; и сами мы могли еще принять участие в борьбе против последнего великана - Рима. Совсем другое дело теперь. Ныне мы окружены кольцом все растущих гигантских государств, по сравнению с которыми значение нашего современного государства ничтожно.

Эту горькую правду никогда не следует забывать, сохраняя при этом трезвость и хладнокровие. Проследим соотношение между нашим государством и рядом других государств в течение последних столетий - как в смысле количества народонаселения, так и в смысле количества земли. Каждый, кто проделает эту работу, с горестью должен будет констатировать то, о чем я говорил уже в начале главы: Германия не является больше мировой державой, независимо от того, сильна ли она в военном отношении в данную минуту или слаба.

Мы попали теперь в такое положение, когда не выдерживаем уже никакого сравнения с другими государствами. И все это благодаря несчастной иностранной политике руководителей нашего государства, т.е. благодаря тому, что у нас вообще не было определенных, позволю себе сказать, заветных целей и стремлений в области иностранной политики и благодаря тому наконец, что потеряли здоровый инстинкт самосохранения.

Если национал-социалистическое движение действительно хочет взять на себя великую историческую миссию, мы прежде всего обязаны понять всю тяжесть нашего современного положения, как бы горько оно ни было, а затем смело и планомерно повести борьбу против той бездарной и бесплодной иностранной политики, которую до сих пор наши государственные деятели навязывали Германии. Мы должны освободиться от всяких "традиций" и предрассудков, должны найти в себе мужество объединить весь наш народ и двинуться по той дороге, которая освободит нас от нынешней тесноты, даст нам новые земли и тем самым избавит наш народ от опасности либо вовсе погибнуть, либо попасть в рабство к другим народам.

Национал-социалистическое движение во что бы то ни стало обязано устранить существующую диспропорцию между количеством нашего народонаселения и объемом наших территорий, имея при этом в виду территорию не только как непосредственно продовольственную базу, но и как фактор защиты границ. Только тогда устраним мы безысходность нашего нынешнего положения и займем то место, на которое мы вправе рассчитывать в силу той роли, какую играли в истории.

Мы, национал-социалисты, являемся хранителями высших арийских ценностей на земле. Вот почему на нас лежат высшие обязательства. Чтобы суметь выполнить эти обязательства, мы должны суметь убедить наш народ сделать все необходимое для защиты чистоты расы. Мы должны добиться того, чтобы немцы занимались не только совершенствованием породы собак, лошадей и кошек, но пожалели бы, наконец и самих себя.

* * *

Что я прав, называя нашу немецкую внешнюю политику, какой она была до сих пор, бесцельной и бесплодной, - это видно уже, из одного того, к каким результатам она привела. Даже если бы наш народ действительно принадлежал к числу самых бездарных и трусливых народов, и то результаты не могли бы быть для нас хуже, нежели они есть. Если в течение последних десятилетий перед войной дело внешне обстояло лучше, то от этого вывод наш не меняется. Ведь сила каждого государства измеряется только сравнением его с другими государствами. Но стоит только сравнить тогдашнюю Германию с другими государствами, и мы сразу увидим, что эти последние росли равномернее и быстрее развивались: Германия же несмотря на весь внешний успех в действительности все больше и больше отставала от других государств, так что дистанция между нами и ими все больше изменялась в неблагоприятную для нас сторону. Даже с точки зрения одного роста народонаселения мы со временем тоже стали все больше отставать.

Мы допустили предположение, что немецкий народ уступает в добродетелях другим народам. Но на деле ведь это не так. На деле ни в смысле героизма, ни в смысле готовности проливать свою кровь за дело своего государства Германия никак не отставала от других народов. А раз это так, то нам остается только один единственный вывод: наш неуспех может объясняться только тем, что жертвы и кровь народа были использованы неправильно.

Если в этой связи мы попытаемся оглянуться назад на всю политическую историю нашего народа за тысячу лет и больше; если мы постараемся припомнить бесчисленные войны и битвы, в которых участвовал наш народ, и прикинем, каковы же в конце концов были результаты всего этого развития, - мы должны будем признать, что на фоне этих морей крови только три события получили в жизни нашего народа действительно важное и прочное историческое значение.

1. Колонизация восточной Германии.
2. Завоевание и колонизация областей на восток от Эльбы.
3. Организация Гогенцоллернами бранденбургско-прусского государства как образца и кристаллизационного ядра новой империи.

Вот урок и предостережение на будущее.

Именно первые два крупнейшие успеха нашей иностранной политики и явились самыми прочными успехами. Не будь их, наш народ не играл бы теперь никакой роли. Это и были первые, но, к сожалению, и единственные успешные попытки создать более благоприятную пропорцию между количеством растущего народонаселения и размером наших территорий. Поистине неисчислимый вред нашему народу приносят те историки, которые не умеют воздать должное именно этим двум самым важным событиям в истории Германии, не умеют показать новым поколениям нашего народа, что именно эти два события сыграли решающую роль. Вместо этого наши историки сосредоточивают внимание новых поколений на бесчисленных авантюрах и войнах, на различных эпизодах, где, правда, было проявлено много героизма, но и много фантастики. Наши историки не умеют понять, что все эти эпизоды в сущности не имеют никакого серьезного значения по сравнению с этими двумя великими событиями в нашей истории.

Третий большой успех нашей политической деятельности заключался в образовании прусского государства и в создании немецкой армии. Идея всеобщей воинской повинности в ее современном виде соответствует именно государственным идеям этого нового образования. Значение этой идеи поистине огромно. Немецкий народ, так сильно страдавший от расчлененности и ультраиндивидуализма, именно благодаря созданию дисциплинированной прусской армии вернул себе те организационные способности, которых он надолго лишился. Другие народы благодаря условиям своей жизни никогда не лишались чувства самосохранения и здоровой стадности. Нам же эти чувства могла вернуть только заново организованная прусская армия. Этим-то и объясняется тот факт, что уничтожение всеобщей воинской повинности привело к столь тяжким последствиям для нас, в то время как для десятков других национальностей оно могло бы пройти бесследно. Если бы теперь, скажем, еще десять наших поколений вынуждено было жить в этой обстановке и если при этом мы не вносили соответствующих поправок усилением военного элемента в нашем школьном воспитании, то нет никакого сомнения, что наш народ потерял бы последние остатки самостоятельности на этой планете, особенно, если учесть при этом неблагоприятные расовые влияния и вытекающий отсюда идейный разброд. Немецкий дух мог бы жить тогда только в чужих нациях и скоро дело дошло бы до того, что о немцах как творцах культуры стали бы забывать. Немцы превратились бы в культурный навоз. Последние остатки северноарийской крови скоро были бы отравлены, и мы окончательно сошли бы со сцены.

Достойно быть отмеченным, что наши противники гораздо лучше чем мы сами отдают себе отчет в том, что именно три вышеуказанных события в германской истории имеют решающее значение. Противники это отлично понимают, в то время как мы сами больше восторгаемся героическими эпизодами прошлого, совершенно бесплодными для нашего народа, хотя они и стоили миллионов жизней самых благородных сынов Германии.

Нам надо во что бы то ни стало научиться различать в нашей предыдущей истории между действительно крупными и оставившими прочный след успехами и теми эпизодами, которые стоили нам больших жертв, но ни к чему прочному не привели. Это будет иметь громадное значение для нашего поведения в настоящем и в будущем.

Мы, национал-социалисты, никогда и ни при каких условиях не должны усваивать себе ура-патриотических настроений современного буржуазного мира. Особенно опасно, прямо смертельно опасно было бы для нас в какой бы то ни было мере связать себе руки традициями той политики, какую германская империя вела до войны.

На протяжении всего исторического периода XIX столетия мы не найдем ничего такого, чему мы должны были бы последовать теперь сами и что с нашей точки зрения можно было бы оправдать хотя бы только обстановкой того периода. В противоположность руководителям тогдашнего времени мы должны избрать высшим принципом нашей внешней политики: установление надлежащей пропорции между количеством народонаселения и размером наших территорий! Уроки прошлого еще и еще раз учат нас только одному: целью всей нашей внешней политики должно являться приобретение новых земель; и в то же время фундаментом всей нашей внутренней политики должно явиться новое, прочное, единое национал-социалистическое миросозерцание.

* * *

Хочу еще остановиться здесь вкратце на вопросе о том, насколько оправдано наше требование новых земель с точки зрения морально-нравственной. Это необходимо потому, что даже в так называемых народнических кругах всевозможные сладкоречивые болтуны стараются доказать нашему народу, будто целью всей нашей внешней политики должно являться только исправление тех несправедливостей, которые были причинены немецкому народу в 1918 г. Если это будет исправлено, то нам, немцам, больше-де ничего не нужно и мы готовы будем принять в братские объятия всех и каждого.

По этому поводу считаю необходимым прежде всего заметить следующее.

Требование восстановления тех границ, которые существовали до 1914 г., является политической бессмыслицей и притом такой, которая по своим размерам и последствиям равносильна преступлению. Прежде всего наши государственные границы 1914 г. были совершенно нелогичны. Они отнюдь не были совершенны с точки зрения национального состава и они отнюдь не были целесообразны с точки зрения военно-географической. Эти границы не были продуктом определенной, заранее обдуманной политики, они в известной мере были результатом случая. Это были временные границы, а вовсе не результат законченной политической борьбы.

С таким же, а во многих случаях еще с большим правом можно было бы взять не 1914 г., а какую-нибудь другую веху в немецкой истории и поставить себе целью добиться восстановления границ того времени. Требование вернуться к границам 1914 г. вполне соответствует узости кругозора нашего буржуазного мира. Полета ума для будущего у этого мира не хватает. Он живет только прошлым и при том больше всего недавним прошлым. Даже в прошлом кроме ближайших лет его взгляд ничего не в состоянии различить. Над ним довлеет закон косности. Благодаря этому он умеет видеть только то, что существует у него сейчас под носом. Любая серьезная попытка изменить данное положение вещей неизбежно наталкивается на сопротивление с его стороны. Но и тут его активность сильно парализуется его косностью. Вот чем объясняется, что политический горизонт этих людей не идет дальше границ 1914 г.

Но выставлением требования о возврате к границам 1914 г. наша буржуазия только помогает врагам, ибо это требование объединяет в общем отпоре всех бывших союзников и мешает распасться их союзу. Только так и можно понять, что после 8 лет, истекших со времени окончания мировой войны, этот пестрый союз государств, вступавших в войну с разными желаниями и целями, все еще не распался и коалиция победителей все еще остается более или менее единой.

В свое время все эти государства одинаково погрели руки на крушении Германии. Из страха перед нами все они старались помириться друг с другом, оставляя на время в стороне зависть и честолюбие в своих собственных рядах. Все они одинаково стремились поделить между собою как можно большую часть нашего наследства, видя в этом лучшую защиту против возможности возрождения Германии. Страх перед силой нашего народа и сознание взятых на свою совесть тяжелых грехов - вот тот цемент, который до сих пор еще спаивал воедино эту пеструю коалицию.

Поведение нашей буржуазии не в состоянии обмануть бывших союзников. Выставляя своей политической программой восстановление границ 1914 г., наш буржуазный мир отпугивает всех участников коалиции. Тот или другой партнер, который, может быть, счел бы своевременным порвать с бывшей коалицией, боится это сделать, опасаясь изоляции, которая по его мнению может привести к тому, что мы нападем на него как раз тогда, когда он отойдет от коалиции. Лозунг восстановления границ 1914 г. отпугивает каждое из государств, участвовавших в коалиции победителей.

Лозунг этот совершенно бессмыслен в следующих отношениях:
1. У нас нет никаких средств, чтобы действительно добиться этой цели, а пустые фразы на собраниях наших почтенных союзов этому не помогут.
2. Если бы этой цели можно было достигнуть, то проливать за нее кровь нашего народа поистине не стоило бы.

Нет и не может быть никаких сомнений в том, что добиться восстановления границ 1914 г. можно было бы только ценою крови. Только совершенно наивные люди могут поверить в то, будто исправления версальских границ можно достигнуть путем интриг и клянченья. Я уже не говорю о том, что такой опыт требовал бы, чтобы во главе Германии стояла фигура вроде Талейрана, которого у нас нет. Одна половина современных наших государственных деятелей состоит из тертых мошенников и в то же время весьма бесхарактерных субъектов; эта половина просто-напросто враждебна интересам нашего народа. Другая же половина наших государственных деятелей состоит из добродушных, совершенно неискушенных и абсолютно бесплодных дураков, которые вообще неспособны ни к чему серьезному. Но кроме того, надо еще иметь в виду, что мы живем уже не в эпоху венских конгрессов. Теперь уже не то время, когда споры о границах велись князьями и их метрессами; мы живем уже в другую эпоху, когда безжалостное мировое еврейство борется за свое господство над народами всего мира. Евреи держат за горло все народы мира, и только силой меча можно заставить эту руку убраться от горла. Побороть этих интернациональных поработителей народов может только концентрированная воля и сила проснувшихся национальных страстей, а такая борьба никогда не обходится без крови.

Но если уж приходится придти к убеждению, что интересы нашего будущего требуют величайших жертв, то независимо от соображений политической мудрости ради одних этих жертв надо поставить себе действительно достойную цель.

Границы 1914 г. никакого значения для будущего немецкой нации не имеют. Эти границы не обеспечивали в должной мере ни завоеваний прошлого, ни интересов будущего. Эти границы не обеспечили бы нашему народу подлинного внутреннего единства и не гарантировали бы ему достаточного пропитания. Эти границы совершенно неудовлетворительны с военной точки зрения и абсолютно не дали бы того соотношения между нами и другими мировыми державами (точнее сказать, и подлинно мировыми державами), которое нам необходимо. Границы 1914 г. не сокращают расстояния между нами и Англией и не обеспечивают нам такой территории, какой располагает Америка. Даже Франция не потеряла бы в этом случае сколько-нибудь значительной доли своего мирового влияния.

Одно только можно сказать наверняка: если бы даже наша борьба за восстановление границ 1914 г. привела к благоприятным результатам, то она потребовала бы таких жертв с нашей стороны, что у нас не осталось бы сил, которые нужны нам для борьбы за жизнь и подлинное величие нашей нации. Напротив, достигнув такого поверхностного успеха, мы не стали бы уже стремиться к более высоким целям, тем более, что можно было бы сказать, что "национальная честь" уже спасена и дорога к коммерческому развитию по крайней мере на время открыта.

Нет, мы, национал-социалисты, отвергаем такую постановку вопроса. Мы будем неуклонно стремиться к своим собственным целям в иностранной политике, а именно к тому, чтобы наш немецкий народ получил на этой земле такие территории, которые ему подобают. Только в борьбе за такие цели смеем мы принести хотя бы самые великие жертвы и только в этом случае мы сможем оправдать эти жертвы как перед богом, так и перед будущими поколениями. Перед богом мы будем чисты потому, что люди, как известно, вообще рождаются на земле с тем, чтобы бороться за хлеб насущный, и их позиция в мире определяется не тем, что кто-либо им что бы то ни было подарит, а тем, что они сумеют отвоевать своим собственным мужеством и своим собственным умом. Перед будущими поколениями мы будем оправданы потому, что при нашей постановке вопроса каждая капля пролитой крови окупится в тысячу раз. Нынешние поколения, конечно, должны будут пожертвовать драгоценной жизнью многих своих сынов, но зато на землях, которые мы завоюем, будущие поколения крестьян будут производить на свет божий новые сильные поколения сынов немецкого народа и в этом будет оправдание наших жертв. Государственных деятелей, которые возьмут на себя ответственность за проведение предлагаемой нами политики, история не обвинит в том, что они легкомысленно жертвовали кровью своего народа.

Здесь я должен еще самым решительным образом заклеймить тех писак из народнического лагеря, которые в предлагаемой нами политике завоевания новых территорий видят "нарушение священных прав человека" и тому подобный вздор. Когда прислушаешься к тому, что говорят эти господа, то невольно спрашиваешь себя: какие режиссеры стоят за спиной этих субъектов? Во всяком случае несомненно одно, что то смятение умов, которое вносят эти господа, выгодно только врагам нашего народа. Проповедь этих субъектов достигает только того, что она преступно ослабляет волю нашего народа в борьбе за его самые кровные интересы. Ведь ясно же, что ни один народ в этом мире никогда не получил ни одного квадратного метра земли в силу каких-то особых высших прав. Как границы Германии являлись и являются случайными, так случайны и границы других народов. Границы всех государств являются только результатом политической борьбы, результатом данного соотношения сил. Только безыдейные и слабоумные люди могут считать, что те или иные государственные границы на нашей земле являются чем-то навеки незыблемым и не подлежащем изменениям. На самом деле все границы только временны. Это только пауза перед тем как наступит новая борьба за переделку границ. Сегодня эти границы кажутся незыблемыми, а уже завтра они могут быть изменены.

Люди определяют государственные границы и сами люди их и изменяют.

Если тому или другому народу удалось завоевать себе очень большие территории, то это вовсе не обязывает другие народы к тому, чтобы, навеки признать этот факт незыблемым. Это доказывает только то, что завоеватель в данную минуту был достаточно силен, а остальные народы были достаточно слабы, чтобы это допустить. Право данного завоевателя основано только на его силе. Если наш немецкий народ ныне столь невозможным образом сжат на крошечной территории и вынужден поэтому идти навстречу столь тяжелому будущему, то из этого вовсе не вытекает, что мы должны примириться с судьбой. Восстать против этого - наше законнейшее право. Глупо было бы думать, что какая-то высшая сила судила так, чтобы другим государствам достались огромные территории, а мы должны были подчиниться нынешнему несправедливому разделу земли. Ведь и те земли, на которых мы живем сейчас, не свалились нам в виде подарка с неба, а достались нашим предкам в тяжелой борьбе. Так и в будущем новые территории достанутся нам не в результате подарка от писак указанного сорта, а только в результате тяжелой борьбы с оружием в руках.

Все мы теперь понимаем, что нам предстоит еще очень большая и тяжелая борьба с Францией. Но эта борьба была бы совершенно бесцельна, если бы ею исчерпывались все стремления нашей иностранной политики. Эта борьба с Францией может иметь и будет иметь смысл лишь постольку, поскольку она обеспечит нам тыл в борьбе за увеличение наших территорий в Европе. Наша задача - не в колониальных завоеваниях. Разрешение стоящих перед нами проблем мы видим только и исключительно в завоевании новых земель, которые мы могли бы заселить немцами. При этом нам нужны такие земли, которые непосредственно примыкают к коренным землям нашей родины. Лишь в этом случае наши переселенцы смогут сохранить тесную связь с коренным населением Германии. Лишь такой прирост земли обеспечивает нам тот прирост сил, который обусловливается большой сплошной территорией.

Задача нашего движения состоит не в том, чтобы быть адвокатом других народов, а в том чтобы быть авангардом своего собственного народа. Иначе наше движение было бы никому не нужно, и во всяком случае мы не имели бы тогда права болтать о грехах прошлого. Тогда мы сами повторили бы все старые ошибки. Как старая немецкая политика не имела права ограничиваться чисто династическими соображениями, так и мы в будущем не имеем никакого права руководиться пацифистскими заботами обо всех и вся. Мы ни в коем случае не возьмем на себя роль защитников и полицейских пресловутых "бедных маленьких народов". Наша роль - роль солдат своего собственного народа.

Мы, национал-социалисты, должны пойти еще дальше: право на приобретение новых земель становится не только правом, но и долгом, если без расширения своих территорий великий народ обречен на гибель. В особенности же, если дело идет не о каком-либо негритянском народце, а о великом германском народе, - о том народе, которому мир обязан своей культурой. Дело обстоит так, что Германия либо будет мировой державой, либо этой страны не будет вовсе. Для того же, чтобы стать мировой державой, Германия непременно должна приобрести те размеры которые одни только могут обеспечить ей должную роль при современных условиях и гарантировать всем жителям Германии жизнь.

* * *

Мы, национал-социалисты, совершенно сознательно ставим крест на всей немецкой иностранной политике довоенного времени. Мы хотим вернуться к тому пункту, на котором прервалось наше старое развитие 600 лет назад. Мы хотим приостановить вечное германское стремление на юг и на запад Европы и определенно указываем пальцем в сторону территорий, расположенных на востоке. Мы окончательно рвем с колониальной и торговой политикой довоенного времени и сознательно переходим к политике завоевания новых земель в Европе.

Когда мы говорим о завоевании новых земель в Европе, мы, конечно, можем иметь в виду в первую очередь только Россию и те окраинные государства, которые ей подчинены.

Сама судьба указывает нам перстом. Выдав Россию в руки большевизма, судьба лишила русский народ той интеллигенции, на которой до сих пор держалось ее государственное существование и которая одна только служила залогом известной прочности государства. Не государственные дарования славянства дали силу и крепость русскому государству. Всем этим Россия обязана была германским элементам - превосходнейший пример той громадной государственной роли, которую способны играть германские элементы, действуя внутри более низкой расы. Именно так были созданы многие могущественные государства на земле. Не раз в истории мы видели, как народы более низкой культуры, во главе которых в качестве организаторов стояли германцы, превращались в могущественные государства и затем держались прочно на ногах, пока сохранялось расовое ядро германцев. В течение столетий Россия жила за счет именно германского ядра в ее высших слоях населения. Теперь это ядро истреблено полностью и до конца. Место германцев заняли евреи. Но как русские не могут своими собственными силами скинуть ярмо евреев, так и одни евреи не в силах надолго держать в своем подчинении это громадное государство. Сами евреи отнюдь не являются элементом организации, а скорее ферментом дезорганизации. Это гигантское восточное государство неизбежно обречено на гибель. К этому созрели уже все предпосылки. Конец еврейского господства в России будет также концом России как государства. Судьба предназначила нам быть свидетелем такой катастрофы, которая лучше, чем что бы то ни было, подтвердит безусловно правильность нашей расовой теории.

Наша задача, наша миссия должна заключаться прежде всего в том, чтобы убедить наш народ: наши будущие цели состоят не в повторении какого- либо эффективного похода Александра, а в том, чтобы открыть себе возможности прилежного труда на новых землях, которые завоюет нам немецкий меч.

* * *

Само собою разумеется, что еврейство оказывает и будет оказывать такой политике самое решительное сопротивление. Евреи лучше, чем кто бы то ни было, отдают себе отчет в том, какое значение для них имела бы такая наша политика. Казалось бы, уже одного этого факта достаточно, чтобы все действительно национально настроенные немцы поняли всю правильность предлагаемой нами новой ориентации. К сожалению на деле мы видим обратное. Не только в кругах дейчнационале, но и в кругах фелькише идея такой восточной политики встречает самое упорное сопротивление. При этом обычно любят ссылаться на Бисмарка. Дух Бисмарка тревожат для того, чтобы защитить политику, которая совершенно нелепа и крайне вредна для судеб немецкого народа. Бисмарк, говорят нам, в свое время придавал очень большое значение сохранению хороших отношений с Россией. Это до известной степени верно. При этом однако забывают, что столь же большое значение Бисмарк придавал хорошим отношениям например и с Италией; что этот самый Бисмарк в свое время даже вступил в союз с Италией, дабы покрепче прижать Австрию. Из этого однако ведь не делают того вывода, что и мы должны продолжать теперь такую политику.

Да, скажут нам на это, мы не можем повторять такую политику, "потому что современная Италия не является Италией эпохи Бисмарка". Верно! Но, почтенные господа, позвольте мне напомнить вам тогда тот факт, что и современная Россия тоже уже не та, какой была Россия в эпоху Бисмарка! Бисмарку никогда и в голову не приходило тот или другой тактический ход увековечить на все времена. Бисмарк для этого был слишком большим мастером в использовании быстро меняющихся ситуаций. Вопрос поэтому должен быть поставлен не так: "как поступил тогда Бисмарк?", а так: "как поступил бы Бисмарк теперь?" При такой формулировке проблемы на нее будет легко ответить. Бисмарк при его политической дальнозоркости никогда не стал бы связывать судьбу Германии с судьбой такого государства, которое неизбежно обречено на гибель.

Не забудем и того, что Бисмарк в свое время относился с очень смешанными чувствами к первым шагам Германии на путях колониальной и торговой политики. Ближе всего к сердцу Бисмарк принимал интересы консолидации и внутреннего упрочения созданной им империи. Только из этого последнего он и исходил, когда приветствовал сближение с Россией, долженствовавшее обеспечить ему тыл и развязать руки по отношению к западу. То, что тогда было полезно Германии, теперь принесло бы ей только вред.

Уже в 1920-1921 гг., когда наше молодое национал-социалистическое движение только стало укрепляться, кое где начали понимать, что именно мы сумеем организовать национально-освободительное движение немецкого народа, и в связи с этим нам с разных сторон стали предлагать союз с освободительными движениями других стран. Этот план вполне соответствовал распространенной тогда пропаганде "союза угнетенных наций". Дело шло тогда преимущественно о представителях отдельных балканских государств, а также о некоторых политиках Египта и Индии. В большинстве случаев эти политики производили на меня впечатление важничающих болтунов, не имеющих за собою никакой серьезной реальной силы. Но среди немцев и, в частности, в национальном лагере немцев очень многие давали себя увлечь этим раздутым восточным знаменитостям. В любом египетском или индийском студенте, оказавшемся в Берлине, охотно видели "представителя" Индии и Египта. Люди не поняли, что по большей части перед нами лица, никем не уполномоченные заключать какие бы то ни было соглашения. Договоры с этими лицами не могли иметь никакого реального значения уже потому, что за ними не было никакой силы. Возиться с этими нулями - означало просто терять время. Я лично высказывался против таких опытов самым решительным образом. И не только потому, что все эти "переговоры", длившиеся иногда неделями, я считал совершенно бесплодными. Нет. Если бы даже эти люди были действительными представителями, уполномоченными соответствующими нациями, я тоже считал бы все это предприятие не только бесполезным, но и прямо вредным.

Достаточно бед причинила нам уже довоенная германская иностранная политика, которая всячески чуждалась активно наступательных намерений и ограничивалась оборонительными союзами с одними только отжившими государствами, в историческом смысле вышедшими в тираж. Как в союзе нашем с Австрией, так и в союзе с Турцией было очень мало веселого. Самые могущественные военные и индустриальные государства систематически готовили наступательный союз против нас, а мы в это время собирали вокруг себя только устаревшие импотентные государства, явно обреченные на гибель, и с этим хламом мы хотели идти в бой против мировой коалиции. За эту громадную ошибку нашей иностранной политики Германия расплатилась дорогой ценой. Но по-видимому для наших вечных фантастов этой цены еще мало, и они готовы опять впасть в ту же самую ошибку, за которую теперь пришлось бы расплатиться еще горше. Попытаться теперь с помощью "союза угнетенных наций" пойти в бой против всемогущих победителей было бы не только смешно, но и гибельно. Такая попытка была бы гибельной потому, что она опять отвлекла бы наш народ от реальных возможностей и вновь мы сосредоточили бы свое внимание на бесплодных надеждах и фантастических иллюзиях. Нынешний немец действительно похож на того утопающего, который хватается за соломинку. Это относится иногда и к очень образованным людям. Стоит только где-нибудь показаться тому или другому болотному огоньку, как эти люди уже связывают с ним свои надежды и начинают изо всех сил гоняться за фантомом. Пусть это будет "союз угнетенных наций", Лига наций или какое либо другое фантастическое открытие - все равно у нас неизбежно найдутся тысячи верующих душ, которые возложат свои надежды на эти фантазии.

Я и сейчас еще вспоминаю какие совершенно детские, прямо таки непонятные надежды в 1920-1921 гг. внезапно стали возлагаться в кругах фелькише в связи с тем, что Англия будто бы стоит перед катастрофой в Индии. Кто рассказывал эти сказки? Первые попавшиеся азиатские шарлатаны! Да хотя бы это были и подлинные "борцы за свободу" Индии - все равно, разве можно было верить этим слоняющимся по Европе индийским путешественникам? И тем не менее, этим шарлатанам удалось убедить довольно разумных, вообще говоря, людей в том, что в Индии, которая играет такую громадную роль для британского господства, Англию ожидает полный крах. Чего люди хотят, тому они легко верят. Нашим фелькише не приходило даже в голову, что только это является источником их веры.

Люди не понимали, насколько нелепы их надежды. Связывая крушение в Индии с возможностью полной гибели английского владычества, люди эти тем самым подчеркивали, какое громадное значение Индия действительно имеет для Англии. Но если это так - а это действительно так - то ведь ясно, что и сами англичане догадываются о том, какое значение для них имеет Индия, и что они в этом отношении не менее догадливы, нежели пророки наших фелькише. Ведь это же действительно ребячество предполагать, что в самой Англии не понимают, какое громадное значение для британского мирового владычества имеет индийское королевство. Нужно совершенно позабыть все уроки мировой войны, нужно абсолютно не понимать подлинного характера англосаксонской нации, чтобы хоть на минуту предположить, что Англия выпустит из своих рук Индию, не применив самых крайних средств для удержания своего господства. Люди, поверившие в эту сказку, доказали только, что они не имеют ни малейшего представления о том, как Англия умеет проникать во все поры индийского королевства. Англия могла бы потерять Индию либо в том случае, если бы английская администрация в Индии сама подверглась расовому разложению (о чем в данный момент в Индии не может быть и речи), либо в том случае, если Англия потерпит крах в войне с каким-нибудь более могучим чем она противником. Но чтобы английскую власть в Индии могли свергнуть сами индийские бунтовщики, об этом не может быть речи. Мы, немцы, кажется, могли и сами достаточно убедиться, как нелегко справиться с Англией. А кроме всего прочего скажу о себе, что я как германец все же всегда предпочту видеть Индию под владычеством Англии, чем под какой-либо другой властью.

Столь же несерьезны надежды на мифическое восстание в Египте. Наши немецкие дурачки могут, конечно, сколько им угодно потирать руки от удовольствия, утешая себя надеждой, что так называемая "священная война" египтян избавит нас от необходимости самим жертвовать своей кровью - ибо ведь надо же честно признать, что во всех этих трусливых спекуляциях дело идет именно о надеждах подобного рода. В действительности же такая священная война будет жестоко подавлена под перекрестным огнем английских пулеметов и бризантных бомб.

Глупо было бы в самом деле рассчитывать на то, что той или другой коалиции, состоящей из одних калек, когда бы то ни было может удаться свергнуть могущественнейшее государство, полное решимости бороться за свое владычество, если нужно будет, до последней капли крови. Я и сам принадлежу к лагерю фелькише, но именно поэтому знаю, какую громадную роль играет раса, и уже по одному этому я не поверю, чтобы эти так называемые "угнетенные нации", принадлежащие к низшим расам, могли побороть Англию. Уже по одному этому я не хочу, чтобы мой народ соединил свои судьбы с судьбами "угнетенных наций".

Ту же самую позицию должны мы занять теперь и по отношению к России. Не будем говорить о подлинных намерениях новых владык России. Нам достаточно того факта, что Россия, лишившаяся своего верховного германского слоя, уже тем самым перестала иметь какое бы то ни было значение как возможный союзник немецкой нации в освободительной борьбе. С чисто военной точки зрения война Германии - России против Западной Европы (а вернее сказать в этом случае - против всего остального мира) была бы настоящей катастрофой для нас. Ведь вся борьба разыгралась бы не на русской, а на германской территории, причем Германия не могла бы даже рассчитывать на сколько-нибудь серьезную поддержку со стороны России.

Вооруженные силы немецкого государства ныне столь ничтожны и настолько непригодны для внешней борьбы, что мы не смогли бы организовать даже сколько-нибудь солидной охраны наших западных границ, включая сюда защиту от Англии. Как раз наши наиболее индустриальные области подверглись бы концентрированному нападению со стороны наших противников, а мы были бы бессильны их защитить. Прибавьте к этому еще тот факт, что между Германией и Россией расположено польское государство, целиком находящееся в руках Франции. В случае войны Германии - России против Западной Европы, Россия, раньше чем отправить хоть одного солдата на немецкий фронт, должна была бы выдержать победоносную борьбу с Польшей. В такой войне дело вообще было бы не столько в солдатах, сколько в техническом вооружении. В этом отношении ужасные обстоятельства, свидетелями которых мы были во время мировой войны, повторились бы с еще большей силой. Уже в 1914-1918 гг. германской индустрии приходилось ведь своими боками отдуваться за своих "славных" союзников, ибо техническая сторона вооружений целиком падала в мировой войне на нас, а не на этих союзников. Ну, а говорить о России, как о серьезном техническом факторе в войне, совершенно не приходится. Всеобщей моторизации мира, которая в ближайшей войне сыграет колоссальную и решающую роль, мы не могли бы противопоставить почти ничего. Сама Германия в этой важной области позорно отстала. Но в случае такой войны она из своего немногого должна была бы еще содержать Россию, ибо Россия не имеет еще ни одного своего собственного завода, который сумел бы действительно сделать, скажем, настоящий живой грузовик. Что же это была бы за война? Мы подверглись бы простому избиению. Германская молодежь изошла бы кровью еще больше чем в прежних войнах, ибо как всегда вся тяжесть борьбы легла бы на нас, а в результате - неотвратимое поражение.

Но если бы даже предположить, что совершилось чудо и что такая война не окончилась полным уничтожением Германии, - в последнем счете обескровленный немецкий народ все равно был бы окружен по-прежнему громадными военными державами, а стало быть, наше нынешнее положение ни в чем существенном не изменилось бы.

Обыкновенно на это возражают, что союз с Россией вовсе не должен еще означать немедленной войны или что к такой войне мы можем предварительно как следует подготовиться. Нет, это не так! Союз, который не ставит себе целью войну, бессмыслен и бесполезен. Союзы создаются только в целях борьбы. Если даже в момент заключения союза война является еще вопросом отдаленного будущего, все равно, стороны непременно будут иметь в виду прежде всего перспективу военных осложнений. Глупо было бы думать, что какая бы то ни было держава, заключая союз, будет думать иначе. Одно из двух: либо германско-русская коалиция осталась бы только на бумаге, а тем самым потеряла бы для нас всякую ценность и значение; либо такой союз перестал бы быть только бумажкой и был бы реализован, и тогда весь остальной мир неизбежно увидел бы в этом предостережение для себя. Совершенно наивно думать, будто Англия и Франция в таком случае стали бы спокойно ждать, скажем, десяток лет, пока немецко-русский союз сделает все необходимые технические приготовления для войны. Нет, в этом случае гроза разразилась бы над Германией с невероятной быстротой.

Уже один факт заключения союза между Германией и Россией означал бы неизбежность будущей войны, исход которой заранее предрешен. Такая война могла бы означать только конец Германии. К этому однако надо еще прибавить следующее.

1. Современные владыки России совершенно не помышляют о заключении честного союза с Германией, а тем более о его выполнении, если бы они его заключили.

Нельзя ведь забывать и того факта, что правители современной России это запятнавшие себя кровью низкие преступники, это - накипь человеческая, которая воспользовалась благоприятным для нее стечением трагических обстоятельств, захватила врасплох громадное государство, произвела дикую кровавую расправу над миллионами передовых интеллигентных людей, фактически истребила интеллигенцию и теперь, вот уже скоро десять лет, осуществляет самую жестокую тиранию, какую когда-либо только знала история. Нельзя далее забывать и то обстоятельство, что эти владыки являются выходцами из того народа, черты которого представляют смесь зверской жестокости и непостижимой лживости, и что эти господа ныне больше чем когда бы то ни было считают себя призванными осчастливить весь мир своим кровавым господством. Ни на минуту нельзя забыть того, что интернациональное еврейство, ныне полностью держащее в своих руках всю Россию, видит в Германии не союзника, а страну, предназначенную понести тот же жребий. Кто же заключает союз с таким партнером, единственный интерес которого сводится только к тому, чтобы уничтожить другого партнера? И кто, прежде всего спрашиваем мы, заключает союз с субъектами, для которых святость договоров - пустой звук, ибо субъекты эти ничего общего не имеют с честью и истиной, а являются на этом свете только представителями лжи, обмана, воровства, грабежа, разбоя. Тот человек, который вздумал бы заключить союзы с паразитами, был бы похож на дерево, которое заключает "союз" с сухоткой.

2. Германия также не избавлена от той опасности, жертвой которой пала в свое время Россия. Только буржуазные простаки способны думать, будто большевизм в Германии уже сокрушен.

Эти поверхностные люди совершенно не понимают того, что тут дело идет о напоре со стороны евреев, стремящихся к мировому господству, и что этот натиск евреев столь же натурален, как натиск англосаксонской нации, которая в свою очередь тоже стремится к полному господству на земле. Англосаксы ведут эту борьбу на тех путях и теми средствами, которые свойственны им, а еврей ведет эту борьбу тем оружием, которое свойственно ему. Евреи идут своей дорогой. Они втираются в среду других народов, разлагают их изнутри; евреи борются ложью, клеветой, ядом и разложением, а когда наступит момент, они поднимают свою борьбу на "высшую" ступень и переходят к прямому кровавому истреблению ненавистного противника. Русский большевизм есть только новая, свойственная XX веку попытка евреев достигнуть мирового господства. В другие исторические периоды то же стремление евреев облекалось только в другую форму.

Стремления евреев слишком тесно связаны со всем характером этого народа. Никакой другой народ тоже добровольно не откажется от своего распространения на земле и от увеличения своей власти; только внешние обстоятельства могут его к этому принудить, или только вследствие импотентности, появляющейся, когда данный народ устареет, бывают такие явления. Ну, а тем более евреи никогда добровольно не откажутся от своих стремлений к мировой диктатуре, и никогда они не пойдут в этом отношении на самоограничение. С евреями тоже будет так, что либо их отбросит назад какая-нибудь сила, лежащая вне их, либо они сами начнут вымирать, а тем самым отомрут и их стремления к мировому господству.

Мы, как сторонники расовой теории, знаем, что впадение того или другого народа в импотентность является вопросом чистоты крови; но чистоту своей собственной крови еврейский народ как раз соблюдает больше, чем какой-либо другой народ. Вот почему несомненно, что евреи пойдут по своему ужасному пути и дальше - вплоть до того момента, когда найдется другая достаточно большая сила, которая сумеет схватиться в жестокой борьбе с еврейством и раз навсегда отправить этих богоборцев в преисподнюю.

Ближайшей приманкой для большевизма в нынешнее время как раз и является Германия. Чтобы еще раз вырвать наш народ из змеиных объятий интернационального еврейства, нужно, чтобы наша молодая идея сумела разбудить все силы нации и внушить ей сознание великой миссии, ожидающей нас. Только в этом случае мы сможем спасти свой народ от окончательного заражения нашей крови. Только тогда мы сумеем пробудить те силы, которые надолго дадут нам гарантию против повторения постигших нас катастроф. В свете таких целей чистейшим безумием было бы вступать в союз с державой, во главе которой стоят смертельные враги всей нашей будущности. Как в самом деле можем мы освободить наш собственный народ от этих ядовитых объятий, если мы сами полезем в эти объятия. Как в самом деле можем мы освободить немецких рабочих от большевистских влияний, как можем мы убедить их в том, что большевизм есть проклятие и преступление против всего человечества, если бы мы сами стали вступать в союз с большевистскими организациями, этим исчадием ада, и тем самым в основном признали бы эти организации. Как в самом деле стали бы мы потом осуждать рядового человека из массы за его симпатии к большевистским взглядам, если бы руководители нашего государства сами избрали себе в качестве союзников представителей большевистского мировоззрения.

Чтобы провести успешную борьбу против еврейских попыток большевизации всего мира, мы должны прежде всего занять ясную позицию по отношению к Советской России. Нельзя побороть дьявола с помощью Вельзевула.

Если даже в кругах фелькише все еще находятся люди, мечтающие о союзе с Россией, то мы просим их прежде всего оглянуться вокруг себя самих и отдать себе отчет в том, какие же именно силы внутри самой Германии поддерживают такой план. Разве не видят они, что именно интернациональная марксистская пресса рекомендует и поддерживает план союза с Россией? Кажется, одного этого было бы достаточно, чтобы понять, куда это ведет. С каких это пор в самом деле лагерь фелькише готов бороться тем оружием, которое подсовывают ему евреи?

Старой Германии мы делаем один упрек: в области иностранной политики она все время колебалась как маятник, стараясь во что бы то ни стало и какой угодно ценой сохранить мир, причем на деле только испортила отношения со всеми. Но никогда мы не делали старой Германии упрека за то, что она отказалась продолжать хорошие отношения с Россией.

Я признаюсь открыто, что уже в довоенное время я считал, что Германия поступила бы гораздо более правильно, если бы, отказавшись от бессмысленной колониальной политики, от создания военного флота и усиления своей мировой торговли, она вступила в союз с Англией против России. Если бы мы вовремя сумели отказаться от попыток завоевать себе универсальное влияние и сосредоточились на энергичной политике завоевания новых земель на европейском континенте, это принесло бы нам только пользу.

Я не забываю всех наглых угроз, которыми смела систематически осыпать Германию панславистская Россия. Я не забываю многократных пробных мобилизаций, к которым Россия прибегала с единственной целью ущемления Германии. Я не могу забыть настроений, которые господствовали в России уже до войны, и тех ожесточенных нападок на наш народ, в которых изощрялась русская большая пресса, восторженно относившаяся к Франции.

Однако перед самым началом войны у нас все-таки была еще вторая дорога: можно было опереться на Россию против Англии.

Ныне же положение вещей в корне изменилось. Если перед мировой войной мы могли подавить в себе чувство обиды против России и все же пойти с ней против Англии, то теперь об этом не может быть и речи. Стрелка на циферблате истории продвинулась уже куда дальше. Близится час, когда судьбы нашего народа так или иначе должны окончательно разрешиться. Все большие государства земли переживают сейчас процесс консолидации. Это должно послужить для нас предостережением. Мы должны наконец как следует призадуматься над всем происходящим, распроститься с миром мечтаний и встать на путь суровой действительности, который один только может вывести нас на новую широкую дорогу.

Если национал-социалистическому движению удастся полностью освободиться от всех иллюзий и взять себе в руководители одни только доводы разума, то дело может еще обернуться так, что катастрофа, постигшая нас в 1918 г., в последнем счете станет поворотным пунктом к новому возрождению нашего народа. Из уроков этого тяжкого поражения народ наш может извлечь новую ориентацию всей своей иностранной политики. Укрепив свое внутреннее положение на путях нового миросозерцания, Германия может придти и к окончательной стабилизации новой иностранной политики. Тогда в наших руках окажется наконец определенная заветная политическая цель и программа, т.е. то, что дает силу Англии, то, что давало в свое время силу даже России, то, что давало и дает силу Франции неизменно добиваться тех целей, которые с ее точки зрения правильны.

Этот неизменный политический завет в области внешней политики можно формулировать для немецкой нации в следующих словах:

- Никогда не миритесь с существованием двух континентальных держав в Европе! В любой попытке на границах Германии создать вторую военную державу или даже только государство, способное впоследствии стать крупной военной державой, вы должны видеть прямое нападение на Германию. Раз создается такое положение, вы не только имеете право, но вы обязаны бороться против него всеми средствами, вплоть до применения оружия. И вы не имеете права успокоиться, пока вам не удастся помешать возникновению такого государства или же пока вам не удастся его уничтожить, если оно успело уже возникнуть. Позаботьтесь о том, чтобы наш народ завоевал себе новые земли здесь, в Европе, а не видел основы своего существования в колониях. Пока нашему государству не удалось обеспечить каждого своего сына на столетия вперед достаточным количеством земли, вы не должны считать, что положение наше прочно. Никогда не забывайте, что самым священным правом является право владеть достаточным количеством земли, которую мы сами будем обрабатывать. Не забывайте никогда, что самой священной является та кровь, которую мы проливаем в борьбе за землю.

* * *

Перед тем как кончить эту главу, я хочу еще и еще раз остановиться на доказательстве той мысли, что в деле заключения союзов для нас существует только одна единственная возможность. Уже в предыдущей главе я доказал, что действительно полезным и открывающим нам крупные перспективы союзом был бы только союз с Англией и Италией. Здесь я хочу остановиться еще вкратце на военном значении, какое может получить такой союз. Взвешивая положение, приходится сказать, что и в большом и в малом военные последствия такого союза были прямо противоположны тем, к каким привел бы союз Германии с Россией. Прежде всего тут важно то, что сближение Германии с Англией и Италией никоим образом не приводит к опасности войны. Единственная держава, с которой приходится считаться как с возможной противницей такого союза, - Франция - объявить войну была бы не в состоянии. Это дало бы Германии возможность совершенно спокойно заняться всей той подготовкой, которая в рамках такой коалиции нужна, дабы в свое время свести счеты с Францией. Ибо самое важное в таком союзе для нас то, что Германия не может тогда подвергнуться внезапному нападению и что наоборот союз противников распадается, т.е. уничтожается Антанта, из-за которой мы претерпели бесконечно много несчастий. Заключение такого союза означало бы, что смертельный враг нашего народа - Франция - сам попадает в изолированное положение. Если бы успех этого союза вначале имел только моральное значение, и то это был бы громадный шаг вперед. Германия развязала бы себе тогда руки настолько, что теперь даже трудно себе и представить. Ибо вся инициатива перешла бы тогда от Франции к новому англо-германо-итальянскому европейскому союзу.

Вторым результатом такого союза было бы то, что Германия одним ударом вышла бы из нынешнего неблагоприятного стратегического положения. Во-первых, мы получили бы могучую защиту своих флангов, во-вторых, мы были бы полностью обеспечены продовольствием и сырьем. И то и другое принесло бы величайшую пользу нашему новому государственному порядку.

А еще важнее то обстоятельство, что в этот новый союз входили бы как раз государства, друг друга до известной степени дополняющие в технической области. Впервые у Германии были бы союзники, не похожие на пиявок, которые сосут кровь из нашего хозяйства; впервые мы имели бы союзников, обладающих такой промышленностью, которая могла бы богатейшим образом дополнить нашу собственную технику вооружения.

Не забудем, что в обоих случаях дело идет о союзниках, которых нельзя и сравнивать с какой-нибудь Турцией или с нынешней Россией. Англия представляет собою величайшую мировую державу, а Италия - молодое, полное сил национальное государство. Союз с такими государствами создал бы совсем другие предпосылки для борьбы в Европе, нежели тот союз с гниющими государственными трупами, на который Германия опиралась в последней войне.

Конечно достигнуть такого союза - дело, связанное с большими трудностями, о чем я уже говорил в предыдущей главе. Но разве образование Антанты в свое время было делом менее трудным? То, что в свое время удалось королю Эдуарду VII, несмотря на почти полное расхождение этого союза с очень многими интересами, должно удаться и удастся и нам, если мы целиком проникнемся идеей необходимости предлагаемого мной союза и сумеем преодолеть в себе сопротивление такому союзу. Нужно только понять, что вся обстановка повелительно требует от нас именно такого решения, нужно раз навсегда отказаться от внешней политики, не знавшей в течение последних десятилетий никаких целей, нужно твердо выбрать один единственный путь и идти по нему до самого конца.

Нам нужна не западная ориентация и не восточная ориентация, нам нужна восточная политика, направленная на завоевание новых земель для немецкого народа. Для этого нам нужны силы, для этого нам нужно прежде всего уничтожить стремление Франции к гегемонии в Европе, ибо Франция является смертельным врагом нашего народа, она душит нас и лишает нас всякой силы. Вот почему нет той жертвы, которой мы не должны были бы принести, чтобы ослабить Францию. Всякая держава, которая как и мы считает для себя непереносимой гегемонию Франции на континенте, тем самым является нашей естественной союзницей. Любой путь к союзу с такой державой для нас приемлем. Любое самоограничение не может показаться нам чрезмерным, если только оно в последнем счете приведет к поражению нашего злейшего врага и ненавистника.

Конечно у нас останутся еще и более мелкие раны. Исцеление этих ран мы можем спокойно предоставить смягчающему воздействию времени, раз только нам удастся выжечь самые большие из них и излечить самую тяжелую болезнь.

Выступая с таким предложением, мы ныне, разумеется, рискуем подвергнуться самым бешеным нападкам со стороны врагов нашего народа. Пусть лают. Нас, национал-социалистов, это не остановит и мы по- прежнему будем провозглашать то, что по нашему глубочайшему убеждению безусловно необходимо с точки зрения интересов отечества. Конечно сейчас нам приходится еще плыть против течения. Так называемое общественное мнение формируется лукавством евреев, превосходно использующих безыдейность громадного количества немцев. Волны вокруг нас вздымаются иногда очень высоко, угрожая нам бедой. Ничего! Кто плывет против течения, тот будет замечен легче, чем тот, кто плывет по течению. Сейчас мы представляем собою только маленький утес, но пройдет немного лет, и мы превратимся в ту незыблемую твердыню, о которую разобьется волна - с тем, чтобы направиться потом в новое русло.

Нам необходимо добиться того, чтобы в глазах всего остального мира именно национал-социалистическое движение рассматривалось, как носитель вполне определенной политической программы. Что бы ни ожидало нас в будущем, пусть весь мир сразу узнает нас по тому знамени, которое мы подымаем!

Нам прежде всего необходимо самим до конца понять, какова должна быть наша программа внешней политики. Познав это до конца, мы найдем в себе достаточно силы и устойчивости, чтобы бороться за свои взгляды до последнего. Это очень и очень необходимо нам. Враждебная пресса набрасывается на нас с такой яростью, что иным из наших иногда становится не по себе, и тогда возникают колебания: не сделать ли ту или другую уступку в этой области, не начать ли вместе с волками выть по- волчьи хотя бы в отдельных вопросах иностранной политики. Выработав в себе прочные взгляды на этот счет, мы забронируем себя от этой опасности.

Адольф Гитлер

ГЛАВА XV

ТЯЖЕСТЬ ПОЛОЖЕНИЯ И ВЫТЕКАЮЩИЕ ОТСЮДА ПРАВА

Сдавшись на милость победителя в ноябре 1918 г., Германия вступила на путь политики, которая по всякому человеческому разумению неизбежно должна была привести к полному подчинению врагу. Все исторические примеры говорят за то, что если данный народ без самого крайнего принуждения сложил оружие, то он в дальнейшем предпочтет уже претерпеть какие угодно оскорбления и вымогательства, чем снова вверить свою судьбу силе оружия.

По человечеству это можно понять. Если победитель умен, он сумеет предъявлять свои требования побежденному по частям. Победитель правильно рассчитает, что раз он имеет дело с народом, потерявшим мужество, а таким является всякий народ, добровольно покорившийся победителю, то народ этот из-за того или другого нового частичного требования не решится прибегнуть к силе оружия. А чем большему количеству вымогательств побежденный народ по частям уже подчинился, тем больше будет он убеждать себя в том, что из-за отдельного нового вымогательства восставать не стоит, раз он молча принял на себя уже гораздо большие несчастья.

Гибель Карфагена - классический образец такой медленной казни целого народа, такой гибели, в которой, однако, виноват сам этот народ. Пример этот не может не отпугивать всякий народ, который попадает в аналогичное положение.

Эту мысль несравненным образом разработал в своей книге "Три принципа" Клаузевиц, который навеки запечатлел ее в следующих словах:

"Позорного пятна трусливого подчинения не отмыть никогда, - говорит Клаузевиц, - эта капля яда отравит кровь и будущих поколений данного народа, она подорвет силы и парализует волю ряда поколений". "Другое дело, - говорит Клаузевиц, - если данный народ потерял свою независимость и свободу после кровавой, но почетной борьбы. Сама эта борьба обеспечит тогда возрождение данного народа. Подвиг борьбы сам по себе послужит тем зернышком, которое даст в свое время новые богатые ростки".

Бесчестная и бесхарактерная нация конечно не сочтет нужным усвоить себе такие уроки. Те народы, которые помнят такие уроки, вообще не могут так сильно пасть. Лишь те, кто забывает о них или не хочет их знать, - терпят полный крах. Вот почему от защитников такой безвольной покорности нельзя и ожидать, что они внезапно прозреют и решатся действовать по-иному. Напротив, именно эти люди всегда будут руками и ногами отбиваться от нового учения, до тех пор пока данный народ окончательно привыкнет к рабскому игу или на поверхности появятся новые лучшие силы, которые сумеют покончить с проклятым угнетателем. В первом случае люди, привыкая, перестают даже чувствовать себя особенно плохо. Умный победитель нередко даже удостоит таких лишенных характера людей должности надсмотрщиков за рабами, которую они охотно возьмут на себя, выполняя эту должность в отношении собственного народа еще более безжалостно, чем это сделала бы чужая бестия, поставленная победителем.

Ход событий с 1918 г. показывает, насколько в Германии распространена та тщетная надежда, будто, добровольно подчинившись милости победителя, мы добьемся известной пощады. Именно эта распространенная надежда в сильнейшей мере влияет на политические настроения и политические действия широких масс нашего народа. Я подчеркиваю это, поскольку речь идет именно о широких слоях народа, потому что вожаки-то руководятся конечно другими соображениями. Руководство судьбами нашей страны со времени окончания войны находится в руках евреев, которые теперь не особенно даже стараются прикрыть свою роль. А раз это так, то ясно, что тут перед нами совершенно сознательное намерение погубить наш народ, а вовсе не та или другая ошибка. Если под этим углом зрения присмотреться к руководству нашей внешней политикой, то мы убедимся, что перед нами не просто метание из стороны в сторону, а совершенно обдуманная, рафинированная, хладнокровная политика, направленная к тому, чтобы сыграть на руку мировым завоевательным идеям евреев.

Когда в начале XIX в. Германия потерпела страшнейшее поражение, то семи лет, протекших с 1806 по 1813 г., оказалось достаточно, чтобы Пруссия вновь стала подыматься, обнаружив громадную энергию и решимость к борьбе. А вот теперь, после нашего поражения в мировой войне, прошел такой же срок, и мы не только не использовали это время, но напротив, пришли еще к гораздо большему ослаблению нашего государства.

7 лет спустя после событий ноября 1918 г. мы подписали Локарнский договор!

Ход вещей был именно таков, как мы это изобразили выше: подписав однажды позорное перемирие, мы уже потом не могли найти в себе достаточно сил и мужества противостоять все новым и новым вымогательствам со стороны противника. Противники же были слишком умны, чтобы потребовать от нас слишком много сразу. Они всегда дозировали свои вымогательства так, чтобы они не казались чрезмерными, дабы не приходилось бояться немедленного взрыва народных страстей. И в этом отношении их мнения всегда сходились с мнениями наших руководителей. Один диктаторский договор следовал за другим, и каждый раз мы утешали себя тем, что так как мы приняли уже целую кучу других грабительских договоров, то не стоит уж слишком огорчаться по поводу отдельного вымогательства и прибегать к сопротивлению. Вот вам та "капля яда", о которой говорит Клаузевиц: проявив первую бесхарактерность, мы постепенно втягиваемся и унижаемся все дальше. Перед тем как принять какое бы то ни было новое решение, мы систематически ссылаемся на бремя, которое мы уже раньше взваливали на свои плечи, и на том успокаиваемся. Такое наследие является настоящей свинцовой гирей на ногах народа, благодаря которой народ окончательно обрекается на существование рабской расы.

В течение ряда лет на голову Германии сыплются все новые приказы о разоружении, о лишении самостоятельности, о репарациях и т.п. В конце концов в Германии родился тот дух, который в плане Дауэса видит счастье, а в Локарнском договоре - успех. Одно только утешение можно найти в этом несчастии: людей обмануть можно, но бога не обманешь. Благословения божия все эти дни не получили. С тех пор как народ наш пошел по пути самоунижения, он не выходит из нужды и забот. Единственным нашим надежным союзником является сейчас нужда. Судьба не сделала и в данном случае исключения: она воздала нам по заслугам. Мы не сумели защитить свою честь, и вот судьба учит нас теперь тому, что без свободы и самостоятельности нет куска хлеба. Люди научились у нас теперь кричать о том, что нам нужен кусок хлеба, - придет пора и они научатся также кричать о том, что нам нужна свобода и независимость. Неслыханно тягостно было положение нашего народа после 1918 г. Но как ни горько было положение в то время, "общественное мнение" преследовало самым безжалостным образом всякого, кто осмеливался предсказывать то, что затем неизбежно наступало. Наши руководители были столь же жалки, сколь и самонадеянны. Их самомнение не знало пределов особенно тогда, когда дело шло о развенчании неприятных пророков. Полюбуйтесь на этих соломенных парламентских кукол, полюбуйтесь на этих седельщиков и перчаточников (я говорю тут не о профессии, что в данном случае не имело бы значения), ведь эти политические лилипуты всерьез взбираются на пьедестал и оттуда поучают всех остальных простых смертных. Нужды нет, что этакий "государственный деятель" уже через несколько месяцев оскандалится настолько, что за границей над ним все смеются. Все кругом видят, что этот "деятель" совершенно запутался и никакой дороги сам не знает; но это не мешает ему по-прежнему оставаться на своем месте и высоко держать голову. Чем более никудышными оказываются эти парламентские деятели современной республики, тем бешенее преследуют они всех, кто чего-нибудь от них еще ожидает, кто констатирует бесплодность их "просвещенной" деятельности и в особенности тех, кто осмеливается предсказать, что эта деятельность и в дальнейшем ни к чему хорошему не приведет. Но когда этакий парламентский фокусник окончательно пригвожден и когда он не может уже больше скрывать полного фиаско своей деятельности, тогда он непременно найдет тысячу причин, долженствующих извинить его неуспех. Одного только никогда не признает такой "государственный деятель" - а именно того, что главной причиной всех несчастий является прежде всего он сам.

***

Зимою 1922/23 г. уж во всяком случае все должны были понять, что Франция и после заключения мира продолжает с железной последовательностью добиваться тех целей, которые она поставила себе с самого начала и которых при заключении Версальского мира полностью не добилась. Кто в самом деле поверит, что четыре с половиной года Франция приносила тягчайшие жертвы и не жалела своей крови только для того, чтобы после этого взыскать соответствующие репарации за причиненный ей ущерб. Вопрос об одной Эльзас-Лотарингии не мог пробудить такой энергии у французов. Нет, если они воевали с таким напряжением сил, то это только потому, что проблема Эльзас-Лотарингии была для них только частью той большой политической программы, которую пишут на своем знамени иностранные политики Франции. В чем заключается эта большая программа? Ясно в том, чтобы раздробить Германию на ряд маленьких государств. Вот за что действительно боролась шовинистическая Франция - что, однако, не мешало ей на деле превратить свой собственный народ в ландскнехта интернационального еврейства.

Франция и действительно достигла бы этой своей цели, если бы, как на то в Париже вначале надеялись, вся борьба разыгралась на немецкой территории. Представим себе только на одну минуту, что кровавые сражения мировой войны разыгрывались бы не на Сомме, не во Фландрии, не в Артуа, не вокруг Варшавы и Нижнего Новгорода, Ковно, Риги и т.д., а разыгрывались бы в Германии на Руре, на Майне, на Эльбе, вокруг Ганновера, Лейпцига, Нюрнберга и т.д., - и тогда мы должны будем признать, что в таком случае раздробление Германии было бы вовсе не исключено. Большой вопрос, смогло ли бы наше молодое федеративное государство в течение четырех с половиной лет выдерживать такое испытание, которое оказалось по плечу Франции с ее единственным крупным центром - Парижем и с ее многовековой централизацией. Что эта величайшая борьба народов разыгралась вне границ нашего отечества, - в этом бессмертная заслуга нашей старой армии и великое счастье для всего нашего немецкого будущего. Я твердо убежден, что если бы это было не так, то мы теперь не имели бы уже Германии, а имели бы только кучку отдельных "немецких государств". С содроганием сердца думаю я часто, что такая перспектива была возможна. Только когда прикинешь умом, к чему все это могло бы привести, приходишь к выводу, что кровь наших павших друзей и братьев пролилась все-таки не совсем напрасно.

Цель, которую преследовала Франция войной, таким образом не осуществилась. В ноябре 1918 г. Германия, правда, потерпела молниеносное крушение. Однако в момент, когда внутри страны у нас разыгралась катастрофа, немецкие армии все еще стояли на территории враждебных государств, проникнув близко к их жизненным центрам. Первой заботой Франции в тот момент было не столько полное раздробление Германии, сколько вопрос о том, как бы поскорее освободить территории Франции и Бельгии от немецких армий. Первой заботой парижского правительства по окончании войны таким образом стало разоружение германских армий и отправление их как можно скорее в пределы Германии. Лишь во вторую очередь французское правительство могло подумать о том, как бы достигнуть тех целей войны, во имя которых и начата была вся борьба. Но в этом последнем отношении Франция была до известной степени парализована. Англия со своей точки зрения могла уже в этот момент считать, что она своих целей войны полностью достигла, ибо она добилась уже того, что Германия потеряла свое колониальное и торговое могущество и стала державой лишь второго ранга. Англия отнюдь не была заинтересована в том, чтобы совершенно уничтожить без остатка Германию, как единое государство. Напротив, Англия не могла не желать, чтобы в лице Германии на континенте все же остался достаточно сильный соперник Франции. Вот почему французскому правительству пришлось с помощью решительной политики в мирный период добиваться тех же целей, которые ставила война. Вот почему заявление Клемансо, что для него мир означает только продолжение войны, не было пустым словом.

Французы решили, что им остается только один путь: систематически и неуклонно они будут потрясать наше государство всякий раз, как к этому представится возможность. Постоянными требованиями все более окончательного разоружения Германии, с одной стороны, и грабительскими экономическими требованиями, с другой, французы систематически подкапываются под наше государственное единство. Чувство национальной чести в Германии постепенно отмирает и на этом фоне экономический гнет и вечная нужда могут повести к особенно опасным политическим последствиям. Если бы такой политический гнет и экономический грабеж продолжались 10-20 лет, то это должно было бы неизбежно погубить даже самый сильный государственный организм. И вот на этих путях цель, которую преследовала Франция войной, была бы тогда осуществлена.

Зимою 1922/23 гг. эти подлинные намерения Франции были уже до конца обнажены. Германии оставались только две возможности: либо наш государственный организм окажется настолько стойким, что зубы французов должны будут притупиться, либо мы решимся на активное сопротивление, воспользуемся для этого особенно убедительным поводом, перевооружим наш государственный корабль (что раньше или позже все равно неизбежно) и ударим против врага. Этот последний исход, разумеется, означал бы борьбу не на жизнь, а на смерть. Сохранить себе жизнь мы могли бы лишь в том случае, если бы нам удалось предварительно настолько изолировать Францию, что эта вторая война являлась бы уже не войной Германии против всего остального мира, а защитой Германии против Франции, ставшей угрозой для всего мира.

Так стоит вопрос. И я твердо убежден, что раньше или позже наступит именно этот второй случай. Никогда я не поверю, чтобы намерения Франции по отношению к нам могли измениться. Не поверю потому, что намерения эти в последнем счете вполне соответствуют интересам самосохранения французской нации. Если бы я сам был французом и величие Франции было бы мне, стало быть, столь же дорогим, сколь святым является для меня сейчас величие Германии, я в конце концов поступал бы так же, как поступает Клемансо. Франция постепенно теряет свое народонаселение; Франция теряет свои лучшие в расовом отношении элементы. При таких обстоятельствах вымирающая французская нация может сохранить свое значение на земле лишь в том случае, если Франции удастся раздробить Германию. Французская иностранная политика может тысячу раз меняться, но в конце концов самыми кружными путями она неизбежно придет все к тому же: план раздробления Германии не может не оставаться предметом ее самых страстных и заветных стремлений. И вот при таких обстоятельствах, по нашему мнению, совершенно неправильно думать, будто чисто пассивная тактика, направленная только на то, чтобы самим как-нибудь продержаться, при каких бы то ни было обстоятельствах может надолго оказаться целесообразной, раз Франция активно и неуклонно продолжает проводить свою линию. До тех пор пока вечный конфликт между Германией и Францией будет разрешаться нами только в форме обороны, он никогда на деле разрешен не будет. Результат может получиться только один: с каждым столетием Германия будет терять одну за другой все новые и новые позиции. Присмотритесь к тем изменениям, какие претерпели наши языковые границы с XII века, и вы убедитесь, как трудно рассчитывать на успех такой установки, которая стоила нам уже таких громадных потерь.

Нужно, чтобы Германия полностью и до конца поняла, что ее жизненная воля не должна ограничиваться только пассивной обороной.

Нужно понять, что мы должны наконец собрать все свои силы для активной борьбы с Францией, для последнего решительного боя. Нужно, чтобы мы, немцы, точно и ясно сформулировали те великие конечные цели, которые мы будем преследовать в этом бою. Только тогда сможем мы действительно довести дело до конца и прекратить вечную бесплодную борьбу между нами и Францией, стоившую нам столь многих жертв. Все это, разумеется, при том предположении, что в уничтожении Франции Германия увидит только средство, которое затем должно открыть нашему народу возможность завоевать себе новые территории в другом месте. Ныне мы имеем только 80 миллионов немцев во всей Европе! Нашу иностранную политику можно будет назвать правильной лишь в том случае, если в течение нескольких десятков лет на нашем континенте будет жить уже не менее 250 миллионов немцев и при том жить не в тесноте, как фабричные кули, работающие на другие государства, а как крестьяне и рабочие, взаимно дополняющие друг друга в творческом труде.

В декабре 1922 г. взаимоотношения между Германией и Францией снова обострились в угрожающей степени. Франция решила прибегнуть к новым чудовищным вымогательствам, и для этого ей понадобилось в виде залога захватить еще ряд других наших территорий. Раньше чем произвести очередной экономический грабеж Франции нужно было оказать на нас новое политическое давление. Чтобы легче покорить "непокорный" немецкий народ под новое ярмо, французы сочли необходимым захватить один из наиболее важных наших нервных узлов. Захват Рурского бассейна имел задачей не только окончательно сломить Германии хребет в моральном отношении, но и создать для нас такие хозяйственные затруднения, которые побудили бы нас взять на себя любые, хотя бы самые тяжелые обязательства. Согнуть или сломить Германию - такую задачу ставила себе Франция. И что же? Германия сначала согнулась, чтобы со временем окончательно сломиться!

В момент занятия французами Рурского бассейна судьба в сущности опять протянула немецкому народу свою руку, открыв нам известные возможности к возрождению. На первый взгляд занятие Рурского бассейна было для нас громадным несчастьем; но при ближайшем рассмотрении оказалось, что это событие, в сущности говоря, таило в себе многообещающую возможность - раз навсегда положить конец всем страданиям немецкого народа.

Занятие Францией Рурского бассейна впервые действительно привело к внутреннему отчуждению между Англией и Францией. Это событие вызвало недовольство не только в кругах британской дипломатии, которая и вообще всегда относилась к союзу с Францией с холодным расчетом, но и в широчайших кругах английского народа. Хозяйственные круги Англии были особенно недовольны этим происшествием и почти не скрывали того, что они чрезвычайно встревожены новым, совершенно невероятным усилением французских позиций на континенте. Ведь Франция получала благодаря занятию Рурского бассейна такую военную позицию в Европе, которой не имела раньше и сама Германия. Но мало того, Франция получала еще благодаря этому такие могущественные экономические позиции, которые почти обеспечивали ей положение монополиста. Франция получила теперь в свои руки самые крупные угольные шахты и железные рудники во всей Европе. Это придавало Франции громадное могущество, ибо все знали, что Франция в отличие от Германии всегда привыкла вести очень активную иностранную политику. А что касается военных доблестей французов, то в ходе мировой войны Франция опять напомнила всему миру, что сражаться она умеет. После того как Франция заняла угольные бассейны Рура, Англия неизбежно должна была почувствовать, что все успехи, достигнутые ею в ходе мировой войны, начинают улетучиваться, как дым. Победителем в действительности оказывался маршал Фош, а вовсе не британская дипломатия со всем ее трудолюбием и энергией.

В Италии тоже переменилось против Франции настроение, которое со времени окончания войны и без того было не очень розовым. Теперь неприязнь уступила место настоящей ненависти. Приближался тот великий исторический момент, когда вчерашние союзники могли назавтра превратиться в настоящих врагов. К сожалению у нас не повторилось то, что мы видели на Балканах, когда союзники во второй балканской войне внезапно оказались по разные стороны баррикады. Если у нас дело обернулось не так, то это потому, что у Германии не оказалось своего Энвера-паши, но зато оказался рейхсканцлер Куно.

Захват французами Рура открывал нам благоприятные перспективы не только в области внешней, но также и в области внутренней политики. Значительная часть нашего народа, которая до сих пор под влиянием лживой прессы верила в то, будто Франция все еще является поборницей прогресса и свободы, теперь освободилась от этого обмана. Весною 1923 г. повторилось нечто похожее на июльские дни 1914 года. Все мы хорошо помним, как к моменту начала войны мечта об интернациональной солидарности народов внезапно улетучилась из голов немецких рабочих. Все мы помним, что немецкие рабочие стали тогда в общие ряды, чувствуя, что только при сплочении наших сил мы не падем жертвою более сильного врага. Нечто подобное могло повториться и в момент занятия Рурского бассейна французами.

Когда французы начали осуществлять свою угрозу и сначала робко и осторожно стали продвигать свои полки на наши территории, для Германии пробил великий решающий час. Настроение в Германии менялось с минуты на минуту. И если бы в этот момент наш народ сумел претворить эти настроения в серьезные действия, то Рурский бассейн смог бы стать для Франции тем, чем в свое время стала Москва для Наполеона. Для Германии создались только две возможности: либо покориться судьбе и подчинится всем требованиям, либо приковать взгляд всей Германии к горящим горнам и дымящим печам Рура и вызвать во всем нашем народе пламенную волю раз навсегда покончить с этим позором и лучше взять на себя все ужасы временной борьбы, чем бесконечно сносить ожидающие нас ужасы, покорно подставляя спину.

Тогдашнему рейхсканцлеру Куно принадлежит сомнительная честь открытия третьего пути, а буржуазным партиям Германии принадлежит еще более сомнительная честь - что они устремились по этому третьему пути и объявили его чуть ли не гениальным. Но давайте сначала остановимся еще вкратце на втором пути. Заняв Рурский бассейн, Франция самым очевидным образом нарушила Версальский договор. Франция тем самым поставила себя во враждебные отношения к целому ряду держав, в свое время гарантировавших Версальский договор, и в особенности к Англии и Италии. Франция не могла теперь рассчитывать больше на какую бы то ни было поддержку со стороны этих государств целям ее эгоистического грабительского похода. Франции оставалось только на свой собственный страх и риск довести до счастливого исхода предпринятую ею авантюру - ибо вначале занятие Рура было только авантюрой.

Если бы у нас в Германии к тому времени существовало действительно национальное правительство, у него оставалась бы только одна дорога - дорога чести. Разумеется, мы не могли тогда с самого начала оказать вооруженное сопротивление Франции. Но надо было прежде всего понять, что вступать в переговоры, не имея за собою никакой реальной силы, было и смешно и бесплодно. Не имея возможности оказать активное сопротивление, было нелепо становиться на ту точку зрения, что "мы-де ни в какие переговоры не вступаем". Но еще куда более бессмысленно было начинать переговоры, не создав себе предварительно никакой реальной силы.

Мы отнюдь не говорим, что в тогдашней обстановке мы могли помешать занятию Рурского бассейна при помощи военных мероприятий. Только безумец мог бы посоветовать такие шаги. Однако одно мы могли сделать: мы должны были воспользоваться тем впечатлением, какое произвел факт захвата Рурского бассейна, и пока Франция осуществляла свой план, мы могли и должны были, не считаясь с версальскими запретами (поскольку Франция сама разорвала Версальский договор), создать себе ту военную силу, которая составила бы позднее реальный аргумент наших представителей на будущей конференции. Ведь с самого начала было ясно, что раньше или позже судьбы захваченного Францией бассейна будут решаться на той или другой конференции. Неужели трудно было догадаться, что если мы пошлем на такую конференцию даже самых гениальных представителей, они все равно ничего не сумеют достичь, если за ними не будет реальной силы?

Слабенький портняжка не может успешно состязаться с атлетом. Раз наши уполномоченные являются на конференцию совершенно безоружными, ясно, что они не выйдут из состязания с какими бы то ни было достижениями. Разве не позором являлись все те комедии, которые разыгрывались на пресловутых конференциях, начиная с 1918 г.? Нас приглашали на ту или другую конференцию и издевательски предъявляли нам уже заранее приготовленные решения. Нам предоставлялось поговорить об этих решениях, но все знали, что разговоры напрасны и что мы должны будем в конце концов подчиниться продиктованной воле. Разве эти позорные комедии, разыгравшиеся перед лицом всего мира, не были недостойны? Представителями на эти конференции мы всегда посылали людей средних и заурядных. Ллойд-Джордж не был неправ, когда он однажды грубо издевательски заметил, что "немцы не умеют выбрать себе даже умных вождей и представителей" (слова эти были сказаны по адресу нашего тогдашнего рейхсканцлера Симона). Однако мы должны заметить, что если бы мы даже посылали на эти конференции настоящих гениев, то при нашей безоружности и при той стальной воле, которую обнаруживали враги, мы все равно ничего не могли бы достигнуть.

Но если бы весною 1923 г. Германия захотела воспользоваться занятием Рурского бассейна, как поводом для воссоздания своей военной силы, она прежде всего должна была бы дать нашей нации духовное оружие в руки; она должна была бы прежде всего укрепить волю немецкого народа и уничтожить тех, кто систематически разлагает нашу национальную силу.

Всякая мысль о действительном сопротивлении Франции была бы чистейшей бессмыслицей, если тут же не объявить непримиримую борьбу против тех, кто 5 лет тому назад нанес нашей армии удар с тыла и помешал ей победоносно закончить борьбу на фронтах. Только буржуазные дурачки могли додуматься до той невероятной идеи, будто марксизм теперь стал чем-то другим и будто в тех канальях, которые в 1918 г. совершенно хладнокровно растоптали ногами два миллиона трупов, теперь в 1923 г., после того как они забрались на правительственные кресла, внезапно проснулась национальная совесть и т.п. Но наша буржуазия, как это ни невероятно, носилась именно с этой бессмысленной идеей. По ее расчетам прежние изменники теперь внезапно должны были превратиться в бойцов за немецкую свободу!

На деле господа марксисты об этом конечно и не помышляли. Как гиена добровольно не расстанется с падалью, так марксист не перестанет предавать родину. Обыкновенно в таких случаях приводят то возражение, что ведь многие немецкие рабочие в свое время охотно отдали свою жизнь за дело Германии. Глупейшее возражение! Немецкие рабочие - конечно! Но не интернациональные марксисты! Если бы немецкие рабочие в 1914 г. по своим убеждениям оказались марксистами, то мы проиграли бы войну уже спустя три недели. Германия потерпела бы тогда крушение еще раньше, чем первый наш солдат перешел бы чужую границу. Нет, тот факт, что немецкий народ в 1914 г. оказался еще способным к борьбе, свидетельствовал только о том, что язва марксизма не успела еще проникнуть слишком глубоко. Но именно в той мере, в какой в дальнейшие месяцы и годы немецкий рабочий и немецкий солдат опять начали возвращать свои симпатии марксистским вождям, дело Германии становилось все хуже.

Если бы в начале войны мы решились задушить ядовитыми газами 12-15 тысяч этих еврейских вожаков, губящих наш народ, как гибли впоследствии от ядовитых газов сотни тысяч лучших наших немецких рабочих различных профессий на фронтах, - тогда миллионные жертвы, принесенные нами на полях войны, не оказались бы напрасными. Напротив, если бы мы вовремя устранили бы каких-нибудь 12 тысяч мошенников, то этим мы быть может спасли целый миллион честных немцев, жизнь которых в будущем принесла бы ценнейшие плоды нашей родине. Однако наша буржуазная "государственная мудрость" и тут показала себя в обычном свете. Буржуазные государственные деятели хладнокровно, не моргнув глазом, отправляли на поля смерти миллионы и миллионы немцев, но покончить с 10-12 тысячами изменников, спекулянтов, ростовщиков и обманщиков - на это их не хватило. Жизнь этих негодяев в их глазах являлась национальной святыней, во всяком случае чем-то неприкосновенным. Поистине не знаешь, чему больше удивляться в этом буржуазном мире, - тупости, слабости и трусости или насквозь прогнившим "убеждениям". Класс этот действительно обречен судьбою на гибель; жаль только, что класс этот тянет за собою в пропасть целый народ.

В 1923 г. мы стояли перед повторением той же ситуации, что и в 1918 г. К какой бы форме сопротивления Германия ни решилась прибегнуть, все равно первой предпосылкой успеха являлось - уничтожить марксистский яд в нашем народном организме. С моей точки зрения первейшей задачей всякого действительно национального правительства Германии в тот момент являлось - прежде всего найти те силы, которые решились бы объявить истребительную войну марксизму. Этой силе надо было прежде всего очистить дорогу. Подлинно национальное правительство не могло видеть свою задачу в том, чтобы по-прежнему повторять глупую фразу о "тишине и спокойствии" в момент, когда внешний враг наносил отечеству уничтожающий удар, а внутренний враг продолжал свою подрывную работу внутри страны на каждом шагу. Нет, подлинно национальное правительство в такой обстановке искало бы беспорядка и беспокойства, лишь бы только в этой беспокойной обстановке народу действительно удалось окончательно посчитаться со своими смертельными марксистскими врагами. Раз правительство не сделало этого, то всякая мысль о каком бы то ни было сопротивлении являлась чистейшим безумием.

Покончить такие счеты, имеющие действительно всемирно-историческое значение, никогда конечно нельзя по схеме наших тайных советников или наших старых министров с искушенными душами. Такие вещи делаются в борьбе и только в борьбе, ибо борьба есть вечный закон нашей жизни на земле. Германия должна была отдать себе отчет в том, что из самых кровавых гражданских войн зачастую рождается здоровый стальной народный организм, между тем как искусственно взлелеянный мир очень часто приводит к гниению и злокачественному разложению. Судьбы народа нельзя разрешать в лайковых перчатках. Главная задача в 1923 г. заключалась в том, чтобы самым жестоким образом задушить марксистскую ехидну, систематически разъедающую силы нашего народа. Если бы это удалось, тогда и только тогда можно было сказать, что подготовка активного сопротивления Франции действительно имеет смысл.

Напрасно старался я тогда убедить по крайней мере так называемые национальные круги в том, что на карту поставлено сейчас все будущее и что если мы повторим теперь ошибки 1914 г., то неизбежно повторится также и развязка 1918 г. Напрасно спорил я с людьми до хрипоты. Я умолял, чтобы нам дали возможность открыто сразиться с марксистами и тем очистить дорогу. Но люди были глухи. Все они, включая тогдашнего шефа наших военных сил, изображали дело так, будто они знают другую, лучшую дорогу. Прошло немного времени, и они конечно кончили капитуляцией - страшнейшей из капитуляций всех времен.

Всеми фибрами своей души понял я тогда, что миссия немецкой буржуазии закончена и что она неспособна больше разрешить ни одной крупной задачи. Тогда мне стало совершенно ясно, что все эти буржуазные партии спорят с марксистами только из соображений конкуренции, а на самом деле всерьез уничтожить марксизм не хотят. Все они внутренне давно уже примирились с той мыслью, что отечество умерло. Их действиями руководило одно только желание - принять соответствующее участие в поминках. Только из-за этого способны были они еще вести "борьбу".

Я должен открыто признать, что именно в эту пору я проникся особенно глубоким уважением к тому великому человеку, который в горячей любви к своему народу не стал мириться с внутренними врагами Италии, а решил добиться и добился уничтожения этого врага всеми средствами и на всех путях. Муссолини завоевал себе выдающееся место среди самых великих людей человечества именно своею решимостью не делить своей власти над Италией с марксистами. Уничтожив интернационализм, Муссолини спас свое отечество от марксистской опасности.

Как жалки наши ничтожные государственные карлики, по сравнению с этим действительно великим деятелем! Как противно слышать, когда эти политические нули самым невоспитанным образом грубят человеку, который стоит в тысячу раз выше их! И как больно сознавать, что все это происходит в стране, во главе которой еще полвека тому назад стоял такой вождь, как Бисмарк!

Ввиду таких настроений буржуазии и ввиду того, что правительство решило пощадить марксистов, судьба какого бы то ни было активного сопротивления в Руре была в 1923 г. предрешена заранее. Вести борьбу против Франции, имея в своих собственных рядах смертельных врагов, было бы чистейшим безумием. Показная борьба, которую тогда предприняли, была чистейшим фокусничеством. Она предназначена была только несколько удовлетворить националистические элементы Германии, успокоить "кипящую народную душу" и попросту обмануть малоискушенных. Если бы эти господа всерьез верили в то, что они делают, они не могли бы не понять, что сила народа прежде всего не в его оружии, а в его воле к борьбе, и что раньше чем побеждать внешнего врага, необходимо уничтожить врага внутреннего. Иначе горе тому народу, который не одержал победы уже в первый день борьбы. Если внутренний враг не уничтожен, то как только на горизонте обнаружится первая тень возможного поражения во внешней борьбе, внутренний враг подымает голову, разложит нашу собственную силу и поможет внешнему врагу окончательно победить нас.

Уже весною 1923 г. было совершенно ясно, чем все это кончится. Пусть не говорят нам, что военный успех нашей борьбы против Франции стоял под большим вопросом. Если бы результатом германского подъема и нашего выступления против захвата французами Рурского бассейна было только уничтожение марксистов внутри Германии, то и то можно было бы сказать, что успех склонился на нашу сторону. Если бы Германия была освобождена от этих смертельных врагов всего ее существования и всего ее будущего, то такая Германия представляла бы силу, которой никто в мире не смог бы уже задушить. В тот день, когда Германия сломит марксистов, она в действительности сбросит свои цепи навсегда. Ибо никогда в истории враг не побеждал нас своими собственными силами, всегда мы гибли только благодаря своим собственным грехам, благодаря преступным усилиям врагов в наших собственных рядах.

Тогдашнее немецкое правительство не нашло в себе сил для этого героического акта. Из этого с неизбежностью вытекло то, что ему пришлось пойти по первому пути, т.е. предоставить все ходу вещей, не предпринимая ровным счетом ничего.

Но этого мало. Небо подарило еще нашему народу в тот момент "великого" государственного деятеля, г. Куно. Человек этот ни по профессии, ни тем более от рождения не был государственным деятелем или политиком. Это был совершенно случайный человек, оказавшийся подходящим только для определенных надобностей. По сути это был простой коммерсант. И именно это последнее обстоятельство стоило Германии особенно дорого, потому что этот политиканствующий купец и к большим вопросам политики подошел именно как к коммерческому предприятию.

Франция заняла Рурский бассейн. Чем богат этот бассейн? Углем! Значит, Франция заняла Рурский бассейн ради угля. Так рассуждал этот "государственный" деятель. И вот г. Куно набрел на "гениальную" мысль: организовать забастовку, дабы французы не могли получить угля. Все предприятие французов, рассуждал Куно, окажется тогда нерентабельным и в один прекрасный день французы сами очистят нам Рурский бассейн. Приблизительно таков был ход мыслей этого "выдающегося", "национального" "государственного деятеля", выступавшего тогда с речами к "своему народу" в Штуттгарте и в ряде других мест, причем народ со счастливой миной выслушивал глубокомысленные открытия своего "вождя".

Но для того, чтобы организовать стачку, необходимо было конечно обратиться к марксистам, ибо участвовать в стачке должны были ведь рабочие. Раз это так, то надо было создать единый фронт рабочих со всеми остальными немцами. Ну, а рабочий в представлении такого буржуазного государственного деятеля всегда отождествляется с марксистом. Надо было видеть восторженные физиономии буржуазных политиков, когда они выслушивали этот гениальный лозунг "вождя". Куно в их глазах был величайшим национальным деятелем, прямо гением. Наконец-то они получили того "вождя", которого они все время искали! Мост к марксистам был построен, "национальные" мошенники теперь с удобством могли драпироваться в тогу патриотизма, на деле протягивая руку интернациональным изменникам отечества. Господа марксисты конечно охотно пошли навстречу такой тактике. Г-ну Куно марксисты нужны были для того, чтобы он мог создать свой "единый фронт", а марксистским вожакам нужен был г. Куно потому, что через него можно было добыть деньжонок. Вот почему обе стороны могли быть довольны. Куно добился своего "единого фронта", состоявшего, с одной стороны, из национальных болтунов, а с другой из антинациональных мошенников. А интернациональные обманщики могли теперь за государственный счет выполнять свою "высокую" миссию разрушения национального хозяйства, получая за это теперь специальную оплату из государственной казны. Идея спасти нацию при помощи оплаченной всеобщей стачки была поистине бессмертной идеей. Еще более бессмертен был этот лозунг, встреченный с энтузиазмом всеми, вплоть до самых равнодушных к политике невежд.

Что народ нельзя освободить при помощи просьб и унижений, это было уже более или менее общеизвестно. Но что народа нельзя освободить и при помощи бездельной стачки, это предстояло еще доказать на специальном историческом примере г-ну Куно. Если бы вместо призыва к оплаченной стачке г. Куно призвал тогда немцев проработать сверхурочно в пользу нации всего каких-нибудь два часа, то все это мошенничество с "единым фронтом" рассеялось бы как дым уже на третий день. Народы освобождаются не при помощи безделия, а при помощи тяжелых жертв.

Такое пассивное сопротивление, конечно, не могло продолжаться долго. Только совершенно чуждый военному делу человек мог вообразить, будто такие смешные средства могут заставить удалиться армии оккупантов. А какое же в самом деле другое назначение могла иметь подобная "акция", стоившая миллиарды и в корне подорвавшая денежную систему страны?

Когда французы убедились, что все сопротивление немцев сводится только к этим смешным мероприятиям, они совершенно успокоились и стали устраиваться в Рурском бассейне, как дома. В свое время мы сами показали французам образцы того, как приводить к спокойствию гражданское население оккупированных территорий, если это население начинает причинять серьезные неприятности оккупационным властям.

Девять лет тому назад мы ведь очень быстро справились с партизанскими бандами бельгийцев и довольно легко убедили бельгийское гражданское население в том, что при наличии оккупационных немецких отрядов на бельгийской территории ему очень опасно связываться с партизанами. Если бы пресловутое пассивное сопротивление действительно показалось сколько-нибудь опасным Франции, ее оккупационные армии в течение нескольких дней с легкостью положили бы ужасный конец всему этому ребяческому предприятию.

Казалось бы прежде всего необходимо было поставить себе вопрос: а что мы будем делать, если наше пассивное сопротивление действительно подействует на нервы противника и он решится прибегнуть к кровавой физической расправе? Будем ли мы и тогда оказывать дальше сопротивление? Если да, то мы так или иначе должны решиться пойти навстречу самым тяжким кровавым преследованиям. В этом случае мы приходим к тому же, к чему пришли бы при активном сопротивлении, т.е. к необходимости настоящей борьбы. Какое бы то ни было пассивное сопротивление имеет внутренний смысл лишь тогда, если за ним стоит решимость в случае надобности прибегнуть и к открытой борьбе или по крайней мере к прикрытой партизанской войне. Чтобы такая борьба была серьезной, нужна уверенность в возможности успеха. Осажденная крепость, потерявшая надежду на то, что ей удастся прогнать осаждающих, уже тем самым на деле сдалась неприятелю, в особенности, если противник обещает осажденным сохранить жизнь. Тогда эту приманку осажденные всегда предпочтут смерти, которая ожидает их в случае продолжения сопротивления. Стоит только окруженную врагами крепость лишить веры в то, что ей придут на помощь и освободят, как сила осажденных тем самым уже сломлена.

Вот почему пассивное сопротивление в Руре могло быть успешным и вообще имело какой бы то ни было смысл лишь в том случае, если бы мы в то время готовили фронт активной борьбы. В этом случае народ наш мог бы сделать чудеса. Если бы каждый немец в оккупированных частях знал, что родина готовит армию в 80 или 100 дивизий, тогда путь французских оккупационных войск действительно не был бы устлан розами. Люди бывают склонны приносить жертвы лишь тогда, когда они могут действительно ждать успеха, а не тогда, когда бесцельность этих жертв очевидна.

Перед нами был классический случай, когда мы, национал-социалисты, должны были самым решительным образом высказаться против подобного национального лозунга. И мы исполнили свой долг. В эти месяцы я лично подвергся многочисленным нападкам со стороны людей, национальные убеждения которых представляли собою только некую смесь явной глупости и пустых фраз. Все эти господа кричали только потому, что их чувство приятно щекотало сознание безопасности патриотических криков в данной обстановке. Этот жалкий единый фронт я считал смешной нелепостью. История показала, что я был совершенно прав.

Когда кассы профсоюзов достаточно наполнились за счет даяний г-на Куно и когда пассивное сопротивление подошло к той грани, за пределами которой надо было решиться от простого ничегонеделания перейти к активному нападению, красные гиены внезапно дезертировали из общенационального стада баранов и еще раз показали себя тем, чем они всегда были. Покрыв свою голову позором, г. Куно вернулся к своим торговым кораблям; Германия же приобрела еще один ценный урок и потеряла еще одну большую надежду.

До самого конца лета многие наши офицеры (это были во всяком случае не худшие элементы) в душе все еще не верили, что возможен такой позорный исход всего начинания. Все они надеялись, что если нельзя открыто вооружаться, то Германия по крайней мере втихомолку сделает все необходимые приготовления, дабы это новое нападение Франции превратить в поворотный пункт германской истории. В наших рядах тоже было немало людей, которые продолжали возлагать некоторые надежды по крайней мере на войско. И это убеждение было настолько прочно, что оно оказывало немалое влияние на поведение и особенно на занятия большой части нашей молодежи.

Затем наступил момент позорного крушения. Теперь все убедились, что миллиарды денег были выброшены зря и что тысячи и тысячи молодых немцев, которые были достаточно глупы, чтобы взять всерьез обещания руководителей государства, погибли напрасно. Чудовищно позорная капитуляция вызвала взрыв возмущения со стороны несчастного народа, убедившегося в том, что его предали. В это именно время в миллионах голов созрело прочное убеждение, что спасти положение может только радикальнейшее устранение всей господствующей системы.

В этот момент бесстыдное предательство интересов отечества было очевидно для всех; а с другой стороны, стало очевидно, что создавшееся экономическое положение неизбежно обрекает наш народ на медленную голодную смерть. Вся обстановка созрела, как никогда. Она повелительно требовала именно радикального решения вопроса. Всем было ясно теперь, что современное германское государство растоптало ногами всякую веру во все святое, что оно надсмеялось над правами своих граждан, что оно обмануло миллионы своих самых преданных сыновей, украв у других миллионов своих граждан последнюю копейку. Всем было ясно, что такое государство не может рассчитывать ни на что другое, кроме как на ненависть со стороны своих граждан. Эта накопившаяся ненависть к губителям народа требовала выхода. Я лучше всего обрисую тогдашние настроения, процитировав здесь заключительный отрывок из моей собственной речи на большом судебном процессе весною 1924 г.

"Мы совершенно спокойно относимся к приговору, который вынесут нам судьи нынешнего государства. Недалеко время, когда история, эта богиня высшей справедливости и действительной правды, с улыбкой разорвет ваш приговор и будет считать нас целиком и полностью оправданными".

Но история кроме того еще потребует к суду тех, кто ныне стоит у власти и пользуется ею, чтобы топтать ногами закон и право: она потребует к суду тех, кто привел наш народ к пропасти, тех, кто в годину несчастья родины интересы своего собственного "я" ставит выше, нежели жизнь общества.

Я не буду распространяться здесь о тех событиях, которые привели к 8 ноября 1923 г. и предопределили этот исход событий. Я не делаю этого потому, что не вижу в этом никакой пользы для будущего и считаю это совершенно бесцельным для данного момента. К чему бередить едва зажившие раны? К чему окончательно пригвождать тех людей, которые в глубине души своей, быть может, также полны любви к своему народу, но не поняли нас и не сумели пойти с нами по одной дороге!

Адольф Гитлер

Перед лицом общего громадного несчастья нашей родины я не хочу оскорблять тех, кто быть может в свое время все-таки примкнет к единому фронту немцев и покажет себя подлинным сыном немецкого народа. Ибо я знаю, что придет пора, когда даже те, кто был нам враждебен эти дни, благоговейно преклоняться перед памятью наших друзей, пожертвовавших жизнью в интересах нашего отечества.

Я посвятил первую часть моего сочинения восемнадцати погибшим героям. В заключительных строках второй части своего сочинения я хочу еще раз напомнить великие образы этих людей и сказать всем сторонникам и борцам нашего учения, что они должны идти по стопам этих героев, пожертвовавших собою в полном сознании величия наших целей. Эти герои послужат примером всем поколебавшимся, всем ослабевшим.

Их дела зовут каждого из нас к исполнению долга, как умели выполнить свой долг до самого конца эти передовые бойцы. К этим героям причисляю я также и того лучшего человека, кто сумел послужить делу возрождения нашего народа как поэт и как мыслитель и в последнем счете так же как боец. Его имя - Дитрих Эккарт.

ЗАКЛЮЧЕНИЕ

9 ноября 1923 г. на четвертом году своего существования германская национал-социалистическая рабочая партия была запрещена и распущена во всей Германии. Ныне в ноябре 1926 г. партия наша опять существует свободно и стала сильной, как никогда до сих пор.

Движению нашему не смогли повредить никакие преследования его вождей, никакая клевета, никакая напраслина. Из всех преследований оно выходило все более и более сильным, потому что идеи наши верны, цели наши чисты и готовность наших сторонников к самопожертвованию - вне всякого сомнения.

Если в атмосфере нынешней парламентской коррупции мы сумеем все больше углублять нашу борьбу, если мы сумеем стать олицетворением идеи расы и идеи личности, то мы с математической точностью неизбежно придем к победе. И если вся Германия организуется на этих же началах и усвоит себе те же самые принципы, она неизбежно завоюет себе достойное положение на земле.

То государство, которое в эпоху отравления рас посвятит себя делу совершенствования лучших расовых элементов на земле, раньше или позже неизбежно овладеет всем миром.

Пусть не забывают этого сторонники нашего движения никогда. Перед лицом этой великой цели никакие жертвы не покажутся слишком большими.

Адольф Гитлер

Опубликовано
Omnia Veritas Ltd
Омния Веритас

www.omnia-veritas.com

www.ingramcontent.com/pod-product-compliance
Lightning Source LLC
Chambersburg PA
CBHW071358230426
43669CB00010B/1382